AF885656

TRAITÉ

DE

DROIT PÉNAL ALLEMAND

TOME II

PARTIE SPÉCIALE

BIBLIOTHÈQUE INTERNATIONALE DE DROIT PRIVÉ ET DE DROIT CRIMINEL
Fondée par MM. les Professeurs H. Lévy-Ullmann et P. Lerebours-Pigeonnière
Dirigée par M. Paul Lerebours-Pigeonnière
Professeur de Droit civil à l'Université de Rennes

TRAITÉ
DE
DROIT PÉNAL ALLEMAND

PAR

Le Dr Franz von LISZT
PROFESSEUR ORDINAIRE DE DROIT A L'UNIVERSITÉ DE BERLIN

TRADUIT SUR LA 17e ÉDITION ALLEMANDE (1908)
AVEC L'AUTORISATION DE L'AUTEUR ET DE L'ÉDITEUR

PAR

M. René LOBSTEIN
DOCTEUR EN DROIT

TOME II

PARTIE SPÉCIALE

PARIS (ve)
M. GIARD & E. BRIÈRE
LIBRAIRES-ÉDITEURS
16, RUE SOUFFLOT ET 12, RUE TOULLIER

1913

PARTIE SPÉCIALE

LES DIVERSES INFRACTIONS ET LEUR SANCTION

§ 79. — Aperçu du système.

BIBLIOGRAPHIE. — Cf. les ouvrages cités § 13.

I. — La **base** naturelle **de la division** de la Partie spéciale de notre science, division généralement admise à notre époque dans les exposés scientifiques du droit pénal, est fournie par la diversité des **biens** (**Rechtsgüter**) protégés par la peine, menacés par l'infraction, c'est-à-dire de ces intérêts qui jouissent, de la part de la législation, de la protection juridique et plus spécialement de celle du droit pénal (1).

En tant qu'objet de la protection du droit, le bien est toujours, en dernier ressort, l'existence humaine dans ses différentes manifestations. Tel est le bien par excellence, c'est-à-dire le centre de tous les intérêts protégés par le droit. Mais l'existence humaine

(1) L'application de cette division est toutefois limitée par les définitions d'infractions données par le droit en vigueur, pour lesquelles, surtout dans les derniers temps, les règles fondamentales les plus simples de la technique législative ont été négligées. La doctrine doit tenir compte de ce fait ; mais c'est aussi précisément pour cela qu'elle ne doit pas renoncer à mettre en relief la base de division la plus élevée.

apparaît, ou bien comme l'existence de l'homme considéré individuellement, ou bien comme l'existence de l'homme considéré dans la collectivité soumise au droit et profitant du droit. Par suite, tous les intérêts attaqués par l'infraction, protégés par le droit pénal, se divisent en intérêts juridiques de l'individu et en intérêts juridiques de la collectivité (2).

II. — **Intérêts juridiques de l'individu.**

Dire que l'existence de l'individu doit être l'objet de la protection juridique, cela veut dire que l'ordre juridique, en tant qu'ordre organisant la paix, garantit à l'individu la manifestation paisible de sa nature propre. Le développement de sa nature est l'intérêt juridique suprême de l'individu, c'est-à-dire son bien. Des diverses tendances de ce développement doit résulter la division des intérêts juridiques de l'individu.

La protection de la manifestation paisible de la nature propre de chacun implique **en premier lieu**, comme condition de toute activité humaine, la protection de la **vie corporelle**, de l'intégrité du corps humain. Ce sera donc le premier et le plus important de tous les biens de l'individu.

Cette protection embrasse ensuite toutes les tendances d'activité qui, en tant qu'expressions hautement personnelles de l'individualité, sont indissolublement liés à l'individu. Nous obtenons ainsi un **second** grand groupe d'intérêts, qui peuvent être conçus comme **intérêts juridiques moraux** (immatériels). Rentrent dans cette catégorie : 1° la considération personnelle dans le cercle de la communauté juri-

(2) ALLFELD domine cette division en deux parties dans les systèmes actuels (aussi chez MEYER). En sa faveur KLEINFELLER, K. V. S. xxxviii, 104. Par contre, la distinction d'infractions dirigées contre la « société », différente de celles contre l' « Etat » (BIRKMEYER, PRINGER et autres) conduit à une division en trois parties. La question n'a d'importance fondamentale que pour le groupe traité plus loin dans le texte à la note 3.

dique (l'honneur) ; 2° la liberté personnelle ; 3° la libre disposition du corps dans les rapports sexuels, (honneur sexuel) ainsi que la protection de la pudeur ; 4° les droits de famille ; 5° l'exercice paisible de la vie religieuse ; 6° la liberté d'agir à sa guise dans sa maison (droit du foyer) ainsi que la protection de la vie privée et professionnelle contre les intrusions non désirées (secret des lettres, etc.) ; 7° la conscience de pouvoir être assuré, dans toutes les tendances de son activité, de la protection de l'ordre organisant la paix (paix par le droit).

Des intérêts moraux (attachés à la personne) se détache un troisième groupe qui diffère nettement sous tous les rapports : ce sont les **droits patrimoniaux** (**Vermögenrechte**) Ils se différencient des intérêts juridiques moraux en ce sens qu'ils ne sont pas des intérêts hautement personnels, indissolublement liés à l'individu : l'activité individuelle contenue dans les droits de propriété justifie, pour l'individu, une domination sur des choses ou des personnes, laquelle peut être détachée de lui, transférée à d'autres, évaluée en argent. Dans les droits de propriété, la personnalité de l'ayant droit disparaît complètement : l'intérêt juridique de la propriété ne change pas de nature lorsqu'il est transféré de A à B. A cette caractéristique correspond la protection juridique très développée (et qui ne s'épuise pas seulement en interdictions), que l'ordre juridique garantit aux droits patrimoniaux.

Mais entre les intérêts juridiques purement immatériels et les droits patrimoniaux, apparaît encore comme transition, un quatrième groupe d'intérêts juridiquement protégés, celui des **droits d'auteur et d'inventeur**.

L'écrivain, l'artiste, l'inventeur, l'industriel ont intérêt à mettre en valeur, d'une manière profitable pour eux, le produit économique de leur activité. Le droit leur garantit cet intérêt, en concédant d'une part à l'auteur ou inventeur le droit exclusif de mettre sa création en valeur, et en punissant, d'autre part, soit par des dispositions générales, soit par des dispositions frappant des hypothèses déterminées (usage de marques de fabrique appartenant à autrui), la concurrence déloyale qui cherche à s'approprier les fruits de l'activité d'autrui. Dans tous les cas, c'est l'individualité créatrice indépendante qui se fait valoir dans l'œuvre littéraire ou artistique, dans l'invention industrielle, dans l'échantillon ou modèle, et aussi dans la confiance acquise près des clients (« droits individuels »). A ce point de vue, ces droits se rapprochent des biens purement immatériels (moraux). Cependant ils ne se confondent pas complètement avec ceux-ci. L'idée artistique a besoin de la forme pour s'exprimer ; ce n'est que par la matière que s'extériorise la force créatrice de l'esprit ; ce n'est que dans la nature de la marchandise que se manifestent l'habileté et le soin du négociant. Mais par cette matérialisation du travail créateur se produit la possibilité de séparer, au moins partiellement, ce travail de son auteur, de procéder à un transfert même imparfait, de faire une évaluation en argent, bien que celle-ci puisse être tout à fait insuffisante. Je puis transmettre à l'éditeur le manuscrit de mon œuvre, je peux céder à un acheteur mon fonds de commerce avec marchandises et clientèle. Par cette possibilité de cession, les droits individuels se rapprochent des droits patrimoniaux, sans toutefois se confondre avec eux, de telle sorte que la constitution d'un groupe spécial est une nécessité pour notre système.

Nous obtenons donc la division ci-après des infractions dirigées contre les intérêts juridiques de l'individu :

1° Infractions contre le corps et la vie ;

2° Infractions contre les biens moraux (attachés à la personne) ;

3° Infractions contre les droits d'auteur et d'inventeur ;

4° Infractions contre les droits patrimoniaux.

A ces quatre groupes, il faut en joindre un **cinquième, celui des infractions caractérisées** non pas par l'objet, mais **par le mode**, et en particulier par le moyen de l'attaque contre un bien, l'usage abusif d'institutions d'Etat, ainsi que de découvertes et inventions humaines dans le but de combattre des intérêts juridiquement protégés. En menaçant ces actions d'une peine et en créant ainsi un groupe d'infractions de nature propre, l'Etat ne constitue pas en biens nouveaux des intérêts nouveaux, jusqu'alors non existants ou non protégés, mais il complète l'arsenal des armes nécessaires à la protection d'intérêts depuis longtemps existants et depuis longtemps protégés, même s'ils ne l'étaient pas suffisamment. Dans ce groupe rentrent les crimes contre la sûreté publique ainsi que l'usage abusif des explosifs d'une part, et, d'autre part, la falsification des marchandises, de la monnaie et des actes publics et authentiques (3).

III. — **Intérêts juridiques de la collectivité.**

Nous pouvons distinguer ici trois groupes : la collectivité nous est représentée par l'**État** en tant qu'Etat ; l'activité, le travail de la collectivité nous sont représentés par l'**administration de l'État**, protectrice et diligente. Mais la protection juridique est également nécessaire à la force qui maintient l'en-

(3) La nécessité de ces groupes spéciaux, pour lesquels la base de division maintenue par ailleurs, semble abandonnée, a été reconnue en maintes parts. Cf. les infractions « extravagantes » de FEUERBACH et de LÖNING. Rentrent également ici les « infractions avec objet de protection indéterminé » d'OPPENHEIM, malgré sa contradiction (premier vol., § 32, note 2). Le manuel de *Binding*, malgré sa polémique, ne diffère de moi que parce qu'il numérote séparément les deux sous-groupes. Il en est autrement de la conception mentionnée note 2, qui, précisément dans ces cas, parle de la lésion d'intérêts « généraux ».

semble et qui met en mouvement les divers organes, à la **puissance de l'État** prise abstraitement et aussi dans ses organes.

Les infractions contre la collectivité se divisent donc en trois groupes :

1° Infractions contre l'Etat (crimes politiques) ;

2° Infractions contre le pouvoir de l'Etat ;

3° Infractions contre l'administration de l'Etat.

PREMIER LIVRE

LES INFRACTIONS CONTRE LES BIENS DE L'INDIVIDU

SECTION PREMIÈRE

Infractions contre le corps et la vie.

§ 80. — Généralités.

I. — Le droit pénal accorde sa protection à la vie humaine, non pas seulement depuis la naissance jusqu'à la mort, mais dès la conception. Non seulement l'homme, c'est-à-dire l'être vivant né de la femme, mais aussi le fruit des entrailles, le germe vivant, fécondé, est protégé contre les attaques illicites dans toutes les phases de son développement.

La diversité de cette protection pénale, qui ressort très nettement de l'incrimination respective de l'infanticide et de l'avortement, rend nécessaire une distinction rigoureuse dans la définition de l'enfant et du fœtus, de l'homme et de l'embryon.

L'**homme** est l'être vivant menant une existence indépendante hors du corps de la mère. Mais pour le droit pénal, l'existence indépendante ne commence pas seulement à la naissance accomplie, comme le décide le § 1 du C. C. I., c'est-à-dire à la séparation complète de l'enfant et de la mère, ni non plus avec le début des efforts d'enfantement, mais dès la cessation de la respiration placentaire et dès que la respiration par les poumons est possible (1).

Tout ce qui est né de la femme est homme, même l'être contrefait ou mal conformé, soit que cet être ne puisse continuer à vivre (monstre au sens étroit), soit qu'il en soit autrement (jumeaux, frères siamois). La viabilité n'est pas nécessaire; l'homicide et les blessures (lésion corporelle) peuvent être commis sur la personne du nouveau-né non viable aussi bien que sur celle du vieillard moribond.

II. — Le droit pénal protège le corps et la vie aussi bien contre la lésion que contre le risque de lésion.

La **lésion** contre le fœtus n'est possible que sous forme du meurtre, soit dans le corps de la mère, soit par la provocation d'une naissance avant terme (voir plus loin § 94); contre l'homme, elle peut être meurtre, c'est-à-dire destruction de la vie (voir plus loin §§ 81 à 86) ou lésion corporelle, c'est-à-dire trouble des fonctions de la vie (voir plus loin §§ 87 à 89). Le fait de déterminer la mort ou une lésion corporelle par une action déjà punissable en elle-même agit fréquemment comme circonstance aggravante (voir plus haut § 36, note 7); si l'intention ou l'im-

(1) La question est d'importance pratique, car l'homicide par imprudence tombe sous le coup de la loi, mais non pas l'avortement par imprudence. Les opinions diffèrent beaucoup. 1. Dans le sens du texte BIRKMEYER, 1162, WACHENFELD, 294. — 2. Le commencement des douleurs est décisif pour FRANK, 16. Abschn, 1, HÄLSCHNER, II, 61, MITTELSTEIN, GS, XXXIV, 173, WEHRLI (Bibl., § 84) 94, R, IX, 131, XXVI, 178. — 3. Par contre, la sortie d'une partie quelconque du corps hors du corps de la mère est demandée par BINDING, I, 220, note 6 et son *Lehrbuch*, II, 37, FINGER, II, 4, v. HOLTZENDORFF H. H. III, 451, HORCH (Bibl., § 94) 45, MERKEL, 308, MEYER-ALLFELD, 366, 375, R, I, 446. — 4. Le commencement réel de la respiration pulmonaire est demandé par ORTLOFF, *Kind oder Fötus?* 1887; *Le même, Physiologische Kennzeichen für Beginn und Ende der Rechtsfähigkeit*, 1890. — Cf. AHLFELD, *Nasciturus*, 1906.

prudence existent par rapport à ce résultat, il y a lieu d'admettre une concurrence idéale avec le meurtre ou la lésion corporelle.

III. — Contre les **risques de lésion**, le fœtus est protégé par les menaces pénales contre la provocation d'une naissance avant terme non mortelle (voir plus loin §§ 90 à 94). Le droit pénal accorde la même protection à l'homme sous une triple forme :

1° Par les menaces pénales contre l'exposition d'enfant, l'empoisonnement, les rixes et agressions, le duel et l'avortement (en tant qu'il s'agit de la santé et de la vie de la femme enceinte elle-même) ; donc par l'érection de délits spéciaux pour le risque, avec une définition étroitement circonscrite (voir plus loin §§ 90 et 94) (2).

2° Par les pénalités sanctionnant les infractions contre la sûreté publique ainsi que les falsifications, bien que celles-ci intéressent en première ligne les droits de propriété ;

3° Par une série de menaces pénales rentrant dans la police générale de l'Etat, et qui, en raison de leur importance spéciale, ne seront pas traitées ici. Ceci s'applique en particulier au Code industriel et au Code de commerce, dans la mesure où ils sont destinés à protéger la santé et l'existence des ouvriers de l'industrie, etc.

(2) Parmi ceux-ci ne se trouve pas la mise en péril de la santé, dont le syphilitique se rend coupable par rapports sexuels ou autrement. Cf. à ce sujet *Zeitschrift für Bekämpfung der Geschlechtskrankheiten*, I, 1 (v. Liszt, *Aufsätze*, II, 471), 64 (consultation de v. Bar), 73 (rapport de Schmöhler) ; Weiss, *Schweizer Z.*, XIX, 56 ; Wittermaier, RvD, Bes. T., IV, 170. Mais il peut y avoir en ce cas lésion corporelle (plus loin § 87).

I. — L'HOMICIDE

§ 81. — Définition et modalités de l'homicide.

BIBLIOGRAPHIE. — V. *Liszt*, RvD, Bes.T., V, 1, avec bibliographie détaillée. — En outre, *North*, Thèse Tubingue, 1906. — *Opitz*, Thèse Breslau, 1905.

I. — L'**homicide** (*Tötung*) est la destruction de la vie d'un homme. L'objet de l'homicide est donc l'être vivant né de la femme, mais non le fœtus (plus haut § 80, note 1).

L'objet de l'homicide peut en être lui-même l'auteur; cependant, d'après le droit allemand en vigueur, non seulement le suicide, mais même le plus souvent la provocation et l'aide au suicide ne sont pas punissables (plus haut § 35, note 7). Le fait de déterminer un non-responsable apparaît comme action principale médiate (plus haut * § 50, II, p. 325). En tant que haute trahison (C. P. I., §§ 80, 81), l'homicide de l'Empereur ou du souverain d'un Etat confédéré est, suivant les circonstances, un fait plus spécialement incriminé; il en est de même du meurtre en duel (C. P. I., § 206).

II. — L'**acte** consiste à causer la mort; mais ici également, le fait d'occasionner, c'est-à-dire de faire intervenir une condition, est assimilé au fait de causer au sens strict (plus haut, * § 29, II, p. 185; *occidere, mortis causam præbere*). Peu importe le moyen employé. Il n'est pas nécessaire que le meurtre résulte d'une action directe sur le corps; il peut être le résultat d'une frayeur, de la privation de sommeil, etc. Toutefois, ici comme ailleurs, l'intervention de l'acte libre et intentionnel d'autrui (d'un auteur principal) exclut la responsabilité à titre de rapport causal, interruption du rapport causal (plus haut, * § 29, IV, p. 188). Donc, au point de vue du droit, il n'y a pas homicide si, par ses vexations répétées, A pousse B à se donner la mort. L'omission est assimilée complètement à la commission, s'il existe une obligation d'agir, et dans la mesure de cette obligation (plus haut * § 30, p. 193); si la mère cause la mort du nouveau-né pour avoir omis de lier le cordon ombilical ou pour avoir omis de nourrir l'enfant, elle est coupable d'infanticide (1).

IV. — Le C. P. I. **distingue** tout d'abord l'homicide intentionnel et l'homicide par imprudence; dans la première catégorie rentre le meurtre ordinaire, le meurtre commis sur la demande de la victime et l'infanticide.

§ 82. — L'homicide intentionnel en général. Historique.

Bibliographie. — *Mommsen*, 612. — *Brunnenmeister*, Das Tötugsverbrechen im altrömischen Recht, 1887. — *Reinbrecht*, Thèse Heidelberg, 1906. — *Allfeld*, Die Entwicklung des Begriffes Mord bis zur Karolina, 1887. — *Franenstädt*, Blutrache und Totschlagsühne, 1881. — *Brunner*, II, 627. — *Knapp*, 170. — *Harster* (Bibl., § 4, II), 139. — *Wachenfeld*, Die Begriffe von Mord und Totschlag sowie Körperverletzung mit tödlichem Ausgang in der Gesetzgebung seit der Mitte des 18. Jahrhunderts, 1890.

I. — Différant en cela des autres droits indo-germaniques, le très ancien droit romain conçoit déjà le meurtre comme un crime dirigé contre l'ordre juridique public, et dont la poursuite et la punition sont enlevées à l'arbitraire privé* § 3, I); dans la loi présumée de Numa, il assimile déjà dans le châtiment la détermination médiate de la mort (*morti dare* ou *mortis causam præbere*) au meurtre corporel immédiat (*cædere*) [Mais cf. aussi Pernice, *Sachbeschädigung*, 148]. De-

(1) Cf. C. P. I., § 360, 10. Si c'est par suite de l'omission de l'aide, que la mort d'une personne est survenue, comme le prévoyait ou pouvait le prévoir celui dont l'aide était demandée, ce dernier ne répond du résultat que si son obligation d'agir n'était pas motivée seulement par le § 360, n° 10.

puis Sylla, le droit romain repose, à l'égard des meurtres, sur la *lex Cornelia de sicariis et venificis* (D. 48, 8 ; C. 9, 16), dont l'application fut toujours plus étendue et qui menaçait de l'interdiction l'assassinat et le guet-apens, l'empoisonnement (avec ses actes préparatoires), l'incendie devant provoquer la mort, la corruption d'un juge ou d'un témoin dans un procès capital, et de nombreux autres cas. Plus tard, les gens de qualité furent punis de la déportation et de la confiscation, et les gens de moindre importance furent punis de mort. Comme cas particulièrement grave se distingue le *parricidium*, devenu par changement de sens le meurtre des proches parents (*lex Pompeia* de 699, *a. u.* ; D. 48, 9 ; C. 9, 17) dont le châtiment était, depuis que Constantin était revenu à la coutume des ancêtres, le *culeus*, c'est-à-dire la mise dans un sac avec un serpent, un singe, un chien et un coq. Depuis Adrien, on tente de distinguer dans la punition entre l'intention préméditée et l'*impetus*. Il est inexact que le meurtre par imprudence ait été puni comme tel (voir * § 36, note 3).

II. — A la différence du droit romain, l'ancien Moyen Age allemand s'attache surtout à la distinction des variétés de l'homicide. C'est ainsi qu'à côté de l'assassinat des proches (lex. Rib. 69, 2) et du meurtre avec rupture de fidélité (*little treason* du droit anglais), la différence entre l'assassinat et le coup mortel est particulièrement accentuée. L'assassinat est le meurtre accompli secrètement, sournoisement, furtivement, caractérisé par la dissimulation du cadavre ; le coup mortel est le meurtre en combat franc, et pour lequel l'auteur ne craint pas de répondre. L'assassinat est puni d'une peine beaucoup plus sévère que le coup mortel (1). La poursuite pénale de l'auteur du coup mortel est entre les mains du clan de la victime, comme précédemment la vengeance ; et jusqu'à une époque relativement récente l'expiation pour le coup mortel appartient à l'appréciation de ceux qui ont le droit d'exercer la poursuite, tandis que l'assassin en fuite fait l'objet d'une mise au ban (2).

(1) Trois fois le Wergeld chez les Francs ; neuf fois chez les Alamans, les Frisons, les Bavarois, les Saxons ; bientôt aussi, surtout dans les capitulaires, la mort : cap. 596 (Boretius, 16.) Cf. GÜNTHER, I, 182.

(2) Encore dans la Bambergensis, mais non dans la Carolina.

Les trèves publiques ont fréquemment sanctionné de la mort, sans autre gradation, le coup mortel. Mais encore dans la seconde moitié du Moyen Age, on retrouve souvent l'ancienne conception (*Schwabenspiegel*, 174). Cependant on voit déjà se faire jour, dans les commentaires allemands, la distinction établie par les juristes italiens entre le *dolus præmeditatus* et l'*impetus*, distinction qui se lie et se confond elle-même avec la distinction du droit allemand (3). En général, le meurtre et le coup mortel font aussi l'objet d'une punition différente : pour le premier la roue, pour le second le glaive (*Sachsenspiegel*, II, 13).

III. — La Carolina, 137, se fonde sur la conception allemande : « et que suivant la coutume l'homicide intentionnel, ayant agi méchamment, soit mis à mort par la roue, et qu'un autre qui a donné un coup mortel sans préméditation ou par excitation ou colère, soit mis à mort par le glaive. Et dans l'homicide intentionnel, commis sur les personnes de haut rang, sur le propre maître de l'auteur, entre épouse ou entre très proches amis, on pourra augmenter les peines, pour grandir la crainte, par quelques punitions corporelles, comme de déchirer avec des tenailles ou de traîner sur la claie avant la mort finale » (4). L'empoisonnement est spécialement mentionné dans l'article 130.

IV. — La doctrine du droit commun distinguait, sans se soucier beaucoup de la Carolina 137, un certain nombre de cas particulièrement graves dans l'*homicidium dolosum*, comme méritant des peines aggravées. La division était régulièrement la suivante : a) Le *parricidium*, meurtre des proches avec une gradation très variée dans le châtiment

Se maintient toutefois dans le droit des Etats jusque dans le XVIIe siècle. Encore expressément à Hambourg en 1603.

(3) Se rattachant à l. II, § 2, D. 48, 19. Cf. Gloses au Sachsenspiegel, ainsi que les droits municipaux de Strasbourg, 1249, Francfort, 1297. — Division dans CLARUS : I. Homicidium simplex ; *a*) necessarium, *b*) casuale, *c*) culposum, *d*) dolosum. II. Homicidium deliberatum : *a*) ex proposito, *b*) ex insidiis, *c*) proditorie, *d*) per assassinium.

(4) Sur l'interprétation controversée de cet article, cf. BINDING, *Lehrb.*, II, 25, LÖFFLER (Bibl., § 2), 164. *Contra* (probablement avec raison) WACHENFELD.

(en Saxe dès 1572, IV, 3, puis en Prusse en 1620) ; b) l'*homicidium proditorium*, l'assassinat (dans Engau, Böhmer, etc.) ; c) *latrocinium* ou acte de banditisme (d'après Carpzov) ou assassinat suivi de vol (*lucri faciendi causa* d'après Koch, Engau, Böhmer) ; d) *Assassinium*, ou assassinat par bandits stipendiés, ainsi nommés d'après la secte musulmane religieuse des schiites (fondé en 1090) ; depuis le XIIe siècle, celui qui donne l'ordre d'assassiner est nommé *assassinator*, et le meurtrier *assassinus ;* la coutume de Prusse de 1620 punit la simple adhésion comme coup mortel ; e) *veneficium*, le meurtre par le poison. On nommait encore spécialement le *propricidium*, c'est-à-dire le suicide (plus haut * § 35, note 7). Les dispositions légales sur l'existence de la provocation firent leur apparition de bonne heure. Déjà les Constitutions Saxonnes, IV, 6, font mention de l'erreur sur la personne. Le meurtre par omission fait aussi l'objet d'une réglementation expresse. La conception du coup mortel fut, par emploi du *dolus indirectus*, étendue aux cas dans lesquels il n'y avait pas d'intention de meurtre, mais seulement un dessein hostile (*pravus animus* de Carpzov). Il en fut ainsi en Prusse dès 1721, ainsi que dans les Codes pénaux autrichiens de 1787 à 1852 et dans la Coutume générale de Prusse 808.

V. — La Coutume générale de Prusse punit de la roue comme assassin celui qui commet réellement un meurtre avec l'intention préméditée de tuer. Avec ce cas sont spécialement mentionnés l'assassinat convenu et l'assassinat commandé (839, 849), l'assassinat par bandit (854), l'assassinat suivi de vol (855), l'empoisonnement (856), l'assassinat des proches (873). Le Code pénal français et le Code pénal bavarois de 1813 s'engagèrent dans des voies nouvelles. Le premier nomme meurtre toute mise à mort intentionnelle, et assassinat tout meurtre commis avec préméditation ou guet-apens. Le Code bavarois de 1813 oppose nettement l'assassinat et le meurtre (ou coup mortel) ; le premier est caractérisé par la préméditation dans la résolution et par la réflexion dans l'exécution, le second par l'emportement causé par la colère. Le droit anglais emploie toujours, comme par le passé, l'intention préméditée (*malice aforethought*) pour distinguer entre le *murder* et le *manslaughter*.

VI. — Pour la législation actuelle, la distinction entre l'assassinat et le meurtre n'a de valeur que parce qu'elle rend possible la limitation de la peine de mort à un petit nombre de cas d'homicide. En ce sens, on applique régulièrement la distinction entre meurtre prémédité et meurtre non prémédité. C'est également le point de vue adopté par le C. P. I. après le Code pénal français de 1810 et le Code pénal prussien de 1851. Cependant les plus récents projets de Code, ont, avec raison, complètement renoncé à cette distinction vivement combattue par *Berner*, *v. Holtzendorff*, *Hälschner*, *Meyer*, *Wachenfeld*, etc., et ont substitué à la notion du meurtre intentionnel, d'une part une série de cas aggravés, d'autre part l'homicide commis sous l'empire d'une vive émotion (coup mortel).

§ 83. — L'homicide intentionnel en général. Le droit en vigueur.

BIBLIOGRAPHIE. — *Kräwel*, G. S., XXXVIII, 177. — *Wachenfeld*, Die Ueberlegung in unserem heutigen Mordbegriff, 1887. — *Paul Mayer*, Thèse, 1900.

I. — D'après le C. P. I. (§ 211) il y a **assassinat** lorsque l'auteur a accompli le meurtre intentionnel avec préméditation ; il y a **meurtre (coup mortel)** (*Totschlag*) (§ 212), lorsqu'il l'a accompli sans préméditation.

La **préméditation** suppose que la représentation surgissante du résultat désiré n'a pas déterminé immédiatement la résolution, mais que les autres représentations et en particulier les représentations générales qui guident toute notre conduite et qui sont inspirées par la religion, la morale, le droit, la prudence, ont eu le temps d'intervenir et de se faire apprécier lors de la prise de la résolution. La préméditation se réfère donc à la solution d'une double question : 1° s'il faut agir ; 2° comment il faut agir ; c'est donc un élément de la résolution, mais non pas de l'intention et par suite l'opposition du *dolus præmeditatus* et du *dolus repentinus* ne peut qu'induire en erreur.

La loi demande la préméditation lors de l'exécution. Par cette rédaction, qui s'écarte du Code pénal prussien et qui se rattache au Code pénal saxon, le législateur a voulu marquer qu'un meurtre résolu avec préméditation (réflexion, *Uberlegung*) mais exécuté sans préméditation (réflexion) ne doit être conçu ni puni comme assassinat, mais comme meurtre simple et que réciproquement un homicide résolu dans la passion (*im Affekt*), mais exécuté avec préméditation, ne doit pas être conçu comme meurtre simple, mais considéré et puni comme assassinat. Toutefois, examinée de plus près, la différence avec le Code prussien perd toute sa signification. Dans les deux cas, l'exécution de la résolution antérieure n'a pas eu lieu, et, en fait, le meurtre repose sur une résolution nouvelle, non préméditée. Nous pouvons, par suite, décider que l'**assassinat** (*Mord*) est l'homicide intentionnel prémédité et le **coup mortel (meurtre)** (*Totschlag*), l'homicide intentionnel non prémédité (1).

L'élément de la préméditation (*Ueberlegung*) peut être présent chez l'un de plusieurs participants, et faire défaut chez les autres ; le § 50 du C. P. I. sera alors appliqué (plus haut * § 53, note 3, p. 343). La peine de l'assassinat est la mort ; celle du meurtre est la réclusion et ne peut descendre au-dessous de cinq ans.

II. — Une **peine atténuée** s'applique au meurtre (C. P. I., § 213), lorsque l'auteur, sans qu'il y ait de sa propre faute, a été excité par un mauvais traitement infligé à lui ou à un de ses proches (plus haut * § 34, note 4, p. 221), ou par une injure grave de

(1) Code pénal prussien, § 175 : « Celui qui tue intentionnellement et avec préméditation. » De même la plupart des autres Codes pénaux allemands. R. conteste, avec l'opinion courante, que la teneur du C. P. I. ne signifie une modification matérielle. — Pourtant la teneur du C. P. I reste naturellement décisive pour la position des questions au jury, ainsi qu'en somme pour la constatation dans le jugement.

la part de la victime et qu'il a été ainsi entraîné à agir sur le champ (provocation), ou lorsqu'il existe d'autres circonstances atténuantes.

Peine : emprisonnement qui ne peut être moindre de six mois. Même dans ce cas, le meurtre reste un crime ; par suite, la tentative est punissable.

Le « mauvais traitement et l'injure grave » ne doivent pas être pris au sens technique ; l'adultère, par exemple, rentrerait dans le cas qui nous occupe. — « Sur le champ » ne doit pas être pris dans son sens de lieu et de temps, mais signifie, comme dans le C. P. I., § 99, la continuité de l'émotion violente provoquée par la vexation. — Le § 213, du C. P. I., a pour origine l'article 321, du Code pénal français. Les circonstances atténuantes n'ont été adoptées que pendant la discussion parlementaire du C. P. I. Il en résulte une contradiction insoluble avec les §§ 216 et 217 qui ont tous les deux des minima plus élevés.

III. — **Cas plus gravement punis** (avec exclusion de l'atténuation du § 213) :

1° Meurtre au cours de l' « entreprise » d'un acte coupable (C. P. I., § 214), pour écarter un obstacle s'opposant à l'exécution de cet acte ou pour se soustraire à l'arrestation en flagrant délit.

2° Meurtre d'un parent en ligne ascendante (C. P. I., § 215).

Ces deux dispositions sont empruntées au Code pénal français (art. 304 et 302). — La peine est la réclusion de dix à quinze ans ou la réclusion à perpétuité. Le Code pénal prussien de 1851 prononçait encore la peine de mort. — L'expression « entreprise » comprend aussi les actes de préparation (plus haut § 46, note, p. 301) (2). D'après le droit allemand, et bien que le droit impérial ne le décide pas,

(2) De même Binding, *Lehrbuch*, II, 30, Hälschner, II, 45, v. Holtzendorff, H. H., III, 441. Katzenstein, 538, Meyer-Allfeld, 370, Olshausen, § 214, 2. Frank, § 214, II, range aussi ici les derniers actes préparatoires à l'entreprise.

l'action entreprise doit être objectivement punissable, même s'il existe pour l'auteur un motif d'exclusion de peine (par exemple C. P. I., § 247, al. 2). — Le « pour... » désigne le dessein comme motif de l'acte. La définition du mot « parent » doit être déterminée d'après le C. C. I. La peine aggravée du § 215 n'atteint pas le co-auteur ou complice non parent.

§ 84. — L'infanticide.

BIBLIOGRAPHIE. — *v. Liszt*, RvD, Bes. Teil, V, 105. — *Jordan*, Begriff und Strafe des Kindesmordes, 1844. — *Kunze*, Der Kindesmord, 1860. — *v. Klein*, Das Verbrechen der Kindestötung, 1862. — *v. Fabrice*, Lehre von der Kindesabtreibung und vom Kindesmord, 1868. — *Werhrli*, Der Kindesmord, 1889. — *Closmann*, Die Kindestötung, 1889. — *Knapp*, 184. — *Weinlud*, Thèse Rostock, 1905. — *Schneider*, Thèse Heidelberg, 1907.

I. **Historique.** — L'infanticide, que le droit romain n'avait pas particulièrement distingué, devient en droit allemand, sous l'influence de l'Eglise, un crime spécial, et, contrairement aux prescriptions modérées des livres de pénitence (qui déjà désignent la honte comme le motif qui fait agir la fille mère et qui traite l'infanticide comme infraction charnelle), sanctionné d'une peine capitale aggravée (la coupable était enterrée vivante et empalée). La Carolina suit le droit antérieur dans son article 131 : « la femme qui tue secrètement, méchamment, volontairement son enfant venu vivant et bien conformé est d'habitude enterrée vivante et empalée. Mais pour éviter l'extrême désespoir, ces malfaitrices pourront être noyées, lorsque le tribunal pourra disposer à cet effet de la commodité de l'eau. Mais là où ce mal se produit souvent, nous voulons, pour augmenter la crainte, que soit maintenue la coutume d'enterrer et d'empaler ces mauvaises femmes, ou bien qu'avant d'être noyée, la malfaitrice soit déchirée avec des tenailles ardentes. » Dans la pratique on se contentait, dans la haute Allemagne, où souvent, comme en Autriche, la noyade n'était pas en usage la plupart du temps, de l'exécution par le glaive ; ailleurs, comme à Breslau (Z, x, 13), on empala effectivement jusque dans le XVIIe siècle, puis plus tard en effigie (Günther I, 262, II, 68). Par contre, la Saxe appliquait le *Culeus* (Const. Saxe, IV, 3 ; encore en 1634) qui fut aussi introduit en Prusse en 1714, mais qui y fut supprimé en 1740.

Cependant dès le début du XVIIIe siècle (1), la littérature du droit naturel s'empare de l'examen psychologique de l'infanticide ; elle fait valoir un certain nombre de circonstances atténuantes, qui font apparaître la peine de mort comme injuste, et elle insiste surtout sur les moyens préventifs. La législation suit rapidement, dès 1765 par un édit prussien restreignant l'application de la peine de mort, puis par la Thérésiana de 1768, qui à la vérité prescrit encore l'empalement du cadavre, mais qui pourtant place au premier plan la nécessité de prévenir l'infanticide ; d'une façon tout à fait caractéristique, la Coutume générale de Prusse de 1794 (II, 20, 902), prescrit l'obligation pour la mère d'instruire sa fille à l'âge de 14 ans des signes de la grossesse et de la façon de nouer le cordon ombilical. Cependant, ici aussi, nous sommes toujours en présence de la peine de mort, qui est écartée seulement en 1803 par l'Autriche et en 1813 par la Bavière. Depuis cette époque, l'infanticide conserve dans la législation allemande sa situation privilégiée (il n'en est pas de même en Angleterre et en France), une minorité de législations (l'Autriche et la Hollande, ainsi que les Codes de la Suisse Française) assimilant en principe la mère légitime et la fille mère.

II. — **L'infanticide** est l'homicide intentionnel, soit prémédité, soit non prémédité, d'un enfant illégi-

(1) Déjà LEYSER, *Meditationen*. SERVIN et autres demandent même l'impunité complète. En 1780, la question de concours posée par DALBERG et MICHAELIS sur les meilleurs moyens de prévenir l'infanticide provoqua une quantité de travaux. Cf. notamment l'ouvrage publié anonymement en 1783 par PESTALOZZI, *Uber Gesetzgebung und Kindesmord*. — L'infanticide est d'ailleurs un des thèmes préférés des beaux esprits de l'époque. Sur la période postérieure à 1770, et en particulier à propos d'une œuvre de SCHILLER, cf. MAX KOCH, *Helferich Peter Sturz*, 1879, page 210. Parmi les adversaires G. MÖSER (*Abeken*, I, 368. II, 164) qui blâmait la douceur de la nouvelle législation.

time, commis par la mère pendant l'enfantement ou immédiatement après (C. P. I., § 217). L'expression embrasse donc l'assassinat de l'enfant aussi bien que son meurtre. L'homicide par imprudence est puni d'après le C. P. I., § 222.

III. — L'**objet** de l'homicide est l'enfant et non pas le fœtus (plus haut § 80, note 1). C'est l'enfant, soit pendant l'enfantement, c'est-à-dire depuis la cessation de la respiration placentaire jusqu'au moment de la séparation physiologique (détachement du cordon ombilical), soit immédiatement après la naissance. La viabilité de l'enfant n'est pas nécessaire.

Le motif du traitement atténué de l'infanticide commis par la fille-mère réside dans la force des motifs qui poussent cette fille-mère au meurtre de l'enfant (la honte, la crainte de la charge matérielle à supporter), force qu'augmentent les circonstances de l'accouchement. Aussi le traitement atténué cesse-t-il lorsque se termine cet état de responsabilité atténuée (« immédiatement après la naissance ») (2).

La légitimité de l'enfant doit être décidée sans tenir aucun compte des présomptions du droit civil. L'erreur de la mère de l'enfant sur la légitimité reste sans influence (3).

IV. — L'**auteur** de l'infanticide ne peut être que la mère elle-même. Mais ce ne sera pas seulement la fille-mère, mais aussi la femme mariée qui accouche d'un enfant illégitime. Le traitement atténué de l'in-

(2) Le C. P. I a renoncé avec raison à la délimitation en chiffres de l'ancienne législation.

(3) Plus haut *, § 40, note 1, p. 258. Les adversaires distinguent : 1° en cas d'admission erronée de l'illégitimité, le § 217 doit être appliqué par analogie : dans ce sens BINDING, *Lehrb.* II, 32 HALSCHNER, II, 60, MEYER-ALLFELD, 376, OLSHAUSEN, § 217, 5, WERHLI, 70 ; 2° en cas d'admission erronée de la légitimité, BINDING et HALSCHNER veulent voir appliquer le § 211 (212), et OLSHAUSEN, ainsi que MEYER-ALLFELD le § 217, 3. Avec le texte KATZENSTEIN.

fanticide est applicable, soit que la mère de l'enfant ait pris part à la survenance du résultat sous la forme d'une action principale (immédiate ou médiate), soit sous la forme de la complicité, tandis que les autres participants (auteurs ou complices) seront punis pour meurtre ordinaire (plus haut * § 53, II, p. 343).

V. — **Peine** : réclusion avec minimum de trois ans ; en cas de circonstances atténuantes, emprisonnement avec minimum de deux ans (4).

§ 85. — L'homicide sur la demande de la victime.

BIBLIOGRAPHIE. — Les ouvrages cités § 35, V, v. *Liszt*, RvD, Bes. Teil, V, 126. — *Garelts*, Thèse Tubingue, 1896. — *Jeselsohn*, Thèse Erlangen, 1896. — *Wiebeck*, Thèse Rostock, 1900. — *Hauptmann*, Thèse Breslau, 1900. — *Mettgenberg*, Z, XXVII, 564.

I. **Historique**. — Le meurtre sur demande de la victime a déjà beaucoup occupé la doctrine du droit commun au XVIIIe siècle. *Kress*, *Bohmer*, *Engelhard* et plus tard *Soden* demandent une peine atténuée et ont pour adversaires *Carpzov*, *Mathäus*, *Leyser*, *Willenberg*. La Prusse, en 1721, prescrit la peine entière du coup mortel. Par contre, la Coutume Générale (A. L. R.), 834, punit ce meurtre comme assistance au suicide, c'est-à-dire d'une façon sensiblement plus modérée que l'homicide intentionnel. La majorité des Codes pénaux allemands (mais non ceux de Prusse de 1851, d'Autriche de 1852, de Bavière de 1861) suivent cet exemple, probablement à cause de la difficulté et peut-être de l'impossibilité de séparer cette infraction de l'assistance au suicide. Les dispositions du C. P. I. sont empruntées au droit saxon (qui les avait posées dès 1838).

(4) Le § 213 reste inapplicable. *Contra*, BINDING, *Manuel*, I, 33. — L'enterrement ou la dissimulation du cadavre d'un nouveau-né est puni par le C. P. I., § 367, 1. Par contre, le C. P. I. ne connaît plus le dédit du droit commun de la dissimulation de la grossesse ou de l'accouchement.

II. — Le § 216, C. P. I., vise l'homicide intentionnel (prémédité ou non prémédité), auquel l'auteur **a été déterminé** par la demande expresse et sérieuse de la victime. La mort doit donc avoir été causée par un tiers et non par le défunt lui-même (par exemple, ce dernier reste volontairement dans la chambre après que, sur sa demande, le tiers a ouvert les portes du poële.

La demande libre et consciente d'un adulte responsable est donc nécessaire (1). La résolution d'agir doit avoir été éveillée chez le meurtrier par le défunt : le consentement ne suffit pas. Par suite, l'acte doit aussi, comme dans l'instigation, répondre à la volonté de l'instigateur dans tous les points essentiels (moments, instruments de meurtre, etc.). L'erreur de l'auteur sur la réalité de la demande reste sans influence (2). Les complices doivent être jugés d'après le § 216, et les co-auteurs doivent l'être indépendamment.

III. — **Peine** : Emprisonnement de trois à cinq ans. A cause de l'indépendance du délit, la tentative reste impunie (3), mais peut être punissable, comme (lésion corporelle), si une intention éventuelle de lésion corporelle était jointe à l'intention de meurtre (plus haut § 39, note 6, p. 256) (4).

(1) Sont décisives les prescriptions du C. P. I. (§§ 51, 55 à 58). En partie différents BINDING, *Lehrb.*, II, 35, FRANK, § 216, II, JESELSOHN, 42, KATZENSTEIN, 551, MEYER-ALLFELD, 372.

(2) Cf. plus haut § 390, note 10. Dans le même sens BINDING, I, 727. *Contra* BINDING, *Lehrb.*, I, 35, FRANK, § 216, IV, JESELSOHN, 48, MEYER-ALLFELD, 373, OLSHAUSEN, § 216, IV, qui veulent aussi appliquer dans ce cas le § 216.

(3) De même R, 8 février 1896, XXVIII, 200, avec l'opinion dominante. *Contra* HÄLSCHNER, II, 58, KOHLER, *Studien*, I, 128, ainsi que récemment GARELTS, HÜCKING, GA, XXXV, 169.

(4) De même R, XXVIII, 200, FRANK, § 216, III, v. HOLTZENDORFF, HII, III, 447, MEYER-ALLFELD, 373, OLSHAUSEN, § 216, 5, KOLRAUSCH (Bibl., § 36), 98, METTGENBERG, la tentative de délit ne pouvant, suivant eux et d'après le § 43, être punie, et enfin tous

Comme les circonstances atténuantes ne sont pas prévues, on ne peut descendre en aucun cas au-dessous du minimum de trois ans (5).

§ 86. — L'homicide par imprudence.

I. — L'homicide par imprudence, inconnu au droit romain même après Adrien, est fréquemment commenté dans les sources du Moyen Age allemand et chez les Italiens. C'est ainsi que l'article 146 de la Carolina, par sa traduction libre des l. 9, § 4 et 11 pr. D. 9, 2, travestit sous la forme romaine les conceptions du droit allemand (1).

II. — Le § 222 C. P. I. punit celui qui « cause la mort d'un homme par imprudence ». Cette rédaction prudente et pourtant imprécise ne signifie en somme pas autre chose que : « celui qui tue un homme par imprudence ». Par suite, les règles posées plus haut § 81 s'appliquent ici sans restriction.

Peine : L'emprisonnement jusqu'à trois ans ; l'emprisonnement jusqu'à cinq ans si l'auteur était tenu par ses fonctions, sa profession ou son industrie, à la vigilance à laquelle il a manqué (2).

D'après les principes généraux (plus haut * § 29, III, 2, p. 187), l'imputabilité du résultat n'est pas supprimée par

ceux qui admettent l'impunité en cas de lésion corporelle du consentant. Cf. plus loin § 87, note 3.

(5) Dans ce sens l'opinion commune. *Contra* BINDING, *Lehrb.*, I, 35, FRANK, § 216, III, GARELTS, HÄLSCHNER, II, 58, v. HOLTZENDORFF, HH, III, 447, HÜCKING, GA, XXXV, 169, MEYER-ALLFELD, 373 et autres, qui veulent appliquer ici le minimum du § 263.

(1) En Saxe, au XVIIIe siècle, et dans la tradition du Sachsenspiegel, II, 14, 1, II, 38, II, 40, 1, II, 65 et des Constitutions Saxonnes, IV, 11, on paie encore aux parents poursuivants, s'il n'y a pas de condamnation à peine corporelle, le Wergeld (20 thalers pour l'homme, 10 pour la femme). D'ailleurs, il dut y avoir aussi une *actio legis Aquiliæ utilis*.

(2) Plus haut * § 42, note 5, p. 273. — Sur les fautes des médecins, cf. plus haut * § 42, VI, p. 273.

l'imprudence concomitante d'un tiers ou de la victime elle-même. Mais l'action libre et intentionnelle d'un tiers responsable supprime la responsabilité du résultat. L'assistance au suicide ne peut donc, par suite, être conçue comme meurtre médiat (3).

II. — La lésion corporelle

§ 87. — Historique et définition.

Bibliographie. — *Löffler*, RvD, Bes. Teil, v, 205. — *Geyer*, HH, II, 517, IV, 363 ; *Hälschner*, II, 83 ; *Berner*, GS, xviii, 270, xix, 1, GA, xvi, 737 ; *Schmidt*, GS, xlii, 57. — *Scheitlin*, Thèse suisse, 1890. — *Rieger*, Die Kastration in rechtlicher, sozialer und vitaler Hinsicht, 1900. — *Arthur B. Schmidt*, Medizinisches aus deutschen Rechtsquellen, 1896. — *Mommsen*, 790. — *Kohler*, Studien, IV. — *His*, 265, *Hartster*, 154 (tous deux Bibliographie, § 4.)

I. **Historique.** — La lésion corporelle, en tant que délit indépendant, a été inconnue au droit romain. Elle rentrait complètement dans la notion imprécise de l'*injuria*, qui releva d'abord exclusivement du domaine du délit civil. Il est vrai que les XII Tables ordonnaient le talion pour le *membrum ruptum*, si une transaction n'intervenait pas (*ni cum eo pacit*), mais déjà pour l'*os fractum aut collisum* intervient une amende (300 ou 150 as) et il fut de même pour toutes les autres injures (25 as). Le droit prétorien remplaça ces amendes fermes par l'*actio injuriarum aestimatoria* du droit civil. Suivant les circonstances, le *crimen vis* a pu exister. Au temps de la procédure des questions, trois cas de l'*injuria* sont pénalement frappés comme *injuriae atroces* : *pulsare*, *verberare* et *domum vi introire*, dont les deux premiers seulement rentreraient dans la conception actuelle de la lésion corporelle. Le délit indépendant de lésion corporelle fut également inconnu aux praticiens italiens.

(3) En relation avec le § 226 (sensiblement plus sévère) : le § 222 suppose qu'il n'y a même pas eu intention de lésion corporelle.

Il en fut autrement dans le Moyen Age allemand. Déjà les législations attachent la plus grande attention à la lésion corporelle. Ils sont suivis par les sources du Moyen Age ultérieur. En général on distinguait les coups (*Schläge*) simples (répondant à l'injure « réelle » du droit romain) d'une part, et d'autre part les blessures (*Blutwunden*) et mutilations (*Verstümmelungen*, *Lahmungen*, *debilitationes*) ; les premiers relèvent de la basse justice, les dernières entraînent la perte de la main (de même dans le *Sachsenspiegel* et dans les *Landfrieden*). En outre, l'acte de tirer le couteau (ainsi que d'autres) était spécialement mentionné.

Malgré le silence de la Carolina, la conception allemande se maintint, conception qui considérait la lésion corporelle comme un délit indépendant et qui la frappait pénalement, au moins dans les cas graves ; elle persista dans le droit commun. La doctrine maintient fermement comme délit la *violatio corporis* ou la *laesa sanitas*, même après que la législation des Etats (Bavière, 1616, Prusse, 1620) a commencé à appliquer la conception romane. Tandis que dans la Coutume Générale de Prusse (A. L. R.), la délimitation de l'injure et de la lésion corporelle est presque complètement effacée, cette dernière fait l'objet d'un traitement indépendant dans le Code pénal autrichien de 1803, dans le Code pénal français et dans le Code pénal bavarois de 1813. La législation moderne suit la même conception, mais elle est moins heureuse dans ses efforts pour préciser davantage la notion de la lésion corporelle et pour graduer la pénalité des diverses lésions considérées ; elle se guide sur la gravité du résultat, fréquemment mesurée à la durée de la maladie causée et de l'incapacité de travail provoquée, et cela sans considérer la faute de l'auteur ; elle tient compte aussi du mode de commission.

II. — 1. **La lésion corporelle** est le trouble (illicite) de l'intégrité corporelle (des fonctions vitales) d'autrui. Elle est constituée dès que l'état corporel existant au moment de l'action subit un trouble (soit qu'il y ait dommage, soit qu'il y ait un résultat utile) ; elle n'est donc pas exclue par le fait qu'elle doit servir de moyen curatif. Mais un certain degré de trouble qui ne peut être précisé en principe doit exister (1). La sensation de douleur n'est nécessaire en aucun cas.

Apparaissent donc comme lésion corporelle : les chocs et les coups (le *pulsare* et *verberare* des Romains), les coups et blessures du Code pénal français, les mutilations, les perclusions ; la coupe des cheveux et poils, la cassure des dents ; la provocation d'une maladie corporelle ou mentale ; la provocation des vomissements, des coliques, de l'émission du sperme ; l'énivrement, l'étourdissement, l'hypnotisation, l'éveil de la douleur ; le malaise, le dégoût, la répugnance, la crainte, la frayeur, mais seulement si le trouble n'a pas été sans importance, et, sous la même condition, l'action sur les sens (musiques discordantes, lumières aveuglantes, puanteurs, chatouillements, grattements, attouchements indécents) ; la provocation de la faim et de la soif (2).

Le résultat peut être amené immédiatement par le propre mouvement de l'auteur ou médiatement par l'utilisation d'un instrument (excitation d'un chien). L'omission de remplir une obligation (privation de nonrriture) est assimilée à la commission.

2. Le C. P. I. a divisé la notion homogène de la lésion corporelle en deux **sous-groupes** difficiles à séparer : « mauvais traitements corporels » et « dommage à la santé ». Le premier concept comprend les chocs, les coups et autres actions extérieures immédiates ou médiates sur le corps d'autrui ; le second concept comprend les troubles des fonctions

(1) Löffler, 213, demande un trouble notable et durable ; il s'élève contre la largeur de mon concept, mais reconnaît qu'elle est d'accord avec le Code pénal prussien. Binding, *Lehrbuch*, II, 42, remplace le concept, « posé par l'histoire », de la lésion corporelle, par celui, entièrement « créé de lui-même », de la lésion de la santé, auquel ne s'adaptent guère les lésions de la « seule surface du corps ».

(2) Sur la transmission des maladies sexuelles, cf. plus haut § 80, note 2.

corporelles internes. Les deux concepts se rencontrent souvent dans le même acte (3).

3. La lésion corporelle est en même temps une injure (voie de fait), si elle est l'expression consciente du dédain ou mépris. En ce cas, on applique le § 73 C. P. I.

4. L'**intention** de lésion corporelle peut se joindre à l'intention déterminée (éventuelle) de meurtre; dans l'intention de meurtre sera le plus souvent contenue celle de lésion éventuelle (plus haut * § 39, note 6, p. 256).

III.— Les principes généraux sur l'**illégalité** de l'acte et sur les motifs qui excluent cette illégalité (plus haut * §§ 32 à 35) s'appliquent sans restriction à la lésion corporelle. Mais ils s'appliquent également chaque fois qu'un droit reconnu (droit de correction, droit professionnel, etc.) est dépassé.

Abstraction faite des fautes médicales (plus haut * § 35, note 4, p. 227), le consentement de la personne lésée (plus haut * § 35, note 6, p. 229), crée des difficultés. Les dispositions du C. P. I. ne corroborent pas l'hypothèse, contraire à notre conscience juridique (du moins pour les cas graves), que l'individu est *dominus membrorum suorum* (l. 13, pr. D. 9. 2.). Le consentement doit donc être déclaré sans influence. Le fait que dans l'homicide, le consentement exerce une influence sur la criminalité de l'action, est un argument qui vient à notre appui et non contre nous. En effet, le § 216 du C. P. I. prouve qu'une disposition expresse était nécessaire

(3) Le C. C. I. fait aussi une distinction entre le « corps » et la « santé ». D'après OLSHAUSEN, le mauvais traitement corporel consiste à causer un malaise ou à troubler le bien-être ainsi qu'à modifier l'intégrité corporelle; le dommage à la santé consiste à causer une maladie. Dans le même sens R, XXIX, 58 (Ablation de la barbe). Cette opinion conduit à des résultats extrêmement peu satisfaisants dans beaucoup de cas, surtout pour celui, fréquemment traité, de la « natte coupée ». R, XXXII, 113, déduit du concept du « mauvais traitement corporel » l' « influence purement psychique », par laquelle « le bien-être psychique d'autrui est affecté ».

pour donner cet effet au consentement et que d'ailleurs, cet effet ne va que jusqu'à l'atténuation, et non pas jusqu'à l'exclusion de l'illégalité. D'ailleurs, on peut sans exagération désigner comme crime le plus grave à côté de l'homicide la mutilation consentie par la victime. Quant aux lésions corporelles peu importantes, la question se résout en considérant que les légères lésions corporelles intentionnelles ne peuvent être poursuivies que sur plainte, mais qu'en cas de dépôt de la plainte une amende de trois marks au minimum peut intervenir malgré le consentement (4).

§ 88. — Les modalités de la lésion corporelle.

BIBLIOGRAPHIE. — *V. Buri*, GS, XXXIV, 342 (Beiträge, 220). *Bernau*, Der Begriff des gefärlichen Werkzeugs im § 223 StGB (*Bennecke*, Heft 2), 1896.

I. — **Légère lésion corporelle intentionnelle** (C. P. I., § 223). C'est un délit ; par suite, sa tentative n'est pas punie. La lésion corporelle légère est aggravée lorsqu'elle a été commise contre des parents en ligne ascendante.

Peine : *a*) Pour le cas ordinaire, l'emprisonnement jusqu'à trois ans ou l'amende jusqu'à 1 000 marks ; *b*) pour le cas aggravé, l'emprisonnement ne peut descendre au dessous d'un mois avec circonstances atténuantes comme *a*)(C. P. I., § 228).

II. — **Lésion corporelle intentionnelle dangereuse** (C. P. I, § 223 *a*). Elle existe lorsqu'elle a été commise :

(4) 1. Dans le même sens R, XXIV, 369 (mais *contrà* R, XXV, 375), HÄLSCHNER, I, 471, II, 91. — 2. Pour l'impunité en général : BINDING, *Lehrb.*, I, 45, BIRKMEYER, 1166, HEIMBERGER, (Bibl., § 35, III) 1899, p. 8, FINGER, I, 416, v. HIPPEL, Z, XII, 917, MEYER-ALLFELD, 380, OLSHAUSEN, § 223, 9. — 3. v. BAR (Bibl., § 35, III) 1901, p. 13, FRANK, 17, *Abschn.*, II, 2, MERKEL, 170, OPPENHEIM, *Schweizer* Z, VI, 344, se prononcent pour l'impunité en cas de lésions corporelles légères. Il en est de même de LÖFFLER. — Cf. la bibl. du § 35, III et IV.

1° Au moyen d'une arme, et en particulier d'un couteau ou d'un autre instrument dangereux ;

2° Par une attaque sournoise [par ruse] (et en particulier lorsque l'auteur a guetté la victime ou s'est mis à couvert pour l'attaquer à l'improviste) ;

3° Par plusieurs personnes en commun (plus haut * § 50, note 11, p. 329) ;

4° Au moyen d'un traitement dangereux pour la vie.

Le mot arme ne doit pas être pris ici au sens technique (plus loin § 93, II) et signifie par suite tout instrument propre à causer des lésions par voie mécanique, notamment par l'emploi qui en a été fait dans l'espèce, sans qu'il soit tenu compte de la destination et de l'emploi habituels, de telle sorte que l'on peut citer ici une canne, une lourde clé, un verre à bière, etc. La loi nomme « le couteau et autres instruments dangereux ». L'instrument est tout objet du monde sensible, qui peut être mis en mouvement par la force corporelle de l'homme ; ce peut être une pierre, le mouvement d'une machine ; ce ne peut être le chien excité (mais le chat projeté), ni l'aliéné influencé, pas plus que le rocher immobile ou la plaque du foyer : ce n'est pas non plus le poison ou le stupéfiant agissant chimiquement. Ici aussi, il faut que dans chaque espèce le danger, c'est-à-dire la possibilité d'une lésion, existe (1).

Dans les quatre cas, l'auteur doit avoir eu conscience qu'il existait une des circonstances aggravantes, donc que son action mettait en danger la vie d'autrui, qu'il employait une arme (2).

(1) Très contesté. En même sens, Bernau, Frank, § 223 a II ; probablement aussi R Mil G, V, 41. Hésitant, se rattachant à R, Olshausen, § 223 a 5. Le C. P. I., § 367, chiffre 10, menace d'une peine de contravention celui qui, dans une rixe à laquelle il se trouve mêlé non sans sa faute, ou dans une agression (même venant de lui seul, et non de plusieurs), se sert d'une arme, en particulier d'un couteau ou d'un autre instrument dangereux.

(2) Dans le même sens Frank, § 223 a II, Halschner, II, 95, Merkel, 298, Meyer-Allfeld, 383, Olshausen, § 223 a 12 ; *Contra* avec l'opinion dominante R, en dernier lieu X, 101. Très obscur, R, xvii, 279.

Peine : Emprisonnement qui ne peut être moindre de deux mois ; en cas de circonstances atténuantes (C. P. I., § 228), emprisonnement jusqu'à trois ans ou amende jusqu'à 1 000 marks.

III. — **Lésion corporelle intentionnelle grave** (C. P. I., § 224). Elle existe lorsque l'action a pour conséquence :

1. La perte (3), soit :

a) D'un membre important (par rapport à l'ensemble de l'organisme), c'est-à-dire la mutilation. L'incapacité de se servir du membre ne suffit donc pas, tandis que la possibilité de rétablissement par l'art médical, par exemple par la rhinoplastique, n'exclut pas l'application du § ;

b) De la vision de l'un ou des deux yeux ; c'est-à-dire la perte durable de la capacité de reconnaître les objets, même si la perception de la lumière persiste ;

c) De l'ouïe pour les deux oreilles, c'est-à-dire la perte durable de la capacité de comprendre des sons articulés, même si la perception des bruits persiste ;

d) De la parole, c'est-à-dire de la capacité d'exprimer les idées par les mots ;

e) De la fécondité, c'est-à-dire non pas de la puissance sexuelle, mais de la capacité de reproduire (capacité de féconder et d'enfanter).

Le droit romain avait placé la castration sous le coup de la *lex Cornelia de sicariis* (*spadones aut thlibias facere*) et punissait aussi celui qui s'y prêtait (castrats comme esclaves, chanteurs, etc.). Justinien (558) punissait cet acte du talion. La circoncision n'était permise qu'aux juifs et étant traitée comme la castration (l. 11. D. 48, 8 ; nov. 142). Le droit franc prescrivait le Wergeld plein. La Carolina, article 133,

(3) La perte doit être admise aussi dans le cas traité plus haut, * § 29, note 6.

concevait le fait de provoquer l'infécondité comme un cas d'homicide (*homicidium conditionale*), de même d'ailleurs que l'avortement. Par contre, la doctrine ultérieure du droit commun traitait la *procuratio sterilitatis* comme un crime spécial menacé d'une peine arbitraire. De même, la jurisprudence ne maintint pas fermement la peine de mort. La législation moderne (sauf le Code pénal français, article 316) n'a pas conservé la castration comme crime spécial.

Le fait de provoquer une naissance avant terme (plus loin, § 94) n'est pas plus mentionné dans le § 224 que la perte de l'odorat ou du goût.

2. Une difformation notable et durable, c'est-à-dire un enlaidissement modifiant l'ensemble de l'aspect extérieur, même lorsque l'effet n'en est pas frappant et peut être dissimulé par des artifices de toilette (perruque, fausses dents, œil de verre) ou par les vêtements (4).

3. Un dommage grave pour la santé et notamment :

a) La langueur, c'est-à-dire une altération grave et chronique de la santé sans espoir certain de guérison ;

b) La perclusion ou paralysie, c'est-à-dire l'atteinte pour tout l'individu (au moins médiatement) à la capacité de faire agir volontairement les muscles (y compris les muscles du sphincter anal ou de la vessie), donc plus spécialement la capacité de se mouvoir dans l'espace (comme dans le cas précédent sans espoir certain de guérison) ;

c) La maladie mentale dans le sens exposé au § 38, comprenant donc également les états d'inconscience et de dégénérescence. Par contre, le trouble mental passager n'est pas une maladie mentale ; ceci résulte de l'assimilation avec la langueur et la perclusion.

(4) Dans le même sens l'opinion générale quant au premier cas, en sens différent quant au second ainsi que R, xiv, 344.

Peine : réclusion jusqu'à cinq ans ou emprisonnement qui ne peut être moindre d'un an ; en cas de circonstances atténuantes (C. P. I., § 228) emprisonnement qui ne peut être moindre d'un mois.

La peine intervient, même s'il n'existe, de la part de l'auteur, ni intention, ni imprudence quant à la gravité du résultat (plus haut * § 36, note 8, p. 240). — La tentative est punissable (plus haut, * § 46, note 8, p. 303), lorsque l'état grave a été causé par l'action inachevée. Si le résultat survenu était projeté, il faudra prononcer la réclusion de deux à dix ans (§ 225). Si le résultat était projeté, mais n'est pas survenu, il faudra atténuer les peines du § 225, d'après le § 44 C. P. I. Les circonstances atténuantes ne sont pas admises (par suite d'une erreur), contrairement à ce qui existe dans le cas traité sous IV.

IV. — **La lésion corporelle intentionnelle ayant entraîné la mort** (C. P. I., § 226).

Peine : La réclusion avec minimum de trois ans ou l'emprisonnement avec minimum de trois ans ; en cas de circonstances atténuantes (C. P. I., § 228), avec minimum de trois mois.

V. — **La lésion corporelle par imprudence** (C. P. I., § 230) ; (dommage à la santé ou mauvais traitements corporels).

Peine : Amende jusqu'à 900 marks ou emprisonnement jusqu'à deux ans ; en cas de transgression d'un devoir dans l'exercice d'une fonction, d'une industrie ou d'une profession (plus haut * § 42, note 5, p. 273), la peine peut être portée à trois années d'emprisonnement.

VI. — **La lésion corporelle commise dans l'exercice des fonctions** (C. P. I., § 340) sera traitée avec les délits commis dans l'exercice des fonctions, et *celle commise envers des subordonnés militaires* avec les infractions militaires.

§ 89. — Poursuite et condamnation.

BIBLIOGRAPHIE. — Pour III : voir plus haut § 67. Pour IV : voir plus haut § 72, III.

I. — La poursuite pénale n'est engagée qu'à la suite d'une **plainte** (C. P. I., § 132), s'il s'agit d'une lésion corporelle intentionnelle légère (non pour le cas du § 223 a) ou d'une lésion corporelle par imprudence; mais il n'en est ainsi que si la lésion corporelle n'a pas été commise avec transgression d'un devoir imposé par la fonction, la profession ou le métier. Le retrait de la plainte est permis si la lésion a été commise sur un proche.

II. — A le **droit de porter plainte** la victime ou son représentant (plus haut * § 45, p. 289). Ce droit est étendu (d'après le § 231 C. P. I.) par les §§ 195 et 196 du C. P. I., d'après lesquels sont également aurisés à déposer la plainte le mari, ainsi que le supérieur hiérarchique de la victime, concurremment avec celle-ci et indépendamment d'elle (plus loin § 97, II).

Une extension et, d'autre part, une réduction du délai pour porter plainte se produisent en cas de lésions corporelles réciproques. La conception de la réciprocité n'exige ni rapport réel ni rapport causal; il suffit que la partie lésée qui porte plainte ait elle-même lésé la partie adverse (1). Dans ce cas, si une partie requiert une condamnation, l'autre partie est obligée, sous peine de la perte de son droit, de déposer sa plainte à fin de condamnation au plus tard jusqu'à la clôture des débats en première instance

(1) Dans le même sens R. II, 87 ; HÄLSCHNER, II. 209, KRONECKER, GA, XXXIII, 21, etc. *Contrà* FRANK, § 198, I, OLSHAUSEN, § 198, I. — 2. Contesté. *Contrà* OLSHAUSEN, § 198, 7, FRANK, § 198, III.

(Proc. crim. § 428), mais d'autre, part, elle a encore le droit de faire ce dépôt, si à ce moment le délai de trois mois est déjà expiré (C. P. I., § 232 combiné avec § 198). Cette disposition n'est pas applicable dans le cas où une lésion corporelle et une injure sont en opposition (2).

III. — Dans tous les cas de lésion corporelle (3), il peut être prononcé, sur la demande de la victime et à son profit, concurremment avec la peine, une **Busse** pouvant atteindre 6.000 marks. L'attribution de la Busse exclut la revendication de tout autre droit de dédommagement. Sont solidairement responsables pour cette Busse tous ceux qui y sont condamnés (C. P. I., § 231).

IV. — **Rétorsion** (C. P. I., § 233). S'il a été rétorqué sur le champ à de légères lésions corporelles (4) par des lésions semblables, à des injures par de légères lésions corporelles ou à ces dernières par des injures, le juge peut prononcer contre les deux inculpés ou contre l'un d'eux une peine atténuée dans son mode ou dans sa mesure, ou même ne prononcer aucune peine.

(3) Dans tous les cas, dans lesquels une lésion corporelle intentionnelle ou par imprudence existe au sens du § 223, même si elle est punissable d'après une autre section du C. P. I. Même sens BINDING, *Lehrb.*, I, 52, FRANK, 17, *Abschn.*, III, ROSENFELD, *Nebenklage*, 167 ; *contrà*, en particulier OLSHAUSEN, § 231, 5.

(4) Comprend aussi bien le § 223 que le § 230, s'il n'est pas survenu de résultat grave au sens des §§ 224 et 226 ; mais non le § 340.

III. — RISQUES MENAÇANT LE CORPS ET LA VIE

§ 90. — I. L'exposition.

BIBLIOGRAPHIE. — *Radbruch*, RvD, Bes. T., V, 185. — *Mommsen*, 619, v. *Holtzendorff*, HH, III, 463. — *Platz*, Geschichte des Verbrechens der Aussetzung, 1876. — *Hälschner*, II, 76. — *H. Schmidt*, Thèse Göttingen, 1896. — *Ziehm*, Thèse Greifswald, 1897. — *Henning*, Thèse Tübingue, 1899. — *Weber*, Thèse Rostock, 1904. — *Fenner*, Thèse Marburg, 1905.

I. **Historique**. — Ni le droit romain, ni celui de l'ancien Moyen Age allemand n'ont connu l'exposition d'enfant comme crime spécial, bien que, en particulier depuis Valentinier Ier (**374**), le meurtre d'enfants en bas âge, même commis par le père, ait été traité comme un cas d'homicide. Justinien édicta la même prescription dans la Novelle 153.

Ce fut seulement le droit canon qui conçut l'exposition comme un risque pour le corps et la vie et qui en fit un crime indépendant. Malgré les hésitations des juristes italiens, la Carolina suivit cette conception dans son article 132. Elle punit de mort la femme qui expose son enfant, lorsque l'enfant meurt ; elle la frappe d'une peine extraordinaire, si l'enfant survit. La Carolina a écarté le renvoi à la peine de l'infanticide, qui figure encore dans la Bambergensis. Le droit commun (Prusse, 1620 ; Autriche, 1656 à 1768) distingua deux cas : un plus grave, s'il y avait intention de meurtre, et un moins grave, s'il n'en était pas ainsi ; dans le premier cas intervenait la peine de l'homicide et dans le second une peine atténuée. Ce n'est qu'en 1787 que l'Autriche sépare nettement l'exposition du meurtre, tandis que la Coutume générale de Prusse (A. L. R.), conserve la conception du droit commun.

La législation actuelle (dès 1812, la Bavière, article 174) étend, suivant en cela le droit canonique et quelques auteurs du droit commun (notamment *J. S. F. Böhmer*), la criminalité à l'exposition de tous ceux qui ont besoin d'être assistés (*languidi*).

II. — **Éléments de l'exposition** d'après le C. P. I., § 221 :

1. L'**objet** est une personne ayant besoin d'assistance en raison de son jeune âge, d'infirmités ou de maladie. Le besoin d'assistance, c'est-à-dire l'incapacité d'écarter de soi, par soi-même ou par l'appel à autrui, les dangers menaçant le corps, doit donc avoir sa cause dans des circonstances déterminées. En ce qui concerne le jeune âge, la limite d'âge fixe du Code pénal prussien (7 ans) a été écartée avec raison; il s'agira donc d'établir si l'enfant exposé est déjà suffisamment développé pour sortir de sa situation d'abandon par ses propres forces ou par l'appel au secours d'autrui. L'infirmité peut, mais ne doit pas forcément être produite par la faiblesse de l'âge. Doivent être considérés comme maladie le trouble mental (mais non pas une inconscience motivée par un état corporel régulier, comme le profond sommeil) et surtout les états d'étourdissement et d'enivrement ; les personnes chloroformées ou hypnotisées, ainsi que les faibles d'esprit appartiennent à la catégorie des malades au sens de la loi. Par contre, il n'y a pas exposition, lorsque le besoin de secours avait d'autres causes que celles déterminées dans la loi (par ex. l'enchaînement, le bâillonnement, l'épuisement, la surdi-mutité).

2. L'**action** est :

a) Ou bien une exposition au sens étroit, c'est-à-dire un changement complet dans la situation jusqu'alors existante ; l'action est donc achevée dès que se trouvent rompus les rapports avec le monde extérieur dans lesquels la victime s'était jusqu'alors trouvée. En outre, ce doit être une exposition dans une situation de délaissement, c'est-à-dire la mise dans un état où l'intégrité corporelle de l'exposé est en danger (plus haut * § 28, II, 3, p. 182). Par suite, il n'y a pas exposition si l'attente sûre de l'auteur, que l'exposé sera recueilli par des tiers, s'est trouvée justifiée ; pourtant la simple possibilité d'un sauvetage par des tiers n'est pas suffisante.

b) Ou bien un abandon dans une situation de détresse. Cet abandon n'est punissable que si l'abandonné était sous la protection de l'auteur ou si celui-ci avait à assurer la mise à l'abri, le transfert ou le placement de l'abandonné. Ici comme partout (plus haut * § 30, II, p. 195), l'obligation peut être imposée par la loi, par un contrat, mais aussi par une action antérieure, par exemple, par le fait pour un tiers non intéressé d'avoir recueilli un enfant exposé. Le changement dans la situation n'est pas nécessaire, mais il suffit qu'il y ait séparation dans l'espace, soit que l'auteur se soit éloigné, ou encore son protégé, soit aussi que l'entrée d'une maison ait été close, etc. La négligence de la prévoyance obligatoire (omission) suffit dans cette seconde hypothèse (1).

3. L'**intention** consiste dans la conscience de la portée dangeurese de l'action. L'intention de mettre la vie en péril n'exclut pas plus, par définition, l'intention (éventuelle) de lésions corporelles que celle-ci n'exclut l'autre (3).

III. **Peine** : L'exposition est régulièrement un délit ; elle est punie de l'emprisonnement de trois mois à cinq ans ;

(1) *Contrà* LANDSBERG (Bibl., § 30) 204. Dans le même sens que le texte, FRANK, § 221, II, HÄLSCHNER, II, 77, MEYER-ALLFELD, 391, OLSHAUSEN, § 221, 7, ZIEHM. — Une extension de la loi serait souhaitable quant à l'abandon d'enfants dans une situation non absolue de détresse, par exemple dans une salle d'attente de chemin de fer.

(3) Plus haut* § 39, note 6 p. 256. Par suite le concours idéal avec le meurtre est possible. Même sens FRANK, §§ 221, III, KÖHLER (Bibl., § 54) 83, OLSHAUSEN, § 221, 13, ainsi que R, XXV, 321. *Contra* BINDING, *Lehrbuch*, I, 63, HÄLSCHNER, II, 81, MEYER-ALLFELD, 392. Important pour le désistement de la tentative. Le § 217 admettant les circonstances atténuantes et le § 221 al. 3 ne le faisant pas, il en résulte des conséquences particulières.

lorsqu'elle a été commise par les parents contre leur enfant (4), l'emprisonnement ne peut être moindre de six mois. Si une lésion corporelle grave (C. P. I., § 224) a été causée chez la personne exposée ou abandonnée, la peine est la réclusion jusqu'à dix ans et, si la mort a été causée, la réclusion de trois à quinze ans (crime).

La tentative n'est punissable que si l'exposition est un crime ; elle est possible dans ce cas également (voir plus haut * § 46, note 8, p. 303).

§ 91. — 2. L'empoisonnement.

BIBLIOGRAPHIE. — *Löffler*, RvD, Bes. T., V, 299, 377. — *Gengler*, Verbrechen der Vergiftung, 1842. — *Hälschner*, II, 103. — *Hetzer*, Thèse Greifswald, 1897. — *Gyr*, Die Vergiftung als Gefährdungsdelikt, 1904. — *Rieth*, Thèse Wurzburg, 1905. — *Zietschmann*, Thèse Leipzig, 1905. — *Schwammberger*, Thèse Heidelberg, 1906.

I. **Historique.** — C'est seulement dans le droit actuel, et comme péril causé à dessein au corps et à la vie par l'emploi de certains moyens, que l'empoisonnement est redevenu un crime indépendant. La législation de Sylla punissait, par la *lex Cornelia de sicariis et veneficis*, l'administration, la préparation, l'achat et la vente des poisons. Par contre, les Empereurs romains unirent étroitement, sous l'influence de l'Eglise, l'empoisonnement à la magie (comme *maleficium*, c. 9, 18). Il en fut de même dans le moyen âge allemand ; cf. notamment le *Sachsenspiegel*, II, 13, 7, qui prescrit la peine du feu. La Carolina, dans son article 130, menace de la roue celui qui porte préjudice au corps et la vie d'autrui, par le poison ; l'intention ou le résultat d'homicide sont présumés, mais non exigés, ce qui fait que l'empoisonnement est reconnu comme crime indépendant. Le droit commun et la législation qui le suit distinguent, après les *Const. sax.* IV, 18, comme menaçant la sécurité générale, l'empoisonnement des fontaines et pacages ; mais le plus souvent l'em-

(4) Non les beaux-parents, les parents adoptifs, les grands-parents.

poisonnement est conçu (non par l'Autriche en 1656 et en 1768, mais par l'Autriche en 1787 et en 1803, ainsi que par la Coutume générale de Prusse A. L. R.), comme une modalité de l'assassinat, ce qui le dépouille de son caractère indépendant. Par contre, à la suite des derniers auteurs du droit commun (*Grolman*, *Feuerbach*, *Martin*, etc.), la Prusse, en 1851, fait de nouveau de l'empoisonnement un crime indépendant, et elle est suivie à son tour par le C. P. I., qui sépare strictement le risque individuel et le risque public (empoisonnement des fontaines, etc. ; plus loin, § 153).

II. — **Concept de l'empoisonnement** d'après le § 229, C. P. I.

1. Comme **moyens** la loi demande des substances qui (étant donné le mode d'emploi) sont propres à détruire la santé, soit par action chimique, soit par action mécanique (par exemple le verre pilé) c'est-à-dire qui sont propres, comme le dit l'article 301 du Code pénal français, à amener plus ou moins rapidement la mort. Parmi ces substances, les poisons, dont la loi fait une mention spéciale, ne se distinguent que parce qu'ils sont en état de produire la mort même pris par petites doses. Parmi les poisons il faut ranger les substances contagieuses (bactéries) transmissibles d'un être à un autre, comme dans le choléra, la tuberculose, etc., mais non les boissons alcooliques.

2. L'**action** consiste à faire absorber les substances mentionnées, c'est-à-dire, dans l'emploi du poison au sens étroit, à introduire celui-ci dans l'organisme, dans le sang de la victime. Il est absolument indifférent que cette introduction soit effectuée par violence ou par tromperie, qu'elle se produise par l'appareil digestif ou par l'appareil respiratoire (par narcotique), par injections sous-cutanées ou par toute autre voie.

Le crime est consommé lorsque l'auteur a fait absorber la substance; l'administration éventuelle d'un contre-poison n'exclut pas par suite la peine entraînée par le § 229, C. P. I. La culpabilité de la tentative impossible (sucre au lieu d'arsenic, etc.) se règle d'après les principes généraux commentés plus haut * § 47, p. 306.

3. L'**intention** doit impliquer la représentation que les substances administrées sont propres à détruire la santé. L'intention de créer un risque suffit donc. Mais il faut qu'intervienne encore comme motif de l'action le projet de nuire à la santé d'autrui (plus haut § 87, II). L'empoisonnement est, par suite, une infraction créant un danger dans l'intention de nuire. Si l'intention de l'auteur était de tuer par le poison, il peut exister une concurrence idéale avec les §§ 211 et suivants (1).

III. — **Peine** : Régulièrement la réclusion jusqu'à dix ans ; si, par l'action, une lésion corporelle grave (§ 224) a été causée, la réclusion avec minimum de cinq ans ; si la mort a été causée, la réclusion avec minimum de dix ans ou la réclusion perpétuelle. La tentative est possible (plus haut * § 46, note 8, p. 303) : par exemple si l'injection de poison ne réussit pas, mais a pour suite une apoplexie de la personne menacée ou la perte de la vision (dans la lutte la pointe de l'instrument pénètre dans l'œil).

A côté de la peine, une *Busse* peut être prononcée si l'empoisonnement a eu pour conséquence une lésion corporelle (2),

(1) Plus haut § 39, note 6. Même sens, FRANK, § 229, IV ; *contrà* (quoique différents dans leurs motifs), BINDING, *Lehrb.*, I, 60, HÄLSCHNER, II, 104, MEYER-ALLFELD, 395, OLSHAUSEN, § 229, 9. Par suite, il peut y avoir, avec désistement de la tentative de meurtre, empoisonnement coupable.

(2) Même sens HÄLSCHNER, II, 112, MERKEL, 302, OLSHAUSEN, § 231, 4. FRANK, § 231, II, demande une lésion corporelle grave. Cf. plus haut § 89, note 3.

§ 92. — La rixe.

Bibliographie. — *Löffler*, RvD, Bes. T., V, 311, 377. — *Marti* Thèse Berne, 1891. — *Reuter*, Der Raufhandel, etc. (Beling Heft 22) 1899. — *Regendanz*, Thèse Tubingue, 1906. — *Kriegsmann*, Mittäterschaft und Raufhaudel seit Feuerbach (Beling Heft 80), 1907.

I. **Historique.** — Les blessures et les meurtres survenant dans les rixes présentent à un double point de vue des difficultés dans leur appréciation juridique. D'une part, il est dans de nombreux cas impossible d'établir avec certitude quel est celui des participants qui a causé la mort ou la lésion corporelle. D'autre part, ce cas peut aussi se produire que le résultat survenu n'est dû qu'à l'action commune de plusieurs lésions.

Les sources allemandes et la doctrine italienne du Moyen Age ultérieur s'occupèrent fréquemment de ces difficultés, pour lesquelles le droit romain (l. 11, § 3, D. 9, 2, cf. avec l, 51, *eodem*) avait pris des dispositions contradictoires, sans pouvoir s'élever au-dessus de la création de fictions forcées. La Carolina elle-même se contente d'une fiction de cette nature lorsqu'elle décide dans son article 148 : « mais si le décédé a été dangereusement et mortellement frappé par plus d'un, à ce que l'on saurait..., et si l'on ne pouvait pas prouver par quelle main et par quel fait en particulier il est mort, ceux qui ont fait la blessure comme il a été dit seront tous punis de mort comme meurtriers. » La législation des Etats au temps du droit commun n'a pas été plus heureuse, malgré tous ses efforts pour régler moins empiriquement la question (cf. par exemple, les Constitutions Saxonnes, IV, 7). La Coutume générale de Prusse (A. L. R.), décide encore (art. 844) que celui qui aura fait le premier usage d'une arme meurtrière sera considéré comme meurtrier.

Depuis la promulgation des Codes de Brunswick et de Prusse, la législation moderne s'efforce d'éviter toutes les hypothèses arbitraires et de mesurer la peine d'après la faute, mais elle n'a que partiellement réussi. Il en est ainsi du § 227, C. P. I., qui comprend deux cas sensiblement différents et qui, pour le second de ces cas, contient des dispositions tout à fait injustifiées. Le seul point exact est d'avoir frappé le plus sévèrement possible, comme délit indépendant contre l'ordre public, la participation à une rixe.

II. — Le § 227, al. 1, punit la **participation à une rixe dangereuse**. Lorsque la mort d'un homme ou une lésion corporelle grave (§ 124) a été causée par une mêlée ou par une agression faite par plusieurs, tout individu qui aura pris part à la mêlée ou à l'agression, sera puni pour le seul fait de cette participation, au cas où elle s'est produite non sans faute de sa part.

Par suite, la participation est punissable en elle-même, comme délit indépendant, lorsque les autres conditions existent; la venue de la mort ou de la lésion corporelle grave constitue une condition de la criminalité.

La mêlée (*Schlägerei*) est la querelle entre plus de deux personnes, lorsqu'elle a dégénéré en voies de fait. L'agression (*Angriff*) a le même sens que la voie de fait (*Tätlichkeit*) proprement dite comme il est expliqué plus loin, § 96, note 2. Est considéré comme participant tout individu qui est personnellement présent sur le lieu et au moment de la rixe, et qui y prend part soit moralement (par exemple, en excitant lss combattants, etc.), soit physiquement. En admettant que la rixe se présente comme un événement homogène, il importe peu que la co-action ait eu lieu avant ou après le moment dans lequel la mort ou la lésion corporelle ont été causées. Si l'auteur de la lésion mortelle ou grave est connu, la sanction sera celle des §§ 211 et sq. et 224 et sq., C. P. I. L'excuse de la légitime défense couvre bien, vis-à-vis de ces incriminations, mais non vis-à-vis du § 227. Chaque participant coupable est responsable en vertu du § 227, même s'il est établi qu'il n'a pas causé la lésion ; c'est en particulier le cas pour la victime elle-même (1)..

La peine est l'emprisonnement jusqu'à trois ans. Il n'y a

(1) Cf. R, XXXII, 33.

pas de *Busse* à prononcer, car le coupable n'est pas puni pour avoir causé le résultat, mais pour le délit spécial de participation à une rixe (2).

III. — L'al. 2 du § 227 du C. P. I. prévoit un *cas plus grave*. Il suppose que dans une mêlée ou dans une agression faite par plusieurs, la mort d'un homme ou une grave lésion corporelle (§ 224) a été causée, mais que cette conséquence est imputable à plusieurs lésions (intentionnelles et non par imprudence) (3), qui l'ont causée non pas séparément, mais seulement par leur concours. D'après les principes généraux, il y aurait lieu ici de frapper d'après les §§ 224 à 226 chacune des personnes qui est coupable d'une de ces blessures. Or, le législateur, pour des raisons injustifiées et qui ne s'expliquent qu'historiquement, édicte pour ce cas des peines spéciales, qui, d'une part, sont d'une atténuation disproportionnée par rapport aux §§ mentionnés, et d'autre part apparaissent cependant comme d'une sévérité injustifiée. Il serait donc d'un besoin urgent que tout l'alinéa disparaisse.

Peine : la réclusion jusqu'à cinq ans ; en cas de circonstances atténuantes (§ 228), l'emprisonnement avec le minimum d'un mois. Il y a lieu de prononcer une *Busse* s'il existe une lésion corporelle.

(2) Même sens, Binding, *Lehrb.*, I, 78, Frank, § 231, II, Hälschner, II, 112, Kriegsmann, 218, Regendanz, 38, *Contra* Olshausen, § 231, 4, R, xxx, 367. Cf. plus haut § 89, note 3.

(3) Même sens Frank, § 227, IV, Hälschner, II, 110, Kriegsmann, 236, Meyer-Allfeld, 405. *Contra* Reuter, 81.

§ 93. — 4. Le duel.

Bibliographie. — Très bon exposé dans les motifs du projet prussien de 1833 (p. 101 et suivantes). — *Levi*, Zur Lehre vom Zweikampfverbrechen, 1889. — *Bodenheimer*, Thèse Würzbourg, 1891. — *Gressly*, Thèse Berne, 1896. — *v. Below*, Göttinger Gelehrte Anzeigen, 1896, p. 24. — *Le même*, Das Duel und der germanische Ehrbegriff, 1896. — *Le même*, Z, XVI, 720. — *Le même*, Programm der Akademie zu Münster 1896/7. — *Le même*, Das Duel in Deutschland. Geschichte und Gegenwart 2e éd. 1897 (en outre *Rosenfeld*, LXVIII, 577). — *Gunther*, Z, IXX, 886. *Erickson*, Das Duel im alten Strassburg, 1897. — *Vorberg*, Der Zweikampf in Frankreich, 1899. — *Le même*, Der Zweikampf in dem StGB für das deutsche Reich, 1902. — *Coulin*, Der gerichtliche Zweikampf im altfranzösischen Prozessusw ; 1re partie, 1906. — *Liepmann*, Duell und Ehre, 1904. — *Binding*, Der Zweikampf und das Gesetz, 1905. — *Guinner*, Thèse Erlangen, 1892. — *Samer*, Thèse Wurzbourg, 1906. — *Martin*, Die juristische Beurteilung des studentischen Schlägerduells, 1887. — *Berger*, Das sogenannte amerikanische Duell und die Studentische Schlägermensur.

I. **Historique et point de vue systématique.** — Les dispositions pénales contre la provocation au combat se rencontrent à partir de la seconde moitié du Moyen Age (1). Elles se rattachent, d'une part, à la protection du droit des familles,

(1) Je maintiens, contre v. Below, mon opinion précédente. v. Below conteste l'origine germanique du duel. 1. D'après lui, le duel est originaire d'Espagne (première mention certaine en 1473 et 1480), puis passe en France et en Italie, et plus tard en Allemagne (première mention 1562). Mais j'insiste contre lui sur les points suivants : 1° Pour moi, il ne s'agit nullement de l'origine historique de la coutume du duel, mais des peines du duel. Contre v. Below se prononcent d'ailleurs les droits statutaires italiens (Kohler, *Studien*, 4), qui connaissent le duel dès le XIVe siècle. — 2. Je prétends seulement que les sanctions pénales contre le duel se rattachent immédiatement à celles frappant le défi (Ausheischen). La preuve en est entre autres fournie par le *Strassburger Duellmandat* de 1650, cité par v. Below, texte qui répète textuellement les sanctions pénales antérieures contre le défi.

d'autre part à l'interdiction du duel judiciaire. Jusqu'au début du XVIIe siècle et sous l'influence des Constitutions Saxonnes (IV, 10) le provoqué n'est puni qu'arbitrairement, même s'il tue son adversaire. Mais bientôt interviennent des dispositions sévères, dans les différents pays allemands, contre l'abus qui, venu des pays latins, faisait intrusion sous une nouvelle forme (Reuss dès 1673, Autriche, 1624 ; édit contre les duels de l'Empereur Mathias de 1617, dans v. Below, XVI, 727). La Consultation impériale de 1668, qui à la vérité n'eut jamais force de loi, menaçait d'une sépulture honteuse l'individu tombé en duel, et d'une mort déshonorante le survivant. Les opinions des écrivains de la période philosophique furent partagées.

Tandis que *Beccaria*, *Soden* et autres ne veulent pas que le duel soit puni, du moins quant à celui qui a été provoqué, Frédéric II et Joseph II demandent la punition la plus sévère. La Coutume générale de Prusse (A. L. R.), art. 667, considère le duel comme un délit de caste, en tant que vengeance tirée par soi-même d'une injure subie ; elle punit l'homicide de l'adversaire comme assassinat ou meurtre, elle menace les deux partis de la perte de la noblesse et de l'honneur et elle prescrit de battre au pilori l'effigie du coupable en fuite. *Von Savigny* (comme précédemment *Michaelis*, *Sonnenfels* et autres) considérait encore qu'il était indiqué d'appliquer les peines frappant l'honneur. Ce n'est que peu à peu que la législation du XIXe siècle se persuade que la contradiction entre l'interdiction contenue dans la législation pénale et le commandement des mœurs exigeait la pression d'une peine à la vérité sévère, mais non pas déshonorante ; c'est ainsi que notre C. P. I., se rattachant au Code pénal prussien de 1851, applique (abstraction faite des cas des §§ 207 et 210) la détention subie dans une enceinte fortifiée comme *custodia honesta* pour la punition du duel. La lutte contre le duel sera injustifiée et sans issue, tant qu'il n'existera pas une protection suffisante de l'honneur.

La raison de la criminalité du duel ne réside pas dans le trouble de la paix publique, car le duel s'accomplit le plus souvent aujourd'hui dans la plus grande discrétion ; il ne réside pas non plus dans le fait qu'en se faisant illégalement justice de leurs propres mains, les auteurs ont troublé le cours des opérations judiciaires, car l'action judiciaire est simplement ignorée et il n'est fait de violence à personne ; ce motif consiste seulement en ce que le duel est un jeu dont la vie est l'enjeu, un péril menaçant la propre existence et celle d'autrui, péril que l'Etat ne croit pas pouvoir contempler froidement. Au point de vue systématique, le duel prend, parmi les crimes contre le corps et la vie, la même place que le jeu de hasard parmi les infractions contre la fortune (2).

II. — **Le concept du duel** n'est pas défini dans le C. P. I., mais il est supposé caractérisé par les mœurs (3).

1. Le **duel** (*Zweikampf*) est le combat entre deux personnes, convenu, répondant aux règles traditionnelles ou à des règles stipulées et ayant lieu avec des armes égales. Le motif du duel est indifférent pour son concept. Le caractère mortel de l'arme n'appartient pas à la définition du duel, mais notre droit en vigueur ne punit que le duel consommé avec des armes mortelles.

2. L'idée de **combat** (*Kampf*) implique une dépense réciproque de forces, de décision et d'adresse. Il n'y a pas de duel si, par exemple, les deux adversaires ont expressément ou tacitement convenu de satisfaire en apparence aux lois de l'honneur, mais de tirer en l'air tous les deux. Le duel dit américain (ou plutôt le tirage au sort de la vie) n'est pas non plus un duel (4).

(2) Opinion aujourd'hui dominante.

(3) Il faut donc exclure du concept légal du duel le combat entre femmes ou entre homme et femme.

(4) Cf. v. Liszt, *Aufsätze*, I, 1. Dans le sens du texte actuellement la plupart des auteurs, en particulier Berger et Gurimer. Opinions différentes les plus importantes : 1. C'est une complicité de suicide : entre autres Levi, 96, Meyer-Allfeld, 397, v. Wächter, 354. — 2. C'est le meurtre d'un individu consentant : Kohler, *Studien*, I, 144. — 3. C'est un assassinat (!) : Binding, I, 702, et *Lehrb.*, I, 26. — Berger, 10, fait remarquer avec raison que de tirer au-dessus du mouchoir, etc., n'est pas non plus un duel. *Contra* Frank, § 202.

Le combat doit être convenu. Peu importe que la convention ait été précédée d'une réflexion plus ou moins longue. Par suite, la rencontre est aussi un vrai duel, mais non pas l'attaque brusque dans laquelle la victime de l'agression agit en état de légitime défense.

3. — L'idée d'**arme** (*Waffe*) doit être prise ici dans son sens étroit, technique. Elle implique tous les instruments destinés à faire des blessures et propres à cet usage, lorsqu'ils sont employés conformément à leur destination. Un pugilat est, en raison du manque d'armes, aussi peu un duel qu'un assaut de boxe anglaise ou que tout autre combat similaire. Mais l'arme doit répondre à la tradition, elle doit être une arme de duel ; ceci exclut les bâtons et les gourdins aussi bien que les couteaux, les poignards et les massues (5).

La similitude des armes n'est pas exigible, pas même quant à leur genre, lorsqu'elle n'est pas exigée par la coutume. Mais, ainsi qu'il résulte de l'idée même de combat, les armes doivent être de valeur égale, afin que la victoire ne soit pas décidée d'avance avec certitude. Pour le même motif, il est aussi nécessaire que les adversaires soient égaux jusqu'à un certain point, afin que le plus faible ait un espoir même minime de vaincre. Lorsque, dans un duel au pistolet un voyant tue son adversaire aveugle, son acte constitue un assassinat ordinaire, tant au point de vue du droit qu'à celui des mœurs.

4. Mais la loi demande en outre des **armes mortelles** (*tödliche Waffen*), c'est-à-dire telles qu'elles soient destinées et propres, par un emploi conforme à leur destination, à causer des blessures mortelles.

Il n'y a pas de combat avec armes mortelles,

(5) De même R, VII, 29 et Olshausen, § 201, 9. *Contrà* (allant sensiblement plus loin), Frank, 15. *Abschn.* II, Gressly, Binding, *Lehrb.*, I, 69, Meyer-Allfeld, 398.

lorsque l'arme n'est pas destinée à blesser mortellement ou que sa destination est supprimée par des dispositifs protecteurs spéciaux. Non seulement on exige dans le combat une qualité déterminée des armes, mais aussi un emploi répondant à cette qualité. Les pistolets ne doivent pas être employés à portée de fusil, et l'on ne peut se battre en duel lorsque l'on est pourvu de cuirasses invulnérables. Le combat lui-même doit mettre la vie en danger. Par suite, les duels d'étudiants, avec emploi de la rapière, sont peut-être un duel digne d'une sanction, mais ne sont pas un duel punissable au sens du C. P. I. (6). L'application des dispositions pénales concernant la lésion corporelle et la rixe est exclue, parce que les lésions produites en duel appartiennent au duel lui-même et ne peuvent être punies à part (7). Les dispositions des législations des Etats sur les duels d'étudiants ont été abrogées par le C. P. I. en tant que lois pénales, mais non pas en tant que lois disciplinaires (8).

(6) Concordent dans leur conclusion, sinon dans leurs motifs : Berger, 36, Binding et *Lehrb.*, I, 69, Birkmeyer, 1164, Frank, 15, *Abschn.*, II, Gressly, 115, Hälschner, II, 948, Kohlrausch, 142, Liepmann, 20, Lammasch (Bibl., § 91) 44, Levi, 110, Merkel, 305, Meyer-Allfeld, 398, Olshausen, § 201, 13, 14. — Au contraire, après de fréquentes hésitations, R a déclaré par décision des *Straf penate* réunis du 6 mars 1883, VIII, 87, que le combat à la rapière (duel d'étudiants) est un duel coupable au sens de la loi.

(7) Même sens Binding, I, 368, 724, Frank, 15. *Abschn.*, III, Olshausen, 15. *Abschn.*, 3. *Contra* Hälschner, II, 944, Merkel, 305, Meyer-Allfeld, 398, mais qui admettent l'impunité à cause du consentement. L'opinion inverse oblige à punir précisément le duel sans danger (comme lésion corporelle ordinaire) plus durement que le duel dangereux.

(8) Même sens l'opinion dominante ; *contra*, pour la valabilité des dispositions pénales des Etats, Frank, 15. *Abschn.*, IV, Kronecker, GS, xxxv, 233, Sontag, Z, II ; en outre, l'ancienne jurisprudence prussienne, ainsi que la loi d'introduction badoise du 23 décembre 1871, qui, dans son art. 8, menaçait le duel à la rapière de détention simple. De toute façon, il serait bon de ré-

5. — Le duel est **consommé** dès que l'un des deux adversaires a commencé le combat, c'est-à-dire lorsqu'il a fait usage de son arme pour attaquer, et cela même si l'arme (le pistolet, par exemple) n'a pas fonctionné, ou si le combattant a intentionnellement, mais sans entente avec son adversaire, tiré en l'air (9). La tentative (tir au pistolet, entraînement pour le combat) n'est pas punissable.

III. — Mais le législateur ne s'est pas borné à sanctionner le duel en lui-même; se rattachant à l'évolution historique, il incrimine aussi certains actes préparatoires qui sont le **défi** (*Herausforderung*) et l'**acceptation** (*Annahme*) de celui-ci (10).

Peine : Généralement (C. P. I., § 201), la détention de forteresse jusqu'à six mois ; mais s'il résulte du défi que le dessein (c'est-à-dire l'intention) de faire perdre la vie à l'une des deux parties existe, soit expressément, soit en raison des conditions du combat (C. P. I., § 202), la peine est la détention de forteresse de deux mois à deux ans.

La tentative n'est pas punissable. La complicité doit être appréciée d'après les principes généraux. Le législateur relève spécialement un cas d'assistance lorsqu'il punit de la détention de forteresse jusqu'à six mois (§ 203) les porteurs du défi, c'est-à-dire ceux qui acceptent le mandat de transmettre un provocation (mais non le mandat d'accepter le défi) et qui exécutent ce mandat (aussi dans le cas du § 202).

La peine du défi et de son acceptation, ainsi que la peine du porteur du défi, cesse d'être applicable (C. P. I., § 204), lorsque les adversaires ont volontairement renoncé au duel avant de le commencer (11). Contrairement à la règle géné-

gler légalement toute la question, notamment par renvoi exprès des duels d'étudiants à la juridiction disciplinaire des Universités.

(9) Même sens Levi, 94, Olshausen, § 205, 1, R, xxi, 146. *Contra* Binding, *Lehrb.*, VI, 72, Frank, 15. *Abschn.*, I, Gressly, 108, Meyer-Allfeld, 400.

(10) Ces actes doivent être pris au sérieux ; Frank, § 201, contre R, xxii, 139.

(11) Le désistement des deux parties est nécessaire. Même sens

rale (plus haut, § 74, I), le remords actif de l'auteur principal agit ici en faveur de tous les participants.

Si le duel parvient à se consommer réellement, la criminalité des actes préparatoires est écartée pour les deux adversaires (plus haut * § 56, II, p. 356) : les autres participants, y compris les porteurs du défi (C. P. I., § 203), sont responsables d'après les principes généraux sur la complicité, mais à partir de ce moment en raison de leur participation au duel lui-même (12).

IV. — La **peine du duel** est diversement graduée par la loi.

1. Peine normale (C. P. I., § 205) : détention de forteresse de trois mois à cinq ans. La *Busse* est exclue.

2. Celui qui tue son adversaire en duel (C. P. I., § 206) est puni de la détention de forteresse avec minimum de deux ans, et si le duel devait être mortel, de la détention de forteresse avec minimum de trois ans. La peine aggravée est exclue si la mort a été produite par une lésion non intentionnelle, par exemple si, par un bond, la victime s'est enferrée elle-même ; il en est de même si la mort n'est pas en somme la conséquence d'une blessure reçue dans le combat, mais par exemple le résultat d'une congestion produite par le pansement (13).

3. Si un homicide ou une lésion corporelle a été entraîné par la transgression intentionnelle des règles stipulées ou traditionnelles du duel, l'auteur de la transgression sera puni (C. P. I., § 207), d'après les prescriptions générales sur le meurtre ou la lésion corporelle, au cas où une peine plus dure n'est pas entraînée (et non pas seulement encourue) par les dispositions ci-dessus. Il y a lieu de relever cette ap-

Gressly, 132, Levi, 122, Oetker, GS, lxiv, 215. *Contra* Kohlrausch, 145, Meyer-Allfeld, 401, Olshausen, § 204, 5, ainsi que R, xxxiv, 200, xxxv, 260. D'après Frank, § 204, II, en cas de désistement unilatéral, le désistant bénéficie de l'impunité, mais pour sa personne seulement.

(12) Même sens Olshausen, § 205, 4. *Contra* Frank, § 205, IV, Hälschner, II, 958, Levi, 127, Meyer-Allfeld, 401, note 45 ; ainsi que R, xi, 279.

(13) Même sens Binding, *Lehrb.*, I, 72, Hälschner, II, 954, Meyer-Allfeld, 400, Olshausen, § 206, 2. *Contra*, Gressly, 140, qui range aussi ici les homicides par imprudence, et Frank, § 206, I, qui y range même les homicides causés sans faute.

plication éventuelle de la peine du duel, bien que, par la transgression des règles du combat, le duel ait cessé d'être un duel. La légitime défense ne peut être invoquée.

Si le duel a eu lieu sans témoins, la peine entraînée par les §§ 205 et 206 peut être élevée de moitié, sans toutefois pouvoir dépasser quinze ans (C. P. I., § 208).

Les complices sont traités d'après les règles générales. Notamment les membres du jury d'honneur qui ordonne le duel, peuvent se rendre coupables de complicité si leur sentence a déterminé chez les adversaires la décision de se battre. Ici aussi, le législateur a spécialement relevé un cas (C. P. I., § 210) comme délit indépendant, le déclarant ainsi dégagé des conditions habituelles de la complicité. En effet, celui qui, à dessein (c'est-à-dire intentionnellement), excite un tiers au duel, en particulier par sa conduite ou par la menace de le mépriser (plus haut, § 51, note 6, p. 333), est puni, au cas où le duel a eu lieu (même si ce n'est pas par suite de son excitation), non pas de la détention de forteresse, peine régulière du duel, mais de l'emprisonnement avec minimum de trois mois.

Ne sont pas punis (C. P. I., § 209) les porteurs de défi qui se sont sérieusement employés à empêcher le duel (et non pas seulement sa continuation), les témoins réguliers et autres personnes prises comme témoins pour assister au duel, les médecins et chirurgiens.

V. — Sur le **duel pour raison de service** (C. P. M., § 112) cf. plus loin, § 205, VI.

§ 94. — 5. L'avortement.

Bibliographie. — *Radbruch*, RvD, Bes. Teil, V, 159. — *Hrehorowicz*, Das Verbrechen der Abtreibung der Leibesfrucht, 1876. — *v. Fabrice* (Bibl., § 84). — *Horch*, Thèse Giessen, 1878. — *Jungmann*, Das Verbrechen der Abtreibung, 1893. — *Lewin*, Die Fruchtabtreibung durch Gifte und andere Mittel, 2e éd., 1904. — *Schultzenstein*, Z für vgl. Rechtswissenschaft, XVII, 360. — *Mommsen*, 636. — *Kohler*, Studien, IV. — *Knapp*, 184.

I. **Historique.** — L'ancien droit romain avait remis le

châtiment de l'avortement (*abactus partus. procuratio abortus*) à la juridiction des censeurs ainsi qu'au pouvoir du père de famille. Nous ne rencontrerons de sanction édictée par l'Etat qu'à partir de Septime Sévère (l. 4, D. 47, 11 ; l. 8. D. 48, 8). Il fallait mettre un terme à la destruction de la vie de famille causée par l'aversion des Romaines pour le devoir maternel ; il parut indigne à l'Empereur que l'époux, qui avait contracté mariage dans le but d'avoir des enfants, puisse être trompé par sa femme dans ses espérances. Toutefois, il répugnait à la conception stoïcienne des juristes romains, qui considéraient le fœtus comme *mulieris portio vel viscerum*, d'accorder une protection propre à l'embryon.

Il en fut autrement dans le droit canon. Le meurtre du fœtus animé y apparaît comme *homicidium*. Mais d'après l'opinion des écrivains ecclésiastiques, qui s'appuient sur le second livre de Moïse, l'embryon n'est vivifié que lorsque *l'anima rationalis* a pénétré en lui, donc seulement six à dix semaines après la conception. Avant ce moment, l'avortement n'est puni qu'arbitrairement.

La Carolina adopte le même point de vue, tandis que la criminalité de l'avortement était en contradiction avec la conception juridique du Moyen Age allemand (*Knapp*). L'article 133 de la Carolina dit : « celui qui fait avorter l'enfant vivant d'une femme par des manœuvres, par le moyen d'aliments ou de boissons, et que cette mauvaise action s'accomplisse intentionnellement ou malignement, si c'est un homme il sera puni de mort par le glaive comme un meurtrier, et si c'est une femme, aussi lorsqu'elle a agi sur elle-même, elle sera noyée ou punie autrement de mort. Mais si un enfant n'étant pas encore vivant, a été expulsé par une femme, il faudra prendre l'avis des experts en droit ».

Bien que l'inexactitude de cette distinction entre le fœtus animé et le fœtus non animé eut été bientôt généralement reconnue par les cercles médicaux, la législation, la jurisprudence et, jusqu'à une époque bien avancée dans le xviiie siècle, la doctrine du droit commun s'en tinrent fermement à cette distinction, toutefois pour d'autres motifs. Les Constitutions saxonnes, IV, 4 (et de même l'Autriche en 1656) distinguaient entre la première et la seconde moitié de la grossesse (encore dans le même sens la Coutume générale de Prusse (A. L. R.), art. 986) ; le plus souvent la jurisprudence considérait comme décisive l'apparition des mouvements de l'enfant (de même encore aujourd'hui le droit anglais). Parmi les juristes. *Leyser* (mort en 1752) fut le premier qui rejeta radicalement cette distinction. Mais son opinion ne prévalut que peu à peu.

Pour la législation actuelle, il s'agit de protéger contre les atteintes qui les mettraient en péril, d'une part le fœtus, mais d'autre part aussi la vie et la santé de la femme enceinte. De ces considérations résulte le double point de vue de l'avortement dans les Codes : c'est, d'une part, la destruction de la vie ou la mise en péril du fœtus, et d'autre part la mise en péril de la femme enceinte. On ne peut s'empêcher de reprocher aux dispositions du C. P. I. (§§ 218 à 220) d'avoir, par leur manque de clarté, fourni l'occasion de nombreuses et difficiles controverses.

II. — **Concept de l'avortement.**

1. Son **objet** est le fœtus non encore né, c'est-à-dire non encore parvenu à une vie propre hors du corps de la mère (voir plus haut § 80, note 1).

2. L'**action** est :

a) Ou bien l'avortement (*Abtreibung*) dans son sens le plus étroit, c'est-à-dire la provocation illicite d'une naissance avant terme, même si l'intention de l'auteur n'était pas de faire périr le fœtus et même si ce résultat ne s'est pas produit (1). Il en est ainsi, si une veuve fécondée par un autre peu après la mort de son mari provoque dans le huitième mois une naissance prématurée, pour laisser croire à la conception légitime de l'enfant.

b) Ou bien le meurtre du fœtus dans le corps de la mère.

(1) Très contesté. Cf. Radbruch, 161. Dans le sens du texte, Merkel, 309, Meyer-Allfeld, 388, v. Wachter, 336 et GS, xxix, 10 ; *contra*, l'opinion commune avec R, IV, 380 (et aussi la Cour de cassation autrichienne, arrêt du 21 février 1891, xii, 137). Le meurtre du fœtus serait alors toujours nécessaire, soit par expulsion avant terme, soit par action dans le corps de la mère, de telle sorte qu'il y ait expulsion du fœtus déjà tué. Contre l'opinion commune se prononce la teneur des §§ 218-220 du C. P. I.

Il est indifférent pour le concept de l'infraction que l'avortement ait été produit par tel ou tel moyen, soit par l' « emploi » de moyens externes ou mécaniques, soit par l' « administration » de moyens internes ou dynamiques (moyens abortifs au sens étroit) ou peut-être par influence psychique. En aucun cas la tentative de suicide de la femme enceinte n'est punissable comme avortement consommé ou tenté, car le fœtus n'a pas une existence séparable de la vie de la mère. Pour le même motif, l'homicide de la femme enceinte par un tiers n'est jamais punissable comme avortement (2).

III. — **Les modalités de l'avortement.**

1. Le **cas simple** (C. P. I., § 218) embrasse aussi bien l'avortement par la mère elle-même que l'avortement consommé par un tiers avec le consentement de la mère et sur la personne de celle-ci. Le consentement suppose ici comme partout la responsabilité du consentant (3). L'admission erronée du consentement ne peut remplacer son absence. Toutefois, l'action du tiers doit, pour être passible des mêmes peines que l'avortement par la mère elle-même, apparaître, d'après les principes généraux, comme action principale ou co-action principale (la loi demande que le tiers ait employé extérieurement sur la femme enceinte les moyens abortifs ou qu'il les lui ait administrés à l'intérieur); le fait de procurer simplement les moyens relève, comme assistance, du degré pénal réduit. La femme enceinte peut, quant à l'action du tiers, être co-auteur ou complice (4).

(2) Même sens v. HOLTZENDORFF, HH, III, 459. *Contra*, l'opinion commune.

(3) Même sens BINDING, *Lehrbuch*, II, 39, OLSHAUSEN, § 218, 7, ainsi que R, XXI, 14.

(4) Même sens R, XXVIII, 164, XXIX, 10. FRANK, § 218, IV. *Contra* BINDING, *Lehrb.*, I, 39, et MEYER-ALLFELD, 387, admettent constamment la co-action. La simple tolérance de la femme enceinte

Peine : La réclusion jusqu'à cinq ans; en cas de circonstances atténuantes l'emprisonnement avec minimum de six mois. Il faut compter comme circonstance atténuante, en raison du C. P. I, § 217, l'illégitimité de la conception.

Des mots de l'al. 3, du § 218: a employé ou administré », il résulte qu'il ne peut être question de la criminalité d'un tiers, lorsque celui-ci n'a pas réussi à employer ou à administrer les moyens (par exemple, la femme enceinte n'est pas en état d'absorber le liquide qui a mauvaise odeur). Par contre, il y a tentative punissable, si les moyens effectivement employés ou administrés sont restés sans résultat, c'est-à-dire si, contre l'attente de l'auteur, ils n'ont pas amené l'avortement ou le meurtre (5). Ici aussi la consommation survient avec l'avortement ou le meurtre.

2. L'**avortement salarié** (C. P. I., § 219). Il existe, lorsque quelqu'un a procuré à une femme enceinte, ou a employé sur elle ou lui a administré, moyennant rétribution, les moyens par lesquels elle a causé l'avortement ou le meurtre du fœtus. La rétribution signifie un avantage pécuniaire (plus loin § 139, II, 2), et n'implique pas d'avantages d'autre sorte (6).

Peine : La réclusion jusqu'à dix ans. La signification de cette disposition inconnue au Code pénal prussien réside dans l'élévation notable du degré de la peine, à l'égard de la fréquence de l'activité salariée déployée par des tiers. Précisément pour ce motif, ce n'est pas seulement l'administration ou l'emploi de moyens abortifs, c'est-à-dire une co-opération apparaissant comme action principale, ou comme une co-

ne suffit pourtant pas pour admettre même l'assistance. — Contre la co-action de la femme enceinte et du tiers, également R, XXIX, 419, car la première est coupable d'après le § 218, al. 1, et le second d'après le § 218, al. 3. Les deux alinéas traitent pourtant la même infraction.

(5) Dans ce sens, en particulier OLSHAUSEN, § 218, 9. Contre l'admission d'une tentative R à plusieurs reprises, en dernier lieu XXI, 14. Au contraire, FRANK, § 218, V, admet la tentative dans les deux cas.

(6) Dans ce sens l'opinion commune. *Contra* OLSHAUSEN, § 219, I.

action principale, mais aussi le fait de procurer les moyens abortifs, c'est-à-dire une action d'assistance, qui est atteint par cette sanction aggravée, tandis que toutes les autres actions d'assistance (en particulier par le conseil) ne doivent être jugées que d'après la règle pénale moins sévère du § 218. Cette idée fondamentale du législateur impose toutefois la conclusion que la coopération de la femme enceinte elle-même ne peut en aucune circonstance être punie d'après le § 219, mais seulement d'après le § 218, al. 1 ou 3 (7). La complicité de tiers à l'avortement salarié tombe sous le § 219.

L'avortement ou le meurtre du fœtus est une condition pour l'application de la peine. En cas d'avortement tenté, le § 219 reste inapplicable. Il l'est de même (à cause du mot « *hierzu* ») lorsque l'emploi ou l'administration des moyens abortifs ne dépasse pas la phase de la tentative, mais que l'avortement se produit par une autre cause (8). Mais le § 218 peut alors être applicable.

3. **Avortement par un tiers à l'insu ou sans le consentement de la femme enceinte** (C. P. I., § 210).

Le défaut de consentement motive aussi bien la crminalité de l'auteur qui agit au su de la femme enceinte (par ex. par force), que le fait d'agir à l'insu après consentement obtenu.

Peine : La réclusion avec minimum de deux ans ; si l'action à causé la mort de la femme enceinte, la réclusion avec minimum de dix ans ou la réclusion à vie.

La faute quant à la circonstance aggravante n'est pas nécessaire. La tentative du cas qualifié (aggravé) est possible,

(7) *Contra* R, I, 350, XVI, 184 ; HÄLSCHNER, II, 71, OLSHAUSEN, § 219, 2 ; avec le texte FRANK, § 219, II, v. KRIES, Z, VII, 537, MEYER-ALLFELD, 389. Cf. aussi plus haut § 52, V.

(8) Concordant dans l'ensemble avec l'opinion commune, en particulier, se rattachant à OT, R dans un certain nombre de décisions. *Contra* HÄLSCHNER, II, 73, MEYER-ALLFELD, 389, OLSHAUSEN, § 219, 3, BELING, *Verbrechen*, 262, BINDING, *Lehrb.*, I, 40.

lorsque par l'acte de tentative, le résultat aggravant a été causé, c'est-à-dire lorsque les moyens abortifs n'ont pas, à la vérité amené l'expulsion ou la mort du fœtus, mais bien la mort de la femme enceinte (par exemple, par empoisonnement du sang. — Plus haut * § 46, note 8, p. 303.

SECTION II

Infractions contre les biens moraux (attachés à la personne)

I. — Infraction contre l'honneur

§ 95. — Histoire et conception de l'injure.

Bibliographie. — *Liepmann*, *v. Lilienthal*, RvD, Bes. T., IV, 217, 375. — *Hitzig*, Injuria. Beiträge zur Geschichte der Injuria im griechischem Recht, 1899. — *Mommsen*, 784. — *Landsberg*, Injuria und Beleidigung, 1886. — *Thiel*, Injuria und Beleidigung (*Beling*, Heft, 62), 1905. — *Brunner*, II, 671. — *Günther*, III, 1. — *Hälfte*, 525. — *Kohler*, Studien, IV. — *Harster* (Bibl. du § 4, II), 164. — *Weber*, Injurien und Schmähschriften (1793) 4e Edition, 1820. — *Binding*, Die Ehre und ihre Verletzbarkeit, 1892. — *Hefs*, Die Ehre und die Beleidigung des § 185, 1891. — *Kratz*, Der strafreihtliche Begriff und das passive Subjekt der Ehrverletzung, 1891. — *Gabler*, Das Vergehen der üblen Nachrede, 1892. — *Halschner*, II, 157. — *Frank*, GA, xxxv, 36. — *Kronecker*, GS, xxxviii, 481, 79. — *Rump*, GA, xxxv, 370. — *Wilhelm*, GA, xlv, 161. — *V. Bulow*, GS, xlvi, 260, xlviii, 1. — *Eiselen*, Wesen und Wert der Ehre, 1894. — *Spiecker*, Beiträge zur Lehre von der Beleidigung, 1899. — *V. Bar*, GS, lxii, 18. — *V. Volkmann*, Thèse Halle, 1891. — *Eichmann*, Thèse Leipzig, 1896. — *Kohler*, GA, xlvii, 1, 98. — *Friedmann* († 1901), Das Recht der Wahrheif und der Schutz des guten Namens, 1901. — *Lorsch*, Thèse Fribourg, 1904. — *Askenasy*, Strafbare Beleidigung trotz Wahrrehmung berechtigter Interessen, 1905. — *Herbst*, Thèse Göttingen, 1894. — *Mieczkowski*, Thèse Rostock, 1901. — *Doehn*, lxxi, 468. — *Bartolomäus*, Z, xvi, 399 (pour StGB, § 193). — *Heymann*, Thèse Greifswald,

1897. — *Ebert*, Thèse Tubingue, 1898. — *Ambach*, Thèse Wurzbourg, 1904. — *V. Gemmingen-Fürfeld*, Zur Lehre der Beleidigung Verstorbener (*Beling*, Heft, 66), 1905. — *Passow*, Die Kreditgefährdung des, § 187, StGB, etc. (*Beling*, Heft, 42) 1902. — *Rotering*, GS, LXII, 1. — *Hofner*, Die Ehrverletzungen unker dem Schutze des § 193, StGB, etc., 1903. — *Baumeister*, Thèse Heidelberg, 1905. — *Gütte*, Thèse Heidelberg, 1906.

I. **Historique**. — Il n'y a guère de domaine du droit pénal dans lequel le changement des conceptions apparaisse aussi clairement que dans celui des infractions dirigées contre l'honneur.

Ce que nous nommons aujourd'hui l'honneur, et ce qui a été toujours nommé ainsi par le Germain, resta toujours inconnu au droit romain. Pour ce droit, l'honneur était la pleine jouissance des droits du citoyen romain (*dignitatis illæsæ status legibus ac moribus comprobatus*), dont la possession comme la perte était exactement réglée par des prescriptions fermes, et se trouvait ainsi soustraite aux atteintes des tiers. Le dénigrement en paroles d'homme à homme n'était pas conçu par le droit romain comme une injure pouvant donner lieu à plainte (Pernice). D'après la loi des XII Tables, l'*injuria* ne se présente que comme voie de fait. Le droit ultérieur étend cette conception. La *lex Cornelia de injuriis* relève particulièrement le *pulsare ac verberare* ainsi que le *domum vi introire* ; à côté de ce dernier délit, l'insinuation des *directarii* était également punissable. Mais chaque attaque contre la situation juridique peut déterminer le magistrat à engager la plainte ; la tentative d'exciter à la débauche la femme libre ou le garçon libre (*adsectari, appellare, comitem abducere*) est spécialement relevée.

D'après le droit de Justinien, la plainte publique est admise dans tous les cas à côté de la plainte du droit privé (l. 10, J. 4, 4. ; ult. D. 47, 10).

En un seul point toutefois, le droit romain se montra de tout temps susceptible. Déjà les lois des XII Tables prononçaient la peine capitale, *si quis occentasset sive carmen condidisset, quod infamiam faceret flagitiumve alteri* (1). Et à l'époque

(1) Il ne s'agit pas seulement ici du fait de prononcer des formules d'enchantement, mais aussi de celui de chanter des chansons injurieuses.

impériale les *libelli famosi*, les libelles injurieux, le plus souvent anonymes, étaient menacés d'une peine sévère (C. 9, 36).

La conception du droit allemand était tout autre. Pour le Germain, l'honneur a sa racine dans la personne, et en même temps que dans celle-ci, dans le témoignage de la part des compagnons. Cet honneur peut être blessé par chaque mot, mais aussi bien que par le glaive, il peut être rétabli par la sentence des compagnons et par une déclaration de la part de l'adversaire. Les législations des peuples germaniques énumèrent les termes injurieux avec les réparations qu'ils entraînent ; ils nous dépeignent les diverses atteintes par voie de fait et ils s'étendent avec complaisance sur la diversité des peines qu'entraînent des attouchements indécents sur une femme ou une jeune fille. Les sources de la dernière période du Moyen Age se placent au même point de vue ; la partie lésée doit recevoir satisfaction par la rétractation, l'excuse et la reconnaissance de l'honneur, intervenant à côté du paiement d'une somme d'argent ou à sa place. Dans les cas graves sont même prononcées des peines corporelles (mais sans mutilation), l'exposition au pilori, contre les femmes l'obligation de porter la pierre des vicieuses ou autre peine semblable. La peine capitale (*Peinliche Strafe an Hals und Hand*) est exclue.

La Carolina, qui n'avait pas pris à tâche la réglementation de la basse justice, mentionne dans son article 110 (mais cf. aussi son article 216) seulement l'écrit diffamatoire (reproche d'un crime) et le punit du talion. S'appuyant sur les ordonnances impériales de police, le droit commun développe davantage la notion du libelle (auquel est assimilée l'image diffamatoire, la *pictura famosa*), mais édicte à la place du talion la peine arbitraire, qui dans les cas graves peut être la peine de mort.

La législation du XVIᵉ au XVIIIᵉ siècle (excepté la Prusse en 1620) abandonne le plus souvent l'injure au droit privé et ne considère comme l'intéressant que les cas les plus graves. Les Constitutions Saxonnes, qui sur ce point encore servirent souvent de modèle, relèvent spécialement (IV, 45) le fait de se vanter d'avoir couché avec une femme ou une jeune fille, et accorde à l'individu injurié (IV, 42) le droit le poursuivre devant la justice une rétractation publique (2), ainsi qu'une peine arbitraire pouvant aller jusqu'à l'expulsion perpétuelle du pays, cela dans le cas où l'injurié ne voudrait pas s'en tenir à la plainte civile. Fréquemment (surtout dans les provocations en duel), la plainte privée pénale est éliminée par la poursuite officielle ; dans les cas où elle persiste, elle se prescrit (pour les cas peu graves) par un an.

La législation moderne a été peu heureuse dans son traitement de l'injure. Elle n'a pa su assurer à la partie lésée une réparation répondant à notre sentiment excessif de l'honneur. Cette critique s'applique également à notre C. P. I., qui laisse indécise la définition difficile de l'injure simple, qui repousse l'injurié sur la voie épineuse de la plainte privée, qui admet la preuve sans restriction, même lorsque des faits de la vie de famille ont été livrés à la publicité par la presse, et qui, dans ses sanctions, descend jusqu'à l'extrême minimum. L'impossibilité d'extirper le duel est la preuve incontestable de l'insuffisance de notre législation (en sens différent *Liepmann*).

II. — **Concept de l'honneur.**

I. — **L'honneur** (*Ehre*), au sens juridique, n'est pas la valeur intrinsèque de l'homme, qui ne peut être atteinte par un tiers, mais son appréciation par autrui. C'est l'autorité personnelle parmi les autres citoyens (3).

(2) Sur les tentatives tentant à faire revivre cette institution, cf. les *Verhandl. des 28 DJT*, 1906 (Rapport de HELFRITZ) et à ce sujet LE COMTE DE DOHNA, 257, ainsi que LIEPMANN et v. LILIENTHAL.

(3) Contesté. — 1. Pour l'opinion du texte, aujourd'hui dominante, FRANK, 14. *Abschn.*, I. (La situation sociale, dans la mesure où elle repose sur l'estime des concitoyens), LIEPMANN, 227, v. LILIENTHAL, 73, MERKEL, 287, MEYER-ALLFELD, 421, MIECZKOWSKI, 32, OLSHAUSEN, § 185, 2, GABLER, KRATZ, LORSCH, WILHELM. — 2. BIRKMEYER, 1162, v. BURI, 1862, HÄLSCHNER, II, 164, KOHLER, 29, trouvent l'essence de l'honneur dans la valeur morale (dignité humaine). *Contra* R MilG, VIII, 132. — 3. D'après BINDING, *Lehrb.*, I, 135, 141, l'injure n'est pas une lésion à l'honneur, mais une lésion à la volonté, c'est-à-dire à la volonté qui

L'honneur est donc tout d'abord un fait : la considération acquise par la conduite dans la vie, la situation sociale. Mais l'honneur signifie en outre l'intérêt de l'individu à être considéré conformément à sa conduite. L'ordre juridique ne correspond que négativement à cet intérêt : par la double défense d'exprimer le mépris ressenti pour autrui, ou de créer, sans que cela réponde à la vérité, un fondement effectif pour le mépris d'autrui par les tiers (plus loin III).

Mais l'autorité repose sur la reconnaissance :

a) De la valeur morale ;

b) De l'accomplissement des devoirs imposés par la situation (de la valeur sociale), ainsi que de la possession des qualités et capacités corporelles et intellectuelles sans lesquelles l'accomplissement des devoirs acceptés est impossible (honneur social).

De cette conception fondamentale de l'injure résulte la justification de l'honneur de classe (*Standesehre*), et s'explique la position particulière de la lèse-majesté (plus loin § 168). C'est d'après elle également que le crédit rentre dans l'honneur (dont il est le côté économique), c'est-à-dire qu'il signifie la confiance dans la capacité et la volonté de payer de celui qui en bénéficie, dans la mesure où sa situation professionnelle le porte à solliciter du crédit (4).

2. — Le **possesseur** du bien juridique qu'est l'honneur ne peut être que l'homme vivant. Le défunt n'est plus un sujet juridique. Ce que l'on appelle injure envers les défunts est donc toujours en réalité une injure envers les survivants, et cela non pas envers tel ou tel membre de la famille ayant droit de porter

tient à l'honneur ; en autre sens I, 726. — 4. Même sens v. Bar, Eichmann, Grommes (plus loin note 18), Hess, v. Volkmann, Wachenfeld, mais qui accentuent la lésion blessante du sentiment de l'honneur contenue dans l'injure.

(4) L'opinion dominante voit dans le crédit un pur intérêt du droit régissant la fortune. Meyer-Allfeld, 421, *Passow*. Dans le sens du texte, Hess, 28, v. Volkmann, 39. Cf. plus loin § 96, IV.

plainte, mais envers la famille elle-même comme personnalité collective (5).

Par contre, l'injure est possible à l'égard de l'enfant, mais seulement dès qu'il pénètre dans un milieu créant des devoirs, par exemple l'école, et qu'il possède la conscience de ses devoirs. L'injure est également possible vis-à-vis du malade mental d'une part quant à ce qui concerne son ancienne situation de santé mentale (affirmation de fait touchant à l'honneur dans son passé), d'autre part quant à l'obscurcissement peut-être partiel seulement de son esprit (6).

De même, de la conception de l'honneur se déduit également la conclusion déjà tirée par tous les anciens auteurs, que non seulement l'individu, mais aussi les groupes d'individus, s'ils sont reconnus comme personnalités collectives dans le corps social,

(5) Contesté. — 1. Même sens, GABLER, 21, HÄLSCHNER, II, 199, KOHLER, 148, v. VOLKMANN, 52. — 2. Admettent l'injure au défunt : AMSLER, Thèse Zurich, 1871, SPIECKER, 39, 45, en partie LIEPMANN 340. — 3. D'après l'opinion dominante, le § 189, C. P. I. doit protéger le « sentiment religieux » des proches. Dans le même sens v. GEMMINGEN, HERBST, MIECZKOWSKI, LORSCH, MEYER-ALLFELD. Cette opinion, soutenue également dans les motifs du C. P. I., est contredite par la position du § 189 (d'où applicabilité, du § 193). — 4. D'après FRANK, § 189, I, c'est aussi bien le sentiment de famille que celui de piété qui est blessé.

(6) Contesté. — 1. Même sens FRANK, 14, *Abschn.*, II (pour l'essentiel). — 2. L'opinion commune admet la possibilité d'une injure dans les deux cas (R, XXVII, 366, BINDING, *Lehrb.*, VI, 139, KOHLER, 140, MEYER-ALLFELD, 424, OLSHAUSEN, § 185, 7). — 3. v. BAR, 182, v. BURI, la dénient pour les deux cas. — 4. Obscur, LIEPMANN, 344, qui se sert d'un concept général de « l'honneur humain ». — Si l'action (y compris la voie de fait) n'a lieu qu'en présence de l'intéressé, il ne peut jamais être question d'injure que si l'expression de la non considération peut être comprise par l'intéressé. Toutefois en sens contraire R, XXIX, 398. La règle *Pati quis injuriam etiamsi non sentiat potest* (l. III, § 2, D. 47, 10) est donc indubitablement exclusive. Ce qui est dit dans le texte s'applique également à la lèse-majesté.

sont détenteurs du bien de l'honneur et peuvent être comme tels l'objet d'une injure.

Toutefois, le droit pénal impérial n'a pas tiré cette conclusion. Abstraction faite de dispositions spéciales, il ne protège que l'honneur de l'individu, mais non pas celui de la corporation (7). Des exceptions sont contenues dans : *a*) le C. P. I., §§ 196, 197, injures à des administrations et à des corps politiques; *b*) C. P. I., § 187, atteinte au crédit des sociétés commerciales; *c*) C. P. I., § 189, protection de l'honneur familial. Il faudrait y joindre *d*) § 166, l'outrage à des société religieuses (voir plus loin § 118).

Il ne faut pas confondre avec la possibilité d'injurier des personnalités collectives, la possibilité d'injurier des individus par une désignation collective et la mesure de cette possibilité. Une désignation telle que le « clergé de Berlin » ou les « lieutenants de Brunswick » doit être considérée comme suffisante dès que par elle des individus sont désignés de façon reconnaissable, même s'il subsiste un doute sur la personne à laquelle il est fait allusion. Par contre, des désignations générales, telles que les « Juifs », les « boursiers », les professeurs », etc., ne sont pas propres à motiver une injure (8).

III. — **L'action.**

(7) 1. Dans ce sens l'opinion commune ainsi que LIEPMANN, 350. — 2. *Contra* v. CALKER, *D. Juristenzeitung*, VII, 277 (Injure à un journal), FRANK, 14. *Abschn.*, II, KOHLER, 141, MERKEL, 290, STENGLEIN, GS, XLII, 84, v. WÄCHTER, 388, mais surtout ROSENFELD, *Die Nebenklage*, 1900, p. 101, qui admettent pour les personnes morales la capacité d'être injuriées. — 3. v. BAR, 189, WACHENFELD, 299, et BINDING, *Lehrb.*, II, 140, la dénient absolument.

(8) R, XXIII, 247. Par contre, très contestable R, XXXI, 185 (Injure par le mot « Allemands » dans les districts de langue mixte), XXXIII, 46 (Injure par les mots « les grands propriétaires fonciers »). Contre l'extension, FRANK, 14. *Abschn.*, III, LIEPMANN, 350.

L'injure est constituée en général par toute attaque contre l'honneur d'autrui. Nous distinguerons :

1. **L'atteinte à l'honneur** (*Ehrverletzung*) en tant que l'injure est une expression de mépris (c'est-à-dire de l'appréciation personnelle sur la non-valeur d'autrui). Elle comprend :

a) La négation de la valeur morale et sociale (soit avec allégations de faits certains atteignant l'honneur, soit sans ces allégations), ainsi que la négation des qualités et capacités morales et physiques nécessaires pour l'exercice de la profession.

b) Toute autre façon d'agir exprimant le mépris, tels que les outrages en paroles et en actions, les plaisanteries grossières (9) (caricatures, railleries), les impolitesses graves, l'attribution d'actes immoraux, l'affirmation de faits touchant à l'honneur.

Dans le cercle des atteintes à l'honneur, l'outrage se distingue par la brutalité de la forme et par la gravité du mépris (10); il peut avoir lieu tant par des déclarations que par toute autre action.

2. La **mise en péril de l'honneur** ((*Ehrgefährdung*) (de la réputation, *Rufgefährdung*), en tant que l'injure est une affirmation de fait inexacte touchant à l'honneur (diffamation et propos calomnieux). Si l'affirmation renferme une appréciation personnelle de l'auteur, la mise en péril de l'honneur est en même temps une atteinte à l'honneur (11).

(9) Le *practical joke* des Américains. Cf. R, XII, 140. *Contra* LIEPMANN, 270.

(10) Cf. R, XXVIII, 403. Encore plus loin R, XXXI, 305 (le caractère des faits avancés suffit). *Contra* BELING, Z, XVIII, 285, demande l'expression d'une basse mentalité.

(11) Cf. plus loin § 96, note 4. — Même sens que le texte, v. LILIENTHAL, RvD, Bes. T., IV, 375. — FRANK, 14. *Abschn.*, I, et KOHLER, considèrent par contre dans tous les cas l'injure comme une infraction abstraite de mise en péril. De même LIEPMANN, 368 : L'injure est « tout traitement propre à dénier à un homme cette valeur spécifique dans sa propre conscience (honneur blessé) ou dans l'estime des tiers ».

L'omission (ne pas accepter la main tendue, ne pas répondre à un salut) est assimilée à la commission, si l'acte pouvait être attendu à titre d'acte juridiquement commandé (plus haut * § 30).

Le résultat produit par l'action consiste en ce que quelqu'un autre, soit l'injurié, soit un tiers, a connaissance de l'expression du mépris ou de l'affirmation touchant à l'honneur. A ce moment, la consommation existe. En cas de remise d'un écrit à la poste ou au télégraphe ou au typographe, il ne peut être admis sans plus ample informé que ces personnes ont pris connaissance du contenu de l'écrit, pas plus qu'il n'est possible de traiter comme indifférente la prise de connaissance effective.

La tentative de l'injure est concevable, mais elle n'est pas punissable.

D'après le droit en vigueur, l'injure n'est punissable que si elle est commise intentionnellement. Mais ici également, l'intention consiste essentiellement dans la connaissance de la signification injurieuse de l'action. Un dessein allant au delà de cette connaissance (*animus injuriandi*) n'est pas nécessaire.

IV. — Les principes généraux sur l'**illégalité** et sur sa cessation (plus haut * §§ 30 et sq.) doivent s'appliquer sans restriction en matière d'injure. En particulier, cette illégalité n'est pas exclue par le consentement de la victime, car l'honneur n'est pas un droit auquel on puisse renoncer ou que l'on puisse aliéner (12); mais il est probable que dans ce cas, l'intention exigible fera le plus souvent défaut. Par contre, l'illégalité cesse, dès que celui qui agit est autorisé à accomplir l'action. Le § 193 aurait précisément pour but de rappeler cette règle générale au juge et de la commenter par des exemples, mais

(12) *Contra* BINDING, I, 7[illegible]5, HÄLSCHNER, I, 472, MEYER-ALLFELD, 425.

c'est précisément en cela qu'il a jeté le trouble dans la jurisprudence. Pratiquement, la dispositon spéciale du § 193 agit comme si l'élément de l'illégalité avait été expressément et tout uniment admis dans la définition de l'incrimination de l'injure (voir plus haut * § 41, III, p. 267) (13).

Le § 193 déclare : « les appréciations blâmant des travaux et œuvres scientifiques, artistiques ou industriels, et également les déclarations qui sont faites pour la poursuite et la défense de droits, ou pour la conservation d'intérêts légitimes, ainsi que les remontrances et réprimandes des supérieurs à l'égard de leurs subordonnés, les rapports de service ou appréciations émises par un fonctionnaire et autres cas analogues ne sont punissables qu'autant que l'existence d'une injure résulte seulement de la forme de la déclaration ou des circonstances dans lesquelles elle a été faite. » Parmi les « cas analogues » compris dans la loi, il faudra ranger par exemple : l'accomplissement du devoir de témoin ; la confection d'un certificat de services ; un rapport fait de bonne foi aux autorités ; les critiques sur des opérations militaires ou officielles, dans la mesure où ces opérations sont publiques, (revue de troupes, audience d'assises, gestions des ministres responsables) ; communications faites par le médecin au chef de la famille sur les maladies des membres de la famille ; renseignements commerciaux en général, et en particulier communications des bureaux de renseignements ou des

(13) Déjà dans le même sens le droit commun. — 1. Contre le point de vue, soutenu dans le texte, de la signification purement déclaratoire du § 193, BINDING, *Lehrb.*, II, 152, FRANK, § 193, I, MERKEL, 294, MEYER-ALLFELD, 425. — 2. EBERT distingue dans le § 193 des prescriptions dispositives et déclaratoires. Aux premières appartiennent les appréciations renfermant un blâme, le maintien d'intérêts justifiés, etc. — 3. Exacts par contre, en particulier, v. BAR, HÄLSCHNER, II, 184, OLSHAUSEN, § 193, 1, ainsi que RUMP. Cf. aussi R, XV, 16. — D'après FRANK, § 193, III, BINDING, *Lehrb.*, 153, MEYER-ALLFELD, 426, il s'agit d'un cas de collision d'intérêts ; c'est reconnaître la conception du texte. — Le § 193 doit exister pour l'auteur, mais il agit alors également en faveur des complices ; R, XXIX, 6.

syndicats de protection sur les débiteurs insolvables ou négligents (14).

La conservation d'intérêts légitimes concernant un tiers rentre dans le § 193, C. P. I., lorsque celui qui agit était appelé à poursuive cette protection, et dans la mesure où il y était appelé, sans qu'il soit absolument nécessaire qu'il ait agi en vertu d'un devoir juridique (mais comme ami, collègue, et en général par des motifs moralement justifiés), pourvu qu'il se soit exprimé dans le but de défendre ces intérêts (15). On ne peut admettre une vocation spéciale de la presse à prendre la défense des intérêts d'autrui ; le rédacteur doit, lui aussi, agir en vertu de relations personnelles. Toutefois, il faut rappeler (contrairement au Tribunal d'Empire) : 1° que le rédacteur, comme tout citoyen de l'Etat, est personnellement appelé à défendre les intérêts généraux (16) ; 2° que le terme général « cas analogues » peut également s'appliquer là où la « conservation d'intérêts justifiés » doit être contestée. La fin du § 193, exprime le principe tout naturel qu'avec chaque transgression (quant au fond ou à la forme, y compris le ton de la déclaration), on pénètre à nouveau dans le domaine de l'action illicite. Mais ici aussi, il n'est pas fait mention du dessein d'injurier (17) ; la connaissance de la transgression suffit.

Mais il faut enfin que le § 193, qui en somme n'exprime aucune règle juridique nouvelle, s'applique à toute modalité d'injure, y compris spécialement la diffamation. Bien qu'une

(14) Dans le même sens R, VI, 406, X, 361 ; Cordes, GA, xxviii, 416, Jakobi, *Die Krediterkundigung nach ihrer wirtschaftlichen und nach ihrer rechtlichen Seite*. Thèse. 1891 ; Knus, *Die rechtliche Stellung der Informations büreaus*, 1896. Cf. R, xxxi, 194 (Offre d'un présent pour une action d'un fonctionnaire non contraire au devoir).

(15) Même sens en général (avec v. Bülow, GS, xlvi, 261) R, en dernier lieu xxx, 41 ; R MilG, V, 155. Par contre, admettent le maintien illimité d'intérêts d'autrui Frank, § 193, III, Kohler, 101, Meyer-Allfeld, 425. Cf. aussi C. C. I., § 824, II.

(16) R, xxv, 362, reconnaît que le rédacteur, en tant qu'appartenant à une commune, peut avoir un intérêt individuel dans les affaires de cette commune. Mais dès lors, pourquoi ne l'aurait-il pas dans les affaires de politique générale comme citoyen de l'Etat ? Cf. v. Lilienthal, RvD, IV, ainsi que R, xxxix, 399.

(17) Contestable Liepmann, 321.

justification de la diffamation ne puisse se concevoir que tout à fait exceptionnellement, on ne peut cependant nier en principe la possibilité de ce cas (par exemple, un cas de légitime défense ou de nécessité (18).

§ 96. — Les modalités de l'injure.

I. — **L'atteinte à l'honneur** (C. P. I., § 185), ou injure au sens étroit, est l'expression du mépris personnel, qu'elle se produise dans la forme d'une appréciation ou dans la forme d'une affirmation de fait impliquant l'appréciation, soit vis-à-vis de l'intéressé, soit vis-à-vis de tiers (1). Les déclarations : « tu es un trompeur » et : « il m'a trompé » ont une signification égale au point de vue du droit pénal. Mais il faut toujours qu'il s'agisse d'une appréciation de l'auteur d'une injure lui-même, et non pas seulement de la création d'une base pour les appréciations des tiers. C'est en cela que réside la différence entre l'injure (*Beleidigung*) au sens étroit et la mise en péril de la réputation (diffamation *Verleumdung*, et propos calomnieux, *üble Nachrede*).

Quant à la question de savoir s'il y a expression de mépris, elle doit se résoudre en tenant compte de la façon de voir des milieux intéressés, et non d'après une échelle générale.

(18) Dans le même sens R, XVI, 139, XXXIV, 222 ; EBERT, 69, FRANK, § 193, II, HOFNER, MEYER-ALLFELD, 426, OLSHAUSEN, § 193-2 ; GRAMMES, Thèse Erlangen, 1897. *Contra* HÄLSCHNER, II, 186, KOHLER, 103, v. LILIENTHAL, Z, XX, 445 et RvD, Bes. T., IV, 412, BINDING, *Lehrb.*, I, 155.

(1) L'injure dite conditionnelle (« Si tu fais cela, tu es une canaille ») est, ou bien une lésion de l'honneur présente et absolue (expression de défiance quant à l'honnêteté), ou bien ce n'est aucunement une injure. Car on peut se demander si l'auteur de l'appréciation actuelle maintiendra celle-ci lorsqu'interviendra la condition. Cf. à ce sujet KNOBLAUCH (Bibl., § 100), 37.

Peine : *a*) L'amende jusqu'à six cents marks ou la détention simple, ou l'emprisonnement jusqu'à un an ; *b*) si l'injure a été commise par une voie de fait, c'est-à-dire par une attaque immédiatement dirigée contre le corps de la personne objet de l'injure, et bien que l'attaque soit manquée (2), l'amende jusqu'à quinze cents marks ou l'emprisonnement jusqu'à deux ans. La différence d'intention délimite l'injure par voie de fait et la lésion corporelle ; si (comme ce serait en règle générale le cas) l'auteur a conscience que l'action aura un résultat dans ces deux sens, c'est, d'après les principes généraux, la peine maxima qui est décisive (C. P. I., § 73).

II. — **Mise en péril de l'honneur par des propos calomnieux** (C. P. I., § 186). Elle consiste dans le fait d'affirmer ou de répandre des faits concernant une autre personne, faits dont la vérité ne peut être prouvée, et qui sont de nature à rendre cette personne méprisable ou à la diminuer dans l'opinion publique.

1. Le propos calomnieux s'oppose à l'expression d'une appréciation personnelle, même fondée sur des faits. Ce n'est pas une atteinte à l'honneur mais une mise en péril de l'honneur (de la réputation) ; ce n'est pas l'expression du mépris, mais la communication d'un élément de fait, qui peut déterminer d'autres personnes au mépris. Cette infraction ne peut donc être commise vis-à-vis de l'intéressé (3), mais seulement à son sujet vis-à-vis de tiers ; elle est consommée par l'affirmation ou la mise en circulation du fait, c'est-à-dire dès que le fait a été porté à la connaissance d'un tiers. En conséquence, et contrairement à ce qui a été dit sous I, ce n'est pas la façon de voir des milieux pour lesquels

(2) Même sens R, XXVIII, 32, FRANK, § 185, VI, MEYER-ALLFELD, 430, LIEPMANN, 311. *Contra*, entre autres OLSHAUSEN, § 94, II. Le coup de fouet mal dirigé est une injure par voie de fait, consommée, de même que le baiser donné par surprise.

(3) Dans le même sens R, VII, 285, XXIX, 40.

le propos a été tenu tout d'abord, qui est décisive, mais bien celle du public appréciant sans parti pris. Si l'affirmation des faits renferme en même temps l'expression du mépris personnel, il faut admettre le concours ideal du § 186 avec le § 185 (4).

2. Le **fait** est ici comme dans l'escroquerie, déterminé par un double contraste. C'est d'abord un fait qui appartient au présent ou au passé, mais non pas ce qui appartient à l'avenir. Pour appliquer la distinction, ce sont les affirmations de l'auteur de l'injure qui sont décisives ; même une chose impossible peut être présentée comme un fait. Mais un fait est seulement ce qui peut être constaté par les sens. A cette perception l'opinion dominante assimile l'observation par soi-même (*Selbstbeobachtung*) ; elle range parmi les faits les opinions et les desseins (par exemple le dessein d'enrichissement) (5). Le fait est affirmé lorsqu'il est présenté comme objet de connaissance personnelle ; il est mis en circulation s'il est autrement communiqué à autrui. La « mise en circulation » ne signifie donc pas ici comme ailleurs (voir plus loin § 109) la propagation dans un cercle illimité de personnes, mais comprend aussi la communication faite sans intention de la voir propagée, et même la communication strictement confidentielle (6).

Le fait doit être de nature à rendre l'autre personne méprisable, c'est-à-dire à lui faire perdre toute considération ; et cela même chez quelques personnes

(4) Il me semble que le § 192 tranche la controverse dans le sens du texte. *Contra* FRANK, § 186, IV, LIEPMANN, 278, qui considèrent le § 186 comme un sous-cas du § 185.

(5) Dans ce sens l'opinion commune : FRANK, § 186, I, LIEPMANN, 255, v. LILIENTHAL, 492, HEGLER, RvD, Bes. T., VII, 420, et aussi R, en dernier lieu XXIV, 300 (à propos du § 131, C. P. I.), XXIV, 105 (à propos du § 263). Cf. plus loin § 139, II, 1.

(6) Même lorsque le fait peut être qualifié d'incroyable ; R, XXXVIII, 368.

seulement; ou encore à la diminuer dans l'opinion publique (dans un cercle indéterminé de personnes) c'est-à-dire à réduire la considération qu'on lui témoigne. Il n'est pas nécessaire que cet effort soit effectivement produit.

L'intention de l'auteur doit comprendre cette portée du fait, ainsi que l'application du fait à la personne intéressée.

3. La loi ne demande pas l'inexactitude du fait, mais seulement l'**impossibilité de prouver** le fait avancé. Ainsi qu'il résulte du texte, l'impossibilité de prouver les faits (et cela au moment de l'action principale) est une condition de la criminalité extérieure à l'infraction (plus haut * § 44, III). Il en résulte que l'intention de l'auteur n'a pas besoin de s'étendre à « l'impossibité de prouver », que par suite, malgré l'admission erronée de la possibilité de prouver ou malgré une impossibilité de prouver survenue sans la faute de l'auteur et par suite de circonstances extérieures (par ex. la mort des témoins oculaires), l'hypothèse incriminée par le § 186 a pu exister (8).

4. **Peine** : *a*) L'amende jusqu'à six cents marks ou la détention simple ou l'emprisonnement jusqu'à un an ; *b*) si l'infraction a été commise : α) publiquement, c'est-à-dire de telle sorte que l'affirmation s'est trouvée propagée dans un cercle de personnes non individuellement délimité et déterminé (8), ou β) par la mise en circulation d'écrits, d'images, etc., l'amende jusqu'à quinze cents marks ou l'emprisonnement jusqu'à deux ans. La mise en circulation doit se comprendre ici au sens technique (plus loin, § 109).

(7) Dans ce sens l'opinion commune, bien qu'avec des motifs incertains, et en particulier R, en dernier lieu XIX, 386. En sens différent Binding, *Lehrb.*, I, 159. Cf. Scheibler, Thèse Wurzbourg, 1905.

(8) Lutz, *Der Begriff der Offentlichkeit im* RStGB. Thèse Giessen, 1901 (Beling, *Heft*, 36).

III. — **La mise en péril de l'honneur par la diffamation** (9) (C. P. I., § 187) se distingue du propos calomnieux en ce que : 1° les « faits dont la vérité ne peut être prouvée » cèdent la place aux « faits inexacts » (et inexacts au moment de l'affirmation) ; 2° l'auteur agit « malgré sa connaissance meilleure » (*wider besseres Wissen*, connaissance du caractère plus favorable des faits) (10). Pour le reste, la définition de la diffamation est identique à celui des propos calomnieux.

Peine : L'emprisonnement jusqu'à deux ans ; si les circonstances aggravantes mentionnées sous 4 *b*) existent, l'emprisonnement avec minimum d'un mois. En cas de circonstances atténuantes, la peine peut, ou bien être réduite à un jour d'emprisonnement, ou bien une amende de neuf cents marks peut être prononcée.

IV. — **La mise en péril du crédit par la diffamation** (§ 187) est l'affirmation ou la mise en circulation, faite malgré une connaissance plus favorable, de faits

(9) Depuis FEUERBACH et GROLMANN, on la distingue, en tant que lésion du « droit au bon renom », de l'injure, comme lésion de l' « honneur civil », et on la détermine comme reproche d'actions illicites ou propres à rabaisser dans l'opinion du public. Contre mon opinion : — 1. Ceux qui définissent l'injure en général comme une mise en péril de l'honneur (plus haut § 95, note 11). — 2. Ceux qui voient aussi dans la diffamation une mise en péril de l'honneur, par exemple v. BAR, 97, BINDING, *Lehrbuch*, II, 159 (l'injure qualifiée par la mise en péril de la réputation), OLSHAUSEN, §§ 186, 1, 187, 1, etc. Mais les menées (*Das Untergraben*) contre l'honneur ne sont pas encore une lésion de l'honneur, bien qu'elles soient plus condamnables et plus coupables que cette lésion. L'expression « mise en péril du crédit » n'est certainement pas en faveur de mes adversaires.

(10) L'intention éventuelle ne suffit pas. Dans le même sens FRANK, § 59, III, HÄLSCHNER, II, 197, OLSHAUSEN, § 187, 3, MEYER-ALLFELD, 434, ainsi que R (cf. plus haut § 39, note 5). — Sur la relation de la diffamation à la fausse accusation, voir celle-ci, § 182, III.

concernant une autre personne et qui sont de nature à nuire au crédit de celle-ci (11). Cette disposition, empruntée au Code pénal saxon de 1868, protège aussi le crédit des sociétés commerciales, bien qu'elles soient des personnalités collectives.

Peine : Comme sous III.

V. — **Mise en péril de l'honneur familial par la diffamation de défunts** (C. P. I., § 189), c'est-à-dire dénigrement de la mémoire d'un défunt (12) par l'affirmation ou la mise en circulation, malgré une connaissance plus favorable, de faits qui l'auraient rendu méprisable de son vivant ou qui auraient été de nature à le diminuer dans l'opinion publique. Dénigrer ne doit pas être pris ici dans son sens technique, ou plutôt il n'a pas de signification. Sont autorisés à porter plainte les proches directs : les parents (ascendants) et les enfants (plus haut § 90, note 5) ainsi que l'époux; la protection du droit pénal est donc limitée aux membres de la famille qui, en raison du lien immédiat qui les unit au défunt, peuvent être considérés comme touchés par l'appréciation portée sur celui-ci (voir plus haut § 95, note 3).

Peine : emprisonnement jusqu'à six mois; en cas de circonstances atténuantes, l'amende jusqu'à neuf cents marks.

(11) Remarquez le pléonasme de la tournure : « propre à mettre en péril ». Est-ce que vraiment le danger d'un risque (*Gefahr einer Gefährdung*) serait suffisant ? — Cf. le § 824, C. C. I. Dispositions analogues dans le § 7 de la loi sur la concurrence déloyale de 1896, plus loin § 124.

(12) Pour les disparus, la déclaration de décès est nécessaire, mais aussi suffisante.

§ 97. — Poursuite et répression de l'injure.

BIBLIOGRAPHIE. — *Hertel*, Thèse Breslau, 1902. — *Köstlin*, GA, III, 306. — *Gerhard*, Thèse Wurzbourg, 1902.

I. — Avec la **preuve de la vérité** disparaît purement et simplement l'admission des délits contenus dans les §§ 186, 187 et 189 du C. P. I., lesquels exigent par définition l'inexactitude ou tout au moins l'impossibilité de prouver les faits affirmés ou mis en circulation. Mais même dans le cas du § 185 du C. P. I., la vérité des faits (si, en somme, il s'agit de faits) exclut le concept de l'injure, à moins que l'auteur n'ait ajouté à la production des faits un élément nouveau contenant une injure (C. P. I., § 192).

Si le fait est une action criminellement punissable (ne serait-ce qu'en vertu du droit d'un Etat allemand), la preuve de la vérité doit (d'après le § 190, C. P. I.) :

1. Etre considérée comme fournie, lorsque l'injurié a été valablement condamné en droit à raison de cette action ;

2. Etre considérée comme exclue si, avant l'affirmation ou la mise en circulation du fait, l'injurié a été valablement acquitté du chef de cette action, soit pour un motif d'exclusion de faute, soit pour un motif de suppression de peine (1). Par contre, on ne doit pas ranger ici la déclaration d'exemption de peine d'après le § 199.

(1) Donc également lorsqu'on admet qu'il y a prescription (plus haut § 76, note 3). Même sens v. BAR, GS, LII, 178, BINDING, I, 826, note 7. MEYER-ALLFELD, 433. Sensiblement plus stricts FRANK, § 190, I, HEINZE, HH, II, 625, HERTEL, 42, KOHLER, 139, OLSHAUSEN, § 190, 3. — Le § 190 s'applique aussi au § 185. Dans ce sens l'opinion commune. *Contra* OLSHAUSEN, § 190, 4, MEYER-ALLFELD, 429.

Si, en vue de provoquer l'ouverture d'une procédure pénale, une dénonciation de l'action punissable a été faite aux autorités, la procédure et la décision quant à l'injure doivent être suspendues jusqu'à ce qu'il ait été décidé qu'il ne sera plus ouvert d'instruction, ou jusqu'à l'achèvement de l'instruction commencée. Pendant ce temps, la prescription cesse de courir (C. P. I., § 69).

II. — La poursuite de l'injure ne s'engage que **sur plainte**. Le retrait de la plainte est possible (C. P. I., § 194).

Le droit de porter plainte est réglé tout d'abord par les principes généraux (plus haut * § 45). Si une pluralité de personnes a été lésée par une dénomination collective, chacune des personnes visiblement désignées a droit de porter plainte.

Il en est autrement en cas d'injure à une corporation. Comme il existe expressément dans la loi (§§ 189 et 196) des dispositions spéciales pour deux des cas à ranger ici, il ne reste plus à mentionner que la mise en péril du crédit d'une société commerciale. Dans ce cas, le dépôt de la plainte ne peut être fait (de même que l'introduction d'une action privée) que par les personnes chargées de représenter la société.

Si des femmes mariées ont été injuriées, le droit de porter plainte appartient tant à elles qu'à leurs époux (et aux pères) (C. P. I., § 195) (2).

Si l'injure est commise contre une administration, un fonctionnaire, un ministre d'une religion ou un membre de la force armée, agissant dans l'exercice de leurs fonctions, ou par rapport à leurs fonctions (donc non pas seulement quant à leur conduite en dehors de leurs obligations officielles), le droit de porter plainte appartient non seulement aux intéressés immédiats, mais aussi à leurs supérieurs hiérarchiques (C. P. I., § 196) (3). Par contre, le droit impérial ne connaît

(2) Ce n'est pas là un cas de l'injure dite médiate, *de l'injuria mediata ou obliqua* du droit commun. — Le § 195 n'est pas applicable pour le cas du § 189.

(3) Dans le cas du § 195 comme dans celui du § 196, c'est le

plus l'atteinte à l'honneur de la fonction qui existait encore dans le Code pénal prussien et qui provenait du droit commun.

L'injure commise contre une assemblée législative de l'Empire ou d'un Etat confédéré, ou contre une autre assemblée politique (C. P. I., § 197) n'est pas un délit à poursuivre sur simple plainte, mais seulement sur autorisation de poursuites (plus haut * **44**, note 5) (*4*).

En cas d'injure réciproque, il se produit des modifications dans le délai pour porter plainte (C. P. I., § 198). Si en effet, en cas d'injure réciproque (voir plus haut, § 89, note 1), l'une des parties a porté plainte, l'autre partie, sous peine de perdre son droit, devra déposer sa plainte au plus tard avant la fin des débats en première instance, mais elle y est alors encore autorisée, même si le délai de trois mois est déjà expiré.

III. — **Réplique** (*Erwiderung*) (§ 199, C. P. I.).

S'il a été répliqué sur le champ à une injure, le juge peut déclarer exempts de peine les deux auteurs ou l'un des deux (plus haut § 72, III).

IV. — Sur la demande des intéressés, une **Busse** jusqu'à six mille marks (C. P. I., § 188) peut être prononcée dans les cas des §§ 186 et 187 (et non pas du § 185), si l'injure entraîne des conséquences pouvant nuire à la situation de fortune, à la capacité de gagner ou de prospérer de l'injurié. Par cette Busse,

moment de l'injure qui est décisif pour la qualité de l'injurié, et pour l'ayant-droit à porter plainte c'est celui du moment du dépôt de la plainte ; partiellement différents Olshausen, § 196, 5, Stenglein, GS, xlii, 79, ainsi que R, xix, 23. La plainte peut donc être également portée après le décès de l'injurié. — Plusieurs supérieurs, soit de même grade, soit de grades différents, ont le droit de porter plainte concurremment et indépendamment.

(4) Se rangent ici non seulement les personnes morales (*Körperschaften*) nommées plus haut § 24, I, 2, mais aussi le Bundesrat et les Sénats des villes hanséatiques, ainsi que les corps (*körperschaftliche Organe*) d'administration autonome (R, xxxiii, 66).

la réclamation d'un autre dédommagement se trouve exclue.

A côté de la *Busse*, la loi (C. P. I., § 200) admet pour l'injure deux autres formes de *satisfaction privée* (plus haut * § 58, I, 1, p. 364.

1. L'expédition du jugement de condamnation et sa remise à l'injurié aux dépens du condamné (à prononcer dans tous les cas) (5).

2. La faculté pour l'injurié, c'est-à-dire pour celui qui a porté l'action pénale ou la plainte privée fondées sur l'injure (5), de publier la condamnation (non pas nécessairement le dispositif seulement) aux dépens du condamné.

Cette faculté doit être accordée en cas d'injure commise publiquement ou par mise en circulation d'écrits, de dessins, etc., sans tenir compte du mode de l'injure. Le mode de publication ainsi que son délai seront fixés par le jugement. Si l'injure a eu lieu dans un journal ou dans un périodique, le dispositif du jugement sera publié sur la requête de l'injurié, par les feuilles publiques, et cela autant que possible par le même journal ou périodique, dans la même partie du dit, et avec les mêmes caractères que ceux employés à l'impression de l'injure.

(5) Contesté. Dans le même sens Olshausen, § 200, 5, 14, ainsi que R, xiv, 327.

II. — Infractions contre la liberté personnelle

98. — Concept des infractions contre la liberté.

Bibliographie. — *Rosenfeld*, RvD, Bes. T., V, 385. — *Bruck*, Zur Lehre von den Verbrechen gegen die Willensfreiheit, 1875. — *Geyer*, HH, III, 557. — *Pälschner*, II, 117. — *Schnabel*, Thèse Zurich, 1889. — *Knitschky*, GS, XLIV, 249. — *Helmcke*, Thèse Zurich, 1895. — *Käb*, Zur Lehre von der Freiheitsberaubung, 1897. — *Riede*, Thèse Erlangen, 1898. — *Ahlwardt*, Thèse Greifswald, 1896. — *Thurow* (Bibl., § 141).

I. — La **liberté personnelle** (*Freiheit*) au sens du droit pénal est la liberté de manifester sa volonté (non la liberté des résolutions), c'est par conséquent la liberté d'action (1).

La violation de la liberté personnelle peut se produire sous autant de formes indépendantes qu'il existe de tendances particulières de la manifestation de cette liberté. Mais, pour nous, il ne s'agira d'infractions contre la liberté au sens étroit que si la limitation ou la privation de la liberté personnelle n'est pas un moyen de léser d'autres biens. C'est ainsi que le vol avec violence (Raub) apparaît comme une infraction contre le patrimoine ; la contrainte en vue de l'accomplissement d'un acte public est une infraction contre la puissance de l'Etat ; la contrainte en vue de l'omission des actes religieux est un délit qui se rapporte à la religion ; l'empêchement d'exercer le droit de vote et d'éligibilité est une infraction contre l'exercice des droits politiques. Dans cette mesure on peut parler d'un caractère « auxiliaire », « subsidiaire », des délits contre la liberté (2). Tou-

(1) Rosenfeld, 393, va plus loin.

(2) Cf. à ce sujet Rosenfeld, 394. Mais il serait inexact de vouloir en déduire l'impossibilité d'un concours idéal entre les délits

fois, le trouble de la paix juridique (la menace), ainsi que la violation de domicile sont dirigés contre des biens indépendants.

II. — La **violation de la liberté** peut être :

1. Soit le fait d'empêcher la volonté de se manifester dans une tendance donnée ou de la forcer à se manifester dans une tendance donnée : la « contrainte » (*Nötigung*) ; 2. Soit le fait d'empêcher la manifestation de volonté comme libre mouvement dans l'espace : « la séquestration (*Freiheitsberaubung*) ; 3. Soit la main mise de sa force physique propre sur autrui, par laquelle chaque manifestation indépendante de volonté est empêchée même pour l'avenir : le « rapt » (*Menschenraub*), avec, comme sous genre, le rapt d'esclaves (*Sklavenraub*), tandis que le commerce des esclaves donne lieu à une incrimination indépendante,

III. — Les **moyens de la violation de la liberté** sont :

1. La **violence** (*Gewalt*), c'est-à-dire l'emploi d'une force notable pour surmonter une résistance sensible (non pas seulement projetée), soit que cette résistance provienne du corps de l'individu ou d'un objet, soit qu'elle ait été brisée sur le champ (par exemple par un coup violent sur la tête) ou qu'elle ait été continuée pendant quelque temps. La violence est l'exercice direct d'une force corporelle propre ou l'application indirecte de forces mécaniques. La violence se manifeste toujours par une attaque matérielle, par une voie de fait, elle n'est jamais par elle-même une emprise sur la volonté ou contrainte. Certes, la violence doit être un moyen en vue d'arriver à un but ; elle doit servir à influer sur la manifestation de la volonté de la personne qu'il s'agit de dominer ; mais elle ne cesse pas pour cela d'être une force corpo-

contre la liberté au sens étroit et ces autres violations de la liberté.

relle brutale (3). C'est pour cela que la violence peut à la vérité être dirigée immédiatement contre le corps de la personne qui en est l'objet (violence « sur » la personne); mais elle peut aussi atteindre son but par voie médiate (violence « envers » la personne). Ceci est possible : 1° par la violence sur des tiers, par exemple sur le guide de l'aveugle ; 2° par la violence sur des choses qui présentent une certaine résistance, par exemple la fermeture de portes, la destruction d'un chemin, la mise en pièces d'une voiture de voyage, le fait de faire partir des chevaux, l'enlèvement des rames d'un bateau (mais non pas celui des chaussures), l'enlèvement des portes et fenêtres, pour obliger à quitter un domicile. Mais dans dans les deux cas, il faut qu'elle tende à surmonter la résistance de la personne qui est son objet, et que par suite elle soit ressentie par celle-ci comme violence. La violence est irrésistible (C. P. I., § 52), lorsqu'existent les conditions mentionnées plus haut * § 34, note 7, p. 222.

2. La **menace** (*Drohung*), c'est-à-dire la représentation d'un mal devant empêcher ou au moins restreindre la libre manifestation de la volonté (4). On peut ranger ici : la poursuite du recouvrement d'une créance, la dénonciation au parquet du Procureur, la communication à des parents, la publication dans la presse, etc., mais il faut toujours que le dommage soit présenté comme causé (immédiatement ou médiatement) par l'auteur de la menace lui-même (différence de la menace et de l'avertissement). Le préjudice peut, en soi, être causé de façon licite ou illicite. Le fait de menacer d'actes coupables ne

(3) Binding, *Lehrb.*, II, 83, comprend bien plus étroitement le concept : il demande que la formation de la volonté ou la manifestation de volonté soient rendues impossibles.

(4) Contre la tentative faite par R, xxi, 114, xxxvi, 384, pour séparer la menace et le « fait de pactiser » (*Paktieren*), cf. Frank, § 253, II, Meyer-Allfeld, 485, note 12.

constitue, de même que la menace de violence, qu'un genre spécial des menaces. Comme mode le plus grave apparaît la menace d'un danger présent pour le corps ou la vie. Le fait de menacer d'infliger un préjudice (même licite en soi), peut être de même illicite s'il n'est pas le moyen adéquat à l'obtention du but poursuivi (5). Il n'est pas nécessaire que la menace soit conçue sérieusement, c'est-à-dire qu'il n'est pas nécessaire que son exécution soit ou projetée ou possible (menace d'ensorcellement, menace avec un fusil non chargé). Mais il faut qu'elle apparaisse à la personne menacée comme sérieuse, de telle sorte qu'elle soit propre à influer sur la décision de la volonté, et celui qui menace doit avoir la conscience de cette propriété de sa menace. Si la menace conçue sérieusement n'a pas été ressentie comme telle par la personne menacée, il y a seulement tentative. Il faut aussi que la menace soit toujours dirigée contre celui qui doit être atteint dans sa liberté, qu'elle soit destinée et propre à influer sur sa manifestation de volonté. Mais la calamité qui doit influer sur sa manifestation de volonté ne doit pas nécessairement être présentée comme dirigée immédiatement contre lui-même, elle peut aussi l'être contre d'autres personnes et contre des choses. La menace peut être prononcée expressément ou indiquée par des actes (lever le poing, mettre le fusil en joue). La possibilité de fuir ou de résister n'exclut pas le concept de la menace (5).

3. La **ruse** (*List*) (6), c'est-à-dire la tromperie de celui qui agit pour dissimuler la signification causale de son acte ; c'est donc le fait de faire naître ou d'entretenir une erreur par de fausses apparences, par la défiguration ou la dissimulation des faits. La ruse

(5) Cf. § 32, II. Même sens FRANK, § 253, II.

(6) Il faut remarquer que la violence est en même temps une menace, s'il est à prévoir qu'elle se prolongera.

peut aussi être dirigée contre des tiers, par exemple l'induction en erreur d'un fonctionnaire ou du directeur d'un asile d'aliénés) (7).

4. Pour certains délits de fonctions (C. P. I., § 339), l'**abus de pouvoir** ou la menace d'un abus déterminé est assimilé aux autres moyens énumérés, c'est-à-dire à la violence et à la menace.

§ 99. — Histoire des infractions contre la liberté.

Bibliographie. — Pour la traite des esclaves : *Gareis*, HV, II, 553. — *v. Martitz*, LA, I, 3. — *H. Seuffert*, Z, xvi, 554. — *Scherling*, Die Bekämpfung von Sklavenraub und Sklavenhandel seit dem Anfange dieses Jahrhunderts, 1897 (Bennecks Heft, 8). *Jung*, Thèse Fribourg, 1887. — *Kaysel* (*Beling*, Heft, 64), 1905. — *v. Liszt*, Völkerrecht, § 36. — Pour le reste cf. Bibliographie du § 98.

I. — La conception que nous venons d'exposer, lorsqu'elle met en relief que la liberté personnelle est un bien pour chaque individu en particulier, est essentiellement d'origine moderne. Le « *crimen vis* » romain, qui se développa à la fin de la République, grâce aux troubles intérieurs (*lex Platia*, 677 de la Ville, *leges* de Pompée, de César, d'Auguste), présente toujours un caractère politique malgré l'incertaine distinction de la *vis publica* et *privata*. C'est le trouble de la paix publique, commis par des bandes, trouble cependant dirigé contre des particuliers, qui détermine sa nature la plus intime (*Mommsen*, 655). Ceci s'applique également à la violation de la paix publique (*Landfriedensbruch*, *violatio pacis*

(6) L'étourdissement, l'enivrement, l'action des narcotiques, l'hypnotisation, etc., présentent des difficultés. Ils sont constamment conçus comme « ruse » par Hälschner, II, 243, Olshausen, § 234, 5 ; constamment comme violence par Binding, *Normen*, II, 526, note 755, Frank, § 52, I, Kohler, I, 188, v. Lilienthal, Z, vii, 373, Meyer-Allfeld, 409. La seule conception exacte est de distinguer si l'état d'étourdissement, qui se présente toujours comme privation de liberté (*Freiheitsberaubung*), a été produit par la violence (coup sur la tête), la menace (contrainte à aspirer du chloroforme) ou ruse (tromperie sur l'effet).

publicæ) du droit allemand. Le concept de l'infraction contre la liberté est inconnu à la Carolina, et le droit commun n'est pas allé au delà d'une application très incertaine et obscure du *crimen vis*.

De même, le droit romain de la dernière période (C. 9, 5. *De privatis carceribus inhibendis*; Zeno 486) n'a considéré la séquestration que comme une atteinte au droit souverain de l'Etat, et ce point de vue a dominé par la suite la conception des droits allemands jusque dans une période avancée du XVIIIe siècle (La Thérésiana parle encore des prisons privées).

Seul le rapt (*plagium*) prend dans le droit romain une signification à part après que la *lex Fabia* (D. 48, 15; c. 9, 20) eut sanctionné d'une peine propre la mise en esclavage d'une personne libre ou la mise d'une personne non libre sous la dépendance du criminel (*Mommsen*, 780). Des ordonnances impériales ultérieures aggravèrent les peines d'abord légères, jusqu'à ce que Constantin aille jusqu'à la peine de mort. Le moyen âge allemand punissait le rapt dès les législations des peuples germaniques (par exemple *lex Rib.* 16, la vente au delà de la frontière), soit du Wergeld plein, soit même du Wergeld multiplié; on alla même jusqu'à la mort, les sources assimilant tantôt la prise d'un homme (*Sachsenspiegel*, II, 13, 5) au meurtre, et tantôt (*Schwabenspiegel*, 227), sous l'influence du droit canonique, la désignant et la traitant comme le vol le plus grave. Dans le silence de la Carolina, le droit commun dut remonter jusqu'au droit romain, mais il distingua comme cas remarquables, punis le plus souvent de la décapitation, d'une part le rapt d'enfant, et d'autre part le recrutement frauduleux (le *plagium militare*). Mais jusque bien avant dans le XVIIIe siècle, une conception fondamentale claire fit défaut : *J. S. F. Bohmer* (et de même la Bavière en 1751) traite encore le rapt comme un cas du vol.

II. La voie fut ouverte par la disposition de la Coutume générale de Prusse (A. L. R.) 1077 : « celui qui, par la violence, retient un homme, l'enferme ou le contraint à quelque chose contre sa volonté, etc. ». Ainsi, non seulement l'acte de retenir de force et actes semblables étaient conçus, conformément à la conception de l'ancien Moyen Age allemand (le « *ligare* » des droits coutumiers) comme une atteinte à la liberté personnelle de l'individu (section 13 :

des injures à la liberté) mais encore le concept de la contrainte était pour la première fois posé clairement. La doctrine (en particulier *Tittmann*) suivit la même voie et, dès cette époque, l'intérêt de la liberté personnelle fut à jamais séparé de celui de la paix publique pour le plus grand bien de la législation actuelle.

III. Le combat contre la **traite des noirs** en haute mer commença à la fin du XVIIIe siècle (*Wilberforce*, 1759 à 1833) et fut d'abord ouvert par l'Angleterre au moyen de traités et de lois (suppression de la traite en 1807, de l'esclavage par la loi de 1833 applicable à partir de 1843). Aux congrès de Vienne de 1814-1815, et de Vérone, 1822, les puissances déclarèrent la traite une atteinte au droit des gens européen. Mais quelques Etats seulement donnèrent une suite efficace à cette déclaration par des dispositions pénales ; ce fut le cas pour l'Autriche, par un décret aulique de 1826 (§ 95 du C. P. de 1852), pour la France par la loi du 4 mars 1831. Puis intervint le quintuple traité du 20 décembre 1841 entre l'Angleterre, la France, la Russie, l'Autriche et la Prusse, qui toutefois ne fut pas ratifié par la France, mais auquel l'Empire allemand adhéra à la place de la Prusse par le traité conclu le 29 mars 1879 avec l'Angleterre. La législation des Etats allemands avait déployé son activité dans la matière : la loi prussienne du 8 juillet 1844, les lois de Brême, Hambourg et Lubeck (1837), du Mecklembourg-Schewrin (1846), d'Oldenbourg (1876) répriment la traite par des peines réellement sévères en certaines parties. L'Acte du Congo, de Berlin (26 février 1885), mais surtout l'Acte général de Bruxelles du 2 juillet 1890 étendent la lutte à la terre ferme pour atteindre la traite dans sa racine, la chasse aux esclaves.

Le droit allemand en vigueur jusqu'en 1896 n'offrait pas de base suffisance pour combattre la traite. Les lois des Etats mentionnées plus haut ne s'appliquaient pas aux colonies allemandes. Le pouvoir de réglementation pénale indépendant que peuvent y exercer l'Empereur et le Chancelier de l'Empire (plus haut * § 17, note 4, p. 128), était complètement insuffisant. Le § 234, C. P. I., ne s'applique pas absolument à l'hypothèse de la traite. Mais surtout la poursuite pénale des chasses à l'esclave consommées à l'intérieur de l'Afrique était paralysée par le fait qu'elles se produisaient à l'étranger, et que, par suite, d'après le droit commun, elles n'étaient punissables à l'intérieur que sous certaines conditions (plus haut * § 22, IV, p. 155). Ces considérations prouvaient non seulement la nécessité d'une loi impériale spéciale, mais encore indiquaient ce que devait être le contenu de cette loi. Après quelques préliminaires fut promulguée la loi du 28 juillet 1895, concernant la répression du rapt d'esclaves et de la traite (plus loin, § 102, IV) ; il faut regretter qu'elle ne soit pas parfaite au point de vue de la technique législative.

§ 100. — 1. La contrainte.

BIBLIOGRAPHIE. — *Geyer*, HII, III, 567. — *Hälschner*, II, 118. — *Hill*, Der subsidiäre Charakter der Nötigung, 1895 — *J. Goldschmidt*, Die Strafbarkeit der widerrechtlichen Nätigung nach dem RStGB, 1897 (Bennecke Heft, 6). *Jaffé*, Thèse Erlangen, 1899. — *Fraenkel*, Die Delikte der Nötigung, Bedrohung und Erpressung in ihrem Verhältnis zu einander, 1901. — *Schreiner*, Thèse Tübingen, 1901. — *J. Stern*, Thèse Berlin, 1901. — *Bollay*, Die Grenzen der strafbaren Nätigung, 1900. — Pour V : *Stieda*, HSt, IV, 690. — *Böninger*, Die Bestrafung des Arbeitsvertragsbruchs, 1891, p. 27. — *Lövenfeld*, Archiv für soziale Gesetzgebung, III, 383. — *Knoblauch*, Thèse Halle, 1894. — *Brentano*, Der Schutz der Arbeitswilligen, 1899. — *Heinemann*, Frestschrift für Wilke, 1900. — *Brütt*, Das Koalitionsrecht, etc. (Berliner Seminarabhalgn, II, 4e livr.), 1903. — *Liechti*, Thèse Zurich, 1897. — *Frey*, Streik und Strafrecht, 1906. — *V. Berlepseh*, Das Koalitionsrecht der Arbeiter (Soziale Praxis, XIII), 1904.

I. — La **contrainte** (*Nötigung*) est l'obtention par la force de manifestations de volonté diverses (de diverses actions, soumissions ou abstentions) (1). La

(1) Le droit en vigueur n'établissant pas de distinction nette entre la notion de la contrainte et celle de la privation de liberté (*Freiheitsberaubung*, séquestration), il faut soutenir la possibilité du concours idéal des deux infractions. Dans le même sens OLSHAUSEN, § 240, 14, R, XXXI, 301. Au contraire le § 240 (soit à cause de son « caractère subsidiaire », soit comme disposition l

soumission (*Duldung*) est un sous-genre de l'omission au sens large. Elle se distingue de l'omission au sens étroit en ce que cette dernière suppose une volonté, tandis que la soumission implique une force qui ne laisse aucune place à la volonté. Elle se distingue donc en ce que l'omission, mais non pas la soumission, suppose une décision, fût-ce une décision extorquée (être forcé à entendre des propos immoraux).

II. — Les **moyens de contrainte** sont, d'après la loi : 1. La violence (*Gewalt*) (plus haut § 98, III, 1) ; 2. La menace (*Drohung*) (plus haut § 98, III, 2), sous la forme de la menace d'un crime ou délit. La loi ne mentionne pas, à côté de la violence et de la menace, la fraude comme moyen de contrainte, et cette dernière se trouve donc insuffisante en ce sens. La surprise du consentement n'est pas assimilée purement et simplement au fléchissement de la volonté, la tromperie n'est pas identifiée avec la violence (2).

III. — La contrainte n'est punissable que si elle est **illicite**, donc que si le but de la contrainte ou le moyen de la contrainte est contraire au droit. Pour que la contrainte ne soit pas illicite, il faut donc que l'auteur soit : 1. Non seulement autorisé à exiger l'action, soumission ou omission en question, mais encore, en outre : 2. Autorisé à employer les moyens de contrainte appliqués par lui, donc autorisé à employer la force ou la menace d'actes en vertu d'une

plus générale) est considéré comme exclu par BINDING, *Normen*, II, 531, BIRKMEYER, 1168, FRANK, § 240, VI, HÄLSCHNER, II, 135, R, XXV, 147. Est de même possible le concours idéal entre la contrainte et tout acte coupable qui ne peut être commis qu'au moyen de la violence (comme l'homicide et la lésion corporelle). Dans ce même sens R, XXXIII, 339, et aujourd'hui FRANK.

(2) Cf. C. P. I., § 339. — Des cas spéciaux sont contenus dans les § 114, C. P. I., § 96, C. P. Mil., § 103 de l'Ord. sur les Gens de mer de 1902, ainsi que dans le § 181 a C. P. I.

justification spéciale, sans laquelle cet emploi apparaîtrait comme crime ou délit (3). Par suite, la contrainte à l'abstention d'un acte immoral et même coupable peut être punissable (4).

La criminalité est écartée lorsque, par erreur, l'auteur n'a pas conscience de l'illégalité (plus haut * § 41, note 5, p. 267). Par contre, il n'est pas nécessaire que l'auteur ait conscience que les actes dont il menace sont eux-même punissables comme crimes ou délits. L'existence de cette exigence devra par suite être examinée objectivement, d'après les circonstances concrètes (plus loin § 147, II, 1).

IV. — La **consommation** de la contrainte, d'après le C. P. I. (les codes des Etats variaient à ce sujet), a lieu seulement lorsque l'action, la soumission ou l'abstention sont obtenues; la tentative punissable apparaît dès l'emploi de la force ou de la menace comme moyen devant amener le résultat.

Peine : Emprisonnement jusqu'à un an ou amende jusqu'à six cents marks. La nécessité de porter plainte a été supprimée en 1876.

V. — **La contrainte à la cessation du travail.**

La liberté du travail, en tant que faculté de conclure et de dénouer le contrat de travail, implique la liberté de s'entendre avec autrui en vue d'agir en commun. En conséquence, depuis le milieu du

(3) En ce sens l'opinion commune et aussi Frank, § 240, II. — La question est essentiellement autre dans la contrainte que dans le chantage (C. P. I., § 253), pour lequel toute menace suffit, donc aussi la menace de préjudices que l'auteur de la menace est autorisé à infliger.

(4) Ainsi, le sauvetage du suicidé qui résiste. En ce sens Binding, I, 737, Frank, § 240, IV, Jaffé, 46, Meyer-Allfeld, 410, Olshaulnen, § 240, 12, Stern, GS, lx, 449. Bollag, 107. *Contra* v. Lilienthal, Z, xx, 446, Kohler, GA, xlix, 6, Rosenfeld, 515, Zitelmann (Bibl., § 35), 118.

XIXe siècle (l'Angleterre dès 1834 ; Loi d'Empire sur l'industrie de 1869, § 152), la législation a reconnu le droit de coalition des ouvriers de l'industrie (mais non de l'agriculture) et elle a abrogé la peine qui frappait précédemment ces ententes. Mais, d'autre part, une peine spéciale réprime la contrainte en vue de la participation à une entente, ainsi que l'empêchement imposé au retrait d'une coalition.

Le § 153, du Code industriel décide : « celui qui, par l'emploi de la force corporelle, par des menaces, par une atteinte à l'honneur ou par une déclaration infamante, décide ou tente de décider autrui à participer à des ententes en vue d'obtenir des conditions plus favorables de salaire et de travail, en particulier par la cessation de travail ou par le renvoi d'ouvriers (*Entlassung der Arbeiter*) ou à donner suite à ces ententes, ou qui empêche ou tente d'empêcher autrui, par des moyens semblables, de se retirer d'ententes de ce genre, est puni d'emprisonnement jusqu'à trois mois, si, d'après la loi pénale générale, une peine plus grave n'intervient pas (5) ».

1. Les patrons et les salariés sont traités sur le même pied, au moins en apparence. Il s'agit d'ententes (et d' « associations »), soit entre patrons, soit entre compagnons ou ouvriers de fabrique, ententes dont le but est l'obtention de conditions plus favorables de salaire et de travail (non pas par exemple la reprise d'ouvriers congédiés, le renvoi d'un contremaître). Comme moyens les plus importants, mais non pas uniques, d'atteindre ce but, sont relevés la cessation de travail et le renvoi d'ouvriers.

2. Sont punissables : *a*) la contrainte en vue d'amener à participer ou à donner suite à de telles ententes ; *b*) la contrainte empêchant de s'en retirer.

(5) Le concours idéal avec le § 240, C. P. I. est possible. Les mots du § 153 du Code Industriel, *in fine*, ne contiennent pas autre chose que les règles juridiques du § 73, C. P. I. Même sens R, XXVII, 307.

L'action doit se produire à l'égard de ceux qui se trouvent du même côté du mouvement (6). La tentative est punie comme l'action consommée. Par contre la liberté de coalition elle-même ne bénéficie pas de la protection pénale : l'empêchement de participer à une telle entente ou l'obligation de s'en retirer ne peuvent être punies que d'après le § 240, C. P. I.

3. La notion des moyens de contrainte punissables est sensiblement élargie. La menace d'une calamité quelconque suffit, même si le fait de l'infliger n'est pas illicite. Par contre, la violence contre les choses (destruction d'outils, détérioration d'un puits, etc.) ne peut être considérée comme contrainte corporelle. Des désavantages librement convenus, tels qu'amendes, pertes de la qualité de membre de la société, etc., ne sont pas des moyens de contraintes. La lésion à l'honneur embrasse les cas des §§ 185 à 187, C. P. I.

4. Les dispositions prises par les législations des Etats avec une portée plus absolue et qui restreignent la liberté de coalition, sont sans valeur ; par exemple l'interdiction des permanences de grèves (7).

(6) Même sens Lüchti, 48, R, xxxv, 205 ; *contra* R, xxxvi, 236, xl, 226 ; Frey, 25.

(7) R, xxiv, 121, a déclaré nulle l'ordonnance lubeckoise du 21 avril 1900, mais considère comme admissibles des prescriptions de police de voirie (ce qui permet de tourner la loi). De même v. Buchka, *D. Juristen-Zeitung*, 308, Binding, *Lehrb.*, I, 95. Brütt, Meyer-Allfeld, 412. — Il va de soi que l'exercice du droit de coalition en dedans des limites tracées par le § 153 ne devrait jamais pouvoir être une action coupable (comme l'extorsion par exemple). En sens différent R, xxi, 114. Exact à ce sujet Thurow (Bibl., § 141), 90.

§ 101. — 2. La séquestration.

BIBLIOGRAPHIE. — *Geyer*, HII, III, 587. — *Hälschner*, II, 133. — *Käb* (Bibl. du § 98).

1. — La **séquestration** (*Freiheitsberaubung* ou *Einsperrung*) est l'empêchement, même passager, du libre mouvement, c'est-à-dire de la libre manifestation de volonté dans le choix du séjour. Elle suppose donc la possibilité du mouvement ; lorsque celle-ci fait défaut (internement d'un cataleptique), il ne peut exister qu'une tentative impossible. La séquestration se distingue de la contrainte en ce qu'elle n'est pas une violence en vue d'une certaine action, soumission ou omission déterminée (1).

Se guidant sur l'évolution du délit, la loi distingue (§ 239) comme cas principal la *séquestration* (*Einsperrung*), c'est-à-dire le fait de retenir dans un espace clos, soit par violence extérieure, soit par la provocation ou l'utilisation de représentations empêchant le libre mouvement (crainte, honte, erreur, suggestion hypnotique). La présence de plusieurs issues dans le local n'empêche pas l'application du concept si (à la connaissance de l'auteur) ces issues sont inconnues au séquestré, ou si elles sont gardées par l'auteur ou par ceux qui lui prêtent assistance. Il faudrait signaler à côté de l'internement, l'enchaînement et le garottement, l'enlèvement de l'échelle qui a servi à quelqu'un pour descendre dans une fosse profonde, la mise en catalepsie, en état d'ivresse en état de sommeil hypnotique (2). L'illégalité de l'acte est également un élément de la définition de la

(1) Mais cf. plus haut § 100, note 1.

(2) Par contre, BINDING, *Lehrb.*, I, 99, demande la « production mécanique d'un obstacle à la poursuite du mouvement » (FORTBEWEGUNG).

séquestration, et par suite la conscience de ce caractère est exigible (plus haut * § 41, note 4, p. 257).

II. — Dérogeant à la marche suivie dans la définition de la contrainte, le § 239 du C. P. I. n'énumère pas les **moyens** de la séquestration. Il en résulte que non seulement la violence ou la menace d'un crime ou délit sont des moyens valables de séquestration, mais qu'il en est ainsi de tous les moyens qui, en somme, sont de nature à influer sur la liberté d'action d'autrui. Ceci s'applique aussi à la fraude (plus haut § 98, III, 3).

III. — La consommation se produit avec la privation de la liberté : une privation de liberté durable constitue une infraction continue.

IV. — **Peine**:

a) Pour le cas simple, emprisonnement d'un jour à cinq ans.

b) Si la privation de liberté a duré plus d'une semaine ou si une grave lésion corporelle (C. P. I., § 224) a été causée au séquestré par la privation de liberté ou par le traitement qu'il a subi pendant cette privation : la réclusion jusqu'à dix ans, en cas de circonstances atténuantes, l'emprisonnement avec minimum d'un mois.

c) Si, de la manière indiquée sous *b*), la mort du séquestré a été causée : la réclusion avec minimum de trois ans, en cas de circonstances atténuantes, l'emprisonnement avec minimum de trois mois.

La tentative n'est pas punissable dans le cas *a*), elle est punissable dans les cas *b*) et *c*) (plus haut * 46, note 8, p. 303).

d) Sur la séquestration par un fonctionnaire, cf. C. P. I., § 341 (plus loin, § 179, IV).

§ 102. — 3. Le rapt.

BIBLIOGRAPHIE. — *Dobbelmann*, De crimine plagii, 1860. — *Hälschner*, II, 137. — *Knitschky*, GS, XLIV, 249. — *Haars*, Thèse Rostock, 1899. — Bibl. de la traite des noirs, plus haut, § 99.

I. — Le **rapt d'hommes** (*Menschenraub*, litt. vol d'hommes) est le fait de se rendre illégalement et physiquement maître d'une autre personne. Ce fait que l'auteur s'empare d'une personne constitue la différence entre le rapt et l'exposition (plus haut § 90) ; le rapt est une atteinte à la liberté, l'exposition est une mise en péril du corps et de la vie. Le rapt au sens large embrasse trois cas : 1. Le rapt d'homme proprement dit ; 2. le rapt d'enfant ; 3. le rapt d'esclave, auquel se rattache la traite.

II. Il y a **rapt d'homme** (*stricto sensu*) (C. P. I., § 234) lorsque quelqu'un s'empare d'une personne par la ruse, la menace ou la violence, pour l'exposer sans secours (§ 90, II, 2) ou pour la réduire en esclavage ou en servage ou pour l'enrôler au service militaire ou maritime à l'étranger.

Le dessein (*Absiche*) (qui n'est rien autre chose que le motif, *Beweggrund* (1) indiqué dans la loi est un élément de l'incrimination. Des buts analogues, par exemple la livraison à une bande de romanichels ou de saltimbanques, ne suffisent donc point à constituer le rapt. La réalisation du dessein ne forme pas une nouvelle infraction (plus haut * § 55, II, 4, p. 352). Le crime est consommé avec l'obtention (positive) de la maîtrise sur autrui ; la tentative commence avec l'intrusion (négative) dans la liberté personnelle. Le rapt est une infraction continue ; ce n'est qu'avec la fin de la domination obtenue que commence la prescription.

Peine : La réclusion d'un à quinze ans.

III. — Le **rapt d'enfant** (C. P. I., § 235) est commis lorsqu'une personne mineure est enlevée à ses pa-

(1) *Contra* BINDING, *Normen*, p. 602, note 894, OLSHAUSEN, § 234, 6.

rents (2) ou à son tuteur ou à son curateur (3) par la violence, la menace ou la ruse. L'enlèvement peut aussi être commis par omission illicite, c'est-à-dire, par le refus de donner des renseignements sur le lieu où séjourne le mineur enlevé (4). Au sens de la loi, l'infraction est dirigée, en tant qu'infraction contre la liberté, contre la personne du mineur, et non contre les droits familiaux de ceux qui ont autorité sur lui ; pourtant, leur consentement exclut l'illégalité de l'acte, tandis que le consentement du mineur reste sans influence, Si le mineur s'enfuit lui-même (même s'il échappe à ses parents à l'instigation de l'auteur), il n'y a pas rapt.

Les auteurs peuvent être même les père et mère ou le tuteur de l'enfant, lorsque la garde de l'enfant leur a été retirée ou n'appartient pas à eux seuls.

Le rapt d'enfant est consommé dès que le pouvoir du détenteur ordinaire de l'autorité est supprimé et qu'un pouvoir étranger s'est constitué (5) ; la tentative commence avec la première de ces deux phases.

Peine : régulièrement l'emprisonnement ; si l'action a lieu dans le dessein d'employer la personne à la mendicité ou à des fins ou occupations intéressées, (c'est-à-dire tendant à l'obtention d'un avantage patrimonial illicite) ou immorales, la réclusion jusqu'à dix ans. Le mineur lui-même ne peut être puni comme complice (plus haut * §52, V, p. 338) ; par suite

(2) Se rangent aussi ici les beaux-parents (par remariage), les parents adoptifs et nourriciers, mais non pas les grands-parents ou les beaux-parents (au sens général). Il en est autrement plus haut § 90, note 3. En sens partiellement différent Binding, *Lehrb.*, II, 115, Meyer-Allfeld, 418 ; Frank, § 235, III, ne compte ici que les parents par le sang.

(3) Cf. art. 34, VII, EGz. BGB (Loi d'Introd. C. C. I.).

(4) De même R, xxxvii, 162.

(5) *Contra* R, xviii, 273 ; Merkel, 313, Meyer-Allfeld, 418, Olshausen, § 235, I. L'exigence que nous posons résulte aussi de l'assimilation avec l'enlèvement (plus loin § 104). Dans ce même sens l'opinion dominante.

l'assistance à la fuite n'est pas puni. Des dispositions pénales spéciales sont contenues dans la plupart des lois des Etats concernant l'éducation de l'enfance (plus haut * § 15, II, 3).

IV. — Le **rapt d'esclaves** et la **traite** sont punis par la loi du 28 juillet 1895.

1. Le **rapt d'esclaves**, qui n'est pas autrement déterminé par la loi, apparaît comme un cas particulier du rapt d'hommes (plus haut II). Il constitue aussi une prise matérielle de domination illégale sur une personne humaine ; mais il se distingue des autres cas de rapt en ce que l'individu enlevé est traité comme une chose, c'est-à-dire en ce que la domination usurpée prétend être un pouvoir de propriété au sens du droit privé, donc une propriété exclusive et durable comme cette propriété. L'objet peut aussi être un individu déjà en état d'esclavage. Les moyens sont les mêmes que ceux du rapt : la ruse, la menace, la violence ; la soumission volontaire ne suffit pas, La peine entière prononcée par la loi atteint déjà la « coopération intentionnelle à une entreprise ayant pour objet le rapt d'esclaves ». Le concept d'entreprise doit être pris ici dans sa signification générale (plus haut * § 46, note 5, p. 303) (6). Donc, les actes préparatoires, même lointains, tombent sous le coup de la peine de la consommation. Parmi eux, se rangent les préparatifs d'une course ou expédition ayant pour but le rapt d'esclaves. Les auteurs et les complices, instigateurs aussi bien qu'auxiliaires, sont assimilés au point de vue de la peine. Les principes généraux sur la tentative et la complicité sont ainsi mis de côté.

(6) Par contre Frank, § 234, demande une « activité émanant de plusieurs et tendant à s'emparer d'un grand nombre de personnes ». Or, ceci efface la délimitation du terme « expédition » (*Streifzug*). De même Binding, I, 111, Kaysel, 42. Avec le texte Scherling, 51.

Peine : La réclusion d'un à quinze ans (comme pour le rapt ordinaire consommé) ; contre les organisateurs et les chefs de l'entreprise, la réclusion avec minimum de trois ans (§ 1er al., 1 de la loi). Si, par la campagne entreprise, se trouve causée la mort d'une des personnes contre lesquelles la campagne est dirigée, la peine de mort sera prononcée contre les organisateurs ou chefs, et la réclusion avec minimum de trois ans contre les autres participants (§ 1er, al. 2). L'idée de course ou campagne suppose d'une part une force armée organisée, d'autre part le déplacement de lieu en lieu, même s'il n'y a pas eu d'attaque ou surprise. Il n'est pas nécessaire qu'il y ait eu faute quant au résultat survenu (plus haut * § 36, note 7, p. 239) ; la causalité suffit.

A côté de la peine privative de liberté doit être prononcée l'amende avec maximum de cent mille marks ; la mise sous la surveillance de la police (à l'intérieur de l'Afrique !) peut être ordonnée. Peut être également ordonnée la confiscation de tous les objets employés ou destinés à la consommation du crime, sans distinguer s'ils appartiennent ou non au condamné. Si la poursuite d'une personne déterminée ne peut avoir lieu (contrairement au § 42, C. P. I., la loi ne parle pas de l'impossibilité de la condamnation malgré la possibilité de la poursuite), la confiscation peut être prononcée seule (§ 3).

2. La **traite**, non définie dans la loi même, est la vente d'esclaves (7) ou l'achat de ceux-ci en vue de la vente. L'achat pour l'utilisation propre de la propriété ne suffit pas pour constituer la traite, pas plus que la cession gratuite. L'échange est assimilé à l'achat ou vente. Il n'est point nécessaire que le marchand ait enlevé lui-même l'esclave, c'est-à-dire qu'il s'en soit emparé par la ruse, la menace ou la violence. L'incrimination est donc tout autre que celle du rapt (ordinaire ou d'esclaves). Si le ravisseur d'esclaves fait lui-même le commerce des esclaves enlevés par

(7) Beaucoup plus étroit SCHERLING, 58. D'après KAYSEL, 57, n'est punie que la traite professionnelle.

lui, ce commerce n'est pas séparément punissable (plus haut * § 55, note 4, p. 352).

Le crime est consommé avec la mise en vente ou l'achat.

3. L'**expédition d'esclaves** pour la traite est constituée en délit indépendant, avec suppression de la distinction entre l'action principale et la complicité, et est assimilée quant à la punition, à la traite.

Peine : Celui qui fait la traite ou qui coopère intentionnellement à l'expédition d'esclaves servant à ce commerce, est puni de la réclusion, et en cas de circonstances atténuantes, de l'emprisonnement avec minimum de trois mois (§ 2). La tentative est punissable, de même que la coopération à l'expédition. La coopération à la traite elle-même (non pas à l'envoi des esclaves) ne peut être punie que comme assistance. Amende, surveillance de la police, confiscation comme ci-dessus sous 1 (§ 3).

4. Infractions aux ordonnances promulguées par l'Empereur avec assentiment du Bundesrat pour prévenir le rapt d'esclaves.

Peine : Amende jusqu'à six mille marks ou emprisonnement (§ 4).

V. — La disposition contenue dans le § 4, al. 2, n° 1, C. P. I., s'applique aux actions exposées ci-dessus de 1 à 3 (§ 5) ; celles-ci sont donc punissables sans qu'il soit tenu compte du lieu de commission et de la nationalité de l'auteur.

III. — Infractions contre la morale et la pudeur

§ 103. — Généralités.

Bibliographie. — *Mittermaier*, RvD, Bes. T., IV, 1. — *Mommsen*, 682. — *Brunner*, II, 658. — V. *Wächter*, Abhandlungen, 1835. — *Binding*, II, 450. — *Kohler*, LVII, 47. — *Hälschner*, II, 220, 683. — *Weisbrod*, Die Sittlichkeitsverbrechen vor dem Gesetz, 1891. — *Schauer*, Zum Begriff der unzüchtigen Schrift, 1893. — *Mainzer*, Die Ehe im deutschen Reichsstrafrecht, 1894. — *Hatzipetros*, Der Begriff der unzüchtigen Schrift und ihre Verbreitung, 1896. — *O. Müller*, Thèse Fribourg, 1900. — *Schlecht*, G. S., LXI. — *Bartolomaüs*, Z, XXV, 123. — *Schlechtriene*, Die strafrechtliche Bedeutung unzüchtiger Schriften, 1907. — Sur le concubinage, *Harburger*, LIV, 499. — *Rosenblatt*, V, 272. — *Mittermaier*, 171.

I. — La **moralité sexuelle**, c'est-à-dire l'observation des bornes que la coutume et les mœurs mettent aux rapports sexuels, n'est pas un bien de la collectivité protégé pour lui-même. L'Etat moderne a, par l'institution juridique du mariage, tracé sa voie à la vie sexuelle, mettant ainsi le plus puissant de tous les instincts naturels au service des buts sociaux ; il ne s'occupe de la vie sexuelle hors du mariage que si elle pénètre dans le domaine juridiquement propre d'autrui en y créant une lésion (1).

Ceci peut se produire suivant deux tendances :

1. Tout d'abord la **liberté sexuelle**, c'est-à-dire la libre

(1) Toutefois le législateur a fréquemment oublié ce point de vue, par exemple à l'égard des actes contre nature, mais tout particulièrement dans la loi du 25 juin 1900. — Birkmeyer, Meyer-Allfeld et Wachenfeld rangent (avec l'opinion dominante) la morale parmi les biens juridiques « sociaux » ou « généraux ».

disposition de soi-même quant aux rapports sexuels, demande la protection du droit; c'est là un intérêt de nature propre étroitement lié au bien de la liberté, mais aussi en rapport étroit avec l'honneur, à cause de la signification sociale de la vie sexuelle, et avec l'intégrité corporelle, à cause de son importance physiologique (en particulier pour la femme).

La transition entre les infractions contre la liberté et les infractions contre la morale est constituée par l'enlèvement. Le cas-type de lésion violente de la liberté sexuelle est le viol. Mais à la violence s'assimile l'abus de l'influence acquise dans des circonstances spéciales, ainsi que l'utilisation de l'erreur ou de l'inexpérience de la victime objet de l'abus (la séduction).

2. A côté de la liberté sexuelle, le législateur protège d'autre part le **sentiment moral** de l'individu contre les atteintes causées par les actions d'autrui propres à soulever le scandale.

Le « sentiment moral » embrasse les représentations de l'individu quant aux limites imposées à la vie sexuelle; ce sont des représentations qui ne sont pas de nature purement intellectuelle, mais qui se distinguent par une vive appréciation d'impressions sentimentales. Une variété du sentiment moral est la **pudeur** (*Schamgefühl*) qui rattache une représentation sexuelle à la vue du corps découvert ou de ses reproductions. C'est seulement la loi de 1900 qui a jugé nécessaire de placer la pudeur sous la protection pénale.

II. — L'**action immorale** apparaît comme atteinte à la morale, au sens le plus large, tant à l'égard de la liberté sexuelle que de la pudeur. Cette action peut être :

1. La copulation (*Beischlaf*), ou action similaire.

2. L'action impudique (*unzüchtige*) (la débauche), c'est-à-dire toute action qui, tendant à l'excitation ou à la satisfaction de l'instinct sexuel ou servant d'er-

pression à l'instinct excité, blesse grossièrement les convenances morales en matière sexuelle, atteignant les bornes posées à la vie sexuelle par la coutume de l'époque (2). Il faut donc que dans l'action elle-même s'exprime objectivement le rapport avec la vie sexuelle.

3. L'action indécente (*schamlose*), c'est-à-dire toute mise à nu du corps qui, sans se rapporter par elle-même aux actes sexuels (accomplissement d'un besoin pressant, bain sans caleçons), éveille chez les spectateurs des représentations sexuelles.

Au concept de l'action immorale répond celui de l'écrit, du dessin, etc., immoral.

Mais dans tous les cas, la limite de ce qui est permis ne pourra être tracée d'après les conceptions (peut-être particulièrement sévères ou particulièrement indulgentes) de telle ou telle classe de la société, ou surtout d'après la pruderie, le plus souvent associée à la concupiscence, d'individus pris séparément, mais bien toujours d'après la mesure du juge représentant tout le peuple (3).

III. **Histoire.** — Les conceptions sur l'attitude de la puissance de l'Etat vis-à-vis des atteintes à la morale ont beaucoup varié aux différentes époques et chez les différents peuples.

Abstraction faite de quelques dispositions isolées, le droit romain abandonna, jusqu'au VIIIe siècle de la ville, la répression des délits contre la morale au pouvoir pénal du père de famille et à la réprimande du censeur. Ce fut seulement lorsque les fondements de l'Etat semblèrent menacés par le relâchement des mœurs causé par la diminution des mariages et la répulsion pour les enfants, que la *lex Julia*

(2) Même sens FRANK, § 174, I, OLSHAUSEN, § 174, 1. Cf. plus loin, § 109, note 3.

(3) Les difficultés pratiques consistent en ce qu'une échelle unique, un « sentiment moyen de la collectivité », un « sentiment général » (R, XXVII, 418) n'existent pas.

de adulteriis coercendis (736, a. u., D. 48, 5; C. 9, 9), essentiellement promulguée dans un intérêt public, menaça d'une peine publique un certain nombre de délits contre la morale, savoir : l'*adulterium*, le *stuprum*, le *lenocium*, l'*incestus* ; *Mommsen* (691) qualifie cette loi : « une des créations nouvelles du droit pénal les plus marquantes et les plus durables que l'histoire connaisse. » Fut déclaré *stuprum* le coït (*Beischlaf*) sans violence de l'homme avec une *virgo vel vidua honeste vivens*, mais non pas le concubinage (*Konkubinat*) ou les relations avec une *meretrix*.

L'ancien Moyen Age allemand n'appliqua pas, pour l'essentiel, la conception de délit public à la punition des délits contre la morale. Le *stuprum* simple donne lieu, en tant qu'immixtion à l'encontre du pouvoir paternel ou marital, à une réparation envers le détenteur de ce pouvoir; par contre, la peine de mort frappe la femme libre qui a des rapports avec son valet. La conception du droit canonique, qui considérait l'immoralité comme un péché, et en punissait même la pensée et le désir, ne fut pas non plus en mesure d'apprécier la situation réelle et d'éclaircir la nature juridique du délit contre la morale. C'est ainsi que s'explique l'état de choses à la fin du Moyen Age avec ses maisons municipales de femmes, non seulement tolérées, mais même reconnues et fréquemment pourvues de droits spéciaux.

La Carolina (P. G. O.), suivant la conception germanique et canonique, frappe comme infractions contre la morale, dans ses articles 116 et 123, la sodomie, l'inceste, l'enlèvement, le viol, l'adultère, la bigamie et le proxénétisme. Les lois impériales du XVIe siècle complètent ces dispositions, particulièrement les Ordonnances de police de 1530, 1548 et 1577. Elles punissent de l'amende ou de la prison le *stuprum voluntarium*, la *fornicatio* (*cum meretrice*), le concubinage, (vivre en *concubinage*), la tenue d'une maison publique, etc. ; en outre, l'usage de l'amende honorable à l'église persiste jusqu'au XVIIIe siècle pour les filles tombées ; de même, les rapports sexuels entre chrétiens et juifs sont encore traités, à l'époque du droit commun (par *Frölich*), comme dans la dernière période du Moyen Age, comme un cas d'acte contre nature « par interprétation » ; cependant, d'après le témoignage de *Koch*, *Böhmer*, et autres, la peine capitale pour ce délit tomba en désuétude dès le XVIIe siècle. Mais la *Toskana* le punissait encore sévèrement en 1786. La législation des xviie et xviiie siècles s'épuise en de nombreuses prescriptions pénales contre l'immoralité, qui restent le plus souvent vaines, tandis que la jurisprudence s'efforce d'atténuer par des restrictions importantes de l'incrimination les peines sévères de la Carolina. C'est ainsi qu'elle exige pour la fornication punissable l'*immissio seminis*, et pour les autres actions impudiques, l'*emissio seminis*.

Une réaction contre l'extension illimitée des incriminations par l'Etat se produisit au xviiie siècle, sous l'influence des philosophes, qui, surtout soutenue par *Voltaire*, *Hommel*, *Cella*, *Soden*, *Michaelis* mais combattue par *Gmelin*, *Filangieri* et autres, demandait pour le délit contre la morale des peines aussi faibles que possible, car ce délit n'est une injure pour personne et ne met pas l'Etat en danger. En outre se développait l'opinion, à la vérité peu confirmée par l'expérience, que la postérité produite hors mariage l'emportait de beaucoup, physiquement et intellectuellement, sur les « plantes faibles et stupides » (*Hommel*), produites dans le lit conjugal.

Ce n'est que peu à peu, et après bien des irrésolutions, que la doctrine et la législation du xixe siècle réussirent à trouver la base exacte pour l'appréciation et le traitement du délit contre les mœurs. Mais ce mouvement n'est nullement arrêté ; en particulier, le traitement tant de l'acte contre nature que du proxénétisme dans le C. P. I. est très peu satisfaisant. Il faut s'en tenir au principe dirigeant que seules les atteintes à la liberté sexuelle ou au sentiment moral peuvent donner lieu à l'intervention du droit pénal. Déjà le droit en vigueur avait favorisé le second au détriment de la première. La loi du 25 juin 1900 (*lex Heinze*, ou plus exactement *lex Hompesch*) va encore plus loin dans cette fausse direction. Abstraction faite de quelques modifications peu importantes au droit en vigueur, sa portée réside non-seulement dans les dispositions qu'elle pose, mais aussi dans celles qu'elle ne relève pas. — 1. Par le § 184 *a*, la pudeur (*Schamgefühl*) est constituée en intérêt juridique nouveau à côté du sentiment moral (*Sittlichkeitsgefühl*). — 2. Dans un texte aussi malheureux que possible, le nouveau § 181 a incriminé le délit indépendant du souteneur. — 3. La location de logement à des filles inscrites reste, comme par le passé, un proxénétisme punissable. — 4. L'abus de la subordination économique en vue d'obtenir la fornication (C. C. I. § 825) reste toujours impuni. — 5. La répression de la traite des blanches est toujours confiée à la loi sur l'émigration de 1897.

Le *stuprum* simple, c'est-à-dire les rapports sexuels hors mariage sans circonstances aggravantes, est aujourd'hui généralement impuni. La sanction contenue dans le § 361, 6 du C. P. I. contre la prostitution professionnelle a exclusivement pour objet d'assurer la police des mœurs et la police sanitaire. Par contre, le concubinage n'est pas à la vérité puni par la législation de l'Empire, mais seulement par celui de plusieurs Etats (4), dans l'hypothèse où la cohabitation continue donne lieu à un scandale public. Toutefois, la force juridique de ces incriminations doit être contestée en présence de la réglementation par le droit impérial de la matière des infractions contre la morale (5).

§ 104. — 1. L'enlèvement (ou rapt de femme).

BIBLIOGRAPHIE. — *Mittermaier*, RvD, Bes. T., IV, 136. — *Brunner*, II, 666. — *Tittmann*, Beiträge zur Lehre von den Verbrechen gegen die Reinheit, 1806. — *v. Wächter*, Abhandlungen, 1835. — *Geyer*, HH. III, 607. — *Villnow*, GA, XXIV, 118. — *Hälschner*, II, 241. — *Gössler*, Thèse Rostock, 1903.

I. Historique. — Tandis que le droit romain, même au temps des jurisconsultes classiques, punissait l'enlèvement uniquement comme *vis*, Constantin, sous l'influence des conceptions chrétiennes, punissait de la mort aggravée (c. 9. 13), le *raptus virginum, viduarum vel uxorum*, auxquelles Constance assimila déjà les *sanctimoniales*.

(4) Comme en Wurtemberg, en Hesse, dans Bade et Brunswick ; de même en Bavière d'après la loi du 20 mars 1882.

(5) De même BINDING, *Lehrb.*, II, 196, FRANK, EG, § 2, III, MEYER-ALLFELD, 630, OLSHAUSEN, 13 Abschn, 2, SEUFFERT, LPC, I, 101, v. WÄCHTER, 507 ; *contra* (pour la liberté de la législation des Etats) HARBURGER, Z. IV, 499, ainsi que R, XXXIII, 273 et la pratique bavaroise et wurtembergeoise. Cf. J. GOLDSCHMIDT, Verwaltungstrafrecht, 1902, p. 466.

Le Moyen Age allemand distingua deux cas : 1. Le rapt de femme (*Frauenraub*), c'est-à-dire l'enlèvement contre la volonté de la femme internée, lequel était assimilé au viol (ce qui explique l'exigence de l'irréprochabilité) ; — 2. L'enlèvement (*Entführung*) proprement dit en vue du mariage qui, malgré le consentement de la personne détournée lorsqu'elle n'est pas indépendante, était puni dans la personne du ravisseur et de la personne ravie comme atteinte au pouvoir des parents ou tuteurs. Pour ce second cas s'ajoutent comme complément les incriminations contre l'aide prêté aux mariages clandestins (plus loin § 108).

Malgré le silence de la Carolina, le droit commun s'en tient d'abord à l'assimilation du rapt de femme et du viol ; dans ce sens Lubeck, 1586, IV, 7, et Hambourg, 1603, IV, 26. La peine est en général la décapitation. Par contre, la législation et la doctrine sont hésitantes quant à l'enlèvement proprement dit. Tandis que la *Bambergensis*, 143, prescrit expressément la mort par le glaive, la Carolina, par son article 118 : (« Si quelqu'un enlève à un autre sa femme légitime, ou une jeune fille de bonne renommée, et agit contre la volonté de l'époux ou du père et d'une manière déshonorante, l'époux ou le père peut se plaindre, sans qu'il y ait à examiner si la femme ou jeune fille est consentante »), se contente d'exclure la poursuite d'office et elle renvoie pour le reste aux jurisconsultes. Une base ferme fit donc défaut au droit commun. En général, on maintint que seule une *persona honesta* pouvait être l'objet de l'infraction (dans ce sens *Engau*, *Böhmer* et autres) mais on déclara sans valeur le consentement de la personne enlevée et on la menaça elle-même d'une peine arbitraire en cas de consentement (Palatinat électoral, 1582, Prusse, 1620, et encore Coutume générale de Prusse (ALR) 1103. Ainsi s'effaça la différence essentielle des deux cas.

La Coutume Générale de Prusse (ALR) 1095 augmenta la confusion en ne rangeant plus l'enlèvement parmi les crimes charnels, comme le faisait tout le droit commun, mais parmi les crimes contre la liberté. Elle fut suivie par *Kleinschrod*, *Stübel*, *Grolman*, *Tittmann* et autres, ainsi que récemment par *Binding*. Ce fut ainsi que la législation fut poussée dans la fausse direction qu'elle n'a pas quittée depuis. Au lieu de séparer les deux cas que distinguait déjà le droit allemand et de ranger l'un parmi les infractions contre la famille et le second parmi les infractions contre la morale à côté du viol, elle réunit les deux cas pour les classer, malgré leur caractère surtout sexuel, parmi les infractions contre la liberté. Le C. P. I., §§ 236 à 238, fit de même, en se rattachant au Code pénal prussien.

II. — **L'enlèvement** (ou rapt de femme) est l'usurpation d'un maîtrise corporelle sur une personne du sexe féminin en vue d'actes impudiques (*Unzucht*) ou du mariage. Il se caractérise :

1. Par l'**objet**. D'après le § 236, peut être l'objet de l'enlèvement toute personne du sexe féminin et d'après le § 237, seulement la personne du sexe féminin mineure et non mariée. Il n'est pas nécessaire que le dessein tende à la fornication ; par suite, la nubilité de la mineure enlevée n'est pas exigible (1). — Comme l'enlèvement peut aussi se faire dans l'intérêt d'un tiers, une personne du sexe féminin peut également se rendre coupable de cette infraction comme auteur immédiat.

2. Par le **dessein** (ou mobile). Celui-ci doit tendre à l'acte impudique ou au mariage, soit avec l'auteur lui-même, soit avec un tiers, et doit donc être, dans cette mesure, de caractère sexuel (2). En raison de la mise sur le pied d'égalité avec le mariage, l' « acte impudique » doit être conçu ici comme coït hors mariage. L'enlèvement en vue d'actes contre nature ne peut donc par suite être puni d'après les §§ 236 ou 237 (contesté). En outre, le dessein doit tendre à déterminer l'acceptation de la personne enlevée elle-même ; l'exercice d'une pression

(1) De même l'opinion commune. Il en est autrement pour le viol (plus loin § 105, note 2).

(2) On peut aussi concevoir que l'action a été commise exclusivement par cupidité (pour la dot) et que tout dessein sexuel (mobile) était exclu. Mais la position dans le système n'est pas touchée par les cas exceptionnels de ce genre.

sur les parents, afin que ceux-ci donnent leur consentement au mariage, ne peut suffire (3).

3. Par l'**action**. La loi demande l'enlèvement, donc l'obtention d'une maîtrise corporelle immédiate. L'élément constitutif essentiel de l'enlèvement est la rupture de la situation de protection et de dépendance dans laquelle l'enlevée se trouvait jusqu'alors, et l'établissement d'un rapport de dépendance. Ceci rappelle la « soustraction » dans le vol. L'enlèvement dans l'espace n'est pas nécessaire ; le fait de retenir suffit (4). Il y aurait par suite enlèvement si, par exemple, l'entrée de sa propre maison était rendue impossible à celui qui a légitimement pouvoir sur l'enlevée, ou si par tromperie l'auteur décide les parents à voyager tandis qu'il reste avec la fille. La rupture de l'ancien rapport de protection et de maîtrise ainsi que la constitution du nouveau rapport, doivent résulter de l'activité du ravisseur. Cette activité n'est pas exclue par une coopération de la personne enlevée ; par contre, il ne peut être question d'enlèvement, lorsque la personne détournée quitte seule la maison de ses parents pour se rendre dans la demeure du ravisseur. La consommation intervient dans les deux cas avec l'existence de la maîtrise du ravisseur (5). L'obtention du but n'est pas nécessaire. Le délai de prescription ne commence à courir qu'à la cessation de cette maîtrise (infraction continue).

III. Le **rapt de femme** du C. P. I., embrasse deux cas :

1. L'enlèvement de la personne du sexe féminin contre sa volonté (C. P. I. § 236), par ruse, menace ou violence (plus haut § 98, III). Les moyens doivent être exercés directement sur la personne détournée. Le

(3) Contestable R, XIX, 159 (également d'après FRANK, § 237, III).

(4) *Contra* FRANK, 236, II, MEYER-ALLFELD, 641, avec l'opinion commune ; aussi R, XXIX, 406.

(5) Même sens R, XXIX, 214.

consentement de la personne du sexe féminin aliénée ou n'ayant pas sa pleine conscience n'a pas de valeur; il n'en est pas de même de la croyance erronée au consentement.

Peine : Si le dessein tendait à l'acte impudique, la réclusion jusqu'à dix ans; autrement, l'emprisonnement. La poursuite n'a lieu que sur plainte. Peuvent porter plainte la personne détournée ou son représentant légal (C. P. I., § 65).

2. L'enlèvement d'une personne du sexe féminin mineure, non mariée, avec son assentiment, mais sans le consentement des parents ou du tuteur ou curateur (6) (C. P. I., § 137). L'enlèvement d'une femme mariée consentante n'est donc pas atteint par le § 237. Les moyens ne sont pas désignés dans la loi. Il n'est donc pas nécessaire de constater expressément que l'enlèvement a eu lieu par ruse, menace ou violence; toutefois, il est probable que tout moyen par lequel est rompu le rapport de domination ou de protection des parents ou du tuteur, tombera sous un de ces concepts. Si ce rapport juridique était déjà effectivement rompu, il ne peut être question d'enlèvement. La personne détournée elle-même ne peut, d'après la règle posée plus haut, * § 52, V, p. 341, être punie comme co-auteur ou complice de l'enlèvement. N'est pas davantage punissable la complicité d'abandon de domicile par la personne déterminée.

Peine : emprisonnement. La poursuite n'a lieu que sur plainte. Peut seul porter plainte le possesseur du pouvoir lésé, car c'est à lui seul, et non à la personne détournée qu'appartient la disposition du bien attaqué.

Si le ravisseur a épousé la personne enlevée (avant que la sentence ait force de chose jugée), la poursuite n'a lieu (C. P. I., § 238) qu'après que le mariage a été déclaré nul (7),

(6) Loi d'Introd. au C. C. I., art. 34, VIII.

(7) Art. 34, IX, de la Loi d'Introd. au C. C. I.

même si la nullité n'est pas la suite de l'enlèvement. Cette déclaration est une condition de la criminalité (8). Si la personne détournée n'a pas été épousée par le ravisseur lui-même mais par le tiers dans l'intérêt duquel a eu lieu l'enlèvement, le § 238 reste applicable, si le tiers est co-auteur ou complice, donc ravisseur au sens juridique du mot.

§ 105. — 2. La contrainte à la débauche (en particulier le viol.)

BIBLIOGRAPHIE. — *Mittermaier*, RvD, Bes., T., IV, 104, 114.

I. — Pour l'**histoire** de ce concept, le viol *Notzucht* proprement dit doit être considéré en première ligne. A la vérité, en droit romain, ce crime, comme la plupart des infractions contre la liberté, rentre dans le concept étendu de la *vis*, de telle sorte qu'il peut être commis aussi bien sur l'homme que sur la femme (pédérastie par violence) (l. 3. § 4. D. 48, 6). Mais d'après la conception du droit germanique, le viol fut toujours un crime absolument indépendant, dirigé contre l'honneur sexuel féminin. C'est précisément pour cela que l'on exige le plus souvent l'irréprochabilité des personnes du sexe féminin, tandis que les femmes de vie facile (et aussi la maîtresse, *Schwabenspiegel*, 311) doivent subir sans se plaindre les embrassements forcés; la conception contraire du *Sachsenspiegel*, III, 46, 1, qui toutefois revient partiellement aux sources alamaniques, resta en somme isolée. Pour le même motif, la plainte, et probablement aussi l'exécution du jugement, sont dans les mains de la femme contrainte, dont l'honneur doit, en certaines contrées, être spécifié intact dans le jugement. La peine du viol est, d'après le *Sachsenspiegel* et les *Landfrieden* (qui le nomment *oppressio virginis*), la décapitation ; d'après les sources de la haute Allemagne, le coupable est aussi enterré vivant, avec ou sans empalement. *Schwarzenberg* reste sur ce terrain allemand. La Carolina, article 119, punit de la décapitation par le glaive celui qui « prend à une femme mariée, veuve ou jeune fille de bonne renommée, par la violence et contre

(8) Cf. aussi plus loin § 114 note 2.

sa volonté, son honneur de jeune fille ou de femme » ; la tentative est frappée d'une peine arbitraire ; la poursuite d'office est écartée. Malgré l'avis contraire de *Carpzov* et des juristes saxons, le droit commun s'en tient à la conception que le viol ne peut être commis que sur une personne irréprochable, — (*stuprum violentum* opposé à la *fornicatio violenta cum meretrice*) ; il en est encore ainsi en Prusse 1721, en Bavière 1751 et en Autriche 1768, tandis que la Coutume Générale de Prusse (A. L. R.), 1058, fait intervenir une peine au moins atténuée si la personne avait déjà auparavant la réputation de mener une vie mauvaise et débauchée. A côté du viol, le droit commun, se rattachant aux Constitutions Saxonnes, IV, 26 et 31, relève spécialement comme infamie (*stuprum nec voluntarium nec violentum*) la copulation avec une aliénée ou une fille de moins de douze ans.

La période philosophique met fréquemment en doute (*Voltaire*, *Reder* et autres) la possibilité d'un viol en cas de résistance sérieuse de la femme, et elle ne punit l'acte, comme l'Autriche en 1787, § 130, que s'il a été commis sur une personne garottée ou enchaînée, ou menacée d'armes meurtrières, ou en commun par plusieurs individus. La législation n'a renoncé à cette restriction qu'avec la Coutume Générale de Prusse (A. L. R.).

II. — Le C. P. I. distingue :

1. La contrainte (*Nötigung*), d'une personne du sexe féminin, par force (*Gewalt*), ou par menace, d'un danger présent pour le corps et la vie, à subir des actions impudiques (*unzüchtige*) (C. P. I. § 176, 1°).

La contrainte d'une personne du sexe masculin (par exemple la manustupration par la violence, les actes contre nature subis par force) peut être punie seulement d'après le § 540. C. P. I. L'irréprochabilité des personnes du sexe féminin n'est pas nécessaire. La contrainte de la femme mariée par l'époux, par exemple pour l'obliger à subir des actes contre nature, peut être punissable. Il en est autrement pour le viol proprement dit. pour lequel la loi demande expressément la copulation hors mariage ; pourtant il peut encore exister alors la contrainte simple (d'après le § 240 C. P. I.). Les « actes impudiques (*unzüchtige*) » doivent être compris au sens fixé plus haut § 103, II ; la mise à nu de la femme, pour la livrer seulement à la raillerie, ne suffit pas ; mais il n'en est pas de même de la contrainte à se livrer aux pratiques lesbiennes. La « force » (*Gewalt*) signifie violence sur la personne même qui fait l'objet de la contrainte (§ 98, III) ; de même le danger dont il est fait menace doit toucher cette personne elle-même. La violence et la menace doivent avoir été les moyens qui ont surmonté la résistance ; *vis haud ingrata* ne suffit pas. L'intention de l'auteur doit impliquer la conscience qu'on lui oppose une résistance et que cette résistance est brisée par la violence ou la menace. D'après les principes généraux, et non pas seulement à cause de la teneur du §, l'auteur peut aussi être une personne du sexe féminin (1).

Comme **viol** (*Notzucht*), la loi (§ 177) relève la contrainte, exercée de la façon indiquée, à subir la copulation hors mariage. Il n'est pas nécessaire qu'il y ait identité entre l'auteur de la contrainte et l'auteur de la copulation ; l'auteur de la contrainte peut être d'ailleurs une femme. La copulation étant exigée, il faut que la personne violée soit nubile (2). La consommation intervient avec la réunion des parties sexuelles.

Peine : *a*) Pour le cas simple, la réclusion jusqu'à dix ans ; en cas de circonstances atténuantes, l'emprisonnement

(1) Même sens FRANK, § 177, HAELSCHNER, II, 239, MEYER-ALLFELD, 634. *Contra* BINDING, *Lehrb.*, I, 200, v. BAR, Gesetz, II, 608. Cf. plus loin § 50, note 3.

(2) *Contra* R, IV, 23, avec l'opinion commune. Partisans : HAELSCHNER, II, 223, 227, et le droit commun. — En cas de désistement de la tentative de viol, le § 176, n° 1, peut n'être pas admis, le § 177 représentant le fait étroit par rapport au § 176 (plus haut § 48, note 6). De même FRANK, § 177, III ; en sens différent MEYER-ALLFELD, 634, ainsi que R, XXIII, 225.

avec minimum de six mois. — *b*) Pour le viol, la réclusion, et en cas de circonstances atténuantes, l'emprisonnement avec minimum d'un an. — *c*) La réclusion avec minimum de dix ans ou la réclusion à perpétuité (C. P. I., § 178) est applicable dans les cas *a* et *b* si l'action a causé la mort de la personne contrainte. Les principes généraux sont applicables en ce qui concerne les rapports causals. La tentative est punissable (plus haut* § 46, note 8, p. 303).

2. **L'action dite défloration** (*Schwächung*), **viol** (*Schändung*) **non ressenti**, c'est-à-dire l'abus d'une personne du sexe féminin en état d'absence de volonté ou de conscience (non pas enchaînée ou réduite autrement à l'impuissance) (3) ou atteinte de maladie mentale, pour la copulation hors mariage (C. P. I. § 176, 2).

Ici fait défaut l'élément caractéristique de la contrainte, le triomphe de la force de résistance d'autrui. Mais à cet élément est assimilée l'exploitation de la résistance déjà brisée. Le consentement de la personne du sexe féminin dont il est fait abus est juridiquement sans valeur, s'il n'a pas été donné lorsque la personne était encore en état de disposer d'elle-même. L'influence de la suggestion hypnotique doit être appréciée d'après les circontances de chaque espèce. Il faut naturellement que l'auteur ait connu l'état de la personne du sexe féminin.

Peine : *a*) Pour le cas simple, comme pour plus haut 1 *a*). — *b*) Lorsque l'auteur abuse de la personne du sexe féminin après l'avoir mise dans ce but en état d'absence de volonté ou de conscience, la peine du viol est applicable (C. P. I., § 177). — *c*) Pour le cas aggravé, même peine que plus haut, 1 *c*).

3. Les actes **impudiques commis avec des personnes de moins de quatorze ans** (sur le corps de celles-ci) ou la su-

(3) Même sens Frank, § 176, II, Meyer-Allfeld, 635 ; *contra* Haelschner, II, 224.

bornation de ces personnes à se livrer à ces actes où à les subir (4) (C. P. I, § 176, 3) ; en raison de l'incapacité, admise par la loi, de ces personnes à disposer d'elles-mêmes, ce cas est assimilé aux cas de contrainte.

Mais pour ce même motif, les enfants de moins de quatorze ans ne peuvent pas eux-mêmes être punis comme auteurs ou complices (5). L'auteur doit avoir connu l'âge de la personne dont il est fait abus ; cependant l'intention indéterminée suffit. Peu importe le sexe de l'auteur et celui de la victime. Les auteurs peuvent aussi être les père et mère. Il n'est pas nécessaire que l'enfant ait su que l'acte était contraire aux bonnes mœurs,

Peine : La réclusion jusqu'à dix ans ; en cas de circonstances atténuantes, l'emprisonnement avec minimum de six mois ; le cas aggravé est puni comme plus haut **1** *c*) (6).

(4) Les actions « supportées (tolérées) » doivent, elles aussi, être entreprises sur le corps de l'enfant ; en ce sens R, XXVII 278.

(5) D'après l'avis opposé de R, en dernier lieu XX, 181 (et de même BINDING, *Lehrb.*, I, 198), l'onanisme réciproque entre garçons de 13 ans serait punissable, mais ne le serait pas entre garçons de 15 ans. D'accord avec le texte l'opinion commune, en particulier, v. BAR, Gesetz, II, 278, FRANK, § 176, III, MEYER-ALLFELD, 633, OLSHAUSEN, 176, 16. — La séduction par l'auteur existe aussi lorsque l'acte impudique doit être commis par un tiers ; en ce sens également R, XX, 30. — La tentative commence avec l'action sur la volonté ; R, XXXI, 251.

(6) Peut venir en question comme lésée, non seulement le mineur séduit, mais aussi la personne avec laquelle (ou sur laquelle) il a commis l'acte immoral.

§ 106. — 3. Débauche commise en violation de rapports de protection.

BIBLIOGRAPHIE. — *Mittermaier*, RvD, Bes., T., IV, 128.

I. **Historique.** — En cette matière comme ailleurs (par exemple comme pour les infractions commises dans l'exercice des fonctions), le législateur assimile à la violence l'abus d'une relation spéciale de confiance ou d'autorité, qui influe sur la liberté de résolution de la victime. Malgré le silence de la Carolina, les précédents historiques ne font pas défaut. Déjà le droit romain dans son dernier état avait puni le tuteur qui séduisait ses pupilles (c. 9, 10) ; la même disposition se retrouve dans le *Schwabenspiegel*, 349, ainsi que dans les statuts italiens (*Kohler*, Studien, V, 501) et dans la législation allemande du droit commun. De même la peine prévue par les Constitutions Saxonnes, IV, 25, contre le gardien de prison qui rend grosse la prisonnière dont il a la garde, trouva de nombreuses imitations. La Coutume Générale de Prusse (A. L. R.) 1028, fait en outre mention des domestiques.

II. — Le C. P. I, § 184, range ici :

1. Les actes impudiques commis par les **tuteurs** avec leurs pupilles, par les **parents adoptifs ou nourriciers** (mais non les propres parents) avec leurs enfants, par les **ecclésiastiques**, les **professeurs**, les **instituteurs** avec leurs élèves mineurs. Rentrent dans la catégorie des professeurs ou maîtres les précepteurs (1) et aussi, suivant les circonstances, les patrons à l'égard de leurs apprentis (2). Le chef de famille chargé de l'éducation forcée d'un pupille (en correction) est aussi un instituteur (3). Les pénitents entendus en con-

(1) FRANK, § 174, IV, demande une situation « morale » d'autorité.

(2) R, XXVII, 130, XXXV, 10.

(3) R, XXXI, 203.

fession ne font pas l'objet d'une protection spéciale. Les actes incriminés doivent être commis avec les personnes mentionnées (et non pas seulement en leur présence), c'est-à-dire sur leur corps (même si ce n'est pas sur leurs parties sexuelles) ; par suite, il ne suffit pas que l'auteur tienne des propos indécents ou se mette à nu. Peu importe le sexe de l'auteur.

2. Les actes impudiques de **fonctionnaires** avec des personnes à l'égard desquelles ils doivent procéder à une enquête ou qui sont confiées à leur protection ;

3. Ceux commis avec les prisonniers ou hospitalisés par des **fonctionnaires, médecins ou autres personnes chargées d'un service médical** occupés ou employés dans les établissements publics (c'est-à-dire entretenus avec les deniers publics) d'assistance aux malades, aux pauvres, etc. Le concept du « fonctionnaire » doit être pris dans son sens technique et n'embrasse pas par suite d'autres personnes employées dans l'établissement (4). Les personnes chargées d'un service médical sont celles auxquelles est confié l'exercice de la médecine ou de la thérapeutique, donc les internes, etc., mais non pas les infirmiers (5). Le concept de « prison » se détermine par celui de « prisonnier » : voir plus loin § 173, I.

Peine : La réclusion jusqu'à dix ans ; en cas de circonstances atténuantes, l'emprisonnement avec minimum de six mois. Les personnes se trouvant dans la position de dépendance ne peuvent être punies comme complices.

(4) Contesté. La traduction officielle française parle inexactement de « fonctionnaires ou employés ».

(5) R, XXXI, 246.

§ 107. — 4. La subornation.

Bibliographie. — *Mittermaier*, RvD, Bes., T., IV, 112, 120. — *Gratwohl*, Die Verführung, 1907.

I. — Dans le § 179, le C. P. I. a spécialement relevé un cas d'**obtention de la copulation par surprise** : la subornation d'une personne du sexe féminin à permettre la copulation (par l'illusion d'un mariage) ou par la création ou l'exploitation d'une (autre) erreur, dans laquelle elle tient la copulation pour conjugale.

De ces deux possibilités, la seconde seule est essentielle pour le concept de l'infraction. L'exemple classique est celui de l'étranger qui, pendant la nuit, est pris pour le mari et agit à sa place. L'erreur n'est pas nécessairement provoquée par l'homme qui en profite ; elle peut l'être aussi par une personne du sexe féminin. L'infraction est consommée par la copulation. Une plainte est exigée ; elle est portée par la personne subornée.

Peine : La réclusion jusqu'à cinq ans ; en cas de circonstances atténuantes, l'emprisonnement avec minimum de six mois.

II. — A côté de l'erreur se place l'inexpérience (voir plus loin § 142, I). C'est pourquoi le C. P. I. § 182, punit la **subornation à la copulation d'une jeune fille irréprochable** âgée de moins de seize ans.

L'irréprochabilité ne signifie pas la virginité ; celle-la peut exister tandis que celle-ci, par exemple par suite d'un viol ou cas semblable, fait défaut, et réciproquement (par ex. la fille s'est prêtée à des actes contre nature) (1). L'intention de l'auteur doit comprendre l'irréprochabilité. La subornation

(1) De même R, XXXVII, 194.

suppose qu'il y a eu abus de l'inexpérience sexuelle et de la moindre force de résistance morale de la jeune fille, et qu'ainsi le consentement à la copulation a été obtenu. La consommation n'a lieu qu'avec la copulation ; la tentative reste impunie. La copulation doit être accomplie avec le suborneur lui-même (l'action médiate ne suffit pas) ; la subornation à la copulation avec un autre ne tombe pas sous le coup du § 182 (2), mais peut être considérée comme proxénétisme. Si la subornation fait défaut, ou si même le premier pas a été fait par la jeune fille elle-même, il ne peut être question d'appliquer le § 182. La poursuite ne s'engage que sur plainte des parents (du père ou de la mère) ou du tuteur de la personne subornée, car c'est à eux et non pas à la jeune fille inexpérimentée, qu'appartient la défense de l'intérêt lésé.

Peine : L'emprisonnement jusqu'à un an.

§ 108. — 5. Proxénétisme, vagabondage spécial et traite des jeunes filles.

Bibliographie. — Pour II et III : *Mittermaier*, RvD, Bes., T., IV, 175. — *Hälschner*, II, 685. — *Engels*, Die Kontroverse über die Vollendung des Delikts bei der Kuppelei, 1884. — *Herr*, Z, XXII, 193. — Pour IV : *Mittermaier*, 187. — *Schlecht*, GS, LX, 1. — *Herr*, Z, XXI, 805. — *Jaffa*, Der Begriff des Zuhälters im RstGB, 1902 (Berliner Seminarabhdlgn, I, 5). — *Schmidt-Ernsthausen*, Z, XXIV, 184. — *Kaufmann*, Thèse Heidelberg, 1906. — Pour V, *Mittermaier*, 193. — *Hatzig*, Z, XX, 511. — *Ullmann*, GS, LXVI, 22. — *Schrank*, Der Mädchenhandel und seine Bekämpfung, 1904. — *Schidlof*, Der Mädchenhandel, 1904. — *v. Liszt*, Völkerrecht, § 35, II, 2.

I. Historique. — Le concept du proxénétisme, c'est-à-dire de l'appui (puni en lui-même) donné à la débauche d'autrui, n'est reconnu dans la législation qu'à partir du XVIe siècle, et n'est pas encore complètement éclairci en droit moderne.

Le droit romain de la dernière époque impériale (en parti-

(2) En ce sens l'opinion commune ainsi que Binding, *Lehrb.*, I, 136, Haelschner, II, 234. *Contra* Frank, § 182, II, et Gratwohl qui admet la co-action en cas d'action convenue.

culier la Novelle 14) punissait bien, comme infractions indépendantes, le proxénétisme professionnel, la gestion d'une maison publique, mais il traitait le *lenocinium* simple exclusivement comme assistance à l'*adulterium* et au *stuprum*, en lui appliquant les dispositions atteignant ces actions et en frappant d'une peine particulièrement grave l'époux ou le père proxénète. En général, le droit commun du Moyen Age n'a pas connu l'incrimination du proxénétisme ; lorsque la conception du droit romain dans son dernier état n'est pas appliquée, nous ne rencontrons que des dispositions de police concernant la prostitution, d'ailleurs admise et réglée ; en même temps, le fait de persuader les mineurs à se marier contre la volonté des parents ou tuteurs (donc le mariage clandestin) est le plus souvent assimilé au second cas de l'enlèvement (plus haut, § 104, III, 2 ; — par ex. en Autriche, 1656, art. 78, 79, 80, *Codex austriacus*, de 1550 à 1703), et puni comme atteinte au pouvoir des parents ou tuteurs, donc comme infraction contre la famille. Nous constatons aussi, dans les *Eintragungen des Berliner Stadtbuchs* (inscriptions dans le Livre municipal de Berlin, Festausgabe, 1883, pages 201 et 204), que le fait de livrer sa propre fille à la débauche était puni, comme trahison, de la peine de mort, qui était la mort par le feu.

La Carolina distingue un cas grave et un cas simple (le *lenocicium qualificatum* et *simplex* du droit commun). D'après l'article 122, est frappé d'infamie et puni conformément aux législations en vigueur, celui qui, pour quelque gain, laisse volontairement employer sa femme et ses enfants à des œuvres impudiques et honteuses. L'article 123 punit d'une peine afflictive le proxénétisme simple. Le droit commun s'en tint à cette conception. Les législations modernes se divisent en deux camps. Tandis que les législations latines ne menacent que l'excitation des mineures, les codes allemands présentent un mélange bigarré de dispositions très diverses, le plus souvent casuistiques ; parmi ces dispositions, celles du Code prussien, bien que ne se distinguant pas précisément par une grande clarté, ont passé avec peu de changement dans le droit impérial, donnant lieu à une série de controverses difficiles, et qui n'ont été que partiellement écartées par la loi de 1900. Ce fut seulement la loi sur l'émigration du 9 juin 1897 qui sanctionna la traite des jeunes filles.

II. — **Notion du Proxénétisme** (*Kuppelei*). D'après le § 180 du C. P. I., le proxénétisme est l'excitation à la débauche (*Unzucht*) en en procurant, facilitant ou faisant obtenir l'occasion. Nous devons comprendre ici comme débauche, non seulement la copulation hors mariage, mais encore la débauche contre nature, punissable, entre hommes (1). Le proxénétisme n'est donc pas un acte de complicité au sens du droit pénal, mais une infraction indépendante. Il en résulte :

1. Le proxénétisme n'implique pas une action punissable à laquelle il est prêté assistance ; au contraire, dans la plus grande partie des cas, il ne s'agit que de favoriser la simple copulation hors mariage, non punissable. En conséquence, le § 73 C. P. I. distingue, pour l'excitation à la débauche coupable, entre la participation à cette infraction et le proxénétisme.

2. La criminalité du proxénétisme, lorsque l'acte de débauche favorisé est lui-même puni par la loi, reste néanmoins complètement indépendante de l'existence d'une faute de la part de la personne ayant fait l'objet de l'acte de proxénétisme.

3. Le proxénétisme rentre dans **l'excitation** (*Vorschubleistung*) à la débauche. Il y a excitation lorsque des conditions favorables à la débauche ont été effectivement procurées et non pas seulement projetées (plus haut § 51, note 8, p. 333). Donc toute influence exercée sur la volonté et sur la représentation tomberait, en soi, sous cette conception et notamment celle exercée par l'exemple, les livres, les spectacles, etc. Mais au sens de la loi, deux modes d'excitation répondent seuls à l'incrimination du proxénétisme : *a*) l'entre-

(1) Par contre l'opinion commune, avec Frank, § 181, II, Haelschner, II, 687, Meyer-Allfeld, 539 et R, xi, 4, étend le concept de la « débauche » à d'autres actions, même non punissables ; pourtant il y a de nombreuses différences d'opinion dans le détail.

mise (*Vermittlung*), c'est-à-dire le fait de mettre des personnes en rapport (indication du domicile, présentation, offre de filles par tenue d'une maison close, etc.) (2), ainsi que *b*) le fait de permettre ou faciliter l'occasion, c'est-à-dire de procurer un local pour l'exercice de la débauche. Ce dernier fait peut donc consister dans la location de logement à des prostituées, ainsi que dans l'omission de donner congé ou d'empêcher ou de surveiller, lorsque les conditions générales pour la criminalité de l'omission (plus haut *§ 36) existent (3); il est constitué indubitablement par la tenue des maisons closes, même lorsque celles-ci sont autorisées par la police (4).

La consommation existe seulement lorsque, grâce à l'entremise, etc., des conditions plus favorables sont effectivement procurées.

Les pourparlers du tenancier d'une maison de tolérance avec les filles qu'il veut racoler apparaissent par suite comme des actions préparatoires à la mise à la disposition, tandis que, par contre, l'ouverture de la maison de tolérance est la consommation de l'arrangement qui facilite l'occasion. Il n'est pas nécessaire qu'il y ait eu débauche.

4. Le proxénète (*Kuppler*) doit savoir qu'il excite à la débauche; il doit donc avoir envisagé notamment

(2) Frank, §, 180, III, n'admet dans ces deux cas que des actes préparatoires non punissables.

(3) D'où la culpabilité de l'époux qui n'empêche rien : R, xxii, 332. *Contra* Binding, *Lehrb.*, I, 205, Frank, § 180/181, III. — Mais il y a impunité en cas de non empêchement de la fille majeure : R, xl, 165.

(4) Ou pourrait-on parler ici aussi d'une profession reconnue par l'Etat (plus haut § 35, III) ? — Matériaux sur cette question (notamment dix consultations de Facultés allemandes de droit) dans : Das deutsche StGB und die polizeilich konzessionierten Bordelle, 1877. Le manque de conscience de l'illégalité est d'aussi peu d'importance ici qu'ailleurs. Contre l'opinion dominante soutenue dans le texte et avec énergie, Frank, § 580, III.

le caractère de l'acte favorisé par lui comme acte de débauche au sens de la loi (plus haut *§ 40, III).

5. Le fait de favoriser en une fois plusieurs actes de débauche de la part d'autrui constitue toujours une seule action, par suite une seule infraction. Dans le fait de favoriser plusieurs fois la débauche des mêmes personnes peut résider une infraction continue.

6. D'après la règle établie plus haut *§ 52, V, p. 341, les personnes dont la débauche est favorisée ne peuvent se rendre coupables d'incitation ou d'assistance au proxénétisme (5). Il en est autrement des tiers, par exemple du bailleur de fonds ou du fournisseur de vin d'une maison de tolérance (6).

III. — **Les modes du proxénétisme.** Le législateur ne punit pas le simple fait de favoriser la débauche d'autrui, mais seulement certains cas graves du proxénétisme. Ces cas sont :

1. Le **proxénétisme exercé habituellement** (plus haut *§ 55, III, 3) **ou par intérêt** (*Eigennutz*) (C. P. I. § 180). Intérêt a le même sens que dessein de réaliser un profit, c'est le dessein de procurer à soi-même ou à autrui un profit patrimonial illicite. Les profits d'autre genre (soit matériels, soit idéaux) ne suffisent donc pas (7). La consommation intervient avec l'excitation, sans qu'il soit nécessaire qu'il y ait eu débauche ; la tentative reste impunie.

(5) Même sens l'opinion commune. *Contra* R, XXIII, 69, XXV, 369 ; parmi les auteurs seulement BELING, Z, XVIII, 271.

(6) Cf. R, XXXIX, 44.

(7) Sur le concept « avantage patrimonial », cf. § 139, II ; sur l'autre concept « avantage », cf. plus loin, § 175, IV, cf. aussi SIMONSON, *Der Begriff des Vorteils*, etc., 1889, BINDING, *Lehrb.*, I, 207. HAELSCHNER, II, 690, note 2 ; *Contra*, allant notablement plus loin, FRANK, § 181, VI (toute amélioration de la situation pouvant être pesée juridiquement), MEYER-ALFRED, 638, 11, R, XVI, 56, XXVI, 40 (« l'effort tendant au profit propre, effort qui, à l'encontre des commandements de la morale, ne prend pas en considération convenable les intérêts d'autrui »).

Peine : emprisonnement avec minimum d'un mois ; accessoirement amende de cent cinquante à six mille marks, perte de l'honneur et surveillance de la police suivant appréciation ; en cas de circonstances atténuantes, emprisonnement sans minimum fixé (8).

2. Le **proxénétisme aggravé**, soit, d'après le C. P. I. § 180 :

a) L'emploi de manœuvres déloyales (9) pour exciter à la débauche, donc la provocation ou l'entretien d'une erreur par la présentation de faits faux, par la dissimulation ou la défiguration de faits vrais, par exemple par la mise en état d'ivresse, le fait de tromper la femme en lui promettant un emploi ou une place. Ce cas est consommé avec l'excitation (le plus souvent avec la manœuvre).

b) Le cas du mari qui prostitue sa femme (10) ou des parents (11) agissant de même à l'égard de leurs enfants, des tuteurs à l'égard de leurs pupilles, des ecclésiastiques, des maîtres, des instituteurs à l'égard des personnes qu'ils sont chargés d'instruire ou d'élever.

Les personnes non parentes peuvent être coupables comme complices ou auteurs indirects. Ici aussi la consommation intervient avec l'excitation. L'intention de l'auteur doit impliquer également la conscience de sa situation par rapport à la personne prostituée.

Peine : Réclusion jusqu'à cinq ans, en outre peut être prononcée l'amende de cent cinquante à six mille marks ; excep-

(8) Les peines reposent actuellement sur la loi du 25 juin 1900.

(9) Les manœuvres doivent avoir été employées, soit directement, soit indirectement, à l'égard de la personne faisant l'objet de l'acte de proxénétisme.

(10) Intercalé par la loi de 1900.

(11) A concevoir comme plus haut, § 102, note 2. De même, à l'égard des beaux-parents, R, XXXVI, 184. Au contraire, FRANK, § 181, VII, ne range ici que les père et mère.

tionnellement, la déchéance des droits civiques est obligatoire; surveillance de la police suivant appréciation. En cas de circonstances atténuantes pour le cas *b*) (non pour *a*), emprisonnement, en outre, peut être prononcée l'amende jusqu'à trois mille marks.

IV. — **Le vagabondage spécial** (*Zuhälterei*).

Au premier abord, l'essence du vagabondage spécial consiste dans l'exploitation de la situation de dépendance dans laquelle la fille soumise se trouve à l'égard de son protecteur, en raison de sa position juridique et sociale. Ceci a été complètement méconnu par la loi de 1900 qui a créé ainsi, en même temps que par l'association de deux cas tout à fait différents, des difficultés d'interprétation presque insurmontables (12).

1. Le **souteneur** (*Zuhälter*) est d'abord, d'après le § 181 *a*, la personne du sexe masculin qui tire totalement ou partiellement sa subsistance d'une prostituée, en exploitant l'industrie immorale de celle-ci.

a) L'auteur ne peut donc être qu'un homme ; cependant les principes sur l'action indirecte (intellectuelle) ainsi que sur la complicité s'appliquent ici également.

b) La personne du sexe féminin exploitée doit faire métier de la débauche ; il est indifférent qu'elle soit soumise ou non à la surveillance de la police, et que, dans l'affirmative, elle contrevienne aux règlements de police. Le métier de débauche existe lorsque la personne du sexe féminin se donne à tout homme qui paie la somme demandée ; la fille qui tire d'une « liaison ferme » une part plus ou moins grande de ses revenus, ne fait pas métier de débauche au sens de la loi.

(12) Frank nomme (avec assez peu de bonheur) le premier cas « vagabondage d'exploitation » (*Ausbeuterische Zuhälterei*) et le deuxième cas « vagabondage à forme de proxénétisme » (*Kupplerische Zuhälterei*).

c) « L'exploitation de l'industrie immorale » suppose ici le dessein cupide, c'est-à-dire tendant à l'obtention d'un avantage patrimonial illicite (plus loin § 139, II, 2).

Le médecin qui est payé par la prostituée. Quiconque en reçoit un secours justifié, son propriétaire, son tailleur, etc., ne sont pas des souteneurs, s'ils n'utilisent pas la situation de la prostituée, pour en tirer un profit illicite (13).

2. Le **souteneur** est aussi l'homme qui accorde sa protection intellectuelle ou intéressée à une prostituée quant à l'exercice de son métier impudique ou qui la favorise d'autre façon.

Il est indifférent que la protection lui soit fournie vis-à-vis de la police ou de ses clients ou d'autres prostituées ; mais il faut qu'elle soit fournie par rapport au métier impudique lui-même. Si le souteneur a excité à la débauche par entremise, etc., (plus haut), le § 181 *a* se trouve en concours idéal avec les §§ 180 et 181 (14).

Peine : *a*) emprisonnement avec minimum d'un mois. — *b*) Si le souteneur est le mari de la femme, ou s'il l'a obligée, par l'emploi des menaces, à exercer son métier impudique, emprisonnement avec minimum d'un an. — En même temps que l'emprisonnement, peut être prononcée la perte de l'honneur, et aussi la surveillance de la police ainsi que le renvoi à la police d'un l'Etat particulier avec les suites prévues dans le nouveau § 362, al. 3 et 4 (placement dans une maison de travail ou à défaut dans un établissement de correction ou d'éducation ou les deux).

(13) De même pour l'essentiel, l'opinion commune. Cf. BINDING, *Lehrb.*, I, 211, FRANK, § 181 à II, MEYER-ALLFED, 640, MITTERMAIER, 190, ainsi que R, XXXIV, 74, XXV, 92.

(14) *Contra*, R, XXXIV, 74, XXXV, 56 (le § 181 a, comme le plus étroit, exclut le § 180), XXXIX, 29 (le § 181 a, 2e al., est le plus étroit par rapport au § 181, chiffre 2) ; — SCHMITD-ERNSTHAUSEN, 230, et MITTERMAIER, 16, admettent l'alternativité entre les §§ 180, 181, 181*a*.

V. — **La traite des jeunes filles** (*Frauenhandel*).

Le raccolage des jeunes filles pour les maisons de tolérance, qui devrait rester impuni comme acte préparatoire au proxénétisme (voir plus haut, II, 3), apparaît comme particulièrement coupable, lorsqu'il est exercé avec emploi de manœuvres déloyales, et que les jeunes filles sont entraînées dans des contrées éloignées, où elles sont soustraites à la protection de leurs proches ainsi que de leur pays d'origine.

Cette considération justifie l'existence d'une répression contre la traite des jeunes filles dans la loi sur l'émigration du 9 juin 1897 (§ 48).

1. En raison du rattachement à cette loi, apparaît comme traite des jeunes filles l'incitation d'une personne du sexe féminin à émigrer lorsqu'elle a lieu : *a*) dans le but de la livrer à la débauche professionnelle et *b*) en lui dissimulant frauduleusement ce but (15). La consommation existe au moment où la jeune fille, donnant suite à l'influence subie, émigre, c'est-à-dire quitte sa patrie avec la résolution de fixer sa résidence habituelle à l'étranger; mais la consommation n'est pas réalisée dès la provocation de la résolution.

La détermination précise de ce moment peut offrir des difficultés : un complément sur ce point est fourni par les dispositions pénales contre la tentative, qui commence avec la mise en œuvre de l'influence sur la jeune fille. Le dessein de l'auteur doit tendre à livrer la personne du sexe féminin au métier de débauche, c'est-à-dire à être cause qu'elle se trouve vouée à la prostitution soit par nécessité, soit par le mauvais exemple, soit pour d'autres motifs. Ce dessein doit être caché frauduleusement (plus haut § 98, notes) par l'auteur, et ce silence doit être le moyen de l'incitation.

2. Est assimilé à l'acte précédent le fait de favo-

(15) R, XXXVII, 333, va beaucoup plus loin.

riser (encourager) intentionnellement l'émigration en connaissance du but poursuivi déloyalement par l'auteur. Ici aussi, favoriser (*Beförderung*) signifie créer des conditions plus favorables (plus haut, II, 3). Le fait de favoriser doit se rapporter à l'émigration elle-même, et non pas seulement à l'instigation. Dans cette mesure, la distinction entre l'action principale et l'assistance est donc abandonnée (plus haut § 49, I, 2, p. 318). Sont d'ailleurs applicables sans restriction les principes sur la complicité (instigation par l'agent incitateur du tenancier de la maison de tolérance).

Peine dans les deux cas : réclusion jusqu'à cinq ans avec perte obligatoire de l'honneur et amende facultative de cent cinquante à six mille marks. Dans le second cas, avec circonstances atténuantes, emprisonnement, avec minimum de trois mois, et faculté de l'amende mentionnée. — La tentative est punissable.

§ 109. — 6. Atteinte au sentiment moral. (Outrages à la pudeur).

Bibliographie. — *Mittermaier*, RvD, Bes. T., IV, 204, 197. — *Binding*, *Chatzipetros*, *Kohler*, *Schlechtriene*, *Schauer* (Bibl. § 103). *Hälschner*, II, 694. — *Kohler*, GA, XLV, 397. — Pour IV cf. en particulier les indications de Z, VIII, 376, 386, IX, 563.

I. — Le C. P. I. § 183, se rattachant au Code pénal français, article 330, et au Code prussien § 158, réprime la **provocation publique d'un scandale par une action impudique**. Le concept de l'acte impudique est le même qu'en général (plus haut § 183, II) ; rentrerait dans cette catégorie la copulation publique de deux époux, mais non pas, par exemple, la mise à nu, en présence de femmes, du membre viril pour uriner (1).

(1) *Contra*, Frank, § 183, II, qui demande le rapport sexuel.

Se rangent parmi les actions, les propos ainsi que les omissions (2). Le scandale [outrage] est la lésion du sentiment moral. L'intention de l'auteur doit impliquer la provocation du scandale. L'action (c'est-à-dire l'action elle-même, et non pas son récit par exemple) doit avoir causé un scandale [outrage], c'est-à-dire qu'il faut que quelqu'un, n'importe qui, s'en soit senti effectivement outragé, même si c'est exclusivement celui contre lequel était dirigée l'action immorale ; il ne suffit donc pas que l'action ait été propre à provoquer le scandale, mais qu'elle ne l'ait pas fait. L'outrage public n'est pas nécessaire, mais bien la commission en public ; l'action immorale doit donc être entreprise publiquement, c'est-à-dire de telle sorte qu'elle ait pu être constatée par un grand nombre indéterminé de personnes, et non pas seulement par un cercle fermé de personnes déterminées.

Peine : emprisonnement jusqu'à deux ans ou amende jusqu'à cinq cents marks ; avec l'emprisonnement, perte de l'honneur suivant appréciation.

II. — Le § 184, auquel la loi du 25 juin 1900 a donné une extension notable, contient à présent quatre incriminations en partie très différentes.

1. **Le fait de répandre des écrits, dessins, etc., immoraux.** Un écrit immoral (plus haut § 103, II) est celui qui, tendant à l'excitation de l'instinct sexuel, blesse grossièrement les convenances morales sous le rapport sexuel (3). Le fait de répandre suppose, à la

mais non le « dessein voluptueux ». Analogue R, XXIII, 233, XXIV, 365, XXVIII, 77.

(2) Même sens l'opinion commune actuelle. *Contra*, BINDING, *Lehrb.*, 214, FRANK, § 183, I, KOHLER, GA, XLV, 210, MEYER-ALLFED, 636.

(3) FRANK, § 184, I (cf. plus haut, note 2) demande lui aussi un « dessein sexuel objectivé ». Au contraire, R, en fait abstrac-

différence du fait de communiquer, le fait de rendre accessible au public, et non pas seulement à un cercle fermé de personnes déterminées (4). L'écrit est répandu dès que la prise de connaissance en est rendue possible et avant qu'elle ait lieu ; il ne l'est pas encore lorsque la prise de connaissance n'est encore que préparée. C'est d'ailleurs l'écrit lui-même qui doit être répandu, c'est-à-dire que c'est le mot imprimé, la représentation par l'image qui doit être rendu accessible ; le fait de lire ou de répéter le contenu de l'œuvre ne suffit pas. Comme cas relevant du fait de répandre, la loi nomme d'abord la mise en vente (préparation de la vente, *Feilhalten*) la vente elle-même (*Verkaufen*) et la distribution (*Verteilen*). En outre, elle nomme l'exposition ou l'affichage dans des endroits accessibles au public. Celui qui dessine ou peint une image sur la muraille, expose cette image. Toutefois, il faut aussi que le contenu de cette image etc., soit rendu accessible à une constatation de la part du public, et il ne suffit pas pour l'exposition que, par exemple, un libraire mette dans sa devanture un livre immoral disposé de telle sorte que le titre seul puisse être lu. Sont assimilés aux cas

tion : R, xxi, 306, xxvi, 370, xxxi, 261, renonce à la lésion (outrage) grossière. R, xxxvii, 315, considère déjà une image comme immorale (!) lorsqu'elle est propre à blesser la simple pudeur (*Schamgefühl*).

(4) Donc même signification que « publier ». C'est la preuve que le § 184 lui-même traite comme un sous-cas de l'offre, mise en vente, etc. (*Verbreitung*), l'exposition « dans des lieux accessibles au public ». Pour plus de détail, v. Liszt, *Pressrecht*, § 42. R, xxi, 254, xxii, 241, xxxv, 159. RMil G, IX, demande les rapports personnels réciproques, « un lien réunissant en unité », pour admettre un « cercle fermé ». Frank, §§ 110, VI, 166, I, Meyer-Allfed, § 37 et Olshausen, 110, 10, se rattachent à R ; Schmid (Bibl. § 43), 35, va encore plus loin (Rendre accessible pour les personnes non participantes à la production et à la mise en circulation). — Représentation par cinématographe : R, xxxix, 183.

précédents la production d'œuvres pour la vente ou la distribution, l'approvisionnement dans le même but, l'annonce et la réclame, donc des actions qui rentrent en partie dans le domaine de la préparation.

2. La **cession ou offre contre rétribution d'un écrit**, image ou dessin immoral à une personne de moins de seize ans. A la différence du cas général précédent, il n'est pas nécessaire qu'il y ait ici une mise à la disposition du public, mais la remise gratuite n'est pas suffisante.

3. Est d'introduction nouvelle le troisième cas : l'**exposition d'objets destinés à un usage impudique**, lorsqu'elle a lieu dans des endroits accessibles au public, ainsi que l'annonce et la réclame, destinées au public (5), de ces objets. L'usage impudique est l'usage dans l'accomplissement d'actions impudiques (6).

4. Ceci s'applique également au dernier cas : la **publication d'annonces destinées visiblement à provoquer des relations impudiques.**

Peine : emprisonnement jusqu'à un an et amende jusqu'à mille marks ou l'une de ces peines. La perte de l'honneur ou la surveillance de la police peuvent être prononcées accessoirement à l'emprisonnement.

III. — Le § 184 *a*, intercalé par la loi du 25 juin 1900, frappe la vente ou l'offre contre rétribution à des personnes de moins de seize ans, d'écrits, images

(5) Ici aussi, le cercle fermé constitue le contraire. R, XXXIV, 81.

(6) Les dispositifs pour empêcher la conception ou la contagion et qui s'emploient aussi dans la copulation conjugale, ne se rangent pas forcément ici. Même sens Frank, § 184, II, Binding, *Lehrb.*, I, 217. La jurisprudence opposée (R, XXXIV, 285, 365, XXXVI, 312, XXXVII, 142, XL, 189) favorise la propagation des maladies contagieuses.

(7) Même sens R, XXXVI, § 388. Contestable, R, XXXIX, 313.

ou dessins qui, sans être impudiques, blessent grossièrement le sentiment de la décence,

Peine : Emprisonnement jusqu'à six mois, ou amende jusqu'à six cents marks.

IV. — Par l'article 4 de la loi du 5 avril 1888, on avait ajouté au § 184 C. P. I. un second alinéa, qui constitue à présent le § 184 *b*. Il menace celui qui **donne publiquement des communications, de nature à créer le scandale** (8), **des débats judiciaires** pour lesquels le huis clos avait été prononcé pour ne pas blesser la morale publique, ou des pièces officielles se reférant à ces débats.

Il n'est pas nécessaire qu'il y ait eu une interdiction spéciale de ne rien divulguer. La communication peut avoir lieu de vive voix ou par écrit. Est seule punissable la communication intentionnelle ; l'intention doit impliquer la publicité de la communication ainsi que sa tendance à provoquer le scandale. Il n'est pas nécessaire que le scandale ait été effectivement provoqué.

Peine : Amende jusqu'à trois cents marks ou emprisonnement jusqu'à six mois.

§ 110. — 7. Les actes contre nature.

BIBLIOGRAPHIE. — *Mittermaier*, RvD, Bes. T., IV, 147. — *Hälschner*, II, 313. — *Wachenfeld*, Homosexüalität und Strafgesetz, 1901. Le même GA, XLIX, 37.

I. Historique. — Dès le temps de la République, la législation romaine s'occupa de la *Venus Monstrosa* (*lex Scatinia*, de date inconnue), probablement d'origine grecque. Dans la lex Julia, elle fut considérée comme *stuprum*, et les Empereurs prescrivent la peine de mort, *ubi sexus perdidit lo-*

(8) Cf. plus loin, § 166, VI.

cum, ubi Venus mutatur in alteram formam. L'immoralité contre nature ne fut pas non plus inconnue à l'ancien Moyen Age allemand, ainsi que le prouvent les *corpore infames* dans Tacite, les renvois aux coutumes des peuples et les prescriptions des lois capitulaires ; plus tard elle est fréquemment assimilée à l'hérésie. Fidèle à sa sévérité exagérée contre les délits charnels, le droit canonique déclara interdite toute satisfaction de l'instinct sexuel ayant lieu contre les règles de la nature. La Carolina, art. 116, prononce la mort par le feu lorsqu'une personne humaine se livre à l'impudicité avec l'animal, un homme avec un homme, une femme avec une femme. Le droit commun restreint la peine du feu à la bestialité proprement dite (Autriche en 1656, mais non Prusse en 1620 et 1721) mais il étend l'incrimination des actes contre nature punissables à la *sodomia contra ordinem naturæ*, donc à toutes relations sexuelles contre nature entre hommes et femmes, à l'onanisme, à la souillure des cadavres, etc. Les auteurs de la période philosophique demandent, au moins en partie (Montesquieu, Hommel contre Soden, Gmelin) des restrictions dans le châtiment. Le code Joséphin de 1787 place la bestialité et les actes entre individus du même sexe parmi les crimes politiques. Par contre, la Coutume Générale de Prusse (A. L. R.) 1069, exige encore en cas de « Sodomie et autres fautes contre nature qui ne peuvent être nommées ici à cause de leur caractère abominable, l'anéantissement complet du souvenir » ; par suite, est ordonné le bannissement de l'auteur et, s'il y a lieu, la destruction de l'animal.

Dans la doctrine et la législation modernes se manifeste l'effort, en partie couronné de succès, en vue de faire disparaître complètement du code pénal les actes contre nature ou du moins d'en restreindre notablement le concept. La Représentation Scientifique Prussienne des Questions Médicales s'était prononcée, avant l'élaboration du projet du code pénal de l'Allemagne du nord, pour la suppression de cette infraction (1). Et certainement voici ses raisons : Il y a là, dans de nombreux cas, un trouble maladif de l'esprit, soit inné,

(1) Même sens Hälschner, II, 239, Meyer-Allfeld, 635, Sonntag, ZA, xviii, 15, Stooss, Grundzüge II, 265. Douteux Mittermaier, 151. En sens contraire Wachenfeld.

soit acquis. La dénonciation (le plus souvent inspirée par les mobiles les plus bas) n'a lieu seulement que dans un nombre infime de cas. La constatation présente des difficultés à peine surmontables, et l'interprétation de la loi conduit à des décisions arbitraires qui blessent dans son essence la plus profonde le sentiment du droit. D'autre part, les transgressions les plus grossières entre homme et femme restent impunies. En cas général, la liberté sexuelle n'est pas lésée, et la provocation du scandale se trouverait punie de toute façon. D'ailleurs, l'immoralité masculine professionnelle contre nature, la seule qui présente des dangers, pourrait être mise hors d'état de nuire par la teneur modifiée du § 361, 6.

II. — **Concept.** Le § 175 C. P. I. frappe les **actes contre nature** : 1° entre personnes du sexe masculin (et non pas les actes lesbiques ou tribadisme) ; 2° entre un être humain et un animal (bestialité). Ainsi, nous devons comprendre comme actes contre nature, dans le premier cas, le *coïtus per anum* seulement, et dans le second cas la réunion des parties sexuelles viriles avec les parties de la femelle seulement (2).

Peine : emprisonnement, accessoirement la perte des droits civiques et civils suivant appréciation.

§ 111. — 8. L'inceste.

Bibliographie. — *Mittermaier*, RvD, Bes. T., IV, 143.

I. L'inceste forme la transition vers les infractions contre les droits de famille. Sa culpabilité au point de vue juridique

(2) Même sens Binding, *Lehrb.*, VI, 204. Vont beaucoup plus loin, mais diffèrent entre eux, Frank, 175, II, Meyer-Allfeld, Olshausen, § 175, 2, Wachenfeld, 46 (Rapprochement des parties sexuelles, *coïtus per anum et per os*). R, xx, 225, xxiii, 189, xxxiv, 245, xxxvi, 32, ainsi que R, MilG, II, 36, demandant des actes similaires du concubinage, sans déterminer nettement le concept. D'après R, reste également impunie la masturbation réciproque.

est hors de doute, lorsqu'il y a abus de l'influence appartenant à l'ascendant à l'égard du descendant (plus haut, § 103, I). Mais le C. P. I. a renoncé de lui-même à ce point de vue, en ne punissant, d'une part, que la copulation et en ne s'inquiétant pas des autres actes d'immoralité, même les plus graves (abstraction faite du § 176, 3), mais en frappant, d'autre part, la copulation entre frères et sœurs adultes et en punissant le descendant (âgé de 18 ans). L'empêchement des relations consanguines peut donc être considéré comme le seul but de la loi. Mais alors l'idée fondamentale des délits de moralité est sacrifiée (1).

II. **Historique.** — Le droit romain, qui punissait non pas en eux-mêmes les rapports sexuels entre parents, mais seulement la contractation du mariage ayant pour but ces rapports, distingua entre l'*incestus juris gentium et juris civilis*, et rangea dans le premier le mariage entre parents de ligne ascendante et descendante. De même, le droit canonique opposa à l'*incestus juris divini* l'inceste d'après la loi des hommes ; en même temps, il étendit sans mesure le concept de l'inceste (ce fut seulement Innocent III qui restreignit, en 1215, l'interdiction de mariage au quatrième degré suivant le calcul canonique) et il ajouta en outre, à la parenté par le sang, la *cognatio spiritualis*.

La conception canonique pénétra de bonne heure dans le droit du Moyen Age allemand. La *lex Rib.* 69,2, menace du bannissement et de la perte des biens le mariage incestueux ; de nombreux capitulaires aggravent les interdictions de mariage ; pour les cas les plus graves, ils ordonnent la peine de mort.

La Bambergensis avait, dans son article 142, prescrit la peine de l'adultère (le glaive, suivant les circonstances avec aggravation). Par contre, la Carolina 117, déclara que celui qui se livrerait à l'impudicité avec sa belle-fille, avec la femme de son fils ou avec sa belle-mère et dans des degrés encore plus proches, serait puni d'après les droits écrits. Cette rédaction donna lieu à maintes controverses. Les contestations persistèrent dans le droit commun, non seulement sur la question de savoir si les actes entre frère et sœur devaient être rangés dans les cas prévus dans la Carolina, mais aussi,

(1) Pour la radiation du délit, Mittermaier, 143.

et surtout, sur le mode et le degré de la peine. Les Constitutions Saxonnes (IV, 22) punissaient du glaive les parents en ligne ascendante et descendante, et de la fustigation et du bannissement perpétuel les parents en ligne collatérale. Ce point de vue, également soutenu par Carpzov, fut presque généralement adopté (Hambourg, 1603, Prusse, 1620, Autriche, 1656) ; pourtant quelques législations (Palatinat électoral, 1582) allaient jusqu'à la peine du feu.

La période philosophique mit fréquemment en doute le caractère punissable de l'inceste. La législation allemande moderne et la législation étrangère qui la suit, ont maintenu cette culpabilité, tandis que les droits des pays latins, et avec eux le code pénal hollandais, n'ont pas conservé l'inceste comme crime indépendant.

III. — D'après le C. P. I., § 173, l'**inceste** est la copulation, c'est-à-dire la réunion conforme à la nature des parties sexuelles de personnes de sexe différent (mais non pas une autre action immorale, même contre nature) :

1. Entre parents (légitimes et illégitimes) de ligne ascendante et descendante (2) :
2. Entre alliés en ligne ascendante et descendante ;
3. Entre frère et sœur (de même lit ou de lit différent).

Peine : Pour 1 : la réclusion jusqu'à cinq ans contre les ascendants, l'emprisonnement jusqu'à deux ans contre les descendants ; pour 2 et 3 : l'emprisonnement jusqu'à deux ans. Dans tous les cas, perte des droits honorifiques suivant appréciation. La tentative n'est punissable que dans le cas 1, et seulement à l'égard de l'ascendant. Les parents et alliés en ligne descendante restent impunis (comme dans le droit com-

(2) C. C. I, § 1589 : Les personnes dont l'une descend de l'autre, sont parentes en ligne directe. Ceci s'applique aussi malgré le § 1589, al. 2, d'une part au père et à ses descendants, d'autre part à l'enfant naturel et à ses descendants (C. C. I, § 1310, al. 3).

mun), s'ils n'ont pas accompli leur dix-huitième année (3), tandis que les autres complices sont punissables d'après les principes généraux.

(3) Cf. plus haut, § 44, II. Même sens BINDING, *Lehrb.*, I, 230, FRANK, § 173, III, OLSHAUSEN, § 173, 5 ; en sens différent, R. XIX, 391 (qui ne les considère pas comme complices, mais comme objets de l'acte).

IV. — INFRACTIONS CONTRE LES DROITS DE FAMILLE (ÉTAT DES PERSONNES ET MARIAGE)

§ 112. — Généralités.

I. — L'état des personnes (état de famille) est le rapport de famille d'une personne avec les autres; il est la marque de la situation juridique constituée, tant à l'égard des membres de la famille que de tous les hommes, par le fait d'appartenir à une famille déterminée; il marque donc la situation familiale de l'individu. L'état des personnes a pour origine la naissance; il se termine par la mort; il est modifié par l'adoption, la légitimation, le mariage ou le divorce (1).

1. L'état des personnes est protégé par le § 169 C. P. I. contre les changements ou les dissimulations. Cette disposition est complétée par les sanctions pénales, contenues dans la loi sur l'état civil du 6 février 1875, à l'égard de la transgression du devoir de la déclaration (plus loin § 113). En outre, les dispositions pénales contre le faux intellectuel (*falsche Beurkundung*, plus loin § 162), peuvent prendre ici une importance particulière.

2. Mais les actions juridiques servant de base à l'état des personnes bénéficient également de la protection du droit pénal. Ceci s'applique particulièrement à la contractation du mariage (plus loin §§ 114, 115).

(1) D'après R, XXXIV, 427, la paternité illégitime fonde aussi un état personnel de l'enfant.

II. — La protection pénale du droit au nom est inconnue dans le droit en vigueur (C. C. I. § 12).

III. — Le **rapport juridique personnel entre les parents et les enfants ainsi qu'entre les époux** est de même essentiellement placé dans le domaine de la protection du droit civil. La plus grave transgression du devoir d'éducation incombant aux parents reste en elle-même aussi bien impunie que l'intrusion dans la puissance paternelle, abstraction faite de l'enlèvement traité plus haut (§ 104). Les peines contraventionnelles prévues dans le C. P. I. § 361, 4, 5, 9 et 10 sont surtout destinées à la protection d'intérêts publics (2).

§ 113. — 1. La lésion de l'état des personnes.

Bibliographie. — *Kohlrausch*, RvD. Bes. T., IV, 465. — *Reis*, Thèse Tubingue, 1888. — *Morf*, thèse Greifswald, 1904.

I. **Historique.** — La lésion de l'état des personnes constitue un délit spécial, qui n'a été reconnu comme tel que par la législation moderne. Toutefois, le droit romain frappait déjà non seulement la supposition d'enfants comme délit imprescriptible (*suppositio partus*), mais aussi l'usurpation d'un faux nom (*asseveratio falsi nominis vel cognominis* : l. 13, D. 48, 10) comme *quasifalsa*. Mais c'était dans ces cas l'intérêt public qni prédominait : *Publice interest, partus non subjici, ut ordinum dignitas familiarumque salva sit.* Par contre, les sources du Moyen Age allemand (sauf le *Klagspiegel*), sont muettes, et il en est de même de la Carolina. Le droit commun (par exemple la Prusse en 1721) s'en tient aux dispositions romaines ; l'Autriche, en 1707, menace du glaive la supposition d'enfants, *Unterstossen fremder Kinder*, et la Coutume Générale de Prusse, 1436, considère encore, ainsi que le font la plupart des codes pénaux allemands, le chan-

(2) Cf. Duensing, Verletzung der Fürsorgepflicht gegenüber Minderjährigen, 1903.

gement d'état civil comme une fraude. Cette conception est moins inexacte que le classement parmi les infractions de faux, soutenu par des auteurs modernes (1). En effet, le moyen tendant à dépouiller par l'état civil des droits de famille existant n'est pas l'altération (*Missbrauch*) d'une forme authentique, mais la déclaration fausse ou la dissimulation de faits, soit que le fait pour la partie lésée d'appartenir à une famille déterminée soit durablement soustrait à la connaissance des tiers (dissimulation de l'état civil), soit que l'on provoque la supposition erronée que la partie lésée appartient à une famille dont elle n'est pas membre en réalité (changement de l'état civil). Mais en fait nous sommes en présence d'une infraction de nature propre absolue.

II. — La **lésion de l'état de la personne** est la provocation d'une erreur durable sur le rapport d'une personne avec une famille déterminée (C. P. l. § 169). Elle est, ou bien un changement, c'est-à-dire l'attribution d'un état civil, ou bien une dissimulation, c'est-à-dire l'acte de taire ou de cacher le véritable état civil. Il est nécessaire et suffisant qu'il y ait comme résultat attribution d'un « état » (2). Il ne suffit pas que, dans un cas isolé, quelqu'un se fasse passer pour un autre (C. P. I, § 360, 8), ou que quelqu'un dissimule la mort ou le mariage d'une autre personne. Par contre, tombent sous le coup de la loi aussi bien la dissimulation de l'état civil d'un défunt ou d'un mort-né que le changement de l'état civil propre, si par là on touche à l'état civil d'autres personnes vivantes, et dans la mesure où il y est touché. Le consentement de l'intéressé n'a pas d'influence sur la culpabilité, parce que l'état de la personne n'est pas soumis à la libre disposition de son possesseur.

(1) Dans ce sens Olshausen, § 169, 2, Reis, Contestable aussi Binding, *Lehrb.*, II, 233 (Falsification d'état-civil), Kohlrausch, 47 (la prestation de preuve objet de l'attaque).

(2) Même sens, R, xxxvi, 137. Contestable, R, xxxix, 253 (Dissimulation d'un état déjà dissimulé).

Comme cas d'une importance particulière et en conformité de la tradition historique, le législateur relève la supposition ou la confusion intentionnelle d'enfant, c'est-à-dire d'un individu de jeune âge, qui, en raison de son âge, n'a pas encore une notion claire de sa propre relation familiale, et qui, par suite, n'est pas en état de détruire les projets de l'auteur (3).

Peine : emprisonnement jusqu'à trois ans, si l'acte a été commis dans une intention intéressée (cf. plus loin, § 139), réclusion jusqu'à dix ans. Tentative punissable.

La prescription commence, s'il n'y a pas d'infraction continue, avec l'action même qui a pour résultat le changement ou la dissimulation d'état civil.

III. — Le § 68 de la loi sur l'état civil du 6 février 1875 sanctionne la transgression des obligations de déclaration prescrites dans les §§ 17 à 20, 22 à 24, 56 à 58 de cette loi. Toutefois, la poursuite pénale n'a pas lieu, si la déclaration, bien que n'émanant pas de ceux qui y sont directement tenus, a été pourtant faite à temps.

Peine : L'amende jusqu'à cent cinquante marks ou la détention simple.

§ 114. — 2. Infractions commises dans la célébration du mariage.

Bibliographie. — *Mainzer* (Bibl. du § 103). — *Kohlrausch*, RvD, Bes. T., IV, 473).

I. — D'après le C. P. L. § 170, la **dissimulation à l'occa-**

(3) Cf. plus haut, § 90, II. — 1. *Contra*, Olshausen, § 169,8 (ce serait la qualité de *doli capax* de l'individu supposé qui serait décisive), Reis, 77 ; dans notre sens Frank, § 169, II, Haélschner, II, 464, Meyer-Allfed, 512.

sion du mariage (fraude en vue du mariage) comprend deux cas :

1. La dissimulation frauduleuse (*arglistige*) d'un empêchement légal (et absolu), lors de la célébration du mariage. La fraude consiste, comme dans l'escroquerie, dans la tromperie par la déclaration fausse, la dissimulation ou la défiguration de faits (1).

2. Le fait de décider par manœuvres frauduleuses l'autre partie à contracter le mariage au moyen d'une tromperie, qui autorise cette autre partie à attaquer la validité du mariage.

Peine : emprisonnement avec minimum de trois mois. L'annulation du mariage pour un de ces motifs est une condition de la criminalité (plus haut, § 44, III, p. 282) (2). Il faut qu'il y ait dépôt de plainte (3) ; le délai pour porter plainte commence à courir seulement lorsque l'ayant droit a connaissance de la décision (ayant force de chose jugée) annulant le mariage (plus haut § 44, III, § 44, notes). Par contre, la prescription commence à courir dès le jour où l'action a été commise, donc du jour de la célébration du mariage.

II. — Il faut mentionner également ici **trois infractions dans l'exercice des fonctions** dont la dernière se range, d'après le droit en vigueur, parmi les délits dans l'exercice des fonctions. Ce sont ceux :

(1) Cf. plus haut § 98, note 5. De même Frank, § 170, I, Haelschner, II, 467, Meyer-Allfed, 629. Par contre, Binding, *Normen*, II, 605, Olshausen, § 170,3 demandent l'intention de nuire à l'autre partie.

(2) La controverse est la même que pour l'adultère (plus loin § 116, note 3). Dans notre sens, Berner, 453, Binding, *Normen*, I, 130, II, 464, *contra*, la plupart des auteurs, en particulier Binding, I, 601, Finger, I, 120, Frank, § 172, II, Haelschner, II, 468, 474, Meyer-Allfed, 627, Olshausen, § 170, 6, 172, 6, et aussi à plusieurs reprises R. en dernier lieu XV, 261, XXII, 135, qui ne voient en ceci qu'une condition préalable de la poursuite pénale.

(3) Le « seulement » dans l'al. 2 du § 170 n'a pas une signification déterminante ; le C. P. I, § 65, reste applicable.

1. De l'officier de l'état civil qui procède à un mariage en omettant (intentionnellement) les dispositions contenues dans la loi sur l'état civil ou dans le Code civil (4) (§ 69 de la loi sur l'état civil du 6 février 1875) ;

2. De l'ecclésiastique ou ministre du culte (voir plus loin à propos du § 130 à C. P. I.), qui célèbre un mariage avant d'avoir la preuve que le mariage a été célébré d'abord devant l'officier d'état civil (§ 67 de la loi sur l'état civil, remplaçant le § 337, C. P. I.);

3. De l'officier de l'état civil (ou de l'ecclésiastique) qui, sachant qu'une personne est mariée, célèbre son nouveau mariage (C. P. I. § 338 ; plus loin § 179, III) (5).

Dans tous ces cas, il peut en outre être question d'assistance ou aide au crime de bigamie. La prescription commence (il en est autrement d'après le § 171 C. P. I.) avec l'entreprise de l'infraction.

Peine : Pour 1, l'amende jusqu'à six cents marks. Pour 2, l'amende jusqu'à trois cents marks ou l'emprisonnement jusqu'à trois mois. Pour 3, la réclusion jusqu'à cinq ans ; la tentative est punissable. Pour 2, la culpabilité (6) est écartée dans le cas d'une maladie mortelle, et ne permettant pas de délai, de l'un des fiancés.

(4) Les mots « dans le Code civil » sont intercalés par l'art. 46 IV, E G zum B. G. B. (Loi d'introd. au C. C. I.) — Mais cette rédaction élargie ne touche pas encore les cas dans lesquels le mariage de sujets allemands a été contracté à l'étranger, d'après la loi du 4 mai 1870, devant le consul d'Allemagne, etc.

(5) Pour C. C. I. § 1317, Cf. § 75, loi sur l'état civil.

(6) Art. 46, III, EG zum B. G. B. (Loi d'introd. au C. C. I.) Cf. plus haut § 34, note 7.

§ 115. — 3. Le mariage multiple.

BIBLIOGRAPHIE. — *Mittermaier*, RvD, Bes. T., IV, 84. — *v. Wächter*, Abhandlungen, 144. — *Hälschner*, GS, XXII, 424. — *Stange*, Thèse Göttingen, 1893. — *Bennecke*, Die strafrechtliche Lehre vom Ehebruch, 1884. — *Mainzer* (Bibliog. du § 103). *v. Weickhmann* (Bibliog. du § 21). — *Seckel*, Die Aufhebung und die Wiederherstellung der ehelichen Gemeinschaft nach dem BGB, 1900.

I. **Historique.** Le mariage multiple, régulièrement mais improprement nommé bigamie, apparaît comme une violation du lien conjugal par abus de la célébration du mariage. Frappé en droit romain d'infamie depuis Dioclétien (l. 18, C. 9, 9), le mariage multiple a été inconnu au premier Moyen Age allemand en tant que délit spécial, et ne fut puni que comme adultère ou enlèvement, lorsque le droit canonique n'intervenait pas (Frauenstädt, IX, 234). Ce sont seulement les sources ultérieures, par exemple les droits municipaux de Ripen, Sœst, Hambourg, Brême et autres du XIIIe siècle (Löning, Z, V, 224, Osenbrüggen, Alamannisches Strafrecht, 282, Knapp, 228 et Z, XII, 236), ainsi que l'ordonnance criminelle du Tyrol de 1499, qui mentionnent la bigamie comme action coupable indépendante. Tandis que la Bambergensis, 146, excluait expressément la peine de mort comme contraire au droit impérial, la Carolina, article 121, décide que les coupables de bigamie « bien que les droits impériaux ne prononcent pas de peine capitale pour cette mauvaise action..... n'en doivent pas moins être punis de la vie comme les adultères ». Le droit commun prescrivit en conséquence la peine du glaive (Palatinat Electoral, 1582, Hambourg, 1603, Bavière, 1616, Prusse, 1620, Autriche, 1656), mais il demanda, précisément en raison de l'assimilation avec l'adultère, qu'il y ait pour la consommation, accomplissement de la copulation (encore dans ce sens la Bavière en 1751, l'Autriche en 1786). Les auteurs du droit commun (Koch, Kress, Böhmer, etc.), s'en tinrent de même à cette conception, mais demandèrent aussi le châtiment du *crimen binorum sponsaliorum*, jusqu'à ce que la période philosophique (de Thomasius à Soden) mette en question la culpabilité de notre infraction. C'est seulement lorsque triompha le principe du mariage civil que la punition du mariage multiple s'affirma et s'assura dans le système pénal.

II. — La **bigamie** (*Doppelehe*), est, d'après le § 171, C. P. I, l'action de contracter mariage de la part d'un époux ou avec un époux, avant que le mariage antérieur soit dissous ou ait été déclaré nul (1). Par suite, l'existence d'un mariage conforme aux prescriptions légales de la loi sur la célébration du mariage est donc la condition préalable, même si ce mariage est nul. Ce n'est pas seulement la partie mariée, mais aussi la partie non mariée qui est punissable d'après le système pénal homogène de la loi (2). A l'égard du ministre du culte ou de l'officier de l'état civil célébrant le mariage, cf. plus haut § 114, II.

L'intention est nécessaire ; l'intention éventuelle suffit. La tentative commence avec le début de l'acte de célébration (donc avec la question posée par l'officier de l'état civil), de telle sorte que les fiançailles, les bans, le trajet à l'office de l'état civil, etc., apparaissent comme des actes préparatoires non punissables. La consommation existe avec la célébration du mariage consommée par les déclarations des fiancés (C. C. I. § 1317) ; les relations sexuelles ne sont

(1) Cf. Art. 84. V. EG, zum B. G. B.

(2) Lorsqu'un époux (A) contracte un nouveau mariage (avec C), après que l'autre époux (B) a été déclaré décédé, le nouveau mariage n'est nul, au cas où B est encore vivant, que si les deux époux A et C, en contractant le nouveau mariage, savent que B vivait encore après la déclaration de décès. Si donc A seul était de mauvaise foi et non pas C, le mariage antérieur est dissous par la célébration du suivant (C. C. I. § 1348). A peut cependant être puni d'après le C. P. I. § 171, car lorsque le nouveau mariage a été contracté, l'ancien n'était pas encore dissous.

pas nécessaires. La bigamie n'est donc pas une infraction continue, mais une infraction d'état (*Zustandsverbrechen*).

Peine : réclusion jusqu'à cinq ans ; en cas de circonstances atténuantes, emprisonnement avec minimum de six mois.

En vertu d'une disposition spéciale de la loi, qui ne dérive pas des principes généraux (plus haut, § 77, II, p. 433) et qui, par suite, ne doit pas être étendu à d'autres cas, la prescription commence seulement du jour où l'un des deux mariages a été dissous (comme non valable) ou a été déclaré nul.

§ 116. — 4. L'adultère.

BIBLIOGRAPHIE. — *Mittermaier*, RvD, Bes. T., IV, 91. — *v. Wächter*, Abhandlungen, 162. — *Hälschner*, II, 469 et GS, XXII, 401. — *Rosenthal*, Die Rechtsfolgen des Ehebruchs nach Kanonischem und deutschem Recht 1880. — *Bennecke* (Bibliog. du § 115). — — *Mainzer* (Bibliog. du § 103). *Daude*, Thèse Göttingen, 1895. — *Metz*, Thèse Würzbourg, 1900. — *Kahn*, Thèse Tubingue, 1902. — *Seckel* (Bibliog. du § 115).

I. **Historique.** Ce fut seulement par la *lex Julia de adulteris*, de l'an 736 de la ville, que l'adultère pénétra parmi les infractions frappées d'une peine par le droit romain (D. 48, 5 ; C. 9, 9) ; à partir du IIIe siècle, il est frappé de la peine capitale. D'ailleurs, le législateur resta fidèle aux conceptions populaires, explicables par le pouvoir du mari comme chef de la famille : c'est seulement la rupture de la fidélité conjugale par la femme et le trouble du mariage d'autrui par l'homme (*temerator alienorum nuptiarum*), qui apparut comme *adulterium*, mais non pas les relations sexuelles de l'homme marié avec une femme non mariée. L'antique droit de mort persista, bien qu'étroitement limité, en faveur du père aussi bien que de l'époux. D'après le droit de Justinien, l'homme coupable d'un adultère est puni par le glaive ; la femme adultère est mise dans un couvent, d'où son mari peut la tirer au bout de deux ans (Novelle 134). Depuis Constantin, le droit de plainte n'appartient qu'aux plus proches parents.

D'après la conception du droit allemand, l'adultère ne peut également être commis que par la femme mariée et par son complice. Le pouvoir pénal de l'époux nous est connu par Tacite, Germ. 19. La débauche de la fiancée avec un autre homme est assimilée à l'adultère de la femme. La conception de l'Eglise qui, partant de la signification du mariage comme sacrement, exigeait de la part de l'homme la même pudeur que de la part de la femme (c. 4, C. 32, qu. 4), ne put pénétrer dans le droit séculier, bien que l'adultère fût le plus souvent évoqué devant la juridiction ecclésiastique. Le Sachsenspiegel, II, 13, 5, de même que le Schwabenspiegel, 174, III, prononce contre la femme (*overhure*) la peine du glaive; mais le plus souvent la jurisprudence se contentait d'une peine arbitraire. La Bambergensis 145 avait essayé de séparer exactement les différents cas : l'homme qui portait atteinte au lien conjugal avec une femme mariée devait être puni par le glaive, tandis que l'adultère avec une femme célibataire n'entraînait qu'une peine arbitraire ; la poursuite d'office n'avait lieu qu'en cas d'adultère public, indubitable et scandaleux.

La Carolina 120 se contente de renvoyer à « la parole de nos ancêtres et à nos droits impériaux ». La législation des états avait donc libre jeu. Elle s'efforça fréquemment de mettre sur le pied d'égalité l'homme et la femme et elle menaça aussi du glaive l'homme qui se commettait avec une fille (Z. X, 235) ; dans ce sens, les Constitutions Saxonnes, IV, 18 (à ce sujet *Distel*, Z. X, 431), la Prusse en 1620, plusieurs ordonnances autrichiennes aux XVIe et XVIIe siècles. Ce fut seulement en 1783 que la peine de mort fut écartée par la Saxe. Cependant la jurisprudence était très hésitante (*Praxis incertissima*, se plaint *Böhmer*) et la peine de mort n'était probablement que rarement prononcée. La poursuite publique resta exclue ; ce fut seulement en cas de scandale public (en cas de cohabitation avec la concubine) qu'il y eut poursuite d'office en vertu des ordonnances impériales de police. La période philosophique fut encore plus douce ; elle ne vit en effet dans l'adultère que l'atteinte au droit aux relations sexuelles exclusives résultant du contrat de mariage. L'Autriche, en 1787, plaça l'adultère parmi les « infractions politiques » ; de même la Coutume Générale de Prusse 1062 n'est sévère que contre la femme adultère. Abstraction faite de quelques exceptions (y compris Hambourg en 1869), la législation moderne s'en est tenue à la culpabilité de l'adultère (considérant le mariage comme la base de l'ordre de l'Etat), mais elle a restreint en bien des points cette culpabilité. Toutefois, on négligea le plus souvent en Allemagne d'observer que la culpabilité plus grande de la femme vis-à-vis de son conjoint est physiologiquement fondée par la *perturbatio sanguinis*.

II. — Le **concept de l'adultère** est, par le § 172 C. P. I., supposé connu. D'après la langue courante, l'adultère n'est commis que par la copulation (plus haut, § 111, III) tandis que toutes autres relations sexuelles avec des personnes de l'un ou de l'autre sexe ne sont pas considérées comme adultère, quel que soit leur degré d'immoralité (1). L'homme marié qui contraint une femme à la copulation (§ 177) ou qui la suborne (§ 179), se rend également coupable d'adultère ; mais il n'en est pas de même de l'homme non marié qui agit de la même manière avec une femme mariée, car dans son cas le divorce est exclu (2).

La condition de l'adultère est l'existence d'un mariage matériellement existant (donc non entaché de nullité), même si ce mariage peut être attaqué. En cas de cessation de la communauté conjugale (C. C. I. § 1575), la possibilité de l'adultère disparaît avec le devoir de fidélité. La consommation intervient avec la mise en contact des parties sexuelles ; il n'est pas nécessaire qu'il y ait émission spermatique.

Toutefois, l'adultère n'est punissable que lorsque le mariage a été rompu par divorce en raison de cet adultère, et qu'il est ainsi constaté que ce dernier a rendu impossible la vie conjugale en commun (3).

(1) Il en était autrement dans la Cout. Gen. de Prusse, qui avait expressément assimilé la « sodomie et autres vices anti-« naturels ».

(2) *Contra* (tout à fait arbitrairement) BINDING, *Lehrb.* I, 223.

(3) Le divorce à cause d'*un* adultère signifie donc l'impunité

D'après le C. C. I. § 1565, al. 2, le droit de l'époux outragé au divorce et par suite la culpabilité de la partie délinquante sont exclus, si cet époux a consenti à l'adultère ou s'est rendu coupable de complicité (incitation ou assistance).

L'adultère est un délit nécessitant le dépôt d'une plainte. Le délai pour porter plainte commence à courir lorsque la force de chose jugée du jugement du divorce est connue (4), tandis que la prescription de la poursuite pénale commence, d'après la règle générale, à courir avec la commission de l'adultère, mais est suspendue toutefois, d'après le § 69, C. P. I., pendant la durée de la procédure de divorce. La peine de l'adultère est l'emprisonnement jusqu'à six mois.

de tous les autres. De même l'impossibilité juridique du divorce. — Le divorce est condition de la criminalité ; cf. plus haut § 114, note 2. — Il se produit des difficultés, lorsqu'il y a double adultère. Le co-coupable marié peut alors être puni, même si *son* mariage n'est pas dissous et si *son* époux n'a pas porté de plainte pénale. — Si l'homme co-auteur de l'adultère tue l'époux lésé en duel, il s'assure par là l'impunité quant à l'adultère.

(4) Cf. plus haut § 44, note 4. *Contra*, FRANCK, § 172, III HAELSCHNER, I, 719, MITTERMAIER, 100.

V. — Infractions contre la liberté religieuse et le sentiment religieux

§ 117. — Historique et concept.

Bibliographie. — *Kahl*, RvD, Bes. T., III, 1. — *Hager*, Beiträge zur Lehre von den Religionsvergehen, 1874. — *Bott*, Thèse Tubingue, 1890. — *Villiger*, Thèse Berne, 1894. — *Kohler*, I, 160, V, 596. — *Wach*, Deutsche Zeitschrift für Kirchenrecht, II, 2, 261. — *Crusen*, Der strafrechtliche Schutz des Rechtsgutes der Pietät 1890 (Abhandlungen des kriminalist, Seminars, Halle, II, I). — *Mommsen*, 567, 595. — *Hinschius*, Kirchenrecht, IV, 790. — *Blumensath*, Thèse Erlangen, 1898. — *v. Rohland*, Historische Wandlungen der Religionsverbrechen. Festschrift, 1902. — K. *Müller*, Schweiz. Z, XVII, 10, et à ce sujet Stooss, Schweiz. Z, XVII, 163. — *Janck*, Z, XXIV, 349. — *Beling*, Die Beschimpfung von Religionsgesellschaften, etc., 1905. — *Freymond*, Thèse Leipzig, 1906. — E. *Merkel*, Der Leichenraub, 1904.

I. Historique. — Il est peu de délits qui soient aussi difficiles à apprécier exactement en principe et à situer dans le système pénal que les délits de religion ; il en est peu qui se soient plus souvent et plus brusquement modifiés au cours des siècles quant à leur nature propre, quant à leur étendue et à leur contenu.

1. Le droit romain de la République ne connaît pas de crime de religion (*deorum injuriæ deis cura*). Ce sont seulement les doctrines judaïques qui font apparaître la conception que l'ordre juridique a pour mission de protéger la divinité rancunière contre les injures téméraires. Dieu est ainsi abaissé à la qualité d'homme, et autour du blasphème se groupent un certain nombre de crimes religieux pour constituer le *crimen læsæ majestatis divinæ*, le premier et le plus grand de tous les crimes, imitant dans son incrimination

le crime civil de lèse majesté, de même que le concept du Souverain divin s'adapte à celui du Souverain terrestre.

C'est là le point de vue du droit romain dans son dernier état, qui dans la Novelle 77 punissait le blasphème de la peine de mort, afin que le pays n'éprouve pas le courroux de la divinité implacable. Cette conception est la base du recès impérial de Worms, qui inspire lui-même l'article 106 de la Carolina. Il menace de la peine capitale ou de peine corporelle (perte de la langue : Constitutions saxonnes, IV, 1, Joséphina 1707 ; cf. Günther, II, 62, mais aussi Z, IX, 210) celui « qui impute à Dieu ce qui n'est pas agréable à Dieu, ou qui retranche par ses paroles à Dieu ce qui revient à Dieu, qui profane la Toute-Puissance de Dieu, sa Sainte Mère la Vierge Marie ». Le droit commun fut très variable. Le plus souvent on distingua le blasphème immédiat et médiat, le premier étant puni de mort. En outre, on rencontre, en particulier dans les Ordonnances impériales de 1548 et 1577 de nombreuses dispositions contre les jurements et les imprécations. La dénonciation omise était également punie. Ce fut en vain que les écrivains de la période philosophique (*Montesquieu*, *Quistorp* et autres) luttèrent pour l'impunité. En 1787, Joseph II (sur la proposition de Martini) ordonna l'internement dans une maison d'aliénés. C'est seulement dans la Coutume Générale de Prusse, 217, que nous trouvons un point de vue nouveau et applicable (« celui qui, par de grossiers blasphèmes proférés en public, provoque un scandale public ».

2. Depuis que le christianisme était devenu dans l'Empire romain religion d'Etat (379), cette religion était protégée par de sévères sanctions pénales. L'apostasie et l'hérésie étaient considérées comme crimes politiques, ainsi que, depuis l'année 425 (Valentinien, III), la profession de paganisme.

L'nérésie qui, dans le Moyen Age allemand, relève de la juridiction ecclésiastique, est le plus souvent menacée de la mort par le feu dans les source séculières. La première exécution par le feu d'hérétique en territoire alaman eut lieu en 1220 (Osenbrüggen, 90). La Bambergensis, 130, suivit la même conception. Le silence de la Carolina laissa libre jeu à la législation des Etats. Le Brandebourg en 1582, les Ordonnances tyroliennes, de nombreuses Ordonnances autrichiennes des XVIe et XVIIe siècles maintiennent la peine de mort. Par contre,

Carpzov ne veut que le bannissement. Dès 1697, *Thomasius* combat la culpabilité de l'hérésie. Cependant les deux crimes existent encore en Bavière en 1751 et en Autriche en 1768. Mais la période philosophique s'en tient à cette conception, pour d'autres motifs, il est vrai. Pour elle, la religion est la bride qui permet à l'Etat de diriger ses sujets (*Sonnenfels*). Aussi l'Autriche, en 1787, punit-elle la propagande des fausses doctrines, l'incitation à l'abandon de la foi chrétienne, et la Prusse agit de même en 1794 à l'égard de la fondation des sectes. Encore aujourd'hui, le Portugal protège la religion d'Etat. L'Autriche n'a modifié sa conception que par la loi du 25 mai 1868 ; mais les plus récents projets autrichiens menacent d'une peine celui qui, publiquement, essaie de détruire la croyance en Dieu. Et cette même conception se retrouve de nos jours, bien que sous une forme modifiée, chez les auteurs qui veulent voir protéger par le droit pénal la religion en elle-même, comme « l'une des bases de notre vie populaire » (*Wahlberg*, *Kohler*, *Bott*, *Janka*, *Kahl*).

3. La conception exacte consiste à reconnaître que le devoir de l'Etat se limite à protéger la liberté des convictions religieuses contre les atteintes illicites. Ainsi apparaît comme point essentiel des infractions religieuses le trouble du service divin, la *turbatio sacrorum*, déjà menacée par le droit de Justinien (novelle 123, c. 31) de la peine capitale. La Coutume Générale de Prusse, 214, se place déjà partiellement à ce point de vue, qu'adopte entièrement et avec décision le Code pénal français. Au XIXe siècle, le trouble de la paix se place de plus en plus au premier plan. Récemment *Kahl* en a encore accentué l'importance. A côté du trouble, le blasphème (et quelques autres éléments) apparaissent seulement comme atteinte au sentiment religieux ; la provocation d'un scandale est donc par suite indispensable (en sens différent *Kahl*).

II. — Les dispositions de notre C. P. I se divisent en deux groupes (1).

(1) Contre ma conception MEYER-ALLFELD et v. ROHLAND, qui rangent la « religion » parmi les intérêts généraux. » Dans ce même sens KAHL (mais qui rejette la position indépendante du groupe). La transgression du repos dominical classée par BINDING parmi les délits religieux, a aujourd'hui une signification qui est avant tout de politique sociale.

1. La protection du droit pénal s'applique d'abord à la **liberté religieuse** (paix religieuse), c'est-à-dire à la libre manifestation de la conviction religieuse à l'intérieur des sociétés religieuses existantes ; l'empêchement de leur service divin (C. P. I. § 167), le dénigrement de la société, de ses institutions ou usages (C. P. I. § 166, 2e phrase), le scandale dans les lieux destinés aux assemblées religieuses (C. P. I. § 166, 3e phrase), sont frappés par la peine. Les ministres du culte ne bénéficient pas d'une protection renforcée. L'enlèvement ou l'endommagement de choses qui sont vouées au service divin, l'endommagement d'objets vénérés sont punis plus sévèrement que s'il s'agit d'autres choses (C. P. I. §§ 243, n° 1, 304).

2. Mais indépendamment de toute idée fondamentale de culte en commun, est également protégé le **sentiment religieux** de l'individu, c'est-à-dire la conviction fermement et paisiblement exprimée (plus haut § 103, I, 2) d'une organisation universelle dominant l'homme ; le § 166, 1re phrase, sanctionne le blasphème, le § 168 l'atteinte à la paix des morts et des tombes, le § 304 l'endommagement des monuments funèbres ; certains auteurs (voir plus haut § 95, note 5) rangent également ici le § 189 (insultes à la mémoire d'un défunt). Notre exposé se limite au commentaire des délits contenus dans la section 11 du C. P. I.

III. La réglementation par le droit impérial des délits dits religieux est exclusive, les dispositions complémentaires par la législation des Etats sont inefficaces en droit (2).

(2) *Contra* Binding, I, 322, Olshausen, 11. *Abschn.*, 1. Exact Kohler, I, 224.

§ 118. — Les divers délits religieux.

I. — D'après le C. P. I. § 166, le **blasphème** est la provocation d'un scandale par l'injure envers Dieu commise en public et sous la forme d'expressions insultantes.

Le concept de Dieu ne doit pas être compris dans le sens d'une généralisation philosophique, s'élevant au-dessus du temps et de l'espace, ou dans le sens du monothéisme commun aux confessions chrétiennes et au judaïsme, mais tel qu'il est effectivement compris par les croyants au sein et hors des sociétés religieuses reconnues (1); en conséquence, rentre donc également dans le concept du blasphème divin le blasphème envers le fils de Dieu ou le Saint-Esprit, aussi bien qu'envers le Jéhovah juif.

Le blasphème, c'est-à-dire (comme dans l'injure) l'expression du mépris, doit avoir lieu publiquement (plus haut § 109, I) et par expressions injurieuses, c'est-à-dire par expressions verbales ou écrites joignant la grossièreté des termes au contenu blasphématoire (2) (plus haut § 95, note 10). D'autres actions (cf. § 183, C. P. I), et en particulier les représentations par images, ne rentrent pas dans notre cas.

Mais le blasphème ne suffit pas par lui-même ; il faut qu'il provoque du scandale, c'est-à-dire qu'il blesse le sentiment religieux d'autrui, même d'un

(1) Dans notre sens (mais avec la restriction aux sociétés reconnues, tirée de la seconde phrase du § 166) R. VI, 77, ainsi que l'opinion prépondérante, en particulier, Frank, § I, 166, I, Olshausen, § 166, 2. Jank, 360, Meyer-Allfeld, 645, Wach, 169 ; *contra* Binding, *Lehrb.*, 179, Bott, 22, Haelschner, II, 704, Kohler, I, 165, Merkel, 371, Kahl, 86, qui ne veulent protéger que le concept des religions monothéistes.

(2) Donc non pas seulement des propos insultants proprement dits ; R, xxx, 194.

seul individu (cf. plus haut § 109, I). L'intention doit également embrasser cet élément caractéristique (3).

Peine : Emprisonnement jusqu'à trois ans.

II. — **Injures publiques à une société religieuse** (4) existant avec personnalité morale (*mit Korporationsrechten*) à l'intérieur du territoire impérial (non aux colonies), *a*) en tant que société religieuse, *b*) dans ses institutions, ou *c*) dans ses usages (C. P. I. § 166). Les Vieux-Catholiques sont reconnus en Prusse comme branche de l'Eglise catholique et protégés par suite par le § 166.

Il y a lieu de distinguer des institutions et usages (sacrements, indulgences, culte de la Vierge, communautés et coutumes monastiques, vénération des saints et des reliques), les dogmes (Trinité, incarnation de Jésus-Christ, immaculée conception, infaillibilité du pape), les événements effectifs pris séparément (Réforme, concile du Vatican, conclusion d'un concordat), enfin les objets vénérés (la sainte tunique de Trèves (5), les saintes Ecritures, les personnages vénérés. Pourtant, le fait de les injurier peut contenir une injure indirecte à la société religieuse. Ici, les représentations par l'image sont assimilées aux autres expressions (à la différence de ce qui

(3) *Contra*, arbitrairement, BINDING, *Lehrb.*, I, 178.

(4) Les Eglises chrétiennes ne sont, elles aussi, protégées que si elles possèdent les droits de la personnalité morale (*Korporationsrechte*). N'est donc pas protégée l'Eglise anglicane. Même sens BINDING, *Lehrb.*, VI, 180, FRANK, § 166, II, OLSHAUSEN, § 166, 9. *Contra*, BOOT, 32, KOHLER, I, 174, KAHL, 141 (d'après ce dernier, l'église grecque-catholique possède à Munich les droits d'une personne morale; elle est donc protégée par le droit de l'Empire).

(5) En tant que la vénération des reliques n'est pas attaquée comme telle : R, XXIV, 12. Contestable, R, XXII, 238.

est dit plus haut, I). L'intention suffit, un dessein spécial n'est pas nécessaire.

Peine : Emprisonnement jusqu'à trois ans.

III. — Le **scandale injurieux** dans (les églises ou dans) un (autre) lieu destiné aux assemblées religieuses (C. P. I. § 166).

La protection s'étend à toutes les sociétés religieuses existantes, et non pas seulement à celles qui sont reconnues par l'Etat. Le lieu doit être destiné à des assemblées religieuses, mais non nécessairement au service divin ; l'utilisation effective ne suffit pas. Les cimetières appartiennent aux lieux protégés par la loi, s'ils sont et dans la mesure où ils sont destinés à des assemblées religieuses, même s'ils sont propriétés de communautés politiques. Dans cette hypothèse, il faut ranger également ici les lieux destinés aux incinérations, mais non ceux destinés aux enterrements purement laïques. — Le scandale injurieux est toute conduite grossière, contraire à la destination du lieu (6). Il doit se produire « dans un lieu », c'est-à-dire dans un espace délimité (7) (donc, pas en plein champ, ou en pleine rue), même s'il vient de l'extérieur. Est assimilée à la commission l'omission illicite.

Peine : Comme pour II.

IV. — **Le trouble du service divin** (C. P. I. § 167).

1. L'empêchement (obstacle ou trouble) de l'exercice du service divin (vénération de Dieu en commun)

(6) Beaucoup plus étroit R, XXI, 410 (qui demande qu'il y ait attaque visiblement dirigée contre la sainteté du lieu et contre les sentiments religieux d'autrui).

(7) *Contra*, R, XXIX, 334.

commis par voie de fait (assimilée ainsi à la violence) (8) ou menace, le service divin étant celui d'une société religieuse existant effectivement à l'intérieur du territoire de l'Empire. L'obligation par force de célébrer le service divin ne peut être punissable que comme contrainte.

2. L'empêchement ou trouble intentionnel du service divin ou des divers actes cultuels d'une de ces sociétés religieuses, par la provocation de tumulte ou désordre dans (une église ou dans) un (autre) lieu destiné aux assemblées religieuses.

Les principes généraux s'appliquent en ce qui concerne l'exclusion de l'illégalité. Par suite, la défense légitime de l'honneur est aussi admise à l'égard des propos injurieux tenus par le ministre du culte (mais cf. aussi plus haut * § 33, note 6, p. 214).

Peine : emprisonnement jusqu'à trois ans.

V. — **Le trouble du repos des morts et de la paix des tombes.**

Ce trouble fut sanctionné de peines particulièrement sévères précisément chez les peuples encore jeunes. Le droit romain fit de la *sepulcri violatio* un délit indépendant (D. 47, 12 ; C. 9, 19). De nombreux passages des droits des peuples allemands s'occupent du trouble du repos des morts ; le droit franc menace celui qui profane un cadavre de la mise hors la paix (*Wargus sit* ; plus haut * § 4, note 2, p. 18. Cf. *Schreuer* (Bibliog. du § 4), 64. Le dernier Moyen Age mentionne spécialement l'enlèvement du mort. Malgré le silence de la Carolina, le droit commun s'en tient à la conception allemande et ordonne même, suivant les circonstances, la peine de mort (Prusse, 1620): La législation moderne assimile le « trouble du repos des morts » à un délit contre la religion (R, XII, 168). Dans la vérité, le sentiment religieux (dont le sentiment de piété envers les morts apparaît comme sous-genre) est blessé, et non pas seulement celui des parents sur-

(8) KAHL, 53, va beaucoup plus loin (toute intrusion corporelle).

vivants. Par suite, il est indifférent que la tombe soit religieusement consacrée. D'ailleurs, les cimetières sont également protégés par les §§ 166, 167.

Le C. P. I. sanctionne dans le § 168 :

1. L'enlèvement non autorisé d'un cadavre hors de la garde de la personne ayant régulièrement cette garde (9).

Le cadavre est l'enveloppe privée de vie d'une personne humaine, tant que la cohérence entre les parties du corps n'a pas complètement cessé ; c'est donc également la momie, mais non pas la cendre de l'incinéré. Le fœtus n'est jamais corps humain (plus haut § 80, note 1, p. 8) ; l'enfant mort-né ne l'est donc pas non plus (10). Le cadavre devient une chose pouvant être volé, détourné, endommagé, mais ne pouvant plus être l'objet du délit du § 168, dès qu'il est devenu un objet de commerce par la vente aux établissements anatomiques, etc. (11).

Le cadavre doit être soustrait (12) à la garde de celui qui en a le droit et la charge (garde ne doit pas être pris ici dans son sens technique, mais si-

(9) Cf. § 367, n° 1 : l'amende jusqu'à cent cinquante marks, ou la détention simple frappe celui qui, sans que les autorités compétentes soient prévenues, enterre un cadavre ou le met à l'écart, ou qui, sans autorisation, soustrait une partie d'un cadavre à la garde des personnes autorisées à assurer celle-ci. « Mettre à l'écart » signifie soustraire à la disposition de l'ayant-droit. En sens partiellement différent R, XXVIII, 119.

(10) *Contra* FRANK, § 168, I, KAHL, 63, KOHLER, I, 205, E. MERKEL, 4.

(11) Même sens KAHL, 64, MEYER-ALLFELD, 439 ; en sens différent BINDING, *Lehrb.*, I, 184. — Cf. GAREIS, Das Recht am menschlichen Körper ; Festgabe für Schirmer, 1900. PETRAKAKOS, Die Toten im Recht, 1905.

(12) Est seule punissable la soustraction, mais non l'outrage au cadavre ou sa lésion, etc. Ne l'est pas non plus l'autopsie non autorisée.

(12) Cueillir des fleurs n'est endommagement de la tombe que comme endommagement de la plante.

gnifie protection) ; si cette garde fait défaut, comme pour les cadavres qui se décomposent sans sépulture dans une forêt, ou que le fleuve a entraînés dans ses eaux, ou qui ont été trouvés dans des tumuli et dans des villes mortes, la profanation de cadavre est impossible. Celui qui a la garde du cadavre (comme le directeur d'une clinique) ne peut être puni pour appropriation du cadavre. Celui qui participe à la garde, ou qui n'exerce la protection que comme mandataire d'autrui (par exemple le fossoyeur), peut usurper la garde pour lui seul, donc « soustraire » (plus loin § 127, III.).

2. La destruction ou l'endommagement non autorisé de tombes, c'est-à-dire de lieux où, d'après des signes visibles, le cadavre est enterré. A la tombe appartiennent également le massif de terre qui la recouvre, sa clôture, sa plantation (mais non pas les couronnes posées sur la tombe), le cercueil avec le cadavre ; il en serait de même des monuments en eux-mêmes, toutefois l'endommagement de ceux-ci est punissable d'après le § 304 C. P. I. (13).

3. La perpétration de désordres injurieux (voir plus haut sous III) à l'égard d'une tombe (non pas nécessairement sur la tombe même). La tombe doit être elle-même l'objet de l'attaque (14).

Peine : Emprisonnement jusqu'à deux ans ; accessoirement perte des droits honorifiques, suivant appréciation.

(13) Concours idéal ; même sens R. XXXIX.

(14) En sens différent FRANK, § 168, III (se rattachant à CRUSEN) : « dans le voisinage immédiat de la tombe et par rapport à celle-ci ».

VI. — Violation de domicile et violation des secrets d'autrui.

§. 119. — 1. La violation de domicile.

Bibliographie. — *Brunner*, II, 651. — *Osenbrüggen*, Die Lehre vom Hausfrieden, 1859. — *Jäger*, Thèse Tubingue, 1885. — *Wuest*, Thèse Berne, 1894. — *Hälschner*, II, 144. — *Abrahamsohn*, Strafrechtliche Studien, 1898 (II : das Hausrecht des Gastwirts). — *Heidemann*, Thèse Greifswald, 1896. — *Zahler*, Thèse Fribourg, 1900.

I. — Le **droit domestique** (*Hausrecht*) est l'intérêt, juridiquement protégé, à la manifestation non troublée de sa propre volonté dans sa propre demeure et dans sa propriété enclose, à la liberté d'agir à sa guise dans sa maison et dans sa cour ; c'est un bien ayant une grande affinité avec la liberté personnelle, mais qui a pourtant sa nature propre (1).

Le droit romain n'a pas connu la violation de domicile comme délit indépendant, malgré que ce droit ait contenu de nombreux éléments permettant de distinguer ce délit. C'est ainsi que la prétendue *lex Cornelia* rangea le *domum vi introire* parmi les *injuriae atroces*, à côté du *pulsare et verberare*. Et dans la l. 18. D. 2, 4, se trouve la phrase caractéristique ; *domus tutissimum cuique refugium atque receptaculum*. Par contre, apparait comme tentative spéciale de

(1) Au contraire, Rosenfeld, RvD, Bes. T., V, 392, range la violation de domicile parmi les infractions contre la liberté. Analogue la « paix du champ », de la campagne, *Feldfrieden* (C. P. I. § 368, n° 9, loi prussienne de police rurale et forestière, § 9).

vol le délit de caractère propre des *derectarii, qui in aliena cenacula se dirigunt furandi animo* (l. 7, D. 47, 11).

Il en fut autrement dans les sources du Moyen Age allemand, dans lesquelles le trouble de la paix du château-fort (*Burg*) et de la maison (*die Heimsuchung*) porte dès le début toutes les caractéristiques d'un délit, d'un caractère absolument propre, dirigé contre un bien autonome. Que ce soit, comme dans le vieux droit, l'intrusion violente avec suite armée (*hariraida*), que ce soit, comme dans le Moyen Age ultérieur, l'intrusion de l'individu, qui se trouvent spécialement relevées, c'est toujours la domination dans la maison et dans la cour qui apparaît comme objet de l'attaque constituant le délit. « Nous voulons que pour chaque bourgeois, sa maison soit sa forteresse », est-il dit dans de nombreux droits municipaux. La Bavière en 1616 parle (comme le Schwabenspiegel), de la défense de « l'honneur domestique ». Toutefois la violation de domicile, lorsqu'il n'existe pas d'aggravation spéciale, est toujours punie civilement seulement et relève de la basse justice. Le silence de la Carolina se trouve ainsi justifié. Dans le droit commun, la violation de domicile passe à l'arrière-plan, sans toutefois disparaître complètement. Le plus souvent on concevait la *violatio securitatis domesticæ* comme un cas spécialement nommé de la *vis publica* (*Koch*, *Engau* et autres ; Theresiana). La première, la Coutume Générale de Prusse, 525, traite de nouveau la violation de domicile comme un délit indépendant. La législation et la doctrine le rangèrent tantôt parmi les infractions contre la liberté (Prusse, 1851 ; *Birkmeyer Hälschner*, *John*, *Schütze*, v. *Wächter*), et tantôt parmi les infractions contre l'ordre public. C'est malheureusement ce dernier point de vue, incontestablement faux, qu'adopte le C. P. I.

II. — Le C. P. I., § 123, protège d'abord le droit domestique dans la demeure, mais sont **demeure** les espaces qui, même seulement pour peu de temps, servent aux personnes humaines pour le repos régulier de la nuit (2). Un « bâtiment » (C. P. I. § 243, 2)

(2) Même sens Frank, § 123, I (qui exige toutefois des localités tenant ensemble et destinées à un séjour prolongé, et qui exclut par suite les voitures de bergers, mais qui au contraire

n'est pas exigible ; se rangent également ici les navires, les roulottes de forains, les voiturettes de bergers, etc. La loi assimile en outre à la demeure : *a*) les locaux d'affaires, c'est-à-dire les locaux clos, dans lesquels quelqu'un exerce sa profession régulière ; *b*) la propriété enclose, c'est-à-dire désignée par une clôture comme soumise aux droits domestiques, même si elle est séparée de la maison dans l'espace ; *c*) les locaux clos destinés à un service public (c'est-à-dire à des buts d'administration d'Etat).

Le droit domestique appartient au possesseur de la demeure habile à en disposer, ou à son représentant (3) ; si des locaux déterminés sont assignés individuellement à certaines personnes, celles-ci (précepteurs, servantes, hôtes) ont le droit domestique ; pour les locaux qui, comme les couloirs, les escaliers, les vestibules, etc., sont destinés à l'usage des possesseurs de plusieurs demeures, chacun de ceux-ci a le droit domestique (limité par celui d'autrui) ; en ce qui concerne les locaux publics, ce droit appartient à celui qui est autorisé à disposer de ces locaux (4).

III. — **Les cas de la violation de domicile** (*Hausfriedenbruch*).

1. La **violation de domicile simple** (C. P. I. § 123, al. 1), commise : *a*) soit par l'intrusion illicite dans les espaces indiqués, c'est-à-dire par la pénétration (5), en surmontant un obstacle opposé à cette pénétration,

classe ici les voitures de forains). — Jaeger, 27. *Contra* R, xii, 132, Binding, *Lehrb.*, i, 121, Meyer-Allfeld, 515. Le C. P. I. § 306, n° 3, oppose le séjour à la « demeure » (domicile) du § 306, n° 2 (Aufenthalt = séjour, Wohnung = demeure).

(3) Mais celui-ci ne doit pas agir contrairement à la volonté exprimée de celui qu'il représente, cf. R, xxviii, 269. Une gérance sans mandat est également concevable.

(4) Si un local est cédé pour y tenir des assemblées ou pour des fêtes, etc., les organisateurs et dirigeants ont le droit domestique. R, xxiv, 195.

(5) D'après R, xxxix, 440, le fait de saisir quelque chose à l'intérieur est déjà suffisant.

même si cet obstacle ne consiste que dans la défense exprimée ou présumable de l'ayant-droit, donc dans la volonté opposante (connue de l'auteur) dudit ayant-droit ;

b) Soit par le fait que celui qui séjourne sans autorisation dans ces locaux ou espaces ne s'en éloigne pas, malgré l'injonction de l'ayant-droit (la légitime défense, par exemple l'acte de jeter l'intrus à la porte, est possible contre ledit intrus) (6).

Délit nécessitant le dépôt d'une plainte. A droit de porter plainte le détenteur du droit domestique, et cela également lorsqu'il a été lésé dans son droit domestique en la personne de son représentant.

Peine : Emprisonnement jusqu'à trois mois ou amende jusqu'à trois cents marks. Cf. aussi C. P. I. § 342.

2. **Cas aggravé** (C. P. I. § 123, al. 3) ; il existe, lorsqu'une des actions exposées sous 1. est commise par une personne pourvue d'armes ou par plusieurs personnes en commun (plus haut *§ 50, note 12, p. 329). Le mot « arme » doit être pris au sens technique (plus haut § 93, II, 3, p. 46) (7) ; l'état de danger objectif créé par l'acte est décisif, et par suite le dessein de faire usage n'est pas exigible (8). Il n'est pas davantage nécessaire que la partie lésée ait connu la présence de l'arme et se soit sentie menacée dans sa sécurité personnelle (9).

Délit à poursuivre d'office. **Peine** : emprisonnement d'une semaine au moins et d'un an au plus.

(6) En tout cas, dans les cafés, restaurants, etc., le consommateur, auquel le tenancier a permis d'entrer, a le droit de séjourner un temps raisonnable.

(7) Même sens Binding, *Lehrb.*, II, 124, Haelschner, II, 154, V. Kries, GA, xxv, 47 ; *contra*, l'opinion commune et aussi R, viii, 45, Meyer-Allfeld, 517.

(8) *Contra*, Binding, *Lehrb.*, VI, 303, Frank, § 243, VI.

(9) R, xxviii, 269, xxx, 78. L'obligation de service, de porter des armes, n'exclut pas l'aggravation pénale ; R, xxxii, 402.

3. **Cas le plus grave** (C. P. I. § 124). Ce cas se rencontre lorsqu'une grande bande se ligue publiquement et fait illégalement intrusion dans les locaux ou espaces nommés plus haut, dans le dessein (ou le mobile) de commettre avec leurs forces unies des actes de violence contre des personnes ou des choses.

Le terme « grande bande » (*Menschenmenge*) exige une pluralité non déterminée de personnes, non pas une multiplicité sans mesure; les circonstances de chaque espèce seront décisives et tout essai de délimitation par chiffres est vain (10). Le fait de se liguer est la réunion de plusieurs personnes, groupées ensemble par le dessein illégal commun (ici l'action violente), apparaissant du dehors dans l'espace en groupe fermé. L'acte de ligue a lieu publiquement si le public est libre de se joindre à la troupe, cette adjonction n'étant donc pas réservée à un cercle fermé de personnes déterminées (11).

Peine : Emprisonnement d'un mois à deux ans. Elle frappe tout individu qui « prend part » aux actions mentionnées, c'est-à-dire qui se joint à la bande et qui pénètre dans la demeure, etc. avec le dessein d'y commettre des violences. Complice a donc ici le même sens qu'auteur.

§ 120. — 2. La violation des secrets d'autrui.

BIBLIOGRAPHIE. — *Finger*, RvD, Bes. T., VIII, 293. — *Gierske*, Das Recht des Privaten an der eigenen Geheimsphäre, 1905. — *Serexhe*, Die Verletzung fremder Geheimnisse (Freiburger Abhdlgn. Heft 7), 1906. — *Lindemann*, Z, XXVII, 65. — Pour II : *Finger*, VIII, 308. — *P. Fischer*, Thèse Tubingue, 1899. — *Gerhard*, Der strafrechtliche Schutz des Briefes, 1905. —

(10) Naturellement deux hommes ne peuvent représenter une « quantité », une « masse ».

(11) Suivant l'opinion dominante, il faut admettre le concours idéal entre les §§ 124 et 125.

Tillmanns, Thèse Leipzig, 1905. — *Wolcke*, Thèse Rostock, 1903. — Pour III : *Finger*, VIII, 345. — *Liebmann*, Die Pflicht des Arztes zur Bewahrung auvertranter Geheimnisse, 2e éd., 1890. — *Placzek*, Das Berufsgeheimnis des Arztes, 2e éd., 1898. — *Günther*, Thèse Rostock, 1894. — *Mittermaier*, Z, XXI, 197. — *Zschock*, Thèse Rostock, 1903. — *Fromme*, Die rechtliche Stellung des Arztes, 1902. — *Bendix*, Die Rechtspflicht des Schweigens, GA, LII, 1. — *Jellinek* dans Aschaffenburg, III, 656. — *Friedersdorff*, Thèse Halle, 1906.

I. — Le bien contre lequel est dirigée la violation des secrets d'autrui, est l'intérêt, juridiquement protégé, de la défense de la vie personnelle et familiale contre les intrusions indiscrètes (1) ; c'est là un bien de caractère propre, parent du droit domestique. L'expansion de la personnalité est paralysée et mise en péril, si chaque tiers peut la pénétrer librement. Même dans la législation allemande la plus moderne, ce bien n'a trouvé de protection suffisante que sous la forme de ce que l'on nomme le secret des lettres, en tant qu'intérêt à la prise de connaissance exclusive des pièces écrites. Par contre, la violation des secrets des familles d'autrui n'est sanctionnée pénalement qu'à l'égard de certaines personnes (2), tandis que la lésion des secrets industriels et commerciaux d'autrui n'apparaît que comme une forme de la concurrence déloyale (plus loin § 124).

II. — **La violation du secret des lettres.**

La violation coupable du secret de la correspondance n'a pas été complètement inconnue au droit romain (l. I. § 38, D. 16, 3 ; l. 41, pr. D. 9. 2). Sur les statuts italiens, cf. *Kohler*, Studien, IV, 396. Le droit commun, malgré le silence de la Carolina, considérait comme *falsum* la *resignatio*, c'est-à-dire l'ouverture des lettres et documents, et la faisait sanctionner d'une peine arbitraire (Tyrol, 1532 et 1573, Prusse, 1620 et 1721). La Bavière en 1751 et l'Autriche en 1768 s'en tenaient

(1) Pour BINDING au contraire, c'est la volonté de conserver le secret.

(2) L'obligation de la discrétion fut dès le XVIIIe siècle fréquemment rappelée aux médecins et sages-femmes (Wurtemberg, 1621 ; Cf. JELLINEK).

au même point de vue. Une conception nouvelle se fit une voie à la suite du développement des postes. Au XIXe siècle, la protection de la correspondance prend une teinte politique; on décide soigneusement dans la loi les cas dans lesquels le pouvoir de l'Etat pourra pénétrer dans le secret de la correspondance, déclaré inviolable par les Constitutions, et les intrusions des fonctionnaires des postes et télégraphes sont frappées d'une peine spéciale (C. P. I. §§ 354 et 355) comme délits dans l'exercice des fonctions (3).

Le § 299 C. P. I, dérivé immédiatement du § 280 du Code pénal prussien, et indirectement de la Coutume Générale de Prusse 1370, menace l'ouverture intentionnelle et non autorisée d'une pièce écrite (lettre ou autre document, ce dernier mot ne devant pas être pris au sens technique du § 267 du C. P. I.) fermée, non destinée par son auteur à être connue. La pièce écrite est fermée, lorsque la prise de connaissance est rendue difficile par un moyen de fermeture adhérent à la pièce écrite. Le genre de fermeture (collage, sceau, enveloppe cousue, plombage) est indifférent ; par contre, le simple pliage, l'entourage d'une bande en papier ou en ficelle ne suffit pas; de même, ne se rangeraient pas certainement ici des documents non fermés, mais se trouvant dans une armoire fermée. L'action consiste dans le fait d'écarter (non pas nécessairement de violer) la fermeture; la prise de connaissance effectuée ou même seulement projetée n'est ni nécessaire ni (par exemple par transparence) suffisante. L'ouverture doit se faire de façon non autorisée, c'est-à-dire illégalement; par suite, la conscience de l'illégalité est nécessaire (plus haut * § 41, note 5, p. 267). Les principes généraux s'appliquent quant à

(3) Loi postale de 1871, § 5. Loi sur les Télégraphes de 1892, § 8. Proc. crim., §§ 99 à 101. Règlement sur les faillites, § 121. Il y a lieu d'observer que le concept du droit public et celui du droit pénal, quant au secret de la correspondance, ne concordent pas.

la disparition de l'illégalité (plus haut, §§ 32 et suiv., p. 204). En particulier, le droit de l'éducateur peut justifier l'ouverture.

La poursuite n'a lieu que sur plainte. A droit de porter plainte le propriétaire du document fermé ; dans les envois, les expéditeurs, jusqu'à ce que la propriété passe au destinataire, donc dans les envois postaux, jusqu'à la distribution effectuée ; plus tard le destinataire (4). — **Peine :** L'amende jusqu'à trois cents marks ou l'emprisonnement jusqu'à trois mois.

III. — **La divulgation des secrets d'autrui.**

Le C. P. I. menace dans son § 300 la divulgation non autorisée, commise par certaines personnes, des secrets privés confiés à ces personnes.

Les personne tenues par le secret professionnel sont : les avocats, les notaires, les défenseurs dans les affaires pénales, les médecins, les chirurgiens, les sages-femmes, les pharmaciens, ainsi que les aides de ces personnes mais non pas les individus dits empiriques (*Naturärzte*). Des tiers peuvent être complices ou auteurs indirects. Les secrets privés sont les faits de la vie privée, que celui qu'ils concernent a intérêt à tenir secrets. Ces faits doivent être confiés aux personnes mentionnées plus haut en raison de leurs fonctions, état ou industrie. Ils sont confiés : 1. s'ils sont communiqués avec l'injonction expresse ou tacite de les tenir secrets ; 2. si l'auteur est parvenu à les connaître dans l'exercice de ses fonctions, de sa profession ou de son industrie (5). Ce que le médecin, le défenseur, la sage-femme constatent dans leur ac-

(4) D'accord l'opinion commune ; en particulier FRANK, § 299, IV, HAELSCHNER, II, 217, MEYER-ALLFELD, 330, et aussi KOHLER, Recht an Briefen, 1893, p. 50. *Contra* MERKEL, 349, et III, 844 et autres, qui déclarent autorisés à porter plainte l'expéditeur aussi bien que le destinataire. De même, mais avec d'autres distinctions, BINDING, I, 625.

(5) Différant partiellement MITTERMAIER.

tivité professionnelle est considéré comme confié *ipso facto* et n'a pas besoin de l'être expressément. La divulgation est la communication à d'autres personnes de faits non connus. Les faits patents (il en est autrement pour les bruits incertains) ne peuvent être davantage divulgués que les faits qui sont connus de la personne à qui on les communique. La divulgation doit se produire sans autorisation, c'est-à-dire contrairement au droit. L'illégalité est exclue : 1. par la permission de l'intéressé ; 2. par un devoir juridique contraire (obligation de dénoncer, obligation de témoigner) (6) ; 3. par un intérêt supérieur opposé (*§§ 32 à 35) ; par exemple, le médecin prévient le maître qu'une servante est atteinte d'une affection syphilitique ; 4. par le maintien d'intérêts justifiés (revendication d'honoraires). Mais, en revanche, elle n'est pas exclue par la poursuite d'intérêts scientifiques (publication d'observations de clinique). Les tiers peuvent être complices.

L'intention est nécessaire ; en outre, la conscience de l'illégalité l'est également. La poursuite n'est engagée que s'il est porté plainte; a droit à porter plainte celui dont les intérêts sont lésés par la divulgation (7). Mais il faut remarquer que plusieurs personnes peuvent être intéressées au secret, par exemple le père qui a appelé le médecin pour sa fille, et la fille elle-même. Tous deux ont alors le droit de porter plainte.

Peine : Amende jusqu'à quinze cents marks ou emprisonnement jusqu'à trois mois.

(6) L'application du § 300 ne peut se motiver de ce que le médecin ne fait pas usage de son droit de refuser de témoigner ; R, XIX, 364, avec l'opinion commune. *Contra* R, au civil, LIII, 317, note 1, BENDIX, GA, LII, 12, JELLINEK, 674, SIMONSON, DJZ, IX, 1014.

(7) Très contesté. 1. Avec le texte GÜNTHER, 29, LIEBMANN, 49, MEYER-ALLFELD, 321. — 2. Considèrent comme seul ayant droit l'auteur de la confidence R, XIII, 60, BINDING, I, 626, FINGER, VIII, 370, HAELSCHNER, II, 219, MERKEL, 350. — 3. Tous deux sont autorisés d'après FRANK, § 300, VI, MITTERMAIER, 205, SEREXHE, 26.

VII

§ 121. — Trouble de la paix juridique personnelle par la menace.

BIBLIOGRAPHIE. — *Glaser*, Abhandlungen, 1858, I, 1. — *Bruck* (Bibliog. du § 98), 48. — *Villnow*, GA, XXIV, 122. — *Bayrhammen*, Thèse Tubingue, 1896. — *Goehrs*, Z, XIV, 479. — *Le même*, Der Rechtsfrieden als besonderes Rechtsgut im modernem Strafrechtssystem und seine Stellung im Reichsstrafrecht, 1900. Cf. aussi la Bibliog. du § 100.

I. — La **paix juridique** (*Rechtsfrieden*), en tant qu'intérêt de l'individu, est la conscience de la sécurité juridique, la confiance en la puissance protectrice de l'ordre juridique (1). La paix juridique est violée, dès que cette confiance est troublée, ne serait-ce que passagèrement, par la crainte d'une violence illégale ; elle est mise en péril dès qu'existe la possibilité imminente d'un trouble de cette confiance. Par suite, la menace d'infliger illégalement un préjudice apparaît comme une infraction indépendante dirigée contre un intérêt de caractère propre, comme violation de la paix juridique.

II. — La menace n'est parvenue à cette position indépendante que dans la législation du XIXe siècle. En droit romain, elle était punissable seulement comme injure, le *crimen vis* exigeant constamment le trouble de la paix publique. Dans le moyen âge allemand, apparaissent comme cas isolés de même affinité, le guet, puni arbitrairement, et l'obstruction

(1) Le concept doit être, sans aucun doute, pris ici objectivement (il n'en est pas de même pour la « paix publique »).

des routes (*via lacina* en droit franc, *absessio viarum* dans *Engau* et *Böhmer*), puni de la décapitation, qui persistent tous deux jusque dans le droit commun. Contre les personnes, « dont pour des causes démontrées on doit s'attendre à un mal ou à un méfait », la Carolina ne connaît que des mesures de sûreté (caution de paix) mais aucune peine. Il en est encore de même dans la Coutume Générale de Prusse, 44. Dans la doctrine, ce fut seulement *Tittemann* le premier qui soutint victorieusement la conception exacte.

III. —Le C. P. I. suppose dans le § 231 la menace adressée à autrui de la commission d'un crime. Il en résulte que pour la consommation, il est nécessaire qu'il y ait prise de connaissance par le menacé (et cela avec la volonté du menaçant) de la menace dirigée contre lui (plus haut § 98, III, 2 p. 81), mais il n'est pas nécessaire qu'il y ait trouble effectivement produit dans sa sécurité juridique.

L'action dont on menace doit se présenter objectivement comme un crime (d'après le C. P. I, § 1) ; une erreur de l'auteur sur cette qualité n'a pas d'influence. Les qualités personnelles et la situation de l'auteur ne sont pas prises en considération. Il est suffisant que le crime ne touche qu'indirectement la partie attaquée (par exemple la menace du meurtre d'un proche (2), à supposer que l'action, même seulement en vertu de ces relations médiates, se présente à la personne attaquée elle-même comme un trouble de sa paix juridique.

Peine : emprisonnement jusqu'à six mois ou amende jusqu'à trois cents marks. La nécessité du dépôt d'une plainte a été supprimée en 1876.

(2) En sens différent GOEHRS, 141 (« *Bedrohen* » et « *Androhen* »), MEYER-ALLFELD, 514.

SECTION III

Infractions contre les droits d'auteur et d'inventeur

I. — Le droit d'auteur de l'écrivain

§ 122 — 1. La violation du droit d'auteur des écrivains et des artistes (et du droit d'édition).

Bibliographie : *Van Calker* Die Delikte gegen das Urheberrecht 1894. *E. Müller* Das deutsche Urheber = und Verlagsrecht 1er vol. 1901. *Kuhlenbeck* Das Urheberrecht, etc. 1901, *Allfeld*. Kommentar zu den beiden Gesetzen (vom 19 juin 1901) 1902. — *Le même*, Kommentar zu dem Kunstwerkgesetz (von 1907), 1907, *Kohler*, Urheberrecht an Schriftwerken und Verlagsrecht, 1907. Le même, Kunstwerkrecht, 1908.

I. — Le droit d'auteur de l'écrivain.

Concept et historique. — Le droit de l'écrivain est l'intérêt, juridiquement protégé, de l'auteur, à disposer, dans tous les sens et à l'exclusion de tous autres, de la création de son esprit (1).

La protection juridique du droit d'auteur est d'origine aussi récente que sa conception doctrinale exacte. Inconnue au droit romain et au Moyen Age allemand ainsi qu'au plus ancien droit commun, le droit d'auteur sortit progressivement des privilèges d'imprimeur (en tant que monopoles in-

(1) Au lieu de ce concept, la loi de 1901 a donné une énumération des différentes facultés de disposer.

dustriels), qui étaient accordés en vertu du droit des Etats depuis le XVe siècle, mais qui n'avaient d'efficacité que dans le pays qui les concédait. A côté d'eux se rencontrent, à partir du XVIe siècle, des privilèges concédés pour des livres pris séparément. Ce n'est que péniblement, en particulier au XVIIIe siècle, que l'on arrive à reconnaître que la contrefaçon imprimée, flétrie par de nombreux auteurs depuis *Luther* jusqu'à *Kant* comme une intrusion dans le droit de l'auteur, constitue un délit que doit réprimer l'Etat. Les auteurs du droit commun traitaient le *plagium litterarium* comme un cas du vol (*Koch* qui invoque *Thomasius*) ou de l'escroquerie (*Leyser* et beaucoup d'autres). La Coutume Générale de Prusse, 1294, s'en tient encore à cette conception de la contrefaçon du livre, qu'elle traitait comme un profit punissable, entre la transgression des taxes dans la vente des denrées alimentaires et le jeu de hasard, en ne protégeant que les sujets du roi. Ce fut seulement la législation de la Confédération Germanique (1837, puis ultérieurement) qui posa des principes homogènes sur les conditions et la punition de la contrefaçon imprimée. En même temps, la doctrine travaillait à la conception exacte du bien protégé ; elle rejeta l'idée impraticable d'une « propriété intellectuelle » ; elle reconnut peu à peu qu'une place spéciale, en dehors des délits contre le patrimoine, est due aux droits d'auteur, malgré le côté juridique de ce droit qui le place parmi les choses constituant le patrimoine, mais en raison de son rapport avec la force individuelle de création ; il est vrai que jusqu'à présent, l'entente ne s'est pas réalisée sur la détermination exacte de cette place. Sous l'influence de la doctrine, la législation de nos jours prit un essor puissant. La loi d'Empire du 11 juin 1870 (imitée de la loi prussienne de 1837) produisit l'unité juridique. Elle a été remplacée par la loi du 19 juin 1901 concernant le droit d'auteur sur les œuvres littéraires et musicales (en vigueur depuis le 1er janvier 1902). Sur un point seulement la législation est encore susceptible de développement : Pour réaliser la réciprocité, il faut arriver à l'assimilation des intérêts étrangers, soit par la voie de traités entre Etats, soit par la fondation d'une association internationale. Mais même ici, l'entente de Berne du 9 septembre 1886, concernant la formation d'une Union internationale pour la protection des œuvres littéraires et artistiques, a créé les fondements sur lesquels peut se faire avec fruit la transformation future de la protection juridique du droit d'auteur.

La loi protège : — 1. Les auteurs d'œuvres écrites, d'exposés (*Vorträge*) ou discours ayant pour but l'édification, l'instruction ou l'amusement ; — 2. les auteurs d'œuvres musicales ; — 3. les auteurs de dessins scientifiques ou techniques qui, d'après leur but principal, ne peuvent être considérés comme œuvres d'art. Il faut ranger dans ce nombre certaines représentations plastiques (§ 1). — L'auteur a la faculté exclusive de multiplier l'œuvre et de la répandre industriellement ; de faire exécuter publiquement l'œuvre scénique ou musicale ; de lire ou de dire en public l'œuvre écrite ou la conférence, lorsqu'elles n'ont pas encore paru (§ 11).

La protection de la loi s'étend : — 1. à toutes les œuvres des auteurs nationaux, qu'elles aient paru en territoire allemand ou étranger ; — 2 aux œuvres d'auteurs étrangers, lorsqu'elles paraissent en territoire allemand. « Paraître » a la même signification qu' « être édité ».

2. Les violations punissables du droit d'auteur sont :

a) La multiplication (reproduction) (*Vervielfältigung* doit être traduit littéralement par multiplication, sinon les nuances subtiles de la terminologie allemande ne seraient pas rendues fidèlement n. d. tr.) intentionnelle non autorisée, ou la mise en vente (*Verbreitung* diffusion) professionnelle d'un ouvrage protégé.

b) La représentation (*Aufführung*) publique intentionnelle non autorisée d'une œuvre scénique ou musicale ou d'une adaptation dramatique.

c) La production (*Vortrag*) publique intentionnelle d'une œuvre non encore parue.

Peine : Amende jusqu'à trois mille marks. Si le consentement de l'ayant droit n'était nécessaire qu'à raison de changements auxquels il a été procédé : l'amende jusqu'à trois cents marks. La peine d'emprisonnement remplaçant l'amende ne doit pas dépasser six mois, et dans le dernier cas un mois. Pour la transformation en détention simple, les principes généraux sont applicables (§ 38).

d) La communication publique intentionnelle, non autorisée, du contenu essentiel d'une œuvre protégée (§ 39).

Peine : l'amende avec maximum de quinze cents marks ; la peine d'emprisonnement subsidiaire ne doit pas dépasser trois mois.

e) L'omission intentionnelle ou par négligence de l'indication des sources (le plagiat, § 44).

Peine : L'amende avec maximum de cent cinquante marks.

3. Dispositions complémentaires.

a) Dans ces cinq cas (plus haut, 2), la poursuite n'a lieu que sur plainte. Le retrait de la plainte est possible (§ 45).

b) Sur la demande de l'ayant droit, il peut être prononcé en outre de l'amende une *Busse* de six mille marks au plus. Les condamnés sont solidairement responsables. La Busse prononcée exclut toute autre revendication en dommages-intérêts (§ 40).

c) La peine de la consommation intervient même lorsque l'œuvre n'a été qu'en partie multipliée, répandue, communiquée publiquement, représentée ou exposée (§ 51). Par contre, la tentative n'est pas punie.

d) Les exemplaires produits ou répandus illégalement et les dispositifs destinés exclusivement à la multiplication illégale sont soumis à la destruction, lorsqu'ils sont en la possession de ceux qui ont participé à la production ou à la multiplication ou en celle de leurs héritiers. La destruction doit être également ordonnée même lorsque la reproduction ou la mise en vente n'a pas eu lieu soit intentionnellement, soit par négligence, ou lorsque la reproduction n'est pas encore consommée (§ 42).

Au lieu de la destruction, l'ayant droit peut demander que lui soit reconnu le droit de reprendre, contre une indemnité convenable, tout ou partie des exemplaires ou dispositifs (§ 43). La poursuite du droit à la destruction où à la confiscation doit se faire par la voie de l'action civile ou de l'action pénale. Dans les deux cas, une plainte spéciale de l'ayant droit est nécessaire ; son désistement est possible. L'ayant droit peut aussi faire valoir ses droits dans une procédure principale comme partie civile (§§ 46 à 48).

e) La poursuite pénale des infractions mentionnées plus haut, sous 2, *a*) à *d*), se prescrit par trois ans (§§ 50, 51). La prescription commence en ce cas au jour où l'acte illicite s'est produit en dernier lieu : dans le cas mentionné plus haut sous 2 *c*) (dans lequel le délai de prescription comporte d'après les principes généraux trois mois), elle commence au jour où a eu lieu la première publication (§ 53). L'action à fin de destruction des exemplaires et des dispositifs est admissible aussi longtemps que ceux-ci existent (§ 52).

II. — Par la loi également datée du 19 juin 1901 sur le **droit d'édition** [sur le contrat d'édition] sur les œuvres littéraires ou musicales), les dispositions exposées sous 2 et 3 ont vu étendre leur application. En effet, d'après le § 9 de cette loi, l'éditeur peut, dans la mesure où l'exige la protection du droit d'édition, exercer contre l'auteur ainsi que contre les tiers, les droits qui sont prévus par la loi pour la protection des droits d'auteur. A ces droits se rattachent le droit de mettre en mouvement la poursuite pénale, de demander la Busse, la destruction.

III. — Le droit d'auteur sur les œuvres d'art.

I. Historique et concept. — Les deux lois du 9 janvier 1876 sur le droit d'auteur sur les œuvres des arts figuratifs et du 10 janvier 1870 sur le droit d'auteur sur les photographies ont été remplacées par la loi unique du 9 janvier 1907 concernant le droit d'auteur sur les œuvres d'arts figuratifs et de la photographie.

L'auteur d'une œuvre des arts figuratifs (le § 2 de la loi de 1907 range également ici les produits des industries artistiques, ainsi que les œuvres d'architecture, dans la mesure où les uns et les autres poursuivent un but artistique) a le droit exclusif de multiplier (*vervielfältigen*) l'œuvre, de la répandre industriellement et de l'exhiber au moyen de dispositifs mécaniques ou optiques, à titre professionnel. Est considérée comme multiplication la copie, et pour les travaux de construction l'imitation de ces travaux (§ 15).

Cette protection s'étend à tous les sujets de l'Empire pour toutes leurs œuvres, qu'elles aient paru ou non paru ; aux étrangers pour toute œuvre non encore parue à l'étranger et qui paraît en Allemagne (§ 51).

2. Violations punissables du droit d'auteur.

a) La multiplication, mise en circulation ou exhibition publique intentionnelle et non autorisée d'une œuvre protégée (§ 32).

Peine : L'amende avec maximum de trois mille marks, et en cas d'insolvabilité l'emprisonnement avec maximum de six mois ; si l'œuvre, sa désignation ou la désignation de son auteur, sont modifiées sans autorisation, l'amende avec maximum de trois mille marks et, en cas d'insolvabilité, l'emprisonnement avec maximum d'un mois.

b) L'emploi intentionnel, sur la reproduction (*Vervielfältigung*) du nom ou de toute autre désignation d'auteur, fait de telle sorte qu'il puisse se produire des confusions, ainsi que la mise en circulation ou exposition publique intentionnelle et illicite d'un portrait (*Bildniss*, § 33).

Peine : L'amende avec maximum de mille marks, et en cas d'insolvabilité, l'emprisonnement avec maximum de deux mois.

c) L'apposition intentionnelle sur l'œuvre du nom ou de la signature de l'auteur (§ 34).

Peine : L'amende avec maximum de trois cents marks ; en cas d'insolvabilité, l'emprisonnement avec maximum d'un mois.

d) L'omission de l'indication des sources (§ 40).

Peine : L'amende jusqu'à 150 marks. La transformation en peine privative de liberté semble exclue.

3. Dispositions complémentaires.

a) Pour les cas mentionnés sous 2 *a*), *b*), *d*), la poursuite ne s'engage que sur plainte. Le retrait de la plainte est possible (§ 41).

b) Sur demande de la partie lésée, il peut être prononcé en même temps que la peine une *Busse* avec maximum de 6000 marks. Les condamnés sont solidairement responsables. La *Busse*, lorsqu'elle est accordée, exclut toute autre revendication de dommages-intérêts (§ 35).

c) La criminalité des actes énumérés sous 1 *a* intervient également en cas de multiplication, mise en circulation ou exhibition publique partielles (§ 36). La tentative n'est pas punissable.

d) A la destruction des exemplaires illicitement fabriqués, répandus ou exposés publiquement, ainsi qu'à celle des dispositifs exclusivement destinés à ces actes, s'appliquent les dispositions des §§ 37-39, 42-45, dont le contenu correspond à celui des dispositions mentionnées plus haut sous I, 3, *d*).

e) De même les dispositions sur la prescription, contenues dans les §§ 47-50, concordent avec celles mentionnées plus haut sous I, 3 *e*).

§ 123. — 2. La violation du droit d'autrui sur une propriété industrielle (*Gewerbliches Urheberrecht*).

Bibliographie. — *Schmid*, Die Gesetze zum Schutze des gewerblichen Eigentums, 1897. — *Stephan et Schmid*, Der Schutz der gewerblichen Urheberrechte des In = und Ausland, 1899. — *Seligsohn* Patentgesetz und Gesetz betr. den Schutz von Gebrauchsmustern, 3e éd. 1906. — *Kohler*, Handbuch des Patentrechts in rechtsvergleichender Darstellung, 1900. — *Alfred*, Kommentar zu den Reichsgesetzen über das genverbl. Urheberrecht, etc. 1904.

1. — **La violation du droit d'auteur sur les dessins de goût** (*Geschmackmuster*) (a) **et les modèles** (*Modelle*), c'est-à-dire sur les productions nouvelles et originales d'objets usuels d'« industrie artistique », et dont l'emploi est destiné à produire un effet satisfaisant pour le goût [*Geschmack*] est commise, aux termes de la loi du 11 janvier 1876, § 5, par la reproduction non autorisée d'un dessin ou modèle (*Flachmuster oder Modell*) en vue de la diffusion).

Reconnue en Angleterre et en France depuis la fin du siècle précédent, la protection du modèle resta étrangère au droit allemand jusqu'à une époque récente, sauf dans les pays de droit français. C'est seulement depuis l'annexion de l'Alsace-Lorraine que les efforts des industriels de cette contrée aboutirent à la promulgation de la loi impériale de 1876. Celle-ci est de caractère strictement national, et ne protège que les dessins et modèles des industriels nationaux. Mais une extension est intervenue grâce à des traités avec des Etats étrangers, et la protection devenue générale par le traité de Paris du 20 mars 1883 concernant la protection de la propriété industrielle (l'Allemagne y a adhéré par déclaration du 21 mars 1903 (1). Sont seuls protégés les dessins

(a) Par opposition aux modèles d'utilité dont il est question *infra* (N. du Trad.).

(1) Cf. Listz, Völkerrecht, § 31, II, 3.

et modèles industriels (*Geschmackmuster*), mais non pas les inventions artistiques ou techniques. Le § 2 contient des dispositions spéciales sur la personne de l'ayant-droit, et le § 14 sur les reproductions et dispositifs de multiplication.

II. — **L'atteinte au droit résultant d'un brevet** (*Patentrecht*).

La protection du droit de l'inventeur industriel se rattache à la protection du droit d'auteur de l'écrivain, de l'artiste et de l'industriel d'art. Concédé jadis isolément par privilèges, admis depuis le dernier siècle dans la plupart des Etats allemands, bien que souvent par voie de juridiction administrative seulement, il a été garanti par la loi impériale du 25 mai 1877, remplacée par la loi du 7 avril 1891, après que le courant très fort qui lui était opposé eût cédé devant le revirement de l'opinion publique à partir de 1860.

1. Il y a atteinte punissable au droit résultant d'un brevet lorsqu'un tiers produit à titre professionnel, met en circulation, offre en vente ou emploie l'objet de l'invention sans la permission de l'inventeur (§ 4) et sciemment (§ 36). Le préjudice patrimonial est aussi peu nécessaire que l'esprit de gain.

Peine (§ 36) : Amende jusqu'à cinq mille marks ou emprisonnement jusqu'à un an. Le dépôt d'une plainte est nécessaire ; le retrait de la plainte possible. Pour la sanction des actes commis à l'étranger s'appliquent les principes généraux.

Il y a lieu de reconnaître à la partie lésée le droit (§ 36) de publier la condamnation aux frais du condamné (cf. plus haut * § 58, note 3). A la place des dommages-intérêts, la Busse jusqu'à concurrence de dix mille marks peut être prononcée (§ 37). En ce cas, toute autre réclamation de dommages est exclue. Lorsqu'il y a plusieurs condamnés, ils sont solidairement débiteurs.

2. L'usurpation de brevet (*Patentanmassung*) consiste dans la simulation (*Vorspiegelung*) de la protection créée par un brevet (§ 40). Elle existe lorsque :

a) quelqu'un fait figurer sur des objets ou sur leur contenant une désignation propre à provoquer la croyance erronée que ces objets sont protégés par un brevet ; *b*) ou lorsque quelqu'un emploie dans des annonces publiques, sur des enseignes, sur des cartes de recommandation ou autre moyen de publicité, une désignation propre à provoquer la même erreur.

Peine : Amende jusqu'à mille marks. L'imprudence suffit.

3. On peut aussi mentionner ici la sanction de la loi concernant les agents de brevet (*Patentanwälte*) [agents auprès de l'office des brevets soumis à un examen professionnel] du 21 mai 1900, § 19, contre celui qui, sans être inscrit comme *Patentanwalt*, se donne pour tel ou s'attribue un titre analogue provoquant la croyance que son titulaire est inscrit comme agent de brevet.

Peine : Amende jusqu'à trois cents marks, en cas d'insolvabilité la détention simple.

III. — La loi sur les brevets a inspiré la loi sur la **protection des modèles d'utilité** (*Gebrauchsmuster*) du 1er juin 1891. Par opposition aux modèles de goût, (*Geschmacksmuster*, plus haut III), les modèles d'utilité sont (§ 1) : les modèles d'instruments de travail ou objets destinés à un usage pratique ou de leurs parties, lorsqu'ils doivent servir à un travail ou un usage par une nouvelle configuration, par un nouveau dispositif ou un nouveau mécanisme.

Celui qui utilise sciemment un modèle d'utilité (déposé) — c'est-à-dire qui contrefait à titre professionnel le modèle ou qui met en circulation ou en vente ou emploie des objets ou instruments produits par la contrefaçon — est puni de l'amende jusqu'à cinq mille marks ou de l'emprisonnement jusqu'à un an (§ 10). La poursuite n'a lieu que sur plainte; le retrait de la plainte est possible.

A côté de la peine, il y a lieu de reconnaitre à la partie lésée le droit de faire publier la condamnation aux dépens du condamné. Le jugement fixera le mode et le délai de la publication.

Sur la demande de la partie lésée, une *Busse* jusqu'à concurrence de dix mille marks peut être prononcée en même temps que la peine, et à la place de tous dommages-intérêts. Tous ceux qui sont condamnés à cette réparation sont responsables comme débiteurs solidaires (§ 11). La réparation ordonnée exclut toute autre revendication de dommages.

§ 124. — 3. La concurrence déloyale.

BIBLIOGRAPHIE. — *Lobe*, Das Gesetz usw. systematisch dargestellt, 1896. Commentaires de *Bachem* et *Roren*, 3e éd. 1900. — *Finger*, 1897. — *E. Müller*, 4e éd. 1904. — Puis *Mittler Jun.*, Illoyale Konkurrenz und Markenchutz, 1897. — *Gumbel*, Der Betrugsparagraphe und seine Ergänzung durch das Gesetz usw., 1897. — *Daniel*, Darstellung des Verbrechens des unlauteren Wettbewerbes, 1900. — *M. M. Kohler*, Das Verbrechen des unlauteren Wettbewerbs, 1901 (*Beling*, Heft, 32/34). — *Bauer*, Das unlautere Wettbewerb, 1902. — *Schlecht*, Z, XXI, 84. — *Bielenberg*, thèse Marbourg, 1904. — Pour III, spécialement: *Finger*, RvD, Bes. T., VIII, 371. — *Friedländer*, Der strafrechtliche Schutz der Geschäfts = und Betriebsgeheimnisse, 1903 (Berliner Seminarabgdlgn, II, 3). — *Heller*, Thèse Leipzig, 1905. — Pour IV: *Seuffert*, Z, XV, 823. — *P. Schmidt*, Das Warenzeichenrecht, 1900. — *A. Seligsohn*, 2e éd., en commun avec *M. Seligsohn, 1905*. — *Allfeld* (Bibl. § 123), 430.

I. — Abstraction faite de toute restriction de droit positif, la **concurrence déloyale** résulte du recrutement d'acheteurs, entrepris par des moyens déloyaux, pour des marchandises produites par l'auteur ou placées par lui.

1. La concurrence déloyale est une captation de clients (*Kundenfang*), non une escroquerie (*Betrug*). Ce n'est pas l'acheteur, mais le vendeur usant d'une concurrence loyale qui doit être protégé en première ligne. Et il ne doit pas l'être seulement dans son pa-

trimoine. Le nom que s'est fait l'industriel ou le commerçant par son activité physique et intellectuelle, la confiance de sa clientèle, qu'il a acquise à sa maison par ses bons soins et son honnêteté, représentent non seulement une valeur patrimoniale peut-être fort importante, mais aussi, en tant que création de sa productivité individuelle, un droit de valeur analogue à celle des droits d'auteur. C'est ce droit, et non pas seulement le patrimoine, que menace la concurrence déloyale (1).

2. L'élément de fait consiste dans le recrutement d'acheteurs par des moyens déloyaux. Apparaissent comme tels :

a) L'emploi illicite des secrets industriels ou commerciaux d'autrui ;

b) La tromperie intentionnelle (plus loin § 139), soit sur l'entreprise de l'auteur, soit sur l'entreprise concurrente d'autrui. Un cas spécial est constitué par l'usage des marques déposées.

Ce n'est qu'avec hésitation que la législation impériale s'est décidée à sanctionner la concurrence déloyale. Jusqu'en 1896, abstraction faite des dispositions, de la législation sur les assurances (plus loin, III), l'abus des marques de fabrique et de commerce d'autrui (plus loin, IV) était seul frappé. Ce fut seulement la « loi contre la concurrence déloyale » du 27 mai 1896 (plus loin II) qui apporta une règlementation étendue. A côté de ces textes, les loi antérieures restent en vigueur. Des dispositions nouvelles sont contenues dans la loi sur les margarines du 15 juin 1897, ainsi que dans la loi sur les vins de 1901.

II. — **La loi du 27 mai 1896** ne donne pas de définition générale de la concurrence déloyale. Elle se borne à l'énumération des divers cas. Sont punissables :

(1) De même Birkmeyer, Gierke, Kohler, MM. Kohler, Muller, Rosenthal et autres ; *contra* Bauer, Binding, *Lehrb.*, I, 506, Daniel, 54, Gumbel, 22.

1. La tromperie frauduleuse sur sa propre entreprise, ou réclame déloyale (§ 4). La loi demande des indications fausses et propres à induire en erreur, de nature effective (non pas seulement des prétentions de caractère général), sur la qualité, le mode de production ou la fixation de prix de marchandises ou de services industriels (non pas scientifiques ou artistiques), sur le genre de provenance ou la source de provenance de marchandises, sur la possession de distinctions et récompenses, sur l'occasion ou le but de la vente ; et cela, soit par publication ou par communications destinées à un assez grand nombre de personnes (non pas pour des clients pris isolément). Les indications doivent être données « malgré une connaissance meilleure » et dans le dessein de faire croire à une offre particulièrement avantageuse. La consommation existe avec la publication ou communication ; la réussite de la tromperie n'est pas nécessaire.

Peine : Amende jusqu'à quinze cents marks. En cas de récidive peuvent être prononcés, avec l'amende ou à la place de celle-ci, la détention simple ou l'emprisonnement jusqu'à six mois ; le § 245 C. P. I. est applicable. A côté de la peine peut être ordonnée la publication de la condamnation, aux frais du coupable (§ 13), ainsi que la *Busse* jusqu'à dix mille marks (§ 14). — La poursuite ne s'engage que sur plainte (§ 12). A droit de porter plainte tout industriel concurrent, ainsi que toute « Association ayant pour but de favoriser les intérêts industriels » (§ 1). Le retrait de la plainte est possible.

2. La tromperie frauduleuse sur une entreprise d'autrui (§ 7), nommée aussi dénigrement. Plus exactement : le fait d'avancer ou de répandre des allégations fausses, de genre effectif, sur l'entreprise d'autrui, sur la personne du propriétaire ou du gérant de l'entreprise, sur les marchandises ou travaux industriels d'autrui, lorsque ces allégations sont propres

à nuire à l'exploitation de l'entreprise. L'allégation doit être lancée « malgré une connaissance meilleure » (plus haut *§ 39, note 5 p. 255). L'obtention du préjudice est aussi peu exigible que le dessein de porter préjudice (délit de mise en péril). D'après la teneur de la loi, l'action peut être commise non seulement par un concurrent professionnel, mais aussi par des tiers (2). Elle peut se trouver en concours idéal avec la mise en péril du crédit (3).

Peine : Amende jusqu'à quinze cents marks ou emprisonnement jusqu'à un an. Il y a lieu de reconnaître à la partie lésée le droit de publier la condamnation, aux frais du condamné (§ 13). *Busse* et nécessité de porter plainte comme pour 1. Si celui qui fait la communication, ou celui qui la reçoit, a un intérêt justifié à cette communication, il n'est plus passible de peine.

5. La divulgation (*Verrat*, trahison) de secrets d'affaires (§ 9, al. 1) (4). Est punissable celui qui, comme employé, ouvrier ou apprenti d'une entreprise, communique à d'autres sans autorisation, pendant la durée régulière de son service, dans un but de concurrence ou dans le dessein de nuire au propriétaire de l'entreprise, des secrets de commerce ou de fabrique qui lui ont été confiés en raison de son service ou qui lui ont été autrement accessibles. Il est aussi impossible de distinguer entre les secrets de fabrique (*Betriebsgeheimnisse*) et les secrets de commerce (*Geschäftsgeheimnisse*) que d'établir une distinction entre ces deux concepts d'une part, et les dispositifs et procédés de fabrique tenus secrets d'autre part (cf. plus loin III). L' « imitation » d'un « procédé de fabrique tenu secret » est toujours la

(2) Même sens R, XXXI, 84.

(3) Même sens R, XXXI, 84, contre R, XXXI, 64. — Le § 6 de la loi mentionne expressément la mise en péril du crédit, le § 7 est muet à ce sujet.

(4) Cf. KELLER, 37.

« mise en valeur » d'un « secret de fabrique ». Le mieux est de s'en tenir à la désignation générale de « secret d'affaires » qui peut dès lors être défini pour tout ce qui touche la fabrication ou à la vente des marchandises, ce qui est tenu secret avec succès envers les personnes sans qualité (*Unberufene*), et dont la divulgation nuirait à l'exploitation de l'entreprise. Parmi les secrets protégés se rangent aussi les inventions qui sont cédées à la firme par les employés eux-mêmes, ou qui sont faites à son service (5). L'intention est nécessaire, et en outre le dessein spécial de faire concurrence ou de nuire.

Peine : L'amende jusqu'à trois mille marks ou l'emprisonnement jusqu'à un an. *Busse* et nécessité de porter plainte comme pour **1**.

4. La mise en valeur illicite de secrets d'affaires (§ 9, al. 2). Est punissable celui qui met en valeur ou communique à d'autres, sans autorisation, dans un but de concurrence, des secrets d'affaires ou d'exploitation qu'il est parvenu à connaître par une des communications désignées dans l'al. 1 ou par sa propre action, contraire à la loi ou aux bonnes mœurs (6).

Peine : comme pour 3 ; *Busse*, plainte comme pour **1**.

5. Le fait de déterminer autrui à trahir des secrets d'affaires, entrepris dans un but de concurrence (§ 10).

Peine : amende jusqu'à deux mille marks ou emprisonnement jusqu'à neuf mois. *Busse* et plainte comme pour 1.

(5) R, XXXII, 217. Cf. FRIEDLAENDER, 198.

(6) Se rangeraient ici : la visite d'une fabrique sous un nom d'emprunt, le détournement d'employés, la fouille secrète dans les papiers d'affaires à l'occasion d'une visite etc. Cf. aussi C. C. I. § 826.

6. La dissimulation de la quantité (tromperie sur la quantité) (§ 5).

Sont punis de l'amende jusqu'à cent cinquante marks ou de la détention simple, les contraventions aux dispositions du Conseil fédéral (*Bundesrat*), d'après lesquelles des marchandises déterminées ne peuvent être vendues ou mises en vente au détail qu'en unités prescrites de nombre, de longueur et de poids ou avec une indication sur le nombre, la longueur et le poids, figurant sur la marchandise ou sur son ouverture. — L'imprudence suffit. Poursuite d'office, *Busse* exclue.

III. — **La divulgation** (*Verrat*) **de secrets d'affaires** d'après la législation des assurances, le Code industriel, la loi sur la margarine et la loi sur le vin.

1. La loi sur les assurances des accidents de l'industrie du 5 juillet 1900 reconnaît, dans ses §§ 105 et 151, un cas simple et un cas aggravé de la violation des secrets d'affaires, de la part des membres des comités des syndicats, des mandataires de ces membres (§§ 119 et 128), des experts nommés d'après le § 120 ainsi que des assesseurs de la juridiction d'arbitrage. Sont conçues dans le même sens la loi sur l'assurance des accidents agricoles et forestiers (§§ 160, 161), et celle sur l'assurance des accidents du bâtiment (§ 45), toutes deux du même jour que la précédente, ainsi que la loi sur l'assurance-invalidité du 19 juillet 1899 (§§ 185 et 186). Par contre, la loi sur l'assurance-accidents pour les gens de mer du 30 juin 1899 ne contient aucune sanction pénale correspondante. Dans le même sens que les premières lois ci-dessus, citons encore le § 145 *a* du Code industriel du 30 juin (26 juillet) 1900 (concernant les experts désignés avant la décision sur l'attribution de concession).

a) Cas simple. Amende jusqu'à quinze cents marks ou emprisonnement jusqu'à trois mois, lorsque les personnes mentionnées divulguent sans autorisation des secrets qu'ils ont connus en vertu de leur fonction ou mandat. L'intention est nécessaire. Poursuite seulement sur plainte du fabricant.

b) Cas aggravé. Emprisonnement, avec perte de l'honneur possible, lorsque ces personnes divulguent à dessein (intentionnellement), au préjudice du fabricant, des secrets de fabrique dont ils ont connaissance à raison de leur fonction ou mandat, ou que dans les mêmes conditions elles imitent des dispositifs ou procedés de fabrique tenus secrets, cela tant que ces dispositifs ou procédés sont encore des secrets de fabrique. Si ces personnes agissent ainsi pour se procurer ou procurer à un autre un avantage patrimonial (non nécessairement illicite ; sur cet avantage cf. plus loin § 139 II 2), l'amende jusqu'à trois mille marks peut être prononcée avec l'emprisonnement.

2. La loi sur la margarine du 15 juin 1897 a également, dans son § 15, créé une protection pénale particulière pour les secrets de fabrique menacés par le contrôle de la police.

Est puni de l'amende jusqu'à quinze cents marks ou de l'emprisonnement jusqu'à trois mois celui qui, comme mandataire de l'autorité de police, divulgue sans autorisation des secrets de fabrique venus à sa connaissance à raison de son mandat, ou qui, dans les mêmes conditions, imite des dispositifs ou procédés de fabrique tenus secrets, cela tant que ces dispositifs ou procédés sont encore des secrets d'affaires. — Poursuite seulement sur plainte du fabricant. — Les tiers peuvent être coupables comme complices.

3. Il en est de même de la loi du 24 mai 1901 sur la manipulation, vente, etc., des vins, boissons à base de vin ou similaires du vin (plus loin § 157, VI).

La peine indiquée sous 2 frappe l'expert qui viole le secret professionnel ou ne s'abstient pas de communiquer ou d'imiter des secrets d'affaires.

IV. — Les dispositions de droit commun, prises par le § 287 C. P. I. pour la protection des **firmes et noms**, se révélèrent bientôt insuffisantes. L'extension aux marques de fabrique et marques de commerce demandée de toutes parts et déjà existante en 1870 dans plusieurs États allemands, a été réalisée d'abord par la loi d'Empire du 30 novembre 1874 (**loi de protection des marques**), puis d'une façon plus complète par la loi du 12 mai 1894 sur la protection des **marques des marchandises** (7), qui remplaça la précédente.

D'après le § 1 de cette loi, celui qui (même sans avoir la pleine qualité de commerçant) [le droit commercial allemand oppose le *Vollkaufmann* et le *Minderkaufmann* imparfaitement traduit par artisan] veut se servir dans son exploitation d'une marque de marchandise pour distinguer sa marchandise de celle d'autrui, peut déposer cette marque pour qu'elle soit enregistrée sur le rôle des marques (tenu par l'office des brevets, *Patentamt*). Cette inscription a pour effet (§ 12) d'attribuer à la personne inscrite le droit exclusif d'apposer la marque sur les marchandises de la nature déclarée, ou l'emballage ou enveloppe de ces marchandises, de mettre en circulation les marchandises ainsi désignées, ainsi que de faire figurer la marque sur les annonces, prix-courants, lettres, factures, etc.

Se rend coupable de la violation de ce droit :

1. Celui qui, sciemment : *a*) pourvoit illégalement des marchandises ou leur emballage ou enveloppe, ou des annonces, prix-courants, lettres, factures, etc., du nom ou de la firme d'autrui, ou d'une des marques protégées d'après cette loi ; *b)* met en circulation ou en vente des marchandises similaires illégalement

(7) Les transgressions de cette loi sont conçues comme délits de falsification par von Calker-Merkel, et aussi par Lenz (Bibl. § 160) 61. Mais cf. ce qui a été dit plus haut sous I. Exact Janka, Kohler, Löning et autres. — L'emploi de titres, de journaux connus n'est pas un abus de marque commerciale, mais peut être poursuivi civilement d'après le § 8 de la loi sur la concurrence déloyale de 1896.

marquées (§ 14). Dans les deux cas, le consentement de l'ayant droit exclut l'illégalité.

Peine : Amende de cent cinquante à cinq mille marks, ou emprisonnement jusqu'à six mois. Poursuite seulement sur plainte. Retrait de la plainte possible.

2. Celui qui, dans un but de tromperie dans le commerce ou la circulation : *a*) pourvoit les objets nommés sous 1 d'une présentation qui, dans les cercles intéressés, est considérée comme caractéristique des marchandises similaires d'un autre, et cela sans l'autorisation de cet autre ; ou qui : *b*) met en circulation ou en vente, dans le même but, des marchandises ainsi caractérisées (§ 15).

Peine : Amende de cent à trois mille marks ou emprisonnement jusqu'à trois mois. Poursuite seulement sur plainte. Retrait de la plainte possible.

3. Celui qui, dans le but de provoquer une erreur sur la qualité et la valeur des marchandises : *a*) pourvoit les objets nommés sous 1 des armes d'un Etat, ou du nom ou des armes d'une localité, commune, association communale, etc. ; ou qui : *b*) dans le même but, met en circulation ou en vente les marchandises ainsi marquées (§ 16).

Peine : comme pour 1. Poursuite d'office.

Dans les trois cas, au lieu de dommages-intérêts, une *Busse* jusqu'à concurrence de dix mille marks peut être prononcée en même temps que la peine, sur la demande et au profit de celui qui a subi le préjudice. Ceux qui sont condamnés à cette réparation sont solidairement débiteurs pour le tout. La *Busse* exclut toute autre revendication en dommages-intérêts (§ 18).

Dans la décision portant condamnation sera ordonné (§ 19), sur la demande de la partie lésée, et quant aux objets se trouvant en la possession du condamné, l'enlèvement des marques ou désignations illégales ou, si cet enlèvement n'est pas possible autrement, la destruction des objets pourvus desdites marques ou désignations. — En outre, il y a lieu de reconnaître à la partie lésée (§ 19) la faculté de publier la condamnation, aux dépens du condamné (plus haut * § 58, note 3). Le mode et le délai de publication seront fixés dans le jugement.

SECTION IV

Infractions contre les droits patrimoniaux.

§ 125. — Aperçu général.

Dans une application stricte de notre système, la division des infractions contre le patrimoine devrait se rattacher à la division des droits patrimoniaux en droit privé. Mais cette application est rendue impossible par l'état de la législation résultant de l'évolution historique (1). Toute une série d'infractions (plus loin §§ 139 et sq.) n'est nullement dirigée contre des droits patrimoniaux particuliers, mais bien contre le patrimoine en général, et revendique par suite une place spéciale dans ce système. D'autre part, la protection donnée par le droit pénal aux divers droits patrimoniaux est très inégalement réalisée. Les droits de créance (*Forderüngsrechte*) n'en jouissent que partiellement. Parmi les droits réels, seule la propriété (abstraction faite du C. P. I. § 289) bénéficie de cette protection, mais seulement contre l'appropriation de choses mobilières et contre le dommage aux choses (*Sachbeschadigüng*) et dans un seul cas (C. P. I., § 290) également contre l'usage illégal de choses. L'exposé doctrinal doit tenir compte de cette

(1) La division de HEGLER (Rvd, Bes. T., VII, 407) en délits de déplacement patrimonial (Vermögensverschiebungsdelikte) et délits de soustraction du patrimoine (Vermögensentziehungsdelikte) néglige, elle aussi, le motif de la division de l'intérêt lésé.

situation. La loi du 9 avril 1900 a assimilé à la propriété des choses corporelles le droit de disposition exclusive de l'énergie électrique. La lésion de ce droit sera préférablement rattachée, quant à son étude, aux délits contre la propriété.

I. — L'exposé de ce manuel commence par la protection donnée par le droit pénal aux **droits réels** (*dingliche Rechte*).

1. La propriété peut être lésée :

a) Par la dégradation (*Beschädigung*) ou la destruction (*Zerstörung*) de la chose, (dommage aux choses *Sachbeschädigung*, C. P. I., § 303). Il n'est fait en ce cas aucune distinction entre meubles et immeubles.

b) Par l'appropriation de la chose, c'est-à-dire par le fait que le non propriétaire usurpe sur la chose une maîtrise analogue à la propriété. Le droit pénal en vigueur ne protège contre l'appropriation que les choses mobilières et il laisse au droit privé la protection des choses immobilières. L'appropriation peut se produire : α) quant à une chose, dont l'auteur a déjà la garde (*Unterschlagung*, détournement, abus de confiance, C. P. I., § 246) ; β) quant à une chose qu'il doit d'abord soustraire (*Wegnehmen*) à la garde d'un autre. Les deux cas sous α) et β) sont contenus dans l'expression « dérober » (*entwenden*). Dans le cas β), il y a vol (*Diebstahl*, C. P. I., § 242) si la soustraction a lieu sans violence, et il y a vol avec violence (*Raub*, C. P. I., § 249), si elle a eu lieu avec violence.

c) Par usurpation d'usage, qui toutefois n'est qu'exceptionnellement punissable (C. P. I., § 290) dans le droit en vigueur.

Dans les trois cas *a*), *b*) et *c*), il faut d'une part limiter strictement le concept de « chose » à la chose corporelle, et, d'autre part, ne pas exiger une valeur d'échange (*Tauschwert*) de la chose. Les infractions rentrant dans ces cas sont nécessairement des infractions contre une chose (*Sachverbrechen*), mais non pas des infractions ayant pour but l'enrichissement (ou infractions patrimoniales au sens étroit).

2. Les lésions du droit à l'énergie électrique se rattachent d'une part à l'endommagement de choses et, d'autre part, à l'appropriation (vol ainsi que détournement). Dans la réalité, il s'agit ici d'un droit individuel indépendant, analogue aux droits d'auteur.

3. Parmi les autres droits réels, le droit d'usufruit et de gage (*Niessbrauchs — und Pfandrecht*) est protégé par le § 289, C. P. I. (2).

II. — Certains **droits d'occupation** (*Zueignungsrechte*) jouissent d'une protection spéciale du droit pénal; par exemple, le droit de chasse et de pêche.

III. — Par contre, les **droits de créance** (*Forderungsrechte*) relèvent essentiellement de la protection du droit privé. C'est seulement dans des conditions strictement circonscrites que la rupture de contrat est punissable. Il en est de même de l'abus de confiance (C. P. I., § 266) dans la gestion d'intérêts patrimoniaux confiés à quelqu'un. Les créanciers menacés ne sont protégés que par les sanctions pénales contre la banqueroute.

IV. — A ces trois groupes, nettement différenciés par la nature des droits patrimoniaux protégés, se rattache un quatrième groupe : celui des infractions qui, dans un cas donné, peuvent être dirigées contre tout droit patrimonial quelconque. En tant qu'infractions patrimoniales « vagues » (*Vage*), individualisées seulement par le **mode d'attaque** (*Angriffsmittel*), elles s'opposent aux infractions contre le patrimoine, caractérisées par l'objet (*Richtung*) de l'attaque, de même que les infractions créant un danger public et les délits de falsification s'opposent aux autres infractions. La tromperie et la contrainte, consi-

(2) Qui toutefois y assimile les droits non réels d'usage et de rétention (*Gebrauchs-und Zurük-behaltungsrecht*).

dérées comme mode d'attaque, donnent les formes typiques de l'escroquerie (*Betrug*, C. P. I., § 263) et de l'extorsion (*Erpressung*, chantage, C. P. I., § 253). Il faut y joindre comme forme moderne l'exploitation de l'état de nécessité, de la légèreté, de l'inexpérience, en particulier l'usure (C. P. I., § 302 *a*) (3). Aux délits de lésion se rattache la mise en péril du patrimoine (en particulier le jeu de hasard). Et tout le groupe est fermé par le délit contre le patrimoine, de nature originale, qu'est le recel de choses (C. P. I., § 259).

Les infractions contenues dans ce groupe IV sont en principe, c'est-à-dire dans la mesure où la volonté indubitable de la loi ne conduit pas à une autre conception, des délits contre le patrimoine au sens étroit, c'est-à-dire qu'elles sont dirigées contre le patrimoine en tant que concept essentiel de biens ayant une valeur pécuniaire. C'est pourquoi elles sont, en principe, des infractions ayant pour but l'enrichissement, c'est-à-dire qu'elles demandent, pour leur consommation, un déplacement de la situation de fortune au profit de l'auteur.

V. — En même temps que la protection du corps et de la vie, les sanctions pénales contre les infractions constituant un danger public ont aussi pour but (C. P. I., §§ 306 à 330) la protection du patrimoine. Et ceci s'entend également de toute une série de sanctions pénales de police. Mais pour les motifs déjà donnés plus haut, § 80, III, ces deux groupes seront traités ailleurs.

(3) Cf. à ce sujet, Isopescul-Grecul (Bibl. § 143) 321.

I. — Infractions contre les droits réels

§ 126. — 1. Le vol. Historique.

Bibliographie. — *Mommsen*, 733. — *Rosenberger*, Thèse Zurich, 1879. — *Bachem*, Unterschied zwischen dem furtum des römischen Rechts und dem deutschen RStGB, 1880. — *Maschke*. Das Eigentum in Zivil-und Strafrecht, 1895. — *Brunner*, II, 637. — *Kohler*, Studien, IV, 420.

I. — Le vol était, dans le droit classique romain, exclusivement un delit privé. Par rattachement probable à la différence indo-germanique entre le fait manifeste et non manifeste, les XII Tables avaient bien sanctionné de la peine capitale le *furtum manifestum*, tandis que le *furtum nec manifestum* était menacé de la *pœna dupli*. De même, on re connaissait à l'individu attaqué le droit absolu de tuer à l'égard du voleur nocturne, par opposition au voleur diurne, *si telo se defendit*. Mais déjà le droit prétorien ne connaissait plus que la réparation pécuniaire : le quadruple pour le *furtum manifestum* et *prohibitum*, le double pour le *furtum nec manifestum*, le triple pour le *furtum conceptum et oblatum*. Le droit de l'époque impériale distingua quelque cas du vol comme *crimina extraordinaria* (Tome Ier, p. 16), et les menaça de la peine criminelle. Mais dans l'ensemble, il n'en résulta pas un grand changement, si même n'est pas exacte la tradition douteuse (Tome Ier, p. 16) d'après laquelle, au temps de Justinien, pour tout vol (*rei ipsius*), le choix était permis entre la plainte civile (*actio*) et la poursuite pénale (*crimen*).

La définition que donne Paul, l. 1, § 3, D. 47, 2, est connue : *Furtum est contrectatio rei fraudulosa lucri faciendi gratia vel ipsius rei vel etiam usus ejus possessionisve.* D'après elle, le vol est toute appropriation illégale, cupide, de la chose mobilière d'autrui (*Dernburg*) ; et le concept du *furtum* embrasse par suite non seulement le vol comme le conçoit l'époque actuelle, mais aussi le vol avec violence, le détournement, le vol dit de la chose trouvée, la dépossession, l'usurpation d'usage, ainsi que quelques cas d'escroquerie. Le propriétaire a la *condictio furtiva* pour la restitution de la chose, et chaque individu lésé l'infamante *actio furti*. Cette dernière était refusée : 1° contre l'époux (*in honorem matrimonii*) ; 2° contre les enfants de la maison (à cause de l'*unitas personarum*) ; 3° contre les esclaves (à cause du pouvoir pénal du père de famille).

II. — Le droit allemand du Moyen Age traite le vol d'une façon essentiellement différente. Celui-ci apparaît comme soustraction dissimulée hors de la garde d'autrui, et se distingue par là nettement du vol avec violence, qui est une prise manifeste, d'une part, et, d'autre part, du détournement qui est une rétention d'objets trouvés ou parvenus autrement dans les mains de l'auteur, tandis que le fait de dérober des objets confiés est le plus souvent assimilé au vol.

Nous rencontrons de bonne heure, en particulier dans les Capitulaires, la menace de peines strictement publiques contre le vol (Tome Ier, p. 24). Déjà la *lex Rib.* 79, 1, ordonne la pendaison du voleur pris en flagrant délit. Un Capitulaire de 779, qui menace de la corde le troisième vol, est d'une importance particulière. Nombreuses sont les distinctions à l'intérieur du vol, et les degrés dans le châtiment. C'est ainsi qu'il y a aggravation pour le vol de certains objets, auxquels une paix plus grande est nécessaire (charrue dans le champ, bétail, grains), ou pour le vol commis dans des lieux protégés (palais royaux, églises, moulins, forges); ou à de certains moments (pendant les trèves, mais surtout pour le vol nocturne), pour le vol avec effraction, etc. En même temps, la distinction générale du fait manifeste et non manifeste joue, précisément ici, un rôle décisif, et la récidive répétée est l'objet d'une peine particulièrement sévère. Mais la plus grande importance est attachée à la division, qui domine tout le Moyen Age, distinguant le vol d'après la valeur de la chose volée, soit un grand vol faisant l'objet de peines capitale ou grave (*an Hals und Hand*), et un petit vol faisant l'objet de peines moins graves (*an Haut und Haar*), avec, entre eux, une limite très variable, qui était le plus souvent de cinq schillings (ainsi, le Schwabenspiegel et les lois impériales). S'il y avait application de la peine de mort, elle était consommée par la corde.

III. — La doctrine italienne du Moyen Age se contenta en général, ici également, de chercher, pour la jurisprudence dominée par le droit germanique (lombard), des points de liaison dans le droit romain. En la matière, c'est du droit allemand qu'elle développe (1).

IV. — Sur ce terrain, comme dans la plupart des autres questions, la Carolina a donc pour base une conception juridique allemande. Elle traite avec beaucoup de détails, dans les art. 157 à 175, le vol et les délits de même famille. Et elle suit l'ordre ci-après : Art. 157 : le pire vol à la dérobée de moins de cinq florins (le double, éventuellement le cachot). Art. 158 : le premier vol manifeste de moins de cinq florins (bannissement, en cas de possibilité d'amendement, le quadruple). Art. 159 : le premier vol dangereux (également de moins de cinq florins, *Gulden*) par escalade ou effraction ou « avec armes, afin qu'il puisse atteindre quelqu'un qui voudrait lui résister » (peine de mort ou peine corporelle grave). Art. 160 : le premier grand vol, de cinq florins (la jurisprudence compte le florin à la même valeur qu'un ducat hongrois) et au-dessus (peine frappant le corps ou la vie). Art. 161 : le second vol simple (bannissement). Art. 162 : le troisième vol (sans qu'il y ait eu distinction entre la récidive et le concours ; « c'est un voleur avéré (*mehrer verleumdeter*) et considéré comme un auteur de violences (*Vergewaltiger*) » (peine de mort). Art. 164 : les jeunes voleurs de moins de 14 ans ne doivent pas être punis de mort sans une cause particulière. Art. 165 : le vol commis quant à des biens dont l'auteur est le plus proche héritier, ou entre mari et femme (exclusion de la poursuite d'office). Art. 166 : Vol en cas de vraie disette. Les art. 167 à 169 traite le vol de récoltes (*Früchte anf dem Felde*), de bois et de poissons, et le distinguent des larcins ordinaires. Art. 170 : l'abus de confiance. L'art. 171 définit le vol sacrilège (commis quant à des *res sacræ e loco sacro, res sacræ e loco non sacro, res non sacræ e loco sacro*), et les art. 172 et sq. donnent l'échelle des peines pour le vol, en commençant par la mort par le feu.

(1) Harster (Bibl. § 4, II), 194.

V. — Ces dispositions constituent la base du droit commun. Celui-ci fait en général intervenir la peine de mort : 1° en cas de vol grave ; 2° en cas de grand vol ; 3° en cas de seconde récidive de vol. A partir du XVIIIe siècle, la peine de mort est combattue, et d'abord restreinte, puis supprimée (Frédéric le Grand, 1743). La législation moderne s'en est également tenue au concept du droit commun, sans se laisser égarer par les sources romaines. Il n'y a guère d'autre contestation que sur la question de la nécessité, pour le concept du vol, de l'intention cupide de l'auteur, donc de la conception du vol comme délit d'enrichissement, ou simplement comme lésion de la propriété.

§ 127. — Le concept du vol.

BIBLIOGRAPHIE. — En dehors des ouvrages cités au § 126, *Harburger*, RvD, Bes. T. VI, 183. — *Dickel*, Thèse Bonn, 1877. — *Merkel*, HII III, 618, IV, 405 — *Ullmann*, Der dolus beim Diebstahl, 1870. — *Geyer*, Kl. Schriften, 327 (dessein de vol). — *Lammarch*, Diebstahl und Beleidigung, 1893 — *Többen*, Thèse, 1893. — *Ehrenhard*, Thèse Erlangen, 1901. — *Hans Ewald*, Thèse Fribourg, 1899. — *Ernst Ewald*, Thèse Rostock, 1900. — *Micelli*, Der Begriff des Gewahrsams im Strafrecht (*Beling*, Heft 72), 1906. — *Gebauer*, Der strafrechtliche Schutz wertloser Gegenstände, 1893. — *W. v. Hippel*, Der Wasserdiebstahl, 1895 (Abhandlgn, des Kriminal. Seminars, IV, 1). — *Wirth*, Thèse Halle, 1896. — *Lobe*, Ueber den Einfluss des BGB. auf das Strafrecht, unter besonderer Berücksichtigung des Besitzes, 1898. — *Dörr*, Uber das Objekt bei den strafbaren Angriffen auf vermögensrechtliche Interessen, 1897 (Bennecke, Heft 314). — *Prühss*, Thèse Fribourg, 1902.

I. — Le **vol** (*Diebstahl*) est la violation de la propriété par l'appropriation illicite de la chose mobilière d'autrui, qui est mise dans ce but, par une soustraction, dans la possession de l'auteur. La dernière phase mentionnée distingue le vol du détournement. D'après cette définition, le vol, de même que le détournement, ne seraient consommés qu'avec l'appropriation. Mais le droit en vigueur fait intervenir la consommation déjà avec la soustraction ; le vol est par suite (C. P. I., § 242) : la soustraction d'une chose mobilière d'autrui dans un dessein d'appropriation illicite.

II. — L'**objet** du vol est une chose mobilière appartenant à autrui.

1. Une chose corporelle : c'est-à-dire une substance occupant de l'espace, pouvant être gouvernée dans l'espace. L'homme n'est point chose, même lorsque, comme dans les colonies allemandes, l'esclavage est juridiquement reconnu. Mais sont choses les compléments artificiels du corps (la jambe de bois, la perruque), s'ils ne sont pas (comme le nez artificiel) insérés inséparablement dans le corps ; il en est de même des parties naturelles du corps détachées de celui-ci (dents, calculs biliaires, etc.). Le cadavre devient une chose dès qu'il est mis dans le commerce (1). Sont également choses les corps pouvant couler en gouttes ou gazeux, comme l'eau (2), le gaz, l'air chaud, lorsqu'ils se trouvent dans la possession d'autrui. Par contre, ne rentrent pas dans le concept de chose les créances (*Forderungen*) ; n'y rentrent pas non plus les forces (énergies), comme la force motrice de l'eau ou de la vapeur, la force de trait du bœuf, la force électrique, le travail d'une machine automatique (3). Il est indifférent que la chose ait une valeur d'échange ou non (4).

(1) Plus haut § 118, V, note 11.

(2) La dérivation d'eau d'irrigation peut par suite être un vol, lorsqu'elle n'est pas déclarée contravention à la police rurale par une disposition du droit d'un Etat. Cf. plus haut, § 20, note 4. Même sens Frank, § 242, III. En sens différent, W. v Hippel, 43.

(3) La question, très contestée, de la nature de chose corporelle de l'énergie électrique, a été tranchée négativement, dans le sens de l'opinion dominante, par la loi du 9 avril 1900. Cf. plus loin, § 133.

(4) Actuellement dans ce sens l'opinion courante, motivée avec détails dans Gebauer. *Contra* Dœrr. Très contestable R, x,

2. Une chose d'autrui, c'est-à-dire étant la propriété d'un autre. Le vol est impossible quant aux choses qui n'appartiennent à personne. Il en est ainsi des choses sans maître, abandonnées, etc. ; des animaux sauvages dans leur état de liberté naturelle (mais non des animaux gardés dans les jardins zoologiques, des poissons vivant dans des eaux closes et privées) ; d'un essaim échappé et non poursuivi. De même, le vol est exclu quant aux dépouilles d'animaux enfouis, quant aux objets enterrés avec un cadavre, lorsqu'il n'y a pas lieu d'admettre une propriété du successeur juridique. Le vol est toujours impossible quant aux *res extra commercium*, ainsi qu'aux *res communes omnium*, s'il n'y a pas eu déjà séparation et appropriation par un autre. Par suite, la lésion d'un droit exclusif d'appropriation n'est pas non plus un vol. Les choses qui sont propriété de l'Etat, des communautés politiques et religieuses, etc., peuvent être l'objet d'un vol. En raison du § 1922, C. C. I., l'héritier ne peut commettre un vol quant aux choses de la succession.

L'abandon de la propriété par le propriétaire sans transmission à un tiers, ou le transfert de la propriété à l'auteur exclut le concept de vol, car ils enlèvent à la chose la qualité de chose d'autrui ; toutefois, il ne faut pas confondre avec ce cas le consentement du propriétaire à la prise ou au fait d'appréhender la chose (plus loin, III). L'admission erronée de l'abandon ou du transfert de la propriété est une erreur quant à un élément caractéristique de fait (« chose d'autrui ») et exclut par suite l'intention. La non admission erronée apparaîtrait comme tentative impossible. Le propriétaire lui-même ne peut se rendre coupable de vol (consommé) quant à sa propre chose, mais bien le co-propriétaire quant à la chose qui ne lui appartient pas exclusivement.

120 (relativement à la dégradation de chose). Pourtant dans ce cas le dessein d'appropriation illicite peut faire défaut.

3. Une chose (effectivement) mobilière. Il faut lui assimiler absolument la chose rendue meuble (peut-être précisément dans le but de vol) par l'auteur, par exemple les arbres, les fruits, les parties de bâtiment, etc., mais aussi la tresse coupée. La dépossession de choses immobilières n'est pas un vol (peut-être déplacement de borne).

III. — La chose ne doit pas s'être trouvée dans la garde du voleur, il fallait qu'elle fût dans la possession d'un autre. La **garde** (*Gewarhsam*) (4 *bis*) est le pouvoir effectif, c'est-à-dire la maîtrise absolue sur a chose, détenue par la volonté du maître (*Herrscher*), donc la possibilité d'agir sur elle à l'exclusion d'autrui, le pouvoir de disposer lié à la volonté visible de faire valoir la propre maîtrise à l'exclusion d'une autre. La volonté et le pouvoir doivent exister conjointement; celui-ci n'est pas possible sans celle-là, celle-là doit apparaître dans celui-ci (5). La connaissance des divers objets qui se trouvent dans les lieux généralement embrassés par la volonté du maître (les livres que le libraire laisse dans ma chambre, les poissons qui se prennent dans mon filet), n'est pas nécessaire. La garde une fois établie dure jusqu'à

(4 *bis*) Nous traduisons généralement *Gewarhsam* par « garde » et non par « possession », au risque de déconcerter le lecteur français, afin de respecter scrupuleusement les nuances de la terminologie allemande et de tenir compte de ce fait que v. Liszt, volontairement, n'emploie pas l'expression de *Besitz*, possession, malgré l'analogie signalée par lui entre la notion civile de possession et la notion de *Gewarhsam* des criminalistes. (Note du tr.)

(5) Cf. en partie Micelli. Le concept de la garde (*Gewarhsam*) du droit pénal concorde donc avec la définition de la possesion (*Besitz*) dans le § 854, C. C. I. Par contre, par dérogation aux §§ 855 et 868 du C. C. I., il faut accorder la garde au serviteur du possesseur, et la refuser au possesseur indirect, et malgré le § 857 C. C. I., l'héritier n'obtient la garde qu'avec le pouvoir effectif. Même sens R, xxxiv, 252, xxxvii, 198. En sens différent, J. Goldschmidt, GA, xlvii, 352, Harburger, 201.

l'arrivée d'un événement la supprimant de manière perceptible et non pas seulement passagèrement. Elle peut se montrer sous les aspects les plus différents et aux degrés les plus variés; la montre qui est dans ma poche est en ma garde, comme la charrue sur mon champ ou le livre dans l'armoire dont j'ai la clé sur moi pendant un voyage, ou le pot plein d'argent que j'ai enterré dans un lieu de la forêt connu de moi seul, ou le bijou de famille que j'ai mis avec un proche dans la tombe de famille; même le chien qui erre librement, tant qu'il a l'habitude de revenir. Il suffit d'un rapport avec la chose tel « que d'après le cours habituel des événements on puisse compter disposer d'elle » (*Dernburg*). Même l'aliéné, même l'enfant peuvent avoir la garde d'une chose; mais il en est de même pour les proches ou autres personnes par leur fait (6).

Le vol ne peut, par suite, être commis quant aux choses qui ne sont dans la garde de personne, comme les planches charriées par les hautes eaux et que rien ne rend reconnaissables; il ne peut l'être non plus quant aux choses perdues, mais bien quant aux choses oubliées (laissées, par exemple, dans une voiture), cachées ou égarées. C'est une question de fait qui se pose lorsqu'il s'agit de décider si les objets qui se trouvent sur un navire échoué ou qui ont été enlevés par la tempête, sont encore dans la possession de l'équipage. L'admission erronée que la chose ne se trouve dans la garde de personne, motive le détournement consommé.

L'abandon de la garde (naturellement par remise de la chose) de la part du détenteur de celle-ci

(6) L'aliéné, l'enfant peut obtenir et abandonner la garde, mais il ne peut le transférer à un autre. Celui qui reçoit d'eux est par suite un voleur. De même, pour l'essentiel, BINDING, I, 714, FRANK, § 242, VI, MEYER-ALLFELD, 455; *Contra* R, II, 332. — Les personnes morales exercent la garde par leurs représentants.

exclut la possibilité du vol ; mais il n'en est pas nécessairement déjà de même du consentement à laisser prendre la chose (plus haut, II, 2). L'admission erronée du consentement exclut l'intention ; la non-admission erronée a pour résultat la tentative impossible. En cas de surprise du consentement par tromperie, il faut admettre l'escroquerie.

Le détenteur de la garde lui-même ne peut se rendre coupable de vol (mais bien de détournement) ; le co-détenteur commet un vol, lorsqu'il s'assure illégalement le pouvoir exclusif de disposer. Cette dernière règle s'applique sans restriction, lorsque la garde multiple de la même chose appartient à plusieurs personnes mises sur le même pied (A et B ont chacun une des deux clefs nécessaires pour ouvrir le coffre-fort). Elle s'applique, lorsque la garde appartient à un supérieur et à un inférieur, seulement au désavantage de celui-ci. Par suite, non seulement le larcin de marchandises par le vendeur employé dans le magasin, d'argenterie par la servante, des vêtements d'uniforme par le prisonnier, etc., mais aussi l'appropriation de choses rentrant dans la location par le locataire d'une chambre meublée (qui ne serait pas absolument isolée) peut être considérée comme vol, si l'auteur n'est que co-détenteur de la garde (7).

IV. — L'action consiste dans la **soustraction** (*Wegnehmen*), c'est-à-dire dans la rupture de la garde d'autrui et dans l'établissement d'une possession propre (8).

(7) Dans le même sens, l'opinion commune R, XXX, 88, admet la garde pour le garçon de magasin, tandis que R, V, 42, la dénie pour le loueur. — Le voleur lui-même peut se rendre coupable d'un second vol par la prise de la chose volée hors de la garde de son complice, qui est commune avec la sienne. Même sens HARBURGER, 196 ; en sens différent, R, XI, 439.

(8) Dans le même sens l'opinion commune, en particulier R, XXI, 110. *Contra* MERKEL, HH, III, 643, MEYER-ALLFELD, 456.

Peu importe de quelle façon et par quels moyens a lieu la soustraction. Celui qui a fait apporter par son chien un morceau de viande pris chez le boucher, celui qui, en ouvrant le robinet, détourne de la conduite le gaz d'autrui, ou celui qui détermine un malade mental ou un enfant à lui transférer une chose mobilière, celui-là a soustrait. Depuis la Carolina déjà, il n'est plus nécessaire que la soustraction soit dissimulée ; mais, d'autre part, le défaut de violence et de menace dangereuse est nécessaire, pour que le vol ne devienne pas vol avec violence (*Raub*).

V. — L'intention de l'auteur doit, comme toujours, embrasser tous les éléments caractéristiques de l'incrimination (9).

Mais la loi, allant au delà de l'intention, demande encore en outre le **dessein d'appropriation illicite.**

L'*animus lucri faciendi*, le « dessein cupide », encore fréquemment exigé dans la législation des États allemands, a été abandonné par le C. P. I., qui suit en cela le C. P. prussien. Dans le droit actuel, le vol n'est pas un délit ayant pour but l'enrichissement. Par suite, le concept du vol n'est pas exclu par la consignation de la valeur de la chose soustraite (10).

Mais l'**appropriation** (*Aneignung*) est l'exercice (*Aus-*

Important, si une chose d'autrui est vendue et est transférée immédiatement de la garde du propriétaire dans celle de l'acheteur. Seule, l'escroquerie peut être admise ici. *Contra* HARBURGER, 207.

(9) Il faut, par suite, appliquer ici les principes généraux sur la réalisation concrète de l'intention (plus haut, * § 39, III) et sur l'erreur. En sens différent, R, XIV, 313 (Sénats criminels réunis) ; contre celui-ci, FRANK, § 243, III, J. GOLDSCHMIDT, GA, XLVII, 261, 352, v. BAR, Gesetz, II, 350, note 114.

(10) Dans le même sens l'opinion commune. *Contra*, en particulier DOERR, d'après lequel le dessein du voleur doit tendre à l'augmentation du patrimoine. HAESCHNER, MERKEL, LAMMASCH, STOOSS et BELING, Z, XVIII, 290, ont recommandé de limiter le concept du vol au cas de l'enrichissement, de *lege ferenda*.

übung) du contenu de la propriété (11). Elle est en même temps, en tant qu'expropriation, l'éviction du propriétaire, au pouvoir duquel la chose est durablement soustraite. La soustraction dans le but d'appropriation signifie donc la création de la possession propre (*Eigenbesitz*) (C. P. I., § 872) par suite d'un rapport avec la chose dans lequel elle devient propre à servir aux buts de l'auteur, comme si elle était sa propriété, à l'exclusion de tous autres, en particulier du propriétaire. La soustraction n'existe donc pas, si la chose est employée dans l'intérêt du propriétaire (plus loin § 129, VIII). A la vérité, l'appropriation ne suppose pas la maîtrise durable, mais bien la domination pleine, analogue à la propriété, sur la chose (le *se ut dominum gerere*). La disposition de la chose dans une seule tendance déterminée ne suffit pas, s'il ne s'y manifeste le dessein d'une domination pleine. L'usage passager de la chose (plus loin § 129, I) ne suffira donc pas, pas plus qu'en soi le prélèvement d'un avoir en Caisse d'épargne (12), mais bien la consommation de la

(11) En sens différent Frank, § 246, III : Passage dans le propre patrimoine de l'auteur ; Graf Gleispach (Bibl. § 121) 17 (une jouissance de la chose excluant l'ayant-droit) ; Harburger, 212.

(12) Il peut cependant y avoir escroquerie, le livret de caisse d'épargne étant une pièce d'identité (*Legitimationspapier*). Trois opinions sont en opposition : 1. Dans le sens du texte Binding, *Lehrb.*, I, 265, Dœrr, GS, lii, 1, Harburger, 190, Meyer-Allfeld, 448. En outre Grafe, *Widerrechtliche Erhebung von Teilbeträgen fremder Sparkassenguthaben*, 1904. Schwenger, Thèse Fribourg, 1902. Gunse, Thèse Erlangen, 1904. Contre l'admission d'une escroquerie, Hégler, RvD, Res. T. VIII, 441. — 2. Pour le vol, R, en jurisprudence constante, et en considérant le livret comme valeur au porteur ; par exemple, X, 369, XXII, 2, XXVI, 152 ; Même sens Frank, § 242, VII, Graf Gleispach, 34, Hartmann, GA, xl, 259 (changement de substance), Holtzenbein, Thèse Göttingen, 1895. — 3. Pour le détournement de la somme prélevée (avec des motifs différents), Schneider, Z, xiv, 36, et Feisenberger, *Die widerrechtliche Hebung fremder Sparkassengutha-*

chose conformément à la destination de celle-ci (par exemple l'absorption de comestibles). Pour l'argent et les valeurs représentant de l'argent, l'usage conforme à la destination suffit (13). N'est pas appropriation la destruction immédiate de la chose (14), mais bien l'abandon (même immédiat), gratuit ou onéreux, fait à autrui, de la chose prise dans sa garde propre ; de même, l'acte de cacher ou de mettre à part, le mélange de son argent avec l'argent d'autrui, le partage d'une chose commune. C'est seulement lorsqu'il y a à la fois dessein et prévision fondée de dégager à temps, que la mise en gage n'est pas appropriation (15). L'appropriation effectivement réalisée n'est pas nécessaire, bien qu'elle soit de la plus grande importance pour prouver le dessein d'appropriation.

L'appropriation doit être illicite. Le vol n'est donc pas admissible, lorsqu'il y a un acte de justice personnelle justifiée ; mais il l'est lorsqu'une autre revendication doit être assurée par la soustraction de la chose, sans qu'existent les conditions de la défense personnelle (16). L'admission erronée de la légalité,

ben, 1895. Incompréhensible Binding, I, 220, note 6 (« Analogie »).

(13) Contestable par suite R, xlii, 22 (marques de bière), Meyer-Allfeld, 449, Binding, *Lehrb.*, I, 269. Exact, R, xl, 10.

(14) Dans ce sens l'opinion commune et aussi R, xi, 239, XXXV, 355. *Contra* Bachem, 36, Haelschner, II, 299, Olshausen, § 242, 30, Ullmann, 70. Remarquable W. v. Hippel, 24, qui veut motiver exclusivement dans la tendance de la volonté la différence entre le vol et le dommage à la chose. Dans le même sens, Dœrr, 185.

(15) Déjà le droit commun (*Engau*) demandait l'*animus* et la *facultas restituendi* ; également en ce sens, à plusieurs reprises, R, en dernier lieu xxi, 364, et aussi Merkel, 318. Par contre, le dessein suffit d'après Frank, § 242, VII, Haelschner, II, 352, Meyer-Allfeld, 440, Olshausen, § 242, 30, R Mil G, II, 172, demande en outre l'admission motivée du consentement de l'ayant-droit.

(16) Décisif actuellement le C. C. I., §§ 229 à 231. A ce sujet,

en tant qu'erreur sur un élément caractéristique de l'incrimination, exclut ici l'intention.

La loi demande le *dessein* d'appropriation illicite dans le sens d'un mobile (*Beweggrund*) dépassant l'*intention* (17). Et le dessein que l'auteur doit avoir est celui de s'approprier la chose à *lui-même*, au moins tout d'abord, mais non immédiatement à un tiers.

VI. — Le vol est **consommé** avec la consommation de la soustraction, donc dès que la garde propre de la chose est établie au profit de l'auteur (18).

La tentative (punissable, même lorsque le vol est un délit) commence avec la rupture de la possession d'autrui, par suite à des moments différents suivant la structure différente de cette garde : avec l'effraction, l'escalade, l'insinuation pour les choses qui se trouvent en lieux clos (19) ; seulement avec l'acte de s'emparer pour le bétail au pâturage, le bois dans la forêt, avec l'apposition de la main, si par là la domination du propriétaire est déjà atteinte, etc.

VII. — Dans le vol, la lésion d'un des intérêts : la garde, constitue le moyen de lésion de l'autre intérêt juridique : la propriété. D'après la conception

v. Liszt, *Deliktsobligationen*, 85. Cf. Wirth, ainsi que Pacic, *Ueber das Verhältnis der unerlaubten Selbsthilfer zu den Vermögensdelikten*, 1897 (se rattachant à Dœrr).

(17) Plus haut § 39, note 3. *Contra* Binding. *Lehrb.*, I, 285, Haelschner, II, 292.

(18) Cf. plus haut, note 8. — Par suite, il ne suffit pas, d'une part, que l'auteur ait saisi la chose (théorie de la *contrectation*), et, d'autre part, il n'est pas exigible qu'il l'ait emportée du lieu où elle était gardée jusqu'alors, ou même qu'il l'ait mise en sûreté (théorie de l'*ablation* ou de l'*illation*). La conception du droit actuel se rapproche bien plutôt surtout de la théorie dite de l'*appréhension*. — La même action (par exemple cacher la chose dans les lieux occupés par le possesseur) peut donc être, suivant les circonstances, préparation, tentative ou consommation.

(19) R, xxxviii, 177.

doctrinale du vol, les propriétaires ainsi que les détenteurs de la garde apparaissent comme les parties lésées au sens de la langue courante ; mais au sens technique du terme (plus haut * § 45, III), la **partie lésée** est seulement le détenteur du bien immédiatement attaqué, par suite le détenteur de la garde. Cette conclusion est encore plus ferme en partant du point de vue du droit en vigueur, qui met la violation de la garde tellement en avant, qu'il considère même comme suffisante pour le concept du vol la violation simplement projetée de la propriété. Cependant l'opinion prépondérante, qui donne en somme au concept de « partie lésée » une extension par trop grande, admet que le propriétaire aussi bien qu'également le détenteur de la garde doivent être considérés comme lésés par le vol (20). La question est particulièrement importante en ce qui concerne le vol frappé d'une peine atténuée (plus loin § 128, V).

§ 128. — Les modalités du vol.

BIBLIOGRAPHIE. — *Harburger*, RvD, Bes. T. VI, 250. — *v. Schwarze*, Die Lehre vom ausgezeichneten Diebstahl, 1863. — *Hager*, GS, xxx. — *R. Temme*, Ueber den Betrag des Diebstahls, 1867. — *Strube*, Thèse Rostock, 1902. — *Jacoby*, Thèse Fribourg, 1903. — *Brückner*, Der ausgezeichnete Diebstahl, 1905. — *v. Schimmelpfennig*, Thèse Greifswald, 1906. — *Buddee*, Der Gesindediebstahl als Antragsvergehen, 1906. — Sur le vol commis dans les appareils automatiques : *Auwers*, Thèse Göttingen, 1891. — *Günther*, Thèse Göttingen, 1892. — *Ertel*, Der Automatenmissbrauch, 1898. — *Schels*, Thèse Erlangen, *Schiller*, Thèse Zurich, 1898. — *Seckel*, Thèse Marbourg, 1904.

(20) Très contesté. — 1. Le propriétaire et le possesseur sont lésés d'après R, en dernier lieu, x, 210, et d'après DOERR, 208, FRANK, § 247, I, HAELSCHNER, II, 306, HARBURGER, 221, MEYER-ALLFELD, 464. — 2. Considèrent comme seul lésé le propriétaire v. BAR, GA, XIX, 549, BINDING, *Lehrb.*, II, 294, MERKEL, 322 et HH. III, 712, et autres. — 3. Dans le sens du texte, BÜNGER, Z, XVIII, 690, RATHENAU, GS, LVI, 153, SCHÜTZE, 446.

I. — **Le vol simple** (C. P. I., § 242).

Peine : L'emprisonnement. Accessoirement, perte de l'honneur facultative (C. P. I., § 248).

II. — **Le vol grave** (*schwerer Diebstahl*) [vol qualifié] (C. P. I., § 243).

Peine : La réclusion jusqu'à dix ans, en cas de circonstances atténuantes l'emprisonnement avec minimum de trois mois. Accessoirement, sont facultatives, avec l'emprisonnement, la perte de l'honneur, et avec la réclusion la surveillance de la police (C. P. I., § 248).

Le C. P. I. a renoncé à la vieille distinction allemande en ùn grand et en un petit vol, tirée de la valeur de la chose, distinction qu'avait maintenue la Carolina et qui se retrouvait dans de nombreuses législations d'Etats. De même, font défaut au C. P. I. les dispositions imitées de l'ancien droit allemand, se trouvant fréquemment dans les Codes des Etats allemands (aussi dans celui de Prusse), d'après lesquelles une peine aggravée frappe le vol commis sur des objets non protégés et 'ayant par suite besoin d'une paix plus grande. De même, le vol commis quant à des choses portées par des aliénés ou des enfants, ainsi que celui commis lors d'un incendie ou d'une inondation, est bien classé parmi les cas graves dans le Code pénal prussien, mais ne l'est pas dans la C. P. I.

D'après le C. P. I., est vol grave [qualifié] :

1. Le **vol sacrilège** (*sacrilegium* au sens étroit), commis lorsque sont volés, dans un édifice (plus loin, sous 2) destiné au culte (plus haut § 118), des objets consacrés au culte, donc destinés à être l'objet ou l'instrument d'actes cultuels (non pas les objets servant aux quêtes). Il est indifférent que ces objets soient consacrés ou bénis au sens ecclésiastique.

2. Le **vol avec effraction** (vol par la violence). Il existe lorsqu'un vol est commis dans un édifice ou lieu clos

au moyen d'effraction, d'escalade ou de bris de clôtures (ou contenants, *Behältnisse*) (1).

L' « édifice » est l'espace limité par des murailles et un toit, relié fermement à la surface du sol (immeuble), ne serait-ce que par son propre poids, et permettant l'entrée aux hommes ; donc également les huttes, écuries et étables, tentes, échoppes d'un certain poids, mais non les voiturettes de berger, les navires, les roulottes de forains, les traîneaux, les ballons. Est assimilé à l'édifice le « lieu clos », c'est-à-dire une partie de la surface du sol protégée contre l'accès des importuns par des obstacles artificiels d'une certaine importance ; donc également le parc à gibier, le puits à margelle, la galerie de mine.

L' « effraction » est l'action qui surmonte les obstacles avec lésion de la substance de la chose (2), de telle sorte que, par exemple, l'écartement des battants de la porte, l'extraction d'un clou ne peuvent être rangés ici. L' « escalade » consiste à tourner les obstacles en employant une voie non affectée à cet usage et accessible seulement grâce à un effort augmenté. Il faut classer également dans cette catégorie l'acte de « se glisser en dedans » (3). Pour l'effraction comme pour l'escalade, il suffit que par la suppression des obstacles, la pénétration à l'intérieur des lieux clos soit devenue possible à l'auteur. Le « bris de clôtures ou contenants » (*Erbrechen von Behältnissen*) est l'ouverture violente, avec lésion de la substance de la chose, d'espaces (*Räumlichkeiten*) fermés (non pas de simples enveloppes), employés à conserver des choses, donc d'armoires et placards, de ballots

(1) L'auteur peut aussi être le propriétaire de l'édifice ou du contenant : R, xxx, 389.

(2) Même sens, BRÜCKNER, 83, FRANK, § 243, III, MERKEL, HH, III, 675, OLSHAUSEN, § 243, 17. *Contra* l'opinion commune, en particulier R, IV, 353, HAELSCHNER, II, 318, MEYER-ALLFELD, 460.

(3) *Contra*, R, VI, 187. Avec le texte R, VI, 350, XIII, 257 ; en outre FRANK, § 243, III, MEYER-ALLFELD, 460, OLSHAUSEN, § 243, 19.

de marchandises, de caisses, de malles, de sacs ; l'enlèvement de la soudure d'une conduite de gaz, etc. ; mais aussi l'ouverture de parties d'édifice fermées. L'ouverture doit avoir lieu à l'intérieur de l'édifice.

3. Le **vol avec fausses clés** ; il existe lors de l'ouverture d'un édifice ou des accès d'un espace enclos, ou de l'ouverture des portes ou réceptacles se trouvant à l'intérieur au moyen de fausses clés ou autres instruments non destinés à l'ouverture régulière (crochets, couteaux ; morceaux de plomb introduits au lieu de monnaie dans la fente de fonctionnement d'un appareil vendeur automatique) (4). Il s'agit ici, par opposition aux instruments d'effraction, d'instruments mettant en mouvement le mécanisme propre de l'appareil de fermeture. La fausse clé est aussi la précédente vraie clé, lorsque celle-ci a été perdue, détournée ou retenue, et dès qu'elle a été remplacée par une autre, donc lorsqu'elle n'est plus destinée à l'ouverture régulière.

4. Le **vol commis sur des objets en cours d'envoi** (« vol postal ») existe lorsque sur une voie publique (c'est-à-dire ouverte au public, même si elle est propriété particulière), dans une rue, sur une place publique, une voie fluviale (non pas en haute mer) ou une voie de chemin de fer ou dans un bâtiment de la poste ou cour attenante, ou dans une cour de gare, une chose rentrant parmi des bagages ou autres objets en cours d'expédition a été volée, soit par coupure ou détachement des moyens de consolidation ou de fermeture, soit par l'emploi de fausses clés ou autres instruments non destinés à l'ouverture régulière.

Le « chemin de fer » est ici, comme d'habitude, seulement la voie pourvue de rails fixes, exploitée avec des forces naturelles mortes (mécaniques, soit la vapeur, l'électricité, la pression, etc.), mais non

(4) *Contra*, R, xxxiv, 45 ; Binding, *Lehrb.*, I, 294, Frank, § 243, IV, Harburger, 256, Meyer-Allfeld, 462.

les tramways à chevaux (*Pferdebahnen*) (5). D'après le but de la sanction pénale, les chemins de fer privés (dans les fabriques, les mines, etc.), ne peuvent être rangés ici, mais bien les lignes secondaires à voie étroite ou les tramways à vapeur urbains. Les « objets en cours d'expédition » sont les objets destinés à l'expédition, dès qu'ils se trouvent dans les lieux mentionnés, même s'ils n'ont pas encore été remis à la compagnie de transports à fin d'expédition.

5. Le **vol armé** : lorsque le voleur ou l'un des complices a des armes sur lui lors de la commission de l'action (6).

6. Le **vol en bande** : lorsque prennent part en commun au vol plusieurs individus qui se sont unis pour la commission continue de vol avec violence (*Raub*) ou de vol (plus haut * § 49, IV, 1). Peu importe la forme de l'action en commun [*Mitwirkung*] (coaction, complicité).

7. Le **vol nocturne**, existant lorsque le vol est commis la nuit, dans un édifice habité dans lequel l'auteur s'est glissé avec le dessein de voler, ou dans lequel il s'est caché avec la même intention, même lorsqu'au moment du vol, les habitants sont absents de l'édifice. Sont assimilés à un édifice habité l'espace clos y attenant et les bâtiments de toute sorte se trouvant dans cet espace, ainsi que les navires qui sont habités.

Un « édifice habité » est l'édifice (plus haut sous 2)

(5) Même sens (pour C. P. I., § 315), R, XII, 205, XII, 371, XXXV, 12. En sens différent pour § 243 (également les tramways à chevaux) BRÜCKNER, 51, FRANK, § 243, V, HARBURGER, 257. Cf. sur la controverse LOOCK, *Der strafrechtliche Schutz der Eisenbahnen*, 1893 (*Abhdlgn des kriminal. Seminars*, III, 2e livr.), 155.

(6) Arme doit être pris ici au sens technique (plus haut * § 93, II, 3). Même sens BINDING, *Lehrb*, I, 304, HAELSCHNER, II, 329, v. KRIES, GA, XXV, 33, 48 ; *Contra* FRANK, § 243, VI, HARBURGER, 257, MERKEL, 321, MEYER-ALLFELD, 462. Cf. d'ailleurs ce qui a été dit plus haut § 119, III, 2, sur la violation du domicile à main armée.

qui sert à des hommes pour le repos régulier de la nuit (7). La « nuit » est, d'après le but des dispositions de la loi, non pas le temps de l'obscurité, mais le temps du repos de la nuit suivant l'usage du lieu (8). « Se glisser » est la pénétration en secret, se dérobant à dessein aux constatations d'autrui. Il n'est pas nécessaire que cette pénétration ait lieu avant la nuit (9).

III. — Le **vol en seconde récidive** (C. P. I., §§ 244 et 245, plus haut * § 69). Condition préalable : Deux condamnations antérieures en territoire national (10) pour vol, vol avec violence, vol similaire du vol avec violence, extorsion violente, ou pour recel. Il est indifférent que la condamnation antérieure ait été prononcée par une juridiction civile ou militaire, ou par les autorités de police. La réprimande suffit comme condamnation antérieure, de même que la déchéance des droits constituant l'honneur, d'après le C. P. I., § 37 (11). La désignation technique des infractions antérieures n'est pas considérée, toutefois il faut qu'il existe une similitude interne avec les infractions nommées dans le § 244 C. P. I. Par suite, les condamnations antérieures pour les larcins que le droit en vigueur sépare du vol (comme le vol d'aliments, les vols au sens des lois de police forestière et rurale), ne motivent pas l'aggravation de récidive. Sont absolument assimilées à l'action principale ou à la consommation la complicité ou la tentative par rapport à la première, seconde et troisième commission. De

(8) Même sens Brückner, 93, Haelschner, II, 332, Meyer-Allfeld, 462 ; *Contra* Binding, *Lehrb.*, I, 301, Frank, § 243, VIII, Merkel, 321, Olshausen, § 243, 52, R, III, 209 et aussi Harburger, 259.

(9) *Contra* Frank, § 243, VIII, Harburger, 259.

(10) Cf. plus haut § 22 II. Les deux condamnations antérieures doivent avoir été prononcées en Allemagne. Par contre, il n'est pas nécessaire que les délits antérieurs aient été commis en territoire national.

(11) Contre ce dernier point, R, XXI, 35.

même, la condamnation antérieure en vertu du § 257, al. 3, C. P. I., suffit.

Les peines antérieures doivent être complètement ou partiellement accomplies ou remises. Un laps de dix ans entre l'accomplissement ou la remise de la dernière peine et la commission du nouveau vol empêche la peine spéciale à la récidive (prescription dite de la récidive). Par contre, le laps écoulé entre la première et la seconde condamnation n'est pas pris en considération.

Peine : *a*) Pour le vol simple (C. P. I., § 242), la réclusion jusqu'à dix ans ; en cas de circonstances atténuantes, l'emprisonnement avec minimum de trois mois ; *b*) pour le vol grave (C. P. I., § 243), la réclusion avec minimum de trois ans ; en cas de circonstances atténuantes, l'emprisonnement avec minimum d'un an. Le § 248 C. P. I. s'applique également ici.

IV. — **Le vol similaire du vol avec violence** (*Räuberischer* ou *raubähnlicher Diebstahl*, C. P. I., § 252), existant, lorsque le voleur, pris en flagrant délit, donc après la consommation de la soustraction, use de violence ou de menaces avec danger présent pour le corps et la vie contre une personne, pour rester en possession du bien volé (de la chose volée), donc lorsque la violence et les menaces (plus haut * § 98, IV) ne sont pas les moyens de la soustraction. Peine : celle du vol avec violence.

V. **Cas traités avec atténuation** (C. P. I., § 247, vol dit familial ou domestique) :

1. Le vol, commis par des parents de la ligne ascendante contre des parents en ligne descendante, ou entre époux (§ 247 al. 2) reste impuni (plus haut * § 44, II).

2. Deux cas (C. P. I., § 247, al. 1) sont traités par le C. P. I., comme délits nécessitant, au moins sous certaines conditions, le dépôt d'une plainte (plus haut * § 45, note 12) :

a) Sans autre condition, le vol contre des proches, tuteurs ou éducateurs (12);

b) S'il s'agit de choses de valeur insignifiante (13), le vol à l'égard de personnes vis-à-vis desquelles l'auteur est dans la situation d'apprenti ou de serviteur domestique, donc à l'égard du patron ou du maître (non à l'égard des compagnons domestiques) (14).

D'après ce qui a été dit plus haut, § 127, VII, c'est le rapport entre l'auteur et le possesseur de la garde qui est décisif. Le vol est un délit dont la poursuite est subordonnée à une plainte lorsque les objets volés par le fils chez son père sont la propriété d'un tiers, mais non lorsque la chose volée chez un tiers est la propriété du père. La plainte peut être retirée. L'erreur sur la personne de la victime n'a pas d'effet (plus haut, * § 40, note 1).

Les deux dispositions (1 et 2) ne s'appliquent pas aux complices ou auxiliaires qui ne se trouvent pas dans une des situations mentionnées (C. P. I., § 217, al. 3).

§ 129. — Cas se rattachant au vol.

Bibliographie. — *Harburger*, RvD. Bes. T. VI, 291. — Pour I : *Ten Hompel*, Thèse Göttingen, 1897. *Le même*, Z, xix, 795. — Pour II : *Lenz*, Der strafrechtliche Schutz des Pfandrechts, 1893. — *Dreykluft*, Thèse Erlangen, 1896. — *Stein*, Die Einwirkung des neuen bürgerlichen Rechts auf das Anwendungsgebiet des § 289 RStGB, 1902. — *Ehrenhard* (Bibl. § 127). — Pour VI, Mettgenberg, Z, xxviii, 72. — Pour VII : *Friedländer*, Z, xi, 369. — *Berger*, Der Mundraub, 1895. — *Herrnstadt*, Thèse Iéna, 1896. — *Schlosky*, Der Mundraub nach § 370 Ziff. 5, StGB (*Bennecke*, Heft 11), 1897. — *Susskeim*, GS, lx, 340. —

(12) Proches : plus haut * § 34, note 4; éducateurs : plus haut * § 106, note 3.

(13) Sur la commission continue, cf. plus loin § 129, note 8.

(14) Dans le même sens R, xl, 189 (contre l'épouse du maître). En sens différent Buddee et Frank, § 247, II.

Sander, Thèse Fribourg, 1903. — *Student*, Thèse Rostock, 1906. — Pour VIII : *Schwarze*, Der Futterdiebstahl, 1893 (Abhandlungen des kriminal. Seminars, III, 3).

Du concept du vol (et — du moins partiellement — de celui de détournement) se sont dégagées, au cours de l'évolution historique, une série d'infractions qui ont pris une signification autonome, mais qui, pour être mieux examinées, ont été rassemblées ici et rattachées au vol, bien que, prises séparément, elles puissent revendiquer une autre place dans le système de la partie spéciale. Rappelons que nous avons à faire ici à des concepts indépendants d'infractions, auxquels ne s'appliquerait pas sans autre forme ce qui a été dit sur le vol.

I. — L'usurpation d'usage (*Gebrauchsanmassung*).

Dans le droit romain, le *furtum usus* avait été expressément classé comme *furtum* (plus haut, § 126, I). Au contraire, le Moyen Age traita comme délits spéciaux plusieurs cas de cette catégorie, comme la chevauchée du cheval d'autrui (*Raubritt* : Ribuaria, Schwabenspiegel), l'usage du canot d'autrui, le fait de construire sur le terrain d'autrui. La doctrine et la jurisprudence du droit commun revinrent fréquemment à la conception du droit romain. Mais plus se développa le concept actuel du vol, moins l'usurpation d'usage s'y adapta, car le dessein d'appropriation fait complètement défaut à celle-ci. Aussi plusieurs Codes pénaux allemands, notamment celui de la Saxe, se virent-ils contraints à consacrer à l'usurpation d'usage une sanction pénale indépendante, de caractère général. De nos jours, l'usage illicite d'énergie électrique a été frappé comme délit spécial d'une peine indépendante (plus loin § 133), tandis que, d'autre part, l'usage de « forces d'autrui » est, comme par le passé, impuni.

Le C. P. I., § 290, punit seulement les prêteurs publics sur gages, qui font sans autorisation usage des objets qu'ils ont pris en gage. Sont prêteurs publics ceux dont le comptoir est ouvert au public. Les autres genres de l'usurpation d'usage, comme le port des vêtements et du linge d'autrui, l'utilisation du billet de chemin de fer ou de théâtre d'autrui, la lecture des journaux et livres d'autrui, l'usage du parapluie ou de la fourrure d'autrui, etc., n'apparaissent pas comme punissables, tant qu'il n'y a pas escroquerie.

Peine : Emprisonnement jusqu'à un an, accessoirement, suivant appréciation, amende jusqu'à neuf cents marks.

II. — **L'enlèvement de la possession** (*Besitzentziehung*) (*furtum possessionis*, *Pfandkehrung*, enlèvement du gage) est, d'après le § 289 C. P. I., la soustraction (1) d'une chose mobilière, mais à la différence du vol, c'est la soustraction de sa propre chose par le propriétaire ou la soustraction de la chose d'autrui au profit de son propriétaire par un tiers. Elle est dirigée contre l'usufruitier, le créancier possesseur d'un gage, les ayants droit d'un droit d'usage ou de rétention ; elle met en même temps en péril le plus souvent (non pas nécessairement) la satisfaction de la prétention que la garde est appelée à garantir. L'auteur peut aussi être un co-ayant droit. La soustraction par le non propriétaire dans un but d'intérêt propre ne peut être punissable que comme vol. Il faut, en particulier, ranger ici le déménagement, contre la volonté expressément ou tacitement déclarée du loueur, des choses apportées par le locataire, mais non par leur destruction (2). La prise doit avoir lieu dans un

(1) Le concept est plus étendu que dans le vol, car la garde de l'ayant-droit n'est pas nécessaire. Cf. Binding, *Lehrb.*, I, 318, Lenz, 113, Harburger, 323 ; *Contra* R, xxvii, 222, Frank, § 289, III.

(2) Cf. plus haut § 127, note 14. Même sens R, xv, 434, Binding, *Lehrb.*, I, 319, Frank, § 289, III, Lenz, 109, Harburger, 325 ; *Contra* Olshausen, § 289, 7. — D'après R, xxxv, 151, et xxxvii, 119, le § 559, C. C. I. ne s'applique pas s'il y a droit contractuel de retenue (très contestable).

« dessein illicite », c'est-à-dire dans le but de léser le droit de possession de l'ayant droit (3).

Peine : L'emprisonnement jusqu'à trois ans (accessoirement, suivant appréciation, perte des droits civiques ou l'amende jusqu'à neuf cents marks. Tentative punissable. Poursuite sur plainte. Les al. 2 et 3 du § 247 C. P. I. (plus haut § 128, V) s'appliquent également ici, mais non les aggravations du § 243 C. P. I.

III. — Le **vol forestier et rural**, toujours distinct, en droit allemand, du vol ordinaire, a été laissé par la Loi d'Introduction, § 2, à la législation particulière des Etats (4), et n'est pas par suite « vol » au sens technique du C. P. I.

IV. — **L'appropriation illicite des munitions** tirées par l'artillerie dans ses exercices ou des balles en plomb trouvées dans les cibles des champs de tir militaires (C. P. I., § 291). Cette disposition provient de l'Ordre de Cabinet prussien du 23 juillet 1833, d'où elle passa dans le Code pénal prussien comme contravention, pour être reprise comme délit, en raison de l'augmentation de valeur des projectiles, par le C. P. I.. Les éléments de fait qui sont ici réunis doivent être l'objet d'une distinction. Les balles de plomb restées dans les cibles sont en la possession de l'Etat; les prendre serait donc un vol, mais ne peut-être puni que d'après le § 291. Les munitions tirées, comme par exemple les torpilles, sont hors de toute garde; se les approprier ne serait donc pas un vol, mais est punissable d'après le § 291 (5).

(3) Même sens, avec l'opinion commune, R, XXV, 155, XXVIII, 348. *Contra* BINDING, *Lehrb*, I, 320 (L'intention suffit).

(4) Cf. plus haut § 20, note 4. Le vol forestier est le larcin de produits forestiers (en particulier du bois), tant qu'ils ne sont pas encore obtenus; le vol rural est le larcin des récoltes sur champ. Mais la plupart des législations des Etats contiennent le plus souvent d'autres restrictions encore.

(5) Sur cette séparation cf. METTGENBERG. — Le concours idéal

Peine : L'emprisonnement jusqu'à un an ou l'amende jusqu'à neuf cents marks.

V. — Diminution sans autorisation d'un terrain appartenant à autrui, d'un chemin public ou privé, ou d'une lisière de bornage (6), par fouille ou labourage (C. P. I., § 370, chiffre 1). Peine : L'amende jusqu'à cent cinquante marks ou la détention simple.

VI. — Enlèvement sans autorisation de terre, pierres, gazons, soustraits aux chemins publics ou privés ; fouille et enlèvement, du terrain d'autrui, de terre, argile, sable, gravier, marne ; enlèvement à la houe de parcelles de terre ; enlèvement, du terrain d'autrui, de gazons, pierres, minéraux, pour l'extraction desquels l'octroi, concession ou permission d'une administration n'est pas nécessaire, ou d'objets similaires (C. P. I., § 370, chiffre 2). Peine : comme pour V.

VII. — Le **vol de bouche** (*Mundraub*) consiste à dérober des denrées alimentaires, ou stimulantes (*Genussmittel*), de peu de valeur ou en faible quantité, pour la consommation immédiate (C. P. I., § 370, chiffre 5). Le fait de dérober (*Entwendung*) comprend à la fois l'incrimination du vol et celle du détournement (7). Mais le vol alimentaire se distingue des deux, d'une part par la faible valeur pécuniaire de l'objet, d'autre part par le dessein plus nettement désigné de consommation immédiate. La nécessité de préparer tout d'abord l'objet à consommer exclut tout aussi peu ce concept que la consommation en com-

avec les §§ 242 ou 246 est donc exclu. Dans ce sens l'opinion commune, ainsi que Frank, § 291, II, Harburger, 311, Mettgenberg, 85, Meyer-Allfeld, 472. En sens différent Olshausen, § 291, 3.

(6) Même lorsque le chemin ou la lisière sont propriété de l'auteur (par ex., lésion d'une servitude) ; Harburger, 292, R, xxvi, 74.

(7) De même, l'opinion dominante, surtout Binding, *Lehrb.*, I, 307, Harburger, 311, Friedländer, 399, Olshausen, § 370, n° 5 a, Scholsky, 9. Au contraire, d'après R, xxiv, 38, xxxv, 17, il ne correspond qu'au vol. L'acquisition des choses dérobées est recel ordinaire.

mun avec d'autres personnes ; mais la notion du vol de bouche est au contraire exclue en cas de vente, don ou accumulation des objets dérobés. Les « denrées alimentaires » sont les comestibles et boissons destinés à la nourriture du corps humain ; les « denrées stimulantes » (*Genussmittel*) sont des substances qui, absorbées par le corps, sont aptes et destinées à exciter le système nerveux (à l'exception des substances curatives). Se rangent aussi dans cette catégorie le tabac, les cigares, les parfums, la morphine, mais non pas les matériaux de chauffage, les objets d'éclairage, les fleurs. En raison de sa nature tout à fait indépendante, ce « détournement » ne peut en aucune façon, et surtout par rapport aux aggravations de peine des §§ 243, 244, 252, être considéré comme vol proprement dit, tandis que par l'emploi de violence ou de menace, il devient vol avec violence ou extorsion (8).

Peine : comme pour V. Poursuite sur plainte ; a droit à porter plainte le détenteur de la garde ; désistement possible. Sont impunis les vols de parents de ligne ascendante envers ceux de ligne descendante, et entre époux. Le C. P. I., § 247, al. 3, ne s'applique pas ; la plainte est par suite indivisible.

VIII. — Le vol dit **vol de fourrage** (*Futterdiebstahl*) C. P. I., § 370, n° 6) (9) consiste dans la soustraction

(8) De même, FRIEDLAENDER, SCHOLSKY et aussi RATHENAU, GS, LVI, 154. L'opinion commune déclare que le vol de bouche est un vol, mais cependant ne veut pas, se rattachant aux motifs, lui appliquer les aggravations du § 243, C. P. I. C'est pourtant ce que fait BINDING, *Lehrb*, I, 308. — En cas de commission continue, il n'y a pas de totalisation des divers détournements ; dans ce sens, FRIEDLAENDER, 412, SCHWARZE, 5 ; *Contra*, l'opinion commune. Le § 370, n° 5, ne s'applique pas au larcin commis par des fonctionnaires. Exact BINDING, *Lehrb.*, I, 308, note 5.

(9) Relevé dans la législation des Etats allemands depuis le XVIIIe siècle (Hanôvre, 1710, 1736, 1772, Projets prussiens depuis

(fait de dérober, ci-dessus VII) de fourrage contre la volonté du propriétaire, pour en nourrir les animaux de ce dernier (10).

§ 130. — 2. **Le vol avec violences** (*Raub*, Rapt, Brigandage).

Bibliographie. — *Frank*, RvD. Bes. T. VI, 117, Koestlin, Abhandlungen, 1858, p. 389. — *Merkel*, HH. III, 714. — *Villnow*, Raub und Erpressung, Begünstigung und Hehlerei, 1875. — *Hälschner* II, 364. — *Rosler*, Thèse Göttingen, 1896. — *Gauss*, Thèse Breslau, 1901. — Cf. aussi la Bibl. § 141. — Pour III, v. *Liszt*, Völkerrecht, § 26, IV. — *Stiel*, Der Tatbestand der Piraterie, etc., 1905; *v. Bar*, Gesetz, I, 129.

I. **Historique**. — Le vol avec violences (*Raub*), en tant que concept criminel indépendant, tire son origine du droit germanique. Désignés exclusivement dans le droit romain ancien comme « vol pire » (Gaïus, III, 209), menacés, l'an 677 de la Ville, par l'*actio vi bonorum raptorum*, introduite par le préteur Lucullus pour le cas de larcin violent par une troupe armée (D. 47, 8), sanctionnés de la peine privée du quadruple, certains cas du vol avec violences furent à la vérité frappés plus tard d'une peine publique tantôt comme *vis* (*cum armis, ex incendio, naufragio*; l. 3; D. 48, 6), tantôt comme *crimen extraordinarium* (*latrones, grassatores*; l. 28, § 10, D. 48, 19); mais le droit romain ne pénétra pas le concept général du rapt.

Par contre, le droit allemand du Moyen Age sépara toujours nettement le vol avec violences, en tant qu'appréhension ouverte d'une chose d'autrui, du vol furtif, et après qu'au cours du Moyen Age, en particulier dans les Landfrieden et les livres de droit, le caractéristique de la force eut

1827, Mecklembourg, 1847, Saxe, 1855). La jurisprudence et la doctrine sont hésitantes. Le droit en vigueur repose sur une Ordonnance prussienne du 30 mai 1859.

(10) Comme il n'y a pas d'appropriation par l'auteur (plus haut, § 127, V), le vol de fourrage ne peut pas être considéré comme vol ou détournement, et devrait, dans l'absence d'une disposition spéciale, rester impuni. Cf. RMilG, VIII, 146.

été incorporée dans le concept du vol public (*Raub*), dont la culpabilité était ainsi notablement augmentée, le vol ordinaire (*Diebstahl*) et le vol avec violences (*Raub*) furent toujours traités comme des infractions essentiellement différentes, le premier étant puni de la corde, et le second, en tant que rupture de la paix publique, du glaive. Par contre, le gibet réprime le « vol authentique de grand chemin » (*rechter Strassenraub*), commis à l'égard des ecclésiastiques, pèlerins, marchands, sur la grand'route du roi. Dans la Carolina, nous ne trouvons pas non plus les dispositions pénales contre les « brigands » *Räuber*, art. 126) dans les nombreux articles traitant du vol, mais bien loin de ceux-ci, entre l'incendie volontaire et la rébellion, de telle sorte que l'attaque contre la sûreté publique est mise sans équivoque en relief.

Dans le droit commun se manifestent deux courants. L'un, représenté surtout par *Carpzow*, considère le vol public comme vol de grand chemin, *latrocinium* (en ce sens, l'Autriche en 1656 et 1768, la Bavière en 1751) ; l'autre, avec *Böhmer*, *Meister*, *Engau*, voient l'essence de la *robbaria*, *deprædatio*, *grassatio*, dans la violence contre les personnes (ils sont suivis par la Prusse en 1620 et 1794). La législation allemande du XIXe siècle est également hésitante, surtout quant au moment de la consommation, et n'est que partiellement heureuse dans ses efforts pour distinguer le vol avec violences du vol ordinaire d'une part, et de l'extorsion d'autre part.

Se rattachant au Code pénal prussien, le C. P. I. a réuni dans la même section le vol avec violences et l'extorsion, et a ainsi dégagé déjà extérieurement le brigandage tant de la contrainte que du vol, de telle sorte que, malgré la présence de toutes les caractéristiques du vol dans le concept du brigandage, ce dernier doit être considéré comme une infraction indépendante.

II. — Le concept.

1. D'après le C. P. I., § 249, le brigandage (vol avec violences) ne se distingue du vol ordinaire, dont il partage toutes les caractéristiques (1), que par les

(1) Par suite, le vol avec violences d'énergie électrique (plus loin, § 133) n'est pas possible.

modes de la soustraction : menace avec danger présent pour le corps et la vie ou violence contre une personne. Cette dernière est toujours (plus haut* § 98, III, 1) violence à la personne (2), c'est-à-dire au possesseur réel de la chose objet de la soustraction. Ni la violence aux choses (arrêt des chevaux de la voiture), ni la violence à d'autres personnes (pour déterminer le possesseur à donner la chose) ne suffisent même si, dans l'un comme dans l'autre cas, cette violence est dirigée en dernière ligne contre la personne que l'on veut voler. La violence à la personne existe lorsque la résistance est rendue impossible, par exemple, par un coup donné par derrière sur la tête.

2. Le vol avec violence se distingue de l'extorsion (plus loin § 141), non seulement par ses moyens propres, mais aussi par une seconde caractéristique. Le vol avec violence est la prise d'une chose, l'extorsion est une contrainte pour obliger à prendre une disposition causant un dommage patrimonial (3). L'extorsion commise avec les moyens du vol avec violence (*räuberische Erpressung*, C. P. I. § 255) ne peut donc être un vol avec violence ; c'est bien plutôt une infraction de nature propre, constituée par la réunion des moyens du vol avec violence avec les objets de l'extorsion.

3. L'action est une prise (*Wegnehmen*, plus haut, § 127, IV). Cette prise existe même si la victime a été contrainte de donner la chose par les moyens du § 249.

(2) Frank, 123 et § 249, II, va un peu plus loin : Toute personne qui protège la garde ou veut la protéger. Dans le même sens l'opinion dominante. Si l'on ne veut pas accepter l'interprétation du texte, il ne reste plus que l'affirmation d'une « antinomie insoluble » entre le C. P. I., § 255 d'une part, et le C. P. I., §§ 249 et 253 d'autre part ; effectivement, dans ce sens, Binding, I. 462, Glashoff (Bibl. § 141), Jaffé (Bibl. § 100).

(3) De même Frank, 31 : L'auteur du vol avec violences prend, l'auteur de l'extorsion se fait donner.

4. Le vol avec violence est consommé (comme le vol ordinaire) avec la consommation de la prise de la chose, sans qu'il soit nécessaire qu'il y ait appropriation réalisée ; la tentative punissable commence dès l'emploi de la violence ou de la menace.

III. — Cas du vol avec violence.

1. Vol avec violence simple (C. P. I., § 249).

Peine : La réclusion ; en cas de circonstances atténuantes, l'emprisonnement avec minimum de six mois.

2. Vol avec violence aggravé (C. P. I., § 250). Les circonstances aggravantes sont en partie les mêmes que pour le vol ordinaire, de telle sorte qu'il y a lieu de se référer ici à ce qui a été dit plus haut § 128. Il y a vol avec violence aggravé :

a) Lorsque l'auteur ou l'un des participants à l'acte a des armes sur lui lors de la commission de l'acte.

b) Lorsque plusieurs individus, qui se sont alliés pour la commission continue de vols avec violence ou de vols ordinaires (bande) coopèrent au vol avec violence.

c) Lorsque le vol avec violence est commis sur une voie publique, une route ou rue, un chemin de fer, une place publique, en haute mer ou sur une voie fluviale (brigandage, piraterie). L'idée de « haute mer » se détermine d'après les principes du droit des gens ; ce qui a été dit plus haut, § 22, sur les notions du « territoire national » et du « territoire étranger » s'applique également ici. Il n'est pas nécessaire que la « voie fluviale » soit utilisée comme telle ; le vol avec violence commis sur des personnes qui se baignent ou qui pêchent se range également ici.

d) Lorsque le vol avec violence a été commis la nuit dans un édifice habité, dans lequel l'auteur, en vue de commettre un vol avec violence ou un vol ordinaire, s'est glissé, ou a pénétré par la force (violence contre les personnes ou les choses), ou s'est tenu caché.

e) Lorsque le brigand (*Räuber*) a déjà été condamné une fois comme tel, ou pour vol similaire du vol avec violence (C. P. I., § 252) ; ou pour extorsion commise avec les moyens du vol avec violence (C. P. I., § 255), la condamnation ayant été encourue en territoire national (Première récidive de vol avec violence). Le C. P. I., § 245, s'applique également ici.

Peine : La réclusion avec minimum de cinq ans ; en cas de circonstances atténuantes, l'emprisonnement avec minimum d'un an.

3. Cas très aggravé (C. P. I., § 251) : vol avec violence, commis en torturant une personne humaine ou en causant par la violence exercée une lésion corporelle grave (C. P. I., § 224) ou la mort d'une personne humaine ; il est indifférent que la personne torturée, blessée, tuée soit la personne volée ou une tierce personne. La « torture » (*Marterung*) nécessite le fait d'infliger longuement des douleurs corporelles d'une intensité certaine. La peine aggravée frappe tout individu qui a pris part au vol avec violence en connaissant l'acte de torture ou de violence, même s'il n'a pris lui-même aucune part à ce dernier acte.

Peine : La réclusion avec minimum de dix ans ou la réclusion à vie.

4. L'extorsion commise avec les moyens du vol avec violence (C. P. I., § 255).

5. Le vol similaire du vol avec violence (C. P. I., § 252) a été déjà traité plus haut, § 128, IV.

IV. Dans tous les cas, la mise sous la surveillance de la police peut être prononcée accessoirement à la peine de réclusion (C. P. I., § 256).

§ 131. — 3. Le détournement.

Bibliographie. — *Harburger*, RvD. Bes. T. VI, 333. — *V. Stemann*, Das Vergehen der Unterschlagung und Untreue, 1870. — *Merkel*, HH, III, 689. — *Huber*, Unterschlagung, 1875. — *Kapf*, Die Unterschlagung, Thèse Tubingue, 1879. — *Finger*, Die Veruntreuung von Barkautionen, 1890. — *Lindenan*, Thèse Rostock, 1894. — *Zeithen*, Thèse Fribourg, 1900. — *Graf Gleispach*, Die Veruntreuung vertretbarer Sachen, V. I. T. 1905. — *V. Kujawa*, GA, LI, 1. — Pour IV : *Hæring*, Thèse Tubingue, 1899. — *Dürr*, Thèse Wurzbourg, 1902. — *Fleischer*, Thèse Halle, 1906. — *Masser*, Thèse Wurzbourg, 1906.

I. **Historique**. — Tandis que le droit romain renfermait, sans le distinguer du vol, le détournement dans le large concept du *furtum*, le Moyen Age allemand distinguait le plus souvent la rétention spoliatrice des choses confiées d'une part, et la simple rétention de choses trouvées ou livrées d'une autre façon par le hasard d'autre part, le premier cas étant assimilé, comme abus de confiance, au vol, et le second n'étant, comme détournement, qu'arbitrairement puni. Dans cet esprit, la Carolina, 170, prescrit : « Sera puni de la même manière qu'un vol » le méfait de celui qui, avec les biens d'un autre, à lui donnés, de bonne foi pour être conservés et gardés, agit volontairement et dangereusement au dommage du créancier, et assimile ainsi au vol, dans la punition, l'abus de confiance conçu comme infraction indépendante. Dans le droit commun, la place de l'abus de confiance aussi bien surtout que du détournement simple était très contestée. *Carpzow*, *Kress*, *Koch*, *Engau* et autres maintenaient la conception du droit allemand, plaçaient le détournement, en tant que *furtum improprium* (*contrectatio ficta*), à côté du vol, et se contentaient pour la plupart d'une peine moindre (Palatinat électoral, 1582, Francfort, 1578, Prusse, 1620). Les autres, comme *Böhmer* (et aussi la Bavière en 1751, l'Autriche en 1768 et 1787) laissèrent absorber le détournement par le vol. Ce n'est que graduellement que le détournement prend, dans la législation moderne, une forme plus marquée ; on renonce à la restriction aux choses confiées (abus de confiance), qui se rencontrait fréquemment, on sépare le détournement, en tant qu'infraction réelle, de l'infidélité en tant que lésion de droits de créances, ainsi que de l'escroquerie, dirigée contre le patrimoine en général ; on dévoile le concept dans ses différents cas. Tandis que la Prusse, en 1851, s'occupe encore du « bien possédé avec obligation de restitution, de conservation, d'administration ou de livraison » et y assimile les choses trouvées ou détenues par l'effet du hasard, le C. P. I., dans son § 246, définit d'une façon tout à fait générale le détournement comme l'appropriation illicite d'une chose mobilière d'autrui, que l'auteur a déjà en sa garde. Cette teneur générale fait disparaître la nécessité de distinguer spécialement le recel de la chose trouvée (*Fundverhehlung*), qui était aussi désigné comme vol de la chose trouvée et était en partie traitée (par exemple en Autriche) comme escroquerie.

II. — **Concept** du détournement d'après le § 246 C. P. I.

1. L'objet du détournement est, comme dans le vol, une chose mobilière appartenant à autrui. Par suite, le détournement ne peut, pas plus que le vol, être commis quant à des droits, particulièrement quant à des droits de créance (*Forderungsrechte*), tandis que le document prouvant ou établissant le droit peut, en tant que chose, être l'objet de l'une ou de l'autre infraction. Il en résulte aussi que le transfert de la propriété au détenteur de la garde exclut la possibilité d'un détournement consommé, même s'il existe une obligation personnelle de restituer ou d'employer la chose dans un sens déterminé. C'est exclusivement d'après les principes du droit civil applicable qu'il faudra décider si le transfert de la propriété a eu lieu ou n'a pas eu lieu ; l'établissement du concept d'une « propriété de droit pénal », chère spécialement à la jurisprudence prussienne, est aujourd'hui généralement abandonnée. Ces règles s'appliquent aussi aux choses fongibles.

2. La chose doit se trouver dans la garde (*Gewahr-*

sam) de l'auteur. C'est en cela que réside la différence entre le détournement et le vol. Eu égard au texte de la loi, il faut que soit prouvée dans chaque espèce une constitution de garde précédant l'appropriation. Il faut donc, par conséquent, qu'à la prise (*Aufnahme*) de la chose trouvée s'ajoute, même si cette prise a eu lieu dans un dessein d'appropriation, un acte subséquent d'appropriation (dissimulation de la chose, négation de la trouvaille, etc.).

Peu importe la façon dont l'auteur du détournement a obtenu la garde, que ce soit par hasard, par erreur, par un dépôt de la part du précédent détenteur de la garde ou enfin par une infraction. Pourtant, dans le dernier de ces cas, l'appropriation s'effacera régulièrement derrière la soustraction (§ 55, note 3).

3. L'action consiste dans l'appropriation de la chose mobilière d'autrui. Sur ce concept (cf. plus haut § 127, V). Pourtant, l'exercice du contenu de la propriété par une manifestation quelconque de la volonté d'agir en maître (ne serait-ce que par la négation de la possession) est ici nécessaire.

4. Le caractère illicite de l'appropriation est un élément caractéristique de notre concept ; l'erreur sur son compte doit donc être prise en considération.

5. La consommation intervient avec la consommation de l'appropriation (il en est autrement pour le vol). La tentative (toujours punissable) commence avec le commencement de l'appropriation.

6. C'est le propriétaire qui est lésé, et c'est lui seulement, et non pas par exemple celui qui a remis (confié) la chose à l'auteur.

III. — **Modes de détournement :**

1. Détournement simple (C. P. I., § 246).

Peine : L'emprisonnement jusqu'à trois ans ; en cas de circonstances atténuantes, suivant appréciation, l'amende jusqu'à neuf cents marks.

2. L'abus de confiance ou détournement de choses confiées, c'est-à-dire telles qu'elles ont été transmises et acceptées en vertu d'un arrangement juridique, avec l'obligation de rendre ou d'employer dans un sens donné.

Peine : L'emprisonnement jusqu'à cinq ans ; en cas de circonstances atténuantes, l'amende jusqu'à neuf cents marks.

3. Cas faisant l'objet d'une peine atténuée (C. P. I., § 247) ; les mêmes que pour le vol (plus haut § 128., V) ; c'est toujours la position du propriétaire lésé qui est alors décisive.

Dans tous ces cas, la perte des droits civiques attachés à l'honneur peut être prononcée accessoirement à l'emprisonnement (C. P. I., § 248).

4. Sur le détournement dans l'exercice de fonctions, cf. plus loin § 179, VII.

IV. — Deux autres cas sont contenus dans la loi sur les dépôts du 5 juillet 1896 :

1. L'appropriation illicite de valeurs mobilières appartenant à autrui (*fremde Wertpapiere*) par un commerçant qui, dans l'exploitation de son commerce, les a prises en garde comme dépositaire (*Verwahrer*), créancier gagiste (*Pfandgläubiger*) ou commissionnaire ; à supposer : *a*) qu'il ait suspendu ses paiements ou qu'il ait été déclaré en faillite ; *b*) qu'il procède à l'appropriation en ayant connaissance de son incapacité de payer ou de son insolvabilité (§ 11). L'action est donc un cas particulier du détournement, ayant pour objet les valeurs énumérées dans le § 1er de la loi (1). L'intention doit se rap-

(1) Il est plus sévèrement puni que le détournement des deniers du pupille par le tuteur !

porter à l'incapacité de paiement ou à l'insolvabilité ; elle n'a pas besoin de se rapporter à la suspension de paiements ou déclaration de faillite. Cette dernière est une condition objective de la criminalité, mais comme dans la banqueroute (plus loin § 136) (2) elle doit être un effet de la première.

Peine : La réclusion, en cas de circonstances atténuantes, l'emprisonnement avec minimum de trois mois. Le § 247 C. P. I. n'est pas applicable.

Cette disposition pénale s'applique aussi (d'après le § 12) contre les membres du comité de direction (conseil d'administration : *Vorstand*) d'une société anonyme ou d'un syndicat enregistré, les gérants d'une société à responsabilité limitée (G. m. b. H.), ainsi que contre les liquidateurs d'une société commerciale ou syndicat enregistré, lorsque, dans la connaissance de l'impossibilité de payer ou de l'insolvabilité de la société ou syndicat, ils se sont approprié illicitement des valeurs mobilières d'autrui, prises en garde par la société ou le syndicat en qualité de dépositaire, créancier gagiste ou commissionnaire ; à supposer que la société ou le syndicat a suspendu ses paiements ou a été déclaré en faillite.

2. Le fait de disposer, dans un but de profit personnel, de valeurs mobilières appartenant à autrui. D'après le § 9, est punissable le commerçant qui, en dehors du cas du § 246 C. P. I., dispose également, à son propre profit ou au profit d'un tiers, de valeurs mobilières de la nature mentionnée au § 1er, dont il a pris possession à titre de dépôt ou de gage, ou en qualité de commissionnaire pour le commettant, ou qui transgresse intentionnellement, pour son propre pro-

(2) D'où exclusion du concours réel dans une suspension de paiement ; R, XXXIV, 238. *Contra* BINDING, *Lehrb.*, I, 441 (mais contre lui-même I, 282).

fit ou au profit d'un tiers, la disposition du § 8 (3). A la différence de l'infidélité (plus loin § 136), une action « au détriment » d'un autre n'est pas exigible ; une action « pour profit » (c'est-à-dire pour procurer à soi-même ou à un tiers un avantage patrimonial) suffit. La mise en gage paraît constituer un acte de disposition, mais non pas l'utilisation en vue du droit de vote à l'assemblée générale. La connaissance de l'illégalité est nécessaire, la consommation n'existe qu'avec la production du « profit ».

Peine : L'emprisonnement jusqu'à un an et l'amende jusqu'à trois mille marks ou l'une de ces peines. Contre les proches (* § 34, note 4) de la partie lésée, la poursuite n'a lieu que sur plainte. Désistement possible. Le § 257, al. 2 et 3, s'applique comme il convient. D'après le § 12, cette disposition s'applique aussi aux personnes nommées plus haut (sous 1), lorsqu'elles ont commis l'acte frappé par la loi à l'égard de valeurs mobilières se trouvant en la possession d'une société ou d'un syndicat ou ayant été confiées par ces associations à un tiers.

§ 132. — 4. Le dommage aux choses.

BIBLIOGRAPHIE. — *Schmoller*, RvD, Bes. T. VI, 143. — *Lueder*, Die Vermögensbeschädigung, 1867. — *Pernice*, Die Sachbeschädigung nach röm. Recht, 1867. — *Kohler*, Studien, IV, 398. — *Merkel*, HH, III, 848, IV, 455. — *Uhlmann*, Thèse Erlangen, 1893. — *Knaak*, Thèse Greifswald, 1902.

I. Historique. — Le dommage aux choses n'est devenu un délit indépendant que dans la législation moderne. A côté du *damnum injuria datum* de la *lex Aquilia*, le droit romain punissait extraordinairement seulement quelques cas isolés, comme les dégâts faits aux arbres, aux semailles et aux vi-

(3) Communication aux tiers de ce que les valeurs à lui confiées sont la propriété d'autrui, ou que l'acquisition dont il est chargé a lieu pour le compte d'autrui.

gnobles, et comme les dégradations des murs, des portes et des voies publiques, et il les frappait surtout en raison de ce qu'ils étaient dirigés contre des intérêts généraux. Dans le droit allemand du Moyen Age, nous rencontrons également un certain nombre de peines isolées, frappant par exemple les blessures infligées aux animaux, les dégradations de haies et barrières, les dommages commis dans les champs et les prairies, dans les jardins et les forêts, mais le concept général du dommage aux choses fait toujours défaut. De même, la Carolina (malgré les articles 167 et 168) n'offre aucune espèce de base suffisante pour le développement de notre concept. C'est seulement la législation la plus moderne qui s'est efforcée de combler cette lacune. Dans son § 303, le C. P. I. a réussi approximativement à définir notre concept, après en avoir séparé le groupe des délits ruraux et forestiers pour l'attribuer à la législation particulière des Etats, et après avoir abandonné la dénomination trompeuse de dommage au patrimoine (*Vermögensbeschädigung*). Malheureusement, le concept, à peine défini, est de nouveau obscurci notablement par la teneur du § 304 et par la présence du § 305, qui n'a rien de commun avec la question, tandis que, d'autre part, il se manifeste dans la doctrine une tendance à priver notre délit de sa physionomie pourtant bien accentuée en voulant l'élargir pour en faire une atteinte au patrimoine (1).

II. — **Le dommage aux choses** (*Sachbeschädigung*) est la lésion causée à la propriété par la lésion illicite de la substance de la chose atteignant ou faisant cesser la possibilité d'usage.

1. L'objet est en général la chose d'autrui ; y compris la chose immobilière. Par suite, la dissection non autorisée d'un cadavre n'est pas en général dommage à une chose (plus haut § 118, V). Il n'est pas nécessaire que la chose possède une valeur d'échange (plus haut § 127, note 4). Le § 303 C. P. I. ne protège que les choses étrangères, se trouvant

(1) En particulier chez LUEDER. Contre lui BINDING, HAELSCHNER, MERKEL, SCHMOLLER. UHLMANN demande l'extension de la protection à d'autres droits réels.

déjà dans la propriété d'autrui : donc, l'empoisonnement d'animaux encore sans maître n'est pas dommage à des choses (mais voir plus loin § 134. I, 2). L'auteur peut être aussi le co-propriétaire.

2. L'acte est la détérioration ou la destruction de la chose. La détérioration porte atteinte à la possibilité d'user de la chose ; la destruction rend la chose complètement ou partiellement inutilisable à sa destination propre. Mais en tout cas, il faut qu'il y ait lésion de la substance de la chose, celle-ci pouvant toutefois consister en une transformation de l'agrégat constituant la chose (par exemple la fusion de la glace). La privation de l'usage (*Gebrauchsentziehung*, par exemple l'acte de laisser envoler un oiseau, ou de jeter la chose dans la mer) ne rentre donc pas dans notre concept tant que la substance de la chose reste intacte (2). La consommation ou l'utilisation d'une chose conformément à sa destination d'usage (par exemple, le fait de faire partir des pièces d'artifice) n'est pas dommage à la chose, mais appropriation (plus haut § 127, V) (3).

Le dommage à une chose composite est possible aussi bien comme détérioration des parties constituant la chose que comme cessation de la cohésion entre les parties ou comme trouble de la fonction coordonnée de la chose (4). Il n'est pas nécessaire

(2) Même sens l'opinion dominante, et aussi HARBURGER et SCHMOLLER, RvD, Bes. T. VI, 215, 162 ; *Contra* BINDING, *Lehrb.*, I, 249, KOHLER, *Einführung in die Rechtswissenschaft*, 2e éd., 1905, p. 156 et 175. D'après R, XXXVII, 412, une action provoquant un trouble nerveux chez un animal suffirait (très contestable).

(3) Le vol et le dommage aux choses s'excluent donc l'un l'autre.

(4) De même FRANK, § 303, II, MEYER-ALLFELD, 441, R, XX, 182 (une machine est immobilisée par l'introduction d'un corps étranger), R, XXXI, 329 (arrachement et enlèvement d'un poteau indicateur ou d'une marque de l'étiage de l'eau). Cette seconde décision est considérée par FRANK, § 303, II (et avec raison) comme contestable.

qu'il y ait diminution de valeur. La production d'une chose nouvelle par le travail du métal, par le badigeonnage du bois ou de la toile, etc., n'est pas dommage à une chose (5). L'omission illicite est assimilée à la commission (omission de nourrir un animal pris en pension).

3. L'illégalité est ici un élément constitutif de l'infraction, et par suite la connaissance de l'illégalité est nécessaire à la culpabilité. L'exclusion de l'illégalité se détermine d'après les principes généraux (par exemple autorisation pour les propriétaires de chasses de tuer les chiens errant librement).

4. La consommation a lieu lorsque se produit le dommage ou lorsque la chose se détruit; la tentative est punissable.

5. Est seul lésé dans le cas du § 303, et par conséquent a seul droit de porter plainte le propriétaire de la chose endommagée (6).

III. — **Modalités**.

1. Le dommage simple aux choses (C. P. I., § 303). L'objet n'est alors que la chose d'autrui.

Peine : L'amende jusqu'à mille marks ou l'emprisonnement jusqu'à deux ans. Il est nécessaire de porter plainte. La plainte peut être retirée lorsqu'elle a été portée contre des proches (plus haut, *§ 34, note 4).

La même peine frappe le dommage aux choses à bord des navires (ordonnance sur les gens de mer de 1902, § 109).

La loi punit le marin qui détruit ou endommage intentionnellement et illégalement les parties du corps du navire, de la machine, du gréement ou des objets d'équipement ou

(5) Le § 950, C. C. I., est actuellement décisif par la distinction à établir.

(6) Même sens BINDING, I, 620, HAELSCHNER, II, 389, MERKEL, 317, MEYER-ALLFELD, 442. Au contraire, R, I, 306, IV, 326, VIII, 399, considère aussi comme lésé même celui qui n'a qu'un droit personnel ou réel à la chose; de même FRANK, § 303, V. Cette opinion se réfute en considérant que d'après elle, le propriétaire lui-même pourrait être l'auteur d'après le § 303, C. P. I.

des appareils servant pour le sauvetage de la vie humaine. La tentative est punissable. La poursuite n'a lieu que sur plainte. L'importance de cette disposition réside en ce qu'elle constitue une extension de l'application du droit territorial allemand (plus haut, § 22).

2. La détérioration des choses sacrées, religieuses, publiques ou la destruction de ces choses (C. P. I., § 304). La loi énumère ici : les objets de la vénération d'une société religieuse existant (effectivement) dans l'Etat ; les choses qui sont consacrées au culte divin (plus haut § 118, IV) ; les tombes (plus haut § 118, V), les monuments publics (c'est-à-dire les monuments commémoratifs d'événements ou de personnes ; ce ne sera donc pas le cas pour les tumuli (*Hünengräber*), etc.. ; les objets artistiques, scientifiques, les produits de l'industrie qui sont conservés ou exposés publiquement dans des collections publiques (c'est-à-dire ouvertes au public) ; les objets (y compris les arbres et massifs qui, comme les becs de gaz, les appareils automatiques de vente, servent à un usage public (c'est-à-dire qui sont utilisés par le public) (7) ou à l'embellissement de voies, places et promenades publiques (même si celles-ci ne sont pas établies par la main de l'homme), sans qu'il soit d'ailleurs nécessaire que ces objets soient destinés précisément à ce service public. Il va de soi que l'intention de l'auteur doit embrasser tous les éléments qui qualifient le délit. Il est possible que l'auteur soit le propriétaire lui-même.

Peine : Emprisonnement jusqu'à trois ans ou amende jusqu'à quinze cents marks. La perte des droits civils peut être ordonnée concurremment avec l'emprisonnement (8).

(7) Même s'ils sont mis à la disposition du public dans un but de rapport ; R, XXXIV, 1.

(8) Le concours idéal avec les §§ 317 et sq. du C. P. I. n'est pas exclu ; en sens contraire R, XXXIV, 250.

3. Destruction totale ou partielle (et non pas détérioration) de constructions appartenant à autrui, et en particulier de bâtiments, de navires, de ponts, de chaussées, de voies tracées et entretenues, de chemins de fer (C. P. I., § 305). Une construction (*Bauwerk*) est toute œuvre durable, indépendante, construite par la main de l'homme, tenant solidement au sol (ne serait-ce que par son propre poids) (9). Les voies tracées et entretenues (*Gebaute Strassen*) sont aussi bien les voies terrestres que fluviales, lorsqu'elles sont établies par la main de l'homme. Pour les chemins de fer le concept est le même que celui qui a été exposé plus haut § 128 6.

Peine : L'emprisonnement avec minimum d'un mois. Dans le § 305, le caractère propre du dommage simple aux choses, c'est-à-dire le caractère de délit contre la propriété, d'infraction dirigée contre les particuliers est complètement conservé ; mais en même temps ce cas, emprunté à l'article 427 du Code pénal français, constitue la transition entre le dommage aux choses et les crimes constituant un danger public (plus loin, §§ 148 et sq.).

4. Dans toute une série de cas, la signification du dommage aux choses en tant qu'infraction contre la propriété s'amoindrit tellement que le renvoi de ces cas dans d'autres concepts d'infraction ou leur étude comme infraction indépendante semble être tout indiqué.

Cf. C. P. I. §§ 90, n° 2, 133 et sq., 168, 265, 274, 306 et sq., 315 et sq. ; contraventions et délits ruraux et forestiers, etc.

(9) Dans les choses immeubles. Même sens FRANK, § 305, II, MEYER-ALLFELD, 441, R, XV, 263 ; OLSHAUSEN, § 305, 2, va plus loin (moulins transportables). La loi n'a étendu le concept que pour les « navires ». Ceux-ci, de même que les ponts, doivent être de « quelque importance » (ce qui exclut les canots, les passerelles consistant en planches non *fixées*) ; R, XXIV, 26. Le « bâtiment » (*Gebäude*), caractérisé par des murailles et un toit (plus haut § 128, II, 2) est un des genres de la « construction » (*Bauwerk*).

§ 133. — 5. Le détournement d'énergie électrique.

BIBLIOGRAPHIE. — *Harburger*, RvD, Bes. T., VI, 312. — *Kohlrausch*, Z, xx, 459. — *Pfleghart*, Die Elektrizität als Rechtsobjekt, 2 Teile, 1901-1902. — *Hotz*, Thèse Leipzig, 1902. — *Kalenkampf*, Das Rechtsgut der elektrischen Arbeit im geltenden Strafrecht etc. (*Beling*, Heft 59), 1905.

I. — **Le droit d'employer l'énergie électrique** a été reconnu par la loi impériale de 1900 comme un bien constituant un droit de propriété indépendant au sens du droit pénal. Ce nouveau bien se distingue de la propriété proprement dite en ce qu'il se rapporte non pas à une chose corporelle, mais à l'emploi d'une force accumulée en vue d'un rendement, d'un travail (1). La protection juridique est limitée à l'énergie électrique : la force animale, la force hydraulique, la force calorique (par les charbons) ne bénéficient pas de cette protection. Les éléments de l'infraction se modèlent d'une part sur ceux du vol et du détournement, et d'autre part sur ceux du dommage aux choses.

II. — Le § 1er de la loi réprime **le détournement d'énergie électrique appartenant à autrui commis dans le dessein d'une appropriation illicite.** Les expressions appartenant à « autrui » et « appropriation » ne peuvent être prises ici qu'au sens figuré, car il ne peut être question de propriété de choses. La soustraction doit s'opérer aux dépens d'une installation électrique et au moyen d'un conducteur (2) qui n'est pas destiné à une prise régulière de l'énergie produite par l'installation. L'installation pouvant se trouver sous le pouvoir effectif de l'au-

(1) Même sens KALENKAMPF, qui relève l'analogie avec les droits d'auteur et d'inventeur.

(2) Même sens R, xxxv, 311.

teur aussi bien que d'un tiers, l'infraction correspond non seulement au vol, mais aussi au détournement ; pour ce dernier cas, il se produit en même temps un déplacement du moment de la consommation. La restriction à un conducteur non destiné à une prise régulière (cf plus haut § 128, II, 3) produira l'impunité dans un grand nombre de cas dignes d'être punis.

Peine : L'emprisonnement et l'amende jusqu'à quinze cents marks ou l'une de ces deux peines. En même temps que l'emprisonnement, la perte des droits civiques pourra être prononcée selon l'appréciation du juge. La tentative est punissable.

III. — Le § 2 de la loi frappe **le détournement de l'énergie électrique appartenant à autrui dans le dessein de causer à un autre un dommage illicite.** L'incrimination est calquée sur celle du dommage aux choses ; toutefois vient s'ajouter le dessein de nuire. C'est exclusivement dans ce dessein que se trouve la différence entre le cas du § 2 et celui que traite le § 1er ; pour le reste, toutes les conditions sont les mêmes. Comme le dessein d'appropriation et le dessein de nuire ne s'excluent pas, le concours idéal des deux §§ est possible.

Peine : L'amende jusqu'à mille marks ou l'emprisonnement jusqu'à deux ans. La poursuite n'a lieu que sur plainte. La tentative n'est pas punissable (tandis que celle du dommage aux choses est punissable).

II. — Atteinte aux droits d'occupation

§ 134.

Bibliographie. — *Nagler*, RvD, Bes. T. VIII, 417, 497, 521. — En outre, *Elsperger*, Thèse Leipzig, 1906.

I. — Atteinte au droit de chasse.

1. L'histoire de ce délit ne commence qu'à la fin du Moyen Age. Tandis que la jurisprudence du droit commun appliquait par analogie l'article 169 de la Carolina (vol de poisson), la législation des Etats entreprit, à partir du XVIe siècle, de sévir contre le braconnage par des peines nombreuses et souvent cruelles, mais qui d'ailleurs restèrent vaines la plupart du temps. Jusqu'à notre époque, l'incertitude de la doctrine quant à la nature véritable de l'intérêt protégé par le droit pénal, eut pour effet d'empêcher l'accord de se produire sur la place du délit dans le système pénal et sur les principes de son concept ; le C. P. I. classe notre infraction, un peu au petit bonheur, dans la section assez mélangée de l'appropriation illicite.

2. **Concept**. Le droit de chasse est le droit exclusif de s'approprier le gibier à l'intérieur des limites du territoire de chasse (quadrupèdes et oiseaux, mais non les œufs d'oiseaux). Le droit d'Etat en vigueur sur le lieu de l'acte détermine quels sont les animaux qu'il faut entendre par la dénomination de gibier. La prise des animaux qui ne sont pas gibier est libre (à moins que ces animaux soient susceptibles d'être pêchés). L'erreur sur la qualité de gibier de l'animal

exclurait l'intention. La lésion du droit de chasse est impossible lorsque l'appropriation légitime a déjà eu lieu. L'appropriation illicite de gibier commise dans les jardins zoologiques, c'est-à-dire dans des enclos empêchant la sortie du gibier, ainsi que celle du gibier apprivoisé constitue un vol, mais non pas le délit du § 292 C. P. I (1).

La lésion du droit de chasse consiste dans l'exercice de la chasse sur la réserve d'autrui. Le lieu du stationnement du gibier est alors décisif, et non pas celui du stationnement du chasseur. Je chasse sur mon territoire, lorsque j'épie du territoire de mon voisin le gibier qui se trouve sur le mien. Par contre, la poursuite du gibier blessé sur le territoire d'autrui est un acte de chasse illicite et coupable (2). La connaissance de l'illégalité est nécessaire.

L'exercice de la chasse comprend deux éléments (3) :

a) La quête et la poursuite du gibier (4), donc le guet, l'affût, le rabattage, la pose de pièges et de rets, constituent déjà un délit consommé. L'intention d'appropriation n'est pas nécessaire.

b) Le second élément est l'appropriation effective d'animaux qualifiés gibier, que celle-ci se produise ou non d'après les usages des chasseurs. La mise à mort du gibier (par exemple par empoisonnement) sans appropriation ne tombe pas sous le coup de la loi. Mais il n'en est pas de même du fait de s'emparer de gibier pris au piège, de celui de s'approprier des animaux vivants, des bois de cerf, etc. (5).

(1) Cf. C. C. I., § 960 et plus haut § 127, II.

(2) De même BINDING, *Lehrb.*, I, 325, NAGLER, 438 ; *Contra* FRANK, § 292, III.

(3) De même NAGLER, 454 ; beaucoup plus strict FRANK, § 292, II : seulement les actes qui ont pour but d'abattre le gibier.

(4) Même dans les cas où domine l'intérêt sportif (chasse à courre) ; R, XXVI, 216.

(5) R, XL, 17.

Dans tous les cas la partie lésée est le détenteur du droit de chasse.

3. **Modalités**.

a) Cas simple (C. P. I., § 292).

Peine : Amende jusqu'à trois cents marks ou emprisonnement jusqu'à trois mois. Une plainte doit être déposée si le délit a été commis contre un proche (* § 34, note 4). La plainte peut être retirée.

b) Cas aggravé (C. P. I., § 293), lorsque le gibier n'est pas chassé au moyen de fusil ou de chiens, mais à l'aide de collets, de filets, de pièges ou autres appareils, ou lorsque le délit est commis pendant la période de fermeture légale de la chasse ; dans des forêts (6), pendant la nuit ou en commun par plusieurs individus (premier volume, § 50, note 12). La nuit signifie ici (contrairement à ce qui a été exposé plus haut § 128, note 9), le temps pendant lequel règne l'obscurité, donc du coucher au lever du soleil, y compris le crépuscule (7).

Peine : L'amende avec maximum de six cents marks ou l'emprisonnement avec maximum de six mois. Pour ce cas aggravé, le dépôt d'une plainte n'est pas nécessaire (8).

c) Braconnage (C. P. I, § 294) : exercice professionnel (premier volume § 55, III, 1) de la chasse illicite.

Peine : Emprisonnement avec minimum de trois mois ; accessoirement, la perte des droits civiques et la mise sous la surveillance de la police peuvent être prononcées. Dans ces trois cas, il y aura lieu d'ordonner (C. P. I., § 295) la confis-

(6) Le stationnement du chasseur est ici décisif (pour l'admission de l'aggravation) ; R, XXV, 120.

(7) *Contra* NAGLER, 470.

(8) Opinion dominante et avec elle R, IV, 330 ; *Contra* FRANK, § 293, I, MERKEL, 335.

cation du fusil, des instruments de chasse et des chiens dont l'auteur se servait pour sa chasse illicite, ainsi que celle des collets, filets, pièges et autres appareils, sans qu'il y ait lieu de distinguer si ces objets appartenaient ou non au condamné, et en outre sans distinguer si lesdits objets étaient destinés ou non à usage de chasse (9).

d) Il faut enfin ranger ici, au moins pour partie, le C. P. I, § 368, nos 10 et 11 : une amende avec maximum de soixante marks ou une détention simple de quatorze jours au maximum frappe celui qui : α) sans l'autorisation du propriétaire du droit de chasse, ou sans autre autorisation est rencontré, sinon chassant, du moins équipé pour la chasse, sur un territoire de chasse appartenant à autrui et en dehors du chemin public à l'usage de tous ; β) celui qui s'empare sans autorisation d'œufs ou de petits d'oiseaux classés comme gibier (ou comme oiseaux chanteurs) (10).

II. — **Lésion du droit d'occupation des poissons et des écrevisses**, ainsi que des huîtres, des coquillages à nacre et autres animaux aquatiques, susceptibles, d'après le droit des Etats, d'être pêchés (11).

Ici également, il s'agit de l'atteinte à un droit exclusif d'appropriation, tandis que l'intrusion dans la propriété d'autrui constitue un vol. C'est ainsi que déjà la Carolina (art. 169), se rattachant à la conception du Moyen Age allemand (Sachsenspiegel, II, 28, I), déclare que le fait d'enlever des poissons d'un étang ou d'un réservoir est un vol, et distingue de ce fait celui de prendre des poissons dans une eau courante, non clôturée, mais appartenant à autrui. De même, d'après notre droit en vigueur et à la différence du Code pé-

(9) Même lorsque le fusil (ou autre instrument) a été dérobé à son propriétaire au moyen d'une infraction ; *Contra* R, XVIII, 43, Binding, *Lehrb.*, I, 332, Frank § 295, I. Obscur Nagler, 452.

(10) Les mots entre parenthèses ont été remplacés par la loi sur la protection des oiseaux de 1888.

(11) L'expression de « braconnage au poisson » (*Fischwilderei*), employée par Nagler, doit être rejetée.

nal prussien, il est essentiel de constater si l'appropriation n'a pas déjà eu lieu : les poissons se trouvant dans des étangs clos sont susceptibles de vol (C. C. I., § 960).

Le C. P. I. distingue :

1. La simple pêche illicite du poisson ou des écrevisses (C. P. I., § 370, n° 4).

Peine : L'amende avec minimum de cent cinquante marks ou la détention simple.

2. La pêche non autorisée du poisson et des écrevisses pendant la nuit (12) à la lumière des torches ou avec l'emploi de substances nocives ou explosives (C. P. I., § 296).

Peine : L'amende avec maximum de six cents marks ou l'emprisonnement avec maximum de six mois. Dans ce cas comme dans le précédent, la connaissance de l'illégalité est nécessaire. Sur les substances explosives, voir plus loin, § 156.

3. Les étrangers qui pêchent sans autorisation dans les eaux côtières allemandes (13) sont frappés par la peine indiquée sous 1, même lorsqu'il n'existe aucune des circonstances aggravantes du § 296 (C. P. I., § 296 *a*).

Sur la participation de nationaux, voir premier volume § 22, I. Par contre, l'étranger ne peut participer que comme co-auteur à l'acte commis par un national. En tout cas, c'est la nationalité de l'auteur qui est décisive : l'étranger au service d'un national n'est pas punissable.

(12) Existe également, lorsque les filets, et., placés de jour restent dans l'eau pendant la nuit ; R, XXXVII, 117

(13) Ici comme plus haut, le droit de l'Etat allemand riverain désigne les animaux aquatiques susceptibles d'être pêchés.

Par ce § ajouté par la Novelle de 1876, la pêche dans les eaux côtières allemandes est, conformément au principe du droit international actuel (14), et abstraction faite de certains traités, réservée aux nationaux, en même temps qu'est assurée la protection pénale de l'intérêt ainsi créé. En même temps que l'amende ou l'emprisonnement, la confiscation des instruments de pêche employés par l'auteur lors de la pêche illicite, ainsi que celle des poissons contenus dans le bateau (« poissons » étant pris au sens large) devra être ordonnée, sans qu'il y ait lieu de distinguer si les instruments de pêche et les poissons appartiennent ou non au condamné.

III. **La lésion des droits miniers** n'a fait l'objet d'aucune disposition dans le droit impérial métropolitain (il en est autrement dans les colonies allemandes) et n'est traitée que partiellement dans la législation particulière des Etats allemands.

(14) Cf. v. Liszt, *Völkerrecht*, § 9, V, 2.

III. — Infraction contre les droits de créances

§ 135. — 1. La rupture de contrat.

Bibliographie. — Pour l'historique : *R. Lœning*, Der Vertragsbruch und seine Rechtsfolgen : I. Der Vertragsbruch im deutschen Recht, 1876. — *Sickel*, Die Bestrafung des Vertragsbruches und analoger Rechtsverletzungen in Deutschland, 1876. — Pour la rupture du contrat de travail : *R. Lœning*, HSt, 2e éd., I, 993. — *Dietz*, Vertragsbruch im Arbeits-und Dienstverhältnis, 1890. — *Böninger*, Die Bestrafung des Arbeitsvertragsbruchs der Arbeiter, 1891. Cf. aussi plus haut § 100, V. — *Byloff*, Vertragsbruch und Strafrecht (droit autrichien), 1905. — *Nagler*, RvD, Bes. T. VI, 463 (Rupture d'enrôlement maritime).

I. **Historique.** — La rupture de contrat, que le droit romain punissait d'infamie dans les *contractus famosi* (mandat, dépôt, société, tutelle), que le droit allemand du moyen âge sanctionnait souvent d'une peine publique, reste généralement impunie tant dans le droit commun que dans la législation actuelle. Dans la législation des Etats, la rupture des contrats des domestiques et des ouvriers ruraux est fréquemment frappée d'une peine, mais la valeur de ces sanctions en droit impérial est douteuse.

II. — La législation impériale ne prévoit de pénalité pour la rupture de contrat (*Vertragsbruch*) que dans quelques cas isolés pour lesquels d'ailleurs la criminalité est admise en raison d'un tout autre motif que le non-accomplissement du contrat conclu. Il faut ranger ici :

1. La non-exécution de certains contrats de fournitures conclus avec une administration (C. P. I., § 329) ;

ce cas est traité par la loi comme une infraction contre la sécurité publique (plus loin § 154).

2. La rupture du contrat d'enrôlement des marins, seul cas de rupture du contrat qui soit réprimée comme telle. La loi distingue deux cas :

1° Le premier cas fait l'objet du § 298, C. P. I. (1). Il existe lorsque le salaire a été déjà donné et que le marin part en l'emportant ou se cache en le conservant pour se soustraire au service accepté par lui ; en dérogation du § 4, C. P. I. (*suprà*, * § 22) ; il n'y a pas lieu de distinguer alors si le délit a été commis en Allemagne ou à l'Etranger, par des nationaux ou par des étrangers.

b) Les autres cas sont réprimés par le § 93 de la loi sur les gens de mer du 5 juin 1902.

Peine : Pour *a* : l'emprisonnement avec maximum d'un an. Pour *b*) : sur plainte du capitaine, l'amende avec maximum de trois cents marks (ou soixante marks) ou l'emprisonnement avec maximum de trois mois.

§ 136. — 2. L'abus de confiance.

Bibliographie. — *Freudenthal* (*Untreue*), RvD, Bes. T., VIII, 105. — V. *Stemann* (Bibl., § 131). — *Wahlberg*, Ges. Kl. Schriften, II, 183. — *Ammon*, Thèse Tubingue, 1894. — *Konrad*, Thèse Erlangen, 1900. — *Draheim*, Untreue und Unterschlagung (*Beling* Heft 39), 1901. — *Katz* (Bibl., § 193). — *Cartier*, Thèse Berne, 1902. — *Engelhart*, Thèse Wurzbourg, 1902.

I. Historique. — L'évolution historique de l'abus de confiance se rattache, d'une part, à la rupture de contrat et, d'autre part, au détournement. L'article 170 de la Caroline

(1) Reproduit quant au sens, mais avec des additions (circonstances atténuantes) dans le § 93, al. 3 de l'Ordonnance sur les gens de mer. — Pour les cas de l'Ordonnance sur les gens de mer, un navire allemand doit être en cause. Cf. à ce sujet Nagler, 467.

qui traitait de l'infidélité (*Veruntreuung*), contenait sans conteste les notions de détournement et d'abus de confiance, tandis que les lois de police de l'Empire (comme précédemment le Schwabenspiegel) menaçaient de pénalités le tuteur infidèle ou négligent. Après avoir été fréquemment conçu aux XVIIe et XVIIIe siècles comme un cas aggravé du concept étendu du détournement (par exemple dans la Coutume de Prusse), l'abus de confiance se constitua peu à peu au XIXe siècle, sous l'influence de l'art. 408 du Code pénal français, une situation indépendante. Le C. P. I, (§ 266) se rattache pour partie au Code pénal prussien, mais pour partie également au Code pénal saxon (art. 287 al. 2). L'abus de confiance de l'administrateur (la *quasi-prævaricatio* du droit romain) dépasse le concept du dommage au patrimoine et revendique par suite une place à part ; le C. P. I. l'a rangé parmi les infractions commises dans l'exercice des fonctions (voir ces infractions). La législation moderne a fréquemment rattaché les sanctions dont elle punit la négligence des intérêts confiés à un individu, au concept de l'abus de confiance.

II. **L'abus de confiance** (C. P. I., § 266) est la violation par un individu de l'obligation résultant de contrats ou de situations quasi contractuelles de prendre soin et de conserver des intérêts patrimoniaux à lui confiés.

L'abus de confiance est une atteinte aux droits (*Ansprüche*, prétentions) que peuvent avoir d'autres personnes au maintien de leurs intérêts patrimoniaux (1). Ce sont seulement les intérêts de cette nature qui se trouvent atteints par l'abus de confiance,

(1) D'après AMMON, 44, 59, et DŒRR (Bibl., § 127), l'abus de confiance peut être dirigé aussi contre des intérêts autres que les patrimoniaux. Dans le sens du texte l'opinion commune, en particulier R, XVI, 77, ainsi que BINDING, *Lehrb.*, I, 396, FRANK, § 266, I, FREUDENTHAL, 114, MERKEL, 330, MEYER-ALLFELD, 498. Il faut mentionner qu'il y a lieu de considérer si l'abus de confiance ne serait pas mieux placé parmi les délits caractérisés par les moyens de l'attaque (ici l'abus d'un pouvoir légal) et dirigés contre le patrimoine en général. Dans ce sens BINDING, mais surtout avec décision, FREUDENTHAL, 156.

et non pas, par exemple, l'intérêt de recevoir une éducation sérieuse, d'être parfaitement cultivé au point de vue intellectuel et moral, d'être fortifié au point de vue de la santé et de la force corporelle, et c'est précisément pour cela que l'abus de confiance est une infraction contre le patrimoine. Il est donc nécessaire, pour qu'elle soit consommée, qu'il se soit produit un dommage patrimonial (comme dans l'escroquerie ; voir plus loin § 239, II). Dans sa rédaction énumérative de cas, le § 266 C. P. I., punit :

1. Les tuteurs (2), curateurs, administrateurs, séquestres, liquidateurs, exécuteurs testamentaires et administrateurs de bureaux de bienfaisance, lorsqu'ils agissent intentionnellement au détriment des personnes ou des choses confiées à leur garde (par choses il faut entendre les objets de toute sorte ayant une valeur patrimoniale, y compris les créances).

2. Les mandataires qui disposent à dessein, au détriment du mandant, des créances ou autres éléments du patrimoine (choses mobilières, immobilières, droits) du mandant. C'est d'après les principes du droit privé qu'il peut décider si ces éléments du patrimoine sont bien la propriété du mandant.

3. Les arpenteurs, vendeurs à la criée (courtiers), expéditeurs et commissionnaires, receveurs, peseurs, métreurs, trieurs jurés, arrimeurs et autres personnes exerçant leurs professions en vertu d'un engagement pris avec les autorités, lorsqu'ils agissent intentionnellement, dans l'exécution des affaires à eux confiées, au détriment de ceux qui leur ont confié lesdites affaires.

Dans les trois cas, l'omission contraire aux devoirs (par exemple ne pas engager une poursuite) est assimilée à la commission ; il n'est pas nécessaire qu'il y ait un acte de portée juridique (destruction de documents authentiques) ; « à

(2) Non le conseil (*Beistand*) donné à la mère par le § 1687, C. C. I., R, xxxv, 338.

dessein » (*Absichtlich*) doit être compris purement et simplement comme « intentionnellement » (*vorsätzlich*) (3), et par suite la production du préjudice n'est pas nécessairement le mobile de l'acte, mais elle est nécessaire pour la consommation.

Peine : L'emprisonnement ; perte des droits civiques suivant appréciation. Lorsque l'infraction est commise par l'auteur dans le but de se procurer ou de procurer à un autre un avantage patrimonial (voir plus loin § 139 ; il n'est pas nécessaire que cet avantage soit illicite), une amende avec maximum de trois mille marks peut être, suivant l'appréciation du juge, jointe à la peine d'emprisonnement. Le § 247 al. 2, C. P. I. ne s'applique pas ici.

III. — **La législation impériale des assurances** ordonne l'application intégrale du § 266 par les dispositions suivantes :

1. Lois sur les caisses de secours enregistrées du 7 avril 1876, modifiées le 1er juin 1884, § 34 ;

2. Lois sur l'assurance-maladie dans la rédaction du 10 avril 1892, § 42 ;

3. Lois sur l'assurance-accidents du 5 juillet (30 juin 1900) ; soit le § 45 de la loi sur l'assurance contre les accidents de l'industrie, le § 47 de la loi sur l'assurance contre les accidents des exploitations agricoles et rurales, le § 14 de la loi sur l'assurance contre les accidents des travaux du bâtiment, le § 45 de la loi sur l'assurance contre les accidents des gens de mer.

4. Loi sur l'assurance-invalidité du 19 juillet 1899, § 93.

IV. — D'après le § 36 de la loi **sur les banques hypothécaires** du 13 juillet 1899, les débiteurs hypothécaires qui agissent intentionnellement au préjudice des créanciers hypothécaires, sont punis pour abus de confiance conformément au § 266 C. P. I.

(3) Opinion dominante. FRANK, § 266, VI, exclut le dol éventuel. Contre lui FREUDENTHAL, 117.

V. — Le § 312 du **Code de Commerce** du 10 mai 1897 et le § 110 de la loi **sur les entreprises d'assurances privées** du 12 mai 1901 se montrent beaucoup plus sévères à l'égard des membres des comités de direction (conseils d'administration) ou des conseils de surveillance et des liquidateurs d'une société anonyme (4), d'une compagnie d'assurances mutuelles, lorsqu'ils agissent intentionnellement au préjudice de la société.

Peine : Emprisonnement et en même temps amende avec maximum de vingt mille marks. Perte des droits civiques à l'appréciation du juge. En cas de circonstances atténuantes, l'amende peut être exclusivement prononcée.

VI. — Le § 146 de la loi du 1er mai 1889 (texte du 20 mai 1898) concernant les **syndicats de production et de consommation** est un peu moins sévère à l'égard des membres du comité de direction et conseil de surveillance et des liquidateurs qui agissent intentionnellement au préjudice du syndicat.

Peine : L'emprisonnement et en même temps l'amende avec maximum de trois mille marks. Perte des droits civiques à l'appréciation du juge.

VII. — Enfin la **loi sur les bourses** du 22 juin 1896 frappe, dans son § 79, le commissionnaire qui, pour se procurer ou procurer à un tiers un avantage patrimonial (non forcément illicite) :

1. Cause un préjudice patrimonial à son commettant en lui donnant, malgré une connaissance meilleure, un conseil inexact ou un renseignement inexact à propos d'une affaire à conclure ;

2. Ou agit, pour l'exécution d'un ordre ou la conclusion d'une affaire, intentionnellement au préjudice du commettant.

(4) D'après le § 325, n° 9, cette disposition s'applique aussi aux associés personnellement responsables d'une société en commandite par actions.

Peine : L'emprisonnement. En outre, suivant l'appréciation du juge, l'amende avec maximum de trois mille marks ainsi que la perte des droits civiques. En cas de circonstances atténuantes, l'amende peut être exclusivement prononcée. — La tentative est punissable pour les cas du n° 1 (5).

§ 137. — 3. La banqueroute.

BIBLIOGRAPHIE. — *Wach*, RvD, Bes. T., VIII, 1. — *Kohler*, Shakespeare vor dem Forum der Jurisprudenz, 1883. — *Von Hoiningen-Huene*, Thèse Bonn, 1878. — *Neumayer*, Historiche und dogmatische Darstellung des strafbaren Bankrotts. Ouvrage couronné (Preisschrift), 1891. — *Schmidt*, Der strafbare Bankbruch in historisch-dogmatischer Entwicklung, 1893. — *Reichart*, GS, XLVIII, 81. — *Weber*, LXII, 362, LXV, 63. — Pour IV : *Freudenthal*, Die Wahlbestechung (*Beling*, Heft 1), 1896. — *Jordan*, Die Strafbarkeit des Stimmenkaufs im Aktienrecht (*Beling*, Heft 5, 1897.

I. **Historique.** — La responsabilité pénale du débiteur ne pouvant payer et en fuite, n'apparait qu'à la fin du Moyen Age et d'abord dans les législations italiennes, concurremment avec l'atténuation progressive de la rigueur de l'exécution personnelle du droit civil. Les ordonnances impériales de police de 1548 et de 1577 servent de base pour constituer de nombreuses dispositions sur les délits de banqueroute dans les divers pays et villes d'Allemagne (il faut citer notamment le *Mandat* des villes hanséatiques de 1620), tandis que la décision d'Empire de 1670-1671 n'était pas mise en vigueur et que le droit commun traitait les banqueroutiers et faillis, (*decoctores*, *bancoruptores* ou *falliti*) d'après les prescriptions concernant le faux (*falsum*).

La législation moderne s'est surtout développée sous l'influence du droit français (Code de commerce, art. 286 et sq., Code pénal, (art. 402 et sq.). C'est de ce droit que provient la restriction des dispositions pénales à la banqueroute commerciale, restriction qui passa dans le Code pénal prussien

(5) Sur le § 9 de la loi sur les dépôts de 1896, cf. plus haut § 131, IV.

de 1851 et dans notre C. P. I. Ce fut seulement la loi Impériale sur les faillites du 10 février 1877, dont les §§ 209 à 212 se sont substitués aux §§ 281 à 283 du C. P. I, qui revint à l'ancienne assimilation du non-commerçant au commerçant, assimilation déjà établie dans la Coutume Générale de Prusse. La nouvelle rédaction de la loi des faillites du 20 mai 1898, §§ 239 à 244, comporte une nouvelle aggravation des sanctions pénales de la banqueroute simple.

II. — **Concept de la banqueroute.**

1. La banqueroute (*Bankbruch*) est (si nous faisons tout d'abord abstraction du droit en vigueur) la violation des droits des créanciers par le débiteur au moyen de la réduction intentionnelle et prudente de son patrimoine personnel ou au moyen de la dissimulation de l'état dudit patrimoine. Les droits de créances des créanciers constituent à proprement parler l'objet contre lequel est dirigée l'action de la banqueroute; ces créances sont atteintes dans le patrimoine même du débiteur considéré comme le moyen de leur donner satisfaction (1). La banqueroute est donc dirigée contre le patrimoine des créanciers, c'est-à-dire contre leur droit d'être proportionnellement payés, cela indépendamment des autres conséquences que peut avoir la banqueroute, conséquences qui peuvent dépasser les intérêts patrimoniaux des personnes immédiatement intéressées, et qui consistent dans le fait de provoquer un ébranlement des relations de bonne foi, de la sécurité du crédit dans des cercles plus éloignés, qu'il est impossible de limiter. Suivant que la diminution du patrimoine personnel du débiteur a lieu dans l'intention de nuire aux droits

(1) Ceci peut être considéré aujourd'hui comme l'opinion dominante, qui est aussi celle de R; cf. R, IV, 41, VI, 94. De même pour l'essentiel BINDING, *Lehrb.*, I, 421, MEYER-ALLFELD, 492, WACH, 97. D'après BYLOFF (Bibl. § 135) également, la banqueroute est le « fait de rendre impossible l'exécution des obligations » (*Erfüllungsvereitlung*).

des créanciers, ou se produit sans cette intention, il nous faudra distinguer deux modalités de banqueroute, soit un cas aggravé et un cas simple.

2. Le droit en vigueur a formulé un concept de la banqueroute qui est en partie différent du nôtre. D'après ce droit, il y a banqueroute punissable lorsque les débiteurs, qui ont suspendu leurs paiements ou dont la faillite a été déclarée, ont commis certains actes, exactement spécifiés dans la loi.

a) Au lieu de notre condition générale : « lésion ou mise en péril de droits de créance », le droit en vigueur exige un fait nettement déterminé : « la suspension de paiement ou la déclaration de faillite ». Cela signifie que le législateur écarte, une fois pour toutes, la discussion de la question de savoir si, dans le cas particulier, il y a eu lésion ou mise en péril des droits des créanciers. Il admet que cet élément existe purement et simplement lorsque le fait déterminé par lui est survenu ; il le considère comme exclu purement et simplement, lorsque ce fait n'est pas survenu. L'incrimination du législateur comporte deux cas: α) la déclaration de faillite (*Konkurseröffnung*) qui a pour condition, d'après le § 102 de loi des faillites, l'impossibilité de payer du débiteur, c'est-à-dire l'incapacité (effectivement existante) de se procurer les capitaux nécessaires pour payer les dettes d'argent arrivées à échéances. β) La suspension des paiements (*Zahlungseinstellung*), c'est-à-dire le non-paiement d'une dette exigible résultant d'une impossibilité de payer réelle, présumable ou prétextée.

b) Notre formule doctrinale générale : « Par la diminution de son patrimoine personnel ou par la dissimulation de l'état du patrimoine », est remplacée dans le droit en vigueur par toute une série d'actes divers, exactement spécifiés, qui provoquent régulièrement, sinon toujours, une aggravation ou tout au moins un danger pour la situation du patrimoine. Cette conception casuistique a pour conséquence d'exclure tous les autres actes, même lorsqu'ils ont une importance équivalente.

3. Il résulte de ce concept de la banqueroute que la suspension de paiements, ou la déclaration de faillite, est une condition de la criminalité (voir *suprà*, * § 44, III) (2). La masse des créanciers intéressés dans une même suspension de paiements (ou dans une même faillite) est détentrice de l'intérêt menacé. Grâce à cette condition homogène de criminalité, tous les divers actes commis par le débiteur commun sont réunis dans une unité juridique d'action (voir *suprà*, * § 55, II, 2) (3). Il en résulte en outre ce qui suit :

a) Lorsqu'un débiteur a commis, par rapport à une même cessation de paiements (ou faillite) plusieurs des actes désignés par la loi dans le même article (par exemple jeu à découvert et destruction des livres de commerce), il n'existe qu'une seule action punissable et non pas concours de plusieurs actions.

b) Tant qu'il s'agit de la même cessation de paiements ou de la même faillite, il ne peut être admis qu'il y ait deux banqueroutes, même si la situation répond aussi bien à la définition de la banqueroute simple qu'à celle de la banqueroute aggravée ; bien au contraire, le débiteur ne s'est rendu coupable que d'une banqueroute, qui est la banqueroute grave.

c) Il n'est pas nécessaire qu'il y ait rapport causal entre les divers actes du débiteur et la suspension de paiements (ou faillite).

(2) 1. Dans le même sens quant aux conclusions Beling, *Verbrechen*, 59, Binding, *Lehrb.*, I, 428, Meyer-Allfeld, 493, Rehm (Bibl. § 193), 895, Wach, 65 (éléments de fait placés hors de l'acte de banqueroute). — 2. Le plus souvent, la suspension de paiements est conçue comme élément de fait. C'est le cas pour Merkel, 333, Neumeyer, 128, 178, Schmidt, 130, et aussi pour R, en dernier lieu XXVII, 316. — Ce qui est décisif en faveur de mon opinion, c'est que, comme il est presque généralement concédé, la provocation d'une suspension de paiements, soit intentionnelle, soit par imprudence, ne peut être exigée.

(3) Même sens R, XXIX, 344.

d) Il n'est pas nécessaire qu'il y ait, ni intentionnellement ni par imprudence, faute quant à la cessation de paiements ou faillite survenue.

e) Le moment de la suspension de paiements ou de la faillite n'a d'importance pour la consommation et la prescription, que si cette cessation ou faillite est postérieure aux divers actes commis. D'après les principes généraux (voir *suprà*, * § 46, note 8), il faut admettre la tentative lorsque la condition de la criminalité (suspension de paiement et faillite), est survenue, mais que l'acte pris séparément est resté inachevé ou a échoué (4).

4. D'après la loi sur les faillites, l'auteur est tout débiteur et non pas seulement le débiteur commerçant. Mais peuvent aussi se rendre coupables de banqueroute les membres du comité de direction d'une société anonyme ou d'un syndicat enregistré, ainsi que les liquidateurs d'une société commerciale ou d'un syndicat enregistré ayant suspendu ses paiements ou ayant été déclaré en faillite, lorsque les uns et les autres ont commis en cette qualité les actes sanctionnés pénalement par la loi (§ 244 de la loi des faillites).

Les pénalités de la loi des faillites s'appliquent en outre, d'après le § 83 de la loi du 20 mai 1898 sur les sociétés à responsabilité limitée (G. m. b. H.) ainsi que d'après le § 112 de la loi sur les assurances du 12 mai 1901, aux gérants de ces sociétés.

5. Le lieu et le temps de la commission doivent être appréciés d'après les principes généraux (voir *suprà*, * § 44, III, 4 b). La banqueroute se trouve donc commise dans le lieu et dans le temps où les divers actes sont commis ; le lieu et le moment de la suspension de paiements sont sans importance (5).

(4) Dans ce sens Binding, *Lehrb.*, I, 429, Meyer-Allfeld, 495,. En sens différent R, xiii, 41, Neumeyer, 173, Reichart, 315. Schmidt, 141.

(5) En sens différent ici également R. xvi, 188 ; Betz (Bibl.

6. Quant à la complicité, il faut appliquer les règles générales, sauf intervention du § 242 de la loi des faillites.

III. — **Les modalités de la banqueroute**

1. La **banqueroute simple** (Loi des faillites, § 240) (6). Elle existe, la suspension de paiement ou la faillite étant admise, lorsque le débiteur :

a) A dissipé des sommes exagérées ou s'en est rendu débiteur par son luxe, par le jeu ou par des paris ou par des opérations à découvert sur des marchandises ou des valeurs négociées en Bourse (mais non pas par des marchés de fournitures (*Lieferungsgeschäfte*) ;

b) Lorsqu'il a pris à crédit, dans le dessein de retarder la déclaration de faillite, des marchandises ou des valeurs mobilières, et qu'il a vendu, contrairement à toutes les règles d'une bonne administration, ces objets à un prix notablement inférieur à leur valeur, ou qu'il les a aliénés autrement ;

c) Lorsqu'il a négligé de tenir les livres de commerce dont la loi lui a imposé la tenue, ou lorsqu'il dissimule ses livres ou les détruit, ou lorsqu'il les a tenus avec un tel désordre qu'ils ne permettent pas de se rendre compte de l'état du patrimoine ;

d) Lorsqu'il a négligé, contrairement aux prescriptions du Code du commerce, de dresser dans le temps voulu le bilan de sa fortune.

Peine : Emprisonnement ; concurremment, dans les cas *a*) et *b*), perte des droits civiques suivant appréciation. Il est nécessaire toutefois que les divers actes aient été commis intentionnellement ou par imprudence. Mais en ce qui con-

§ 31), 46, Kitzinger (Bibl. § 31), 267, Schmidt, 139. Exact Binding, *Lehrb.*, I, 428, Neumeyer, 157, Reichart, 294.

(6) La nouvelle rédaction de la loi a, outre la pénalité aggravée, ajouté dans le n° 1 les mots « ou pari », ainsi que tout le n° 2.

cerne la suspension de paiement (ou la faillite), l'imprudence ne peut pas être exigée d'après les motifs donnés plus haut (voir * § 44, III, 1) (7).

2. La **banqueroute frauduleuse** (Loi des faillites, § 239). Au fait de la suspension de paiements ou de la faillite (en outre des actes désignés par la loi), il faut joindre comme mobile de l'acte le dessein de porter préjudice aux créanciers ; c'est-à-dire de leur nuire dans leurs droits. La loi menace le débiteur :

a) Qui dissimule ou met de côté des éléments de son patrimoine (choses mobilières ou immobilières, ainsi que les créances) (8) ;

b) Qui a reconnu ou présenté des dettes ou des opérations juridiques inventées de toutes pièces ou en partie ;

c) Qui a omis de tenir les livres de commerce dont la loi lui imposait la tenue ;

d) Qui a détruit ses livres de commerce (même s'il n'était pas obligé à leur tenue) ou les a dissimulés, ou les a tenus ou modifiés de telle sorte qu'ils ne per-

(7) Très contesté. 1. Exact BINDING, *Lehrb.*, I, 439. — 2. NEUMEYER, 144, 148, demande l'intention ou l'imprudence quant à la suspension de paiement. — 3. R a, de lui-même, renoncé à son ancienne opinion de faire abstraction de toute faute ; cf. R, XIII, 354. — 4. L'admission d'une troisième sorte de faute, différente de l'intention et de l'imprudence, posée par R, XIV, est tout à fait impossible. *Contra*, avec succès, NEUMEYER, 144-148. — 5. WACH, 83, demande l'intention quant à l'acte de banqueroute.

(8) Dissimuler (*Verheimlichen*) signifie soustraire à la connaissance des créanciers ; mettre de côté (*Beiseiteschaffen*) signifie soustraire à leurs dispositions. Déplacer d'un lieu à un autre n'est donc pas nécessaire. Même sens R, XXII, 242. Une soustraction passagère suffit : R, XXVIII, 100, XXXIX, 80, mais non le fait de faire usage (*Gebrauchsanmassung*). La destruction et l'abandon d'une chose doivent être rangés ici, mais non pas l'acte d'endommager ou de déprécier (*Entwertung*). Même sens R, XXVII, 123 ; BINDING, *Lehrb.*, I, 432, WACH, 60. Il ne faut pas non plus classer ici la création de créances factices (*Ausstellen erdichteter Forderungen*).

mettent pas de se rendre compte de l'état du patrimoine.

Peine : Réclusion, en cas de circonstances atténuantes l'emprisonnement avec minimum de trois mois.

IV. — **Délits se rattachant à la banqueroute d'après la loi des faillites.**

1. Le fait **d'avantager un créancier** (*Gläubigerbegünstigung*, Loi des faillites, § 241). Ce délit existe lorsqu'un débiteur (la suspension de paiement ou la faillite existant), a, bien que connaissant sa propre impuissance à payer, donné à un créancier (qui n'est pas nécessairement créancier de la faillite), dans l'intention de l'avantager au détriment (9) des autres, une garantie ou une satisfaction à laquelle ce créancier n'avait pas droit, ou n'avait pas droit dans la forme ou le temps adopté. L'omission contraire aux devoirs (par exemple celle de se défendre contre une poursuite du créancier) suffit.

Ce délit répond, lui aussi, au concept général de la banqueroute : lésion des droits des créanciers par amoindrissement du patrimoine du débiteur. Mais il tient le milieu entre les deux modalités de la banqueroute. Il se sépare de la banqueroute simple par la connaissance intime que possède l'auteur, que son acte constitue un amoindrissement de son patrimoine propre en tant que celui-ci est le moyen de satisfaire les créanciers ; elle se sépare de la banqueroute frauduleuse par l'absence du dessein de porter préjudice aux créanciers, dessein qui est remplacé par celui d'avantager un des créanciers au détriment des autres. A ce dessein est inséparablement liée la conscience (donc l'intention, non pas le dessein) de porter préjudice aux autres créanciers. La supposition erronée du débiteur que le créancier a droit à un traitement privilégié, exclut l'application de la loi.

(9) Intention signifie mobile ; même sens R, XXIV, 7. Cf. plus haut * § 39, note 3.

Peine : L'emprisonnement jusqu'à deux ans. En cas de circonstances atténuantes, une amende avec maximum de six mille marks peut être prononcée (d'après la nouvelle rédaction de la loi). La complicité des tiers est possible d'après les principes généraux. Toutefois, le créancier avantagé doit lui-même rester impuni (10).

2. Le fait de **favoriser un débiteur**. La loi (loi des faillites, § 242) punit celui qui :

a) Dans l'intérêt du débiteur (la cessation de paiement ou la faillite étant admise) dissimule ou divertit les éléments du patrimoine de ce débiteur. (plus haut note 8) ;

b) Dans l'intérêt dudit débiteur ou pour se procurer à lui-même ou à autrui un avantage patrimonial (qui n'est pas nécessairement illicite ; voir plus loin § 139, II, 4) présente au cours de la procédure de faillite, sous son nom ou par personnes interposées, des créances supposées.

Peine : Réclusion jusqu'à dix ans. En cas de circonstances atténuantes, l'emprisonnement ou l'amende avec maximum de six mille marks. La tentative et la complicité sont punissables conformément aux règles générales. Toutefois, le débiteur favorisé reste lui-même impuni. Le § 242 de la loi des faillites est exclu par la complité au délit du § 239.

3. Les conventions tendant à fausser les décisions de la majorité ou **vente des votes** (Loi des faillites, § 243) ; ce délit existe lorsqu'un créancier s'assure ou se fait promettre, de la part du débiteur commun ou

(10) Cf. plus haut § 52, V. Même sens Binding, *Lehrb.*, I, 442, Freudenthal, 43, Merkel, 333, Meyer-Allfeld, 497, Neumeyer, 189, Reichart, 325, Zadek, GS, xl, 561. En sens différent, R à plusieurs reprises, en dernier lieu xx, 214, xxix, 305 (pour le § 243 Règl. sur les faillites) : le créancier serait punissable dans la mesure où il dépasse, par incitation ou assistance, les limites de la complicité nécessairement existante en cas de simple acceptation.

d'autres personnes des avantages particuliers à raison de son vote lors des délibérations des créanciers.

On ne peut appliquer ici le concept civil de l'achat ; ce qui est nécessaire, c'est bien plutôt une entente, même non expresse, sur le vote dans un sens déterminé d'une part, et sur une rémunération accordée en échange d'autre part. Le délit est consommé avec cette entente, même si le vote du créancier ne s'effectue pas, ou ne se produit pas dans le sens de la convention. Une promesse unilatérale, soit du vote, soit de l'avantage offert en échange, reste impunie en tant que tentative. La corruption dans le but d'empêcher de voter est comprise dans la définition de notre délit. Il n'en est pas de même d'une convention apparente, lorsque le créancier, disposant d'un vote, se réserve, dans son for intérieur, la disposition de ce vote. Les avantages de n'importe quelle nature suffisent pour constituer la valeur donnée en échange du vote ; un avantage patrimonial n'est pas nécessaire. L'acheteur du vote reste lui-même impuni ; la complicité des tiers est au contraire possible (voir plus haut la note 10, même paragraphe).

Peine : L'amende avec maximum de trois mille marks ou l'emprisonnement avec maximum d'un an.

V. **Le fait de ne pas requérir la déclaration de faillite** est punissable dans les cas suivants :

1. De la part des membres du conseil de direction ainsi que des liquidateurs d'une société anonyme, et à l'égard des personnes nommées plus haut § 136, note 4, d'après le § 315, n° 2, du Code de commerce ;

2. De la part des membres du conseil de direction et des liquidateurs d'une coopérative (les Allemands disent société d'acquisition et d'exploitation), d'après le § 148, 2, de la loi du 1er mai 1899, texte du 20 mai 1898) ;

3. De la part des gérants et liquidateurs d'une société à responsabilité limitée, d'après le § 83 de la loi du 20 avril 1892 (texte du 20 mai 1898) ;

4. De la part des membres du conseil de direction

et des liquidateurs d'une société d'assurances par actions, d'un syndicat enregistré ou d'une association désignée au § 102 de la loi du 12 mai 1901 sur les assurances, d'après le § 109 de la dite loi.

Peine : Pour les cas 1 et 4 : l'emprisonnement avec maximum de trois mois et en même temps l'amende jusqu'à cinq mille marks ; en cas de circonstances atténuantes l'amende seule. Pour le cas 2 : l'amende avec maximum de six cents marks ou l'emprisonnement jusqu'à trois mois ou les deux peines à la fois. Pour le cas 3 : l'emprisonnement avec maximum de trois mois et en même temps l'amende avec maximum de mille marks ; en cas de circonstances atténuantes, l'amende seulement. — D'après les quatre lois, la peine ne frappe pas celui « à l'égard duquel il est établi » (la loi de 1889 disait : « qui prouve ») que l'omission s'est produite sans qu'il y ait faute de sa part. Même lorsqu'il est commis par imprudence, l'acte est punissable.

VI. — D'après le § 10 de la loi sur les dépôts du 5 juillet 1896, est punissable la violation de l'obligation pour le dépositaire ou créancier nanti de gage, de conserver à part le dépôt et de le mentionner dans une comptabilité séparée (§ 1, n°ˢ 1 et 2), ainsi que la violation par le commissionnaire de l'obligation de l'envoi d'une liste détaillée au commettant (§§ 3 et 5), à la condition que par cette violation, il soit, lors de la cessation de paiement (ou déclaration de faillite), porté préjudice aux droits à une propriété séparée de l'ayant droit. La mise en péril ne suffit pas (11).

Pour les §§ 9 et 11 de la même loi, cf. plus haut § 121 IV.

Peine : L'emprisonnement avec maximum de deux ans. D'après le § 12, la peine s'applique aussi aux personnes nom-

(11) Il peut exister ici, dans une même suspension de paiement (et en dérogation de ce qui a été dit plus haut, II, 3), un concours idéal de plusieurs dispositions.

mées, § 131, IV, mais non pas aux artisans [*Minderkaufleute*, commerçants soumis en partie seulement au droit commercial, litt. moindres commerçants] (§ 13 de la loi du 5 juillet 1896).

§ 138. — 4. Trouble du droit des créanciers en cas de saisie imminente.

BIBLIOGRAPHIE. — *Wach*, RvD. Bes. T., VIII, 55. — *Lenz* (Bibl. § 129) et à son sujet *Stein*, GS, XLIX, 372. — *Behme*, Thèse Göttingen, 1894 (fréquemment en opposition avec *Lenz*). *Bintz*, Thèse Erlangen, 1895. — *Hentzschel*, Thèse Leipzig, 1906.

De même que les peines de la banqueroute ont pour but de protéger la collectivité des créanciers, dont les droits se limitent réciproquement, contre un amoindrissement du patrimoine du débiteur, destiné à les satisfaire, de même le § 288 du C. P. I. (imité de l'article 310 du Code pénal saxon de 1868) protège le droit de chaque créancier pris individuellement en punissant le détournement des objets destinés à le satisfaire (1).

Le § 288 C. P. I. s'applique lorsqu'un individu, menacé par une saisie (personnellement, et non pas un tiers) (2), aliène ou divertit dans le dessein de rendre vaines les mesures destinées à satisfaire les créanciers, des éléments de sa fortune (choses ou droits).

Le terme « aliéner » comprend tout abandon à titre onéreux ou gratuit, soit la vente, le don, l'abandon pur et simple ; soit encore la mise en gages, la location, la commande de services, etc. Sur le terme « divertir », cf. plus

(1) Par contre, dans le délit d'ailleurs très semblable du § 137 C. P. I., il s'agit d'un mépris de l'autorité de l'Etat (cf. plus loin § 176, VII).

(2) Le § 288 ne s'applique donc pas lorsque l'auteur est le représentant d'une personne morale, en cas d'une voie d'exécution menaçant cette personne et non pas l'auteur.

haut § 137, note 8. La saisie est menaçante, dès que les actes entrepris par le créancier laissent supposer qu'il va bientôt recourir à cette voie d'exécution ou la continuer ; le commencement de la procédure de saisie n'est pas nécessaire ; l'opposition, l'engagement d'une poursuite, le protêt pour non paiement et même une simple menace extrajudiciaire peuvent suffire. Il faut entendre ici par créanciers non seulement le créancier personnel, mais aussi l'ayant droit réel (*der dinglich Berechtigte*). Le dessein doit tendre à éluder la satisfaction des créanciers qui doit résulter de la saisie imminente, il ne doit pas tendre à éluder seulement une voie d'exécution, à ne déjouer nécessairement que la saisie en elle-même. Le paiement d'une dette échue ne tombe pas sous le coup de la loi. Il n'est pas nécessaire qu'il y ait réussite du dessein, donc qu'il y ait empêchement de la satisfaction due aux créanciers ; mais il n'est pas davantage nécessaire qu'il y ait trouble effectif du droit du créancier. L'acquéreur peut être auxiliaire.

Peine : L'emprisonnement avec maximum de deux ans. Poursuite seulement sur plainte du créancier qu'il s'agit de leurrer.

IV. — INFRACTIONS CONTRE LE PATRIMOINE EN GÉNÉRAL

§ 139. — 1. L'escroquerie. Historique et définition.

BIBLIOGRAPHIE. — *Hegler*, RvD, Bes. T., VII, 405. — *Heinemann*, Das crimen falsi in der altitalienischen Doktrin, 1904. — *Merkel*, Kriminalistische Abhandlungen, II, 1867, et HH, III, 750, IV, 432. — *Gryciecki*, Studien über den strafbaren Betrug, 1870. — *Pfizer*, GS, XLI, 337 (escroquerie en matière de jeu). *Rimpau*, Thèse Tubingue, 1892. — *Kohler*, Treu und Glauben im Verkehr, 1893. — *Le même*, Studien, IV, 466. — *Rommel*, Der Betrug, 1894. — *Dœrr* (Bibl. § 127). *Michel*, Der Strafbare Betrug im Zivilprozess (*Beling*, Heft 13), 1898. — *Gumbel* (Bibl. § 124). — *J. Merkel*, Thèse Erlangen, 1900. — *Gross*, Der Raritätenbetrug, 1901. — *Seifried*, Vorsatz und Handlung des Betrugs, 1906. — *Engelhard*, Thèse Heidelberg, 1905. — *Fröschmann*, Thèse Erlangen, 1906. — *Jehle*, Thèse Tubingue, 1905. — *Mugler*. Thèse Erlangen, 1901. — *Zwitzer*, Thèse Göttingen, 1896. — *Contzen*, Thèse Erlangen, 1899. — *Kronacher*, Est die Zechprellerei Betrug (*Beling*, Heft 68) 1906.

I. **Historique.** — C'est à l'époque postérieure à Hadrien qu'apparaît un nouveau concept d'infraction, le *stellionatus* (D. 47, 20; C. 9, 34) et c'est ce concept qui, se présentant concurremment comme *crimen extraordinarium*, à l'*actio doli* du droit civil, constitue la base fondamentale du concept moderne de l'escroquerie (*Betrug*). Le droit romain dans son dernier état n'a que peu contribué au développement de ce concept. Il est seulement certain que le préjudice effectif au patrimoine (1) et la *calliditas* de l'auteur étaient nécessaires, que, par suite, l'infraction (contrairement au cas de faux), était dirigée contre le cercle juridique de l'individu. Sur la *venditio fumi*, cf. premier volume, § 3, III, 2.

(1) *Contra* MOMMSEN, 667, et avec lui HEINEMANN.

Dans les sources du Moyen Age allemand, l'escroquerie (*trogene*, Tyrol, 1499 : *Laicherey*) n'est qu'isolément mentionnée, mais la jurisprudence la frappe fréquemment de peines graves, et la punit même de mort (IX, 242). La Carolina ne connaît pas l'escroquerie. La législation ultérieure des États se rattache pour partie (par exemple l'Autriche en 1656) immédiatement au droit romain. Dans *Carpzov* et chez les auteurs qui le suivent, le *stellionatus* apparaît comme un concept auxiliaire dépourvu de toute signification pratique.

Ce fut seulement le droit commun plus récent, et surtout celui de la seconde moitié du XVIIIe siècle, qui reconnut la portée pratique de l'application du concept de l'escroquerie. Mais l'accord n'était pas encore réalisé sur la conception et la délimitation de notre infraction. Tantôt l'on demandait, pour qu'il y ait consommation, la survenance du dommage au patrimoine, tantôt on se contentait de l'existence de la tromperie. Mais surtout on exagéra (notamment en Prusse et en Autriche au XVIIIe siècle) l'étendue du concept de l'escroquerie, dans lequel on voulait incorporer les divers cas du faux et même les lésions causées à des intérêts autres que des droits patrimoniaux (comme le faux serment et autres infractions).

En opposition avec cette exagération, la législation du XIXe siècle a ramené l'escroquerie dans les limites de son domaine naturel et en a fait seulement une infraction contre le patrimoine. C'est également le point de vue du C. P. I., qui ne diffère du Code pénal prussien que par la suppression de l'escroquerie qualifiée.

II. — **L'escroquerie** (*Betrug*) (§ 263) est le préjudice patrimonial (*Vermögensbeschädigung*) causé dans une intention d'enrichissement, et provoqué par une illusion (tromperie) frauduleuse (*arglistige Täuschung*). La victime du préjudice (mais voir plus loin sous 3) agit elle-même, en ce sens qu'elle prend la disposition sur son patrimoine (*Vermögensverfügung*) qui lui nuira, mais elle le fait sans avoir conscience de la signification causale de son acte ou de son abstention ; au point de vue juridique (plus haut * § 50, II, 3), ce n'est donc pas celui qui subit le dommage qui le cause à lui-même, mais bien l'auteur de l'illusion, qui inflige un préjudice à un autre. C'est par le moyen du dommage (qui est la tromperie) que l'escroquerie se distingue de l'extorsion (chantage), avec laquelle elle a d'ailleurs des rapports étroits, mais dont les moyens sont la violence ou la menace. De même que le chantage, l'escroquerie, en tant qu'infraction ayant pour but l'enrichissement, est dirigée contre le patrimoine pris comme l'ensemble de tous les biens ayant une valeur pécuniaire (2), et c'est par là qu'elle se distingue essentiellement des infractions contre le patrimoine que nous avons étudiées jusqu'à présent et qui sont dirigées contre des parties déterminées du patrimoine.

1. L'escroquerie consommée suppose la survenance d'un **préjudice patrimonial** (*Vermögensbeschädigung*), donc un préjudice qui peut s'évaluer en argent. Il y a préjudice au patrimoine puisque la valeur en argent du patrimoine est réduite par l'acte. La perte aussi bien que la mise en péril de droits (*Ansprüche*) existants peuvent être rangées ici ; la privation d'un gain possible ne l'est que si ce gain pouvait être attendu avec probabilité (cf. C. C. I., § 252) (3). Le dommage patrimonial peut être durable ou passager ; la possibilité d'une compensation future n'exclut le concept de l'escroquerie que s'il existe quant à cette compensation un droit de revendication (*Anspruch*) complètement assuré (résultant d'un contrat). Si la « prétention » (*Anspruch*) en laquelle il a été porté préjudice à la personne trompée n'est pas juridiquement reconnue, parce qu'elle est contraire aux bonnes mœurs (par exemple le paiement d'une prostituée,

(2) En sens différent BINDING, *Lehrb.*, I, 356. Contre lui HEGLER, 426, R. SCHMIDT, RvD, Bes. T., VIII, 263. Cf. aussi JEHLE.

(3) Même sens HEGLER, 429, MEYER-ALLFELD, 480. *Contra* BINDING, *Lehrb*, I, 344, FRANK, § 263, V (qui demandent un droit juridiquement reconnu au gain); RMilG, VIII, 191.

celui du criminel à gages, le prix de la corruption du juge), il ne peut y avoir escroquerie (4).

Il ne peut être question de préjudice patrimonial, et par suite d'escroquerie, dès que la personne trompée reçoit l'entière contre-valeur de son aliénation. Toute tromperie n'est pas une escroquerie. Je ne suis pas escroqué lorsque je suis déterminé par tromperie à m'assurer à une autre compagnie qu'à celle que j'avais choisie d'abord, à commander mes cigares à un marchand que je ne connais pas, à changer des valeurs d'Etat contre des valeurs industrielles de même sécurité, à accepter au lieu de vin naturel du vin artificiel ayant qualité marchande (5). Mais il faut bien remarquer alors que c'est la situation de fortune de la personne trompée qui est en question, que c'est pour elle, pour son patrimoine, que la valeur de ce qui lui est donné doit être la contre-partie de ce qu'elle a donné. Si cette contre-partie est autre que celle qui est voulue, il y a préjudice patrimonial lorsqu'il n'est pas possible à la personne trompée de rétablir immédiatement la situation antérieure, par exemple en aliénant ce qu'elle a reçu, sans qu'il y ait perte pour elle.

2. L'escroquerie exige tout d'abord une **illusion** (*Täuschung*), c'est-à-dire l'utilisation d'une erreur (*Irrtum*) provoquée ou entretenue par l'auteur. Mais toute tromperie ne suffit pas. Il faut une illusion frauduleuse, c'est-à-dire résultant de la présentation de faits erronés, ou du déguisement ou de la dissimulation de faits exacts (voir premier volume § 96,

(4) De même R, XXXVII, 30, 161 ; *Contra* R, XXXVIII, 423, qui admet la possibilité d'une tentative d'escroquerie. Pour l'admission d'une escroquerie (avec R, XV, 315), ENGELHARD.

(5) Opinion commune, et aussi MEYER-ALLFELD, 480 ; en particulier les Sénats pénaux réunis, XVI, 1 (à ce sujet GS, XLIII, 321). Egalement R, XXVIII, 310. *Contra* BINDING, *Lehrb.*, I, 341, 356 (qui veut opposer le concept « juridique » du patrimoine (de la fortune) au concept économique du même terme).

note 5). L'erreur doit donc avoir été créée ou stimulée par l'auteur.

Mais il ne peut être question d'erreur lorsqu'il n'existe pas une représentation erronée, mais bien une ignorance complète du fait (*ignorantia facti*) (6). La provocation et l'entretien de l'erreur sont assimilés l'un à l'autre. Tous deux peuvent être commis par l'affirmation et la dissimulation de faits, mais aussi par le silence sur des faits, lorsqu'il existait un devoir légal de parler, devoir qui peut aussi s'imposer par l'observation de la bonne foi en relations d'affaires, ou qui peut résulter de la suite des événements précédents (voir premier volume § 30) (7).

Ce que nous venons de dire s'applique également pour l'appréciation de la criminalité de l'escroquerie par le crédit imaginaire (filouterie d'aliments, etc.), c'est-à-dire au fait de déterminer autrui à accorder du crédit ou à prolonger un crédit en le trompant frauduleusement sur la solvabilité et la bonne volonté de celui qui demande du crédit (8).

3. La tromperie doit être le moyen du préjudice patrimonial ; l'un et l'autre doivent se trouver en rapport causal. La manœuvre détermine la personne trompée à prendre la mesure qui diminue son patrimoine. Mais ceci n'exclut pas la présence possible d'autres intermédiaires dans le rapport causal ; de

(6) Il n'y a pas escroquerie lorsque le receveur ou le cocher n'a pas la moindre idée de la présence du voyageur sans billet. Dans ce sens R, XVII, 217, RMilG, V, 76, avec l'opinion commune. Cf. HEGLER, 439. — L'utilisation d'un appareil automatique n'est pas escroquerie, la tromperie n'existant pas (Bibl. § 128).

(7) Même sens l'opinion commune ; FRANK, § 263, II, OLSHAUSEN, § 263, 13 ; R, à plusieurs reprises, en dernier lieu XXXI, 208. En sens différent HEILBRONNER, 30, se rattachant à l'exposé de motifs, demande constamment une activité externe (*äussere Tätigkeit*).

(8) KRONACHER nie que la filouterie d'aliments (Zechprellerei) puisse être escroquerie. Contre lui HEGLER, 437.

même qu'il se sert de la personne trompée elle-même, l'escroc peut, en vertu des principes généraux, se servir d'autres personnes comme moyens pour son but. En d'autres termes, l'identité de la personne trompée et de la personne à qui il est porté préjudice n'est pas nécessaire. Il est vrai que la personne trompée devra être effectivement en situation de disposer du patrimoine de la victime au détriment de la victime ; mais il n'est pas nécessaire que cette situation ait pour base une relation juridique entre la personne trompée et la personne frustrée (9).

En particulier, le préjudice causé à une partie dans un procès peut provenir d'une erreur du juge, à supposer qu'il ne s'agisse pas de simples assertions de la partie adverse dont l'inexactitude peut se démontrer par l'audition de l'autre partie (et en somme de la personne à laquelle on veut causer le préjudice), mais bien d'une falsification de la base même de la preuve (administration de preuves par documents entachés de faux, par faux témoins, etc.). Ceci s'applique également lorsque, l'huissier étant trompé (par exemple, par présentation d'un faux titre d'exécution, et non par le silence gardé sur la satisfaction obtenue), une nouvelle exécution du même jugement est provoquée (10).

(9) R, XXV, 244. En particulier RIMPAX. *Contra* BINDING, *Lehrb.*, I, 345, se rattachant à MERKEL, HH, III, 764, HEGLER, 430.

(10) En ce sens l'opinion dominante. Cf. R, XXXVI, 86, 114, XL, 9. *Contra* : 1. KOHLER, 50, qui ne considère jamais comme escroquerie l'action judiciaire entachée de tromperie. — 2. BINDING, *Lehrb.*, I, 350, MEYER-ALLFELD, 478, et ROMMEL, 55, d'après lesquels des assertions inexactes des parties suffisent. — En tout cas, l'escroquerie peut avoir été commise par tromperie de la partie adverse elle-même, si des moyens de preuve viennent s'ajouter aux assertions. Mais il faut remarquer que le simple espoir que le témoin va faire une fausse déposition, ne remplit pas le concept de l'intention (plus haut, § 39, II, 1). Le faux témoin lui-même peut, le cas échéant, se rendre coupable d'escroquerie en concours idéal avec le faux témoignage (faux serment, MEINEID).

La sollicitation de la générosité (escroquerie par mendicité) n'est escroquerie que si les dons sont obtenus par une réelle induction en erreur de leur auteur ; mais elle ne l'est pas si l'auteur du don a été déterminé à le faire non par tromperie, mais par le désir de se débarrasser du quémandeur importun, ou par suite de sa générosité (11).

4. **Le dessein d'enrichissement** (*Bereicherungsabsicht*) est le dessein de procurer à soi-même ou à un tiers un avantage patrimonial, uni à la connaissance que l'obtention de cet avantage est illicite. En tant que mobile, ce desein doit s'ajouter à l'intention, c'est-à-dire à la conscience du préjudice par tromperie.

a) L'avantage patrimonial (*Vermögensvorteil*) est tout avantage qui peut être évalué en argent. Il existe toujours lorsque la valeur pécuniaire du patrimoine est augmentée par l'acte ; mais aussi il n'existe que dans ce cas seulement (12). L'acquisition de droits nouveaux et la consolidation de droits existants peuvent être rangés ici, comme par exemple la possession personnelle de la chose ; il en est de même de la suppression d'un dommage menaçant ou du fait de se dégager d'une obligation.

b) Est illicite tout avantage dont l'obtention est en contradiction avec l'ordre juridique (13). Il n'y a donc

(11) Opinion dominante. Par contre, FRANK, § 263, V, considère toujours ici l'escroquerie comme exclue, parce que l'auteur du don sait qu'il amoindrit son patrimoine. Contre lui HEGLER, 438.

(12) En ce sens l'opinion commune. *Contra* BINDING, *Lehrb.*, I, 364.

(13) 1. Même sens BINDING, *Lehrb.*, I, 363, KITZINGER, GS, LV, 96, MERKEL, 325, MEYER-ALLFELD, 475. FRANK, § 253, IV, a renoncé à son ancienne opinion avantages qui peuvent être réclamés par voie de justice) et demande à présent des « avantages qui, à l'égard du patrimoine, sont en contradiction avec les principes du droit civil ». Contre lui, exact, HEGLER, 435. — 2. En sens différent R en jurisprudence constante, en dernier lieu XXVI, 354, (est illicite l'avantage auquel l'auteur n'avait pas de droit

pas escroquerie lorsque la tromperie était le moyen de faire triompher un droit déjà acquis contre la personne tenue de donner suite à ce droit ; mais il n'y a pas non plus escroquerie lorsqu'à la vérité il n'existait pas de droits acquis à l'avantage patrimonial recherché, mais que l'ordre juridique ne réprouve pas l'obtention de cet avantage. L'admission erronée de la non existence de l'illégalité exclut la criminalité ; l'admission erronée de l'illégalité entraîne la tentative impossible (voir premier volume, § 46, I, 2 *b*).

5. **La tentative** punissable commence déjà avec la représentation, la défiguration, la dissimulation des faits. Si le préjudice patrimonial visé par l'auteur n'est pas réalisable par la voie qu'il a choisie, il y a tentative impossible (voir premier volume, § 47).

6. Est toujours « personne **lésée** » celui auquel il est porté préjudice dans son patrimoine, mais ce n'est pas nécessairement celui qui est trompé.

7. Tant dans l'histoire que dans le droit privé, l'escroquerie se distingue de la fraude fiscale, qui, même lorsque le fait qui la constitue concorde avec le fait constitutif de l'escroquerie, donc lorsqu'il y a tromperie, doit être appréciée d'après les lois spéciales s'y rapportant (14).

juridiquement fondé). Cette opinion, qui était précédemment la mienne, conduit à des conséquences inacceptables, non pas pour l'escroquerie, mais pour l'extorsion de fonds (chantage, voir plus loin § 141) ; en outre, elle est en contradiction avec le concept de « l'illégalité », exposé premier vol., §§ 32, 35.

(14) Même sens l'opinion dominante, ainsi que R, XX, 306, XXVIII, 91, XXXI, 354. Cf. BINDING, *Lehrb.*, I, 341. HONEMANN, *Defraude und Betrug*, 1894 (*Abhdlgn des Krim. Sem. zu Halle*, III, 4). KAULLA, Thèse Tubingue, 1897. WEBER, GS, LVIII, 1. Voir plus loin § 199 et sa bibliographie.

§ 140. — Les modalités de l'escroquerie.

Bibliographie. — Pour III : *Hegler*, RvD, Bes. T., VII, 443. — *Von Spesshardt*, Der Versicherungsbetrag im RStGB, 1885. — Pour IV, *Hégler*, op. cit., 445. — *Schweizer*, Thèse Tubingue, 1900.

I. — **Escroquerie simple** (C. P. I. § 263).

Peine. L'emprisonnement ; accessoirement, suivant appréciation, amende avec maximum de trois mille marks ainsi que perte des droits civiques. En cas de circonstances atténuantes, l'amende peut être exclusivement prononcée.

Une plainte est nécessaire lorsque le délit a été commis à l'égard de proches (plus haut § 31, note 4), de tuteurs et d'éducateurs. La plainte peut être retirée.

II. — **Escroquerie en deuxième récidive** (C. P. I., §§ 264 et 245). Conditions préalables :

a) Deux condamnations antérieures encourues en Allemagne pour escroquerie.

b) Exécution ou remise totale ou partielle de ces peines.

c) Inexistence de la prescription de la récidive (qui est de dix ans ; voir premier volume, §§ 57, I, et 69).

Peine : La réclusion avec maximum de dix ans et en même temps l'amende de cent cinquante à six mille marks ; en cas de circonstances atténuantes, l'emprisonnement avec minimum de trois mois, et accessoirement, suivant appréciation, l'amende avec maximum de trois mille marks (1).

III. — **Escroquerie en matière d'assurances** (C. P. I. § 265). Elle existe, lorsque quelqu'un, dans le dessein de tromper, met le feu à une chose mobilière ou immobilière assurée contre l'incendie, ou bien fait sombrer ou

(1) Il devrait être hors de conteste qu'ici la plainte n'est jamais nécessaire. *Contra* Frank, § 264, II.

échouer un navire assuré pour lui-même ou pour sa cargaison ou pour le prix du fret. Ne sont donc relevés, parmi les différents modes d'escroquerie que permet l'assurance, que l'escroquerie commise quant à l'assurance contre l'incendie ou quant à l'assurance maritime.

Le dessein de tromper consiste ici dans le dessein d'obtenir la somme convenue dans l'assurance pour soi-même ou pour autrui, totalement ou partiellement, au détriment de l'assureur, par des manœuvres tendant à faire croire à l'existence d'un événement qui n'aurait pas été causé par la faute de l'assuré. Le dessein doit être pris ici dans le sens de mobile, et non pas comme intention (premier volume, § 39, III). Un autre dessein de gain, par exemple celui d'obtenir une récompense pour avoir porté les premiers secours, ne suffit pas. Peut être seulement auteur celui qui veut obtenir la somme convenue dans l'assurance pour lui ou pour un autre (2) ; il apparait non pas comme instigateur, mais comme auteur indirect, lorsqu'il détermine un tiers à allumer l'incendie (premier volume, § 59, II, 4).

L'escroquerie en matière d'assurance est un délit indépendant, et par suite n'est pas escroquerie ; les §§ 263, 264 C. P. I ne s'y appliquent donc pas. D'après son essence, c'est un acte d'incendie (ou de mise en péril d'un navire), aggravé par le dessein de tromper. L'exécution du dessein ne peut donc par suite apparaître (premier volume, § 55, note 3) comme un acte nouveau indépendant (3).

Peine : La réclusion avec maximum de dix ans et en même temps l'amende de cent cinquante à six mille marks ; en cas de circonstances atténuantes, l'emprisonnement avec mini-

(2) Donc, non pas seulement l'assuré lui-même. Même sens l'opinion commune, en particulier R XXIII, 352, XXIII, 426 ; *Contra* v. SPESSHARDT, 36.

(3) Très contesté. Cf. d'une part (dans le sens du texte), FRANK, § 265, 1, MEYER-ALLFELD, 483, et d'autre part R, XVII, 62, et v. SPESSHARDT, 70.

mum de six mois et accessoirement, suivant appréciation, l'amende avec maximum de trois mille marks.

IV. — **Les manœuvres sur le cours des valeurs mobilières** (*Kurstreiben*, *Kursbetrug*), déjà réprimées par la Novelle relative à la loi sur les actions du 18 juillet 1884, sont actuellement frappées par le § 75 de la loi sur les bourses du 22 juin 1896. Ce paragraphe punit :

1. L'emploi, dans un dessein de tromperie, de moyens destinés eux-mêmes à créer une erreur, pour agir sur le prix en bourse ou dans les marchés de marchandises ou de valeurs de portefeuille (y compris les effets de commerce et les monnaies étrangères, § 80).

2. Les indications sciemment inexactes, ayant lieu dans le même dessein, faites dans des prospectus (§ 38) ou dans des avis publics, afin de provoquer la statistique ou l'achat ou la vente de valeurs mobilières (§ 80).

Il n'est pas nécessaire qu'il y ait dommage au patrimoine ni que la tromperie ait réussi ; il n'est même pas nécessaire qu'il y ait adéquation objective du moyen de la tromperie.

Peine : l'emprisonnement et en même temps l'amende jusqu'à quinze mille marks ; accessoirement la perte des droits civiques peut être prononcée ; en cas de circonstances atténuances, l'amende peut être prononcée seule.

3. Il faut rattacher ici (§ 76) la corruption de la presse.

Sont punissables la concession ou la promesse d'avantages en échange de communications publiées par la presse afin d'agir sur les prix en bourse ; est également punissable le fait de se faire accorder ou promettre, en échange de communications de ce genre ou pour empêcher leur publication, des avantages qui sont visiblement hors de proportion avec l'action ainsi payée.

Peine : l'emprisonnement avec maximum d'un an et en même temps l'amende jusqu'à cinq mille marks. La tentative est punissable. En cas de circonstances atténuantes, l'amende peut être prononcée seule.

§ 141. — 2. L'extorsion de fonds Chantage, —*Erpressung*).

BIBLIOGRAPHIE. — Cf. Bibl. § 100. En outre : *Frank*, RvD, Bes. T., VI, 1. — *Merkel*, HH, III, 724. IV, 416. — *Villnow* (Bibl. § 130), *v. Wächter*, Ueber Gewalt bei der Erpressung, 1875. — *Glashoff*, Zur Lehre von der Erpressung, 1896. — *Gauss*, Thèse Breslau, 1901. — *Thurow*, Beiträge zur Lehre von der Erpressung, 1902. — *Fraenkel*, Thèse Greifswald, 1901. — *Stämpfli*, Erpressung und chantage nach deutschem, französischem und schweizer Strafrecht, 1903. — *Heine*, dans Archiv für soziale, Gesetzgebung und Statistik, XVII, 589 (Koalitionsrecht und Erpressung).

I. **Historique.** — Le concept du chantage a ses racines dans le droit romain de la dernière époque. Lorsque le *Crimen repetundarum* eut vieilli, et que l'*actio quod metus causa* fut devenue notoirement insuffisante, l'époque Impériale vit paraître un *Crimen extraordinarium* spécial : la *concussio* (D. 47, 13) qui existait lorsqu'un avantage patrimonial était extorqué soit en se targuant d'une fonction publique (*concussio publica*), soit par la menace (*concussio privata*) d'une plainte criminelle (*crimen minari*).

La Caroline souffrit de ce que le Moyen Age allemand n'eût pas connu le concept indépendant de l'extorsion (l'infraction la plus proche aurait été alors le trouble de la paix publique par la menace (*Landzwang* ; voir plus loin § 174,) de sorte que le droit commun fut obligé de développer complètement la *concussio* du droit romain (Coutume générale de Prusse, 1254). Mais il était difficile de déterminer de façon utile le rapport qui existait entre l'extorsion et des infractions de nature analogue, et en particulier la contrainte d'une part et le vol à main armée d'autre part ; ce fut seulement la législation du XIXe siècle qui, en faisant ressortir surtout le dommage patrimonial, parvint graduellement à une définition de l'extorsion au moins partiellement satisfaisante, mais cette définition fut de nouveau remise en doute dans le C. P. I. par le concept hybride de l'extorsion par moyens violents (*Räuberische Erpressung*) qui a déjà fait l'objet de nombreuses controverses.

II. — **Concept.** D'après son évolution historique et sa nature essentielle, l'extorsion est un dommage patrimonial causé dans un dessein d'enrichissement et produit par une contrainte illicite. D'après le droit en vigueur (C. P. I., § 253), il n'est pas nécessaire qu'il y ait survenance effective d'un dommage patrimonial; le dessein d'enrichissement de l'auteur est suffisant, mais il est vrai que la réalisation de ce dessein serait à peine possible sans qu'il soit porté préjudice au patrimoine de la victime (1).

1. L'extorsion est donc une contrainte dans un dessein de gain. Comme moyen de contrainte, la loi demande la violence (comme sur les personnes ou les choses) ou la menace (d'une calamité quelconque). Si le fait d'infliger la calamité est permis en soi (par exemple dénonciation d'un contrat de service), et si en même temps la menace de ce fait dans le but d'agir sur la décision d'autrui est le moyen exact pour le but exact (premier volume, § 32, II, 2), le concept de la contrainte punissable (voir plus haut § 98) disparaît avec l'illégalité (2). Le § 339 C. P. I. assimile à ces deux moyens l'abus du pouvoir attaché à la fonction, ainsi que la menace d'un certain abus de ce pouvoir. Les moyens de l'extorsion étant ainsi plus étendus que ceux de la contrainte, le concours idéal entre les deux infractions doit être admis d'après le droit en vigueur (3).

(1) Partiellement différent FRANK, § 253, I.

(2) Même pensée dans FRANK, VI, 104 : les calamités « courantes, régulières » (*verkehrsmässige*) ne sont pas menacées au sens de la loi. De même FRANK, § 253, II (Des calamités qui sont en dehors du rapport naturel, régulier, avec la résolution).

(3) Il est singulier que ceci soit méconnu par BINDING, *Lehrb.*, I, 378.

2. L'extorsion de fonds se distingue tout d'abord de l'escroquerie par le moyen employé pour causer le préjudice : dans le second cas, la partie lésée est induite en erreur sur la signification économique de la disposition qu'elle prend ; dans le premier, bien qu'elle reconnaisse la portée de sa conduite, elle est contrainte d'agir ou de s'abstenir.

3. La différence entre le vol avec violence (*Raub*) et l'extorsion de fonds réside, d'une part, dans la nature des moyens de contrainte, et, d'autre part, dans la direction de l'attentat (§ 130, II, 2). Il y a vol avec violence seulement lorsque : 1° pour s'emparer d'une chose mobilière appartenant à autrui, 2° les moyens désignés dans le C. P. I. § 249 ont été employés. Si les moyens du vol avec violence, c'est-à-dire la violence sur la personne ou la menace dangereuse, n'ont pas été employés, il faut admettre l'extorsion même lorsque la personne contrainte a été forcée de tolérer l'enlèvement d'une chose mobilière appartenant à autrui (par rapport à l'auteur) ; il n'est pas douteux que, dans ce cas, une mesure prise par la partie lésée sur son patrimoine n'est pas nécessaire. Si, au contraire, les moyens du vol avec violence (violence sur la personne ou menace avec danger immédiat pour le corps ou la vie) ont été mis en œuvre, il n'y a extorsion avec violence (*Raüberische Erpressung*) que s'il s'agissait non pas de l'enlèvement d'une chose mobilière appartenant à autrui, mais bien de l'obtention d'un autre avantage patrimonial (voir plus haut § 130, II, 3).

4. Quant au dessein d'enrichissement, cf. plus haut § 139, II, 4. Ceci s'applique tout particulièrement à l'illégalité de l'avantage patrimonial (4). D'après le § 252 C. P. I., il n'est pas nécessaire qu'il y ait survenance d'un dommage au patrimoine.

(4) Contestable R, XXI, 114, XXXIV, 16, XXXVI, 384. — Cf. aussi plus haut § 100, note 7.

5. La consommation se produit avec l'action, omission ou tolérance faisant l'objet de la contrainte ; la tentative, qui existe déjà avec l'emploi de la violence ou de la menace, est punissable.

6. Est toujours personne lésée la personne qui a été contrainte d'agir, de tolérer ou de s'abstenir ; ne l'est donc pas nécessairement celui contre lequel a été employée la violence ou la menace, ni nécessairement celui dont le patrimoine a subi le préjudice.

III. — La peine est de : 1. En cas d'extorsion simple (C. P. I., § 253) ; l'emprisonnement avec minimum d'un mois. 2. En cas d'extorsion avec circonstances aggravantes (C. P. T., § 254), c'est-à-dire commise par menace d'assassinat, d'incendie ou d'inondation : la réclusion avec maximum de cinq ans. 3. En cas d'extorsion commise avec les moyens du vol avec violence (C. P. I., § 155) : les peines du vol avec violence (*Raub*). En même temps que l'emprisonnement peut être prononcée la déchéance des droits civils, et en même temps que la réclusion la mise sous la surveillance de la police (C. P. I., § 156).

§ 142. — 3. L'Exploitation criminelle du patrimoine d'autrui. Généralités.

a) L'exploitation des mineurs.

BIBLIOGRAPHIE. — *H. Schmidt*, RvD, Bes. T., VIII, 161, 281. — *Merkel*, HH, III, 845 ; *Hälschner*, II, 427.

I. — **Signification fondamentale.** En dehors de la tromperie, qui exclut la connaissance de l'importance causale, et de la contrainte, qui exclut la liberté de l'action, la législation impériale connaît encore, comme moyen de causer un préjudice au patrimoine d'autrui, l'exploitation de la légèreté, de l'inexpérience ou de la détresse d'autrui. Le législateur admet ainsi, dans une extension tout à fait justifiée, un rapport entre l'acte de l'auteur et le préjudice patrimonial consécutif, dans des cas où ce rapport aurait dû être à proprement parler écarté, si les principes généraux avaient été fermement maintenus. Mais il ne le fait que dans des hypothèses spéciales, strictement délimitées, et il n'applique la conception qu'il ébauche ainsi que dans la constitution de deux concepts étroitement circonscrits : l'exploitation des mineurs (*Uebervorteilung Minderjähriger*), et dans certaines conditions l'usure (*Wucher*) (1).

II. — **L'exploitation des mineurs**, c'est-à-dire le fait de porter préjudice à un patrimoine dans un dessein d'enrichissement et en abusant de la légèreté ou de l'inexpérience des mineurs (2) est punie par les §§ 301 et 302. La loi distingue deux cas :

1. Le cas simple (C. P. I., § 301) existe, lorsqu'un individu, dans le dessein de réaliser un gain et en exploitant la légèreté ou l'inexpérience d'un mineur, fait établir à son profit par ce mineur (donc sans le concours du représentant légal de ce dernier) des reconnaissances de dettes, des effets de commerce, des accusés de réception, des titres de caution ou tout autre document créant une obligation, ou se fait même seulement donner par ce mineur une promesse verbale de paiement. Le dessein de réaliser un gain (*Gewinsüchtige Absicht*) signifie, également ici, dessein d'enrichissement (*Bereicherungsabsicht*) (cf. plus haut § 139, II, 4) (3). La légèreté (*Leichtsinn*) est l'insouciance des conséquences ultérieures ; l'inexpérience (*Unerfahrenheit*) est une ignorance générale des

(1) Une extension de ces concepts, amenant un renforcement de protection pour les personnes faibles en affaires (*Wirtschaftlich Schwachen*), serait possible et désirable.

(2) Le C. P. I. se rattache à la loi prussienne du 2 mars 1857, qui suit elle-même la dernière Coutume Générale de Prusse. — N'est pas mineur l'individu déclaré majeur (émancipé). Même sens Binding, *Lehrb.*, I, 447. En sens contraire Frank, § 301, I, R. Schmidt, 283.

affaires (*rusticitas*). Dans l'exploitation (*Benutzung*) de cette qualité réside la nécessité d'un préjudice au patrimoine. L'obligation doit avoir le contenu demandé dans le C. P. I., § 302 (paiement d'une somme d'argent ou concession de choses ayant une valeur patrimoniale, mais non pas, par exemple, la production de travaux littéraires ou autres). A la promesse verbale s'assimile celle qui se manifeste par des actes (*Das durch schlüssige Handlungen abgegebene Versprechen*). Il n'y a pas lieu d'examiner qui a eu la première idée de conclure l'affaire. En tout cas, le mineur ne peut jamais être rendu responsable comme complice (cf. 1er vol., § 52, V, 1).

Peine : L'emprisonnement avec maximum de six mois ou l'amende avec maximum de quinze cents marks. Il y a lieu de porter plainte.

2. Le cas aggravé (C. P. I., § 302) est constitué lorsque quelqu'un, dans le même dessein et de la même manière, se fait promettre par le mineur, qui s'engage sur l'honneur, par parole d'honneur, par serment ou par toutes autres assurances semblables, le paiement d'une somme d'argent ou l'accomplissement d'une autre obligation, résultant d'une convention juridique, et tendant à la remise de choses ayant une valeur pécuniaire.

Peine : L'emprisonnement avec maximum d'un an ou l'amende avec maximum de trois mille marks. Accessoirement à l'emprisonnement peut être prononcée la perte des droits civiques. La même peine frappe ici celui qui (dans le dessein de réaliser un gain) se fait céder une créance alors qu'il sait qu'un mineur en a promis le règlement dans la manière mentionnée ci-dessus. Il est nécessaire de porter plainte.

(3) En sens différent Frank, § 301, II (Recherche d'un avantage *disproportionné*).

§ 143 *Suite.* — b) L'usure et les cas assimilés.

Bibliographie. — *R. Schmidt*, RvD Bes. T., VIII, 161. — *Isopescul-Grecul*, Das Wucherstrafrecht, etc., I, 1906. — *v. Lilienthal*, dans Conrads Jahrbücher, 1880. — *Seuffert*, Z, xiv, 549. — *Rosenthal*, Thèse Erlangen, 1894. — *Geiershofer*, Das getlende deutsche Wucherrecht, 1893. *L. Kitzinger*, Das Vergehen des Nachwuchers gemäss § 302 (*Beling*, Heft 61) 1905. — Pour V : *Seuffert*, Z, xv, 281.

I. Historique. — Depuis le temps de la loi des XII tables, la législation romaine attache tout particulièrement son attention à l'usure relative à l'argent, c'est-à-dire à la transgression du *fenus unciarium*, et en même temps que de la peine du quadruple, *pœna quadrupli*, elle la menace d'une amende édilienne. A l'époque impériale, l'usure relative aux grains (*annona fraudata*) apparaît comme particulièrement importante, à cause de l'usure relative aux marchandises ou *Dardanariat* ; la *lex Julia* (de César ou d'Auguste) la punit déjà d'une amende de 20 *aurei*, et cette peine s'aggrave encore par la suite.

L'Eglise chrétienne adopta un nouveau point de vue, infiniment plus sévère ; elle défendit absolument le prêt à intérêts, et chaque transgression de cette interdiction est usure criminelle. Charlemagne (Cap. 789) introduisit cette défense dans la législation laïque. Nous trouvons en outre, à partir de la seconde moitié du Moyen Age, de nombreuses dispositions contre l'usure commerciale dans ses différentes formes (spécialement comme droit de préemption, *Furkauf*) ; de même, les ordonnances impériales de police du xvi° siècle et les lois postérieures des Etats allemands (y compris encore la coutume Générale de Prusse) s'en occupent encore fréquemment et la menacent de peines pécuniaires et infamantes, et aussi de l'emprisonnement et du bannissement.

Tandis que les promoteurs de la Réforme conservaient, quant à l'usure, la conception du droit canoniqne, il se produisait, sous l'influence des grands juristes du xvie siècle, une transformation essentielle du concept de l'usure, que nous voyons bientôt se manifester dans la législation impériale allemande et qui s'exprime tout d'abord dans le JRA de 1654. L'usure apparaît, dès lors, comme dans le droit romain, comme une transgression du taux légal de l'intérêt (5 0/0).

Mais le mouvement s'accentua et tendit à la suppression absolue de toutes les lois sur l'usure. La philosophie rationaliste et la théorie économique influencée par elle ouvrirent vers le milieu du XVIIIe siècle le combat pour la liberté de l'usure. Elles remportèrent même un succès partiel : les lois sur l'usure furent abolies en Autriche en 1787, mais pour y être réintroduites en 1803. Ce n'est que vers le milieu du XIXe siècle que le mouvement d'abolition remporta une victoire complète, bien que passagère, sur les lois des Etats allemands, qui d'ailleurs différaient sensiblement entre elles et qui, dans leur majorité, ne punissaient que l'usure grave (déguisée ou professionnelle). Après le Wurtemberg en 1839, la Bavière en 1861, Lubeck en 1863, la Confédération de l'Allemagne du Nord se rangea par la loi du 14 novembre 1867 parmi les Etats qui croyaient pouvoir renoncer aux lois sur l'usure, et cette loi fut étendue en 1871 à tout l'Empire allemand.

Mais on ne rendit que trop vite compte de l'inexactitude de ce point de vue. Avec la loi du 24 mai 1880, l'usure relative aux affaires d'argent (*Geldwucher*) redevint une des infractions punissables d'après le droit allemand. Puis les plaintes toujours croissantes élevées à propos de l'usure commerciale, qui échappait à la loi (et en particulier à propos de l'usure agricole), conduisirent à la loi complémentaire du 19 juin 1893. Les innovations les plus importantes de cette loi concernent : 1. L'extension de l'usure en matière de crédit (§ 302 *a*) ; 2. La sanction de l'usure par accaparement, exploitation, etc. (*Geschäftswucher* § 302 *e*) ; 3. L'obligation pour le créancier de compter chaque année avec son débiteur (art. 4 de la loi de 1893) (1). Ce concept étendu a été recueilli dans le C. C. I., § 138. — Les sanctions prévues par la loi du 16 mai 1894 sur les maisons de vente à tempérament et par le § 79 de la loi sur les bourses du 22 juin 1896 reposent sur la même idée fondamentale du législateur.

(1) Sur la validité de la nouvelle de 1893 (elle fut sanctionnée et promulguée après expiration de la période de législature du Reichstag), cf. SEUFFERT, Z, XIV, 607.

II. — **L'usure en matière de crédit** (*Kreditwucher*).

I. — **Concept.** D'après le § 302 a C. P. I., il y a usure en matière de crédit lorsque quelqu'un, en exploitant la détresse, la légèreté ou l'inexpérience d'un autre à l'occasion d'un emprunt (fait de contracter aussi bien que d'éteindre l'obligation [*Abschluss wie Lösung des Vertrages*], fait de transaction (2) [*Vermittlung*] ou de concession [*Gewährung*]), ou à l'occasion de la fixation d'un terme [*Stundung*] pour une créance exigible en argent, ou à l'occasion d'une autre convention bilatérale ayant des objets analogues, se fait promettre ou accorder, pour lui-même ou pour un tiers, des avantages patrimoniaux (concept, cf. plus haut § 139, II, 2) dépassant le taux d'intérêt habituel de telle sorte que, d'après les circonstances du cas, les avantages patrimoniaux sont visiblement hors de proportion avec la prestation (*Leistung*).

A côté de la légèreté et de l'inexpérience (plus haut § 142), la loi nomme la détresse (*Notlage*), c'est-à-dire un embarras pressant d'argent, même seulement temporaire (un besoin inévitable de crédit, sans qu'il importe que ce crédit soit nécessité pour la consommation ou pour la production); il n'est donc dès lors question que de détresse patrimoniale (non pas par exemple de danger menaçant la vie). Dans l' « exploitation » (*Ausbeutung, Benutzung*) est impliqué le préjudice à un patrimoine. Mais celui-ci n'existe que lorsque : 1° le taux d'intérêt d'usage est dépassé et 2° qu'il y a une disproportion frappante entre ce que le débiteur peut tirer de ce que fournit ou fait le créancier (3) et les avantages que le créancier se fait

(2) Même sens BINDING, *Lehrb.*, I, 455, FRANK, § 302 *a* III, ISOPESCUL-GRECUL, 242, MEYER-ALLFELD, 502. *Contra* R XXVIII, 288, XXXV, 111, XXXVI, 226.

(3) Même sens FRANK, § 302 *a* III, ISOPESCUL-GRECUL, 262, V. LILIENTHAL, Z, VIII, 208, MEYER-ALLFELD, 502. *Contra* R, XI, 389, XX, 279. Cf. à ce sujet R. SCHMIDT, 266.

promettre ou accorder. Il faut mettre ici en ligne de compte les frais généraux (*Geschäftsunkosten*), les risques de perte, etc.

Des difficultés se produisent à propos des actes de crédit assimilés à l'emprunt par la loi de 1893. Il faut s'en tenir fermement à ceci : qu'il ne faut pas ranger ici la satisfaction d'un besoin momentané d'argent par une affaire au comptant, mais bien seulement une remise d'argent ou de choses fongibles (*vertretbare Sachen*), remise qui oblige l'individu gêné à une restitution ultérieure (4). Par suite, l'usure dite à la cession (*Zessionswucher*) tombera le plus souvent sous le coup du § 302, car son *but économique* n'est pas celui du prêt (*Darlehn*).

2. Peine de l'usure en matière de crédit.

a) Cas simple (C. P. I., § 302 *a*). Emprisonnement avec maximum de six mois et amende avec maximum de trois mille marks. Perte des droits civiques à l'appréciation du juge.

b) Cas aggravé (C. P. I., § 302 *b*) ; il est constitué lorsque quelqu'un dissimule pour lui-même ou pour un tiers les avantages tirés de l'usure (*usuræ palliatæ*), on se les fait promettre (et non pas remettre) par lettres de change, ou par engagement d'honneur, ou sur parole d'honneur, par serment ou par toutes autres assurances ou promesses analogues. L'assurance donnée doit se rapporter aux avantages parimoniaux eux-mêmes, et ne peut pas concerner seulement des points accessoires (situation de famille, etc.).

Peine : Emprisonnement avec minimum d'un an et amende jusqu'à trois mille marks. Perte des droits civiques suivant appréciation.

c) Tandis que s'appliquent par ailleurs les principes généraux relatifs à l'action principale et à la complicité (5), le § 302,

(4) Allant plus loin, en se référant aux motifs, R, xxv, 315, xxviii, 135, xxxv, 111, xxxix, 126 ; de même Frank, § 302 *a* III. Exact Binding, *Lehrb.*, I, 455, Isopescul-Grécul, 25, Meyer-Allfeld, 252 R. Schmidt, 252, considère la question comme douteuse.

(5) La victime de l'usure ne peut pas, d'après ce qui a été dit 1er vol. § 52, V, 1, être punie elle-même comme complice.

e C. P. I. a constitué en délit indépendant un mode spécial de participation, la co-usure ou post-usure (*Mitwucher, Nachcwuher*). En effet, les peines mentionnées sous *a* et *b*) frappent également celui qui, ayant connaissance de l'état exact des choses acquiert (par un acte de sa volonté, et non pas comme héritier) (6) une créance de la nature mentionnée et qui α) ou bien l'aliène à d'autres ; β) ou bien revendique les avantages patrimoniaux usuraires.

d) Usure professionnelle ou habituelle (C. P. I., § 302 *d* : se référer aux cas *a*) à *c*). Voir 1er vol. § 55, III. Peine : Emprisonnement avec minimum de trois mois et amende de 150 à 15.000 marks. La déchéance des droits civiques est obligatoire.

III. — **L'usure en matière contractuelle ou de prestation réelle** (*Geschäftswucher* ou *Sachwucher*).

I. **Concept**. — D'après le § 302 *e* (intercalé en 1893), cette usure consiste dans l'exploitation qui existe avec les conditions prévues dans le § 302 *a*, mais qui se rapporte à d'autres actes (*Rechtsgeschäfte*) que les actes relatifs au crédit dénommés dans ce paragraphe. Cette disposition constitue donc en soi le concept étendu de l'usure, embrassant également l'usure relative au crédit. Toutefois, la pénalité a pour condition la commission professionnelle ou habituelle, et le taux d'intérêt d'usage est remplacé par « la valeur de la prestation » (*Wert der Leistung*). Il faut ranger ici toutes les sortes d'usure : exploitation par les entrepreneurs ou patrons (*Arbeitgeber*) et par les salariés (*Arbeitnehmer*), par celui qui donne en location, par l'agent théatral et le négociant en œuvres d'art ; exploitation en cas de morcellement de propriétés (*Güterzertrümmerung*) et de bail à cheptel (*Viehpacht*), ou par hausse de prix résultant d'associations et d'ententes (cartels) etc.

2. La peine est celle qui est prévue au § 302 *d* (cf. plus haut II, 2, *d*).

(6) De même Kitzinger, 24 ; *Contra* R, xxxvi, 374.

IV. — **Délits analogues.**

1. § 360, n° 12 C. P. I. (texte de la loi du 24 mai 1880) : Celui qui, comme prêteur sur gages ou vendeur à réméré (*Rückkaufshändler*), contrevient dans l'exercice de son industrie aux prescriptions concernant celle-ci, et qui en particulier dépasse le taux de l'intérêt fixé par loi d'Etat ou disposition de l'autorité compétente, est passible d'une amende pouvant s'élever à 150 marks ou de la détention simple.

2. La loi de 1893, art. 2, a ajouté au § 367 C. P. I., sous le n° 16, la disposition suivante : Celui qui transgresse les prescriptions de police relatives aux ventes aux enchères publiques, et à l'offre de boissons alcooliques avant et pendant les ventes aux enchères publiques, est puni d'une amende pouvant s'élever a 150 marks ou de la détention simple.

3. L'art. 4 de la loi de 1893 oblige (abstraction faite d'exceptions déterminées) tout individu qui s'occupe professionnellement d'affaires d'argent ou de crédit (plus haut II, 1) à communiquer à ses débiteurs, dans le délai de trois mois après l'expiration de l'exercice annuel (*Geschäftsjahr*), un décompte écrit qui, en dehors de son résultat, permet de reconnaître comment s'obtient ce résultat. L'omission intentionnelle est punie d'une amende pouvant atteindre 500 marks ou de la détention simple (sans préjudice des suites de droit civil).

V. — Dans son § 7, la loi du 16 mai 1894 sur les **établissements de vente à tempérament** punit la vente contre paiements partiels, ou toute autre aliénation tendant au même but, de billets de loterie, valeur au porteur à primes, ou de bons pour l'achat ou pour une part de propriété de ces billets ou valeurs. Il est indifférent que la remise du titre ait lieu avant ou après le paiement du prix. — D'après ce qui a été dit 1er vol., § 52, V, 1 et 3, l'acheteur reste impuni.

Peine : L'amende avec maximum de 500 marks.

VI. — D'après la loi sur les bourses du 22 juin 1896 (§ 76), est punissable **le fait d'entraîner une autre personne dans une spéculation de bourse** n'appartenant pas aux opérations habituelles de la profession de cette personne, cela dans le dessein de réaliser un gain, et en exploitant la légèreté ou l'inexpérience de l'individu incité. Le fait de donner des conseils ne suffit pas. La pénalité se produit même si la spéculation a été suivie de gain. Sont spéculations non seulement les opérations à terme, mais aussi les opérations au comptant.

Peine : L'emprisonnement et en même temps l'amende avec maximum de 15.000 marks. La perte des droits civiques peut être également prononcée.

§ 144. — 4. La mise en péril du patrimoine

a) Le jeu du hasard.

BIBLIOGRAPHIE. — *Kriegsmann*, RvD. Best. T., VI, 375. — *Schönhardt*, Alea ; Ueber die Bestrafung des Glücksspiels im älteren römischen Recht, 1885. — *Stenglein*, Z, III, 111. — *Jonas*, Z, II, 551. — *Kohler*, Studien, V, 584. — *Henning*, Die Totalisatorfrage in den Verhandlungen des deutschen Reichstages, 2e éd. 1898. — *Hirschfeld*, Thèse Erlangen, 1899. — *Kayser*, Die Gewerbsmässigkeit im Glücksspiel, 1900. — *Majert*, Thèse Heidelberg, 1904. — *Kröncke*, Thèse Leipzig, 1905. — *Sabath*, Das Glücksspiel, etc., 1906. — *Rönnberg*, Das..... Glücksspielstrafrecht im Gebiete der preussischen Lotteriegemeinschaft, 1907.

I. — En temps que **mise en péril du patrimoine**, le jeu de hasard se classe parmi les autres infractions dirigées contre un patrimoine.

Le législateur veille sur les intérêts patrimoniaux des citoyens, même lorsque ceux-ci cessent d'observer à leur égard la prudence nécessaire. Ce sont donc d'abord des considérations d'ordre économique qui conduisent à l'interdiction et à la punition des jeux de hasard. Mais en outre il existe à ce sujet des considérations d'ordre moral et aussi de politique financière. En raison de l'adoption du point de vue de police morale, la notion de la mise en péril des patrimoines n'a pas été admise parmi les éléments constitutifs légaux du jeu de hasard.

Les **jeux de hasard** (*Glücksspiele*) sont les jeux dans lesquels le hasard décide, du moins d'une manière prépondérante ; ils ont pour contraires les jeux dans lesquels la victoire dépend avant tout de l'adresse, du calcul ou de la force (jeux d'adresse ou analogues, *Kunstspiele*). Comme il s'agit, en cas de jeu de hasard, d'une infraction contre le patrimoine, il faut encore distinguer les jeux dits d'agrément ou de société (*Unterhaltungsspiele*), dans lesquels la valeur patrimoniale des enjeux n'a aucune importance pour les joueurs (1). Les paris faits à l'occasion des courses de chevaux, soit au pari mutuel officiel, soit avec des bookmakers ou agences de paris, sont des jeux de hasard, lorsqu'ils sont engagés non pas par les membres expérimentés des sociétés de courses, mais par le grand public qui ne connaît pas les qualités des chevaux de course (2). Cf. plus loin, II, 4.

Le jeu de hasard n'est pas punissable en soi, mais seulement sous certaines conditions (plus loin II). Ceci est également important pour la pénalité de la complicité (fait de procurer l'occasion). L'intention est nécessaire dans tous les cas. La consommation se produit avec la mise du premier enjeu.

II. — **Les modalités du jeu de hasard punissable.**

1. Le fait de tenir sans autorisation des jeux de hasard (C. P. I., § 360, n° 14) dans les lieux publics (che-

(1) Même sens FRANK, § 284, II, SCHIFFER, GS, LI, 184. *Contra* (pour le montant absolu de l'enjeu), R, XIX, 253, BINDING, *Lehrb.*, I, 406, MEYER-ALLFELD, 504 (et les anciennes éditions du présent livre). Une opinion intermédiaire (inapplicable) est soutenue par KRIEGSMANN. — Contestable, R, XXV, 192 : des jeux d'adresse peuvent aussi, dans certaines conditions, se présenter comme jeux de hasard. — Tout à fait erroné R, XXVIII, 283.

(2) Même sens R, VI, 172, 421, VII, 21.

mins, rues, places, lieux de réunion). La publicité (*Oeffentlichkeit*) signifie également ici l'accessibilité pour un cercle non fermé de personnes.

Peine : L'amende jusqu'à 150 marks ou la détention simple; en outre, suivant appréciation, la confiscation des fonds saisis sur la table de jeu ou à la banque, sans distinguer s'ils appartiennent ou non au condamné.

2. Le jeu de hasard professionnel (C. P. I., § 284). Le dessein de réaliser un gain (*Bereicherungsabsicht*), plus haut, § 139, II, 4) ne suffit pas; le dessein d'acquérir avec régularité (1er vol., § 55, III, 1) est nécessaire, mais peut à peine se concevoir sans « tours de mains » frauduleux lorsque la banque change de main.

Peine : L'emprisonnement avec maximum de deux ans, et accessoirement, suivant appréciation, l'amende de trois cents à six mille marks et la perte des droits civiques. Les étrangers condamnés peuvent être expulsés du territoire de l'Empire par la police de l'Etat allemand intéressé ; en ce cas, le retour sans autorisation est punissable (d'après le C. P. I., § 361, chiffre 2).

3. Le § 285 C. P. I. frappe le propriétaire d'un lieu de réunion (ou son représentant) lorsqu'il permet de tenir des jeux de hasard dans le dit lieu ou contribue à dissimuler la tenue de ces jeux.

Peine : L'amende avec maximum de 1500 marks.

4. D'après la loi du 4 juillet 1905 (RGBl. p. 595) (3), l'exploitation d'une entreprise de paris à des courses de chevaux publiquement organisées peut être permise par l'administration. La criminalité en vertu des §§ 285 et 360, n° 14, est ainsi exclue, mais non pas

(3) Cf. à ce sujet Römberg, 165, Kriegsmann, 405.

celle qui résulte du § 284. La loi a en même temps créé trois nouveaux éléments de délit (§ 6) :

a) L'exploitation d'une entreprise de paris de cette nature sans autorisation ;

b) Le fait de servir professionnellement d'intermédiaire pour des paris concernant des courses de chevaux publiquement organisées en Allemagne ou à l'étranger ;

c) L'invitation ou l'offre de conclure ou de procurer des paris de cette nature, lorsque ces invitations ou offres se font publiquement ou par la distribution d'écrits ou d'autres moyens de présentation.

Peine : L'emprisonnement avec maximum de six mois ou l'amende de 500 à 1.500 marks ; en cas de circonstances atténuantes, l'emprisonnement avec maximum d'un mois ou l'amende avec maximum de 500 marks.

§ 145. b). La loterie

Bibliographie. — *Kriegsmann*, Rvd. Res. T., VI, 405, 439. — *Endemann*, Beiträge zur Geschichte der Lotterie, 1882. — *Merkel*, HH, III, 829. — *Rönnberg*, Die Lotterievergehen nach mecklenburg. Landesstrafrecht, 1893. — *Brückmann*, Z, XIX, 628. — *Theisen*, GA, XLIX, 234. — *Häussner*, Thèse Heidelberg, 1906. — Sur le « système Hydra » cf. D. J. Z., VI, 193 (*Staub*, v. *Liszt*), 277 (*Graschuff*), 403 (*Finger*, v. *Liszt*), 453 (*Spohr*).

I. Strictement considérée, la mise en loterie publique (*öffentliche Ausspielung*) rentre dans le concept du jeu de hasard. Cependant le Code pétal prussien (suivant en cela la Coutume Générale de Prusse et des ordonnances postérieures) et à son exemple le C. P. I. ont fait une mention spéciale de la loterie, à côté du jeu de hasard.

Cette distinction s'explique par **l'histoire de la loterie et de son interdiction**. Les défenses de tenir loterie se rencontrent à partir du XVIe siècle, et conservent jusqu'à une époque très récente une signification fiscale ; la Coutume Générale punit, elle aussi, la loterie comme empiètement dans les droits (fiscaux) du roi. Dans cette phase de l'évolution du concept, l'Etat veut exploiter à son profit la cupidité de ses sujets, et c'est pour cela qu'il protège le citoyen contre l'exploitation des entreprises étrangères ou privées. Il n'interdit pas la mise en jeu du patrimoine, mais il revendique pour lui les profits que rapporte à un entrepreneur cette mise en jeu. Lorsque ce point de vue fut relégué à l'arrière-plan par la législation moderne, le délit changea de nature : c'est actuellement dans la mise en jeu du patrimoine propre et d'autrui que l'on trouve à présent le motif de sa pénalité.

II. — Dans son § 286, le C. P. I. réprime le **fait de mettre publiquement en loterie** des choses mobilières ou immobilières sans une permission de l'autorité ; il vise plus spécialement les loteries proprement dites (1), c'est-à-dire celles qui offrent des lots en argent.

La loterie se caractérise comme le contrat bilatéral dans lequel l'organisateur de la loterie s'oblige, sous des conditions déterminées, dépendant du hasard (2),

(1) La matière de la loterie se trouve par suite réglée par cette disposition. La législation des Etats n'est donc pas autorisée à la régler subsidiairement de son chef. La loi saxonne du 4 déc. 1837 n'a donc pas d'effet en droit, pas plus que la loi prussienne du 29 août 1904 concernant les loteries non prussiennes. Dans notre sens Endemann, § 188, Finger, I, 153, Meyer-Allfeld, 550, Olshausen, § 284, 6, Rönnberg, Theisen GA, xlix, 234, xxxix, 1. En sens différent l'opinion commune, en particulier R, en dernier lieu xxxiii, 124, 196, 335, xxxvi, 260 ; mais cf. aussi décisions en matière civile, xlviii, 175. Actuellement dans le doute Frank, EG, § 2, III. Kriegsmann, 455, ne prend pas position. — L'opinion du texte trouve un appui dans le C. C. I., § 763. Cf. Bruckmann, Endemann, D. J. Z., III, 51 et *contra* Delins, D. J. Z., IV, 494, Thielemann, D. J. Z., V, 84 et Winkler, GS, lviii, 425.

(2) Il n'est pas nécessaire qu'il y ait tirage des lots. — Le système dit *Hydrasystem* n'est pas une loterie, parce que l'accomplissement des conditions ne dépend pas essentiellement du hasard, c'est plutôt le plus souvent une concurrence déloyale. Même sens Groschuff, Staub, *Contra* R, xxxiv, 140, 321, 390,

au paiement d'une somme d'argent ou à la livraison d'une chose (du gain) entre les mains du groupe des joueurs, tandis que de leur côté les joueurs s'engagent absolument au paiement d'un montant d'argent déterminé (l'enjeu). Celui qui place des billets pour autrui n'est pas « organisateur », mais peut être auxiliaire. Le joueur lui-même reste impuni (1er vol., § 52, V, 3). Il faut aussi admettre qu'il y a loterie lorsque dans le montant de l'enjeu est contenu le prix d'une contre-prestation ferme (*Gegenleistung*), par exemple lorsque la loterie est liée à la commande d'une œuvre scientifique ou à l'organisation d'une représentation théâtrale, ou encore s'il s'agit des énigmes ou rébus primés des journaux dits de famille (3), lorsque le prix est tiré au sort entre les personnes qui ont envoyé la solution exacte. Peut également être l'objet d'une nouvelle loterie punissable l'espoir de gain acquis par la participation à une autre loterie (peut-être même autorisée) ; c'est l'opération dite sur espoir (*Heuergeschäft ou Promessegeschäft*). Il en est autrement lorsque la propriété du billet lui-même a été transférée à un autre pour une part déterminée (opération en commun, *Kompagniegeschäft*).

La loterie est publique, lorsque la participation est accessible à un cercle de personnes non fermé (4). L'intention est nécessaire ; elle doit contenir tous les éléments constitutifs de l'infraction. Le motif qui a déterminé l'auteur n'a aucune importance ; les loteries de bienfaisance sont elle-mêmes punissables. La loterie est consommée dans l'instant où la participation du public est possible ; ne sont nécessaires ni le tirage ni même le placement d'un unique billet.

403 et aussi BINDING, *Lehrb.*, I, 412, FINGER, D. J. Z. VI, 404, MEYER-ALLFELD, 506.

(3) Cf. R, XXV, 256.

(4) Contestable dans ses motifs R, XXXI, 413 (Loterie organisée par le portier d'une fabrique parmi 1800 ouvriers).

Peine : L'emprisonnement avec maximum de 2 ans ou l'amende avec maximum de 3 000 marks.

L'émission de valeurs à primes, dont les intérêts sont, en totalité ou en partie, tirés au sort entre les créanciers, se présente comme une combinaison du contrat de prêt avec un contrat de jeu. La législation impériale en a pris sujet pour protéger, d'une part, le marché allemand contre l'envahissement des valeurs étrangères d'ordre inférieur, et pour donner, d'autre part, une base uniforme à l'émission et au placement des valeurs à prime (à lots) nationales (5).

La loi du 8 juin 1871 concernant les valeurs à lots au porteur interdit dans son § 6 :

1. L'émission, à l'intérieur de l'Empire allemand, d'obligations au porteur, dans lesquelles une prime est assurée, en dehors du paiement de la somme d'argent prescrite, à tous les créanciers ou à une partie d'entre eux, de telle sorte que les obligations bénéficiant de la prime (lot) et le montant de la prime attribuée à ces obligations soient désignées par tirage au sort ou par un autre mode basé sur le hasard, à moins que l'émission n'ait lieu en vertu d'une loi d'Empire ou en vue d'un emprunt contracté par un Etat confédéré ou par l'Empire.

Peine : L'amende, qui sera égale au cinquième du montant nominal des valeurs faisant l'objet de l'infraction, et qui sera en tout cas de 300 marks au minimum.

2. La cession (non pas l'achat ou l'acceptation, *Annahme*) des valeurs mentionnées émises : *a*) en Allemagne après la promulgation de la loi du 8 juin 1871 ; *b*) ou à l'étranger après le 30 avril 1871. Est assimilé à ce cas celui qui se produit lorsque des valeurs de cette nature ont fait l'objet d'une opération ou de démarches en vue d'une opération dans une bourse ou en d'autres lieux destinés au trafic des valeurs (coulisse, *Winkelbörse*), Peine : comme sous 1.

3. La cession de valeurs de ladite nature, émises à l'étran-

(5) Sur le § 145 *a* C. P. I., ajouté par l'art. 34 de la Loi d'Introd. du C. C. I., cf. plus loin § 195, III.

ger avant le 1er mai 1871 et non timbrées. Les opérations faisant l'objet de l'assimilation exposée sous 2 sont, ici également, traitées comme la cession elle-même. Peine : comme sous 1.

4. L'annonce, l'offre et la recommandation publiques des valeurs indiquées sous 2 et 3, ainsi que leur inscription à la cote en vue de l'établissement d'un cours. Peine : L'amende avec maximum de 300 marks ou l'emprisonnement avec maximum de 3 mois.

§ 146. — c) Mise en péril par contrebande.

BIBLIOGRAPHIE. — *Kriegsmann*, RvD, Bes. T., VI, 453. — *Hälschner*, II, 396. — *Pappenheim*, Z, XIII, 842. — Sur la contrebande de guerre, cf. v. *Liszt*; Völkerrecht, § 42, IV.

Un délit de nature particulière est contenu dans le § 297, C. P. I., qui dérive directement du § 278 du Code pénal prussien, et indirectement du Droit maritime prussien de 1727, chap. 4, art. 31. Il frappe le voyageur ou l'homme d'équipage qui, sans que le capitaine en ait été informé, et aussi le capitaine qui, sans que l'armateur en ait eu connaissance, prend à bord des objets qui peuvent mettre en péril le navire ou le chargement, par le fait qu'ils peuvent entraîner la saisie ou la confiscation du navire ou de la cargaison (contrebande douanière ou contrebande de guerre).

La menace pénale du § 297 concerne seulement les navires de haute mer et seulement les personnes nommées dans la loi (les tiers peuvent être punissables comme complices). L'intention doit impliquer la connaissance de la mise en péril. La consommation se produit avec l'embarquement des objets.

§ 147. — 5. Le recel des choses (*Sachhehlerei, Partiererei*).

BIBLIOGRAPHIE. — *Beling*, RvD, Bes. T., VII, 1. — *Willnow* (Bibl. § 130). — *Gretener*, Begünstigung und Hehlerei in historisch-dogmatischer Darstellung, 1879. — *Merkel*, HH, III, 735, IV, 419. — *Waldthausen*, GA, XXIX, 375. — *Hälschner*, II, 859, 887. — *Heimberger* (Bibl. § 49). — *Süssheim*, Thèse Erlangen,

1898. — *A. Frank*, Der subjektive Tatbestand der Sachhehlerei (*Beling*, Heft 25), 1899. — *Frankfurter*, Thèse Erlangen, 1898. — *Wedell*, Thèse Greifswald, 1900. — *Köhler*, GS, LXI, 44, v. *Bar*, *Gesetz*, II, 797.

I. **Historique.** — Si nous faisons abstraction de l'*actio furti concepti*, entraînant le *triplum*, ce fut seulement dans son dernier état que le droit romain punit comme infraction indépendante (D. 47, 16) le recel, le *crimen receptatorum* (*pessimum genus hominum, sine quibus nemo latere diu potest*), comprenant dans ce terme aussi bien le recel des choses provenant du vol simple ou du vol avec violence, que le recel du malfaiteur lui-même. Le Moyen Age allemand assimile le recéleur au voleur, sans connaître le recel d'objets comme infraction indépendante; comme conséquence, la Carolina est muette, dans sa partie pénale, quant au recel, mais elle mentionne dans son art. 40, parmi les motifs de suscipion contre ceux qui donnent aide aux voleurs de toute catégorie, le cas de celui qui « tire part et profit sciemment et de manière dangereuse d'un bien volé avec violence ou dérobé ». Dans le droit commun et dans la législation des Etats inspirée par lui, le recel est le plus souvent réuni à l'assistance (*Begünstigung*) comme cas de complicité au délit commis contre le patrimoine (il en est ainsi dans la Coutume générale de Prusse; toutefois, il en fut autrement pour la Prusse en 1620, et pour l'Autriche en 1787, l'achat de choses volées étant alors considéré comme délit indépendant).

Les Codes pénaux du XIXe siècle se sont efforcés de séparer d'une part recel et assistance, et d'attribuer, d'autre part, à chacune de ces infractions la place qui lui revient dans le système pénal. Ces efforts, insuffisamment soutenus par une doctrine hésitante (surtout quant à la conception de l'assistance), n'ont pas atteint leur but. Le C. P. I. a non seulement, dans une dérogation tout à fait injustifiée au Code Pénal prussien, réuni l'assistance et le recel dans une seule et même section, mais encore, en créant maladroitement le concept hybride du recel simple (recel de personnes) (C. P. I. § 258), il a établi une relation intime artificielle entre les deux infractions. Il faut au contraire s'en tenir fermement, comme idée fondamentale tant de la législation que de la doctrine au principe que l'assistance, en tant qu'infraction contre l'administration de la justice (plus loin § 183), et le recel (de choses) en tant qu'infraction contre le patrimoine, doivent se classer à des places tout à fait différentes dans le système pénal (1).

II. D'après le § 259 C. P. I., se rend coupable de **recel** (*Sachhehlerei*) celui qui, pour en tirer profit caché, achète, accepte en gage ou s'appropie autrement ou aide à aliéner des choses qu'il sait ou doit supposer, en raison des circonstances, avoir été obtenues par la voie d'une infraction. Le recel apparaît donc comme conservation (*Aufrechterhaltung*), et même dans la plupart des cas comme aggravation et affermissement d'une situation patrimoniale illicite (*rechtswidrige Vermögenslage*). Il s'ajoute à un dommage patrimonial déjà subi, le suppose par définition, mais il écarte encore davantage l'objet soustrait à l'ayant-droit du pouvoir de disposition de ce dernier.

1. **L'objet** du recel consiste dans des choses dont la possession a été obtenue par la voie d'une infraction. Il s'agit donc de choses (et non de droits), sans qu'il y ait lieu de considérer si ces choses sont mobilières ou non, si elles appartiennent ou non à autrui ; le recel est également possible quant à la chose que le propriétaire a soustrait à celui qui a le droit de la retenir (*der Rückhaltungsberechtigte*). D'autre part, ne sont objet de recel que les choses mêmes qui, même si elles ont subi une transformation, ont été directement obtenues par l'infraction considérée (2), mais non pas d'autres choses remplaçant les premières ou le prix retiré de celles-ci, ou la chose achetée avec l'argent volé.

(1) Beling, 225, soutient, comme dans sa théorie de l'infraction, l'opinion inacceptable que le recel, en tant qu'acte principal subséquent, est une forme extérieure de l'acte principal précédent.

(2) Cf. R, xxv, 402. Mais il faut alors tenir compte du § 950, C. C. I.

Il faut que la possession des choses ait été obtenue par une action punissable (d'après le droit allemand), ne serait-ce qu'une contravention. L'infraction peut être une atteinte à la propriété ou n'importe quelle autre infraction contre le patrimoine.

L'infraction doit avoir été le moyen par lequel la possession des choses a été obtenue ; il faut donc que comme acte consommé, elle ait précédé le recel, qu'elle ait imprimé aux choses la tare qui s'y attache. Si un détournement est commis seulement par la vente de la chose, celui qui achète n'est pas recéleur, mais il prête assistance au détournement.

Si la possession de la chose a été obtenue par un délit nécessitant le dépôt d'une plainte, il existe, même s'il n'y a pas plainte (1er vol. § 45) une action punissable, bien qu'elle ne puisse être poursuivie ; les choses obtenues par la voie de cette infraction peuvent donc être l'objet d'un recel. Si, au contraire, l'action a été commise par un irresponsable, le recel ne peut être admis, parce que l'action n'est pas « punissable », mais bien le détournement, le cas échéant (3). Ceci s'applique aussi aux motifs de suppression de peine, par exemple la prescription (contesté). Par contre, le concept du recel n'est pas touché par la présence d'un motif personnel d'exclusion de peine (par exemple le vol entre époux, plus haut § 44, II).

Les choses n'apparaissent pas comme obtenues au moyen d'une action punissable, lorsque l'auteur est arrivé par l'action à la propriété incontestable de la chose. Il en sera ainsi en cas de mendicité, de débauche professionnelle, de contrebande, de chasse, en

(3) Ceci s'applique aussi au mineur pénal (mais cf. plus haut § 38, note 3). C'est l'opinion dominante : v. Bar, 801, Beling, 67, Binding, *Lehrb.*, I, 386, Frank, § 259, II, Meyer-Allfeld, 509. *Contra* Frankfurter, 21 (pour les §§ 51 à 54 C. P. I), Olshausen, § 259, 3, et aussi R, vi, 336, xviii, 298. Pourtant, R, xxxv, 73, exclut dans ce cas le recel.

temps prohibé, par le propriétaire de la chasse, etc. Car alors il n'y a pas situation patrimoniale illicite. D'ailleurs, il n'y a pas non plus recel lorsque l'acte créant la possession est à la vérité punissable, mais n'est pas une atteinte aux droits patrimoniaux d'autrui (4).

2. **L'action** consiste en ce que le recéleur rend la reprise de la chose par l'ayant droit plus difficile ou impossible. La loi fait une énumération limitative des actions rentrant dans ce concept : *a*) Le fait de cacher (dissimuler, *verheimlichen*, plus haut § 137, note 8), par lequel il devient difficile ou impossible à l'ayant-droit de retrouver ; *b*) Le fait de s'approprier (*das Ansichbringen*) par achat, prise en gage ou par toute voie qui fait passer le pouvoir de disposer de l'auteur au recéleur ; *c*) Le fait d'aider au placement chez autrui (*Das Mitwirken zum Absatz bei anderen*) (5), c'est-à-dire d'aider à l'aliénation (6) par vente, échange, mise en gage, etc., même si l'opération ne réussit pas. Il faut concevoir aussi comme acte d'appropriation (*an sich bringen*) la consommation (acte de boire, de manger, de fumer, etc.), des choses dont la possession est obtenue, du moins dans le cas où le consommateur est arrivé au pouvoir de disposition sur la chose, mais non pas s'il se borne à prendre part à la consommation (7).

3. Le recel doit être entrepris **en vue de l'avantage propre** (non forcément illicite) **du recéleur** (ce qui constitue le dessein (*Absicht*). Un profit patrimonial n'est pas nécessaire ; tout avantage est suffisant (plus loin § 175, IV). Le dessein peut avoir tendu également à

(4) R, XXXVII, 230 (capture interdite d'oiseaux chanteurs).

(5) Autrui peut être la partie lésée elle-même qui, par exemple, ne reconnaît pas la chose à elle volée ; R, XXX, 401.

(6) Donc, non pas le fait de donner en cadeau (*Verschenken*) ; en ce sens R, XXXII, 214 contre BINDING, *Lehrb.*, I, 390.

(7) Même sens FRANK, § 259, IV, MEYER-ALLFELD, 509 ; R, XXXIX, 308, 365. *Contra* v. BAR, 812, BELING, 73.

fournir assistance à l'auteur ; il faut alors admettre le concours idéal du recel et de l'assistance.

4. Le recel peut être commis **intentionnellement ou par imprudence :**

a) L'intention doit impliquer la conscience de ce que la possession de la chose a été obtenue par une action punissable. La croyance erronée à cette circonstance entraîne une tentative impossible.

b) Le recel par imprudence (et, d'autre part, non pas seulement l'imprudence grossière) ne tombe pas sous le coup de la loi, qui frappe seulement un cas bien déterminé de conduite imprudente : « Si l'auteur doit admettre d'après les circonstances que la possession de la chose a été obtenue par un acte punissable. » L'imprudence doit donc se rapporter précisément à l'origine de la chose recelée (8).

La faute intention ou imprudence) doit exister au moment de l'acte ; donc, s'il y a eu un acte d'appropriation (*an sich bringen*) au moment de cet acte. Si, par suite, l'acquéreur de bonne foi apprenait ultérieurement que son garant est arrivé à la possession de la chose par un acte punissable, il ne peut se rendre coupable, par la dissimulation de la chose qui intervient alors, du recel puni par le C. P. I., § 259 (9).

(8) Cf. 1er vol. § 42, V. Très contesté. — 1. Avec le texte FRANK, § 259, V, MEYER-ALLFELD, 510, SEUFFERT, Z, XIV, 593. — 2. L'opinion dominante voit dans les termes discutés une règle pour l'obligation de faire la preuve de l'intention (donc, une présomption discutable) ; en ce sens R, XXV, 221, XXXVIII, 286, XXXIX, 6 ; v. BAR, 822, BELING, 92, OLSHAUSEN, § 259, 21. — 3. L'imprudence grossière est nécessaire d'après KÖHLER, 118 et R, II, 140. — 4. Toute imprudence suffirait d'après v. BURI, GS, XXIX, 51, MERKEL, 327. — 5. A. FRANK demande la *luxuria* (!), mais veut rapporter celle-ci à tout le fait. — La controverse semblerait tranchée aujourd'hui par le C. C. I, qui comprend toujours, par la « nécessité de connaître » (*Kennenmüssen*), l'imprudence. *Contra* (mais sans motiver), v. BÜLOW, GS, LIX, 9.

(9) Même sens v. BAR, 818 ; en sens différent R, XXXIII, 120. BINDING, *Lehrb.*, I, 393, OLSHAUSEN, § 259, 24.

5. Les principes généraux s'appliquent quant à **l'action principale** et à la **complicité**. Comme le recel n'est pas un acte de complicité, mais une infraction punissable par elle-même, il faudrait aussi considérer comme possible en soi la complicité au recel du complice de l'infraction première. Pourtant, d'après les règles générales (1er vol. § 55, II, 4 *b*), n'est pas punissable, dans la mesure où elle apparaît comme une réalisation du dessein nécessaire au concept de l'infraction préalable, l'appropriation de la chose par le premier auteur lui-même et par ses complices (10).

III. — **Peines.**

1. En cas de recel simple (C. P. I., § 259) : l'emprisonnement.

2. En cas de recel professionnel ou habituel (C. P. I., § 260 ; 1er vol., § 55, III) : la réclusion avec maximum de dix ans.

3. En cas de recel en seconde récidive (C. P. I., § 261) :

a) La réclusion avec minimum de deux ans, et en cas de circonstances atténuantes l'emprisonnement avec minimum d'un an, lorsque le dernier acte de recel se rapporte à un vol grave (§ 243, C. P. I.), à un vol avec violence ou à une infraction punie comme le vol avec violence (vol similaire du vol avec violence, extorsion similaire du vol avec violenee) ; toufois, le recéleur doit savoir que l'infraction préalable porte en soi la qualité exigée ;

b) Dans tous les autres cas, la réclusion avec maximum de dix ans, et en cas de circonstances atténuantes, l'emprisonnement avec minimum de trois mois.

En ce qui concerne les condamnations antérieures, toutes les formes du recel de choses [*Partiererei* et *Hehlerei*] (C. P. I., § 258) sont assimilées entre elles. Cf. d'ailleurs § 57, I.

Dans tous les cas (de 1 à 3), la perte des droits civiques peut être prononcée accessoirement à la peine d'emprisonnement,

(10) Même sens v. Bar, 828, Frank, § 259, VI, Meyer-Allfeld, 510. Par contre, l'opinion dominante, par exemple Beling, 85, ainsi que R, xxxii, 394, xxxiv, 304, admet le concours idéal ou réel quant aux complices de l'infraction première.

et avec toute condamnation, la mise sous la surveillance de la police est possible (C. P. I., § 262).

4. Le C. P. I., § 370, n° 3, sanctionne une contravention assimilable au recel. Une amende avec maximum de cent cinquante marks ou la détention simple frappe celui qui achète ou accepte en gage, d'un sous-officier ou d'un soldat en service actif de l'armée ou de la marine de guerre, des effets d'équipement ou d'armement sans une permission écrite d'un supérieur. Il faut admettre le recel (d'après le § 73, C. P. I.), lorsque les objets ne sont pas la propriété de celui qui vend ou qui met en gage.

SECTION V

Infractions caractérisées par leur moyen (1).

I. — Les infractions créant un danger public, dans le Code pénal impérial

§ 148. — Généralités.

Bibliographie. — *Kitzinger*, RvD, Bes. T., IX, 1. — *Hälschner*, II, 593. — *Siebenhaar*, Z, iv, 245. — *Rotering*, GA, xxxi, 266. — *Weiss*, Thèse Rostock, 1902. Cf. en outre Bibl. § 28 (sur le concept du danger).

I. — A l'exemple de la Coutume générale de Prusse et du Code pénal saxon de 1838, le C. P. I. a réuni, dans la section 27 du Titre II, un assez grand nombre d'infractions sous la dénomination **Crimes et délits créant un danger public** (*Gemeingefährliche Verbrechen und Vergehen*). Ces infractions présentent, d'une manière générale, la même caractéristique, qui est le danger public (*Gemeingefährlichkeit*) ; mais un examen plus complet nous apprend que, d'une part, les infractions

(1) Ce groupement dans le système pénal se justifie par ce que nous avons dit plus haut * § 79, note 3, p. 5. Sur l'impossibilité de conserver les « infractions de faux * » (*Fälschungsverbrechen*) comme groupe spécial, cf. plus loin § 158, note 2.

en question se comportent individuellement de façon très diverse par rapport à cette caractéristique, et que, d'autre part, ladite caractéristique se retrouve dans d'autres infractions qui ne figurent pas dans la section 27 du C. P. I. (par exemple les délits relatifs aux subtances explosives) ; donc, que la dénomination « Crimes et délits relatifs créant un danger public » n'implique un contenu strictement délimité que si l'on s'en tient avec une fermeté absolue à la manière de s'exprimer de la loi. Par conséquent, il y a lieu pratiquement de limiter cette dénomination aux cas énumérés dans la section 27, mais, d'autre part, de l'étendre à tous ces cas.

II. — D'après ce que nous venons de dire, une conception uniforme de toutes les infractions qui viennent se ranger ici est impossible. Toutefois, en prenant comme point de départ les cas susceptibles de servir de types, nous serons autorisés à définir la nature propre de notre groupe. Ce seront l'incendie et l'inondation qui s'offriront à nous comme cas typiques. Ils se caractérisent comme **déchaînement de forces de la nature** (jouant en dehors de ce cas un rôle remarquable au service de l'humanité et de ses fins) dans le but de réaliser des efforts hostiles à la société et à l'humanité (1er vol., § 44, I).

Celui qui déchaîne une force naturelle ne peut fixer de limite à l'expansion de cette force ; il ne peut mesurer les suites qu'entraîne son acte : la nature déchaînée se rit de son pouvoir et de ses prévisions. C'est sur cette impossibilité de limiter et de prévoir que se base fermement le concept de danger public qui crée la cohérence de la section 27 du C. P. I. C'est par là également que s'explique le fait historique, que l'étendue et le contenu de ce groupe croissant s'augmentent par les inventions et découvertes.

III. — D'après la loi, le **concept de danger public** nécessite :

1. Une mise en péril (*Gefährdung*), dans le sens développé plus haut, § 38, II, 3 ;

2 Une mise en péril du corps et de la vie ou du patrimoine;

3. Une mise en péril public (*Gemeingefährdung*), c'est-à-dire la production d'un état dans lequel apparaissent en danger, non pas seulement un seul détenteur déterminé des intérêts dénommés, ou plusieurs détenteurs déterminés par le nombre ou l'individualité, mais un cercle de personnes sans détermination et délimitation individuelles. Il faut donc admettre également le danger public pour le corps et la vie, lorsqu'il est établi que la lésion ne menace qu'une seule personne ou un nombre limité de personnes, mais que ces personnes ne sont pas l'objet d'une détermination individuelle. Pour le danger public encouru par la propriété d'autrui, notre définition doit être modifiée ; le danger public signifie dans ce cas le danger existant pour un cercle de choses sans détermination ni délimitation individuelles, même si ces choses appartiennent au même propriétaire (2).

IV. — Notre caractéristique est employée sous une double forme par le législateur pour la **constitution des divers concepts d'infraction**.

1. Pour beaucoup d'infractions, c'est la nature propre régulière de l'infraction, même si le danger public n'existe pas dans le cas particulier, qui est décisive pour la répression pénale du législateur ; alors le danger public (*Gemeingefährlichkeit*) n'est pas un élément caractéristique de concept, et par suite l'action n'est pas une infraction concrète de mise en péril, mais seulement une infraction abstraite. Exemple : l'incendie (dans la mesure où il n'est pas une infrac-

(2) Même sens pour l'essentiel FRANK, section 27, I. *Contra* MEYER-ALLFELD, 590, MIRICKA (Bibl. § 36), 195 (qui exigent tous deux un danger pour un grand nombre de personnes).

tion créant une lésion en tant que dommage aux choses).

2. Dans d'autres cas, le législateur a fait du danger public, par exemple pour l'inondation, un élément caractéristique, faisant ainsi de sa présence dans chaque cas particulier une condition indispensable pour la possibilité de la condamnation et de la pénalité.

§ 149. — 1. Incendie et inondation.

BIBLIOGRAPHIE. — *Ullmann*, RvD. Bes. T., IX, 31, 79. — *v. Wächter*, De crimine incendii, 1833. — *Osenbrüggen*, Die Brandstiftung, 1854. — *Ullmann*. GS, xxx, 589. — *Hälschner*, II, 606. — *Pape*, Thèse Halle, 1889. — *Kirchner*, Thèse Tubingue, 1901. — *Muralt*, Die Brandstiftung im Schweizer Strafrecht, 1906. — *Kohler*, Studien, IV, 410. — *Günther*, I, 127. — *Brunner*, II, 654. — Cf. aussi *v. Spesshardt* (Bibl. § 140).

I. **Historique.** — L'incendie est, de beaucoup, la plus ancienne de toutes les infractions de danger public. Déjà la loi (présumée) des XII Tables déclarait (l. 9, D. 47, 9) : *Qui sedes acervumve frumenti juxta domum positum combusserit, vinctus verberatus igni necari jubetur*. Toutefois il est douteux que nous puissions, en droit romain, parler d'un crime indépendant d'incendie. La *lex Cornelia de sicariis* rangeait l'incendie prémédité (*mörderisch*) parmi les cas d'homicide (* § 82, I), et l'époque impériale elle-même n'a guère dépassé cette conception, bien qu'elle ait relevé particulièrement (l. 28, § 12, D. 48, 19) la provocation d'un incendie à l'intérieur de la ville, la mise en feu d'une *casa* ou d'une *villa*, et qu'elle ait frappé d'une peine extraordinaire les *messium per dolum incensores vinearum olivarumque*.

Le droit allemand, qui conçoit l'incendie comme infraction indépendante, fit une distinction entre le fait d'allumer l'incendie secrètement et à la manière d'un voleur (*Mordbrand*) et le fait de l'allumer franchement et avec violence (*Waltbrand*). Le Sachsenspiegel (II, 3, 4 et 5) disposait encore : « Les incendiaires assassins (*Mordbrenner*) périront par la roue : à celui qui brûle un homme sans incendie secret (*ohne Mordbrand*), on tranchera la tête », tandis que les sources haut-allemandes ordonnaient le plus souvent la mort par le bûcher.

La Carolina (art. 125) se borna à une courte déclaration : « Les incendiaires malicieux convaincus (*Die boshaften überwundenen Brenner*) seront mis à mort par le feu. Malgré l'opposition de *Carpzow* (suivi par l'Autriche en 1768), le droit commun reprit la distinction entre le *Mordbrand* et l'incendie ordinaire (par exemple Hambourg, 1603, Prusse, 1620, Autriche, 1656), bien qu'avec une délimitation hésitante, mais en même temps il accentua toujours davantage le point de vue du danger public (*Engen*, *Koch*, *Böhmer* : *contra securitatem publicam, ignis periculosa*) (1). La législation moderne montre, elle aussi, de grandes hésitations, qui s'expriment surtout dans l'application du concept du danger public.

II. — **L'incendie** (*Brandstiftung*) est la destruction totale ou partielle d'une chose (qui n'appartient pas forcément à autrui) par la combustion, donc par la chaleur provoquée par le feu, force naturelle. Il se distingue du dommage aux choses par l'élément de danger public. Mais tout dommage aux choses causant, dans des cas divers, un danger public par la mise en feu (*Brandlegung*) n'est pas incendie au sens du législateur ; bien au contraire, celui-ci a fait une énumération exclusive des cas de l'incendie, infraction contre la sécurité publique, réglant ainsi, une fois pour toutes, la recherche de la présence de cet élément constitutif dans chaque espèce séparée (2).

L'incendie est consommé dès que, non pas seulement la substance inflammable (*Zündstoff*) est mise en feu, mais que le feu a éclaté, c'est-à-dire dès que

(1) Sur le supplice par le feu des incendiaires (encore Cout. Gen. de Pr., 1512) cf. GUNTHER, II, 37. Il y fut encore procédé en 1804 à Eisenach.

(2) Les peines frappant le dommage aux choses doivent être appliquées si elles sont plus graves (C. P. I., § 73).

le feu, franchissant la substance inflammable, s'est communiqué, de telle sorte qu'une combustion subséquente indépendante apparaît comme possible même après l'enlèvement de la substance d'inflammation (foyer). Il n'est pas nécessaire qu'une flamme jaillisse ; il suffit que le feu continue à couver (*weiterkohlen, weiterglimmen*). La mise en feu du foyer (*Zündstoff*) apparaît déjà comme tentative d'incendie.

Le remords actif (1er vol., § 74, III, p. 424) est admis comme motif de suppression de peine (C.P.I., § 310) et étendu de la tentative à la consommation. Il existe lorsque l'auteur a éteint l'incendie avant que celui-ci soit découvert et qu'il se soit produit un autre dommage que celui causé par le simple fait d'allumer. Il est nécessaire qu'il y ait activité propre du coupable ; cependant, le fait de chercher l'aide d'autrui suffit également ici (1er vol., § 48, III, p. 313). L'effet du motif de suppression de peine profite à tout participant (auteur ou complice) dans la personne duquel existe ce motif, mais, d'autre part, elle ne profite qu'à lui (1er vol. § 74, I, p. 422).

III. — Modalités de l'incendie.

1. Incendie intentionnel pouvant constituer un danger public (abstraitement) pour la vie.

Cas simple (C. P. I., § 306). Incendie :

a) D'un édifice (plus haut § 128, II, 2) destiné à des réunions cultuelles (plus haut § 118, IV) ;

b) D'un édifice, d'un navire ou d'une cabane, qui, même si ce n'est pas leur destination première, servent à l'habitation (plus haut § 119, note 2) de personnes humaines (3) ;

c) D'un lieu qui sert temporairement au séjour des hommes, dans le temps pendant lequel des hommes ont l'habitude d'y séjourner.

(3) Il n'en est pas ainsi s'ils sont habités exclusivement par l'auteur. *Contra* Meyer-Allfeld, 592.

Dans ces trois cas, le propriétaire lui-même peut être aussi l'auteur ; son intention doit co-impliquer les éléments constitutifs relevés dans les chiffres 1 à 3. Il n'est pas nécessaire qu'au moment de l'acte, il y ait des personnes humaines dans les lieux mentionnés.

Peine : La réclusion, accessoirement (§ 325) le placement sous la surveillance de la police peut être prononcé.

Cas aggravé (C.P.I., § 307). Il existe :

a) Lorsque l'incendie a causé la mort d'un être humain par suite de ce qu'au moment de l'action, cette personne se trouvait dans l'un des lieux mis en feu (4). Il n'est pas nécessaire qu'il y ait faute par rapport au résultat survenu ; au cas où cela a lieu, il y a concours avec les §§ 211 à 222 C.P.I.

b) Lorsque l'acte incendiaire a été commis dans le dessein (soit le mobile) de commettre à la faveur de l'incendie (donc par un acte nouveau, et non par l'incendie lui-même) un assassinat (*Mord*) (§ 211) ou un vol avec violence (*Raub*, donc C.P.I., §§ 249 à 251, et non pas 252 ou 255) ou d'exciter des désordres (*Aufruhr*). La réalisation du dessein ne donne pas lieu à une infraction nouvelle, indépendante (1er vol., § 55, note 4, p. 352).

(4) Il y a là une restriction assez importante au concept général de la cause (1er vol. § 29, II). Il ne suffit pas que la mort ait été causée de manière générale par l'incendie ; au contraire, c'est précisément la présence dans le lieu au moment de l'acte qui doit avoir été la cause de la mort survenue. C'est par exemple le cas, lorsque l'une des personnes présentes dans l'endroit périt de frayeur, ou en sautant par la fenêtre, etc. ; mais ce ne l'est pas lorsque quelqu'un trouve la mort dans des essais d'extinction ou de sauvetage qui l'ont ramené sur les lieux après le moment de l'acte. — La présence doit avoir été connue de l'auteur. *Contra* Frank, § 307, I, Meyer-Allfeld, 594 ; d'après Binding, *Lehrb.*, II, 19, est au moins nécessaire l'imprudence de l'auteur.

c) Lorsque l'incendiaire, pour empêcher ou rendre difficile l'extinction du feu, éloigne les appareils d'extinction ou les met hors d'usage. Il ne faut pas ranger ici le fait d'enivrer les pompiers, de détourner l'eau, etc.

Peine : La réclusion avec minimum de dix ans ou la réclusion à vie. La mise sous la surveillance de la police (§ 325), peut être accessoirement prononcée. La tentative est punissable d'après la règle générale (* § 46, note 8, p. 303).

2. Incendie intentionnel pouvant constituer un danger public (abstraitement) pour la propriété ou la vie (C.P.I., § 308). Il existe lorsque sont mis en feu des édifices, navires. baraquements (*Hütten*) *(a)*, mines, magasins, approvisionnements de marchandises déposés dans les lieux publics à ce destinés, approvisionnements de produits agricoles ou de matériaux de construction ou de chauffage, récoltes sur pied, bois et forêts ou tourbières. Mais il faut en outre qu'une des deux conditions suivantes intervienne :

a) Les objets sont la propriété d'autrui. D'où résulte l'impunité, non seulement s'il y a consentement du propriétaire, mais aussi si le feu est mis à des choses sans maître, par exemple à des édifices abandonnés (s'il n'y a pas tentative impossible).

b) Les objets appartenant en propre à l'incendiaire sont, d'après leur nature et leur situation (5), aptes à communiquer le feu à l'un des lieux dénommées dans le § 306, n°s 1 à 3 ou à l'un des objets désignés ci-dessus appartenant à autrui.

Peine : La réclusion avec maximum de dix ans, en cas de circonstances atténuantes l'emprisonnement avec minimum

(5) En tenant compte des circonstances concrètes (direction du vent). *Contra* Frank, § 308, I, Muralt, 123, Olshausen, § 308, 6.

(*a*) *Hütten* signifie aussi forges, hauts-fourneaux, usines, mais également chaumière et même hangar (n. du tr.).

de six mois. La mise sous la surveillance de la police peut être prononcée accessoirement à la réclusion (§ 325). — L'auteur peut aussi être un co-propriétaire.

3. La production d'un incendie par imprudence (C.P.I., § 309), punissable seulement si elle est amenée dans la manière établie par les §§ 306 et 308.

Peine : L'emprisonnement avec maximum d'un an ou l'amende avec maximum de neuf cents marks ; si l'incendie a causé la mort d'une personne, l'emprisonnement de 1 mois à trois ans.

4. Est assimilée à l'incendie (C.P.I., § 311) la destruction totale ou partielle d'une chose par l'emploi de poudre ou d'autres substances explosives (6). Mais le § 310 C.P.I. ne s'applique pas ici (déjà en raison de sa position).

IV. — **L'inondation.**

Elle est inconnue comme infraction spéciale tant à la Carolina qu'au droit commun. Ce n'est qu'isolément qu'elle est traitée comme telle par les lois des États (par exemple le Palatinat Electoral, 1582). C'est seulement la législation plus récente (toutefois déjà ALR. 1571) qui la place, partant du point de vue du danger public, à côté du déchaînement de l'autre force de la nature qu'est le feu.

L'inondation est le déchaînement de la force naturelle de l'eau. Il ne suffit pas par suite, pour la constituer, de n'importe quel débordement ou chute d'eau, etc., mais il est nécessaire que l'auteur ne puisse

(6) Cf. plus loin § 156. Les substances explosives sont des substances dont l'inflammation produit une expansion violente de liquides ou de gaz, et, par suite, la destruction de leur enveloppe. Ce ne sont pas des substances explosant autrement que par l'explosion, donc telles que la vapeur d'eau. Cf. R, XXII, 304. La section 29 du C. P. I. contient de nombreuses sanctions contre les actions susceptibles de provoquer le feu, par exemple les §§ 367, n°s 4 à 6, 368, n°s 3 à 8, 369, n° 3.

plus dominer la force naturelle qu'il a réveillée. Le C.P.I. a donc recueilli l'élément de danger public dans le concept de l'inondation. Il faut, par conséquent, que la faute de l'auteur (intention ou imprudence) implique aussi cet élément (7).

Peines :

1. En cas d'inondation intentionnelle :

a) Avec danger public (dans chaque espèce) pour la vie humaine (C. P. I. § 312) : La réclusion avec minimum de trois ans; si l'inondation a causé la mort d'une personne (même si ce n'est pas par immersion), la réclusion avec minimum de dix ans ou la réclusion à vie. La tentative du cas le plus grave est punissable sous les conditions examinées 1er vol. § 46, note 8.

b) Avec danger public (dans chaque espèce) pour la propriété (C. P. I., § 313): La réclusion ; si le dessein de l'auteur (au sens technique le plus étroit) ne tendait qu'à la défense de sa propriété, l'emprisonnement avec minimum d'un an. Dans ce dernier cas, la tentative reste impunie (1er vol. § 27, III, 2).

Dans les deux cas, la mise sous la surveillance de la police peut être prononcée accessoirement à la réclusion.

2. En cas d'inondation par imprudence avec danger public (dans chaque espèce) pour la vie ou la propriété (C. P. I., § 314) : l'emprisonnement avec maximum d'un an ; si l'inondation a causé mort d'homme, l'emprisonnement d'un mois à trois ans.

§ 150. — 2. Infractions contre l'exploitation des chemins de fer et des télégraphes

BIBLIOGRAPHIE. — *Ullmann*, RvD, Bes. T., IX, 85, 94. — *Müller*, Das Verbrechen gegen die materielle Integrität der Eisenbahnen, 1846. — *Meves*, GS, XXVI, 167, 241. — *Hälschner*, II, 641. — *Dambach*, Das Telegraphenrecht, 2e éd., 1897. — *Weltstein*, Das Telegraphenstrafecht des (schweizer). Ent-

(7) Même sens BINDING, *Lehrb.*, II, 33, FRANK, § 312, IV, HAELSCHNER, II, 638, MEYER-ALLFELD, 495 ; en sens différent à cause de la position du mot « intentionnel », OLSHAUSEN, § 312, 5.

wurfs, etc., 1903. — *Lautenbach*, Thèse Halle, 1889. — *Höpfner*, RvD, Bes. T., II, 485.

I. — **Troubles graves** (*Gefährdung*, mise en péril) **entravant l'exploitation** (*Betrieb*, fonctionnement) **des chemins de fer**.

Le concept de chemin de fer doit être pris dans le sens exposé plus haut § 128, note 5 (1). Cependant il faut assimiler ici aux chemins de fer publics les voies ferrées privées (dans les fabriques, les mines, etc.). Il n'est pas nécessaire que la voie ait été déjà livrée à l'exploitation. La loi demande qu'il y ait mise en péril du transport, mais comme il s'agit du trouble atteignant l'exploitation de la voie dans son ensemble, et non pas seulement un train de chemin de fer (2), ainsi il suffit qu'il y ait mise en péril de l'exploitation. Mais l'exploitation envisagée ne se rencontre que si elle fonctionne d'une manière répondant au concept des chemins de fer, c'est-à-dire par des forces naturelles inanimées (*tote Naturkräfte* ; donc aussi lorsque les voitures sont mises en mouvement par l'utilisation des pentes du sol) et sur rails fixes. La marche obtenue par l'aide des chevaux ou par l'emploi de la force humaine (voitures à manivelle) ne peut se ranger ici.

Le C.P.I. (abstraction faite du § 316, al. 2) ne réprime la mise en péril du transport que si elle est commise : *a*) soit par endommagement de matériel (voie, matériel roulant, etc.) ; *b*) soit en disposant des obstacles sur la voie ferrée (mais non par empêchement du mécanicien) au moyen de faux signaux, d'indices faux ou de toute autre manière.

(1) L'opinion dominante est ici unanime. *Contra* (arbitrairement et avec inconséquence), Binding, *Lehrb.*, II, 40 : « les voies à locomotive qui servent à la circulation de localité en localité et à la défense du pays » ; mais non les tramways à vapeur municipaux, ni les trains électriques à long parcours, mais bien « les chemins de fer de montagne mus par le poids ».

(2) Même sens R, en dernier lieu R, xxx, 179, xxxi, 198.

Pour la consommation de l'infraction il est nécessaire qu'il y ait dans l'espèce mise en péril effective du transport, mais non qu'il y ait danger public pour la vie ou le patrimoine (il est vrai que ce danger existe toujours avec le précédent). Les principes généraux s'appliquent en ce qui concerne l'illégalité. Celle-ci est exclue par l'état de nécessité, l'accomplissement des devoirs de la fonction, etc.

Au point de vue de la peine, le C. P. I. distingue :

1. Le trouble grave (*Gefährdung*) causé avec intention (§ 315). Peine : la réclusion jusqu'à dix ans ; si une lésion corporelle grave (C. P. I., § 224) a été causée, la réclusion avec minimum de cinq ans ; si la mort a été causée, la réclusion avec minimum de dix ans ou la réclusion perpétuelle. La mise sous la surveillance de la police peut être ordonnée (§ 325). Les principes généraux s'appliquent en matière de tentative. L'intention doit impliquer non seulement l'endommagement de la voie du matériel, etc., mais aussi la mise en péril du transport.

2. Le trouble grave causé par imprudence (§ 316). Peine : l'emprisonnement avec maximum d'un an ou l'amende avec maximum de neuf cents marks (3) ; s'il y a eu mort d'homme, l'emprisonnement d'un mois à trois ans. L'imprudence doit se rapporter à la mise en péril du transport, tandis que l'acte causal (endommagement des voies, du matériel, etc.), peut se produire avec intention ou par imprudence.

La peine mentionnée sous 2 frappe les personnes préposées à la conduite des trajets par chemin de fer et à la surveillance de la voie et (*ou*) du trafic, lorsque, par négligence de leurs devoirs, elles mettent en danger un transport (déterminé). Il n'est donc pas necessaire que le danger soit créé par l'endommagement de la voie, etc. En ce qui concerne l'imprudence s'applique ce qui a été dit plus haut ; elle doit se rapporter à la mise en péril du transport, tandis que la négligence dans le service peut être intentionnelle ou imprudente (4).

(3) L'amende a été ajoutée par la loi du 27 décembre 1899.

(4) En sens différent l'opinion commune, qui veut faire abstraction de toute faute. Dans ce sens également R, XII, 103.

II. — **Obstacle ou trouble apporté au fonctionnement** (*Betrieb*) **d'une installation télégraphique destinée à un service public** (loi du 13 mai 1891).

Les installations télégraphiques sont les dispositifs durables (électriques, optiques, etc.) qui transmettent la communication expédiée par eux non pas dans sa forme originelle, mais comme reproduction. Il est indifférent que l'installation soit aérienne, souterraine ou sous-marine. Les installations pour la poste pneumatique et pour le téléphone (ces dernières, mais non pas les premières, rentrant dans le concept des installations télégraphiques) ont été assimilées expressément aux télégraphes par le § 318 *a* (loi de 1896). Il est indifférent que les installations soient publiques ou privées ; toutefois, elles doivent servir à des buts publics, c'est-à-dire être destinées à l'utilisation par le public ou par l'Etat. L'action est précisée (loi de 1891) en ce sens que des parties ou des accessoires de l'installation doivent être endommagés ou modifiés. Il faut donc ranger ici la section des fils, la rupture des poteaux, etc., mais non pas le fait d'empêcher les fonctionnaires de remplir leur devoir de service. L'action est consommée, lorsque le fonctionnement est effectivement empêché ou troublé (*gefährdet*). Le danger public n'est pas, par définition, nécessaire dans chaque espèce, mais son existence est le plus souvent probable.

Dans la peine, la loi distingue :

1. La commission intentionnelle (et illicite ; — C. P. I., § 317). Peine : l'emprisonnement d'un mois à trois ans. L'in-

Cf. 1er vol., § 36, note 6. D'autres auteurs, comme HAELSCHNER, II, 648, ULLMANN, 88, ne rangent ici que le manquement par imprudence. Dans notre sens BINDING, *Lehrb.*, II, 45, MEYER-ALLFELD, 596, SUPPER, 54. D'après R, XXII, 163, il faut qu'à la vérité la négligence dans le service ait lieu par intention ou par imprudence, mais il n'est pas nécessaire que le danger encouru par le transport ait pu être prévu. Même sens BELING, Z, XVIII, 298, FRANK, § 316, I.

tention doit embrasser l'empêchement ou la mise en péril du fonctionnement.

2. La commission par imprudence (§ 318). Peine : l'emprisonnement avec maximum d'un an ou l'amende jusqu'à neuf cents marks. L'imprudence doit embrasser l'empêchement ou le trouble grave (mise en péril), tandis que l'acte causal lui-même peut être commis par intention ou imprudence.

La peine indiquée sous 2 frappe les personnes employées à la surveillance et au service des installations télégraphiques de leurs dépendances, lorsque ces personnes empêchent ou troublent l'exploitation par négligence dans l'exercice de leurs fonctions (5).

III. — Pour ces deux cas (1 et 2), la loi prescrit une **peine accessoire** d'un genre particulier. En effet, les employés condamnés en raison d'un des actes prévus par les §§ 315 à 318 (mais non par le 318 *a*) peuvent en même temps (§ 319) être declarés incapables (même à titre définitif) de remplir une fonction dans le service des chemins de fer ou des télégraphes (mais non dans celui de la poste pneumatique) ou dans des sections déterminées de ces services.

Les directeurs de la compagnie de chemins de fer (6) ou d'un établissement télégraphique destiné à un service public, qui ne provoqueraient pas l'éloignement du condamné aussitôt après avoir eu communication de la décision ayant force de chose jugée, sont punis d'une amende avec maximum de trois cents marks ou de l'emprisonnement avec maximum de trois mois (C. P. I., § 320). L'intention n'est pas nécessaire, l'imprudence suffit.

La même peine frappe celui qui, après avoir été déclaré impropre au service des chemins de fer ou des télégraphes, se laisse de nouveau donner un emploi dans une exploitation de chemin de fer ou de télégraphes; elle frappe également ceux qui lui ont donné ce nouvel emploi, bien qu'ils aient eu connaissance de la déclaration d'incapacité (7).

(5) Cf. la note précédente.

(6) Il n'y a sous ce rapport aucune différence entre les compagnies privées et les chemins de fer d'Etat. En ce sens l'opinion commune; cf. aussi Binding, *Lehrb.*, II, 52, Loock (Bibl. § 128, note 5) 207, Meyer-Allfeld, 597, Supper, 60. *Contra* Frank, § 320; Olshausen, § 320, 2.

(7) Ceci concerne aussi le cas qui se produit lorsque quel-

IV. — La loi allemande du 21 novembre 1887 (Rb. Bl. 1888, p. 169) pour l'application du traité international, de 1884 (1er vol., § 21, I, 2) sur la protection des câbles sous-marins, réprime dans son § 2 d'une peine délictuelle (amende avec maximum de six cents marks ou emprisonnement avec maximum de trois mois) toutes les infractions aux dispositions contenues dans les art. 5 et 6 du traité pour la protections des navires porteurs de câbles et de leurs travaux.

§ 151. — 3. Dégradation de travaux hydrauliques, etc.; trouble (*Gefährdung*) de la navigation.

Bibliographie. — *Ullmann*, RvD, Bes. T., IX, 101, 113. — *Perels*, Strandungsdelikte im deutschen Recht (*Beling*, Heft 17), 198.

I. 1. **Destruction ou endommagement** (dégradation; plus haut § 132) : *a*) **de travaux d'hydraulique** (canalisations d'eau, écluses, digues, parapets, chaussées, barrages); *b*) de ponts (même non publics), bacs, chemins, parapets de protection ; *c*) de dispositifs servant dans les mines à retenir l'eau, à régler les intempéries (*Wetterführung*), à permettre l'entrée et la sortie des ouvriers ; 2. **Obstacle à la navigation** [*Störung des Fahrwassers*] (non pas seulement au trajet libre) dans les fleuves, rivières ou canaux navigables (non pas seulement flottables), mais non dans les mers intérieures (*Binnenseen*). Dans tous ces cas, la criminalité a pour condition le fait que par l'action un danger s'est produit pour la vie ou la santé d'autrui (il n'est pas nécessaire qu'il y ait danger public; la mise en péril du patrimoine ne suffit pas).

a) En cas de commission intentionnelle (C. P. I., § 321, peine: L'emprisonnement avec minimum de trois mois ; si

qu'un ayant été déclaré impropre à une partie déterminée de ces services, reçoit de nouveau un emploi dans ledit service. En ce sens l'opinion commune. *Contra* Olshausen, § 320, 4.

une grave lésion corporelle (C. P. l., § 224) a été causée, la réclusion avec maximum de cinq ans ; si la mort a été causée, la réclusion avec minimum de cinq ans. Avec la réclusion, la mise sous la surveillance de la police peut être prononcée suivant appréciation (§ 325). L'intention doit embrasser aussi la production du danger (1). Par contre, le résultat plus grave est exclusivement une condition de la pénalité plus élevée.

b) En cas de commission par imprudence (C. P. I., § 326), peine : si un dommage a été causé, l'emprisonnement jusqu'à un an ; s'il y a eu mort d'homme, l'emprisonnement d'un mois à trois ans. L'imprudence doit impliquer en soi, comme plus haut l'intention, la production du danger. Est condition de la pénalité le fait de causer un dommage, c'est-à-dire le développement d'un danger lésant « la vie ou la santé d'autrui » (2).

Infractions ayant pour objet des signaux destinés au service de la navigation, c'est-à-dire aux signaux lumineux et autres (y compris les signaux flottants) disposés pour la sécurité de la navigation (maritime ou fluviale) ; ces infractions consistant : 1. A faire disparaître un signal (par la destruction, l'enlèvement, la mise hors d'usage, l'extinction, le manquement de l'employé à établir le signal) ; 2. A établir un faux signal, et notamment à allumer sur le rivage un feu créant un danger pour la navigation (le danger public abstrait suffit).

a) Commission intentionnelle (C. P. I., § 322). Peine : la réclusion avec maximum de dix ans ; si l'échouement d'un navire a été causé, la réclusion avec minimum de cinq ans ; s'il y a eu mort d'homme, la réclusion avec minimum de dix ans ou la réclusion à vie. Surveillance de la police suivant appréciation (§ 325).

(1) Même sens Binding, *Lehrb.*, II, 57, Frank, § 321, II, 653. Meyer-Allfeld, 598 ; R, xxxv, 53. *Contra* Olshausen, § 321, 8.

(2) R, viii, 218, range également ici le dommage à la propriété. De même Haelschner, II, 655, Meyer-Allfeld, 598, Olshausen, § 326, 4. Contre cette opinion, la teneur même du § 321 et la relation générale entre la mise en péril (*Gefährdung*) et la lésion. Pour le texte, Binding, II, 56, Frank, § 326.

b) Commission par imprudence (§ 326). Concept et peine comme plus haut, I, *b*.

III. — **Provocation de l'échouement ou du naufrage d'un navire,** lorsque par l'événement il se produit un danger pour la vie d'autrui le danger public n'est pas nécessaire (3).

1. Commission intentionnelle (C. P. I., § 323). Peine : la réclusion avec minimum de cinq ans ; s'il y a mort d'homme, la réclusion avec minimum de dix ans ou à vie. Surveillance de la police suivant appréciation (§ 325). Concours idéal possible avec C. P. I., § 322, al. 2. L'auteur peut également être une personne ne se trouvant pas à bord du navire.

2. Commission par imprudence (§ 326). Concept et peine comme plus haut, 1 *b*. L'intention aussi bien que l'imprudence doivent embrasser la provocation du danger.

§ 152. — 4. Infractions en matière de maladies contagieuses.

BIBLIOGRAPHIE. — *Kitzinger*, RvD, Bes. T., IX, 145. — *Hälschner*, II, 677. — *Keller*, GA, XLV, 249.

Pour ne pas séparer dans notre exposé les infractions groupées par le législateur comme constitutives « de danger public », nous mentionnerons encore ici les §§ 327 et 328, bien qu'en raison, d'une part, de leur rapport interne insoluble avec d'autres lois d'Empire, d'autre part, de leur caractère propre en tant que « lois pénales en blanc-seing » (*Blankettstrafgesetze*), et enfin surtout parce qu'ils visent des dispositions déterminées et considérées séparément, lesdits paragraphes semblent devoir se placer plus exactement, dans le système pénal, parmi les infractions contre la police sanitaire.

I. — Le C. P. I., § 327, punit l'infraction, commise en connaissance de cause, aux mesures d'isolement ou

(3) Il n'est pas nécessaire que le navire sombre complètement ; R, XXXV, 399.

de contrôle ou aux interdictions de circuler (d'entrer, *Einfuhrverbote*), prises par les autorités compétentes pour prévenir la pénétration ou la propagation d'une **maladie contagieuse** (1).

Ne se rangent ici que les dispositions prises par les autorités (y compris la police locale), mais non les lois (2) ou ordonnances en force de loi ; ces dispositions ne s'y rangent d'ailleurs que si elles suivent les concepts relevés dans la loi (ce qui ne sera pas le cas pour les mesures d'autre nature servant au même but). La disposition doit donc être prise ou entrer en vigueur en raison d'une maladie déterminée qui a déjà éclaté ou qui est menaçante (3). L'intention de l'auteur doit embrasser la connaissance de ces dispositions.

Peine : L'emprisonnement avec maximum de deux ans ; si, par suite de l'infraction, une personne a été atteinte de la maladie, l'emprisonnement de trois mois à trois ans.

II. — Le § 328 frappe l'infraction, commise en connaissance de cause, aux mesures d'isolement ou de contrôle et aux interdictions de pénétration prises par l'autorité compétente pour empêcher la pénétration ou la propagation des **épizooties**.

Le fait de ce délit concorde complètement avec celui du § 327 ; c'est seulement l'épizootie qui remplace l'épidémie. Il faut donc appliquer ici les principes exposés plus haut.

(1) C'est-à-dire d'une maladie contagieuse pour les personnes humaines, même si elle frappe d'abord des animaux. Le concours idéal avec le § 328 n'est pas exclu.

(2) *Contra* R, XXVII, 357, XXXI, 380, XXXV, 243, Sénats pénaux réunis, XXVII, 178 (pour le § 328), mais en invoquant uniquement le but de la disposition (qui cependant ne peut être décisif en présence du texte clair de la loi). Exact FRANK, § 328, I, KITZINGER, 147.

(3) Même sens R, XVII, 72 (pour le § 328). *Contra* FRANK § 327, II. HAELSCHNER, II, 675, KITZINGER, 146 ; R, XXXVII, 178 (190).

Peine : L'emprisonnement avec maximum d'un an : si, par suite de l'infraction, des animaux domestiques ont été atteints de la maladie, l'emprisonnement d'un mois à deux ans.

§ 153. — 5. Empoisonnement de fontaines et d'objets de consommation

Bibliographie. — *Kitzinger*, RvD, Bes. T., IX, 119.

I. **Historique.** — La constitution indépendante de l'empoisonnement des sources et pâturages par rapport à l'empoisonnement simple (plus haut § 91, I) repose sur la disposition des Const. Sax., IV, 8, qui prononçait en ce cas la peine du feu. Cette conception fut reprise par la législation des Etats au temps du droit commun (Palatinat électoral 1582, Prusse, 1620). Dans le droit moderne, ce crime constitue la transition vers la falsification d'aliments et objets assimilés. Cependant la loi dite « des denrées alimentaires » (*Nahrungsmittelgesetz*, plus loin, § 157) relève spécialement d'une part certains objets servant à la l'alimentation (*Nahrung*), à la consommation (*Genuss*) ou à l'usage (*Gebrauch*), parce que pour ces objets toute falsification ou contrefaçon implique en soi un danger augmenté, et, d'autre part, allant beaucoup plus loin que le § 324, elle réprime non seulement la mise en péril de la santé, mais aussi le dommage au patrimoine causé par la fabrication et la vente de contrefaçons de moindre valeur (succédanés, *surrogata*).

II. — Le § 324 du C. P. I. sanctionne :

1. **L'empoisonnement intentionnel** (Cf. plus haut § 91).

a) Des fontaines ou réservoirs d'eau servant a l'usage d'autres personnes (c'est-à-dire à l'obtention d'eau pour l'usage personnel d'êtres humains, donc d'eau ne servant pas comme force motrice, ou pour le blanchissage, ou comme abreuvoir d'animaux, réserve pour la pisciculture, etc.) ;

b D'objets destinés à la vente publique ou à l'usage public (donc, sans destination et délimitation individuelle des consommateurs).

2. **La mise en circulation** (1), **faite en connaissance de cause desdites choses empoisonnées**, en taisant cette qualité (2). Le danger public abstrait suffit.

Peine de la commission intentionnelle (C. P. I., § 324) : la réclusion avec maximum de dix ans ; si la mort a été causée, la réclusion avec minimum de dix ans ou la réclusion perpétuelle. Surveillance de la police suivant appréciation (§ 325). En cas de commission par imprudence, la peine indiquée plus haut § 151, 1, *b* (C. P. I., § 326).

§154. — 6. Inexécution de marchés de fournitures.

BIBLIOGRAPHIE. — *Kitzinger*, RvD, Bes. T., IX, 169. — *Hälschner*, II, 681. — *Lass*, Das Delikt gegen die Kriegsmacht des Staates nach § 329, C. P. I., 1888 (Abhdlngn des krim. Seminars zu Marburg, I, 2e livr.). — *Löber*, Thèse Göttingen, 1889. En outre *Sickel* (Bibl., § 135), 174.

I. **Historique.** — En dérogation des principes strictement maintenus par ailleurs (plus haut § 135), le C. P. I. a, dans son § 329, sanctionné par une peine, sous certaines conditions, la rupture d'un contrat de fournitures conclu avec une administration.

Cette disposition a son origine dans le Code pénal français (art. 430 à 433) qui ne protège toutefois que les fournitures destinées aux administrations militaires. La Prusse adopta cette mesure (1851) en y joignant aussi les fournitures pour lesquelles il était traité en raison d'un état de nécessité ; du droit prussien, ces dispositions passèrent dans le droit impérial. Toutefois. on ne prit pas garde alors que l'infraction du § 329 C. P. I. se caractérise dans sa première partie (plus loin II *a*) non point tant par l'élément de danger

(1) La mise en circulation désigne toute transmission, même gratuite, à une autre personne pour usage ou consommation conforme à la destination de l'objet ; en particulier aussi la vente (aliénation) ainsi que l'offre marchande (*Feilhalten*), c'est-à-dire la mise en état pour la vente. Cf. aussi § 159, 1, 2.

(2) Donc non pas en cas d'avis à des revendeurs sans scrupules.

public, que bien plutôt par le fait qu'elle est dirigée contre la puissance militaire de l'Etat.

II. — Est punissable d'après le C. P. I. § 329, l'**inexécution** (exécution non effectuée dans le temps fixé ou dans les conditions consenties) **de contrats (marchés) de fournitures** conclus avec une administration allemande et concernant : *a*) les besoins de l'armée de la marine en temps de guerre (1) ; *b*) les vivres destinées à détourner ou à faire cesser un état de nécessité, que ce dernier soit causé par une mauvaise récolte, une inondation, un cyclone ou pour d'autres causes, par exemple des maladies frappant tout le peuple (2).

Ce ne sont ni le moment dans lequel la fourniture arrive à échéance, ni l'époque à laquelle le contrat a été conclu qui sont décisifs, mais c'est le moment où les besoins se produisent et exigent satisfaction.

Peine :

1. En cas de commission intentionnelle : l'emprisonnement avec minimum de six mois ; perte des droits civiques suivant appréciation. Le danger public suffit. L'intention doit embrasser aussi la destination des fournitures.

2. En cas de commission par imprudence, c'est-à-dire de non accomplissement par imprudence du contrat, la connaissance de la destination des fournitures étant nécessaire ici également : l'emprisonnement jusqu'à deux ans. Toutefois la pénalité a pour condition le fait qu'un « dommage » a été causé, c'est-à-dire qu'il n'a pas été satisfait aux besoins de

(1) Donc non pas d'autres contrats, par exemple, pour le transport des troupes. Les actes commis contre des confédérés (*Bundesgenossen*) ainsi que par des étrangers à l'étranger restent impunis.

(2) L'état de nécessité est le besoin, pour un cercle non fermé de personnes, non seulement de vivres (comme le prétend Olshausen, § 329, 3) mais de toute aide matérielle (habillement, logement, chauffage, etc.) en général.

l'armée ou de la marine, ou que l'état de nécessité n'a pas été détourné ou écarté (3).

Les mêmes peines s'appliquent aux sous-traitants, intermédiaires et fondés de pouvoirs du fournisseur qui causent, avec intention ou par imprudence, et en connaissance de la destination des fournitures, le non accomplissement du marché.

§ 155. — 7. Infractions aux règles de l'architecture

BIBLIOGRAPHIE. — *Neumeyer*, RvD, Bes. T., IX, 179.

Le C. P. I. (§ 330) sanctionne, parmi les infractions constitutives de danger public, la provocation d'un danger pour autrui par la **transgression des règles** (généralement admises) **de l'architecture** dans l'exécution ou la direction de travaux de construction (1).

D'apres la rédaction de la loi, le danger public peut n'être pas exigé ; il suffit qu'il y ait mise en péril des ouvriers occupés au chantier. En outre, le danger doit être motivé par l'état présent du bâtiment, et ne doit pas dépendre d'événements qui se produiront dans l'avenir (par exemple, nouveaux travaux de construction). L'intention n'est pas nécessaire, l'imprudence suffit ; toutes deux doivent impliquer le danger.

Peine : L'amende avec maximum de neuf cents marks ou l'emprisonnement jusqu'à un an.

(3) Même sens BINDING, *Lehrb.*, II, 101, FRANK, § 329, II, LASS, 32. Vont plus loin MEYER-ALLFELD, 601, OLSHAUSEN, § 329, 6.

(1) Tous les genres de travaux du bâtiment se classent ici : constructions en superstructure et en infrastructure, travaux hydrauliques et miniers (R, XXIII, 277), élévation, transformation, démolition d'édifices (R, XXV, 90, XXVIII, 318, XXXI, 180, contre R, XXI, 142). — Cf. aussi C. P. I., § 367, chiffres 13 à 15.

II. — Abus (*Missbrauch*) des explosifs

§ 156.

Bibliographie. — *Ullmann*, RvD, Bes. T., IX, 67. — *Hälschner*, GS, xxxviii, 161. — *Scheiff*, Das Dynamitgesetz vom 9 juni 1884, 1886. — *Lenz*, Z, xvi, 1. — *Hoffmann*, Thèse Erlangen, 1897. — *H. Seuffert* (*§ 15, note 1).

I. **Historique.** — La multiplication des attentats anarchistes fit naître la loi du 9 juin 1884 (imitée de la loi anglaise de 1883) contre l'emploi criminel et constitutif de danger public des explosifs ; elle eut pour conséqnence l'apparition d'un certain nombre d'infractions nouvelles, qu'il semble logique de traiter ici, bien qu'elles relèvent en partie, par leur nature, de la police de l'industrie (fait de se dérober au contrôle de l'Etat), et qu'en partie également elles se rattachent à d'autres concepts criminels (provocation publique, omission de dénoncer), C'est précisément ici qu'il y a eu lieu de faire ressortir incontestablement que le moyen de l'attaque détermine la nature intime de ces infractions et, par suite, leur position dans le système de la Partie Spéciale. Il faut regretter la très mauvaise rédaction de la loi.

II. — **Les actes punissables.**

1. La mise en péril intentionnelle de la propriété, de la santé ou de la vie d'autrui par l'emploi de substances explosives (§ 5) (1). La mise en péril de l'auteur ne suffit pas. Il est nécessaire que dans chaque espèce il y ait danger et conscience de ce danger.

(1) Sur le concept de l'explosif cf. plus haut § 149, note 6. Mais la substance doit ici être employée comme moyen explosif ; l'emploi par arme à feu (§ 1, al. 3 de la loi) ne tombe pas sous le coup du § 5.

Peine : La réclusion. Si une lésion corporelle grave a été causée, la réclusion avec minimum de cinq ans ; s'il y a eu mort d'homme, la réclusion avec minimum de dix ans ou la réclusion à vie (§ 5 al. 2). La tentative est possible (* § 46, note 8). Si la mort d'une personne a été causée par l'action, et si l'auteur a pu prévoir ce résultat, il y a lieu de prononcer la peine de mort (§ 5, al. 2) (2).

2. Complot de dynamiteurs (*Dynamitverschwörung*) et autres actes préparatoires.

a) Le complot et la réunion en bande (*Komplott und Bande*, * § 49, IV) sont, en tant que crimes indépendants et même sans que la décision d'accomplir le crime se soit manifestée par des actes contenant un commencement d'exécution, punis de la réclusion avec minimum de cinq ans (§ 6). La tentative punissable est exclue (* § 46, note 10). D'après la règle générale (* § 56, II), la criminalité de l'acte préparatoire est consommée par l'exécution de l'action convenue.

b) Celui qui fabrique, procure, commande ou a (sciemment) en sa possession des explosifs dans le dessein de provoquer lui-même par leur emploi un danger pour la propriété, la santé ou la vie d'autrui, ou de mettre d'autres personnes à même de commettre ce crime, est puni de la réclusion avec maximum de dix ans (§ 7, al. 1). — La même peine frappe celui qui transmet à d'autres personne des explosifs, sachant que ceux-ci sont destinés à la commission d'une infraction prévue dans le § 5 (§ 7, al. 2).

c) Celui qui fabrique, procure, commande, a (sciemment) en sa possession ou transmet à d'autres per-

(2) La loi inflige donc la peine de mort à un homicide par imprudence. Même sens Binding, *Lehrb.*, II, 24, Lœning, 102, Meyer-Allfeld, 595. D'autres auteurs demandent l'imprudence grossière ; d'autres l'intention indéterminée. L'exposé de motifs du projet exprime encore une autre opinion. Peu clair Haëlschner, II, 633, note 1. Contre cette disposition (comme contre tous les défauts de la loi). Seuffert, L. P. C. I, 40.

sonnes des explosifs dans des conditions ne montrant pas que ces opérations sont faites dans un but licite (en opposition avec les buts du § 5), est puni de la réclusion avec maximum de cinq ans ou de l'emprisonnement avec minimum d'un an. Cette disposition ne s'applique pas aux substances désignées, conformément au § 1, al. 3, par le Bundesrat (munitions pour armes à feu) (§ 8).

3. Infraction aux dispositions de la police de l'industrie (concernant la surveillance de la fabrication, de la vente, de la possession, de l'importation, etc., d'explosifs).

Peine : (sans qu'il y ait lieu de considérer le but poursuivi par l'auteur) : l'emprisonnement de trois mois à deux ans (§ 9, al. 1).

4. Provocation publique à la transgression de la loi, et apologie (*Anpreisung*, *Glorifizierung*) de cette transgression.

Quiconque aura publiquement, devant un groupe de personnes, ou aura par propagation ou affichage ou exposition publics d'écrits ou d'autres productions, ou aura *dans des écrits ou autres productions* (3) invité à commettre une des infractions désignées dans les §§ 5 et 6 ou à y prendre part, sera puni de la réclusion (§ 18, al. 1). La même peine frappe celui qui excite ou incite (* § 51, note 6), de la manière qui vient d'être mentionnée, et spécialement par le fait qu'il les glorifie, à commettre les infractions auxquelles l'al. 1 fait allusion (§ 10, al. 2). L'apologie seule ne suffit pas ; elle doit être le moyen de l'excitation ou incitation.

Ce n'est qu'après avoir réussi à déterminer une autre personne que l'action est consommée.

5. Omission de dénonciation (plus loin § 184, IV).

(3) Cf. plus loin § 175, III, 2. Le concept de la provocation publique est dépassé par la présence des mots en italiques dans le texte. Le § 10 punit donc, en fait, la tentative d'incitation à participer à la préparation d'un attentat par explosifs.

La peine du § 139 C. P. I. frappe celui qui a connaissance, de manière à y attacher croyance, du projet de l'une des infractions prévues par les §§ 5, 6 et 7, et qui s'abstient d'en informer à temps la personne menacée ou l'autorité (§ 13) (4).

III. — **Peines accessoires et mesures objectives.**

Dans les cas des §§ 5, 6, 7, 8 et 10, la mise sous la surveillance de la police peut être prononcée. Dans les cas des §§ 5, 6, 7, 8 et dans celui d'une application des dispositions pénales du § 9, il y a lieu de prononcer la confiscation des objets employés et destinés à la préparation des explosife, ainsi que des quantités d'explosifs trouvées en la possession du condamné, sans distinguer si ces choses appartiennent ou non au condamné (§ 11).

IV. Enfin la loi étend les dispositions du § 4, al. 2, n° 1 du C. P. I. (criminalité des infractions commises à **l'étranger**) aux infractions prévues par les §§ 5, 6, 7, 8 et 10 de la loi sur les explosifs (§ 12).

(4) Remarquez les différences avec le texte du § 139, C. P. I.

III. — La falsification de marchandises

§ 157.

Bibliographie. — *Hegler*, *Kitzinger*, RvD, Bes. T., VII, 535, IX, 124. — Pour III : Les travaux préparatoires de la loi dans GA, xxvii. Editions commentées de *Meyer* et *Finkelnburg*, 2ᵉ éd., 1885. — *Zinn*, 2ᵉ éd., 1885. — *Katz*, 1895. — *Löbner*, Die Gesetzgebung des alten und neuen Deutschen Reichs wider Verfälschung der Nahrungsmittel, 1878. — *Hälschner*, II, 665. — *Reiffel*, GA, xxxix, 109. — *Daunne*, GS, xlv, 125. — *Liebermann*, GS, lxi, 394. Données historiques dans *Elben*, Zur Lehre von der Warenfälschung, 1881. — Pour IV et V : Les éditions de Haas, 1887, avec documentation. — Pour VIII : *Fleischmann*, Das Margarinegesetz vom 15. juni 1897, 1898.

I. **Géneralités.** — La falsification de marchandises dont la criminalité repose aujourd'hui sur la loi du 14 mai 1879 (modifiée le 29 juin 1887) concernant la circulation (*Verkehr*) des denrées consommées pour l'alimentation et autres usages (*Nahrungs,Genuss*, *Gebrauchsmittel*), constitue la transition entre les infractions constitutives de danger public et les infractions constitutives de faux. Elle partage avec les premières, d'une part, le caractère d'être dirigée contre le corps et la vie ainsi que contre le patrimoine, et, d'autre part celui d'employer des forces de la nature, qui consomment leur œuvre de destruction sans violence imposante, mais avec une certitude d'autant plus grande ; elle a en commun avec les secondes le caractère propre de l'acte, la falsification et l'altération (*Fälschen* et *Verfälschen*), la fabrication ou la modification criminelles de certaines formes admises dans la circulation (*Verkehr*). D'après ce qui précède, s'il existait dans le système pénal un groupement justifié des infractions de falsification, la falsification de marchandises (du moins celle de la législation impériale) pourrait prétendre à une place spéciale dans ce groupement.

II. **Historique.** — La falsification de marchandises joue déjà son rôle dans le Moyen Age allemand. Les législations municipales contiennent fréquemment des dispositions pénales contre la falsification des objets d'or et d'argent, des draps et soieries, des aliments et boissons. On rencontre même la peine de mort (Z, X, 242). Les ordonnances de police, tant de l'Empire que des Etats, s'occupent aussi de délits similaires. L'art. 113 de la Caroline menace d'une peine criminelle, et le cas échéant de la mort celui qui « malicieusement et dangereusement falsifie des mesures, balances, poids, épiceries et autres marchandises et les emploie et donne comme bons ». Le droit commun a également relevé la falsification de marchandises, particulièrement l'*adulteratio vini*, comme un « cas dénommé » du *falsum*, et l'a même sanctionnée dans certaines circonstances de la peine de mort ; le plus souvent de la corde comme peine du vol. L'Autriche, en 1707, relève quelques cas à propos de l'empoisonnement. La Cout. Gen. de Prusse, 723, prononce encore une peine d'un à trois ans d'emprisonnement contre celui qui altère des denrées alimentaires d'une façon préjudiciable à la santé, tandis que la falsification de marchandises (A. L. R. 1442) ainsi que celle des poids et mesures est traitée comme cas aggravé de l'escroquerie au détriment du public (*Betrug des Publici*). La législation allemande du XIXe siècle n'eut pas la compréhension de la signification pratique de l'infraction, et il fallut l'exemple de l'étranger, en particulier de la France et de l'Angleterre, pour faire reparaître la falsification dans le droit pénal allemand. La plus récente législation allemande montre à ce sujet une tendance discutable à établir précipitamment des sanctions pénales insuffisamment mûries.

La loi impériale du 14 mai 1879 se réfère (§ 1) au commerce (circulation, *Verkehr*) des denrées alimentaires et de consommation (plus haut § 129, VII), ainsi qu'à celui des jouets, des papiers peints, des couleurs, des ustensiles servant à boire, à manger et à faire la cuisine, et du pétrole, et elle contient des dispositions d'une importance différente, au point de vue des principes, et qui ne sont réunies ici que pour permettre un exposé d'ensemble.

A. Tout d'abord, le commerce des objets mentionnés est soumis à **la surveillance de la police de l'industrie** (§§ 1 à 4).

La résistance à cette surveillance entraîne, dans la mesure où n'intervient pas le § 113 C. P. I., une amende de cinquante à cent cinquante marks ou la détention simple (§ 9). Les contraventions aux ordonnances impériales sur l'interdiction de fabriquer, de conserver, d'emballer, de vendre, d'employer certains objets sont punies d'une amende avec maximum de cent cinquante marks ou de la détention simple (§ 8).

B. Les dispositions qui suivent ont pour premier objet la **protection du patrimoine** contre l'effet des falsifications et complètent ainsi les sanctions pénales de l'escroquerie (d'ailleurs applicables dans la plupart des cas à considérer). Nous devons distinguer :

1. La contrefaçon ou l'altération de produits alimentaires et similaires, dans le but d'une tromperie dans le commerce et la circulation (la tromperie doit être le mobile). La connaissance du fait par l'acquéreur, mais non la communication aux revendeurs, exclut la criminalité. La « contrefaçon » (*Nachmachung*) signifie alors la fabrication de produits dits succédanés ou surrogats (non désignés comme tels) ; l' « altération » (*Verfälschung*) signifie aussi bien le fait de donner l'apparence d'un produit meilleur, c'est-à-dire de plus de valeur, que celui de diminuer la qualité par l'addition de substances étrangères.

2. La vente, faite sciemment, de produits alimentaires et similaires gâtés, imités, altérés, en taisant ces qualités, ainsi que la mise en vente, faite sciemment, avec absence de désignation propre à créer une tromperie. Il est nécessaire qu'il y ait transmission non gratuite (cf. plus haut § 153, note 1); mais il n'est pas nécessaire qu'il y ait réussite de la tromperie. La marchandise est « gâtée » (*verdorben*), lorsque, par une modification de son état régulier, elle est

devenue impropre à la consommation ; ce n'est donc pas le cas pour les fruits qui ne sont pas mûrs, pour la viande des veaux morts-nés (1).

Toute commission intentionnelle de ces actes est punie (§ 10) de l'emprisonnement avec un maximum de six mois et de l'amende jusqu'à quinze cents marks ou de l'une de ces peines : la commission par imprudence des actes mentionnés sous 2 (§ 11) est punie de l'amende avec maximum de cent cinquante marks ou de la détention simple.

C. Enfin, un troisième groupe de dispositions pénales sert à la **protection de la santé** (plus haut * § 87) contre les falsifications constituant un danger public (*gemeingefährliche Fälschungen*). — Il comprend :

1. La fabrication d'objets destinés à servir à l'alimentation ou consommation par d'autres personnes, faite de telle sorte que la consommation (2)(conforme à sa destination) soit propre à nuire à la santé humaine ; en outre, la mise en circulation de ces objets ;

2. La fabrication d'autres objets que ceux mentionnés dans le § 1, faite de telle sorte que l'usage, conforme à la destination ou possible à prévoir, soit propre à nuire à la santé humaine ; en outre, la mise en circulation de ces objets.

Dans les deux cas, il est aussi peu nécessaire qu'il y ait dommage au patrimoine de l'acheteur que dommage à sa santé. Par conséquent, la transmis-

(1) Si le même auteur contrefait et vend la même marchandise, il y a (1er vol. § 55, note 3) unité d'infraction. *Contra* R, x, 198.

(2) La consommation elle-même, et non pas par exemple les représentations et sensations qui la précèdent ou la suivent : répugnance, etc.) ; R, xviii, 135. La consommation par l'acheteur lorsque celui-ci, comme le vendeur en a connaissance, est malade, même si la consommation en est anodine pour un homme bien portant ; R, xxxi, 299.

sion avec indication de la qualité de la chose dangereuse pour la santé est également punissable.

La peine est graduée comme suit :

a) Commission intentionnelle. α) Cas simple (§ 12), l'emprisonnement, accessoirement la perte des droits civils suivant appréciation. Tentative punissable. Si une lésion corporelle grave (C. P. I., § 224) ou la mort ont été causées, la réclusion avec maximum de cinq ans. — β) Cas aggravé (§ 13), existant lorsque la consommation ou l'usage des objets mentionnés sont propres à détruire (plus haut, § 91, II, 1) la santé humaine et que cette qualité était connue de l'auteur : réclusion avec maximum de dix ans ; si la mort a été causée, réclusion avec minimum de dix ans ou réclusion perpétuelle. Surveillance de la police suivant appréciation (rattachement direct au § 324, C. P. I.).

b) Commission par imprudence (§ 14). L'amende avec maximum de mille marks ou l'emprisonnement avec maximum de six mois : si un dommage à la santé d'une personne a été causé, l'emprisonnement avec maximum d'un an ; si la mort a été causée, l'emprisonnement d'un mois à trois ans.

Est obligatoire, indépendamment de la peine prononcée et suivant appréciation en tant que mesure objective (*objektive Massregel*) la confiscation des objets pour les cas rentrant dans le troisième groupe, sans qu'il y ait lieu de distinguer s'ils appartiennent ou non au condamné. Dans le reste des cas, la confiscation peut être ordonnée accessoirement à la peine (§ 15).

La publication du jugement de condamnation (3) *peut* être ordonnée aux frais du coupable ; celle de l'acquittement, aux frais du Trésor de l'Etat ou du dénonciateur, *doit* être ordonnée sur requête de l'acquitté (§ 16) (4). Les amendes sont attribuées aux établissements techniques chargés de l'examen

(3) Ici peine accessoire ; cf. 1er vol. § 58, note 3. Même sens R, x, 206.

(4) Cf. aussi § 367, n° 7, C. P. I. (sur la continuation de son application, R, xii, 301) ; il menace d'une peine de contravention celui qui met en vente ou vend des boissons ou comestibles gâtés, en particulier de la viande contenant des trichines.

des produits d'alimentation et de consommation, s'il en existe au lieu de la commission, et à leur défaut au Trésor de l'Etat (§ 17).

IV. La loi du 25 juin 1887 règle la **manipulation et le trafic des objets contenant du plomb ou du zinc**.

Les contraventions professionnelles (1er vol., § 55, III, 1) sont punies de l'amende jusqu'à cent cinquante marks ou de la détention simple (§ 5). La même peine frappe celui qui frabrique, en y employant pour la surface broyante du plomb ou des substances contenant du plomb, des meules de moulin destinées à la fabrication de produits d'alimentation ou de consommation, ou qui emploie des meules de cette nature pour la fabrication de produits d'alimentation ou de consommation. Il n'est pas nécessaire qu'il y ait ici exercice professionnel (§ 5). En même temps que la peine, peut être ordonnée la confiscation des objets fabriqués, vendus, mis en vente ou employés contrairement aux prescriptions de la loi, ainsi que celle des meules fabriquées contrairement à ces prescriptions. Si la poursuite ou la condamnation d'une personne déterminée ne peuvent être exécutées, la confiscation peut être indépendamment ordonnée (§ 6). Les §§ 16 et 17 de la loi sur les produits alimentaires sont applicables (§ 7).

V. La loi du 5 juillet 1887 interdit **l'emploi de couleurs nocives** dans la fabrication des produits d'alimentation, de parfumerie, des jouets et autres objets d'usage. La partie importante de la loi (§§ 1 à 11) est constituée par ses dispositions techniques détaillées, que nous ne pouvons reproduire ici.

Les contraventions à cette loi, commises par la fabrication, la conservation ou l'emballage, la vente ou mise en vente contraires aux prescriptions légales, sont punies, et cela partiellement, seulement en cas de commission professionnelle, d'une amende de cent cinquante marks au maximum, ou de la détention simple (§ 12). En matière de confiscation s'applique ce qui a été dit plus haut, sous IV (§ 13). De même pour l'application des §§ 16 et 17 de la loi sur les produits alimentaires.

VI. Il faut encore ranger ici la loi du 24 mai 1901 concernant la **manipulation du vin et des boissons contenant du vin ou similaires du vin**, qui a remplacé, le 1er octobre 1901, la loi du 20 avril 1892.

1. Est punissable comme délit intentionnel (§ 13) :

a) La fabrication et l'imitation contraires à la loi du vin et du vin mousseux (§ 3 et 5) ;

b) La mise en vente comme vin naturel de vin additionné de produits autorisés (§ 4) ;

c) L'addition de certaines substances à des vins qui sont destinés à l'alimentation ou à la consommation (§ 7) ;

d) La mise en circulation de vins ainsi additionnés (§ 8).

Peine : L'emprisonnement avec maximum de six mois et l'amende jusqu'à trois mille marks ou l'une de ces peines. Si l'auteur a été déjà condamné une fois pour l'une de ces actions, la peine est l'emprisonnement avec maximum d'un an, auquel peut être jointe une amende avec maximum de cinq mille marks. La prescription de la récidive est de trois ans.

2. Une série d'autres infractions à la loi (§§ 15, 16, 17) a pour sanctions des peines de contravention.

3 Dans les cas 1 *a*, *c*, *d*, la confiscation des boissons doit être obligatoirement ordonnée, leur anéantissement étant facultatif; dans les autres cas, confiscation et anéantissement sont facultatifs. La confiscation comme mesure objective est laissée à l'appréciation du juge (§ 18). Les §§ 16 et 17 de la loi du 14 mai 1879 sont applicables.

4. Sur l'obligation du secret imposé aux experts, cf. plus haut, § 124, III, 3.

La loi concernant l'impôt sur la **bière**, modifiée par la loi du 3 juin 1906 (rédaction du 7 juin 1906) applique, dans son § 37, une peine moins grave.

1. Celui qui emploie — mélange pour la fabrication de la bière ou ajoute à la bière dont la fabrication est terminée et qui est destinée à la vente — des substances autres que celles autorisées par le § 1, ou qui entreprend un de ces actes, est passible d'une amende de cent cinquante marks au maximum.

2. La confiscation des substances ou celle de la bière sont

obligatoirement prescrites. Si des obstacles matériels s'opposent à la confiscation, le coupable devra payer la valeur des objets, ou, si celle-ci ne peut être établie, une somme de dix à mille marks.

3. Ces dispositions s'appliquent également à la fabrication illicite de boissons similaires de la bière et à la mise en circulation d'extraits de bière interdits.

VIII. La loi du 6 juillet 1898 sur les sucres artificiels a été remplacée par la loi sur la saccharine (*Süsstoff*) du 7 juillet 1902.

1. Se rend coupable d'un délit (§ 7 al. 1, § 8, al. 1) :

a) Celui qui fabrique, intentionnellement et sans autorisation, de la saccharine ou qui en ajoute à des produits d'alimentation ou de consommation lors de la fabrication de ces produits ;

b) Celui qui importe intentionnellement de l'étranger de la saccharine ou des produits d'alimentation ou de consommation contenant de la saccharine ;

c) Celui qui met en vente ou vend intentionnellement les objets mentionnées sous *b*) ;

d) Celui qui est trouvé en possession de saccharine en quantités de plus de 50 grammes, lorsqu'il ne peut pas fournir la preuve qu'après la mise en vigueur de la loi il a acquis la saccharine d'une personne autorisée à en délivrer.

Peine : L'emprisonnement avec maximum de six mois et l'amende jusqu'à quinze cents marks ou l'une de ces peines.

2. Se rend coupable d'une contravention (§ 7, al. 2, § 8, al. 2) :

a) Celui qui commet par imprudence une des actions mentionnées sous 1, *a* à *c* ;

b) Celui pour lequel est établi le fait mentionné sous 1 *d*), lorsque les circonstances laissent supposer que la saccharine trouvée n'a pas été fabriquée ou importée contrairement à la loi.

3. A côté de la peine, la confiscation de la saccharine ou des produits d'alimentation ou de consommation doit être prononcée : cette confiscation peut être ordonnée comme mesure objective (§ 9).

4. Viennent enfin s'ajouter aux précédentes des peines réglementaires qui les complètent (§ 10).

XI. La loi du 12 juillet 1887 sur la margarine a été remplacée par la loi beaucoup plus sévère du 15 juin 1798 sur les **beurres, fromages, graisses et leurs succédanés.**

1. Est puni de l'emprisonnement avec maximum de six mois et de l'amende avec maximum de quinze cents marks ou de l'une de ces deux peines (§ 14) : *a*) celui qui fabrique, dans un but de tromperie commerciale, un des mélanges interdits par le § 3 ; *b*) celui qui, dans l'exercice de son industrie, met sciemment en circulation lesdits mélanges ; *c*) celui qui fabrique intentionnellement ou met sciemment dans le commerce de la margarine ou du fromage de margarine sans l'addition exigée par le § 6 (laquelle facilite la connaissance pour tous de la nature du produit). — En cas de récidive, l'emprisonnement jusqu'à six mois et en même temps, suivant appréciation, l'amende jusqu'à quinze cents marks si trois années ne se sont pas écoulées depuis l'accomplissement ou la remise de la peine antérieure. — La commission par imprudence n'est punissable que d'après le § 11 de la loi sur les denrées alimentaires.

2. Sur la protection pénale des secrets de fabrication cf. plus haut § 124, III.

3. D'autres prescriptions de la loi prévoient des peines caractéristiques de délit ou de contravention.

D'après le § 16, est passible d'une amende de cinquante à cent cinquante marks ou de la détention simple : *a*) celui qui, contrairement aux dispositions du § 8, refuse l'entrée de ses locaux, le prélèvement d'un échantillon ou la visite des locaux et marchandises (cf. plus haut, III, A) ; *b*) celui qui ne donne pas les renseignements qui lui sont demandés conformément au § 9 ou qui fait sciemment des déclarations fausses en fournissant les renseignements.

D'après le § 17, est passible de l'amende jusqu'à cent cinquante marks ou de la détention simple jusqu'à quatre semaines : *a*) celui qui contrevient aux dispositions du § 7 (obligation de dénoncer) ; *b*) celui qui, par imprudence, fait des déclarations fausses en fournissant les renseignements qui lui sont demandés conformément au § 9.

D'après le § 18, d'autres infractions aux dispositions de la loi ainsi qu'à celles prises par le *Bundesrat* conformément aux §§ 11 et 12, n° 1, sont punies de l'amende jusqu'à cent cinquante marks ou de la détention simple. En cas de récidive, il y a lieu de prononcer l'amende avec maximum de six cents marks ou la détention simple ou l'emprisonnement avec maximum de trois mois. La prescription de la récidive est la même que pour 1.

4. La confiscation peut être prononcée accessoirement à la peine, ainsi qu'indépendamment (§ 19).

Les dispositions de la loi sur les denrées alimentaires restent intactes. Les dispositions contenues dans les §§ 16 et 17 de cette loi s'appliquent à toutes les infractions de la loi du 15 juin 1897 en ce sens que pour les cas du § 14 de cette dernière, la publication de la condamnation doit être ordonnée (§ 20).

X. Il faut enfin ranger ici la loi du 3 juin 1900 concernant **l'inspection du bétail de boucherie et de la viande.**

D'après le § 26, est passible d'un emprisonnement avec maximum de six mois et d'une amende avec un maximum de quinze cents marks ou de l'une de ces peines :

1. Celui qui met sciemment dans le commerce, comme denrées d'alimentation ou de consommation pour l'homme, de la viande reconnue impropre à la consommation humaine ou de la viande reconnue propre sous condition à la dite consommation, mais qui n'est pas encore rendue utilisable ; celui qui met de cette viande dans le commerce, pour d'autres buts, avant d'y être autorisé par la police et sans observer les mesures de sécurité prescrites (§§ 9, 10) ; celui qui importe sciemment dans les lignes douanières de la viande contenue dans des récipients hermétiquement clos, des saucissons, saucisses ou autres mélanges de viande hachée (§ 12, al. 1) ; celui qui emploie sciemment, dans la préparation professionnelle des viandes, des substances ou procédés propres à rendre la marchandise nuisible à la santé ou à en dissimuler la nocivité ou la qualité inférieure, ainsi que celui qui importe de l'étranger ou met dans le commerce, sciemment, de la viande de cette nature (§ 21) ;

2. Celui qui met sciemment dans le commerce, comme produit d'alimentation ou de consommation pour l'homme, de la viande importée contrairement aux dispositions du § 12, al. 1, ou rendue impropre à la consommation humaine conformément au § 17 ;

3. Celui qui applique frauduleusement ou altère les marques prévues par le § 19, ou celui qui met en vente ou vend sciemment de la viande pourvue de marques fausses ou altérées ou dont les marques ont été enlevées.

Le § 27 frappe d'une peine de contravention (l'amende jusqu'à cent cinquante marks ou la détention simple) d'une part (n° 1) la commission par imprudence des actes prévus dans le § 26, n°s 1 et 2, et d'autre part (n°s 2 à 4) la contravention aux autres dispositions contenues dans la loi.

A côté de la peine, la confiscation de la viande ou de l'animal est obligatoirement prescrite dans les cas du § 36, n°s 1 et 2, ainsi que du § 27, n° 1, et dans les autres cas elle est laissée à l'appréciation du juge. Il est indifférent que l'objet appartienne ou non au condamné. La confiscation peut aussi être prononcée indépendamment (§ 28). Le § 16 de la loi du 14 mai 1879 est applicable (§ 29).

IV. — Infractions en matière monétaire

§ 158. — Historique et position dans le système pénal.

Bibliographie. — *Kohler*, RvD. Bes. T., III, 203. — *Merkel*, HH, III, 213. — *Hälschner*, II, 570. — *Gubser*, Thèse Zurich, 1891. — *Caspar*, Thèse Göttingen, 1896. — *Silex*, Thèse Greifswald, 1899. — *Gerland*, Thèse Strasbourg, 1901. — (*Le même*, GS, LIX, 81). — *Schlüter*, Thèse Leipzig, 1906. — *Kuhn*, Thèse Heidelberg, 1907.

I. **Historique :** En droit romain, la falsification de la monnaie au sens propre du mot (*nummos radere, tingere, fingere*) constitua l'un des deux principaux éléments de la *lex Cornelia testamentaria nummaria*. Si ce classement dans le concept extensible du *falsum* compromettait déjà l'évolution indépendante du concept de notre infraction, cette évolution devint ensuite à peu près impossible, lorsque le droit ultérieur, adoptant le point de vue de la lésion du droit de souveraineté, conçut la falsification des monnaies en partie comme un *crimen læsæ majestatis* (C. 9, 24).

Dans les sources du Moyen Age allemand, la falsification des monnaies est punie le plus souvent de la peine du feu (de la décapitation dans le Schwabenspiegel), la possession et l'émission de fausse monnaie de la perte de la main (Sachsenspiegel, II, 26, 2).

La Caroline, art. 111, divise les infractions monétaires en trois cas : 1. « Lorsque quelqu'un frauduleusement frappe sur une monnaie la marque d'un autre » ; 2. « Lorsque quelqu'un y met un métal qui n'est pas le bon » ; 3. « Lorsque quelqu'un enlève d'une manière sérieuse à la monnaie son poids exact ». C'est seulement dans le cas le plus grave qu'intervient la mort par le feu (1) ; pour les autres, ce sont

(1) Sur le supplice par le feu des faux monnayeurs, encore en usage bien avant dans le xviiie siècle, cf. Gunther, II, 45.

les peines frappant la personne et le patrimoine. Celui qui prête sciemment sa maison pour la commission de l'infraction, perd cette maison.

La législation ultérieure (Ord. imp. sur la monnaie de 1559, Edit sur la monnaie de 1759, etc.) augmenta, en partie sous l'influence de conceptions erronées en matière monétaire, la confusion régnante. L'exportation ou la fonte de bonnes monnaies indigènes, l'importation de mauvaise monnaie étrangère s'ajoutèrent aux infractions monétaires. La doctrine du droit commun distingua dans la falsification des monnaies : 1. Les cas, *quæ in falsum*; 2. Ceux, *quæ in crimen læsæ majestatis in specie*; 3. Ceux *quae in utrumque incidunt*, et restreignit l'application de la peine de mort. Dans la législation, le point de vue purement fiscal se manifesta de plus en plus vers la fin du XVIIIe siècle ; c'est ainsi que A. L. R. (Cout. Gen. de Prusse) traite, elle aussi, les infractions monétaires parmi les « usurpations et lésions à l'encontre des droits réservés à l'Etat ».

A l'époque moderne, le concept est notablement élargi par l'assimilation de la monnaie de papier (*Papiergeld*) et autres papiers représentatifs d'une valeur en argent (papiers-monnaie, *Geldpapiere*) à l'argent monnayé. Par contre, la controverse de doctrine sur l'intérêt lésé ou mis en péril par les infractions monétaires n'est pas encore close, même chez les auteurs contemporains.

II. — **Position des infractions dites monétaires dans le système pénal.** Les infractions monétaires (cette expression est beaucoup trop étroite à l'égard du droit en vigueur) se caractérisent en ce qu'elles sont des actions illicites se rapportant à des valeurs (*Wertzeichen* = symboles de valeur) déterminées. L'objet de l'attentat, dans les infractions monétaires, n'est donc pas le prétendu intérêt de la *publica fides* (la bonne foi, *Treu und Glauben*, dans les relations juridiques), intérêt qui résiste à toute définition précise. Ce n'est pas non plus le crédit (force probante, *Beweiskraft*) attaché à certaines formes de légalisation établissant des faits juridiquement importants (MERKEL). Car ce n'est pas pour l'intégrité des valeurs monétaires en soi que le législateur édicte ses dispositions pénales, mais parce que par la lésion de cette intégrité, d'autres intérêts, les intérêts patrimoniaux de l'individu, l'intérêt du public à la sécurité des relations juridiques, ainsi que la souveraineté monétaire de l'Etat, sont menacés. Par suite, les infractions monétaires se rangent en tant qu'emploi illicite (*Missbrauch*) des valeurs monétaires, parmi les infractions caractérisées par leur moyen (1er vol. §§ 44, I, 79, II), et c'est seulement vouloir créer une confusion que de chercher à les réunir, avec les infractions en matière de documents et d'écritures, en un groupe prétendu homogène qui serait celui des « infractions de faux » (*Fälschungsverbrechen*) (2).

III. — Les **valeurs** (*Wertzeichen*) **protégées** sont :

1. La monnaie (*Geld*), c'est-à-dire le « moyen de paiement légal » reconnu par l'Etat (en tant que mesure de valeur [*Wertmesser*] et porteur de valeur [*Wertträger*], soit la monnaie métallique aussi bien que la monnaie de papier, la monnaie nationale aussi bien que celle de l'étranger (C.P. I., § 146).

2. Les valeurs représentatives d'argent (papiers-monnaie, *Geldpapiere*) mentionnées par le § 149, C.

(2) Parmi les auteurs, c'est la conception de MERKEL qui domine. Elle est suivie aussi par BINDING, *Lehrb.*, II, 108, KOHLER, 212 (légalisation par l'Etat de la valeur de la monnaie), LENZ, (*Bibl.*, § 160), v. LILIENTHAL, Z, XV, 341, MEYER-ALLFELD, 602. OPPENHEIM (§ 32, note 2), WACHENFELD, 313, ZINT (*Bibl.*, § 163). BINDING institue le groupe spécial des « Infractions contre les moyens de preuve et de légalisation ». A ces derniers il rattache la falsification de la monnaie et les infractions analogues. Mais comme la preuve n'est pas un bien, le groupe entier ne repose sur rien. De même, l'authenticité de la forme de légalisation (MERKEL) n'est certainement pas protégée pour elle-même. Sur les doutes soulevés par la théorie dominante, cf. v. LISZT, *Falsche Aussage*, 1877 (p. 9). Ils augmentent encore pour les infractions en matières d'écritures (et aussi pour le faux témoignage).

P. I. (3), soit les obligations au porteur, les banknotes, les actions ou titres provisoires ou quittances en tenant lieu, ainsi que les coupons d'intérêt ou de dividende ou talons de renouvellement s'y rattachant, lorsque ces valeurs sont émises par l'Empire, l'ancienne Confédération du Nord, un Etat confédéré ou un Etat étranger ou par une commune, personne morale, société ou personne privée autorisée à procéder à l'émission de papiers de cette nature.

Le C. P. I., a reconnu dans son § 4, n° 1, la signification internationale des valeurs monétaires (1er vol. § 22, IV, 2).

§ 159. — Les modalités des infractions monétaires.

Bibliographie. — Cf. § 158.

I. — **La falsification de la monnaie** (*Münzfälschung*) (C. P. I., § 146) comprend deux cas :

1. La fabrication de fausse monnaie (*Falschmünzerei*), c'est-à-dire la production illicite de valeurs monétaires non authentiques. Il est indifférent que ces valeurs soient, au point de vue métallique, égales ou inférieures aux monnaies authentiques (1). Il est également indifférent qu'elles présentent ou non la « contrefaçon » d'un coin existant réellement (fabrication de pièces de quarante marks) (2). Il est nécessaire, pour la consommation, qu'il y ait un certain degré de ressemblance avec la monnaie authentique ;

(3) Mais non les timbres et valeurs des postes et télégraphes, les timbres d'assurances, les vignettes fiscales, etc. ; cf. plus loin § 163, III à VI.

(1) Important à cause de la dépréciation continue du métal argent.

(2) De même l'opinion dominante, et aussi Binding, *Lehrb.*, II, 315, Frank, § 146, I, *Contra*, Gerland, GS, LIX, 145, Kuhn, 39, Meyer-Allfeld, 615, Silex, 17.

il faut qu'il y ait eu la possibilité d'une circulation, même courte, et par suite la ressemblance doit être suffisante pour amener une erreur dans les rapports courants (3). La monnaie « démonétisée », c'est-à-dire n'ayant plus cours, n'étant plus monnaie, il y a fabrication de fausse monnaie lorsque l'on donne à cet argent l'apparence de monnaie ayant encore cours ; la loi a rangé à tort ce cas dans l'altération des monnaies ;

2. L'altération des monnaies (*Münzverfälschung*), c'est-à-dire le fait de procéder à une modification des monnaies authentiques telle qu'elle donne à celles-ci l'apparence d'une valeur plus élevée.

La fabrication de fausse monnaie et l'altération des monnaies exigent par définition, l'une aussi bien que l'autre, le dessein de répandre (les fausses valeurs) de la part de l'auteur, c'est-à-dire le dessein (autrement dit mobile) d'employer comme authentique la monnaie contrefaite ou altérée ou de la mettre autrement (comme moyen d'échange authentique) en circulation (cf, plus haut § 153, note 1). La monnaie doit être transmise « comme bonne » (authentique), celui qui la reçoit doit donc se trouver dans l'erreur quant à sa fausseté. Il suffit pourtant, si le dessein de l'auteur tendait à ce but, qu'il soit atteint seulement à l'égard d'une ou de plusieurs personnes. L'usage (*Gebrauch*) apparaît comme un sous-cas de la mise en circulation (*Inverkehrbringen*). Il n'y a donc pas dessein de répandre lorsque le pouvoir de disposition (*Verfügungsgewalt*) reste entre les mains de l'auteur, si par exemple ce dernier se borne à montrer la fausse monnaie sans s'en dessaisir, dans le but, par exemple, d'obtenir du crédit, de parader, etc. ; mais au contraire ce dessein existe, si l'auteur l'emploie à la constitution d'une garantie. De même l'offre, faite sans que l'auteur se désaisisse définitivement de la

(3) Opinion commune. *Contra*, Binding, *Lehrb.*, II, 316.

pièce, n'est pas encore une mise en circulation, mais peut, suivant les circonstances, en être la tentative.

Cependant, la consommation ne se produit pas seulement par le fait de répandre, elle existe déjà lors de la falsification ou altération. La mise en circulation qui vient s'ajouter à ces opérations ne contient dès lors aucun élément criminel nouveau (plus haut § 55, II, 4).

Peine : La réclusion avec minimum de deux ans, accessoirement la surveillance de la police suivant appréciation ; en cas de circonstances atténuantes, l'emprisonnement.

II. — La **mise en circulation** (*Verbreiten*) **de monnaies fausses** (contrefaites ou altérées) (C. P. I., § 147) (4). Mettre en circulation vise ici également les actes par lesquels la monnaie est répandue, ne serait-ce que par pièces isolées. La mise en circulation est punissable comme telle seulement :

1. Si celui qui en est l'auteur a procédé lui-même, mais (la loi dit inexactement « aussi ») sans dessein de répandre, à la falsification ou altération ;
2. S'il se procure (et non s'il « reçoit ») chez un un autre la fausse monnaie en ayant connaissance de cette qualité. Dans ce cas, est assimilé au fait de répandre le fait, de la part de l'auteur, d'importer de la fausse monnaie de l'étranger dans le but de la répandre (dans le pays ou à l'étranger).

Peine : celle de la falsification de monnaie (C. P. I, § 146).

III. — Le § 148, C. P. I. punit le fait de **se débarras-**

(4) L'expression « escroquerie monétaire » est propre à provoquer des erreurs. — Le concours idéal avec le § 263 (mais non entre le § 146 et le § 263) est possible. Par contre, Frank, § 263 X, considère les infractions monétaires uniquement comme cas spéciaux de l'escroquerie.

ser de la fausse monnaie qui existe dans le cas où quelqu'un reçoit comme bonne de la fausse monnaie et la met en circulation après avoir reconnu sa mauvaise qualité (5). La « réception » (*Empfangen*) implique le transmission de la part d'un autre, et exclut une appropriation unilatérale (fait de voler, de trouver, etc.) (6).

La consommation intervient avec la mise en circulation ; peine : l'emprisonnement avec maximum de trois mois ou l'amende avec maximum de trois cents marks ; la tentative est punissable. Le § 148 contient un cas spécial en opposition avec l'escroquerie ; le concours idéal se trouve donc exclu.

IV. — **L'amoindrissement** (*Kippen und Wippen*), c'est-à-dire (C. P. I., § 150) la mise en circulation de pièces de bonne monnaie dont la valeur métallique est diminuée par des procédés mécaniques ou chimiques (consistant à rogner, limer, gratter, etc., les pièces). L'action est donc un délit monétaire au sens étroit ; les mêmes opérations à l'égard de la monnaie de papier ne tombent pas sous le coup du § 150. L'action est punissable seulement :

1. Si l'auteur (*Wipper*) a procédé lui-même à l'amoindrissement, ou :

2. S'il met habituellement (1er vol., § 55, III) en circulation les monnaies amoindries par un autre (*Kipper*), ou :

3. Si, de concert avec l'auteur de l'amoindrissement, il met en circulation les mauvaises comme ayant leur pleine valeur.

Peine : L'emprisonnement. et en même temps, suivant appréciation, l'amende avec maximum de trois mille marks et la perte des droits civils. La tentative est punissable.

(5) Déjà traité dans le droit commun (Autriche, 1656 ; Leyser et autres) comme cas atténué du *falsum*.

(6) *Contra* Caspar, 36, Meyer-Allfeld, 616, Olshausen, § 148, 1. Exact Binding, *Lehrb.*, II, 329, Frank, § 148, I, Gerland, GS, LIX, 268, Haelschner, II, 581, Kuhn, 71, Merkel, HH, II, 224.

V. — Le fait de **se procurer ou de fabriquer des formes** (coins, empreintes, gravures, plaques, etc.), servant à l'exécution de valeurs monétaires, dans le but de commettre une infraction monétaire (C. P. I., § 151). La loi traite ici certains actes préparatoires comme infractions indépendantes et les frappe d'une peine spéciale; la pénalité de ces actes est exclue par la commission de l'infraction monétaire projetée.

Peine : L'emprisonnement, avec maximum de deux ans.

Dans tous les cas mentionnés jusqu'à présent (7), il y a lieu de prononcer la confiscation de la monnaie contrefaite ou altérée (ou amoindrie), ainsi que celle des objets mentionnés sous V, même lorsque la poursuite ou la condamnation d'une personne déterminée ne se produisent pas (C. P. I., § 102).

VI. — Sont en relation avec les infractions monétaires proprement dites les contraventions contenues dans le § 360, n°s 4, 5, 6, C. P. I. (Peine : l'amende avec maximum de cent cinquante marks ou la détention simple), soit :

1. L'exécution, sans ordre écrit d'une autorité administrative, des objets mentionnés sous V, ou leur remise à d'autres personnes qu'à l'administration ;

2. Le fait d'entreprendre une copie (*Abdruck* = épreuve) de ces objets ou l'impression de formulaires destinées à des papiers de cette nature sans ordre écrit de l'administration, ou la remise de copies à d'autres personnes qu'à l'administration ;

3. Le fait d'exécuter ou de répandre des imprimés ou dessins qui, dans leur forme ou leur ornementation, sont semblables à des valeurs monétaires, ainsi que l'exécution de formes (clichés, etc.), propres à produire des imprimés ou dessins de cette nature.

En même temps que la peine, la confiscation des appareils, copies, dessins peut être ordonnée, sans qu'il y ait lieu de distinguer s'ils appartiennent ou non à l'auteur.

(7) Y compris l'amoindrissement de monnaie prévu par le § 150, C. P. I. *Contra*, l'opinion commune, en particulier BINDING, *Lehrb.*, II, 311, FRANK, § 152, I, KUHN, 104, MEYER-ALLFELD, 617.

VII. — Il faut enfin mentionner dans cet ensemble la loi du 26 mai 1885 sur la **protection contre l'imitation non autorisée du papier destiné à la fabrication des bons du Trésor impérial**. Il est interdit (§ 1) de fabriquer, d'importer de l'étranger, de mettre en circulation (par vente, offre ou autrement, plus haut § 153, note 1) du papier qui soit, par la ressemblance des caractéristiques extérieures, assez pareil ou semblable au papier employé à la fabrication des bons du trésor, pour que la différence entre eux ne puisse être constatée que grâce à un examen particulièrement attentif.

L'infraction commise intentionnellement est punie de l'emprisonnement jusqu'à un an et, lorsque l'action a été commise pour préparer une infraction monétaire, de l'emprisonnement de trois mois à deux ans. Si l'action a été commise par imprudence, sont applicables l'amende avec maximum de dix mille marks ou l'emprisonnement avec maximum de six mois (§ 2). En même temps que la peine, mais aussi indépendamment, la confiscation peut être prononcée quelque soit le propriétaire (§ 3).

V. — Infractions en matière documentaire

(*An Urkunden*) (1)

§ 160. — Généralités.

Bibliographie. — *Weismann*, RvD, Bes. T., VII, 243. — *Merkel*, HH, III, 784, IV, 441. — *John*, Z, iv, 1 ; contre lui v. *Buri*, GS, xxxvi, 173 (Beiträge, 260). — *Mommsen*, GS, xxxvi, 34 ; contre lui, v. *Buri*, GS, xxxvi, 310. — *John*, Z, vi, 1 : contre lui, v. *Buri*, GS, xxxix, 36, v. *Kries*, Z, vi, 88, et en particulier 148. — *Riedel*, GS, xxxviii, 534 et GS, xxxix, 161. — *Boerne*, GS, xli, 383. — *Weismann*, Z, xi, 1. — *Warneyer*, GA, xli, 2. — *Meyer*, GS, xlvii, 81. — *Brodmann*, Die Urkunde, besonders im Strafrecht, 1904. — *Pfizer*, GS, lii, 425. — *Goldschmit*, GS, lv, 161. — *Beling*, Z, xviii, 293. — *Hälschner*, II, 518. — *Lenz*, Die Fälschungsverbrechen : I. Die Urkundenfälschung, 1897. A ce sujet *Kleinfeller*, KVS, xl, 439. — *Teichmann*, Schweizer, Z, x, 173. — *Davidsohn*, Urkundendelikte an Postanweisungen (*Beling*, Heft, 31), 1900. — *Paul Merkel*, Die Urkunde im deutschen Strafrecht, 1902. — *Zint*, GA, liv, 55. — *Sick*, Thèse Erlangen, 1906. — *Scholz*, Thèse Rostock, 1904. — *Wedemeyer*, Thèse Rostock, 1903.

I. — **Historique et position dans le système pénal**. De même que la falsification des monnaies, le faux en écritures tire son origine de la *lex Cornelia testamentaria nummaria*, dont les dispositions, d'abord restreintes au faux testamentaire, furent bientôt notablement étendues par une série de cas de *quasi falsum*. Le droit allemand a fait du faux en écritures et sceaux (*chartæ*, *notitiæ*, lettres, etc.), une infraction indépendante qu'il punissait régulièrement de la perte de la main et aussi du supplice consistant à faire bouillir le délinquant. La Carolina dans son art. 112 frappe d'une peine corporelle ou capitale ceux « qui font des faux cachets, fausses lettres, faux livres de comptes, rentes ou intérêts, ou faux registres ». Le droit commun, en rangeant le faux en écritures dans le concept général et indéterminé de la falsification en tant que lésion de la « bonne foi publique », a rendu sensiblement plus difficile la conception exacte. Le C. P. I. lui-même emploie encore l'expression erronée de « faux documentaire » (*Urkundenfälschung*), bien que cet intitulé ne s'applique guère au contenu de la section 23, et il incite par là la doctrine (plus haut, § 158, note 2) à maintenir une tradition vieillie et inexacte.

C'est seulement dans le cas du § 267 C. P. I. qu'il existe une « falsification » (*Fälschung*) au sens propre. Mais là également le « faux » disparaît complètement derrière l' « usage », avec lequel seulement existe la consommation. Mais dans le faux documentaire (*Falschbeurkumdung*). (C. P. I., § 271), il est aussi peu question de falsification que dans la destruction d'un document appartenant à autrui (C. P. I., § 274, n° 1).

L'élément commun à tous les cas qui se placent ici ne peut guère se trouver que dans le fait qu'ils sont tous commis à l'égard de titres (*Urkunden*), donc de moyens de preuve (*Beveissmitteln*). Ainsi que pour les infractions monétaires, c'est le moyen et non la tendance de l'attentat qui détermine la nature homogène du groupe. Ce n'est pas pour eux-mêmes que les titres sont protégés par le législateur, mais bien pour les divers intérêts pour lesquels le titre peut avoir une valeur dans les relations juridiques.

Mais d'ailleurs le concept du titre (*Urkundenbegriff*) ne constitue que le noyau autour duquel se rassemblent d'autres délits, traités par le législateur dans cette section. Si, en effet, la pierre servant de borne (*Grenzstein*) ne représente pas toujours à la vérité un titre, mais peut en somme en servir, le concept du titre est déjà complètement abandonné pour le genre de valeurs mentionnées dans les §§ 275 et 276 C. P. I.

II. — **Le concept du titre** (*Urkunde*).

Le titre est, au sens pénal, toute pièce qui, par le sens de son contenu (et non pas seulement par son existence), est destinée à prouver un fait susceptible de conséquences juridiques ; c'est donc la déclaration (1) en vue d'effets juri-

(1) L'étude de la question a été très avancée par les recherches approfondies de BINDING (*Lehrb.*, II, 169) et de P. MERKEL.

diques, ayant pris corps, tantôt constitutive et tantôt probatoire de droits (2).

1. Les titres ne sont pas seulement des écritures, mais aussi d'autres choses destinées et propres à faire connaître des idées au moyen de mots ou de signes représentant des mots et généralement compréhensibles (3).

2. Au concept du titre appartient la destination probante (*Beveisbestimmung*) (4). Mais il y a lieu de distinguer. Le titre peut avoir été dressé, établi, recueilli, c'est-à-dire avoir reçu lors de son établissement l'empreinte de la destination probante, titre préconstitué (*Absichtsurkunde*) dressé avec intention, ou bien il n'a reçu qu'après coup, grâce à une volonté autorisée (procureur royal, partie dans le procès), cette empreinte (document de hasard, *Zufallsurkunde*) (5).

(2) Dans le même sens, se rattachant à BRODMANN, FRANK, § 267, II : « La déclaration ayant pris corps, émise en vue de relations juridiques. »

(3) C'est dans la compréhension objective du signe représentant des mots que réside la différence avec le signe créant la preuve (*Beweiszeichen*). Une compréhension reposant seulement sur une entente des intéressés ne suffit pas. En sens différent MEYER-ALLFELD, 605, ainsi que R à plusieurs reprises, en dernier lieu, XXVIII, 152, XXXIV, 435. — La « signature d'artiste » sur un tableau peut être un titre ; R, XXXIV, 53. Au contraire, elle a toujours cette qualité d'après MEYER-ALLFELD, 605 et elle ne l'a jamais d'après FRANK, § 267, III, KOHLER, 1908 (Bibl., § 122) 145. — D'après BINDING, *Lehrb.*, II, 170, et P. MERKEL, 288, la forme écrite est absolument indispensable.

(4) Même sens BINDING, *Lehrb.*, II, 188, BIRKMEYER, 1187, HAELSCHNER, II, 520, MEYER-ALLFELD, 604, WACHENFELD, 313, et aussi R, XVII, 103, XX, 6, XXII, 182, XXXIV, 53. *Contra*, en particulier Sénats pénaux réunis, VIII, 92, et FRANK, § 267, II (mais qui arrive au même résultat, cf., plus haut note 2), P. MERKEL, 290, BELING, BARNE, DAVIDSOHN, GOLDSCHMIDT, JOHN, v. KRIES, LAMMARCH, LENZ, MOMMSEN, RIEDEL, TEICHMANN, WEISMANN. — La monnaie et les valeurs représentatives de monnaie ne sont pas des titres au sens de la loi, pas plus que les marques déposées (*Warenzeichen*) ; par suite, le concours idéal est exclu. Des cas moins gravement punis sont contenus dans le C. P. I, § 363, C. com. § 316, la loi sur l'assurance — invalidité de 1899, § 184.

(5) Même sens, BINDING, *Lehrb.*, II, 189. Contre le « document de hasard », P. MERKEL, 292.

3. Le titre doit être destiné à prouver un fait susceptible d'effets juridiques [*eine rechtlich erhebliche Tatsache*] non pas seulement l'identité d'une personne ou d'une chose), c'est-à-dire un fait qui, soit seul, soit en relations avec d'autres faits, produit la naissance, l'extinction ou la modification d'une situation juridique.

4. Le titre doit laisser reconnaître la personnalité du déclarant. Celui qui l'émet peut être nommé expressément ou être désigné d'une autre manière, de façon à pouvoir être objectivement reconnu (billets de chemin de fer). Par suite, la signature du nom n'est pas exigible ; une signature mécanique (timbre d'une maison de commerce, etc.), suffit.

III. — **Modalités du titre**. Les titres sont, soit publics, soit privés, soit nationaux, soit étrangers. D'après le § 415, Proc. Civ., un titre public est celui qui est dressé dans les formes prescrites par un officier public dans les limites de ses pouvoirs officiels ou par une personne pouvant donner une attestation publique (*eine mit öffentlichen Glauben versehene Person*), dans les limites de sa compétence ; c'est là le titre authentique avec force probante renforcée (*mit erhöhter Beweiskraft*) (6). Tous les autres titres sont des documents privés.

Un titre public national est celui qui a été établi par une autorité publique nationale (même à l'étranger, par exemple, par le consul d'Allemagne à Londres). Et réciproquement. La loi ne fait aucune distinction entre les titres privés. La même protection juridique est accordée aux titres nationaux et aux titres étrangers.

Le titre public lui-même doit être un titre, c'est-à-dire répondre au concept développé plus haut. Mais cela suffit pour qu'il soit placé sous la protection de la loi pénale ; le législateur demande ici, purement et simplement, la prise en considération de la forme du titre. Il en est ainsi autrement pour les documents privés. Ceux-ci ne bénéficient de l'entière protection de la loi que si, soit seuls, soit en relation avec d'autres moyens de preuve, ils ont une valeur, une importance [*Erheblichkeit*] pour la preuve de droits ou de si-

(6) Les mentions faites par l'employé de la poste sur le mandat-poste sont aussi un titre public. En ce sens R, XXIV, 130 ; *contra* BELING, Z, XVIII, 295.

tuations juridiques (de faits ayant une valeur juridique); outre la destination probante du titre, outre la valeur juridique du fait, la valeur du titre au point de vue de la preuve est nécessaire. Ce n'est pas là un élément résidant dans le concept du titre, c'est un élément qui vient s'ajouter à ceux du concept. Il faut remarquer que la *valeur* (importance) au point de vue de la preuve n'a nullement besoin de se référer précisément aux faits dont le document est *destiné* à faire la preuve.

§ 161. — 1. Le faux documentaire (*Urkundenfälschung*) proprement dit.

I. — **L'action.**

D'après le C. P. I. (§ 267), le faux documentaire se compose de deux actions qui peuvent être séparées dans le temps et l'espace : la falsification et l'usage du document, l'élément le plus important étant parfois l'usage.

1. — **Le faux** (la falsification, *das Fälschen*) comprend :

a) La contrefaçon ou falsification au sens étroit, c'est-à-dire la confection d'une forme matérielle (*Beglaubigungsform*) forme destinée à l'attestation documentaire fausse. Or, le titre est faux (*unecht*) lorsque l'indication expresse ou tacite qu'il renferme sur son auteur est inexacte. La signature du nom d'un défunt ou d'un individu imaginaire est donc aussi un faux; par contre, le faux est exclu par le consentement, juridiquement valable, du tiers dont le nom doit figurer en signature. D'autre part, il n'y a plus faux documentaire lorsque la signature provient réellement de l'auteur présumé, mais qu'elle a été obtenue de sa part par tromperie ou menace, ou bien si le fait attesté véritable dans le document par l'auteur présumé est faux.

b) L'altération d'un document vrai (*echt*), c'est-à-dire une modification de son contenu telle que sa signification originaire quant à la preuve se trouve supprimée ou transformée. Il est indifférent, par définition, que le nouveau contenu du titre réponde ou ne réponde pas à la vérité effective.

c) Est assimilé au faux documentaire l'abus de blanc-seing (C. P. I., § 269), c'est-à-dire le cas dans lequel quelqu'un donne, en le remplissant, un contenu documentaire ou un contenu autre que celui qui était convenu, à un papier pourvu de la signature vraie (§ 160, II, 4) d'une autre personne, sans le consentement ou contre les dispositions de cette personne.

2. L'usage dans une intention frauduleuse, c'est-à-dire l'emploi du titre dans les relations comme moyen de preuve tombant sous les sens (*sinnfällig*), en soutenant expressément ou tacitement sa véracité et son intégrité (1). Peu importe que le but, qui est de tromper autrui, soit atteint ou non. Il est nécessaire, pour la consommation, que la personne trompée ait connu (2), par les sens, l'existence du document (il n'est pas nécessaire qu'elle ait pris connaissance du contenu). Les moyens par lesquels ce résultat s'obtient sont sans importance ; toute disposition, par laquelle le titre est effectivement porté à la connaissance par les sens (par le toucher, par exemple, pour l'écriture des aveugles) de la personne qu'il s'agit de tromper est suffisante, que le titre lui soit montré par un intermédiaire, ou bien qu'il soit glissé de toute autre manière (introduire dans la poche, dans un livre, parmi d'autres manuscrits, dans une armoire, etc.). Par contre, n'est pas usage le fait de se référer à un document, d'en faire la lecture de vive

(1) Il doit être employé comme moyen d'attestation d'un fait significatif en droit : R, XXVIII, 139. La vente à un collectionneur d'autographes ne suffit pas. Cf. plus haut, § 159, I, 2.

(2) La possibilité de cette connaissance suffit d'après BINDING, *Lehrb.*, II, 251 (lorsque s'y ajoute l'invitation à prendre connaissance), FRANK, § 267, v. MEYER-ALLFELD, 608, WEISMANN, Z, XI, 76, ainsi que R, XIX, 215.

voix (*Vorlesen*) ou d'en soutenir la véracité (si le titre n'est pas produit en même temps), la présentation d'une copie (au cas où celle-ci ne se présente pas elle-même comme une preuve) (3).

La remise d'une dépêche, ayant une valeur juridique, signée d'un faux nom, est un faux documentaire. C'est la dépêche parvenue au lieu d'arrivée qu'il faut considérer comme le titre falsifié, que l'expéditeur a fabriqué en utilisant le télégraphe comme instrument) (4).

Il n'est pas douteux que l'individu qu'il s'agit de tromper et celui auquel doit être porté préjudice n'ont pas besoin de se confondre en une seule et même personne.

II. — **Le dessein.** Le faux ainsi que l'usage doivent se produire dans un dessein illicite, c'est-à-dire dans le dessein de faire usage du document comme moyen de preuve juridique, dans le but de tromper (donc afin de déterminer la personne trompée à agir d'une certaine façon ayant une portée juridique) (5). Ce dessein doit exister comme mobile dès la première partie de l'action illicite, c'est-à-dire dès la falsification, tandis que dans la seconde partie elle signifie uniquement, comme intention, la conscience de ce qu'il est fait usage du document comme moyen de preuve dans le but de tromper. L'intention de nuire n'est pas nécessaire.

III. — **Les modes** (6). D'après le § 267, C. P. I., il y

(3) Dans le sens du texte R, XXVI, 270, XXIX, 357, XXXV, 145. *Contra* R, XV, 110 (lire de vive voix suffit), XVI, 228 (la copie suffit).

(4) Même sens, l'opinion tout à fait dominante, et aussi les Sén. pén. réunis, VIII, 92. BINDING, *Lehrb.*, II, 254, renvoie au C. C. I., § 127. Celui-ci me semble aussi décisif. — Les traités d'extradition mentionnent en partie expressément le cas. Par exemple (avec rattachement au C. P. belge) le traité avec l'Etat du Congo du 25 juillet 1890 : « Faux en écritures ou dans des dépêches télégraphiques ». Cf. aussi C. P. I., § 355.

(5) De même BINDING, *Lehrb.*, II, 242, FRANK, 267, VI.

(6) Sur le § 92, chif. 2, C. P. I., cf. plus loin, § 166, III.

a faux documentaire lorsque le même auteur, dans un dessein illicite, altère ou contrefait un titre authentique ou un document privé susceptible de servir de preuve, *et* en fait usage dans le but de tromper.

Cependant est assimilé au faux documentaire, d'après le § 270 C. P. I., le cas dans lequel une personne fait usage, dans une intention frauduleuse, d'un titre faux ou altéré, sachant qu'il est faux ou altéré.

Si, dans une activité commune et connue des deux, une personne falsifie le titre tandis qu'une autre en fait usage, il y a co-action. Dans l'usage plusieurs fois répété du même faux ainsi que dans un usage unique de plusieurs titres falsifiés, il n'existe qu'une infraction.

IV. — Dans les deux cas (§§ 267 et 270) la consommation du faux n'intervient qu'avec l'usage (plus haut, I, 2). Au contraire, la tentative, qui à la vérité n'est pas punissable pour le simple faux, commence pour le cas du § 267 dès le début de la falsification (7) et dans celui du § 270 seulement avec le début de l'usage.

V. — La peine est constituée régulièrement par l'emprisonnement (C. P. I., § 267). Une peine aggravée intervient (C. P. I., § 268) lorsque le faux est commis :

1. Dans un dessein cupide, c'est-à-dire dans le dessein de se procurer ou de procurer à un autre un avantage patrimonial (plus haut, § 139, note 12) [qui n'est pas nécessaire-

(7) Très contesté. Même sens BINDING, *Lehrb.*, II, 248, FRANK, § 268, II, MERKEL, 122, ainsi que HII, III, 801, IV, 448, MEYER-ALLFELD, 607, WEISMANN, Z, XI, 78, R, XVI, 133 ; contra BIRKMEYER (*Bibl.*, § 49), 107, HAELSCHNER, II, 553, R, VII, 54, XIII, 213, mais surtout OLSHAUSEN, § 268, 7, qui veulent rendre décisive la situation dans chaque espèce, tandis que BAUMGARTEN, 413, COHN (tous 2, *Bibl.*, § 46) I, 640, KOHLER, *Studien*, I, 18, LENZ, 197, WEDEMEYER, 46, repoussent absolument l'admission d'une tentative.

ment illicite (8)], ou 2, dans le dessein (ou mobile) d'infliger un dommage (quelconque, et non nécessairement un dommage patrimonial) (9) à une autre personne.

La peine aggravée comporte : *a*) pour le faux en écritures privées, la réclusion avec minimum de 5 ans et accessoirement, suivant appréciation, l'amende jusqu'à 3.000 marks; *b*) pour le faux en écritures publiques, la réclusion avec maximum de dix ans et accessoirement, suivant appréciation, l'amende de 150 à 6.000 marks. — En cas de circonstances atténuantes pour *a*), l'emprisonnement avec minimum d'une semaine, pour *b*) même peine avec minimum de trois mois, accessoirement, suivant appréciation, l'amende jusqu'à 3.000 marks. — A côté de l'emprisonnement, perte des droits civils suivant appréciation (§ 280) (10).

§ 162. — 2. Le faux dans la rédaction documentaire (*Falschbeurkundung*).

BIBLIOGRAPHIE. — *Kohler*, Studien, V, 544. — *J. Weiss*, Thèse Erlangen, 1891. — *Lenz* (Bibl., § 160), 209, 231. — *Haus*, Thèse Greifswald, 1900.

I. — **Le faux dans la rédaction documentaire** ne se confond pas avec le faux documentaire. La nature propre du second consiste dans la contrefaçon ou altération de la forme matérielle. Il est indifférent, par défini-

(8) Donc différence avec l'escroquerie. Même sens R à plusieurs reprises, en dernier lieu, XI, 155 ; FUCHS, GA, XIX, 425, MEYER-ALLFELD, 607, OLSHAUSEN, § 268, I. Contra BINDING, *Lehrb.*, II, 264, FRANK, § 268, I, HAELSCHNER, II, 551, LENZ, 195, MERKEL, HH, III, 799. Le dessein de déterminer le débiteur à tenir son engagement suffit donc.

(9) Donc semblable au « préjudice juridique » du C. P. I., § 158. Même sens BINDING, *Lehrb.*, II, 266, MEYER-ALLFELD, 607, von WÄCHTER, 468, R, XXX, IV, 243. Contra FRANK, § 268, I, HAELSCHNER, II, 552, LENZ, 196, MERKEL, HH, III, 800, OLSHAUSEN, § 268, 3. La lésion de l'honneur, de la liberté, etc., suffit, mais non la mise en péril.

(10) Sur la punition du fonctionnaire qui altère un document (vrai) à lui confié ou qui lui est accessible, cf. C. P. I., § 348, al., 2 (plus loin, § 179, VI, 2).

tion, que la substance du titre, telle que la produit la falsification, concorde ou non avec la vérité. Malgré la concordance il peut y avoir faux documentaire; ce sera, par exemple, le cas lorsque le débiteur, qui aura rempli son engagement vis-à-vis de son créancier, mais qui n'aura pas reçu de décharge de celui-ci, établira lui-même cette pièce. Et, d'autre part, malgré la non-concordance, il peut arriver qu'il ne soit pas possible d'admettre l'existence d'un faux documentaire : par exemple, lorsque le créancier qui n'a pas encore reçu satisfaction se laisse déterminer par des manœuvres de la part du débiteur à établir une décharge. Au contraire, l'essence de la fabrication d'écritures consiste dans l'inexactitude du fait faisant l'objet du titre, tandis que le titre lui-même est vrai et non altéré. Ce sont les expressions « faux matériel », « faux intellectuel », imitées du droit français (C. pén. franc. art. 147) qui induisent en erreur.

II. — Le C. P. I. ne punit en général (1) que **l'irrégularité matérielle dans la rédaction des titres publics** (C. P. I., § 348) ou plus exactement (C. P. I., § 271) la constatation documentaire (*Beurkundung*) faite dans des actes, livres ou registres publics, que des déclarations, actes ou faits ayant une valeur juridique, ont été émis ou accomplis, tandis qu'au contraire ces opérations n'ont pas été effectuées, ou l'ont été d'une autre manière, ou par une personne agissant dans une qualité qui ne lui appartenait pas, ou par une autre personne (2). Le concept du titre est le même que celui qui a été exposé plus haut, § 160, II; il comprend également les « livres et registres » expressément mentionnés par la loi. Les documents doivent par suite fournir à chacun la preuve entière du fait constaté, c'est-à-dire qu'ils doivent être des-

(1) Mais cf. aussi plus loin, §§ 163, VI, 2, 193, II.

(2) L'omission d'enregistrer un fait qui doit l'être, si cette omission entraîne la preuve que le fait n'a pas eu lieu.

tinés au service externe de tous, et non pas seulement au service interne [administratif]. Il faut ranger ici les livres fonciers et hypothécaires (*Grund-und Hypothekenbücher*), les rôles des patentes, les registres du commerce, de la navigation et de l'état-civil, mais non les listes de détenus tenues par les prisons et établissements pénitentiaires (3), les registres pénaux des parquets ou les listes de vaccination des médecins.

Le fonctionnaire qui procède sciemment à une fausse rédaction documentaire, se rend coupable d'un délit dans l'exercice de ses fonctions (C. P. I., § 348) (4) ; abstraction faite de sa complicité éventuelle à ce délit, le non fonctionnaire est punissable :

1. Lorsqu'il détermine la fausse rédaction documentaire (C. P. I., § 271), c'est-à-dire lorsqu'il est la cause que le fonctionnaire chargé de l'inscription enregistre dans le livre public, etc., sans en connaître l'inexactitude, le fait entaché de fausseté (par exemple, que A est la mère de l'enfant nouveau-né, que B consente à la purge de l'hypothèque inscrite en sa faveur) (5) ; ou

2. Lorsqu'il fait usage, dans une intention frauduleuse, du document ainsi fabriqué (C. P. I., § 273) (6).

(3) Cf. sur cette question controversée (R est hésitant) Silberschmidt, Z, xix, 403.

(4) Plus loin, § 179, vi, I. Cf. loi sur les gens de mer de 1902, §§ 107, 114 (la tentative de tromper l'Office des gens de mer est déjà punissable).

(5) La provocation de l'inscription par le fonctionnaire trompé serait, d'après la règle générale (prem. vol., § 50, II, 3) commission personnelle du délit dans l'exercice des fonctions. Le C. P. I., § 271, favorise par conséquent, d'une manière tout à fait injustifiée, le non-fonctionnaire. Contra Binding, *Lehrb.*, II, 289, Lenz, 239. La commission personnelle doit, par contre, être admise en cas de contrainte ou de maladie mentale du fonctionnaire.

(6) Donc établi d'après le § 271. Va beaucoup plus loin Binding, *Lehrb.*, II, 292.

La consommation intervient dans le premier cas avec l'inscription, dans le second cas avec l'usage. La complicité est possible d'après les principes généraux.

Peine : dans les deux cas : *a*) L'emprisonnement avec maximum de six mois ou l'amende jusqu'à trois cents marks. *b*) Si l'infraction est commise dans le dessein de s'enrichir ou de porter préjudice (plus haut § 161, notes 8 et 9), la réclusion avec maximum de dix ans et accessoirement, suivant appréciation, l'amende de 150 à 6.000 marks, ou en cas de circonstances atténuantes, l'emprisonnement et accessoirement, suivant appréciation, l'amende jusqu'à 3.000 marks (C. P. I., §§ 272 et 273). Tentative punissable.

§ 163. — 3. Autres infractions en matière documentaire.

BIBLIOGRAPHIE. — *Zint*, Urkundenunterdrückung und Grenzfrevel in § 274, C. P. I. (*Beling*, Heflt. 58), 1904. — *Köhn*, Thèse Tubingue, 1904.

I. — **Le détournement de preuves** (C. P. I., § 274, chiffre 1) constitue le pendant (*das Gegenstück*) de la contrefaçon de documents. De même que la seconde est la création, la première est la suppression du document (national ou étranger) en tant que moyen de preuve. Le concept du titre est le même que plus haut, § 160, II ; par suite, la valeur au point de vue de la preuve (*Beweiserheblichkeit*) n'est pas nécessaire. Comme actes de suppression la loi nomme : d'une part la destruction ou endommagement du titre, la matérialité du moyen de preuve venant en première ligne en question, et sa substance n'étant considérée que médiatement (1) ; d'autre part, le détournement du document. « Détourner » comporte aussi bien le fait de « dissimuler » (*Verheimlichen*) que de « mettre de côté » (*Beiseiteschaffen*, plus haut § 137, note 8). Le contraire serait constitué par l'appropriation (*das*

(1) Le timbre d'un rail de chemin de fer peut être enlevé par la chaleur sans endommagement de la substance.

Aneignen, plus haut § 127, V). Pourtant le dessein de faire plus tard usage soi-même du document qui vient d'être détourné, n'exclut pas le concept du détournement.

La suppression de documents n'est punissable que :

1. Lorsque le document n'appartient pas à l'auteur ou ne lui appartient pas exclusivement (donc, lorsqu'il est la propriété ou la co-propriété d'un tiers (2); et

2. Lorsque la suppression est effectuée dans le dessein (le mobile) de porter préjudice à autrui (3).

Peine : L'emprisonnement, accessoirement, suivant appréciation, l'amende jusqu'à trois mille marks. Perte des droits civils suivant appréciation (§ 280) (4).

II. — **Le déplacement de borne** (C. P. I., § 274, n° 2).

La pierre servant de borne ne rentre pas nécessairement dans le concept du titre. Bien qu'elle soit, en soi, destinée à faire preuve et ait une valeur à cet égard, elle fournit cette preuve, dans la mesure où elle ne porte pas de signes représentatifs de mots, non par son contenu, mais par son existence (son lieu de présence). En suivant ce point de vue, le déplacement de borne occupe, en droit romain ainsi que dans le droit du Moyen Age allemand, une situation tout à fait indépendante à côté du faux documentaire, situation qu'il doit en particulier à des idées religieuses fermement maintenues. La Carolina menace d'une peine arbitraire, dans son art. 114, celui « qui malicieusement et d'une manière sérieuse, déplace, abat, enlève ou modifie une limite souterraine (*Unter-*

(2) De même Frank, § 274, I, Haelschner, II, 560, Merkel, HH, III, 807, Meyer-Allfeld, 610, R, xxxiii, 288 ; contra Binding, *Lehrb.*, II, 300 (le droit d'usage est décisif), Olshausen, § 274, 2 (le droit d'édition d'un autre suffit), Zint, 21 (l'intérêt à la preuve du propriétaire, de l'ayant droit réel, de l'ayant-droit à l'édition).

(3) Plus haut, § 161, note 9.

(4) Sur le délit dans l'exercice des fonctions du § 348, al, 2, cf., plus loin § 179, vi ; sur le délit du § 183, C. P. I., plus loin § 176, III.

markung), un fossé, une marque ou une borne ». Le droit commun et la législation moderne ont maintenu ce point de vue.

Le § 274, n° 2, punit celui qui, dans le dessein de porter préjudice à autrui (plus haut § 161, note 9) : 1. enlève, détruit ou rend méconnaissable ; 2. déplace ; 3. place faussement (c'est-à-dire en donnant l'apparence que le lieu du placement a été fixé par une volonté compétente), une pierre servant de borne ou un autre signe (5) destiné par l'autorité publique ou par la volonté des ayants-droit à marquer une limite ou un étiage d'eau (*Wasserstand*). Ces trois cas correspondent à la suppression, à la falsification et à la contrefaçon de documents. Il est toujours supposé que le « signe » (*Merkmal*) est destiné à la preuve d'un fait ayant une valeur juridique : l'enlèvement d'une marque destinée à marquer la hauteur de l'eau lors d'une inondation remarquable ne tombe pas sous le coup du § 274.

Peine : L'emprisonnement, accessoirement, suivant appréciation, l'amende jusqu'à trois mille marks, ainsi que la perte des droits civils (§ 280).

III. — Les infractions commises sur ou avec des **valeurs** (nationales) (6) **du timbre, des postes et des télégraphes**. La position exacte de ce groupe dans le système pénal les classerait en réalité parmi les infrac-

(5) Aussi le fossé (*Grenzraine*). Le C. P. I., § 370, n° 1, n'a en vue que le déplacement par creusement ou labourage, mais non la suppression ; R, XXII, 286. Mais non le ruisseau formant limite, dont la dérivation reste impunie.

(6) BINDING, *Lehrb*, II, 340, FRANK, § 275, I, HAELSCHNER, II, 566, LENZ, 99. Contra MERKEL, HH, III, 810, MEYER-ALLFELD, 610, et aussi R, VI, 387. Cf. plus loin § 171, note 1. Par la Convention postale universelle (nouveau texte du 15 juin 1897), art. 18, les Etats contractants se sont engagés à assimiler les valeurs postales, nationales et étrangères. D'après ce qui précède, l'Empire Allemand n'a pas encore donné suite à cet engagement. Même sens BINDING, *Lehrb.*, II, 340, note 3. Il n'est plus émis d'enveloppes timbrées et de timbres télégraphiques.

tions en matière monétaire (C. P. I., § 146) ou parmi les infractions fiscales.

1. Contrefaçon ou falsification dans le dessein de faire usage, ainsi que l'usage d'objets faux de cette catégorie, même si le faux ne provient pas du fait de l'auteur (§ 275). L' « usage » comporte, à côté du non-paiement frauduleux des droits (*Hinterziehung der Gebühr*), l'aliénation (vente, *Veräusserung*) comme valeurs (non pas la vente pour collections philatéliques). La consommation intervient, dans le premier cas, avec la falsification et dans le second, seulement avec l'usage. Peine : l'emprisonnement avec minimum de trois mois, accessoirement, la perte des droits civiques suivant appréciation (§ 280).

2. Le nouvel usage, fait sciemment, de timbres déjà employés pour l'établissement d'actes assujettis au timbre (§ 276). Est assimilé à ce délit, par la loi du 13 mai 1891, art. 1er, l'emploi fait sciemment de timbres postaux et télégraphiques, déjà employés une fois pour affranchissement, après enlèvement (*Entfernung*) (7) total ou partiel de l'oblitération. Peine : L'amende jusqu'à 600 marks. En dérogation de la disposition du § 73 C. P. I., cette peine doit être prononcée à côté de celle entraînée par le non-paiement du droit d'affranchissement.

3. La vente ou mise en vente opérée sciemment, de papier timbré déjà employé, après en avoir fait disparaître les vieilles écritures, ainsi que de timbres mobiles (*Stempelmarken*), coupures timbrées (*Stempelblankette*) déjà employés, d'empreintes de timbre découpées ou autrement détachées (C. P. I., § 364). Peine : L'amende jusqu'à 150 marks.

4. La fabrication de formes pouvant servir à la production de papier timbré, lorsqu'elle est faite sans ordre écrit de l'autorité administrative, ou la cession de ces formes à une autre personne qu'à l'administration (C. P. I., § 360, chiffre 4). Peine : L'amende jusqu'à 150 marks, ou la détention simple.

5. La production non autorisée ou la cession d'une copie d'une des formes mentionnées sous 4 (C. P. I., § 360, n° 5). Peine : comme pour 4.

(7) Si cet enlèvement n'a pas lieu, il y a simplement fraude du droit d'affranchissement (cf. plus loin § 200).

Confiscation, suivant appréciation, dans les cas 4 et 5, sans distinguer si les objets appartiennent ou non au condamné.

La loi du 13 mai 1891, art. IV et V, rend applicables aux timbres et autres valeurs de la poste et des télégraphes, les dispositions des cas 3 à 5.

IV. — Infraction concernant **les timbres d'assurance** (8), d'après la loi sur l'assurance-invalidité du 13 juillet (texte du 19 juillet) 1899 (§§ 187, 188).

1. Contrefaçon ou falsification dans le dessein de faire usage, ainsi que l'usage de ces timbres. Peine : L'emprisonnement avec minimum de trois mois, accessoirement perte des droits civiques suivant appréciation.

2. Le nouvel emploi, fait sciemment, ainsi que la vente et mise en vente opérées sciemment de timbres ayant déjà servi, lorsque l'auteur sait ou doit supposer d'après les circonstances que les timbres ont été déjà employés une fois. Peine : comme pour 1 ; en cas de circonstances atténuantes, l'amende avec maximum de trois cents marks ou la détention simple peuvent être prononcées.

Dans les deux cas (1 et 2), la confiscation des timbres peut être prononcée en même temps que l'amende, ou indépendamment, sans qu'il y ait lieu de distinguer s'ils appartiennent ou non au condamné.

3. *a*) La fabrication non autorisée de formes, pouvant servir à produire des timbres, ainsi que la cession de ces formes à d'autres ;

b) La production non autorisée d'une copie des dites formes, ainsi que sa cession à d'autres personnes.

Peine : L'amende jusqu'à 150 marks ou la détention simple ; en outre, la confiscation des formes peut être prononcée, sans qu'il y ait lieu de distinguer si elles appartiennent ou non au condamné.

V. — Infractions concernant **les vignettes fiscales** (*Steuerund Zollzeichen*) d'après la loi sur l'impôt des vins mousseux du 9 mai 1902.

(8) Ne se rangent pas ici les cartes-quittances dont la falsification est passible des peines des §§ 267 et suivants, car ce sont des écritures (*Urkunden*), R, XXIV, 348.

1. Contrefaçon dans le dessein d'employer les vignettes fausses comme authentiques, altération dans le but de les employer pour une valeur plus élevée, usage fait sciemment de vignettes fausses ou altérées (§ 22).

Peine : comme plus haut, IV, 1.

2. Nouvel emploi fait sciemment de vignettes ayant déjà servi (§ 23). Peine : l'amende jusqu'à six cents marks.

3. *a*) La fabrication non autorisée de formes pouvant servir à la production de vignettes fiscales, ainsi que leur cession à d'autres personnes ;

b) La production non autorisée d'une copie de ces formes, ainsi que sa cession à d'autres personnes (§ 25). Peine et confiscation comme plus haut, IV, 3.

4. La vente ou la mise en vente, opérées sciemment, de vignettes ayant déjà servi (§ 27). Peine : L'amende jusqu'à cent cinquante marks.

VI. — Falsification de vignettes d'après la **loi sur l'impôt des cigarettes** du 3 juin 1906.

Dans les §§ 25 à 29, les faits énumérés sous V sont passibles des mêmes peines.

VII. — Infractions à l'égard des **pièces d'identité**. Le C. P. I. range parmi ces dernières : les passe-ports, congés militaires, livrets de circulation (*Wanderbücher*) ou autres pièces d'identité (comme un acte de baptême, etc.) ; livrets d'ouvrier et de domestique ou autres certificats devant être établis en vertu de dispositions spéciales ; certificats de bonne conduite et de capacité. Sont passibles de peine : 1. La falsification ; 2. L'usage fait sciemment d'extraits falsifiés ; 3. L'usage de pièces vraies, mais établies pour une autre personne ; 4. La transmission de ces pièces à d'autres personnes. Dans les quatre cas énumérés doit exister le dessein de tromper des autorités ou personnes privées dans le but de mieux réussir ou d'aider autrui à mieux réussir (9).

(9) Si le dessein tend à l'obtention d'un avantage déterminé,

Peine : La détention simple ou l'amende jusqu'à cent cinquante marks.

VIII. — Infractions concernant **les certificats sanitaires** (10).

1. Est puni de l'emprisonnement avec maximum d'un an celui qui établit, en se servant de la qualité de médecin qui ne lui appartient pas, ou en qualité de titulaire d'un autre diplôme médical (11), ou au nom de personnes de ces catégories sans y être autorisé, un certificat sur son état de santé ou sur celui d'une autre personne (même si la substance est d'accord avec les faits) ; est passible de la même peine celui qui altère un certificat médical (ou similaire) vrai et en fait usage pour tromper les autorités publiques ou les compagnies d'assurances (C. P. I., § 277).

2. Sont punis (C. P. I., § 278) d'un emprisonnement d'un mois à deux ans les médecins et autres titulaires de diplômes médicaux qui établissent, malgré une connaissance meilleure, un certificat inexact sur l'état de santé d'un individu pour qu'il en soit fait usage vis-à-vis d'une administration ou d'une compagnie d'assurances (fausse rédaction documentaire).

3. Est puni d'un emprisonnement avec maximum d'un an (C. P. I., § 279) celui qui, pour tromper une autorité ou une compagnie d'assurances sur son état de santé ou sur celui d'autrui, fait usage d'un certificat de la catégorie mentionnée §§ 277 et 278 (12).

Dans ces trois cas, la perte des droits civiques peut être prononcée en même temps que l'emprisonnement (C. P. I., § 280).

les §§ 267 et seq. sont applicables ; R, XXII, 225, XXXI, 296. Il peut y avoir aussi escroquerie ; R, XXIII, 43.

(10) L'application des §§ 267 et seq. est absolument exclu, même si tous les éléments du faux en écritures existent.

(11) Ce sont les lois des Etats qui décident s'il faut ranger ici les sages-femmes. Même sens Frank, § 277, III. Haelschner, II, 569, les range toujours ici et jamais R : R, X, 340.

(12) Donc seulement les certificats établis par un incompétent ou contre une connaissance meilleure. Contra R, XXXII, 295 (il suffit que les conditions objectives exigées par le § 278 existent).

LIVRE II

INFRACTIONS CONTRE LES BIENS DE LA COLLECTIVITÉ (1)

PREMIÈRE SECTION

Infractions contre l'Etat.

§ 164. — Aperçu général.

Bibliographie. — Ouvrages anciens : *Feuerbach*, 1798, *Zirkler*, 1836. — *Weiske*, 1836. — *Hepp*, 1846. — *Feder*, 1850. — *Bisoukides* (Bibl., § 165). — *Köstlin*, Die perduellio unter den römischen Königen, 1841. A ce sujet *Günther*, Z, xii, 603. — *Brunner*, II, 685. — *Homberger* et *Bader* (Bibl., § 23, note 4). — *Meents*, Thèse Erlangen, 1894. — *Haidlen*, Thèse Tubingue, 1896.

I. **Généralités**. — Le concept des infractions contre l'Etat varie avec l'évolution du concept de l'Etat. Les transformations politiques se reflètent dans les sanctions pénales par lesquelles la collectivité (*Gemeinwesen*) cherche à se protéger elle-même. Dans leur combat contre les adversaires de leur puissance, monarchie absolue et monarchie constitutionnelle, démocratie et aristocratie font preuve de la même absence de scrupules. Par là s'explique non seulement la situation très particulière occupée par l'infraction contre l'Etat dans la législation nationale (peines graves, mais qui ne sont pas toujours déshonorantes) ainsi que dans les relations juridiques

(1) Exposé détaillé dans Binding, *Lehrb.*, II, 363 et seq.

internationales (notamment pour l'extradition, plus haut § 23, II, 4), mais aussi un autre phénomène que nous rencontrons partout et qui est la difficulté, la lenteur, l'hésitation de la doctrine et de la législation à opérer un classement fixe et juridique des différentes sortes d'infractions contre l'Etat.

Soumises à un examen purement théorique, les infractions contre l'Etat peuvent se diviser en trois groupes :

1. L'attentat contre l'ordre intérieur de l'Etat, tel qu'il apparaît dans la constitution, soit écrite, soit simplement effective de l'Etat. Mais cette constitution ne fixe pas seulement le domaine du pouvoir de l'Etat, elle désigne aussi les détenteurs de cette puissance, qu'elle soit une ou partagée. C'est ainsi que s'obtient, en doctrine, le concept de la haute trahison (*Hochverrat.*)

2. L'attentat contre la sûreté extérieure de l'Etat ou trahison du pays (*Landesverrat*) et sa préparation en temps de paix armée, qui est l'espionnage des secrets militaires.

3. L'attentat contre des Etats étrangers qui, en raison de la croissance constante des relations entre les pays même les plus éloignés, est susceptible d'avoir l'influence la plus sensible sur les intérêts nationaux.

La distinction de ces trois groupes ne s'établit qu'avec incertitude et avec bien des variations, tant dans l'histoire que dans le droit en vigueur. C'est seulement vers la fin du XVIIIe siècle que la trahison envers le pays se sépare de la haute trahison. La position prépondérante attribuée dans une monarchie au porteur de la couronne a pour résultat une exagération démesurée du concept de la lèse-majesté, tandis que les droits politiques des citoyens et de la représentation du peuple ne bénéficient que peu à peu de la protection du droit pénal. Mais même de nos jours, les attentats contre les Etats étrangers ne sont punis par la législation qu'isolément et le plus souvent avec des conditions restrictives.

II. La *perduellio* romaine, l'un des deux concepts fondamentaux du plus ancien droit pénal romain (plus haut, § 3, I), et qui est la racine du concept actuel de la haute trahison, passe au second plan vers la fin de la République romaine. Dans les troubles des guerres civiles, elle est peu à peu remplacée par le *crimen majestatis* (tout d'abord la *lex Appuleja* de 652 ou 654 de la Ville), dans lequel rentre toute lésion de l'*amplitudo ac dignitas populi Romani*. Sylla, en 673, créa pour les débats et le jugement de ce *crimen* une nouvelle *quæstio*. Mais on s'en référait aussi à la *perduellio*, lorsqu'était entreprise, *animo hostili*, une action menaçant l'existence de l'Etat. Le *crimen majestatis* survécut à la chute de la République, mais sa nature se modifia : à la place du peuple se substitua l'ensemble des droits souverains réunis dans la personne du *princeps*. Tout attentat dirigé contre l'Empereur se range désormais dans le *crimen majestatis*, le fait de tenir une prison privée aussi bien que la falsification de la monnaie, le fait de porter les vêtements de pourpre réservés au *princeps* aussi bien que celui de jurer au nom de l'Empereur, et enfin les injures symboliques de la Majesté impériale, illimitées dans les formes variées qu'elles pouvaient prendre. L'abus que firent des empereurs tyranniques de ce concept si complaisant (*majestatis singulare et unium crimen eorum qui crimine vacarent*, dit Pline), fut légalement consacré par l'odieuse *Lex quisquis* (Cl. 5, C. 9, 8), édictée en 397 par Arcadius et Honorius.

Dans le Moyen Age allemand, la trahison de guerre commise envers les compagnons armés pour l'expédition et leur chef *(Kriegsverrat)* qui existait déjà dans les droits des peuples germaniques, devient l'infidélité envers le suzerain (Rip. 69, I, la punit de la peine de mort) Mais à côté de ce cas le plus grave, le concept de la trahison (*Verräterei*, traîtrise) comporte encore le fait d'agir sans foi vis-à-vis d'autres personnes envers lesquels l'auteur est tenu de fidélité : la direction de l'attentat contre le suzerain n'est pas un élément du concept, mais une circonstance aggravante.

Mais en même temps, et malgré la nature éminemment national des crimes envers l'Etat, le *crimen majestatis* du droit romain, recueilli d'abord par le droit canon, pénétra en 1356 dans le droit allemand par la Bulle d'or. La Bambergensis mentionne expressément dans son art. 132. (« Peine de ceux qui lèsent la majesté romaine impériale ou royale ») le *crimen læsæ majestatis* et place à côté de lui, dans son art. 133, « l'injure (*Lästerung*) qu'un [homme] fait autrement à son seigneur ». L'art. 135 traite de la trahison de guerre (*proditio*). Puis, dans l'art. 149, la « traîtrise » (*Verräterei*) est traitée dans un sens tout à fait allemand (la mention des compagnons de lit [*Bettgenossen*] et des amis intimement liés [*die nahe gesippten Freunde*] ne fait pas défaut) et est menacée de l'écartèlement (*Vierteilung*). La Carolina ne recueillit que la disposition sur la trahison (art. 124). Le motif de son silence sur la lèse-majesté réside dans la validité incontestée de la Bulle d'Or ainsi que dans la compétence du Tribunal d'Empire (*Reichskammergericht*) ; en tout cas, personne ne mettrait en doute la continuité d'application des dispositions tirées du droit romain.

Le droit commun ne peut parvenir à établir des distinctions fermes. Le concept de la *Verräterei* disparaît de plus en plus. Le *crimen læsæ majestatis* est en partie (par exemple en Autriche 1656) étendu, tout à fait dans le sens de l'époque impériale romaine, à toutes les infractions dirigées contre l'administration de l'Etat : à la sédition (*Aufruhr*), à la rupture de l'obligation de conduite (*Bruch des Geleites*), au trouble de la paix (*Befehden*), à l'attitude menaçante (*drohliches Austreten*), à la falsification des lettres, des monnaies, des sceaux, à l'usurpation des droits réguliers, à la tenue de prisons privées, etc. On s'efforce vainement de relever spécialement la *perduellio* (et aussi la *proditio*) comme trahison militaire ; la tentative de Carpzow qui, appuyé sur la l. un. C. 9, 7 (de Théodose Ier, 393) voulait faire de la *maledictio in principem* un crime particulier poursuivi et puni par le souverain, resta également vaine.

C'est seulement dans la seconde moitié du XVIIIe siècle que la législation des Etats prit une activité nouvelle et décisive et parvint à se délivrer de la domination paralysante du *crimen majestatis* romain, sous l'influence de conceptions nouvelles dues aux écrivains de la période philosophique, mais surtout grâce à la formation plus énergique des grands Etats allemands sous des souverains remarquables.

Déjà l'Autriche, en 1787, avait séparé la haute trahison (*Hochverrat*) et la trahison (*Landesverrat*). Mais avec une clarté et une décision encore plus grandes, l'A. L. R. (Cout. Gen. de Prusse) déclara haute trahison les attentats à la constitution, à la vie et à la liberté du souverain, et trahison la provocation d'un danger extérieur et l'attentat à la sûreté vis-à-vis de puissances étrangères. En outre, la lèse-majesté fut déterminée avec plus d'acuité. La doctrine, Feuerbach en tête, suivit la voie ainsi tracée et s'efforça surtout de séparer les injures commises envers le prince en tant que souverain de celles dirigées contre lui en tant que particulier.

Ce fut une nécessité de droit public, pour la législation impériale allemande, de tenir compte des rapports de l'Empire avec les Etats confédérés, et des rapports de ces derniers entre eux. L'art. 74 de la constitution de la Confédération de l'Allemagne du Nord, se rattachant à une décision fédérale de 1836, avait décidé que les attentats criminels contre l'intégrité, les organes et les administrations de la Confédération seraient punis d'après les lois des Etats comme s'ils étaient dirigés contre un Etat confédéré. Peu après, le C. P. I., de par l'autorité de l'Empire, établit les mesures pénales nécessaires et celles-ci furent notablement complétées par la loi du 3 juillet 1893 sur les trahisons des secrets militaires.

III. Depuis que le peuple est appelé à prendre part aux affaires gouvernementales, la protection des droits politiques des citoyens constitue un important devoir de la législation pénale. Bien que beaucoup des « droits politiques », tels que le droit domestique et le secret des lettres ou la liberté personnelle, garantis par les actes constitutionnels, se soient ultérieurement révélés à un examen plus calme, comme intérêts non politiques, et que les infractions dirigées contre eux aient été rangées soit dans le droit commun, soit parmi les infractions commises dans l'exercice des fonctions, tandis que d'autres droits, telles que les libertés de presse, d'association et de réunion, étaient non pas tant protégés dans leur existence que renfermés dans des limites légales déterminées, cependant les crimes et délits contre les droits civiques (*staatsbürgerliche Rechte*) figurèrent d'une façon continue dans les Codes pénaux allemands. Le C. P. I., qui subit aussi sur ce point, par l'intermédiaire du Code pénal prussien, l'influence du droit francais (C. pén. français, art. 109 à 113), embrasse sous cette dénomination deux groupes d'infractions essentiellement différentes. Il protège de ses dispositions pénales : 1. les assemblées législatives de l'Empire ou d'un Etat confédéré (y compris les Sénats et Corps de bourgeois des Villes libres Hanséatiques), en tant que détentrices du pouvoir législatif transmis au peuple pour une part (*mitübertragen*) ; 2. le droit politique du citoyen allemand de participer à une élection et d'émettre son vote.

IV. Parmi les attentats contre des Etats étrangers, le C. P. I. ne traite, sous la dénomination « Infractions contre des Etats amis », que les attentats répondant à la haute trahison, la lèse-majesté, les offenses envers les ambassadeurs, ainsi que les offenses commises à propos des signes d'autorité ou de souveraineté.

§ 165. — 1. La haute trahison (*Hochverrat*).

Bibliographie. — Cf. Bibl., § 164 et en outre : *Van Calker*, RvD, Bes. T. I, 1. — *Knitschky*, Das Verbrechen des Hachverrats, 1874. — *John*, HH, III, 3. — *Hälschner*, II, 720. — *Bisoukides*, Der Hachverrat, 1903. — *Köhler*, GA, LI, 130, 269, LII, 15. — *Urysohn*, Das Verbrechen des Hochverrates im russischen Strafrecht (*Beling*, Heft. 169), 1906. — Pour III : Bibl., § 46, III.

I. **Concept.** — La haute trahison (*Hochverrat*) (par opposition à la trahison, *Landesverrat*, trahison du pays) est l'attentat commis contre l'organisation légale de l'Etat, donc contre son existence comme être indépendant (*Bestand als Einzelwesen*). (1) Les actes de haute trahison ne perdraient pas leur caractère, même si l'Etat contre lequel ils sont dirigés était le seul existant sur la terre. L'Etat en tant qu'individualité (*Einzelwesen*) est produit en soi par le domaine de l'Etat (*Staatsgebiet*) par la constitution de l'Etat et par les détenteurs du pouvoir de l'Etat (plus haut, § 164, I, 1). Il y a donc lieu de distinguer dans le concept homogène de la haute trahison trois différents groupes d'actions. Mais, d'après le droit en vigueur, se séparent de la haute trahison, pour former des sous-genres particuliers d'infractions contre l'Etat : 1. La lèse-majesté (plus loin, § 168) ; 2. Les attentats contre les Sénats et Corps de bourgeois (*Bürgerschaften*) des villes libres hanséatiques

(1) Cf. plus loin, § 166, note 1. Même sens Binding, *Lehrb.*, II, 419, Van Calker, 8, Frank, I, avant § 80, Gerland, RvD. Bes., T., I, 210, Meyer-Allfeld, 536. En sens différent, Köhler.

(plus loin, § 169, I) ; 3. Les attentats contre le droit politique de suffrage et de participation à une élection ainsi que contre les assemblées législatives (plus loin, § 169, II).

L'objet de l'attentat de haute trahison au sens étroit est l'ensemble national constituant l'Etat (*das inländische Staatsganze*), donc l'Empire allemand et chacun des Etats allemands confédérés. Mais ceux-ci sont protégés contre les attentats sans qu'il soit tenu compte du lieu de commission et de la qualité de sujet allemand de l'auteur (premier vol., § 22, IV).

II. — La législation impériale énumère cas par cas les actes dans lesquels elle voit un attentat contre l'existence interne (*innerer Bestand*) de l'Etat. Ce sont :

1. **L'assassinat et la tentative d'assassinat** (*Mord und Mordversuch*) *a*) de l'Empereur ; *b*) du souverain de l'Etat de l'auteur ou *c*) du souverain de l'Etat confédéré où séjourne l'auteur, et pendant ce séjour. Est décisif dans le cas sous *c*) le lieu du séjour de l'auteur, et non le lieu de commission de l'acte. Cette disposition ne s'applique pas au régent.

Peine : La mort (C. P. I., § 80). Cette disposition, introduite le 24 mai 1870 dans la loi sur la proposition du député von Kardorff après le rétablissement de la peine de mort (1er vol. § 11, II, 3), représente un fait étroit à côté de l'assassinat ordinaire du § 24 (2).

Le § 50 C. P. I. s'applique à l'étranger complice dans les cas *b*) et *c*). Il résulte de l'assimilation de la tentative et de la consommation (3) : *a*) L'impossibilité d'un désistement entraînant l'impunité ; *b*) l'impossibilité de réduire la peine de l'auxiliaire.

(2) L'homicide sur la demande du souverain serait donc punissable d'après le § 80. Même sens, Bisoukides, 84. Contra Binding, *Lehrb.*, II, 432, Frank, § 80, I, Meyer-Allfeld, 538.

(3) Cf. 1er vol., § 48, note 7, § 51, note 10. Contre le texte Frank, § 80, IV.

2. L'entreprise (*das Unternehmen*) de tuer, faire prisonnier, livrer à l'ennemi ou rendre incapable de gouverner, un **prince confédéré** (C. P. I., § 81, n° 1) (abstraction faite, pour le meurtre, du cas mentionné plus haut sous 1) (4) ; donc l'attentat contre sa position souveraine. Le meurtre (*Tötung*) n'embrasse pas l'homicide par imprudence, mais bien l'homicide intentionnel prémédité ou non prémédité.

3. L'entreprise de changer par la violence la **constitution** de l'Empire allemand ou d'un Etat confédéré ou l'ordre d'hérédité au trône qui y est établi (C. P. I., § 81, n° 2). Il faut comprendre ici, par « constitution », les institutions juridiques fondamentales sur lesquelles repose la vie de l'Etat, qu'elles soient ou non énumérées par l'acte constitutionnel, donc la détermination, telle qu'elle est fondée sur le principe de la séparation des pouvoirs, des fonctions d'Etat confiées aux organes de l'Etat. Par conséquent, il faudrait ranger ici un changement du droit électoral, mais non celui de la liberté de la presse ou du libre exercice des cultes. Le changement projeté doit être violent, ce qui exclut les simples menaces (5).

4. L'entreprise d'incorporer par la violence, totalement ou partiellement, le **territoire national** (y compris les colonies) à un Etat étranger, ou le territoire d'un Etat confédéré à un autre Etat confédéré, ou d'arracher une partie du territoire confédéré ou du territoire d'un Etat confédéré de tout l'ensemble (C. P. I., § 81, n°s 2 et 4) (6).

(4) La préparation immédiate (plus loin, III) au meurtre des personnes nommées au § 80 est passible des peines du § 81. C'est le § 73 qui décide entre le § 81 et le § 211 ; même sens FRANCK, §§ 81 et 82, contra BINDING, *Lehrb.*, II, 433.

(5) Même sens HAELSCHNER, II, 737, MERKEL, 376. Contrà BINDING, *Lehrb.* II, 439, qui assimile « par la violence » à « illégalement ». Contrà en outre VAN CALKER, 20, FRANK, § 80, I, KÖHLER, 142, MEYER-ALLFELD, 539, OLSHAUSEN, § 866, d'après lesquels la menace avec violence suffit.

(6) L'entreprise de faire par la violence du territoire d'un Etat

Peine, de 2 à 4 : la réclusion perpétuelle ou la détention perpétuelle dans une enceinte fortifiée ; en cas de circonstances atténuantes, la dernière peine avec minimum de cinq ans ; accessoirement à la détention de forteresse, la perte des fonctions publiques ainsi que des droits résultant d'élections publiques peut être prononcée.

III. — **Actes préparatoires.**

1. Dans le cas I, sous II, la tentative et la consommation sont (conformément à la conception du droit commun) assimilées quant à la peine ; ceci s'applique également à l'entreprise (qui est l' « *attentat* » du droit français) dans les cas 2 à 4. Le C. P. I., § 82, nous donne, de cette entreprise, une définition qui ne s'applique qu'en matière de haute trahison : « tout acte par lequel le projet (*Vorhaben*) sera porté directement à l'exécution ». Ce n'est donc pas l'acte même d'exécution commençant, mais l'acte conduisant au commencement, préparant directement le commencement. En d'autres termes, l' « entreprise » de haute trahison embrasse un domaine plus étendu que ne le fait la tentative, elle implique aussi des actes préparatoires ; mais, à la différence de la signification habituelle de ce terme, seulement ceux qui confinent directement au domaine de la tentative (7).

Il résulte de cette conception que, contrairement au concept général de l'entreprise, des actes préparatoires plus éloignés ne peuvent être punis comme entreprise de haute trahison, que le projet doit avoir dépassé la phase des efforts généraux et avoir pris la

confédéré un territoire d'Empire (*Reichsland*), tombe sous le coup du n° 2 du § 81.

(7) Cf. plus haut, § 46, note 5. Même sens Frank, § 82, II, Köhler, 140, Paczkowski, 77. D'après Binding, II, 446 et Van Calker, 40, l'entreprise embrasse la consommation et la tentative. Si l'entreprise est conçue comme concept plus étroit vis-à-vis de la tentative (Bisoukides, 105, Haelschner, II, 744, Meyer-Allfeld, 168, Olshausen, § 82, I, R, XVI, 165), et dans cette mesure, il y a une possibilité de tentative.

forme tangible d'un acte particulier déterminé, même si tous les détails de l'exécution ne peuvent toujours être décidés quant au lieu, au temps et aux moyens.

La tentative de l'entreprise, le désistement, la réduction de la peine de l'auxiliaire, sont, ici également, impossibles (cf. note 3).

2. Les §§ 81 et 82 laissent donc impunis la plus grande partie des actes préparatoires. Les paragraphes suivants comblent cette lacune en frappant aussi les autres actes préparatoires de haute trahison, et cela de telle sorte que certains actes préparatoires particulièrement dangereux sont passibles de peines spéciales plus élevées, tous les autres entraînant des peines moindres communes. Cependant, dans tous les cas, la préparation d'une entreprise *déterminée* de haute trahison doit être en cause.

a) Le complot (*Verschwörung*, *Komplott*) (C. P. I., § 83), c'est-à-dire l'entente pour l'exécution d'une entreprise de haute trahison (1er vol., § 49, IV).

Peine : La réclusion ou la détention de forteresse avec minimum de cinq ans, en cas de circonstances atténuantes la détention de forteresse avec minimum de deux ans. Accessoirement, une perte partielle des droits civiques peut être prononcée (8).

b) Est passible de la même peine (C. P. I., § 84) celui qui, pour préparer une haute trahison, α) engage des pourparlers avec un gouvernement étranger (9) (il suffit que les pourparlers soient enga-

(8) Tentative impossible ; cf. 1er vol., § 46, note 10. Donc, désistement exclu, 1er vol., § 48, note 7.

(9) Ce peut être aussi le gouvernement d'un État confédéré allemand par rapport à un autre État confédéré. Dans ce sens l'opinion dominante, avec Bisoukides, 114, Haelschner, II, 748, Köhler, 270, Meyer-Allfeld, 540. Contra Binding, II, 453, Van Calker, 43, Frank, § 84, II.

gés des deux parts, il n'est pas nécessaire qu'une entente soit conclue), ou β) abuse du pouvoir (non pas seulement militaire) à lui confié par l'Empire ou par un État confédéré, ou γ) enrôle des hommes ou les exerce au maniement des armes.

c) Tout autre acte préparatoire d'un acte de haute trahison, quel que soit son éloignement (C. P. I., § 86).

Peine : La réclusion avec maximum de trois ans ou la détention de forteresse de même durée (c'est-à-dire de 1 à 3 ans), en cas de circonstances atténuantes, la détention de forteresse de 6 mois à 3 ans.

d) L'excitation publique (C. P. I., § 85) à l'exécution d'un acte punissable d'après le § 82 (non d'après le § 80) (10) se rangerait plus exactement parmi les excitations passibles de peine (plus loin, § 175) ; mais la loi la désigne expressément comme acte préparatoire de haute trahison (11). Le renvoi au § 82 est malheureux, parce que le caractère propre de l'excitation (*Aufforderung*, défi) (tome I, p. 333, note 6) s'opposant à l'instigation (*Anstiftung*) réside dans l'absence de détermination de l'acte auquel on excite. Cependant, d'après le droit en vigueur, il est nécessaire qu'il y ait excitation à une entreprise exactement déterminée, conformément au § 82 (plus haut, III, 2).

Peine : La réclusion avec maximum de 10 ans ou la détention de forteresse de même durée (de 1 à 10 ans) ; en cas de circonstances atténuantes, la détention de forteresse de 1 à 5 ans (12).

(10) Même sens HAELSCHNER, II, 750, contra BINDING, *Lehrb.*, II, 431 (qui demande une « interprétation justificative »), FRANK, § 85, II, MEYER-ALLFELD, 540.

(11) Le § 85 est le plus strict vis-à-vis du § 111 ; par suite la peine ici prévue ne peut être assimilée à celle d'un instigateur.

(12) Tentative exclue ; cf. plus haut, note 8.

IV. Dans les cas des §§ 80, 81, 83, 84 C. P. I., le patrimoine que possède l'accusé ou qui lui reviendra plus tard, peut être mis sous séquestre à l'ouverture de l'instruction jusqu'à la fin de la procédure (C. P. I., § 93 ; Proc. Crim., §§ 480, 333 et sq.).

§ 166. — 2. La trahison du pays (*Landesverrat*).

Bibliographie. *Van Calker*, RvD. Bes. T., I, 55. *V. Kries*, Z, VII, 597. — *Müller*, GS, XL, 204. — *Hälschner*, II, 753. — *Schwartzé*, Thèse Halle, 1897. — *Epstein*, Der Landesverrat (*Beling*, Heft. 12) 1898. — Cf. en outre les Bibl. des §§ 165 et 167.

I. — La **trahison du pays** (*Landesverrat*) est l'attentat contre la sûreté extérieure de l'Etat et sa situation en tant que puissance, donc contre l'Etat quant à sa situation parmi les autres Etats. La trahison (contrairement à la haute trahison) ne devient possible que par l'existence simultanée de plusieurs collectivités (*Gemeinwesen*). La liaison de l'auteur avec une collectivité étrangère distingue la trahison du pays de la haute trahison (1). Donc, contrairement à cette dernière, ce sera, dans la trahison du pays, le rapport de fidélité (*Treuverhältniss*) du citoyen envers son Etat qui sera d'une importance décisive; si le propre sujet de l'Etat est entré en relations avec l'ennemi, la guerre qu'il engage contre sa patrie apparaît comme guerre maligne, mauvaise, comme *perduellio* (prem. vol., § 3, I), comme l'infidélité d'un traître. Mais l'étranger peut, lui aussi, se rendre coupable de trahison envers un Etat allemand dans les cas suivants :

1. En cas de trahison dite diplomatique (C. P. I., § 92), la nationalité de l'auteur n'a absolument aucune importance.

(1) La distinction est toutefois effacée par le § 84 C. P. I (plus haut, § 165, III, 2 *b*). Cf. Bisoukides (Bible, § 165), 76, Epstein, 52.

2. L'étranger, qui commet l'une des actions sanctionnées par les §§ 87, 89, 90 (mais non 88) pendant qu'il séjourne sur le territoire allemand « sous la protection » de l'Empire allemand ou d'un Etat confédéré (par exemple comme négociant établi, même comme prisonnier de guerre, mais non pas comme membre d'une force armée ennemie), est puni de la même façon que le national (C. P. I., § 91, al. 2).

3. Pour tout autre cas, on procédera à l'égard de l'étranger, en raison de ces actions, en se conformant aux usages de la guerre, c'est-à-dire aux lois de la guerre, et, si celles-ci font défaut, conformément au droit des gens (C. P. I., § 91, al. 1).

Il faut rappeler, d'autre part, que non seulement l'Allemand qui commet à l'étranger un acte de trahison envers l'Empire allemand ou un Etat confédéré (2) est, d'après le C. P. I., § 4, n° 2 (*§ 22, IV, 1 *a*), sans plus ample informé, passible des peines du droit allemand, mais qu'en outre le C. P. Mil. a, dans ses §§ 155, 157 à 161, notablement étendu la criminalité des actes commis à l'étranger (cf. plus loin § 204).

Comme pour la haute trahison, le droit national n'accorde sa protection pénale, en cas de trahison du pays, qu'à la collectivité nationale (c'est-à-dire à l'Empire allemand et à ses membres). Une disposition répondant au § 102 C. P. I. (plus loin § 170, II, 1) fait elle-même défaut.

La loi distingue la trahison militaire et la trahison diplomatique. La première consiste dans l'appui militaire (*Kriegerisch*) donné à une puissance étrangère, la seconde (avec restriction légale de la criminalité à certains cas) dans tout autre appui.

II. — **La trahison militaire comprend :**

1. Les intelligences (*Verbindung*) ou « conspira-

(2) La trahison militaire peut seulement, et sans exception, être dirigée contre l'Empire allemand.

tion » (*Konspiration*, *Sich einlassen*, plus haut, § 165, III, 2 *b*) entretenues avec un Etat étranger (non allemand), dans le but d'amener cet Etat à faire la guerre à l'Empire allemand (C. P. I. § 87).

Réclusion avec minimum de 5 ans, en cas de circonstances atténuantes la détention de forteresse de 6 mois à 5 ans ; si la guerre (désirée par l'auteur) a éclaté (3), la réclusion perpétuelle, en cas de circonstances atténuantes, la détention de forteresse avec minimum de 5 ans. — En même temps que la détention de forteresse, la déchéance des fonctions publiques, ainsi que des droits résultant d'élections publiques, peut être prononcée. La tentative est punissable (* § 46, note 8).

2. Le fait de prendre du service dans une armée étrangère (soit comme combattant, soit comme fonctionnaire, médecin, aumônier, etc.), pendant une guerre contre l'Empire allemand ou le fait de porter les armes contre l'Empire allemand ou ses alliés (*Bundesgenossen* ; C. P. I., § 88).

Peine : *a*) Si l'auteur était déjà au service militaire étranger avant l'ouverture des hostilités, la réclusion de 2 à 10 ans ou la détention de forteresse de même durée ; en cas de circonstances atténuantes, la détention de forteresse avec maximum de 10 ans ; — *b*) Si ce n'était pas le cas, la réclusion à vie ou la détention de forteresse à vie ; en cas de circonstances atténuantes, la détention de forteresse avec minimum de 5 ans. — Accessoirement à la détention de forteresse, la déchéance des fonctions publiques, ainsi que des droits résultant d'élections publiques, peut être prononcée.

3. Le fait de favoriser (*Begünstigung*) l'ennemi

(3) Le rapport causal avec les manœuvres de l'auteur n'est pas nécessaire. Même sens BINDING, *Lehrb.*, II, 467, MEYER-ALLFELD, 541, SCHWARTZE, 23, THOMSEN (plus haut, § 46, note 9) 100. Contra BLUME (*Blib.*, § 44), 40, FRANK, § 87, II. KÖHLER, 286, qui admettent une présomption contestable. VAN COLKER, 56, EPSTEIN, 66, demandent le rapport causal. Cf., sur § 154 C. P. I., plus loin, 181, I, 2.

(C. P. I., § 89) (4) pendant une guerre contre l'Empire allemand ou de porter préjudice à la force militaire de l'Empire allemand ou de ses alliés (5).

L'intention consiste, ici comme partout ailleurs, dans la prévision du résultat. Un dessein dépassant cette prévision, un *animus hostilis* spécial n'est pas nécessaire. Le fait de participer à un emprunt de guerre de l'ennemi, celui de favoriser l'évasion de prisonniers de guerre, peuvent donc être des actes de trahison, même si le premier est inspiré uniquement par l'appât du gain, et le second uniquement par la générosité de l'auteur (*§ 39, II). — La consommation intervient dès que (*§ 51, note 8) la position militaire de l'ennemi est devenue plus favorable, et celle de la force militaire allemande plus défavorable.

Peine : La réclusion jusqu'à dix ans ou la détention de forteresse de même durée (c'est-à-dire d'un à dix ans) ; en cas de circonstances atténuantes, la détention de forteresse jusqu'à dix ans. Dégradation civique partielle comme plus haut, sous 2.

Le § 90 relève quelques cas particulièrement graves du concept posé dans le § 89 C. P. I. (plus haut, 3).

Est passible de la réclusion perpétuelle, et dans les cas les moins graves de la réclusion avec minimum de dix ans, en cas de circonstances atténuantes, de la détention de forteresse avec minimum de cinq ans (dégradation civique partielle comme plus haut, 2) l'Allemand qui, intentionnellement, pendant une guerre contre l'Empire allemand.

a) Met au pouvoir de l'ennemi des forteresses, défilés, places occupées ou autres points de défense, et de même des parties des forces militaires de l'Empire allemand ou de ses alliés, ou des individus appartenant à ces forces ;

(4) « Au pouvoir de l'ennemi », non pas au « pouvoir militaire », donc en somme, à l' « État ennemi ».

(5) Les §§ 89 et 90 C. P. I. ont subi quelques modifications (sans importance) par la loi du 3 juillet 1893, § 11 (plus loin, § 167).

b) Met au pouvoir de l'ennemi, ou détruit ou met hors de service au profit de l'ennemi des ouvrages fortifiés, des navires ou embarcations de la marine de guerre, des fonds publics, des approvisionnements d'armes, de munitions ou autres approvisionnements de guerre, ainsi que des ponts, voies ferrées (6), télégraphes et (c'est-à-dire ou) moyens de transport ;

c) Conduit des troupes à l'ennemi ou incite des hommes appartenant aux forces de l'Allemagne ou d'une force alliée à passer à l'ennemi ;

d) Communique à l'ennemi des plans d'opérations ou des plans de forteresses ou de positions fortifiées ;

e) Sert d'espion à l'ennemi, accueille, cache des espions ennemis ou leur prête assistance (7) ; ou

f) Soulève une sédition parmi des hommes appartenant aux forces militaires allemandes ou à celles d'un Etat allié.

III. — **La trahison diplomatique** (*diplomatische Landesverrat*) (8) (C. P. I., § 92), existant lorsqu'intentionnellement quelqu'un (Allemand ou étranger) :

1. Communique à un autre gouvernement ou publie (9) des secrets d'Etat ou des plans de forteresses

(6) Concept plus haut, § 128, note 5. Même sens Epstein, 77. Vont beaucoup plus loin Loock (plus haut, § 128, note 5), 151 (toutes les voies importantes au point de vue militaire). Schwartze, 36.

(7) L'espion (v. Liszt, *Völkerrecht*, § 40) est, par opposition avec le preneur de renseignements qui est traité d'après le droit des gens, celui qui, sans porter les insignes de combattant, épie les nouvelles militaires dans le terrain d'opérations d'un belligérant, pour les communiquer à l'autre. Les principes généraux ne s'appliquent pas quant à l'assistance et au fait de favoriser (par suite même peine que pour l'auteur ; criminalité des proches faisant acte de favoriser).

(8) Pas de concept unique ; déterminée uniquement négativement par les limites de la trahison militaire. Se rangerait aussi ici le § 353 *a* placé par la loi parmi les délits dans l'exercice des fonctions (plus loin, § 179, IX).

(9) Cf. plus loin, § 167, note 3. Contra Frank, §§ 92, II, Hancke, LA, X, 497, Seuffert, Z, XIV, 597, Zublin, d'après lesquels la trahison de secrets militaires tombe désormais exclusivement sous le coup de la loi du 3 juillet 1893.

ou des documents (non au sens technique, mais dans le sens de pièce écrite), actes ou nouvelles qu'il sait devoir être tenus secrets à cet autre gouvernement (même allemand) pour le bien de l'Empire allemand ou d'un Etat confédéré ;

2. Détruit (et non pas seulement endommage), altère (non pas fabrique faussement) ou détourne (plus haut, § 161 et sq.), pour la mise en péril des droits de l'Empire allemand ou d'un Etat confédéré dans leurs rapports avec un autre gouvernement, les titres ou moyens de preuve (pièces écrites) établissant ces droits ;

3. Conduit avec un autre gouvernement une affaire d'Etat à lui confiée par l'Empire Allemand ou par un Etat confédéré au préjudice de son mandant (10).

Peine : La réclusion avec minimum de 2 ans, en cas de circonstances atténuantes, la détention de forteresse avec minimum de 6 mois.

IV. Dans tous les cas de trahison du pays, la mise sous séquestre (C. P. I., § 93) du patrimoine de l'accusé peut avoir lieu (plus haut, § 165, IV).

V. — La trahison du pays commise en campagne est considérée par le § 57 du C. P. Mil. comme **trahison de guerre**. Cf. plus loin § 205, I.

VI. — **La violation du huis clos**, d'après la loi du 5 avril 1888 (cf. plus haut, § 109, IV) et le § 18 de la Loi d'Introd. à Proc. Crim. Mil. du 1er décembre 1898.

1. Si, au cours de débats judiciaires, le huis clos a été ordonné pour la sauvegarde de la sûreté de l'Etat ou (d'après le § 283, Proc. crim. mil.) d'intérêts militaires, le Tribunal peut imposer aux personnes présentes l'obligation de tenir secrets les faits portés à leur connaissance par les débats, par l'acte d'accu-

(10) Se distingue de l'abus de confiance (plus haut, § 136) en ce que la lésion d'intérêts patrimoniaux n'est pas nécessaire.

sation ou autres pièces officielles de la procédure. La violation de cette obligation par communication non autorisée (même à une seule autre personne) est punissable (art. II de la loi de 1888, § 18, al. 1er de la loi d'introd. à Proc. crim. et § 286, C. P. Mil.).

2. Si le huis clos est prononcé pour les motifs donnés sous 1, il est en outre interdit à la presse de publier des comptes-rendus des débats. Ceci s'applique également, après la clôture de la procédure, en ce qui concerne la publication de l'acte d'accusation ou autres pièces officielles de procédure (art. III de la loi de 1888, § 18, al. 2, de la loi d'introd. à Proc. crim.) (11).

Peine : L'amende jusqu'à 1.000 marks ou la détention simple ou l'emprisonnement avec maximum de six mois ; contre les militaires en activité, peine privative de liberté avec maximum de six mois et, dans les cas peu graves, sanctions disciplinaires.

§ 167. — 3. Espionnage et divulgation de secrets militaires.

BIBLIOGRAPHIE. — *Van Calker*, RvD. Bes. T., I, 58. — *Seuffert*, Z, XIV, 578. — *Hancke*, LA, IV, 457, X, 497. — *Züblin*, Die moderne Spionagegesetzbung, 1895. — *Müller*, GS, XL, 204. — *Lammasch*, Militärischer Staatsverrat und Spionage im österreichischen StG Entwurf, 1892. — *Hecht*, Thèse Greifswald, 1899. — *Adler*, Thèse Marburg, 1906. — Bibl. du § 166.

1. — Suivant l'exemple donné par la législation d'autres pays (cf. en particulier la loi française du 18 avril 1886), la loi du 3 juillet 1893 contre la divulgation (*Verrat*, trahison) de secrets militaires a donné une très notable extension aux dispositions pénales jusqu'alors en vigueur (C. P. I., §§ 90 et 92).

(11) Cf. aussi les infractions traitées plus loin, § 185.

D'après le § 1er de cette loi, sont **secrets militaires** tous les objets (1) (pièces écrites, dessins et autres) restés jusqu'alors inconnus et qu'il est nécessaire de tenir secrets dans l'intérêt de la défense nationale (non pas de l'Empire et des Etats confédérés au sens général), et cela même s'il n'y a pas eu de la part de l'autorité publique compétente une déclaration expresse de la nécessité de traiter ces objets comme secrets. Il faut ranger ici : le plan de mobilisation, les plans des forteresses, ports de guerre, défense des côtes, dessins et modèles de fusils et pièces d'artillerie, etc.

II. — **L'espionnage** (*Ausspähung*), c'est-à-dire le fait de se procurer la possession ou la connaissance des objets mentionnés, est actuellement punissable même en temps de paix. Il y a lieu de distinguer :

1. L'espionnage simple (§ 4). L'intention et l'illégalité, et par suite la connaissance de ces éléments (*supra*, § 41, note 5) sont nécessaires. Le mobile (curiosité, amour de la patrie) est indifférent. Tentative punissable.

Peine : L'emprisonnement ou la détention de forteresse avec maximum de trois ans ; accessoirement, suivant appréciation, l'amende jusqu'à 5.000 marks. En cas de circonstances atténuantes, l'amende peut être exclusivement prononcée (§ 4).

2. L'espionnage devient qualifié par le dessein d'en faire usage pour faire à d'autres une communication menaçant la sécurité de l'Empire allemand (§ 3). Il apparaît alors comme préparation (non comme tentative) de la livraison (*Verrat*, au sens des §§ 1 et 2). Si l'exécution de ce dessein a commencé

(1) Non pas des faits ou des « nouvelles » ; cf. plus loin, note 3. Les objets qui sont généralement connus ou du moins le sont de celui qui reçoit la communication, ne sont pas des « secrets ».

ou est consommée, il y a, d'après la règle générale (* § 55, note 3), unité d'infraction (2).

Peine : La réclusion avec maximum de dix ans ; accessoirement, suivant appréciation, l'amende avec maximum de dix mille marks, ainsi que la mise (§ 6) sous la surveillance de la police.

III. — Il y a **divulgation** (*Verrat*) **de secrets militaires** lorsque l'auteur fait parvenir en la possession ou à la connaissance d'un autre des objets de la nature mentionnée plus haut (§§ 1, 2, 7). C'est une notable extension du § 92, n° 1 du C. P. I., mais ce n'est pas une suppression de cet article, même s'il s'agit de secrets militaires (3). Il y a lieu de distinguer trois cas :

1. La divulgation intentionnelle simple (§ 2). L'illégalité (et par suite la connaissance de celle-ci) est nécessaire. Il faut que l'auteur sache que le secret doit être gardé dans l'intérêt de la défense nationale (4). La tentative est punissable : elle existe même lorsque l'auteur admet par erreur la nécessité de garder le secret.

(2) D'après la règle générale (*§ 56, III), le § 1er de la loi contient, malgré l'admission des circonstances atténuantes, la sanction pénale la plus grave (détention de forteresse). De même quant au résultat, mais autrement contestable (à cause de l'admission d'une tentative de communication) R, XXV, 45. Exact R, XXVIII, 266. Cf. Seuffert, 594 et 601.

(3) C'est une extension, car le § 92 exige la communication à un gouvernement étranger ou la publication, tandis que la loi se contente de la communication à une autre personne. Ce n'est pas une suppression, car la communication de « nouvelles » a plus de portée que la communication de la « connaissance d'un objet », qui suppose une description complète, remplaçant la constatation par les sens. Même sens Binding, *Lehrb.*, II, 482, Kohler, GA, LII, 25, Meyer-Allfeld, 567, Seuffert, 589 ; contra R, XXV, 45. Cf. plus haut, § 166, note 9.

(4) L'auteur doit donc savoir que la communication est un danger pour la défense nationale. Ceci implique nécessairement

Peine : L'emprisonnement ou la détention de forteresse avec maximum de 5 ans, accessoirement, suivant appréciation, l'amende jusqu'à 5.000 marks.

2. La divulgation intentionnelle aggravée, qui existe lorsque l'auteur sait que sa communication peut mettre en danger la sécurité de l'Empire allemand. Tentative punissable. La conscience de l'illégalité n'est pas ici nécessaire (§ 1).

Peine : La réclusion avec minimum de 2 ans, accessoirement, suivant appréciation, l'amende jusqu'à 15.000 marks ; en cas de circonstances atténuantes la détention de forteresse avec minimum de six mois, accessoirement suivant appréciation l'amende avec maximum de 10.000 marks. Avec chaque peine privative de liberté, peut être ordonnée la mise sous la surveillance de la police (§ 6).

3. La divulgation par imprudence (§ 7). Tout d'abord, n'est punissable que celui auquel les objets sont officiellement confiés ou sont accessibles en raison de ses fonctions ou d'un ordre reçu d'origine officielle ; donc, en particulier, les industriels chargés de la fabrication [des objets] eux-mêmes. La mise en péril de la sécurité de l'Empire allemand est ici expressément exigée. L'imprudence de l'auteur peut résulter aussi bien de son erreur sur le fait qu'il s'agit en l'espèce d'un secret militaire, que de son ignorance sur le fait que sa conduite rend les objets accessibles à d'autres.

Peine : L'emprisonnement ou la détention de forteresse jusqu'à 3 ans ou l'amende jusqu'à 3.000 marks. Accessoirement aux deux premières peines l'amende jusqu'à 3.000 marks peut être prononcée.

IV. — Il faut encore mentionner quelques infractions dont les unes sont des actes préparatoires, et les autres des infractions de police.

1. **L'entente** en vue de l'espionnage aggravé ou

la conscience d'une mise en péril de la sécurité de l'Empire allemand. Je ne puis me décider à reconnaître une différence saisissable entre les §§ 1 et 2 de la loi. Mais cf. aussi SEUFFERT, 593.

de la divulgation aggravée, lorsque les auteurs n'en sont pas venus à l'exécution ou à une tentative punissable (le complot, § 5).

Peine : L'emprisonnement avec minimum de 3 mois; accessoirement, suivant appréciation, l'amende jusqu'à 5.000 marks. Reste impuni celui qui révèle l'entente à un moment où l'autorité n'en a pas déjà connaissance par ailleurs, et de telle sorte qu'il est possible de prévenir l'infraction (*supra*, § 74, III). Accessoirement à l'emprisonnement, la déchéance des fonctions publiques et des droits résultant d'élections publiques peut être prononcée, ainsi que la mise sous la surveillance de la police (§ 6).

2. **L'omission de révéler** (§ 9).

Celui qui a connaissance, de façon à pouvoir y donner créance et dans un moment où il est possible de prévenir l'infraction, du projet de l'une des infractions prévues par les §§ 1 et 3, et qui omet d'en faire en temps voulu la révélation à l'autorité, est passible d'emprisonnement, lorsque l'infraction ou sa tentative punissable a été commise. — Cf. plus loin § 184, IV.

3. Est passible d'une peine de contravention (l'amende jusqu'à 150 marks ou la détention simple) celui qui, malgré les règlements pris et affichés par l'autorité militaire, pénètre dans les forteresses et ouvrages fortifiés, dans les établissements de l'armée ou de la marine, les navires et embarcations de guerre, les terrains d'essais ou d'exercice (§ 8). L'ignorance des règlements par imprudence n'est pas une excuse.

V. — Sont également punissables (§ 10) sans plus ample informé (*supra*, § 22, IV, 1 *a*), les délits des §§ 1, 3, 5 de la loi commis à l'étranger par des nationaux (mais non par des étrangers) (5).

(5) Sur les contestations soulevées en droit public quant à la validité de toute la loi, cf. Seuffert, 607, ainsi que plus haut, § 143, note 1.

§ 168. — 4. La lèse-majesté.

BIBLIOGRAPHIE. — *Van Calker*, RvD. Bes. T., I, 91. — *Hälschner*, II, 764. — *Zimmermann*, GA, XXXI, 193, — *Gertschen*, GA, XXXII, 53. — *Mecnts* (Bibl., § 164). — *Fredericks*, Thèse Greifswald, 1897. — *Dœhn*, Z, XXI, 468. — *Tuteur*, Thèse Wurzbourg, 1905.

I. — Le **concept**. La lèse-majesté (*Majestätsbeleidigung*) est, au sens le plus étroit, l'injure envers le monarque : elle est, comme l'injure ordinaire, l'expression du mépris et elle s'en distingue seulement en ce que la considération due au monarque s'élève au-dessus de celle qui est due à ses sujets (1).

Si donc nous faisons abstraction de la modification des peines, qui tiennent compte tant de la gravité que de la nature politique du délit, l'établissement d'une infraction spéciale de lèse-majesté dans la législation actuelle n'a, en droit, d'autre importance que de supprimer l'application, pour la lèse-majesté, des dispositions spéciales existant pour l'injure ordinaire (c'est-à-dire celles qui ne résultent pas du concept de cette infraction), telles que celles qui concernent la nécessité d'une plainte, la constitution d'une partie civile, la *Busse*, la rétorsion, etc. (2).

Par contre, toutes les règles qui tirent leur origine, soit du concept même de l'injure, soit des principes généraux du droit pénal, doivent être appliquées sans restriction à la lèse-majesté, même si par hasard elles figurent dans la

(1) D'où nécessité du « froissement de l'honneur personnel », R, XXIII, 347, XXXII, 236. — La distinction, proposée par BINDING et VAN CALKER, entre l'homme privé dans le prince et le prince lui-même est non seulement irréalisable (*majestas ossibus inhæret*), mais encore elle est inexacte, parce qu'elle repose sur une méconnaissance du concept de l'honneur.

(2) ROSENFELD (*supra* § 43, note 6) 111 veut, à l'exception de la nécessité d'une plainte, appliquer à la lèse-majesté toutes les règles applicables à l'injure ordinaire (en particulier sur la *Busse* et la rétorsion).

section 14 du C. P. I (3). C'est ainsi que le § 193 du C. P. I. n'est pas, à la vérité, applicable suivant la lettre pour l'appréciation de la lèse-majesté, mais il est applicable en raison de sa substance telle qu'elle résulte des principes généraux ; ceci s'applique également à la preuve de la vérité, etc. (4).

1. L'**objet**. Dans l'application du concept, le droit impérial devait tout d'abord tenir compte de l'organisation de l'Empire en Confédération. En conséquence, il oppose l'Empereur, le souverain de l'Etat dont l'auteur est originaire et celui de l'Etat où il séjourne aux autres princes de la Confédération (*Bundesfürsten* ; cf. aussi C. P. I., § 80). Mais en outre il a dégagé de l'injure ordinaire l'injure envers les membres des familles souveraines (*landesherrliche oder bundesfürstliche Familien*) (5) pour la placer dans la lèse-majesté. Par contre, il assimile le régent aux membres de la famille ;

2. L'**action** est, ou bien voie de fait (*Tätlichkeit*), ou bien injure (*Beleidigung*). Ici également (cf. plus haut § 96, note 2, p. 70), la voie de fait est l'attaque immédiatement dirigée sur la personne ; toutefois elle embrasse ici non seulement l'injure par voie de fait, mais encore la lésion corporelle infligée sans intention injurieuse. Au contraire, l'injure proprement dite est aussi bien l'injure simple du § 185 (après retranchement de l'injure par voie de fait) que le propos calomnieux et la diffamation des §§ 186 et 187. La lésion de l'honneur

(3) Cf. plus haut, § 95, IV. Même sens l'opinion commune, en particulier FREDERICHS, 30, MEYER-ALLFELD, 544, OLSHAUSEN, § 95,7, R, VIII, 338. Contra DOEHN.

(4) Même sens BINDING, *Lehrb.*, I, 170, VAN CALKER, 98, FRANK, § 95, III, FREDERICHS, 26, HAELSCHNER, II, 768, MEENTS, 84, MEYER-ALLFELD, 544, ROSENFELD, 111. *Contra* DOEHN, MERKEL, 383, MEYER, 645, OLSHAUSEN, § 95,7 ; R, II, 215.

(5) Les membres de la famille de l'Empereur ne doivent être considérés qu'en qualité de famille d'un prince allemand souverain [comme famille du roi de Prusse]. Par suite, l'injure envers l'Impératrice peut être injure ordinaire d'après le § 101.

familial par l'injure envers des souverains défunts n'est punissable que d'après le C. P. I., § 89 (6). L'omission n'est assimilée à l'action que dans la mesure où il existe une obligation légale d'agir. Le fait de rester assis lors d'une acclamation en l'honneur du souverain n'est donc pas en soi lèse-majesté. Mais une obligation légale peut résulter du fait des fonctions occupées (7). Il est indifférent que l'injure se rapporte à des actes de gouvernement du souverain ou à des actes privés. De même, les appréciations sur des actes gouvernementaux couverts par la responsabilité ministérielle peuvent avoir le caractère de lèse-majesté, dans la mesure où elles contiennent ou rendent possible un jugement sur le monarque blessant la considération qui lui est due ; ceci s'applique également aux appréciations émises, après l'accession au trône du souverain attaqué, sur des événements qui se sont passés avant cette accession.

3. Le fait subjectif de la lèse-majesté a subi une importante restriction par la loi du 17 février 1908. L'intention (qui doit impliquer la situation de la personne injuriée) ne suffit pas ; il faut que viennent s'y ajouter : *a*) le dessein de la lésion à l'honneur, c'est-à-dire la volonté tendant au résultat ; *b*) la malignité (*Böswilligkeit*), c'est-à-dire le fait d'agir en vue du résultat (8) ; *c*) la préméditation (supra § 83, I) dans l'exécution. Si l'un de ces éléments fait défaut, les dispositions de la section 14 sont applicables.

4. Les injures commises à l'étranger par un Alle-

(6) Même sens BINDING, *Lehrb.*, I, 171. R, XXVIII, 171, admet la lèse-majesté lorsque l'injure envers les ancêtres implique en même temps l'assertion d'une « origine tarée » du souverain régnant (contestable).

(7) Même sens probablement, FRANK, § 95, II.

(8) Les éléments *a*) et *b*) concordent absolument. Cf. aussi plus loin, § 176, IV. — Sur l'origine de la loi cf. Z, XXVII, 594, 735, 915 (V. LILIENTHAL).

mand envers un souverain confédéré (non pas contre une famille souveraine ou contre le régent d'un Etat confédéré) peuvent être punies suivant le droit national (C. P. I., § 4, n° 2).

5. Dans tous les cas, la poursuite a lieu d'office (9).

II. — **Peines applicables aux voies de fait :**

1. Envers l'Empereur, envers le souverain de l'Etat dont l'auteur est originaire et envers celui de l'Etat où il séjourne : la réclusion perpétuelle ou la détention de forteresse perpétuelle ; dans les cas de moindre gravité, la réclusion avec minimum de cinq ans ou la détention de forteresse de même durée ; accessoirement à la détention de forteresse, la dégradation civique partielle peut être prononcée ; en cas de circonstances atténuantes, la détention de forteresse avec minimum de cinq ans (C. P. I., § 94).

2. Envers un membre de la famille souveraine (10) de l'Etat confédéré ou le régent de l'Etat d'origine ou de la résidence de l'auteur : la réclusion ou la détention de forteresse avec minimum de cinq ans ; dans les cas de moindre gravité, la réclusion ou la détention de forteresse d'un à cinq ans ; en cas de circonstances atténuantes, exclusivement la détention de forteresse d'un an à cinq ans (C. P. I., § 96).

3. Envers un autre souverain confédéré : La réclusion ou la détention de forteresse de deux à dix ans ; en cas de circonstances atténuantes, la détention de forteresse de 6 mois à 10 ans (C. P. I., § 98).

4. Contre un membre d'une maison souveraine d'un Etat confédéré ou contre le régent d'un Etat confédéré : La réclusion d'un à cinq ans ou la détention de forteresse de même durée ; en cas de circonstances atténuantes, la détention de forteresse d'un mois à trois ans (C. P. I., § 100).

(9) Il en était autrement dans la législation ancienne de différents Etats (Brunswick, Saxe, Bade, Würtemberg) ; une décision spéciale du souverain (et ce serait un exemple à suivre) était nécessaire pour toute ouverture de poursuites.

(10) Le fait d'appartenir à la maison se détermine non par la parenté du sang, mais d'après le droit public et le statut de famille. Cf. R, XXII, 141 (Injure envers le prince Ferdinand de Bulgarie).

III. — **Peines applicables à l'injure simple :**

1. Envers les personnes nommées plus haut, II, 1 : L'emprisonnement avec minimum de deux mois ou la détention de forteresse de deux mois à cinq ans ; en cas de circonstances atténuantes, l'emprisonnement ou la détention peuvent être réduits à une semaine (d'après la loi du 17 février 1908) ; accessoirement à l'emprisonnement la déchéance des fonctions publiques (mais non, depuis la loi de 1908, des droits résultant d'élections publiques) peut être prononcée (C. P. I., § 95).

2. Envers les personnes nommées plus haut, II, 2 : l'emprisonnement ou la détention de forteresse d'un mois à trois ans (C. P. I., § 97) ; en cas de circonstances atténuantes, réduction de la peine comme sous 1.

3. Envers les personnes nommées plus haut, II, 3 ; l'emprisonnement ou la détention de forteresse d'un mois à trois ans ; en cas de circonstances atténuantes, réduction de la peine comme sous 1 ; poursuite seulement avec l'autorisation de la personne injuriée (C. P. I., § 99).

4. Envers les régents des Etats nommés plus haut, II, 4 (mais non envers les membres des maisons souveraines de ces Etats) : l'emprisonnement ou la détention de forteresse d'une semaine à deux ans ; poursuite seulement avec l'autorisation de la personne injuriée (C. P. I., § 101).

§ 169. — 5. Infractions contre les droits civiques.

Bibliographie — *M. E. Mayer*, RvD. Bes. T., I, 257. — *Hälschner*, II, 778, 782. — *Drenkmann*, GA, XVIII, 168. — *Schneidler*, GS, XL, 1. — *Frendenthal* (Bibl., § 137).

I. — **Infractions contre les Assemblées législatives** de l'Empire allemand ou d'un Etat confédéré (1).

1. L'entreprise : *a*) de disperser une de ces assem-

(1) Ces assemblées sont : Le *Bundesrat* (contra Binding, *Lehrb.*, II, 377, 818) et le *Reichstag* ; le *Landesauschuss* (délégation) d'Alsace-Lorraine ; les Chambres des Etats confédérés ; les Sénats et Corps de Bourgeois (*Bürgerschaften*) des Villes libres hanséatiques. Cf. Mayer, 264.

blées; *b*) de la contraindre (par la violence ou la menace) à prendre des décisions ou de l'en empêcher: *c*) d'éloigner d'elle ses membres par la violence (donc la menace ne suffit pas); cela tant à l'égard de l'assemblée dans son ensemble que des commissions nommées par elle (C. P. I., § 105).

Peine : La réclusion avec minimum de 5 ans ou la détention de forteresse de même durée ; en cas de circonstances atténuantes, la détention de forteresse avec minimum d'un an. Tentative impossible (supra*, § 46, note 11).

2. Le fait d'empêcher, par la violence ou la menace d'une infraction, un membre des assemblées mentionnées sous 1 : *a*) de se rendre au lieu de l'assemblée ou *b*) de voter (C. P. I., § 106). Sur les concepts de violence et de menace cf. plus haut § 98, III. D'après le C. P. I., § 339, al. 3, est absolument assimilé à ces moyens l'abus de l'autorité de la fonction ou la menace d'un abus déterminé de cette autorité. Sur le concept d'empêchement cf. ce qui est dit plus loin sous II, 1.

Peine : La réclusion avec maximum de 5 ans ou la détention de forteresse de même durée ; en cas de circonstances atténuantes, la détention de forteresse avec maximum de deux ans.

II. — **Infractions contre les droits politiques d'élection et de suffrage.**

1. L'empêchement de prendre part à une élection et de voter, c'est-à-dire le fait d'empêcher, par la violence ou la menace d'une infraction, un Allemand (non pas un étranger) de prendre part à une élection et d'émettre son vote dans l'exercice de ses droits civiques (C. P. I., § 107). C'est le droit politique d'élire et de voter qui est protégé, c'est-à-dire la participation à toutes les affaires publiques dans l'Etat (pro-

vince, cercle) et la commune par l'émission du vote en général, par l'élection de représentants en particulier. Les expressions « dans l'exercice de ses droits civiques » (C. P. I., § 107) et « dans une affaire publique » (C. P. I., §§ 108 et 109) ont la même signification (2). Sont exclues les élections ecclésiastiques aussi bien que les élections consulaires, les élections qui ont lieu en vertu des lois d'assurance, etc. A l'empêchement (*Verhinderung*) n'est pas assimilée la contrainte générale à l'exercice du droit d'élection et de vote (qui n'est punissable que d'après le C. P. I., § 240), mais bien la contrainte à exercer ce droit dans un sens contraire à la volonté de la personne contrainte. Le C. P. I., § 339, al. 3, s'applique également ici.

Peine : L'emprisonnemnnt avec minimum de 6 mois ou la détention de forteresse (d'un jour) à cinq ans. Tentative punissable.

2. La fraude électorale (*Wahlfälschung*). Elle embrasse (C. P. I., § 108) : *a*) la fraude (*Fälschung*) au sens étroit ou le fait d'agir de manière à produire un résultat inexact lors d'opérations électorales (mais non lors d'autres votes) (3) de caractère public (*in öffentlichen Angelegenheiten*) ; *b*) l'altération (*Verfälschung*) du résultat d'une élection de ce caractère. Le résultat est faussé (*gefälscht*) lorsque l'exercice effectif des actes électoraux n'est pas conforme à la loi, lorsque, par exemple, un individu qui n'est pas électeur est admis au scrutin, ou lorsqu'un électeur n'y

(2) Même sens dans l'ensemble, R, VII, 223, XX, 420 ; BINDING, *Lehrb.*, II, 822, FREUDENTHAL, 65, HAELSCHNER, II, 784, MAYER, 274, MEYER-ALLFELD, 522. Contra surtout OLSHAUSEN. § 107,2. FRANK, § 107, I, 108, I, prend l'expression dans un sens tantôt plus étroit il n'admet pas les élections municipales) et tantôt plus large) (élections ecclésiastiques, universitaires, etc.).

(3) Contra BINDING, *Lehrb.*, II, 824, 828, MAYER, 275. Pourtant le § 108 ne parle que d' « opérations électorales ».

est pas admis, ou qu'il vote plusieurs fois (4); il est altéré (*verfälscht*) lorsque sa déclaration ne répond pas à l'exercice réel des actes électoraux, lorsque, par exemple, les bulletins émis sont comptés et inscrits inexactement (5). Dans les deux cas, l'intention est nécessaire. Sont seules protégées les élections nationales.

Peine : *a*) Lorsque l'auteur était chargé de recueillir les bulletins ou témoignages de vote ou de tenir le procès-verbal, l'emprisonnement d'une semaine à trois ans; — *b*) si ce n'était pas le cas, l'emprisonnement avec maximum de deux ans. — Dans les deux ans, la dégradation civique peut être ordonnée.

3. Le trafic des votes ou corruption électorale, c'est-à-dire l'achat ou la vente de votes dans une élection (nationale) de caractère public (C. P. I., § 109) (6).

Peine : L'emprisonnement d'un mois à deux ans; la dégradation civique peut être prononcée.

§ 170. 6 — Infractions contre les Etats étrangers.

Bibliographie. — *Gerland*, RvD. Bes. T., I, 113. — *Lammasch*, Z, III, 376. — *V. Martitz* (Bibl., § 21), I, 60,71. — *V. Bar*, Lehrb., 267. — *Rosenblatt*, LA, VIII, 87. — *Meents* (Bibl., § 164) 54. — *Rahn*, Thèse Greifswald, 1901. — *V. Liszt*, Völkerrecht, § 24.

I. — Le droit des gens ne crée pas de devoirs et de droits pour le citoyen considéré en particulier d'un état parti-

(4) R., XXXVII, 380.

(5) Même sens dans l'ensemble R, XX, 420. L'inscription d'un non électeur sur les listes électorales ne lui confère pas le droit de vote; en ce sens R, XXXVII, 234, 239, 297 contre R, XXI, 414.

(6) Cf. ce qui a été plus haut, § 137, IV, 3. La consommation intervient ici aussi avec l'accord des volontés. Même sens Frank, § 109, I, Mayer, 285, contra Binding, *Lehrb.*, II, 833. — L'abstention du devoir électoral (politique) reste impuni.

culier, mais toujours et sans exception pour l'Etat en soi. L'Etat seul est sujet juridique du droit des gens ; lui seul est donc le sujet possible d'un délit du droit international public. Mais le fait d'appartenir à la communauté juridique des Etats civilisés réunis par le droit des gens oblige chaque Etat à réprimer et à punir les attentats dirigés contre l'un des autres Etats par les personnes soumises à sa propre autorité. Les transgressions des dispositions prises dans ce but apparaissent donc, dans la forme, comme une violation du droit national et non du droit des gens, et dans la substance, comme une mise en péril des relations internationales de l'Empire allemand avec les Etats étrangers (même sens GERLAND). Mais précisément pour ces raisons la législation nationale peut limiter sa protection pénale à certains membres de la communauté du droit des gens et aux périodes de relations internationales pacifiques. C'est dans ce sens que notre C. P. I. parle d'Etats « amis » (*befreundete Staaten*). Seule, la protection donnée par le § 104 dépasse ces limites et s'élend non seulement aux membres de la communauté internationale ayant toutes les prérogatives de cette qualité (signe caractéristique : le *commercium* sans restriction), mais aussi à tous les Etats qui accréditent des représentants à demeure près de l'Empire allemand ou de ses Etats confédérés.

II. — Le C. I. sanctionne, comme **actes d'hostilité dirigés contre des États amis**, les cas suivants :

1. L'entreprise, dirigée contre un Etat non-allemand ou contre son souverain, d'une action qui, si elle était commise contre un Etat confédéré ou un souverain confédéré, serait passible, comme haute trahison, de l'application des §§ 81 à 86 C. P. I. (C. P. I., § 102).

Comme condition de l'incrimination, le C. P. I., § 102, demande la garantie de la réciprocité, c'est-à-dire l'existence, dans le droit étranger, d'une peine de gravité équivalente pour la même action dirigée contre l'Empire allemand ou un Etat confédéré allemand. La « garantie » doit exister dans le moment de l'acte aussi bien que dans celui du jugement (C. P. I., § 2, al. 2) ; il n'est pas nécessaire qu'elle figure dans une loi ou dans un traité, il peut suffire qu'elle existe en vertu d'une pratique judiciaire (droit coutumier) qui en assure le maintien dans l'avenir (1).

Tandis que le sujet allemand est rendu responsable pour la commission des actes en question, aussi bien en Allemagne qu'à l'étranger et ici sans la restriction des §§ 4, 5, C. P. I. (*supra*, * § 22, IV, 1), l'étranger n'est responsable que pendant son séjour en Allemagne. Ici également, c'est le lieu de la résidence, et non celui de la commission, qui est décisif.

La poursuite ne s'engage que sur la requête du gouvernement étranger; cette plainte peut être retirée.

La peine est de : *a*) pour les cas des §§ 81 à 84, C. P. I., un à dix ans de détention de forteresse, et en cas de circonstances atténuantes, six mois à dix ans de la même peine ; — *b*) pour les cas des §§ 85 et 86, C. P. I., un mois à trois ans de détention de forteresse.

2. L'injure (par voies de fait ou autrement) envers le souverain ou le régent d'un Etat n'appartenant pas à l'Empire allemand (C. P. I., § 103).

La réciprocité doit être garantie. Le Président d'une République étrangère ne jouit d'aucune protection, pas plus qu'un peuple étranger. Il en est de même pour le Pape, car celui-ci possède divers droits de souveraineté, mais n'est pas un souverain. Les règles concernant l'injure ordinaire s'appliquent de la même façon et avec la même portée que pour la lèse-majesté (plus haut, § 168, notes 3 et 4).

Peine : L'emprisonnement d'une semaine à deux ans ou la détention de forteresse de même durée. Le dépôt de plainte est nécessaire; il appartient au gouvernement étranger ; la plainte peut être retirée (2).

3. L'injure (par voies de fait ou autrement) envers

(1) Cf. R, XXXVIII, 75. L'assurance de la réciprocité dans l'avenir, donnée par le représentant diplomatique de l'Etat lésé, n'a naturellement aucune valeur juridique.

(2) Si la requête à fin de plainte est déposée, il doit y avoir accusation publique; les §§ 414 et sq. (y compris le § 416) Proc. crim. ne sont pas applicables. Même sens, GERLAND, 235. *Contra*, OLSHAUSEN, § 103, 5.

un ambassadeur ou chargé d'affaires accrédité près de l'Empire allemand, du souverain d'un Etat confédéré ou du Sénat de l'une des Villes libres hanséatiques (C. P. I., § 104 (3)).

Peine : L'emprisonnement avec maximum d'un an ou la détention de forteresse de même durée. Poursuite seulement sur plainte de la personne injuriée, la plainte peut être reprise.

4. Infractions ayant pour objet les insignes d'autorité ou de souveraineté d'un Etat non allemand (C. P. I., § 103, *a*). Le fait et la peine sont conformes au § 135 C. P. I. Cf. à ce sujet plus loin § 176, V.

(3) Les §§ 185 et sq. C. P. I., sont applicables lorsqu'ils sont plus sévères. La constitution de partie civile (*Privatklage*) est ici possible. *Contra*, l'opinion commune, y compris GERLAND, 239. Dans notre sens, OLSHAUSEN, §, 104, 6, ROSENFELD (1er vol., § 43, note 6) 104.

SECTION II

Infractions contre la puissance publique (*Staatsgewalt*).

§ 171. — 1. Immixtion violente dans les actes des fonctionnaires (*Gewaltsamer Eingriff in Amtshandlungen*).

BIBLIOGRAPHIE. — *M. E. Mayer*, RvD, Bes. T. I, 349, 434. — *Schultz*, Thèse Berlin, 1881. — *Hiller*, Die Rechtmässigkeit der Amtsausübung im Begriffe des Vergehens der Widersetzlichkeit, 1873. — *Le même*, GS, XXVII, 1. — *Bolze*, GA, XXIII, 389. — *Guggenheimer*, Thèse Munich, 1883. — *Freund*, LA, I, 108, 355. — *Hälschner*, II, 789. — *Streit*, Die Widesetzung gegen die Staatsgewalt, 1892. — *Pfeiffer*, Beitrage zur Interpretation des § 113 StGB, 1895. — *Eberhard*, Thèse Tubingue, 1897. — *Kallina*, (Bibl., § 33). — *Schlesinger*, Der Aufruhr (§ 115, C. P. I.). — (*Beling*, Heft 52) 1904. — *Flesch*, Zur Lehre von der Recht mässigkeit der Amtsausübung, 1906. — V. *Valta*, Thèse Erlangen, 1906.

I. Le droit national entoure l'activité de ses fonctionnaires, en tant qu'agents d'exécution de la volonté de l'Etat, d'une protection renforcée ; mais seulement celle des fonctionnaires nationaux. Si notre législation n'assimile pas l'Etat étranger et ses représentants à l'Empire allemand, même lorsqu'elle prend expressément des dispositions pénales contre les attentats envers l'étranger, elle n'a pas davantage, ou plus exactement elle a encore moins de motifs d'assimiler les fonctionnaires nationaux et les fonctionnaires étrangers. Et comme les dispositions expresses font défaut, nous devons par suite limiter les pénalités commentées dans ce paragraphe aux violences commises contre des fonctionnaires publics nationaux (1).

Se rattachant aux dispositions du droit romain sur la *seditis* et le *tumultus*, la Carolina, dans son art. 127, menace de la peine du glaive, et dans les cas de moindre gravité de la correction corporelle et du bannissement celui qui « cause des séditions dangereuses, intentionnelles et malicieuses de la masse du peuple contre l'autorité ». Le droit commun s'en tient à cette disposition, du moins en ce qui concernait la *seditio simplex* (la Prusse en 1620 met déjà à part les *Rädelsführer*, chefs de complot, meneurs), tandis que les cas les plus graves étaient rangés dans la haute trahison. Mais déjà les législations municipales du Moyen Age allemand avaient prescrit de graves peines à l'égard des violences faites aux officiers de la ville, aux gardes, aux juges, aux fonctionnaires, et le droit commun considérait la *violatio personarum publicarum* comme cas spécial de la *vis publica*. Dans la législation moderne (France, 1791, Cout. Gen. de Prusse), il sortit de cette évolution, toutefois non sans de continuelles hésitations, les infractions spéciales de la sédition et émeute d'une part, et de la résistance à l'autorité publique (*offense à la loi*) *a*) d'autre part.

(1) Cette question est très controversée. *Dans le sens du texte* : Binding, *Lehrb.*, II, 372, Frank, 2, Teil., 6. Abschn., Haelschner, II, 794, Hegler, (Bibl., § 21), 95, Mayer, 439, Merkel, 388, Schultz, 14, Seuffert, Z, xv, 820, Streit, 69. *Contra* : Meyer-Allfeld, 535, Pfeiffer, 18, et aussi R, viii, 53, xv, 221.— Pour moi, ce sont les §§ 102 à 104 du C. P. I. qui tranchent la question. En suivant l'opinion adverse, ces paragraphes seraient autant d'inconséquences incompréhensibles. Puis une autre preuve résulte du § 32 du traité sur la pêche dans la mer du Nord de 1882, d'après lequel la résistance aux croiseurs chargés de la surveillance de cette pêche « doit être considérée comme le serait la résistance à l'autorité publique de la nation à laquelle appartient l'embarcation », disposition qui ne se comprend que si cette assimilation ne résulte pas des principes généraux. Même sens l'art. 7, al. 4 du traité de 1887 pour la répression du commerce de l'eau-de-vie parmi les pêcheurs de la Mer du Nord. Toutefois ces dispositions ne sont pas devenues droit allemand jusqu'à présent.

a) En français dans le texte allemand.

II. — Il y a **résistance à l'autorité publique** [rébellion, (*Widerstand gegen die Staatsgewalt*) (C. P. I., § 113) lorsqu'il est opposé une résistance, par la violence ou par la menace de violences, à un fonctionnaire chargé d'assurer l'exécution des lois, ordres et règlements des autorités administratives ou des jugements et décisions des tribunaux, et agissant dans l'exercice régulier de ses fonctions.

1. Le concept du « fonctionnaire » (*Der Beamte*) est fixé par le § 359 C. P. I. (cf. plus loin, § 178, III) ; toutefois, la loi assimile aux fonctionnaires : *a*) les personnes appelées pour prêter main-forte au fonctionnaire ; *b*) les hommes de la force armée ; *c*) les hommes appartenant à une garde communale ou civique ou à un corps de police (*Gemeindewehr, Bürgerwehr, Schutzwehr*). L'assimilation est en outre étendue par le § 3 de la loi du 21 novembre 1887 aux commandants des navires chargés de la protection des câbles sous-marins.

2. Ainsi que l'exigeait déjà le droit commun (*Leyser, Engau*, etc.), il faut que l'exercice des fonctions soit régulier (*rechtmässig*) ce qui est le cas non seulement *a*) lorsque l'acte du fonctionnaire, entrepris dans les formes régulières, *b*) s'effectue dans les limites de la compétence générale du fonctionnaire, mais aussi lorsque *c*) dans l'espèce, l'entreprise de cet acte semble indiquée par les circonstances du moment, telles que le fonctionnaire peut les considérer au point de vue de son devoir, même si, après coup, lors de l'examen définitif des faits, elle se présente comme superflue ou même injustifiée. Si le fonctionnaire auteur de l'acte était absolument obligé d'obéir à ses supérieurs, il se trouve dans l'exercice régulier de ses fonctions (cf. * § 35, 1) (2). Le défaut de régularité ne peut être remplacé par la croyance erronée à cette

(2) *Contra*, BINDING, *Lehrb.*, II, 773, FRANK, § 113, III, MAYER, 447.

régularité de la part du fonctionnaire (3). Lorsque les limites de la régularité sont dépassées, la résistance commence, en même temps, à être justifiée.

3. Il faut que la résistance soit opposée « au cours de l'exercice des fonctions » (ou de l'accomplissement du service), donc qu'elle soit dirigée contre l'acte même motivé par cet exercice. Le refus de donner son nom, de livrer une chose, d'ouvrir une porte, de se laisser arrêter, le fait de « se cramponner » (*sich anklammern*) (4), etc., restent impunis comme « résistance passive » ; la loi demande que la résistance ait lieu par violence (sur les personnes ou les choses) ou par menace de violence (plus haut § 98).

4. L'intention est nécessaire. Ici également, elle embrasse tous les éléments de fait, donc aussi la régularité de l'exercice des fonctions. Si, par suite, l'auteur croit par erreur que cet exercice est irrégulier, son erreur exclut la criminalité de la résistance (5).

Peine : L'emprisonnement de 15 jours à 2 ans ; en cas de circonstances atténuantes, l'emprisonnement avec maximum d'un an ou l'amende jusqu'à dix mille marks (6).

(3) En sens différent R, xxx, 348, qui considère ici aussi (*§ 40, note 2) comme importante l'erreur de droit, mais non l'erreur de fait. Même sens, Frank, § 113, III.

(4) Contestable R Mil G, VI, 48.

(5) Vivement contesté. La teneur de la loi ainsi que ses origines et sa signification sont en faveur de notre opinion. Même sens Binding, *Lehrb.*, II, 778, Beling, 75, Flesch, 112, Frank, § 113, VI, Guggenheimer, 38, Haelschner, II, 815, Kohler, *Studien*, I, 73, Mayer, 455, Merkel, 391, Meyer-Allfeld, 548, Olshausen, § 113, 28, Rosenberg, Z, xxiii, 325, Streit, 109. *Contra* Hiller, *Rechtmässigkeit*, 73, Lucas (Bibl., § 39) 26, ainsi qu'à plusieurs reprises R, en dernier lieu xii, 6, Cf. aussi plus loin, § 172, note 2, § 175, note 4.

(6) Nombreuses dispositions spéciales dans les lois complémentaires : Loi douanière de 1869, §§ 148, 161 ; loi sur l'impôt du sel de 1867, § 17 ; loi sur l'impôt des brasseries et distilleries

III. — **L'attentat par voies de fait** (*Tätlicher Angriff*) commis sur l'une des personnes nommées sous II lorsqu'elle se trouve dans l'exercice régulier de ses fonctions ou de son service (§ 113, C. P. I.). L'expression *Tätlicher Angriff* a le même sens que *Tätlichkeit* (voies de fait) (plus haut, § 168, I, 2). Il n'est pas nécessaire que les voies de fait aient pour but de rendre vain l'acte du fonctionnaire. Même peine que pour II.

IV. — **La contrainte à l'exercice des fonctions** (*Nötigung zu Amtshandlungen*), c'est-à-dire l'entreprise de contraindre, par la violence ou la menace (non pas nécessairement par la menace de violences) une administration (*Behörde*, administration, autorité) (7) ou un fonctionnaire à procéder à l'accomplissement d'un acte de ses fonctions, ou à s'en abstenir (§ 114, C. P. I.).

Peine : L'emprisonnement avec minimum de 3 mois ; en cas de circonstances atténuantes. l'emprisonnement avec maximum de 2 ans. Le concours idéal avec le § 113 est possible (8).

de 1868, §§ 37 et 68 ; loi sur l'impôt du malt de 1872, § 36 ; loi sur l'impôt des tabacs de 1879, § 41 ; loi sur les denrées alimentaires de 1879, § 9, etc. Fréquentes peines réglementaires complémentaires. Sont particulièrement importantes les prescriptions de la loi sur les gens de mer ; cf. plus loin § 198, IX.

(7) Le concept de l' « administration » (ou autorité publique) (*Behörde*) se distingue de celui du fonctionnaire (plus loin, § 178, III) par l'organisation indépendante et permanente dans l'ensemble de l'administration de l'Etat. Une administration est le détenteur idéal, durable, de droits et devoirs de l'Etat : Sén. pénaux réunis, 14 nov. 1888, XVIII, 246. — Sur le concept de l'entreprise, cf., * § 46, note 6. Sur la violence et la menace, cf. plus haut 98, III.

(8) L'opinion commune considère le § 113 comme plus étroit par rapport au § 114, mais arrive ainsi à des conséquences peu satisfaisantes : En ce sens BINDING, *Lehrb.*, II, 783, FRANK, § 114. I, MAYER, 463, MEYER-ALLFELD, 549, et auussi R, en dernier lieu, XXXI, 3, XXXIV, 113.

V. — **La rébellion avec attroupement** (*Aufruhr*) est la participation à un rassemblement séditieux public (plus haut § 119, III, 3), au cours duquel l'une des actions mentionnées sous II, III et IV est commise par l'union des forces des gens rassemblés (§ 115, C. P. I.,). L'intention de l'auteur implique en soi la connaissance de ce que les actions en question sont commises.

Peine : L'emprisonnement avec minimum de six mois (délit) ; contre les meneurs (* § 51, note 6) ainsi que contre les personnes qui ont commis (comme auteurs) l'une des actions mentionnées sous II, III et IV, la réclusion jusqu'à dix ans et accessoirement la mise éventuelle sous la surveillance de la police ; en cas de circonstances atténuantes, l'emprisonnement avec minimum de 6 mois (crime) (9).

VI. — **L'attroupement** (*Auflauf*) est le rassemblement d'une certaine quantité de personnes sur les voies, rues et places publiques (c'est-à-dire accessibles à tous). L'attroupement ne devient punissable (§ 116, C. P. I.) que lorsque les personnes qui le composent, mises en demeure de se retirer par le fonctionnaire compétent ou par le commandant (compétent) de la force armée, ne se dispersent pas à la troisième sommation. L'intention est nécessaire ; elle est exclue si l'auteur ignore que les trois sommations ont eu lieu. Mais, d'autre part, il n'est pas nécessaire qu'il les ait entendues lui-même.

Peine : L'emprisonnement avec maximum de trois mois ou l'amende jusqu'à 1.500 marks. — Si, lors d'un attroupement et par l'union des forces des gens assemblés, une résistance de fait a été opposée aux fonctionnaires ou à la force armée ou si ces représentants de l'autorité ont été l'objet de violences (sur les personnes ou les choses), ceux qui ont participé à ces actions sont passibles des peines prévues pour la rébellion avec attroupement.

(9) Sur la rébellion militaire, cf. C. P. Mil., §§ 106 à 116, plus loin, § 205).

§ 172. — 2. Violences contre les gardes-forestiers ou contre les gardes-chasse et contre les personnes qui leur sont assimilées.

I. — S'inspirant de la loi prussienne du 31 mars 1837, le C. P. I. frappe de peines sévères les violences contre les fonctionnaires des forêts ou des chasses, les propriétaires de forêts, les personnes ayant la jouissance des droits forestiers ou du droit de chasse ou contre les gardes nommés par elles (§§ 117 à 119) ; il range ces violences parmi les actes de « résistance à l'autorité publique », et il assimile ainsi toutes ces personnes, qui sont le plus souvent des particuliers ou qui du moins ne sont pas nécessairement des fonctionnaires d'Etat, aux représentants de l'autorité publique, en raison de la protection pénale renforcée dont elles ont besoin (1).

II. — Il faut distinguer ici deux cas, qui correspondent à ceux traités plus haut, § 171, II et III :

1. **La résistance** opposée par la violence ou menace de violence aux personnes mentionnées, lorsqu'elles sont dans l'exercice régulier de leurs fonctions ou de leur droit ;

2. **L'attentat par voies de fait** contre ces personnes pendant l'exercice (régulier) de leurs fonctions ou de leur droit.

Ici également (plus haut § 171, note 5), l'intention doit impliquer la conscience de ce que l'adversaire agit dans l'exercice régulier de ses fonctions et de son droit (2). Il n'est pas nécessaire que l'acte illicite

(1) C'est précisément pour ces motifs que cette protection est limité aux personnes dont la qualité se base sur le droit national. Cf. Binding, *Lehrb.*, II, 788. — Meyer-Allfeld, 532, place la résistance aux ayants-droit « parmi les délits contre les intérêts personnels ».

(2) Même sens, l'opinon commune, en particulier R, xx, 156, xxvii, 70.

se soit produit dans l'intérieur du domaine réservé ou bien à l'extérieur, mais en rapport immédiat avec un acte de service engagé dans l'intérieur de la propriété réservée ; il suffit que l'acte illicite soit dirigé contre les personnes mentionnées. De même, la rédaction claire de la loi ne permet pas davantage de justifier le point de vue suivant lequel il ne s'agit pas, dans le § 117, de l'exercice du droit de chasse et autres droits privés, mais seulement des actes dirigés, dans le fonctionnement de la police des forêts et de la chasse, contre les maraudeurs forestiers et les braconniers (3).

III. — Les peines prévues sont de degrés divers :

a) Peine ordinaire : L'emprisonnement de 14 jours à 3 ans ; en cas de circonstances atténuantes, l'emprisonnement avec maximum d'un an (C. P. I., § 117).

b) En cas de menace avec un fusil, une hache ou un autre instrument dangereux (4), ou en cas de violences sur la personne (du fonctionnaire ou de l'ayant-droit) : l'emprisonnement avec minimum de 3 mois et en cas de circonstances atténuantes avec minimum d'un mois (C. P. I., § 117).

c) Lorsque, par la résistance ou l'attentat, une lésion corporelle sur la personne de celui contre lequel l'acte est dirigé, a été causée : la réclusion avec maximum de dix ans ; en cas de circonstances atténuantes, l'emprisonnement avec minimum de trois mois (C, P. I., § 118).

d) Lorsque l'une des actions a été commise en commun par plusieurs individus (* § 50, note 12), la peine (*a* à *c*) peut être augmentée de la moitié du maximum fixé, sans que toutefois la peine d'emprisonnement puisse dépasser cinq ans (C. P. I., § 119).

(3) *Contra*, l'opinion commune, en particulier Mayer, 454, ainsi que R à plusieurs reprises, en particulier xx, 156. Exact, Meyer-Allfeld, 532.

(4) Sur l'instrument dangereux cf. plus haut, § 88, II. Il faut que l'auteur ait tenu son fusil de telle sorte que la personne menacée ait pu se rendre compte du danger ; R, xxxiii, 314.

§ 173. — 3. L'évasion de prisonniers.

Bibliographie. — *M. E. Mayer*, Die Befreiung von Gefangenen, 1906. — *Hälschner*, II, 960. — *Stenglein*, Z, IV, 487. — *Günther*, III, 475. — *Hofmann*, Die Gefangenenbefreiung, etc., 1903. — *Hess*, Beiträge zur Lehre von der Gefangenenbefreiung, 1904. — *Roitzsch*, Thèse Leipzig, 1906.

I. — **L'évasion de prisonniers** est une atteinte à l'autorité publique au pouvoir de laquelle se trouve le prisonnier. C'est par là que se détermine sa position dans le système du droit pénal. Nous comprendrons comme « prisonniers » : les prévenus et condamnés détenus, les détenus en matière civile ou en matière de police ; il faut y joindre, d'après le § 362 C. P. l., celui qui est retenu dans une maison de travail, mais non dans une maison de correction (1) ou dans un asile d'aliénés (2). Il suffit qu'il y ait arrestation en vertu d'un mandat d'amener, mais l'arrestation par un particulier d'après le § 127 Proc. crim. ne suffit pas. Le prisonnier de guerre sur parole se trouve non seulement moralement, mais même effectivement au pouvoir de l'autorité par l'assignation d'une résidence déterminée, et il est, par suite, « prisonnier » au sens de la loi (3).

(1) Même sens, Binding, *Lehrb.*, II, 585, Mayer, 6, Meyer-Allfeld, 566 ; *contra*, R, XV, 39 (le § 20 serait applicable lorsque la restriction à la liberté dépasse la mesure habituelle de la discipline scolaire). Les lois des Etats sur l'éducation forcée (y compris la Prusse, 1900) contiennent des peines spéciales, dont la légalité semble au moins douteuse.

(2) Naturellement seulement si l'internement n'est pas une mesure pénale. Même sens, Binding, II, 584, Mayer, 7, Meyer-Allfeld, 566.

(3) Même sens, Merkel, 395, Mayer, 5, Meyer-Allfeld, 565 et aussi C. P. Mil., § 159. *Contra*, Binding, *Lehrb.*, II, 586, Olshausen, § 120, 2.

II. **Historique.** — Le concept de l'évasion de prisonniers (*effractio carceris*) dans le droit commun tire son origine du droit romain. Ce dernier, depuis l'époque impériale, réprimait non seulement l'évasion par le fait de tiers (qui pouvait éventuellement punir comme *læsa majestas*), mais aussi l'évasion du seul fait du prisonnier. Mais c'est l'évasion par la faute du geôlier, du *commentariensis*, qui est particulièrement punie, avec un essai de distinction, à la vérité très insuffisant, entre l'intention, la négligence et le hasard ; dans le cas le plus grave le gardien est frappé de la peine de l'évadé (c'est donc une sorte de talion ; *Günther*, I, 150). De même, la Carolina, art. 180, prescrit : « Si un gardien des prisons criminelle aide... quelqu'un [à s'évader], il subira la même peine criminelle à la place du malfaiteur qu'il a laissé évader. Mais si le prisonnier s'enfuit de la prison par la négligence du gardien, cette négligence sera punie d'après l'état des choses. » Le droit commun remplace le talion (qui se rencontre encore dans le Palatinat Electoral, 1582, à Hambourg, 1603, en Prusse, 1685) par une peine arbitraire ; mais en opposition avec les sources du droit romain, il s'attache fermement à la conviction que la punition de l'évasion par le fait du seul prisonnier est contraire à l'instinct de liberté, à la fois si naturel et si puissant, et que, par suite, cette punition est inutile et par suite condamnable. Se rattachant au Code pénal prussien de 1851, le C. P. I. a séparé des autres cas le délit du § 347, qui est une infraction commise dans l'exercice des fonctions ; l'évasion simple (du seul fait du prisonnier) reste, ici également, impunie par principe.

III. — Le C. P. I. distingue trois cas (4) :

1. **L'évasion simple** (*Selbstbefreiung*), régulièrement impunie, n'est punissable d'après le § 122 C. P. I. que comme mutinerie, et cela :

a) Avec violence contre des personnes, lorsque les prisonniers s'attroupent et, en unissant leurs forces, *α*) attaquent les fonctionnaires de l'établissement ou

(4) HOFMANN et MAYER font remarquer avec raison que le § 115 rend superflu le § 122. — Cf. aussi plus haut, § 166, II, 3, C. P. Mil., §§ 58, chiffres 11, 79, 80, 144. 159 (plus loin, § 205). Sur le délit du § 347, C. P. I., cf. plus loin, § 179, V, 5.

les personnes chargées de la surveillance ou (3) opposent de la résistance aux uns et aux autres ou γ) entreprennent (5) de les contraindre à des actions ou à des abstentions;

b) Avec violences sur les choses, lorsque les prisonniers s'attroupent et unissent leurs forces pour entreprendre une sortie avec violence [bris de prison].

Peine : L'emprisonnement avec minimum de six mois; contre les mutins ayant exercé des violences contre les fonctionnaires de l'établissement ou contre les personnes chargées de la surveillance, la réclusion avec maximum de dix ans, avec laquelle la mise sous la surveillavce de la police peut être prononcée. D'ailleurs il suffit, pour entraîner condamnation, de la participation à l'attroupement avec connaissance de ce que l'une des actions mentionnées est commise par les participants.

2. Le fait intentionnel de **faire évader un prisonnier** hors de la captivité ou du pouvoir de la force armée, du fonctionnaire ou de la personne chargés de la surveillance, de la conduite ou de la garde dudit prisonnier (par exemple pendant le travail à l'extérieur) (C. P. I. § 120). Est assimilée à ce délit l'aide intentionnelle prêtée à une évasion simple même impunie par elle-même, tandis que l'instigation à cette évasion n'est passible d'aucune peine (6). La complicité au délit d'évasion d'un autre prévu par le § 120, est punissable suivant les principes généraux. Pourtant, d'après ce qui a été dit * § 52, V, 2, le prisonnier lui-même ne peut être puni pour instigation ou aide au délit du § 120 (7).

(5) Sur l'entreprise, cf. 1er vol., § 46, note 6.

(6) MEYER-ALLFELD, 566, considère l'imitation comme punissable.

(7) Même sens BINDING, *Lehrb.*, II, 591, FRANK, § 120, III, KOLHER, *Studien*, I, 135, v. KRIES, Z, VII, 522, 536, MAYER, 15, MERKEL, 394. *Contra* R, III, 140, HAELSCHNER, II, 960, OLSHAUSEN, § 120, 7.

Peine : L'emprisonnement avec maximum de trois ans. La tentative (et aussi l'aide à l'évasion simple (8), (* § 52, note 6) est punissable. Les fonctionnaires sont punis suivant le § 347 C. P. I. (plus loin, § 179, V, 5).

3. Le fait de **laisser fuir** avec intention (non par négligence) (9) un prisonnier ainsi que celui de **faciliter l'évasion** du prisonnier (entreprise par un tiers ou par le prisonnier lui-même) par connivence (intention) ou par négligence de la part du surveillant (gardien) ou du conducteur (§ 121, C. P. I.).

Peine : *a*) En cas de connivence, l'emprisonnement avec maximum de trois ans ; *b*) en cas de négligence, l'emprisonnement avec maximum de trois mois ou l'amende avec maximum de trois cents marks.

§ 174. — 4. Le trouble de la paix publique.

BIBLIOGRAPHIE : v. *Hippel*, RvD, Bes. T., II, 1. — *John*, Landzwang und widerrechtliche Drohungen, 1852. — *Hälschner*, II, 129, 487. — *Heilborn*, Z, XVIII, 1, 161. — *Oetker*, Suppléments nos 37 à 40 à la (Münchner) Allg. Zeitung de 1895. — *Gœhrs*, (Bibl., § 121). — *Weil*, Die Aufreizung zum Klassenkampf. — (*Beling*, Heft 65), 1905.

I. — **La paix publique**, en tant qu'intérêt de la collectivité (plus haut, § 121) est objectivement le pouvoir de protection de la puissance publique s'incarnant dans l'ordre créé par le droit (l' « état de paix » *Friedenszustand*, d'après *Weil*) (1) et subjectivement la confiance des justiciables dans ce pouvoir, c'est-à-

(8) *Contra* BINDING, *Lehrb.*, II, 590, MAYER, 26.

(9) Même sens FRANK, § 121, II, *Contra* Mayer, 31.

(1) Le concept ne peut donc se comprendre sous une forme unique. En ce sens, l'opinion commune. Au contraire, OPPENHEIM (*Bibl.*, § 32, note 2), 321, HEILBORN, 214, le prennent partout au sens objectif.

dire dans la continuité paisible de l'ordre créé par le droit (l' « assurance de la paix », *Friedenszuversicht* d'après *Weil*) (1). Par suite, la paix publique n'est pas seulement lésée par le trouble de l'ordre pacifique au moyen d'un acte de violence (*Landesfriedensbruch*, « rupture de la paix publique »), mais aussi par l'ébranlement du sentiment de la sécurité créée par le droit (*Landzwang*, « menace contre la paix publique »). Elle est mise en péril (*gefährdet*) dès qu'existe la possibilité imminente soit dudit acte de violence, soit de cet ébranlement de la confiance.

II. **Historique.** En droit romain, le *crimen vis* porte dans toutes ses formes diverses, malgré la distinction toujours douteuse et hésitante entre la *vis publica* et la *vis privata*, le caractère propre d'un trouble de la paix publique. Seule, cette idée législative fondamentale réunit les variétés d'infractions diverses dans leur mode : le port d'armes, l'émeute et l'attroupement, le pillage de maisons, l'attentat contre les biens immeubles, le *stuprum* commis par violence, l'incendie, la séquestration, l'extorsion, l'enlèvement, les abus de pouvoir des fonctionnaires, les entraves à l'action de la justice. Le *scopélisme* (l. 9, D. 47, 11) qui présente des analogies avec le *Landzwang* (menace contre la paix publique) du droit commun, n'a qu'une signification locale.

D'après la conception germanique, l'ordre juridique est l'ordre créant la paix, l'infraction est la rupture de la paix, la peine est la mise hors la paix. Bien qu'affaiblie, cette conception persiste jusqu'à une époque très avancée du Moyen Age ; son expression la plus nette se trouve dans la législation pénale des « Paix publiques » (*Landfrieden*, * § 4, note 14).

C'est ainsi que le *crimen vis* romain prend contact avec le *Landfriedensbruch* (rupture de la paix publique) germanique ; l'un et l'autre sont des concepts de grande étendue, qu'il est par conséquent nécessaire d'éclaircir plus complètement et aussi de décomposer.

Cette tâche ne fut pas résolue par la Carolina. Dans son art. 128, elle punit du glaive le *Landzwang*, la conduite maligne (*das bösliche Austreten*) liée au vol avec violence, à l'extorsion, à l'incendie, et elle fait de même dans son article 129 pour la *diffidatio* (*bösliche Befehdung* ; encore en Autriche, 1768). Par contre, la législation impériale du XVIe siècle (*Landfrieden* de 1548, Recès de l'Empire (procès verbal de la Diète germanique de 1594), s'occupe encore de la rupture de la paix publique (*Landfriedensbruch*), dans laquelle se place aussi la rupture de la paix religieuse, et elle la punit par la mise au ban de l'Empire (*Reichsacht*). Le concept, très controversé quant aux détails, exige essentiellement la réunion de plusieurs personnes dans le but de commettre un acte de violence à main armée. Le droit commun s'efforce en vain de définir le concept général de *la vis* et il relève à côté de lui, son application étant pour ainsi dire auxiliaire, toute une série de « cas dénommés » de violence publique (ce que fait encore le droit autrichien actuel). Plus spécialement, les cas dirigés contre la puissance même de l'Etat en sont peu à peu retranchés. En outre, la réunion de bandes (*Zusammenrottung*) est le plus souvent demandée comme élément constitutif.

La législation actuelle n'est pas parvenue davantage à établir des concepts fermes et clairs ; elle est, par suite, obligée de compléter les lacunes du droit commun par des dispositions d'exception, de valeur douteuse, qu'elle doit bientôt rejeter. C'est le cas pour toute la législation du *Kulturkampf*, qui n'a laissé qu'une seule trace encore existante dans le § 130 *a* C. P. I. Il en est de même de la loi d'Empire du 21 octobre 1878, contre les menées socialistes ou communistes, qui n'a pas été renouvelée à l'expiration de sa durée d'application (1er octobre 1890). En ce qui concerne la propagande anarchiste par le fait, la législation s'est bornée à frapper l'emploi criminel des explosifs (2).

III. — Abstraction faite du vote de la paix religieuse (plus haut, § 117), les troubles de la paix publique prévus par le C. P. I. sont les suivants :

1. Le **Landzwang** (litt. violence, force dans le pays) c'est-à-dire le trouble de la paix publique (C. P. I.,

(2) Cf. plus haut, § 156, et à ce sujet Lenz, Z, XVI, 1, et surtout H. Seuffert, § 15, note 1.

§ 126) par la menace d'une infraction constituant un danger public. Le concept de la paix doit être pris ici subjectivement ; l'infraction est donc consommée dès que la menace est parvenue à la connaissance publique et que la confiance dans la paix est ébranlée chez une grande partie de la population (3). Les crimes créant danger public sont ceux des §§ 306 à 330 du C. P. I., auxquelles il faut joindre ceux de la loi de 1884 relative aux explosifs ; la menace d'un délit ne suffit pas. L'intention de l'auteur doit impliquer le trouble de la paix publique.

Peine : L'emprisonnement avec maximum d'un an.

2. Le **Landfriedensbruch** (rupture de la paix publique) (association de malfaiteurs), c'est-à-dire, d'après le § 125 C. P. I., l'affiliation à une bande publique (*Œffentliche Zusammenrottung*) lorsque les individus réunis en bande (plus haut § 119, III, 3) commettent, en unissant leurs forces, des actes de violence contre les personnes ou les choses. Le concept de la paix doit être pris ici objectivement. L'infraction a pour première condition la commission d'actes de violence par la bande elle-même. Mais est auteur tout affilié à l'association, qui a eu connaissance de l'exécution des violences, même s'il n'y a pas pris part personnellement. La consommation intervient, pour tous les affiliés à la bande, avec la commission des violences.

Peine : L'emprisonnement avec minimum de trois mois ; les meneurs (*Rädelsführer*, *§ 51, note 6), ainsi que ceux qui ont commis des violences sur des personnes ou ont pillé (Cf. C. P. Mil., § 129), anéanti ou détruit des choses (4), sont punis de la réclusion avec maximum de dix ans et, suivant appréciation, de la mise sous la surveillance de la police ; en

(3) Cf. v. Hippel, 32.

(4) Le dommage ne suffit pas ; R, xxxix, 223.

cas de circonstances atténuantes, l'emprisounement avec minimum de six mois.

3. **La fourniture d'armes à des bandes armées et l'organisation de ces bandes** (*Ansammeln von Waffen und Streitkräften*).

Est punissable :

a) Celui qui, sans autorisation, forme ou commande un rassemblement armé, ou fournit des armes, munitions ou approvisionnements de guerre à une troupe organisée qu'il sait être rassemblée sans autorisation légale (C. P. I., § 127, al. 1er). La troupe organisée (*Mannschaft*) se distingue du rassemblement (*Haufen*) en ce qu'elle est déjà dressée à la discipline.

b) Celui qui se joint à un rassemblement armé (ou à une troupe organisée) (C. P. I., § 127, al. 2).

Peine : Pour *a*) l'emprisonnement jusqu'à deux ans ; pour *b*) jusqu'à un an.

c) Celui qui, en dehors de l'exercice de sa profession, constitue secrètement ou contre la défense des autorités, des approvisionnements d'armes ou de poudre (dans le but d'en faire usage) (C. P. I., § 360, n° 2).

Peine : L'amende avec maximum de cent cinquante marks ou la détention simple. Confiscation possible, sans qu'il y ait lieu de distinguer si les objets appartiennent ou non au condamné.

4. **L'excitation à la lutte des classes,** c'est-à-dire le fait d'exciter publiquement des classes différentes de la population à l'exercice de violences réciproques dans des conditions de nature à menacer la paix publique (§ 130, C. P. I.).

Il résulte de la rédaction de ce paragraphe du C. P. I., qui tire son origine du droit français (loi de 1835) par l'intermédiaire du Code pénal prussien (§ 100, dit « paragraphe de haine et de mépris »), qu'il est nécessaire qu'il y ait eu au sens objectif mise en péril effective de la paix publique (mais non pas atteinte), mais que cela est suffisant pour la consommation. Il faut donc qu'il y ait eu possibilité imminente de violences (5). L'intention doit prévoir la mise en péril, toutefois il n'est pas nécessaire que cette mise en péril soit le but du dessein. Les « classes de la population » sont des cercles de personnes différents, durablement unis par la communauté des conceptions et des intérêts, et séparés par là même d'autres cercles de personnes (6) : la bourgeoisie, les ouvriers, les propriétaires de fabrique, les industriels, les agrariens ; les Allemands, les Polonais, les Français ; les juifs, les catholiques, les francs-maçons, etc. Mais non pas les partis politiques. Sur l'excitation, cf. * § 51, note 6.

Peine : L'amende avec maximum de 600 marks ou l'emprisonnement avec maximum de 2 ans.

5. Mise en péril de la paix publique par les **abus des ministres des cultes** (*Missbrauch der geistlichen Stellung*).

Le § 130 *a* C. P. I., dit *Kanzelparagraph* (7), menace l'ecclésiastique ou tout autre ministre d'un

(5) Cf. v. Hippel, 54. Va beaucoup plus loin : R, xxvi, 349 : la possibilité éloignée suffit. Plutôt contestable R, xxxiv, 269, qui conçoit subjectivement le trouble de la paix.

(6) Même sens R, xxxv, 96 ; Meyer-Allfeld, 388. Plus strict Frank, § 130, I et R, xxii, 293, qui insistent exclusivement sur le classement social (*Gesellschaftiche Gliederung*). Exact R, xxvi, 63 (un « classement qui régulièrement, mais non nécessairement, repose sur une base sociale »). Contre « l'union durable », Weil, 41.

(7) Le 1er alinéa fut introduit par la loi du 10 décembre 1871. Des dispositions semblables se trouvaient déjà dans plusieurs Codes allemands, ainsi que dans le Code pénal français, art. 199 à 208. Punissable également en droit commun comme *proditio*. — Le second alinéa fut introduit par la novelle du 26 février 1876.

culte, qui, dans l'exercice (c'est-à-dire pendant cet exercice) ou à l'occasion de l'exercice de son ministère :

a) Prend publiquement, dans une assemblée de personnes (ou dans une église) ou dans un (autre) lieu destiné à des assemblées religieuses et devant plusieurs personnes, les affaires de l'Etat pour objet d'une manifestation (*Verkündigung*) ou d'une critique (*Erörterung*) de nature à menacer la paix publique ;

b) Publie (*ausgibt*) ou propage des écrits dans lesquels les affaires de l'Etat font l'objet d'une manifestation ou d'une critique de nature à menacer la paix publique.

Est « ministre du culte » (*Religionsdiener*) toute personne appelée à remplir des actes appartenant au ministère d'un culte. Les « ecclésiastiques » (*Geistliche*) sont les ministres des confessions chrétiennes. Les « affaires de l'Etat » (*Angelegenheiten des Staates*) se confondent avec les « affaires publiques » (*öffentliche Angelegenheiten*, plus haut, § 169, note 2). Ici également, il est nécessaire qu'il y ait eu dans chaque espèce trouble (mise en péril) effectif de la paix publique au sens objectif, bien que ce ne soit pas par suite d'actes de violence. L'intention doit également prévoir cet élément. Des tiers peuvent participer à ce délit de fonction (*Standesvergehen*), tant comme auteurs indirects que comme complices.

Peine : L'emprisonnement ou la détention de forteresse avec maximum de 2 ans.

§ 175. — 5. Les provocations punissables.

Bibliographie. — *ME. Mayer*, RvD, Bes. T., I, 349, 364. — *Hälschner*, II, 796. — Pour II : *Rossmann*, Ist die öffentliche Aufforderung zum Streik strafbar ? 1892. — *Silberberg*, Thèse Erlangen, 1902. — Pour IV : *Geyer*, HH, IV, 143. — *Stemann*, GS, xxviii, 267. — *Hälschner*, I, 407. — *Reiffel*, GS, xlii, 175. — *Witte*, Thèse Breslau, 1886. — *Hæger*, Die Stellung des § 49 *a* im System des RStGB, 1903 (Berliner Seminarabhdlgn, II, 5). — V. *Bar*. Gesetz, II, 839.

I. — **Concept**. La provocation (*Aufforderung*) (1) à commettre un acte punissable ou tout au moins illicite apparaît, dans la mesure où elle est punie par le droit positif, comme une infraction indépendante. Elle ne peut être ni considérée ni traitée comme tentative d'instigation, tant que l'instigation est conçue dans la législation comme complicité à l'action d'autrui, car cette action d'autrui n'existe pas ou du moins n'a pas besoin d'exister en cas de provocation. C'est d'ailleurs pour cela que la nature propre de l'action provoquée est absolument sans importance pour la conception théorique ainsi que pour la classification, dans le système pénal, de la provocation punissable. La provocation porte en elle-même le motif de son incrimination : elle exprime un mépris, elle constitue une démonstration de bravade et de raillerie envers les lois de l'Etat et envers la volonté de la puissance publique (2). Cette tendance apparaît très nettement dans le § 46 de la loi sur la presse (plus loin, III, 1), qui rend punissable la provocation à une ac-

(1) La simple approbation ou glorification d'une infraction n'est pas punie par la loi. Il en est autrement toutefois dans la loi sur les explosifs ; cf. plus haut § 156, II, 4.

(2) *Contra* Binding, *Lehrb.*, II, 838 : attaque contre le loyalisme des individus soumis à la loi. Cf. à ce sujet Mayer, 365.

tion qui n'est même pas toujours illicite. Il résulte de tout ceci que la complicité (instigation ou assistance) à une des provocations punissables est possible ; il en est de même de la tentative. qui toutefois n'est punissable que si la provocation elle-même est tenue pour une infraction. Enfin, pour le même motif, il n'existe jamais qu'un seul délit de la part du provocateur, même si la provocation a entraîné plusieurs infractions (cf. aussi * § 52, note 10.)

Si nous faisons abstraction du § 112 C. P. I., ainsi que des cas particulier du § 49 *a* C. P. I., et aussi en partie de la disposition de la loi sur les explosifs mentionnée plus loin, III, 2, notre droit ne punit que la provocation publique (3). Car le caractère de danger public de ces infractions consiste précisément en ce que l'effet de l'acte ne peut être ni prévu dans son ensemble, ni dominé, en ce que, d'autre part, on ne peut exactement calculer si le brandon lancé dans la foule déterminera un incendie dévastateur ou, au contraire, disparaîtra sans laisser de traces ni de dommage. Par ce caractère, on tient largement compte du fait que la provocation publique reste en arrière de l'instigation quant à la certitude du but et des moyens employés pour l'atteindre.

Dans tous les cas, il est nécessaire, pour la consommation, que la provocation soit venue à la connaissance d'autrui.

II. — **Les provocations punissables dans le C. P. I.**

1. La provocation publique à désobéir (même pas-

(3) La loi dit : « celui qui [provoque] publiquement devant une assemblée de personnes, ou celui qui [provoque] par la propagation ou l'affichage public ou l'exposition publique d'écrits ou autres images », etc. Concept de l'assemblée, plus haut, § 119, III, 3 ; de la propagation, plus haut § 109, II, 1. Dans tous ces cas, le concept de la publicité est rempli par la possibilité de prendre connaissance pour un cercle non fermé de personnes. — Il n'est pas nécessaire que la provocation soit adressée à la foule. Dans ce sens R, V, 60 ; *contra* Binding, *Lehrb.*, II, 844.

sivement) aux lois ou ordonnances ou aux dispositions prises (même pour une espèce particulière) par l'autorité dans les limites de sa compétence (§ 110, C. P. I.). La désobéissance aux lois suppose une obligation d'obéissance à la loi. Par suite, la provocation à suivre une conduite contraire seulement à un droit privé (*Privatrecht*) ne relève pas du § 110. Ceci s'applique en particulier à la provocation à la rupture d'un contrat (à une cessation de travail contraire à un contrat) (4). L'intention doit embrasser la conscience de la légalité de l'ordonnance, ou de ce que la disposition prise par l'autorité l'était dans les limites de la compétence de celle-ci (5).

Peine : L'amende avec maximum de 600 marks ou l'emprisonnement avec maximum de deux ans :

2. La provocation publique à une infraction concrète (punissable en droit allemand, même seulement d'après la législation d'un des Etats confédérés et même seulement à titre de contravention ; § 111, C. P. I.). L'intention du provocateur doit prévoir la criminalité de l'action.

D'après ce qui précède, les paragraphes 110 et 111

(4) Même sens Frank, § 110, I, Frey (*Bibl.*, § 110), 69, Goltdammer, *Matérialien*, II, 112, R. Lœning, HSt, I, 1000, Meyer-Allfeld, 534. — 2, En sens différent R, en dernier lieu XXI, 355, XXII, 185, XXIV, 189 ; le § 110 serait donc applicable lorsqu'il n'y a pas provocation à la rupture d'un contrat de travail déterminé, mais au mépris « de la loi en général, de son autorité et de sa force obligatoire » (c'est proclamer l'inapplicabilité dans la pratique). Même sens Plager, 369 : « un mépris de l'autorité de l'Etat se manifestant dans le non accomplissement d'une obligation juridique ». — 3. Egalement en sens différent (d'une manière générale pour la criminalité) Binding, *Lehrb.*, II, 848, Rossmann, Cf. *Bibl.*, § 135.

(5) Même sens Binding, *Lehrb.*, II, 854, Frank, § 110, IV, Olshausen, § 110, 23, *Contra* R, XII, 6. Cf. aussi plus haut, § 171, note 5, et § 172, note 2.

contiennent deux faits différant essentiellement entre eux ; le § 73 C. P. I. est donc applicable (6).

Peine : L'amende avec maximum de six cents marks ou l'emprisonnement avec maximum d'un an ; toutefois la peine ne doit pas être plus grave, dans son mode et dans sa mesure, que celle qui frapperait l'action même à laquelle on provoque. Si la provocation a eu pour conséquence l'infraction (qui était provoquée) ou la tentative de cette infraction, le provocateur doit être puni comme le serait un instigateur et est punissable non pas d'après le § 111, mais d'après le § 48, C. P. I., lorsque les éléments constitutifs de l'instigation (direction de l'intention vers la production d'un acte déterminé par une ou plusieurs personnes déterminées) ont existé (7).

3. Le fait de provoquer (même non public) ou d'exciter (*Anreizung** § 51, note 6) : *a*) un homme de troupe, appartenant soit à l'armée allemande, soit à la marine impériale, à la désobéissance aux ordres de ses supérieurs ; *b*) une personne de la réserve disponible (*Beurlaubtenstand*) à la désobéissance à un ordre d'appel (§ 112, C. P. I.) (8).

Peine : L'emprisonnement avec maximum de deux ans.

4. La provocation publique à un attentat de haute trahison ; cf. plus haut § 165, III, 2 *d*.

(6) En sens différent : 1, R, IV, 106, XXI, 192, MERKEL, 389, MEYER-ALLFELD, 555 (le § 111 serait alors le concept le plus étroit). — 2. MAYER, 380, d'après lequel le § 110 contient au contraire le concept le plus étroit. — 3. D'accord avec le texte pour l'essentiel : R, X, 296, FRANK, § 111, II, HÄLSCHNER, II, 797, OLSHAUSEN, § 111, 8.

(7) Même sens, probablement FRANK, § 111, I, MEYER-ALLFELD, 554. En sens différent BINDING, I, 590 (mais cf. aussi comme toujours applicable. — Si celui qui a provoqué au vol a déjà été condamné plusieurs fois pour vol, etc., il y a lieu d'appliquer la peine de la récidive.

(8) Loi militaire de 1867, §§ 6, 7, 15 ; C. P. Mil., §§ 4 à 6 ; loi militaire de 1874, § 56.

III. — Les **autres provocations punissables.**

1° La provocation publique, par la voie de la presse, à la collecte du montant des amendes et frais dont le paiement est ordonné en raison d'une infraction, ainsi que la reconnaissance publique, par la voie de la presse, de la réception des sommes payées à cet effet (§ 16, loi sur la presse).

Peine : L'amende avec maximum de mille marks ou la détention simple ou l'emprisonnement avec maximum de six mois (Loi sur la presse, § 18, n° 1). Les sommes recueillies à la suite de la provocation ou leur valeur doivent être attribuées à la caisse de bienfaisance (*Armenkasse*) du lieu où la souscription a été ouverte.

2. La provocation publique à une infraction punissable d'après la loi sur les explosifs du 9 juin 1884. Cf. plus haut § 156, II, 4;

3. Il faut enfin mentionner que le C. P. Mil., §§ 99 à 102, ainsi que la loi sur les gens de mer, § 102, contiennent des cas de provocation punissable bien que non publique. Cf. à ce sujet plus loin § 205 et § 198, IX.

IV. — A côté des provocations publiques existe depuis la novelle du 26 février 1876 le délit indépendant du § 49 *a* C. P. I. (qui ne doit pas être conçu comme tentative d'instigation). Ce paragraphe, dit **Paragraphe Duchesne**, imité de la loi belge du 7 juillet 1875 (9), embrasse :

1. Le fait de provoquer une autre personne à commettre un crime (10) (au sens étroit) ou à être complice d'un crime, ainsi que le fait d'accepter cette provocation ;

(9) Cette loi doit son existence à ce qu'un Belge, nommé DUCHESNE, s'offrit à l'archevêque de Paris et au provincial des jésuites de Belgique pour assassiner Bismarck ; elle est reproduite dans l'annexe III de l'exposé de motifs de la novelle de 1876 (Cf. aussi HH, IV, 144).

(10) D'après le droit national ; R, XXXVII, 45.

2. Le fait de s'offrir pour commettre un crime ou pour être complice d'un crime, ainsi que l'acceptation de cette offre.

Toutefois, la provocation ou offre purement verbale et son acceptation ne sont punissables, que si la provocation ou l'offre sont liées à la concession d'avantages de nature quelconque (11) et qu'il est ainsi prouvé que celui qui a pris l'initiative de la provocation ou de l'offre, a agi sérieusement. Est absolument assimilée à la « provocation ou offre purement verbale » celle qui est symboliquement exprimée (par exemple par un signe de tête, un mouvement de la main, etc.); le contraire est constitué non seulement par la provocation et l'offre écrites, mais par toute provocation et offre accentuée d'une manière quelconque et laissant reconnaître le caractère sérieux de la résolution (12). Si la provocation ou l'offre ne peuvent être considérées comme sérieuses, l'acceptation reste, elle aussi, impunie. La provocation et l'offre doivent être l'expression d'une résolution (conçue conditionnellement) qui devient absolue par l'acceptation.

L'infraction est consommée, dès que la provocation, l'acceptation ou l'offre, sont venues, conformément à la volonté de l'auteur, à la connaissance de l'autre partie. La complicité de tiers est possible, tant comme instigation que comme assistance.

Il est inutile de faire remarquer que celui qui prend

(11) Un avantage patrimonial n'est pas nécessaire ; sont suffisants les avantages matériels ou idéaux de toute nature, dont l'octroi peut, de l'avis de l'auteur, décider l'autre parti : rendez-vous galant, omission d'une révélation en matière pénale, procuration d'une distinction honorifique, promesse de mariage, etc. Même sens Katzenstein, Z, xxiii, 169 ; plus étroit Binding, *Lehrb.*, II, 720, Frank, § 49 à II. Cf. plus haut 108, note 7.

(12) Il faut ranger ici la provocation à l'avortement accompagnée de la remise des moyens abortifs. Contra R, III, 30, v. Bar, 847, Olshausen, § 49, 14. — En cas d'offre, la demande d'avantages suffit, R, xxvi, 421.

l'initiative de la provocation, de l'acceptation ou de l'offre, doit être responsable pour être passible de peine. Mais il ne peut être non plus question de provocation ou offre punissable lorsque la responsabilité fait défaut à l'autre partie. Et il en est de même de l'acceptation, lorsque la provocation ou offre émane d'un irresponsable. Ceci se fonde sur la réciprocité de la condition entre la provocation et l'offre d'une part, et l'acceptation d'autre part.

Si le crime [objet de la provocation ou offre] est réellement tenté ou consommé, l'infraction du § 49 *a* C. P. l. se transforme en complicité, ou en action principale.

La peine du § 49 *a* ne s'applique que « si la loi (d'Empire ou d'Etat, pour cette dernière dans l'étendue de sa compétence) ne prononce pas une autre peine (c'est-à-dire une peine plus sévère) » (13). Cette peine est : *a*) l'emprisonnement avec minimum de trois mois lorsque le crime projeté est puni de mort ou de réclusion perpétuelle ; *b*) l'emprisonnement ou la détention de forteresse avec maximum de deux ans lorsque le crime projeté est puni d'une peine moindre que ci-dessus. Accessoirement à l'emprisonnement, la dégradation civique et la mise sous la surveillance de la police peuvent être ordonnées.

13) Le résultat est par suite le même qu'avec l'application du § 73. *Contra*, en général Binding, *Lehrb.*, II, 870, Frank, § 49 *a*, II (pour la subsidiarité du § 49 *a*). L'opinion dominante admet le concours idéal seulement avec le § 333 ; en ce sens R, xii, 54. *Contra*, Haeger, 390 (qui soutient la spécialité entre le § 49 *a* d'une part, et les §§ 85, 111, 159, 333 d'autre part).

§ 176. 6 — Outrages à la puissance publique (*Missachtung der Staatsgewalt*).

BIBLIOGRAPHIE. — V. *Hippel*, *Kleinfeller*, *P. Merkel*, RvD. Bes. T., II, 68, 291, 311. — *Hälschner*, II, 834. — *Lenz* (Bibl., § 129), 215, 188. — *Seeliger*, Thèse Breslau, 1901. — *Riedinger*, Die Staatsverleumdung (StGB., § 131) (*Beling*, Heft, 38), 1901. — *Drews*, Thèse Greifswald, 1903. — *Mothes*, Thèse Leipzig, 1903. — *May*, Thèse Tubingne, 1905. — V. *Berckheim*, Thèse Heidelberg, 1907.

I. — L'infraction dite **diffamation de la volonté de l'État** (*Verleumdung des Staatswillens*) c'est-à-dire l'assertion ou propagation publiques, faites sciemment, de faits imaginaires ou défigurés, dans le but de rendre méprisables les institutions de l'Etat ou les dispositions prises par l'autorité (§ 131, C. P. I.).

Tandis que déjà en droit commun (par exemple le Palatinat Electoral en 1582) l'excitation, par pamphlets, à la désobéissance et au mépris envers l'autorité était punie de la peine du glaive, et que la Cout. Gen. de Prusse, art. 151, relevait spécialement le fait d'éveiller le mécontentement contre le gouvernement, la Prusse, en 1851, s'inspira du droit français dans le § 101 de son Code pénal (dit « paragraphe de haine et de mépris »). Le texte du C. P. I. est imité de celui du § 187. Toutefois, le § 131, allant en cela plus loin que le § 187, demande que l'auteur n'ait pas seulement l'intention (*Vorsatz*), mais bien le dessein (*Absicht*) d'éveiller le mépris. D'ailleurs nous renvoyons au commentaire du § 187 (plus haut, § 96, II et III). En particulier, le fait d'exprimer des jugements généraux, sans les appuyer sur des faits, n'est pas suffisant.

Ici également, la loi ne protège que la puissance publique nationale, toutefois non pas seulement celle de l'Empire allemand ou de l'Etat confédéré où se trouve le lieu de commission du délit, ou bien dont l'auteur est citoyen, mais aussi celle de tous les autres Etats confédérés.

Par « institution de l'Etat », nous devons comprendre tous les éléments permanents de la Constitution ou de l'administration de l'Etat, tels que le Bundesrat, le Reichstag, la Chancellerie d'Empire, le service militaire obligatoire pour tous, etc., mais non pas les institutions juridiques générales telles que le mariage, la famille, la propriété, etc. (1).

La consommation existe avec l'assertion ou la propagation ; il n'est pas nécessaire que le but ait été atteint ; il n'est même pas nécessaire (à la différence du § 187) que les faits aient été propres à l'atteindre (2).

Peine : L'amende jusqu'à 600 marks ou l'emprisonnement jusqu'à 2 ans.

II. — **L'immixtion dans une fonction publique** (*Amtsanmassung*), c'est-à-dire (C. P. I., § 132) l'exercice sans qualité d'une fonction publique (C. P. I., § 31) ou la perpétration d'un acte qui ne peut être accompli qu'en vertu d'une fonction publique (même si cet acte ne rentre nullement dans la compétence de la fonction usurpée).

Peine : L'emprisonnement avec maximum d'un an ou l'amende avec maximum de trois cents marks.

III. — **La soustraction d'actes et autres objets officiellement gardés** (*Gewahrsamsbruch*), c'est-à-dire la destruction, l'endommagement ou la dissimulation (3) intention-

(1) Même sens R, XXII, 253, FRANK, § 131, IV, MEYER-ALLFELD, 535. *Contra*, BELING, Z, XVIII, 281, RIEDINGER, 41. Le dénigrement d'une décision du Reichstag ne suffit pas : R, XXIX, 318.

(2) Même sens BINDING, *Lehrb.*, II, 877, RIEDINGER, 49 ; *contra*, R, I, 161, FRANK, § 131, IV, HALSCHNER, II, 836, v. HIPPEL, 74.

(3) Cf. plus haut, § 137, note 8.

nels de (documents, registres, actes ou autres) objets qui sont déposés officiellement (non pas pour être employés ou consommés) dans un lieu fixé à cet effet ou qui ont été confiés officiellement à un fonctionnaire (C. P. I., § 359) ou à un tiers (même passagèrement) (C. P. I., § 133).

Le fonctionnaire dépositaire peut être lui-même l'auteur ; c'est alors la règle du § 73 C. P. I. qui décide entre le § 133 et le § 348. L'appropriation, et en particulier la consommation (*Verbrauch*) des objets ne relève pas du § 133.

Peine : L'emprisonnement ; si l'acte a été commis dans un dessein cupide (4), l'emprisonnement avec minimum de trois mois, et accessoirement la dégradation civique possible.

IV. — **L'outrage envers les avis de l'autorité** (*Verletzung amtlicher Kundgebungen*), c'est-à-dire le fait accompli avec mauvaise intention (*böswillig*) d'arracher, lacérer ou souiller les affiches officielles contenant des avis, ordonnances, ordres ou annonces émanant d'administrations ou de fonctionnaires (5) (C. P. I., § 134). « Avec mauvaise intention » (*böswillig*) désigne, comme mobile de l'acte, le dessein tendant à produire le résultat défendu ; l'acte doit avoir lieu dans le but de manifester le mépris de l'autorité. A l'opposé, l'expression « avec légèreté » (*mutwillig*), employée par ailleurs, désigne l'acte intentionnel, mais ne tendant pas au résultat.

Peine : L'amende avec maximum de 300 marks ou l'emprisonnement avec maximum de 6 mois.

(4) Même concept que plus haut, § 139, II, 4. Même sens Binding, *Lehrb.*, II, 605, Frank, § 133, IV, Hälschner, II, 841, Merkel, HH, IV, 456. *Contra*, Meyer-Allfeld, 556.

(5) Administration (*Behörde*), plus haut § 171, note 7 ; « fonctionnaire », plus loin § 178, III.

V. — **L'outrage envers les attributs de l'autorité** (*Verletzung von Autoritätszeichen*) : le fait, commis avec mauvaise intention (*böswillig*), d'enlever, de détruire ou d'endommager les attributs officiels de l'autorité « de l'Empire ou d'un souverain confédéré » ou les signes de souveraineté d'un « Etat confédéré », ou de causer un scandale injurieux (plus haut § 118, III) à l'égard de ces objets (C. P. I., § 135). Il n'existe aucune différence entre les « attributs de l'autorité » et les « attributs de souveraineté » ; il faut ranger ici les poteaux-frontière, les drapeaux, les armes [héraldiques], les écussons, etc.

Peine : L'amende jusqu'à 600 marks ou l'emprisonnement jusqu'à 2 ans.

VI. — Le **bris de scellés**, c'est-à-dire : *a*) le fait intentionnel de rompre, détacher ou endommager sans qualité un sceau public, apposé par une administration ou un fonctionnaire pour enfermer ou marquer des choses ou en opérer la saisie (*Beschlagnahme*) ; *b*) ou bien le fait de supprimer la fermeture officiellement opérée au moyen dudit sceau [scellé, *Siegel*] (C. P. I., §] 136) (6). Ici également, le mode de fermeture est sans importance (cf. plus haut § 120, II). Il en est de même quant au mode de violation de cette fermeture, qui peut résulter du bris des scellés, mais aussi se produire d'une autre manière (escalade par la fenêtre en cas de fermeture de la porte). L'apposition des scellés doit être légale, c'est-à-dire avoir lieu, dans chaque espèce, dans l'étendue des pouvoirs officiels [de l'apposant].

Peine : L'emprisonnement avec maximum de 6 mois.

VII. — La **violation de saisie ou de séquestre** (*Arrest*

(6) Cf. Loi douanière de 1869, §§ 144, 151 ; Loi sur l'impôt du sel de 1867, § 15.

(7) D'après R, xxxiv, 398, la compétence générale suffit.

bruch, Verstrickungsbruch) (8) qui existe lorsque des choses meubles ou immeubles (mais non des créances) (9) ayant été saisies ou mises sous séquestre par les administrations ou fonctionnaires compétents, sont intentionnellement, c'est-à-dire en toute connaissance de l'opération officielle, enlevées, détruites (10) ou autrement soustraites, pour tout ou partie, à la saisie ou au séquestre (§ 137, C. P. I.). La légalité de la saisie ainsi que la compétence effective de l'autorité [qui y procède] sont des conditions de l'incrimination. L'intention de l'auteur doit les prévoir l'une et l'autre. La consommation intervient dès que la chose est divertie, c'est-à-dire dès que se trouve rompue la garde officielle résultant de la saisie, ce qui peut également se produire par tromperie de l'autorité. L'appropriation n'est pas nécessaire, ni même le dessein de s'approprier.

L'auteur peut être aussi bien le propriétaire ou le saisi qu'un tiers, ou même le créancier au profit duquel la saisie a été effectuée, ou l'huissier.

Peine : L'emprisonnement avec maximum d'un an.

VIII. — Il faut classer ici deux contraventions.

1. Le § 360, nos 7 et 8, menace de l'amende jusqu'à 150 marks ou de la détention simple celui qui, sans qualité, fait usage des armes impériales ou de celles d'un prince confédéré ou de celles d'nn Etat, ainsi que celui qui, sans qualité, porte un uniforme, un costume officiel, un insigne officiel, un ordre ou insigne honorifique, ou usurpe un titre, des dignités ou titres nobiliaires, et enfin celui qui se sert, vis-à-vis d'un fonctionnaire compétent, d'un nom qui ne lui appartient pas (11).

(8) Déjà fréquemment puni au moyen-âge. Le C. P. I. se base sur le § 272, Cod. P. Prussien et celui-ci sur un Ordre de cabinet de 1833.

(9) Opinion commune; même sens les Sen.Pen.réunis,XXIV,40.

(10) L'endommagement (plus haut, III) ne suffit pas. Cf. plus haut, § 137, note 8.

(11) Cf. Frank, § 360, P. Merkel, 321.

2. La loi du 22 mars 1902 pour la protection de la Croix de Genève contient les dispositions suivantes :

La Croix rouge sur fond blanc, déclarée signe de neutralité par la Convention de Genève, ainsi que les mots « Croix Rouge » ne doivent être employés (sans préjudice de leur usage dans le service de santé militaire) dans le commerce ou l'industrie, ainsi que pour la désignation de sociétés ou associations ou pour distinguer l'activité de celles-ci, qu'en vertu d'une permission spéciale (§ 1). Celui qui, contrairement à ces dispositions, fait usage de la Croix Rouge, est passible d'une amende avec maximum de 150 marks ou de la détention simple (§ 2) (12).

(12) Cf. v. LISZT, *Völkerrecht*, § 40, V, 8.

SECTION III

Infractions contre l'administration de l'Etat (1).

---

§ 177. — Aperçu général.

I. — A l'activité vitale de la personnalité individuelle, au développement libre et complet de la force vitale individuelle correspond, en tant qu'activité vitale de la collectivité, le travail de l'administration de l'Etat. Le concept actuel de l'Etat lui trace et lui aplanit chaque jour, sur de nouveaux domaines, la route à suivre pour l'accomplissement de sa mission, qui est de rassembler les forces de la collectivité et de les employer au service de la collectivité. A côté de la protection des intérêts individuels, à laquelle un esprit doctrinaire étroit restreignait la mission de l'Etat observant le droit (*Rechtsstaat*, vulg. Etat constitutionnel), le développement des intérêts collectifs s'est placé comme le but suprême de l'*Etat agissant par l'administration* (*Vervaltungsstaat*).

II. — L'administration de l'Etat, dans ces deux tendances principales, c'est-à-dire comme manifestation active de la force vitale de l'Etat, tant protectrice que productive de développement, a besoin de la protection de la législation pénale. Et à mesure qu'augmente le nombre des domaines soumis à l'action de l'administration de l'Etat, le nombre des infractions dirigées contre cette administration et sanctionnées par la loi pénale devient plus grand, et leur contenu plus complexe. C'est même la raison pour laquelle, parmi les infractions que nous traitons dans cette section, le petit nombre seulement a derrière lui un passé historique. Parmi les groupes les plus importants, ce sont seulement les infrac-

(1) Ce groupe ne concorde pas avec les délits du droit administratif au sens de JAMES GOLDSCHMIDT (cf. * § 26, note 7).

tions des fonctionnaires (*Amtsverbrechen*) et celles dirigées exclusivement ou plus spécialement contre l'administration de la justice qui ont leur origine dans un passé déjà lointain, les premières parce qu'en les frappant pénalement, l'administration de l'Etat se protégeait elle-même et protégeait ses administrés contre ses propres organes, les secondes parce que l'administration de la justice a été la mission primordiale et fondamentale de l'Etat ; il faut y joindre le faux témoignage et les infractions s'y rattachant (*Eidesverbrechen*). Les autres groupes sont, pour la plupart, d'origine récente et même contemporaine. Mais s'il est hors de doute que la législation pénale d'un peuple, à une période déterminée de son évolution, nous fait connaître le détail des intérêts que ce peuple considère, dans cette période, comme les plus importants et les plus précieux pour lui, il est de même indubitable que tout système scientifique du droit pénal, qui ne peut assigner, dans l'ensemble qu'il constitue, de place ou du moins une place convenable aux infractions dirigées contre l'administration de l'Etat, est défectueux, et n'est pas par suite un système, pas plus qu'il n'est scientifique. En effet, c'est par exemple précisément dans les mesures pénales prises pour la protection des ouvriers de fabrique ou contre la fondation de sociétés anonymes fictives que se manifestent, plus que partout ailleurs, l'essence et la tendance de la vie étatique actuelle.

III. — La répartition des infractions appartenant à ces groupes résulte donc de la diversité des branches de l'administration. Cependant il y a un certain nombre de délits qui ne troublent pas seulement telle ou telle branche de l'administration, mais bien l'administration en général. Ils nécessitent par suite une mention spéciale. Ce sont, d'une part, les infractions des fonctionnaires et, d'autre part, les infractions se rattachant au faux serment. Le groupe, dans son ensemble, se complète par les infractions relevant du droit pénal militaire.

I. — Infractions commises dans l'exercice des fonctions

(*Strafbare Handlungen im Amte*).

§ 178. — Historique et Concept.

Bibliographie. — *Wachinger*, RvD, Bes. T., IX, 193. — *Zucker*, Amtsverbrechen, 1870. — *Oppenheim*, Die Rechtsbeugungsverbrechen des RstGB. — *Hälschner*, II, 1014. — *H. Seuffert*, W, v, I, 47 et StG. I., 66. — *Binding*, GS, LXIV, 1. — Cf. aussi Bibliographie, § 58, II. — *G. Cohn*, Die Justizverweigerung im altdeutschen Recht, 1876. — *H. O. Lehmann*, Rechtsschutz gegenüber Eingriffen von Staatsbeamten nach altfränkischem Recht, 1883. — Sur les infractions des ministres des cultes, cf. *Hinschius*, HH, IV, 497.

I. — **Les infractions de fonction** (*Amtsverbrechen*) sont les atteintes passibles de peines publiques (et non pas seulement disciplinaires) du devoir de la fonction (*Amtspflicht*), lequel résulte de la désignation comme fonctionnaire (*Anstellung*). Si la répression par voie disciplinaire est considérée comme insuffisante, cela tient à ce que l'atteinte au devoir de la fonction lèse ou trouble en même temps un autre intérêt, soit individuel, soit collectif. Mais de même que les infractions de fonction menacent toujours finalement la marche de l'administration de l'Etat (1), quels que soient les intérêts contre lesquels elles sont d'abord dirigées, de même les formes, sous lesquelles elles se présentent à nous dans l'histoire du droit pénal, se trouvent déterminées par la structure

(1) En sens partiellement différent Binding, *Lehrb.*, II, 407.

et l'ordonnance de l'organisme administratif, qui varient tous deux suivant le lieu et l'époque.

II. **Historique.** — Il est donc absolument compréhensible qu'en cette matière, le droit romain aussi bien que celui du Moyen Age allemand n'aient pour nous que la valeur de souvenirs historiques, sans cohésion vivante avec le temps présent. Les forfaitures du temps de la République romaine, le *crimen repetundarum* et l'*ambitus*, le *peculatus* et le *crimen sodaliciorum*, c'est-à-dire les concepts d'infraction auxquels la procédure criminelle romaine dut tout son développement (*§ 3, II), perdirent leur importance originaire lorsque la plénitude du pouvoir passa du peuple au Prince. Malgré les dispositions détaillées de la *lex salica* sur le déni de justice et le refus de saisie (*Versagung der Pfändung*), malgré les peines sévères ordonnées contre le juge injuste dans la loi Ripuaire (*88 : de vita componat*), le Moyen Age allemand ne put réaliser une conception homogène des infractions de fonction. Il est vrai que le *Sachsenspiegel*, II, 13, 8, prononce le talion en cas de déni de justice, que les *Landfrieden* s'occupent du juge injuste, et que fréquemment le seigneur (*Grundherr*) et le juge public (*Landrichter*) sont instamment rappelés à l'exécution de leurs devoirs : mais c'est en vain que nous cherchons dans la Caroline le concept de délit de fonction. Aux XVIe et XVIIe siècles, la législation impériale et celle des Etats interviennent partiellement, et la doctrine du droit commun revient aux dispositions surannées du droit romain pour y chercher la base de sa conception des *delicta ministrorum principis*. Mais ce fut seulement au temps du despotisme philosophique, lorsque le roi se déclara le premier serviteur de l'Etat et seulement dans le droit coutumier prussien, qu'en cette matière également de nouvelles voies parvinrent à s'ouvrir à la législation. Le droit moderne s'efforce de séparer les unes des autres les fautes disciplinaires et les délits de fonctions relevant du droit pénal, en cherchant à établir fermement les concepts de ces derniers, mais sans parvenir à de grands résultats. D'autre part, d'autres influences se font sentir, ici également. Le mouvement politique du milieu du XIXe siècle eut pour effet de faire ajouter de nouvelles dispositions pénales ayant pour but de protéger le particulier contre les abus de pouvoir éventuels de l'administration de l'Etat ; enfin, des événements très récents ont aussi laissé leurs traces dans la législation. Comme conséquence de tout ceci, la section 28 du C. P. I. nous offre, plus que les autres, un tableau de dispositions réglées cas par cas, d'une contexture étendue et pourtant pleine de lacunes, et qui laissent encore place à la compétence de la législation des Etats.

III. — Dans son sens scientifique, le concept du délit de fonction (*Amtsverbrechen*) non seulement exige la commission par un fonctionnaire, mais encore exige de plus que l'acte commis par le fonctionnaire, ou bien constitue un fait punissable seulement en ce cas, ou bien entraîne à raison de ce cas, si une incrimination générale est possible, une peine aggravée. Au contraire, d'après le C. P. I., sont délits de fonction tous les actes illicites punissables figurant dans la section 28, et seulement ces actes, qu'ils soient commis par des fonctionnaires au sens étroit, ou par d'autres personnes chargées d'assurer l'administration d'affaires officielles. Mais le **fonctionnaire** est celui qui, en vertu d'une nomination (*Anstellung*) par l'Etat (donc dans une situation de service relevant du droit public, *in einem öffentlichrechtlichen Dienstverhältnis*) est appelé à agir pour remplir des missions incombant à l'Etat (*Staatszwecke*) en qualité d'organe du pouvoir de l'Etat (donc sous l'autorité de l'Etat). Le § 359 C. P. I. accentue la « nomination » (*Anstellung*) et la « situation de service » (*Dienstverhältnis*) (2) sans consentir à les employer pour donner une définition satisfaisante du fonctionnaire ; il déclare d'ailleurs qu'il est sans importance qu'il s'agisse du service direct ou indirect (3) de l'Empire

(2) Cf. sur le concept : WACHINGER, 233. — Les auxiliaires (*Lohnschreiber*) engagés à titre privé par l'administration, ne sont donc pas des fonctionnaires.

(3) Les fonctionnaires indirects de l'Etat sont ceux des personnes morales du droit public (communes, associations commerciales, universités).

ou d'un Etat confédéré, d'une nomination provisoire ou définitive, temporaire ou à vie; de même, que l'employé reçoive un traitement fixe ou exclusivement des indemnités; de même, qu'il ait ou non prêté serment pour son service. Mais, d'autre part, allant au delà de notre concept, il range expressément les notaires parmi les fonctionnaires, sans tenir compte de la diversité de leur situation dans les législations particulières des Etats confédérés. Les avoués (*Anwälte*) (*a*) et les avocats (*Advokaten*), les jurés, arbitres et échevins (*Schöffen*) ne sont pas des fonctionnaires (mais bien les juges consulaires, d'après le § 116 de la Loi sur l'organisation judiciaire), bien qu'ils exercent une fonction au sens de la loi (C. P. I., § 31, al. 2). Les concepts « fonction » (*Amt*) et « fonctionnaire » (*Beamter*) ne concordent donc pas et la dénomination « délit de fonction » (*Amtsverbrechen*) pourrait être remplacée plus exactement par celle que la loi a mise en tête de la section 28 : « Crimes et délits dans l'exercice des fonctions » (*Verbrechen und Vergehen im Amte*). Mais il faut en outre considérer que la section 28 contient, pour la commodité du classement, des infractions commises par des personnes qui ne sont pas fonctionnaires, ou n'exercent aucune fonction.

Les infractions des ministres des cultes (*Kirchenamtsvergehen* = infractions dans l'exercice des fonctions ecclésiastiques) ne forment pas un groupe spécial dans le droit impérial; leur règlement est laissé en grande partie à la législation particulière des Etats (4).

(*a*) En Prusse, et en général dans l'Allemagne du Nord, les fonctions d'avocat et d'avoué sont réunies en une seule personne qui porte le titre de *Rechtsanwalt* (note du trad.).

(4) Sur le concept du ministre du culte, cf. plus haut, § 174, III, 5 ; à ce sujet WACHINGER, 246. Il doit être considéré comme fonctionnaire au sens du § 259 C. P. I. dans la mesure où il est chargé de fonctions relevant de l'Etat (par exemple l'administra-

IV. — On divise les délits de fonctions en infractions de fonctionnaires proprement dites, et en infractions mixtes (5), suivant qu'elles ne peuvent être commises que par des fonctionnaires, ou que la qualité de fonctionnaire apparaît comme un motif d'aggravation de peine. Parmi les infractions mixtes se rangent les cas des §§ 128, 129, 222, 230 C. P. I., tandis que le § 174 C. P. I., n°s 2 et 3, contient une forfaiture proprement dite. Cette division est importante quant à la complicité des tiers ; cf. * § 53.

Une autre divison est celle qui distingue des délits de fonctions généraux et spéciaux, suivant que tout fonctionnaire ou seulement certains groupes de fonctionnaires peuvent apparaître comme auteurs.

L'importance décisive des délits de fonction pour l'administration de l'Etat et par suite pour les intérêts de la collectivité explique le fait que ces infractions, même commises à l'étranger, soit par des nationaux, soit par des étrangers, peuvent être poursuivies purement et simplement d'après le droit national (*§ 22, IV, 1, 2).

Enfin il faut encore mentionner ici qu'à côté de la peine d'emprisonnement qui frappe un certain nombre d'infractions de fonctionnaires (C. P. I., §§ 331, 339 à 341, 352 à 355, 357), et même lorsque la durée de cette peine n'atteint pas trois mois, l'incapacité d'occuper des fonctions publiques pendant une durée d'un an à cinq ans peut être prononcée contre le fonctionnaire (ainsi que contre les tiers complices ; C. P. I., § 358, * § 66, III, 3).

tion du patrimoine ecclésiastique). Même sens, FRANK (3e éd.) § 359, II ; *contra*, BINDING, *Lehrb.*, II, 379 (qui écarte complètement les fonctionnaires ecclésiastiques). Cf. aussi C. P. I., §§ 130 *a*, 338. — Les officiers sont fonctionnaires au sens du § 359 ; R, XXIX, 15. Sur les fonctionnaires militaires, cf. C. P. Mil. § 154, et plus loin, § 204, III, 1.

(5) Cf. à ce sujet WACHINGER, 224.

§ 179. — Les diverses infractions de fonctionnaires.

BIBLIOGRAPHIE. — *Birkmeyer*, *Ullmann*, *Köhler*, *Kitzinger*, *Neumeyer*, RvD, Bes. T., IX, 309 et sq. — Pour I : *Kronecker*, GA, XXXI, 361. — *Teichmüller*, Thèse Tubingue, 1889. — *Katzenstein*, Z, XXIII, 163. — Pour II : *Günther*, III, 457. — Pour IX : OT, 20 oct. 1875, dans GA, XXIII, 456. — V. *Holtzendorff*, Rechtsgutachten, erstattet zum Prozess des Grafen H. von Arnim, voir *Wahlberg*, *Merkel*, v. *Holtzendorff* und *Rolin-Jaequemyns*, 1875. Der Prozess Arnim, dargestellt von einem alten Juristen, avec 11 annexes, 1877. Die Begründung (Exposé de motifs) zum Nachtragsges. von 1876. — Pour X : *Dambach* (Bibl., § 150), 87. — *Wolcke* (Bibl., § 120). — Pour XI : *Rothardt*. Thèse Rostock, 1906.

I. — L'acceptation de présents pour affaires de service ou la **corruption au sens large** (le *crimen repetundarum* ou *baratteriæ* du droit commun) (1). Le C. P. I. distingue :

1. La corruption passive au sens large, ou l'acceptation de présents contraire au devoir, c'est-à-dire le fait, de la part d'un fonctionnaire, de recevoir, d'exiger ou de se faire promettre des (dons ou autres) avantages (plus haut, § 175, note 11) pour un acte de sa fonction, présent, passé (2) ou futur et non contraire (en soi) au devoir (C. P. I., § 331). Le don doit être la compensation de l'acte de la fonction, désigné d'une manière explicite ; s'il est fait pour répondre à un usage général (pourboires, cadeaux du jour de l'an), pour récompenser des complaisances particu-

(1) Cf. aussi C. P. Mil., § 140 ; loi sur l'impôt du sel, 1867, § 17 ; sur l'impôt des eaux-de-vie, 1868, § 68. Les concepts « acte de la fonction » et « acte appartenant à la fonction » sont identiques ; dans ce sens BINDING, *Lehrb.*, 732, BIRKMEYER, 349 ; *contra*, FRANK (3e éd.), § 331, I.

(2) Opinion commune. *Contra*, BINDING, *Lehrb.*, II, 727, 730 (seulement les actes futurs).

lières n'appartenant pas à la fonction, pour remplir des devoirs d'hospitalité ou pour exprimer des sentiments de reconnaissance ou de respect personnels, etc., il n'y a pas corruption. L'illégalité de l'acceptation, etc., peut être exclue par la loi et, dans la mesure où celle-ci le permet, par une autorisation de l'autorité administrative supérieure. Le fait d'exiger des émoluments (*Gebühren*) indus est passible du § 352 (plus loin VIII) L'acceptation, etc., peut également avoir lieu indirectement, par exemple par la non restitution du présent fait à la femme du fonctionnaire.

Peine : L'amende jusqu'à 300 marks ou l'emprisonnement jusqu'à 6 mois. L'auteur du don ne peut (à cause des §§ 333 et 334, al. 2) être puni en vertu du § 331 ; mais, d'après diverses lois complémentaires (3), il peut être l'objet d'une peine réglementaire. Les principes sur la complicité sont d'ailleurs applicables.

2. La corruption passive simple au sens étroit, c'est-à-dire le fait, de la part d'un fonctionnaire, de recevoir, d'exiger ou de se faire promettre des présents ou autres avantages pour un acte qui contient une atteinte à un devoir de sa fonction ou de son service (C. P. I., § 332). L'acte contraire au devoir doit apparaître comme acte de la fonction ou du service, quoique constituant un abus de leur exercice discrétionnaire (*Missbrauch des freien Ermessens* = abus de libre appréciation) ; l'entreprise d'un acte n'appartenant pas à la fonction ou au service et étant interdit au fonctionnaire ne rentre pas dans le cas présent.

Peine : La réclusion avec maximum de cinq ans ; en cas de circonstances atténuantes, l'emprisonnement. L'auteur du

(3) Loi douanière de 1869, § 160, loi sur l'impôt des brasseries, 1872, § 36, loi sur l'impôt du tabac, 1879, § 41.

don ne peut pas être puni d'après le § 332 (Cf. ce qui a été dit sous 1).

3. La corruption active simple au sens étroit, est commise lorsque quelqu'un offre, promet ou accorde des avantages à un fonctionnaire ou à un membre de la force armée (soit directement, soit par l'intermédiaire d'une autre personne, auquel cas la corruption est dite indirecte), dans le but de le décider à un acte constituant une atteinte au devoir de sa fonction ou de son service (C. P. I., § 333). Il ne s'agit donc ici que d'actes futurs ou qui du moins sont considérés comme tels par le corrupteur. L'atteinte au devoir impliquée par l'action doit être connue des deux parties ; l'intention éventuelle suffit.

Peine : L'emprisonnement (accessoirement, suivant appréciation, la dégradation civique) ; en cas de circonstances atténuantes, suivant appréciation, l'amende avec maximum de 1.500 marks. La corruption, ayant déterminé une infraction, entraîne en même temps l'instigation (* § 73).

4. La corruption active et passive de magistrats, c'est-à-dire : *a*) le fait, de la part d'un juge (titulaire d'une fonction), d'un arbitre, d'un juré ou d'un échevin, de recevoir, d'exiger, de se faire promettre des (présents ou autres) avantages, pour instruire ou juger, au profit d'une partie ou au détriment de l'autre, une cause (*Rechtssache*) qu'il est chargé d'instruire ou de juger ; *b*) le fait d'offrir, de promettre, d'accorder des avantages aux mêmes personnes dans le même but (C. P. I., § 334). Par causes (*Rechtssachen*), il faut entendre non seulement les affaires relevant des procédures civile et criminelle, mais aussi les affaires disciplinaires et celles du contentieux administratif, mais non pas (4) celle de la juridiction dite gracieuse (*die sog. freiwillige Gerichts-*

(4) Binding, *Lehrb.*, II, 555.

barkeit). L'instruction ou le jugement de la cause doivent être considérés par le corrupteur comme des actes futurs ; il n'est pas nécessaire qu'il y ait eu interprétation partiale du droit (*Rechtsbeugung*).

Peine : La réclusion. L'agent de la corruption est également passible de la réclusion qui, cependant, en cas de circonstances atténuantes, peut être remplacée par l'emprisonnement.

Dans ces quatre cas (1 à 4), le jugement doit déclarer acquis à l'Etat le montant de ce qui a été effectivement reçu (mais non de ce qui a été seulement promis, offert ou exigé) ou la valeur de ce montant (C. P. I., § 335).

III. — **L'interprétation partiale du droit** (*Beugung des Rechts*) de la part d'un fonctionnaire ou d'un arbitre (mais non d'un échevin ou d'un juré), en faveur d'une partie ou au détriment de l'autre, en procédant à l'instruction où à la décision d'une cause (C. P. I., § 336). Le concept de la cause est le même que plus haut, I, 4.

Peine : La réclusion avec maximum de 5 ans.

III. — **Infractions dans la célébration et la contractation du mariage** (C. P. I., § 338 ; loi sur l'état-civil de 1875, § 67), déjà mentionnées plus haut, § 114.

IV. — **Abus d'autorité envers les citoyens** (*Bedrückung der Staatsbürger*).

1. Contrainte illégale à accomplir une action, à la subir ou à s'en abstenir, par l'emploi abusif ou par la menace d'un certain emploi abusif du pouvoir de la fonction (C. P. I., § 339). Cf. ce qui a été dit plus haut, § 100, sur la contrainte simple.

Peine : L'emprisonnement. Tentative punissable.

2. D'autre part, l'élément de fait de certaines infractions, qui se présentent comme des cas particu-

liers par rapport au concept général de la contrainte (ce sont celles des §§ 106, 107, 167, 253 C. P. I.) subit, en vertu du § 339, al. 3, une extension, en ce sens que l'abus ou la menace d'un certain abus du pouvoir de la fonction sont tenus pour des moyens d'exécution déjà appropriés en soi. Sont applicables pour la criminalité de la tentative, les dispositions existant pour l'infraction ordinaire.

3. La lésion corporelle (plus haut, § 87), que le fonctionnaire commet ou fait commettre intentionnellement dans (pendant) l'exercice de sa fonction ou à l'occasion de cet exercice (C. P. I., § 340). « Faire commettre » (*Begehenlassen*) signifie non seulement *a*) donner l'ordre d'exécuter, — le fonctionnaire étant toujours, que l'exécuteur agisse intentionnellement ou non, considéré comme l'auteur, — mais aussi *b*) laisser faire (*Geschehenlassen*), à supposer qu'il y ait eu pour le fonctionnaire une obligation professionnelle (*amtliche Verpflichtung*) d'empêcher (5). La nécessité de porter plainte et la recherche de la responsabilité (*Aufrechnungsfähigkeit*) sont supprimées pour le § 340, la seconde l'étant aussi au préjudice du non-fonctionnaire complice; au contraire, la qualité de fonctionnaire de l'auteur ne peut faire perdre à la partie lésée la revendication de sa *Busse*. Les dispositions sur la lésion corporelle ordinaire sont applicables lorsqu'elles sont plus sévères (C. P. I., § 73).

Peine : *a*) L'emprisonnement avec minimum de 3 mois; en cas de circonstances atténuantes, l'emprisonnement d'un jour à cinq ans ou l'amende jusqu'à neuf cents marks ; *b*) Si la lésion corporelle est grave (C. P. I., § 224), la réclusion

(5) Même sens, Meyer-Allfeld, 581. *Contra*, d'une part Frank (3e éd.), § 346, III, qui trouve l'obligation dans le § 340 même, et d'autre part Haelschner. II, 1048, Kohler, 404, Landsberg (Bibl., § 50). 213, Oppenheim (Bibl., § 178), 221, qui demandent une coaction effective du fonctionnaire.

avec minimum de deux ans ; en cas de circonstances atténuantes, l'emprisonnement avec minimum de trois mois. — Cf. aussi C. P. Mil. §§ 122, 123, 148 (plus loin § 205.)

4. La restriction à la liberté individuelle : *a*) par l'arrestation (*Verhaftung*), la détention provisoire (*vorläufige Ergreifung*) et la mainmise sur la personne (*Festnahme*) ou la comparution forcée (*Zwangsgestellung, Vorführung*), auxquelles le fonctionnaire procède ou fait procéder intentionnellement et illégalement ; *b*) ou par la prolongation intentionnelle et illégale d'une peine privative de liberté (C. P. I., § 341).

Peine : Celle du § 239. C. P. I., mais au moins l'emprisonnement avec minimum de trois mois. Cf. plus haut, § 101.

5. La violation de domicile commise par un fonctionnaire dans l'exercice de ses fonctions ou à l'occasion de cet exercice (C. P. I., § 342).

Peine : L'emprisonnement jusqu'à un an ou l'amende jusqu'à 900 marks (6). Cf. plus haut § 119.

V. — **Abus de pouvoir en matière de procédure criminelle** (*Missbrauch der Amtsgewalt im Strafverfahren*).

1. Le fait d'employer (ou de faire employer) des moyens coercitifs dans une instruction, afin d'extorquer des aveux ou des témoignages (C. P. I., § 343). Est « instruction » toute procédure engagée par une administration compétente (non pas seulement par la justice), et ayant pour objet la constatation et la poursuite d'une infraction passible du droit pénal. L'instruction n'embrasse par suite que la poursuite pénale proprement dite, y compris la procédure préparatoire, mais ne s'étend pas à la procédure disci-

(6) Cf. Loi douanière, 1869, § 126. — Le concours idéal (C. P. I, § 73) avec les § 123 est possible ; R, XXXII, 402.

plinaire ou à celle qui a pour objet la constatation d'une infraction (punissable en soi) commise par un enfant, afin de placer ce dernier dans un établissement spécial (7).

Peine : La réclusion avec maximum de cinq ans.

2. Le fait intentionnel de requérir ou d'ordonner l'ouverture ou la continuation d'une instruction au préjudice d'une personne dont l'innocence est connue du fonctionnaire (C. P. I., § 344). Le concept de l'instruction est le même que sous V, 1. L'intention éventuelle ne suffit pas (1er vol. § 39, note 5). L' « innocence » comprend aussi la culpabilité moindre.

Peine : La réclusion.

3. Le fait de laisser exécuter une peine que le fonctionnaire sait n'être nullement exécutoire, ou ne pas l'être dans le mode ou la mesure adoptés (C. P. I., § 345). « Laisser exécuter » implique aussi bien le fait d'ordonner, que celui de laisser faire malgré le devoir de la fonction, mais non pas l'exécution elle-même (8). La « peine » s'entend seulement de la peine en matière criminelle.

Peine : *a*) En cas de commission intentionnelle, la réclusion ; *b*) en cas de commission par imprudence, l'emprisonnement ou la détention de forteresse avec maximum d'un an ou l'amende jusqu'à 900 marks. Il y a imprudence en cas d'erreur (coupable) tant à l'égard de la possibilité de la peine qu'à l'égard de son exécution.

(7) Même sens BINDING, *Lehrb.*, II, 544 ; *contra* FRANK (3e éd.), § 343, I, KÖHLER, 420, R, XXV, 366.

(8) *Contrà* R. V, 322, XIX, 342, BINDING, *Lehrb.*, II, 570 (qui demande l' « interprétation justificative »), MEYER-ALLFELD, 581. Même sens en général FRANK (3e éd.), § 345, I, HAELSCHNER, II, 1080, KÖHLER, 440. La teneur de la loi rend la conception du texte malheureusement inévitable.

4. Le fait de favoriser une infraction (*Begünstigung von Verbrechen*), soit : *a*) L'omission de poursuivre une infraction ; ou *b*) la commission d'un acte propre à causer un acquittement ou une peine non conforme à la loi ; ou *c*) le fait de ne pas assurer l'exécution d'une peine prononcée ; ou enfin *d*) l'exécution d'une peine moins sévère que la peine ordonnée, lorsque ces actes sont commis dans le dessein de soustraire quelqu'un à la peine légale, par un fonctionnaire appelé, de par sa fonction, à coopérer à l'exercice du pouvoir pénal ou à l'exécution de la peine (C. P. I., § 346). Il faut entendre par « infractions » tous les actes punissables en droit pénal, mais non pas ceux qui ne sont poursuivis que disciplinairement. Le « dessein » s'identifie ici avec l'intention (cf. * § 39, II, 1) (9).

Peine : La réclusion jusqu'à 5 ans ; en cas de circonstances atténuantes, l'emprisonnement avec minimum d'un mois. — Cf. C. P. Mil. §§ 118, 119 (plus loin § 205).

5. Le fait de laisser évader un prisonnier et celui de provoquer ou de favoriser son évasion, de la part du fonctionnaire chargé de la surveillance, de la conduite ou de la garde du prisonnier (C. P. I., § 347) (10). La disposition de la loi est donc applicable seulement lorsque le prisonnier a été remis, en cours de service, au fonctionnaire par un autre fonctionnaire, et non pas lorsque ce dernier a procédé lui-même à l'arrestation (11).

(9) En ce sens expressément R, XXVIII, 334 ; BINDING, *Lehrb.*, II, 576. *Contra* FRANK (3e éd.), § 346, IV, KÖLBER, 452. — L'omission de la révélation par l'auteur (*Selbstanzeige*) ne relève pas du § 346 : R, XXXI, 196.

(10) Cf. plus haut, § 173, et en outre C. P. Mil., § 144 (plus loin, § 205).

(11) Même sens FRANK (3e éd.), § 348, I ; *contra* BINDING, *Lehrb.*, II, 596.

Peine : *a*) en cas de commission intentionnelle, la réclusion avec maximum de cinq ans ; en cas de circonstances atténuantes, l'emprisonnement avec minimum d'un mois ; *b*) si l'évasion (par le fait du prisonnier ou par celui de tiers) a été favorisée ou facilitée par la négligence (du fonctionnaire), l'emprisonnement avec maximum de 6 mois ou l'amende jusqu'à 600 marks. Pour *a*), la tentative est punissable, bien que la tentative de favoriser apparaisse comme tentative d'assister (1er vol., § 52, note 6).

VI. — **Infractions en matière documentaire** (*Urkundenverbrechen*), (C. P. I., § 348).

1. La fabrication intentionnelle d'écritures (*Vorsätzliche Falschbeurkundung*) se rapportant à un fait susceptible d'effets juridiques, ou la fausse inscription d'un fait de cette nature dans les registres ou livres publics, commises par un fonctionnaire chargé de la tenue d'écritures publiques, dans les limites de sa compétence. Il n'est pas nécessaire, pour la consommation, qu'il soit fait usage (Cf. plus haut § 162).

Peine : L'emprisonnement avec minimum d'un mois.

2. Le fait intentionnel, de la part d'un fonctionnaire, de détruire, d'endommager, de dissimuler ou de falsifier les documents qui lui sont officiellement confiés ou qui lui sont accessibles. Ici également, le document est tout objet destiné à constater des faits susceptibles d'effets juridiques ; il faut donc y ranger aussi les documents privés, même s'ils ne sont pas établis en vue de servir de preuve (plus haut, § 160, II).

Peine : Comme sous 1. — **Dans les deux cas** (1 et 2), **la réclusion jusqu'à dix ans, et accessoirement l'amende de 150 à 3.000 marks** (C. P. I., § 349), **lorsque l'auteur a commis l'action dans le dessein de procurer à lui-même ou à un autre un avantage patrimonial, ou dans le dessein de porter préjudice à un autre** (plus haut § 161, notes 8 et 9).

VII. — La **soustraction commise par dépositaire public** (*Amtsunterschlagung*, *peculatus*), c'est-à-dire le détournement, commis par un fonctionnaire, de choses qu'il a reçues ou qu'il a en garde en raison de sa qualité officielle (donc non pas à l'occasion de l'exercice de sa fonction ou en tant que personne privée), même si, en les recevant ou en les gardant, il dépasse les limites de sa compétence (C. P. I., § 350). Les « deniers » (*Geld*) font l'objet d'une mention spéciale, car, contrairement à ce qui existe pour le détournement ordinaire (plus haut § 131), il est régulièrement interdit au fonctionnaire de faire représenter [par d'autres valeurs] les deniers qu'il a reçus en raison de sa qualité officielle, et par suite il est déjà possible de considérer comme appropriation illicite, le mélange desdits deniers avec les siens propres (mais non pas le simple fait de changer l'argent).

Peine : L'emprisonnement avec minimum de trois mois ; la dégradation civique suivant appréciation ; la tentative est punissable. — **La peine est aggravée** (la réclusion jusqu'à 10 ans, en cas de circonstances atténuantes, l'emprisonnement avec minimum de 6 mois) lorsque le fonctionnaire, dans l'exécution du détournement, aura frauduleusement tenu, falsifié ou supprimé les comptes, registres ou livres destinés à l'enregistrement ou au contrôle des recettes ou dépenses, ou qu'il aura présenté des balances (*Abschlüsse*) ou extraits (*Abzüge*) inexacts de ces comptes, registres ou livres, ou des pièces justificatives (*Belege*) inexactes, ou lorsque enfin il aura, dans l'exécution du détournement, donné de fausses indications, quant au contenu d'enveloppes (*Fässer*), bourses ou paquets renfermant des fonds (C. P. I. § 351). Dans ce cas, la prescription ne commence à courir qu'à la consommation du faux.

VIII. — *L'abus de perception* (*das übermässige Sportulieren*) (12), c'est-à-dire la perception de droits,

(12) *Crimen superexactionis* du droit commun (l. un. C. 10,

taxes, contributions, émoluments (*Vergütungen*) que le fonctionnaire [qui procède à leur encaissement] sait n'être pas dus par celui qui les paie, ou excéder le montant de ce qui est dû, et cela :

1. Lorsque la perception est opérée par un fonctionnaire, avocat, avoué (*Anwalt*) ou autre conseil (*Rechtsbeistand*) qui a à prélever à son avantage des droits ou autres émoluments pour des actes de sa fonction (C. P. I., § 352). L'infraction existe même lorsque le fonctionnaire n'avait pas qualité pour accomplir ces actes ; mais elle n'existe pas lorsqu'il réclame la somme non pas comme émolument, mais comme présent (plus haut, I, 1).

Peine : L'amende jusqu'à 3000 marks ou l'émprisonnement jusqu'à un an ; tentative punissable.

2. Lorsque l'infraction est commise par un fonctionnaire préposé à la perception de contributions, droits ou autres taxes au profit d'une caisse publique, et s'il ne verse pas à cette caisse, en tout ou en partie, le montant illégalement perçu (C. P. I., § 353). Il n'est pas nécessaire que l'appropriation soit réalisée. Le § 353, al. 1er, ne peut être appliqué à d'autres perceptions qu'à celles qui sont faites en deniers (non pas par conséquent au fait d'exiger des denrées, des services, etc.).

Peine : L'emprisonnement avec minimum de trois mois. — La même peine frappe le fonctionnaire qui, ayant à effectuer des dépenses publiques en deniers ou en nature, impose intentionnellement et illégalement des retranchements à l'*accipiens* et porte en compte les dépenses comme entièrement effectuées (C. P. I., § 353, al. 2).

2e éd., nov. 124, C. 3). Traité en détail dans la Cout. Gén. de Prusse. Si l'élément de fait du § 263 existe en même temps, le § 73 est applicable.

IX. — Infractions commises dans le **service de l'Office des Affaires Etrangères** de l'Empire allemand (C. P. I., § 353 *a*, dit « paragraphe Arnim ») :

1. Violation du secret de la fonction par la communication intentionnelle illégale à d'autres personnes de pièces confiées officiellement ou accessibles au fonctionnaire, ou d'instructions données (même verbalement) par un supérieur, ou de leur substance. Peut être auteur tout fonctionnaire du service des Affaires Etrangères, donc les fonctionnaires de l'Office même, ceux des ambassades et légations, des consulats et (13) des établissements scientifiques de l'Empire allemand à l'étranger (mais non ceux des Etats confédérés). La qualité de fonctionnaire doit avoir existé au moment de l'acte ; les indiscrétions commises par un ancien fonctionnaire après avoir quitté le service ne relèvent pas du § 353 *a* (14).

2. La désobéissance intentionnelle aux instructions officiellement données par un supérieur, et 3. Le rapport à un supérieur de faits imaginaires ou déguisés, dans le dessein (c'est-à-dire le mobile) de l'amener à commettre des erreurs dans l'accomplissement de ses fonctions. L'auteur ne peut être ici qu'un envoyé (ambassadeur ou ministre) de l'Empire allemand accrédité près d'un gouvernement étranger [non allemand] ou un fonctionnaire attaché à une ambassade ou légation à l'étranger.

Peine : L'emprisonnement ou l'amende jusqu'à 5000 marks.

X. — Infractions des **fonctionnaires des postes et télégraphes**.

1. L'ouverture illégale ou la suppression *(Unterdrückung)* (plus haut, § 163, 1) par des fonctionnaires des

(13) Contrà Binding, *Lehrb.*, II, 495.

(14) Même sens Binding, *Lehrb.*, II, 494, Meyer-Allfeld, 583 ; contrà Frank (3e éd.) § 353 *a*, II, Olshausen, § 353, *a*, 3.

postes (15), des lettres ou paquets confiés par la poste (violation du secret des lettres ; plus haut § 120, II). Est assimilée à cette infraction la permission donnée à une autre personne de procéder à ces actes ainsi que l'assistance donnée dans ce but à cette personne (C. P. I., § 354) ; l'autre personne « ne peut, dans ce cas, être punissable comme complice en vertu du § 354, mais bien comme auteur en vertu du § 299. La « lettre » est tout envoi postal fermé, qui, d'après sa forme et son poids, ne répond pas au concept du paquet, même lorsque cet envoi ne contient pas de communication écrite (16). Au contraire, les envois postaux à découvert (imprimés, échantillons, cartes postales, mandats postaux) ne sont des lettres que s'ils contiennent une communication (17).

Peine : L'emprisonnement avec minimum de trois mois.

2. Infractions des fonctionnaires des télégraphes ou autres personnes préposées à la surveillance et (ou) au service d'un bureau télégraphique (plus haut § 150, II) destiné à des offices publics (C. P. I., § 355), soit : *a*) la falsification (plus haut § 161, I, 1) des dépêches confiées par le bureau ; *b*) leur ouverture illicite ou suppression (plus haut § 163, I) ; *c*) la communication illégale de leur contenu à une autre personne (violation du secret des dépêches). Est également assimilée à ces infractions la permission donnée sciemment à des tiers de procéder à ces actes, ainsi que l'assistance prêtée sciemment à ces tiers

(15) Dans la mesure ou ceux-ci sont chargés de la lettre par leur service. Contre cette restriction R, XXXVII, 40, ainsi que Frank, § 354, I, Haelschner, II, 1092, Kitzinger, 491.

(16) Même sens R, XXXIII, 144. XXXIV, 337, XXXVII, 280, XL, 72 ; contrà R, XXVII, 256, ainsi que Frank, § 354, III.

(17) Donc non pas les journaux sous bande ; R, XXXIII, 276, XXXVI, 267. Au contraire, d'après Binding, *Lehrb.*, II, 945, tous les envois postaux sont protégés par la peine prévue par la loi.

dans ce but. Ici également, les bureaux téléphoniques sont assimilés aux bureaux télégraphiques (plus haut § 150, II) (18).

Peine : L'emprisonnement avec minimum de trois mois.

XI. — **Abus de confiance du défenseur** (ou conseil) (*Untreue des Sachwalters, prævaricatio impropria*).

1. Le droit romain distinguait deux cas : la *prævaricatio propria* ou collusion de demandeur avec le défendeur dans un *judicium publicum*, et la *prævaricatio impropria* ou abus de confiance de *l'advocatus* ou *patronus*. La Caroline ne traite dans son art. 115 que le second de ces cas en le rattachant aux infractions de faux (comme l'avaient déjà fait les Italiens), et de même le droit romain frappa d'habitude comme *falsum* l'abus de confiance du défenseur. La législation moderne rangea dès l'abord la prévarication parmi les infractions de fonctionnaires, à cause de la situation de l'*Anwalt*, considérée comme une fonction. Le C. P. I. a maintenu cette situation, bien qu'elle n'ait plus de motif.

2. Le § 356 punit l'*Anwalt (Advokat)* ou autre conseil (*Rechtsbeistand*, défenseur) qui, dans les affaires qui lui sont confiées en raison de sa qualité officielle (2), sert par ses conseils ou son assistance les deux parties dans la même affaire, contrairement à son devoir.

Peine : L'emprisonnement avec minimum de trois mois ; si l'auteur, d'accord avec la partie adverse, a agi au préjudice de son client, la réclusion avec maximum de cinq ans. Le § 356 est applicable en matière criminelle, qu'il s'agisse d'une plainte de partie civile ou d'une poursuite publique (19). Le § 356 s'applique également aux *Patentanwälte* (ingénieurs-conseils inscrits) d'après la loi du 21 mai 1900.

(18) Très contesté. Cf. KITZINGER, 499.

(19) Même sens BINDING, *Lehrb.*, 582, FRANK, § 356, II, MEYER-ALLFELD, 582. — En cas de poursuite publique, l'*Anwalt* est le plus souvent défenseur, mais il peut aussi (Proc. crim., § 464) soutenir l'accusation.

XII. — **Violation du devoir** par le fonctionnaire supérieur (*Strafbare Pflichtverletzung des Amtsvorgesetzten*, C. P. I., § 357). Elle existe :

1. Lorsque le supérieur décide ou entreprend de décider intentionnellement son subordonné à la commission d'une infraction dans l'exercice de ses fonctions (donc à l'une des infractions traitées dans la section 28 du C. P. I.) (20) ;

2. Lorsqu'il laisse sciemment commettre une de ces infractions par ses subordonnés (connivence).

Est assimilé au supérieur le fonctionnaire chargé de surveiller ou de contrôler les actes de service d'un autre fonctionnaire, lorsque l'infraction commise par ce dernier concerne les affaires soumises à la surveillance ou au contrôle du premier.

Dans le cas mentionné sous 2 existe un délit d'omission, car il y avait obligation d'empêcher (21).

La peine de la violation du devoir est celle qui frappe l'acte objet de l'incitation ou de la connivence.

(20) Sur les concepts *décider* (*verleiten*, suborner, inciter) et *entreprendre* (*unternehmen*), cf. 1er vol., § 51, note 6 et § 46, note 6.

(21) D'après Binding, *Lehrb.*, II, 738, l'assistance positive est punie comme l'action principale. Exact Meyer-Allfeld, 581.

II. — Le faux témoignage (infractions dites parjure) (a)

§ 180. — Histoire et situation dans le système pénal.

Bibliographie. — *Stooss*, RvD, Bes. T., III, 273. — *V. Liszt*, Meineid und falsches Zeugniss, 1876. — *Le même*, Die falsche Aussage vor Gericht oder öffentlicher Behörde, 1877.— *Jagemann*, GS, XXIX, 340. — *Voigt*, GA, XXVIII, 222. — *Hälschner*, II, 902. — *Lauterburg*, Die Eidesdelikte, 1886. — *Grünberg*, Thèse Rostock, 1900. — *Harburger*, Die Teilnahme au dem Verbrechen aus StGB § 159, 1887. — *V. Helldorff* (Bibl., § 50). — *Sello*, Z, XXI, 707. — *Thomsen*, GS, LX, 56. — *Alsberg*. GS, LXVI, 54. — *Le même*, Vollendung und Realkonkurrenz beim Meineid des Zeugen und Sachverständigen, 1906. — *Mühlfeld*, Thèse Heidelberg, 1907. — *Rotering*, GA, XL, 92. — *Goebel* (Bibl., § 46). — *Kühne*, Thèse Wurzbourg, 1906. — Sur l'incrimination du faux témoignage par imprudence : *Thomsen*, GS., LX, 56, LXIV, 219. — *Olshausen*, GA, L, 8. — *Freudenthal*, Z., XXIV, 785. — *Stenglein*, Gutachten für den 26. deutschen Juristentag, 1902 (Verhdlgn, I, 56). — *Erich*, Thèse Heidelberg, 1904. — *Liepmann*, Der fahrlässige Falscheid des Zeugen. Festgabe für Hänel, 1907. — *Brunner*, II, 681. — *Günther*, en particulier II, 60, III, 385.

1. **Historique**. — Le droit romain, tant dans sa première période qu'à l'époque des juristes classiques et de l'influence chrétienne, ne connaît pas le *crimen perjurii* comme infraction indépendante. Cet état de choses a pour motifs la stricte séparation existant dans l'ancien droit entre le *fas* et le *jus* puis entre le droit et la morale devant la juridiction des censeurs, et enfin la conception en procédure du serment décisoire (*Schiedseid*) à l'époque classique. C'est seulement

a) En allemand : *Die falsche Aussage* (*die sogenannten Eidesverbrechen*).

dans certains cas, mais toujours à cause de la violation du droit connexe au parjure, que quelques constitutions impériales ordonnent la punition du parjure, comme par exemple en cas de faux serment *per genium principis* (conçu comme lèse-majesté) ou lorsque le parjure motivait le *crimen stellionatus*, etc. De même, dans la législation des empereurs chrétiens il n'est nullement question d'une reconnaissance du principe de la criminalité du parjure.

Il en est autrement du faux témoignage. Punissable dès les premiers temps de la République (puni dans les XII Tables de la chute de la Roche Tarpéïenne) le faux témoignage est traité avec détail dans la question de Sylla, et, suivant qu'il a eu lieu ou non dans un *judicium publicum*, il est puni d'après la *lex Cornelia de sicariis* ou d'après la *lex Cornelia de falsis*. C'est sur ces dispositions que repose le droit romain ultérieur.

Dans le droit du Moyen Age allemand, le parjure et le faux témoignage restent inséparables (en particulier à cause de la nature juridique propre de l'aide par le serment, *Eidhilfe*). Le droits des peuples germaniques ordonnent tantôt la *Busse* simple (*Lex Burgundorum, Langobardorum*), et tantôt, sous l'influence du christianisme, des peines corporelles et capitales (Frise et Saxe). Dans les Capitulaires, nous trouvons plusieurs fois une peine de talion symbolique, qui est la perte de la main ayant servi à jurer. La criminalité de l'instigateur est fréquemment relevée. Les mêmes hésitations apparaissent dans les sources du Moyen Age ultérieur. Dans leur silence, ce sont les tribunaux ecclésiastiques qui sont compétents et le droit canonique, lequel compte le parjure parmi les crimes les plus graves en tant que blasphème, devient applicable. La pénétration du droit romain se laisse constater en mainte part (1).

La Caroline se rattache, dans son art. 107, au point de vue des sources de l'Allemagne du Sud. Elle menace ceux « qui se parjurent en prêtant, devant un juge ou un tribunal, un serment appris » d'abord de l'infamie, puis aussi de la perte des doigts ayant servi au serment. « Lorsque quel-

(1) La Glose de Langenbeck, consacrée au droit municipal de Hambourg (15e siècle), est particulièrement intéressante sous ce rapport. Cf. V. Liszt, Meineid, 73.

qu'un par un faux serment jure [pour faire infliger] à quel qu'autre une peine criminelle », le talion doit intervenir. La Caroline consacre son art. 68 au faux témoin (qu'elle punit également du talion). L'instigateur est frappé de la même peine que l'auteur.

L'évolution de notre théorie, tant dans le droit commun que dans la législation des Etats, repose surtout sur les variations de la conception de principe de notre infraction. D'une part, on considère le parjure comme un cas grave de lèse-majesté divine (Prusse, 1620, *Böhmer* et autres), d'autre part comme un crime de faux (Autriche, 1656, *Koch* et autres). Dès le XVIIe siècle, la peine de la Caroline est remplacée par la perte des phalanges antérieures des doigts ayant servi au serment ; plus tard, elle l'est par une peine arbitraire. Dans la seconde moitié du XVIIIe siècle triomphe l'opinion qui conçoit le parjure comme un cas aggravé de l'escroquerie (tromperie, *Betrug* ; Autriche en 1788, Cout. Gén. de Prusse, 1405, et encore *Feuerbach*). Plus tard, le point de vue soutenu par *Mitteumaier* en 1818, et qui présente le parjure comme dirigé contre la « bonne foi » (*Treu und Glauben*) et appartenant par suite aux infractions du faux, gagne beaucoup de terrain et contribue fortement à troubler la conception exacte de ce groupe d'infractions.

II. — **Position systématique**. Les délits de parjure n'ont rien de commun avec les délits de faux. La conception adverse, pourtant très répandue, est absolument insoutenable, même dans le cas où elle justifierait la constitution de tout le groupe. Les infractions de faux se caractérisent extérieurement par le fait qu'il y a abus de la confiance que nous attachons aux formes admises et sensibles de constatation légale, et aussi que cet abus résulte de la fabrication d'une forme fausse ou de l'altération d'une forme authentique. Il n'y a rien de tel dans le parjure. La forme est authentique et non altérée ; c'est seulement par la substance que le serment devient parjure. Il en résulte que les infractions dites de parjure ne sont pas à leur juste place à côté de la falsification de la monnaie et de la falsification de documents, donc qu'elles n'appartiennent pas aux infractions de faux.

Mais il y a encore un autre point à considérer. Le législateur ne protège pas en soi la forme du serment et ce qui lui est assimilé ; il punit bien plutôt le parjure seulement lorsqu'il a été fait devant le juge ou devant une autorité (*Behörde*) compétente pour recevoir des serments. Ceci indique quelle est la conception systématique exacte des infractions de parjure ; elles sont dirigées contre l'administration de l'Etat en général, et contre l'administration de la justice (*Rechtspflege*) en particulier, dans la mesure où l'une et l'autre font dépendre leurs décisions des dépositions (*Aussagen*) solennellement confirmées des citoyens de l'Etat. Ces infractions apparaissent donc comme un trouble (*Gefährdung*) de l'administration de l'Etat quant à l'exactitude réelle de ses décisions, ou aussi comme une atteinte à cette administration dans son droit à obtenir de ses justiciables des dépositions absolument conformes à la vérité. Cette conception conduit logiquement à exiger du législateur qu'il sanctionne aussi la fausse déposition faite sans prestation de serment, dans la mesure où elle sert de base à une décision officielle, et qu'il parle même de ce cas comme du cas fondamental, pour concevoir la confirmation par serment de la déposition fausse uniquement comme circonstance aggravante. Mais alors le groupe indépendant des « infractions de parjure » disparaît du système de notre Partie Spéciale (2).

(2) Je m'en tiens par conséquent à cette conception que je soutenais dès 1877 contre l'opinion dominante. Elle est partagée par Feldner (Bibl., § 182) 40, Gruenberg, Haelschner, II, 904, Lenz (Bibl., § 160) 75, Lauterburg, 142, Lœning, 131, Merkel, 405, Olshausen, 9, Abschn. 1, Stoos, 379. Il est de peu d'importance réelle que l'on veuille considérer la déposition fausse comme infraction contre l'administration de la justice, ou bien comme infraction comme l'administration de l'Etat en général. Il faut également repousser l'opinion de Binding, *Lehrb.*, II, 132 (dans

§ 181. — Le droit en vigueur.

Le C. P. I. a traité complètement les infractions dites de parjure. Il en résulte l'abrogation des dispositions existant dans les législations des Etats sur l'incrimination de la fausse déposition faite sans prestation de serment (Ier vol., § 20, I).

I. — Les **modes**.

1. Le **faux serment** (*Meineid*) proprement dit, qui existe lorsque quelqu'un à qui le serment a été déféré, référé ou déféré d'office (*zugeschoben, zurückgeschoben oder auferlegt*), fait sciemment un faux serment (C. P. I., § 153). Par suite, sont nécessaires au concept du faux serment :

a) Un serment fait dans un procès civil ou dans une autre procédure, et quel que soit le genre de ce serment. L'invocation de la divinité comme témoin de la vérité est indispensable au concept du serment ; la forme de cette invocation n'a aucune influence (1).

Le serment doit être « déféré, référé ou déféré d'office ». Est également serment déféré d'office le serment déclaratif (*Offebarungseid*) (*a*). Il est nécessaire

le même sens MUEHLFELD et ALSBERG) d'après laquelle la déposition fausse ayant force de preuve se rapproche intimement du document faux, partageant avec lui l'objet de l'attentat. Elle méconnait complètement que le document joue à la vérité un rôle dans la vie juridique quotidienne, mais que ce n'est pas le cas du serment.

(1) L'omission d'employer les mots « je jure » n'empêcherait donc pas d'admettre un faux serment, pas plus que l'omission de la phrase *So wahr mir Gott helfe!* (aussi vrai que Dieu m'aide). Contrà FRANK, III, avant § 153, HAELSCHNER, II, 907, MEYER-ALLFELD, 618.

(*a*) Le serment dit *Offenbarungseid*, propre à la procédure allemande, est celui par lequel un débiteur, par exemple, ou un failli déclare (manifeste, de *Offenbaren*) son indigence ou insolvabilité absolue. Nous traduisons d'autre part *Glaubenseid* (serment en foi et confiance) par serment de crédibilité.

que l'autorité (*Behörde*) qui reçoit le serment ait une compétence *générale* pour recevoir des dépositions sous la foi du serment, et qu'en outre le serment soit *généralement* admissible dans les affaires de la nature de celles qui sont mises en question. Au contraire, compétence et admissibilité dans l'espèce ne sont pas nécessaires. Celui qui n'a pas encore capacité de prêter serment (*Eidesunmündiger*) ne peut se rendre coupable de faux serment, car, dans l'opinion du législateur, la connaissance de l'importance du serment et par conséquent la capacité de prêter un serment pouvant relever du droit pénal, lui font complètement défaut (2).

Le serment amiablement convenu entre les parties (*Kompromisseid*) ne pouvant être considéré comme déféré, référé ou déféré d'office, le parjure commis lors de sa prestation reste impuni, même lorsque le serment a été reçu par un juge (3).

b) La fausseté du fait juré. Celle-ci réside, dans le serment de crédibilité (*Glaubenseid*), dans la conviction de la vérité de ce qui est juré ; ce serment est donc faux lorsque celui qui jure n'a pas cette conviction. S'il y a eu fixation des phrases composant le serment (*Festsetzung des Eidessatzes*), c'est uniquement la teneur de ces phases qui décide de la concordance entre le serment et la réalité, sans qu'il puisse être fait de distinction entre les éléments essentiels de ces phrases. Le débiteur qui a reçu le 12 janvier un prêt de 1000 marks, ne commet pas de faux serment lorsqu'il jure qu'il n'a pas reçu l'argent le 13 janvier.

c) L'intention, c'est-à-dire la conscience, de la part de l'auteur du serment, de la fausseté du fait

(2) Contrà décision plénière de R, XXXVI, 278. Contre elle avec raison V. Bar, *Gesetz*, II, 77, Binding, *Lehrb.*, II, 146, Frank, IV devant § 153, Stoos, 291.

(3) Même sens R, V, 94, avec l'opinion dominante.

juré, donc, en cas de serment de crédibilité, la conscience qu'il n'a pas la conviction de la vérité de ce qui est juré. L'intention éventuelle ne suffit pas (1er vol., § 39, note 6). Un dessein de porter préjudice, dépassant l'intention, n'est pas nécessaire.

d) Le faux serment est consommé lorsqu'est achevée la prestation du serment ; il y a tentative lorsque l'auteur tient pour faux le fait juré par lui, et qui est objectivement vrai.

Peine : La réclusion avec maximum de dix ans.

2. Le **faux serment par témoin ou expert** — Il existe lorsque quelqu'un confirme sciemment, devant une autorité compétente pour recevoir son serment, un faux témoignage ou faux rapport par un serment, ou viole sciemment, par un faux témoignage ou faux rapport, le serment prêté avant son audition (C. P. I., § 154). — Sont donc nécessaires :

a) Un témoignage ou rapport confirmé par serment ; est assimilée à l'un et à l'autre la traduction d'un interprète. D'après les lois allemandes de procédure, la réponse aux questions générales (ou personnelles) appartient bien au témoignage, mais non au rapport d'expert. Il n'est d'aucune importance que le serment ait été prêté avant ou après la déposition. Celui qui est déclaré incapable de prêter serment (4) peut aussi se rendre coupable de parjure, mais non pas celui qui n'a pas encore la capacité de faire un serment (plus haut I, 1, *a*).

b) La fausseté du témoignage ou rapport d'expert. Celle-ci peut consister en particulier dans le silence gardé, contrairement au devoir, sur des faits essentiels, car le témoin est tenu de dire toute la vérité.

c) L'intention de l'auteur du serment (cf. plus haut, 1, *c*).

(4) Contrà Binding, *Lehrb.*, II, 148.

d) La consommation intervient seulement avec la clôture des dépositions verbales ou écrites qui doivent être considérées comme formant un tout complet (*als Einheit*) (5) ; la tentative punissable commence avec le commencement de la déposition. (Cf. aussi plus haut, 1, *d*).

e) Il faut admettre la complicité (assistance) lorsque quelqu'un désigne un témoin dans la prévision qu'il jurera ce qui est contraire à la vérité (6).

Peine : La réclusion avec maximum de 10 ans ; si la déposition fausse a été faite, au cours d'une affaire criminelle, au préjudice d'un accusé, et que ce dernier ait été condamné à mort, à la réclusion ou à une autre peine privative de liberté dépassant 5 ans, la réclusion avec minimum de 3 ans. Le rapport causal entre la déposition et la condamnation n'est pas nécessaire (cf. plus haut § 166, note 3) ; la faute (soit intention, soit imprudence) de l'auteur par rapport à la condamnation ne l'est pas davantage. La tentative serait admissible, si la déposition était restée inachevée, mais qu'il y ait eu cependant condamnation de l'accusé (* § 46, V, 1). Si l'intention tendait à provoquer une condamnation à mort de l'accusé, et que celle-ci ait été prononcée et exécutée en raison de la déposition, il faut admettre le meurtre avec préméditation ou le meurtre simple.

3. — **Cas assimilés au faux serment** (C. P. I., § 115) :

a) La fausse déposition d'un membre d'une société religieuse, à laquelle la loi (y compris la législation particulière des Etats) permet l'usage de certaines formules solennelles (*Beteuerungsformel*) remplaçant le serment, la déposition ayant été faite sous la foi d'une de ces formules ;

(5) D'après R, XXIII, 86, l'audition des témoins est close, lorsque de nouvelles mesures de procédure sont prises en se basant sur elle. Tout à fait différent Sello, qui admet le concours réel lorsqu'il y a plusieurs dépositions fausses. Cf. à ce sujet Alsberg, 1906.

(6) Même sens Frank, § 154, VII, Olshausen, § 154, 14.

b) La fausse déposition d'une partie, d'un témoin ou d'un expert, faite en invoquant le serment déjà prêté dans la même affaire (mais non dans une affaire connexe) ;

c) La fausse déposition faite par un expert assermenté une fois pour toutes et qui invoque ce serment général ;

d) La fausse déposition faite par un fonctionnaire en cette qualité (plus haut § 178, III), en invoquant le serment prêté pour l'exercice de sa fonction (cas non traité par les lois impériales de procédure).

Peine : comme pour 1 et 2. Le fait d'agir sciemment est nécessaire dans les quatre cas.

4. La fausse déposition faite sciemment sous la foi d'une **assurance remplaçant le serment** ou en invoquant cette assurance devant une autorité (*Behörde*) compétente (plus haut, I, *a*) pour recevoir des assurances de cette nature (C. P. I., § 156). L'assurance doit être donnée verbalement ou par écrit à l'autorité ; il n'est pas nécessaire qu'elle se soit produite en présence de l'autorité.

Peine : L'emprisonnement d'un mois à trois ans.

5. Le **faux serment par imprudence**, c'est-à-dire la commission par imprudence de l'une des infractions exposées de 1 à 4 (C. P. I., § 164). Sont ici nécessaires : *a*) La fausseté du fait déposé ; *b*) l'ignorance de cette fausseté de la part de l'auteur de la déposition ; *c*) l'ignorance doit être imputable à l'imprudence, et la connaissance doit avoir été possible par un examen des choses conforme au devoir (7).

(7) L'imprudence peut aussi résider dans l'ignorance de l'auteur de ce que son assurance (par ex. quant aux questions générales) est soumise au serment ; R, XXI, 198, XXXIV, 298. Cf. à

Mais il en résulte que le serment de crédibilité (*Glaubenseid*) par imprudence est impossible en droit, car sa substance est constituée par la croyance, pour l'auteur du serment, de la vérité du fait à constater : s'il a cette croyance, le serment répond à la vérité, même si le fait est faux ; s'il ne l'a pas, il y a faux serment fait sciemment (8), même si le fait est vrai. Au contraire, dans le serment de conviction (*Ueberzeugungseid*, Proc. Civ., § 459) : « Après examen et information sérieux », le faux serment par imprudence est possible quant à cette addition, mais non quant à la « conviction » (*Ueberzeugung*) ; mais ce faux serment apparaît alors précisément non pas comme serment de crédibilité, mais comme serment du fait (*Tatsacheneid*).

Peine : L'emprisonnement avec maximum d'un an.

6. Tandis qu'en général l'incitation restée sans résultat n'est passible d'aucune peine (Ier vol., § 52, note 6), le § 159 C. P. I. sanctionne pénalement, comme infraction indépendante (pour laquelle la complicité est par suite possible), la **subornation de témoins** (*die unternommene Verleitung zur (wissentlich) falschen Aussage*, l'entreprise d'inciter à faire (sciemment) une déposition fausse) (9).

L'invitation adressée à B, d'inciter C à faire une

ce sujet 1er vol. § 42. V. Thomsen, Frank, § 163, I, Stooss, 300, nient la possibilité d'un faux serment de témoin par imprudence. Cf. à ce sujet Liepmann.

(8) Cf. V. Liszt, Falsche Aussage 51. Même sens R, VI, 205, XII, 58 ; contrà R, VII, 185, et aussi (pour l'essentiel) Binding, *Lehrb.*, II, 150, Erich, 47. Meyer-Allfeld, 622.

(9) Même sens R, VIII, 354, et en général l'opinion commune. Contrà en particulier Harburger, 358. Sur les concepts : « Suborner » (*Verleiten*), cf. 1er vol., § 51, note 6 ; « entreprendre » (*unternehmen*), 1er vol., § 46, note 6 ; sur l'impossibilité d'une tentative, 1er vol., § 46, note 11, et sur l'exclusion du désistement, 1er vol., § 48, note 7.

déposition fausse, doit être considérée comme subornation indirecte de C, et est par suite punissable d'après le § 159 C. P. I., que B réponde (sans que C se laisse déterminer) ou ne réponde pas à l'invitation (10). Si, de la subordination directe ou indirecte, résulte une fausse déposition intentionnelle, il y a incitation, et le § 159 n'est pas applicable ; si l'individu suborné fait de bonne foi, même par imprudence, un faux serment (11), il faut admettre l'application du § 160. Car dans les deux cas, l'acte de préparation ou de tentative est consommé par l'exécution. Si l'individu suborné tient par erreur la déposition pour fausse, il y a tentative non punissable (1er vol., § 46, note 11).

Peine : *a*) S'il s'agit d'un faux serment ou d'un cas assimilé, la réclusion avec maximum de cinq ans ; *b*) si, au contraire, il s'agit d'une assurance fausse tenant lieu de serment, l'emprisonnement avec maximum d'un an.

7. La **subornation à une déposition (objectivement) fausse** (avec intention existant chez l'auteur de la subornation, et faisant défaut chez l'auteur du serment) a été également constituée par la législation impériale, par exception aux règles générales sur l'action indirecte (1er vol., § 50, note 3), en infraction indépendante du fait de faciliter la réalisation d'une fausse déposition (C. P. I., § 160), ce qui est une création aussi inopportune en théorie qu'en pratique (12). Mais

(10) V. Liszt, Falsche Aussage, 186 ; même sens R, III, 26 et RMilG, IV, 28 ; Meyer-Allfeld, 621, Olshausen, § 159,7. Contrà Binding, *Lehrb.*, II, 166, Frank, § 159, II, Geyer, Z, II, 310, Harburger, 358, Schmitz, GS, XLVIII, 40, Stooss, 306, qui admettent l'incitation au § 159, et doivent par conséquent admettre l'impunité lorsque B ne se rend pas à l'invitation (si alors n'existe pas le cas du § 49 *a*).

(11) R, XXXIV, 431, admet au contraire le § 159.

(12) Cf. V. Liszt, Falsche Aussage, 188. Même sens Binding, *Lehrb.*, II, 166, Halschner, II, 930, Kohler, Studien, I, 131, Mer-

cet état de choses étant définitif, le § 160 C. P. I. doit être aussi appliqué lorsque l'auteur du serment a agi par imprudence. La subornation du malade mental ou de celui qui n'est pas encore capable de prêter serment serait, en soi, une action principale personnelle, mais elle ne peut être punie comme telle, car le législateur a expressément repoussé par le § 160 l'admission d'une action indirecte en cas de faux serment. Ici également, le concept de la subordination exige la détermination à prêter serment. Le § 160 ne s'applique donc pas lorsque A, au moyen d'une tromperie, éveille chez B, déjà décidé à déposer, une erreur sur le fait objet de la déposition.

Peine : *a*) En cas de subornation à un faux serment l'emprisonnement avec maximum de deux ans, et accessoirement perte possible des droits civiques ; *b*) en cas de subornation à une assurance tenant lieu de serment, l'emprisonnement avec maximum de deux ans. — La tentative est punissable. La consommation intervient seulement lorsque la prestation de serment a eu lieu. La complicité est possible et punissable tant comme instigation que comme assistance.

II. — **Réduction de peine, suppression de peine, peines accessoires.**

1. En cas de fausse déposition intentionnelle du témoin ou de l'expert, la peine encourue en soi et devant par suite figurer dans le jugement (13) peut, en raison de la situation moralement forcée où se trouve l'auteur du serment, être réduite de la moitié au quart (C. P. I., § 157), la réclusion de moins d'un an étant alors transformée en emprisonnement (1er vol.. § 71, II, 1), lorsque :

a) L'exposé de la vérité pouvait entraîner une poursuite pour crime ou délit (mais non pour contravention) (14), ou :

KEL, 407, MEYER-ALLFELD, 622, mais surtout V. HELLDORFF. Contrà FRANK, § 160, I, GOBEL, 16, SCHULTZE, die Verleitung zum falschen Eide, I, 870, STOOSS, 309, 403, VOIGT, GA, XXVIII, 222.

(13) Contrà B, XI, 42.

(14) Reste sans effet la supposition erronée de la part de l'auteur, de l'existence du danger d'une telle poursuite; cf. V. LISZT,

b) l'auteur de la déposition a fait la fausse déposition en faveur d'une personne à l'égard de laquelle il pouvait refuser de déposer faute d'avoir être instruit de son droit de refus.

2. La même réduction a lieu (C. P. I., § 158) lorsque celui qui s'est rendu coupable d'un faux serment ou d'une fausse assurance tenant lieu de serment (dans sa propre cause ou dans celle d'autrui), révoque l'un ou l'autre (directement ou par personnes intermédiaires) devant l'administration qui les a reçus, cela avant d'avoir été l'objet d'une révélation, ou d'un commencement d'instruction, ou avant qu'un préjudice juridique (*Rechtnachteil*) (15) soit résulté pour un autre de la fausse déposition (16). La révocation doit émaner de l'auteur du serment lui-même, et ne peut être faite par le complice (en particulier par l'instigateur).

3. En cas de fausse déposition par imprudence (C. P. I., §§ 153 à 156), la révocation faite en temps voulu, dans les conditions exposées sous 2, produit les effets d'un motif de suppression de peine (C. P. I., § 263, al. 2).

4. Dans toute condamnation pour faux serment (C. P. I., §§ 153 à 155, mais non 159 et 160), il faut (nécessairement) prononcer, lorsqu'il n'y a pas réduction de peine en vertu des §§ 157 ou 158, la dégradation civique, et en outre l'incapacité perpétuelle pour le condamné de pouvoir être entendu sous serment comme témoin ou expert (C. P. I., § 161, al. 1). Cette dernière peine accessoire s'applique également en cas d'instigation au faux serment, mais non pas (à cause

Falsche Aussage, 244; contrà Frank, § 157, I, Meyer-Allfeld, 620. La réduction ne profite ici (comme dans le cas du § 157, chiffre 2) qu'à l'auteur du serment, mais non aux complices; en ce sens R, XXII, 106, contrà Frank, § 157, I (qui veut appliquer le § 50).

(15) Cf. plus haut, § 161, note 9. Le préjudice juridique est toute modification préjudiciable dans la situation juridique (ouverture d'une instruction préliminaire, de la procédure principale, arrestation, etc.; mais surtout une décision de 1re instance portant condamnation). Même sens, R, XVI, 29, XXXVI, 240.

(16) S'il existe plusieurs cas du § 157, où s'il y a concours des §§ 157 et 158 par rapport à une même déposition fausse, il n'y a par conséquent qu'une seule réduction des peines encourues; R, IX, 74. S'il a plusieurs faux serments, la peine totale est formée au moyen des peines particulières réduites.

du § 45, C. P. I.) en cas de tentative et d'assistance (17).

Dans les cas des §§ 156 à 159 C. P. I., la perte des droits civiques peut être prononcée accessoirement à l'emprisonnement (C. P. I., § 161, al. 2), à supposer (C. P. I. § 32) que la peine d'emprisonnement prononcée atteigne trois mois.

(17) Même sens R, XIII, 76, Frank, § 161, I, Olshausen, § 161,1. Contrà (quant à la tentative) Binding, *Lehrb.*, II, 158, (quant à la tentative et à l'assistance) Meyer-Allfeld, 621. — Sur les peines infamantes dans le faux serment en général. Cf. Gunther, III, 515.

III. — Infractions contre l'administration de la justice

§ 182. — 1. La dénonciation calomnieuse

(*Die falsche Anschuldigung*)

Bibliographie. — *Heilborn*, RvD, Bes. T., III, 105. — *Raspe*, Das Verbrechen der calunmia nachröm. Recht, 1872. — *Dochow*, HH, III, 253. — *John*, Z, I, 277. — *Herzog*, GS, XXXIII, 81. — *Hess*, Thèse Tubingue, 1888. — *Hälschner*, II, 895. — *Teichmann*, Z für schweizer. Recht, nouvelle série, IX, 346. — *Günther* (en différents passages, en particulier III, 414). — — *Wegele*, Zur Geschichte der falschen Anschuldigung, 1892. — *Eichmann* (Bibl., § 95). — *Feldner*, Thèse Göttingen, 1896. — *Kræuter*, Thèse Greifswald, 1900. — *Kurt Moyer*, Thèse Heidelberg, 1905.

I. — La **position dans le système pénal** de la dénonciation calomnieuse offre des difficultés particulières. Suivant les transformations subies par la procédure criminelle, elle apparaît tantôt comme une induction en erreur de l'administration de la justice, et tantôt comme un trouble grave (*Gefährdung*, mise en péril) de la sécurité donnée par le droit à l'individu. Le C. P. I., qui a placé la dénonciation calomnieuse entre les infractions de parjure et les infractions contre la religion et qui a considéré comme essentiel que la dénonciation soit faite près d'une autorité (*Behörde)*, doit avoir tenu pour décisif le premier point de vue, celui de l'atteinte à l'administration de la justice, bien que les dispositions du § 165 rappellent les attaches de notre infraction avec la calomnie (1).

(1) Même sens Binding, *Lehrb.*, II, 523, Eichmann, 57, Feldner,

Une conséquence importante tirée de cette conception est le défaut d'influence du consentement donné par celui qui est l'objet de l'accusation.

II. — D'après le droit romain, la dénonciation calomnieuse (réprimée par une *lex Remmia* de l'an 693 de la ville, et plus tard par le *sénatus-consultum Turpillianum*, 61 av. J. C.), appartient aux trois délits des accusateurs. Ces derniers sont, d'après I. 1, § 1, D. 48, 16 : 1. La *calumnia* (*falsa crimina intendere*); 2. la *prævaricatio* (*vera crimina abscondere*); 3. la *tergiversatio* (*in universum ab accusatione desistere*). A partir de l'époque impériale, la peine est le talion réuni avec l'infamie. En outre, la *l. Cornelia de sicariis* punit la provocation maligne (*böswillige Herbeiführung*) d'une condamnation dans un procès capital.

Les sources du Moyen Age mentionnent relativement souvent la dénonciation calomnieuse, toutefois sans la séparer assez nettemement de la calomnie d'une part, et de la non-réussite de la plainte (*Nichtdurchführung der erhobenen Anklage*) d'autre part; ces sources, tant les droits des peuples germaniques que les livres de droi', la menacent fréquemment de la peine du talion.

La Caroline ne traite dans son art. 110 que l'écrit injurieux (*Schmähschrift*, plus haut § 95, I). Mais la pratique du droit commun, à mesure que se développe et se constitue la procédure d'instruction criminelle, étend les dispositions pénales de cet article à la dénonciation calomnieuse faite à une autorité (*Behörde*), le talion (qui figure encore dans la Cout. Gen. de Prusse, 1431) étant régulièrement remplacé par une peine arbitraire. C'est seulemnnt à partir de la Cout. Gén. de Prusse que la dénonciation calomnieuse se constitue, surtout à l'égard de la calomnie, en infraction indépendante (pour la législation des Etats, d'abord dans le Code Pénal prussien de 1851), tout en donnant toujours lieu à des contestations de doctrine au sujet de sa position dans le système pénal.

35, Haelschner, II, 897, Hess, 8, Merkel, 408, Teichmann, 353, surtout R, XXIII, 371. Contrà Kessler, GS, XXXVII, 575, Lœning, 109, Meyer-Allfeld, 517 (d'après lequel c'est un attentat contre un intérêt personnel de l'individu). D'après Frank, § 164, I, Heilborn, 110 (de lege lata), Kræuter, 18. Raspe, 132, elle lèse l'individu accusé et l'Etat.

III. — D'après le C. P. I, § 164, il y a **dénonciation calomnieuse** (fausse accusation), lorsque quelqu'un fait près d'une autorité (*Behörde*, plus haut § 171, note 7) une dénonciation par laquelle il accuse, malgré une connaissance meilleure (*wider besseres Wissen*), une autre personne de la commission d'une infraction (pénalement punissable) (2) ou de la violation d'un devoir de sa fonction ou de son service.

1. La fausse accusation suppose incontestablement, ainsi qu'il ressort du mot « dénonciation » (*Anzeige*), une action du dénonciateur reposant sur sa propre décision (dénonciation faite spontanément, *Freiwilligkeit der Anzeige*) (3) ; on ne peut donc ranger ici la déclaration faite au cours d'un interrogatoire, en qualité de témoin ou d'inculpé, mais on peut y placer au contraire le dépôt d'une plainte privée (*Ueberreichung einer Privatklage*). Ne relève de la loi que la dénonciation elle-même, mais non la préparation artificielle de motifs de suspicion, ou la suppression de preuves à décharge.

2. L'accusation doit être dirigée contre une personne déterminée ; accuser un auteur imaginaire reste impuni, aussi bien que s'accuser soi-même faussement. En outre, l'accusation doit porter sur un fait particulier déterminé ; des imputations de caractère général ne suffisent pas. L'acte punissable dont il est fait accusation doit présenter en soi tous les éléments d'une infraction. Si, d'après la substance de la dénonciation, l'illégalité nécessaire de l'acte, la faute de l'auteur ou l'une des conditions de l'incrimination font défaut (si, par exemple, quelqu'un est accusé d'avoir tué une autre personne, étant en état de légitime défense ou d'ivresse complète), le § 164 ne peut être appliqué. Mais, en revanche, l'in-

(2) Une peine réglementaire ne suffit donc pas ; R, XXXII, 77.

(3) Même sens FRANK, § 164, II ; contrà BINDING, *Lehrb.*, II, 528, HEILBORN, 107, MEYER-ALLFELD, 518.

jure peut exister dans ces cas. Il en est de même lorsque la poursuite pénale est supprimée par suite d'un motif de suppression de peine (prescription, mesure gracieuse, etc.), lorsqu'il existe un motif personnel d'exclusion de peine (vol entre époux), ou lorsqu'une condition de procédure fait définitivement défaut, toujours à supposer que tout ceci se déduise du contenu de la dénonciation, car dans tous ces cas, la poursuite publique est exclue (4).

3. L'accusation doit être objectivement mensongère, c'est-à-dire se trouver en contradiction avec les faits. La défiguration ou la dissimulation de faits motive également, si elle modifie essentiellement la signification de l'acte (5), la fausseté de l'accusation.

4. L'accusation doit être subjectivement fausse, c'est-à-dire être en contradiction avec les faits malgré une connaissance meilleure *(wider besseres Willen)* de son auteur. Si la dénonciation a été faite de bonne foi, mais que plus tard son auteur s'est convaincu de sa fausseté (*mala fides superveniens*), il ne peut plus y avoir de condamnation en vertu du § 164 C. P. I., car la consommation du délit était déjà intervenue par la prise de connaissance par l'autorité, mais la conduite ultérieure du dénonciateur peut être punissable à un autre point de vue, par exemple comme faux témoignage (6).

L'auteur doit agir avec intention, c'est-à-dire avec la conscience que sa dénonciation aura pour conséquence une instruction criminelle ou une poursuite

(4) Même sens dans l'ensemble Binding, *Lehrb.*, II, 533, Meyer-Allfeld, 518 et R, XXI, 101, XXIII, 371.

(5) Contestables R, XXVIII, 253, 391.

(6) Si l'action relève aussi des §§ 185 à 187, le § 73 est applicable. Même sens à plusieurs reprises R, en dernier lieu XXIX, 54. Très contesté D'après Binding, *Lehrb.*, II, 537, Heilborn, 111, la fausse déposition, faite non sûrement, n'est jamais punissable. (Elle ne relève jamais du § 186, C. P. I.).

disciplinaire. Un dessein dépassant l'intention n'est pas nécessaire ; la criminalité de l'acte n'est donc pas exclue par le fait que le but final de l'auteur consistait à détourner le soupçon existant contre lui ou à supprimer une condamnation rendue contre lui.

5. **Peine** : L'emprisonnement avec minimum d'un mois ; accessoirement, suivant appréciation, la perte des droits civiques. En cas de condamnation du dénonciateur (C. P. I., § 165) peuvent être accordées à la partie lésée, comme satisfaction privée, mais non comme peine accessoire (1er vol., § 58, note 3) : *a*) la faculté de publier le jugement de condamnation aux frais du coupable (le mode de la publication ainsi que son délai seront fixés dans le jugement) ; *b*) la remise d'une expédition du jugement aux frais du coupable.

La procédure engagée à la suite de la dénonciation a un effet suspensif à l'égard de la procédure et de la décision concernant la dénonciation calomnieuse elle-même (C. P. I., § 164, al. 2).

§ 183. — 2. L'aide aux malfaiteurs et le recel de personnes (*Begünstigung und Hehlerei.*)

Bibliographie. — Ouvrages cités § 49 (en particulier *Heimberger*) et § 147. — En outre : *Beling*, RvD., Bes. T., VII, 1. — *Villnow* (Bibl. § 130). — *Hälschner*, II, 859. — *Just*, Z, XV, 855. — *Kohler*, GS, LXI, 44. — *Lohmeyer*, Das Wesen der Begünstigung, 1904. — *Stenglein*, Z, IV, 487. — *Kohler*, Studien, I, 154, III, 260. — *Nieland*, Thèse Göttingen, 1892. — *Süssheim*, Thèse Erlangen, 1898. — *Brunner*, II, 575. — *Lœning*, Z, V, 549. — *Günther*, I, 236. — *Harster* (Bibl., § 4, II), 54.

I. — **Historique**. L'aide aux malfaiteurs (*Begünstigung*, fait de favoriser, voir tome I, p. 352) ne s'est que lentement dégagé du concept de la complicité 1([er] vol., § 49, IV, 2). Tandis que le droit romain de la dernière époque était parvenu à constituer le *crimen receptatorum* en infraction indépendante punissable *extra ordinem*, le droit allemand du Moyen Age, depuis les droits des peuples germaniques jusqu'au xvie siècle (en particulier dans les *Landfrieden*) part du point de vue que le fait de recevoir chez soi (*Hausen und Hofen*) des malfaiteurs en fuite (surtout ceux qui étaient en état de détention) doit être conçu comme complicité au crime de l'auteur principal et être puni de la peine de l'auteur. La Caroline et le droit commun, qui la suit, se placent en général en même point de vue, bien que l'aide aux malfaiteurs (*Fürschub*) soit fréquemment considérée comme infraction indépendante, par exemple par *Carpzow*, *Kress*, *Böhmer* et autres, dont s'inspirèrent la Prusse, en 1620 (*contra Heimberger*, 261) et l'Autriche en 1768. La doctrine du XIXe siècle tenait, elle aussi, se rattachant à *Feuerbach*, l'aide aux malfaiteurs pour complicité à l'acte, postérieure à cet acte (*contra Sander*, 1838), et c'est seulement la plus récente législation qui restitua à notre infraction sa situation indépendante, sans d'ailleurs rencontrer l'approbation générale de la doctrine. Et pourtant cette conception, adoptée par le C. P. I. en opposition avec le Code pénal prussien, est la seule qui réponde à la nature intime de cette infraction.

II. — L'aide aux malfaiteurs apparaît dans ses deux formes, soit la forme personnelle (sûreté donnée au coupable contre le châtiment), soit la forme réelle (sûreté donnée aux avantages tirés par le malfaiteur de son acte), comme un **obstacle à l'administration de la justice par l'Etat** (1) ; soit que, comme aide personnelle, elle contrarie l'action de la justice criminelle, soit que, comme aide réelle, elle rende im-

(1) Opinion aujourd'hui dominante (inaugurée par V. Buri, en 1860). Très net R, XX, 233 (extension dans l'administration de la justice d'Etat). — Meyer considérait encore dans sa 5e édition l'aide comme une complicité subséquente. Meyer-Allfeld, 559, la place dans la partie spéciale. Binding (de nouveau dans son *Lehrb.*, II, 635), Gretener (Bibl., § 147), Lohmeyer, 51, Suessheim veulent séparer tout à fait l'aide réelle et l'aide personnelle et faire de la première une infraction contre le patrimoine. Haelschner considère que le recel de choses (*Sachhehlerei*, plus haut, § 147) est, lui aussi, une infraction contre l'administration de la justice. D'après Beling, l'aide réelle (de même que le recel de choses) est un cas d'action subséquente. Egalement d'après V. Bar., *Gesetz*, II, 736, elle appartient à la partie générale.

possible la réparation (*Ausgleichung*) du droit civil, elle empêche la venue des conséquences juridiques attachées par l'Etat à la commission du crime ou délit. C'est par là que se détermine sa position dans le système pénal ; elle n'est pas complicité à l'infraction commise, parce que ce n'est pas un acte posant une condition du résultat survenu ; d'autre part, elle n'a par principe rien de commun avec le recel de choses, qui est une infraction purement patrimoniale. Pourtant, dans notre droit actuel, elle est liée à ce dernier par le concept, hybride et mal venu, du recel de personnes (§ 258, C. P. I).

III. — D'après le C. P. I. (257), il y a **aide aux malfaiteurs** (*Begünstigung*, fait de favoriser), lorsque quelqu'un, après la commission d'un crime ou délit, prête sciemment aide à l'auteur ou au complice, dans le but de le soustraire au châtiment, ou de lui mettre en sûreté les avantages tirés de son infraction (2).

1. **Généralités.**.

a) L'aide aux malfaiteurs suppose donc d'abord l'existence d'un crime ou délit, soit civil, soit militaire. L'aide en cas de contravention peut être punie par la législation particulière des Etats seulement dans les limites de sa compétence ; en droit impérial, elle ne l'est qu'exceptionnellement, d'après le § 22 de la loi sur l'impôt des eaux-de-vie de 1887 (rédaction de 1895), le § 47, al. 5, de la loi sur l'impôt des sucres de 1891 (rédaction de 1896), le § 17 de la loi sur l'impôt des vins mousseux de 1902, le § 18 de la loi sur l'impôt des cigarettes de 1906. Mais il ne peut être question de l'existence d'un crime ou d'un délit que si l'on se trouve en présence de tous les éléments constituant le concept d'une infraction. Il n'y a pas non plus de différence sous ce rapport entre l'aide personnelle et l'aide réelle. C'est d'ailleurs

(2) Cf. aussi loi douanière de 1869, § 149.

pour le même motif que l'aide existe, même si l'action pour laquelle il y a eu aide est une infraction nécessitant le dépôt d'une plainte, et que la plainte n'a pas été déposée (Cf. plus haut, § 747, II, 1).

Comme l'aide aux malfaiteurs se distingue de la complicité en ce qu'elle ne procure pas une condition du résultat, il faut, pour qu'elle soit admise, que l'action de l'individu aidé se présente comme close pour ce dernier, même si elle en est restée à la période d'infraction non consommée.

L'auteur de l'aide doit avoir agi avec intention, c'est-à-dire avoir su notamment que celui qui a bénéficié de son aide a commis un crime ou délit au sens de la loi. S'il admet par erreur qu'il s'agissait seulement d'une contravention, sa criminalité se trouve par suite exclue (3) ; si, également par erreur, il admet qu'il s'agissait d'un crime ou délit, cette erreur motive la tentative impossible. A l'intention doit se joindre le dessein traité avec détail sous 2 et 3.

b) L'action se présente comme une prestation d'assistance (*Beistandsleistung*) par les conseils et par les actes (entreprise dans un dessein embrassant cette représentation double). Il est donc nécessaire, pour qu'il y ait consommation, que la situation du coupable se soit trouvée effectivement plus favorable (cf. 1er vol., § 51, note 8), même si le dessein n'a pas été réalisé (4). Il n'est pas nécessaire que l'individu ait eu connaissance de l'assistance qui lui a été fournie (cf. 1er vol., p. 334, § 51, II, 3). Suivant le but poursuivi, l'aide à malfaiteur se divise en aide personnelle et aide réelle.

(3) Sur cette question très controversée, cf. V. Bar, *Gesetz*, II, 760, Binding, *Lehrb.*, II, 658.

(4) Même sens R, XXXVI, 176. L'essai sans résultat de disposer le témoin en faveur de l'accueil ne constitue qu'une tentative d'aide. Même sens Frank, Z, XII, 319, Meyer-Allfeld, 562 ; contrà v. Bar., II, 767, Beling, 20, avec R, XX, 375.

2. Il y a **aide personnelle** (*Persönliche Begünstigung*) lorsque l'auteur de l'aide a le dessein (c'est-à-dire le mobile), de soustraire le coupable à la punition, c'est-à-dire à la condamnation ou à l'exécution de la peine (même si celle-ci a commencé). Mentionnons, comme exemples d'actes d'aide à malfaiteur, les faits : de cacher l'auteur, d'empêcher la révélation (5), de faire disparaître les traces de l'acte ou d'agir sur les témoins, d'induire les autorités en erreur, de prendre l'acte à sa charge, de faire des déclarations fausses dans un certificat ou dans un recours en grâce (6), de faciliter la fuite, de délivrer l'individu en état d'arrestation, d'accomplir la peine ou de payer l'amende sous le nom du condamné, etc. Au contraire, il n'y a pas aide lorsque le montant de l'amende est versé dans le patrimoine du condamné, que ce versement ait lieu avant ou après le paiement de l'amende (7). Il n'y a pas non plus aide à malfaiteur lorsqu'il est prêté assistance au suicide du coupable (8).

L'aide que l'on se fournit soi-même reste impunie. Il en est de même de la complicité (instigation ou assistance) de l'individu aidé à l'aide qui lui est fournie par un tiers (1er vol., § 52, V, p. 342) (9). Par

(5) Il résulte du § 139, C. P. I. que la non dénomination (et la détermination à cette omission) malgré l'obligation de dénoncer n'est pas aide (*Begünstigung*) d'après le droit en vigueur.

(6) Même sens, V. Bar, II, 782, Binding, *Lehrb.*, II, 653, Frank, § 257, V et aussi R, XXXV, 128.

(7) Opinion dominante, Cf. surtout Binding, *Lehrb.*, II, 651, puis von der Decken, Z, XII, 97, Friedmann, Z, XVIII, 821, Schlossmann, Z, XXIII, 660. D'après V. Bar, II, 774 et Meyer-Allfeld, 561, il n'y a aide en aucun cas. Cf. aussi 1er vol., § 63, note 3.

(8) Même sens V. Bar, II, 783, Beling, 33 ; contrà Frank, § 257, V.

(9) Opinion dominante, surtout chez V. Bar, II, 784, Binding, *Lehrb.*, II, 662, Frank, § 257, IV, Haelschner, II, 882, Köhler, Studien, I, 129, Köhler, 46, 60, Meyer-Allfeld, 562. Contrà, comme déjà auparavant OT, R, IV, 60, VIII, 367.

contre, la loi frappe l'aide fournie à un complice ou à un co-auteur par un autre complice ou co-auteur (10).

3. Il y a **aide réelle** *(sachliche Begünstigung)* lorsque l'auteur de l'aide a eu le dessein (11) d'assurer au coupable les avantages tirés de son acte. Comme il s'agit ici d'empêcher la réparation civile, c'est-à-dire de rendre définitive la situation patrimoniale illicite, d'une part, l' « avantage » tel qu'il doit être compris au sens de la loi (*Vorteil*) ne peut être qu'un avantage patrimonial (12), et, d'autre part, cet avantage même n'est pas suffisant s'il ne fait pas obstacle à la réparation civile (réparation de la montre détournée, guérison du cheval volé).

4. L'aide étant conçue et traitée par notre législation comme infraction indépendante, une disposition spéciale aurait été en principe nécessaire pour lui donner le caractère d'infraction exigeant le dépôt d'une plainte. Toutefois, en se référant aux §§ 63 et 247 al. 3 C. P. I., il faut s'en tenir à la règle que si le fait principal est une infraction nécessitant une plainte, l'aide ne peut de même être poursuivie que sur plainte (13).

5. Peine.

L'amende avec maximum de six cents marks ou l'emprisonnement avec maximum d'un an ; si l'auteur a prêté son aide pour en tirer avantage (cet avantage n'étant pas nécessairement de nature patrimoniale), l'emprisonnement ; pourtant la peine, dans sa nature et sa mesure, ne peut pas être plus grave que celle prévue pour l'action principale elle-même.

(10) Opinion dominante, soutenue surtout par NIELAND. Contrà V. BAR, II, 784, FRANK, § 257, IV, KOHLER, 61.

(11) Ou mobile (*Beweggrund*) ; R, XL, 16.

(12) Opinion dominante, en dernier lieu LOHMEYER, 26. Contrà RMilG, VIII, 182, BELING, 36, BINDING, *Lehrb.*, II, 664, FRANK, § 256, IV, KOHLER, 76.

(13) Opinion commune. Contrà BINDING, *Lehrb.*, II, 649.

L'aide reste impunie (motif personnel d'exclusion de peine), si elle a été fournie, directement ou indirectement, à l'auteur ou complice par un de ses proches, dans le but de le soustraire au châtiment (C. P. I., § 257, al. 2).

L'aide (*Begünstigung*) doit être punie comme assistance (*Beihilfe*) lorsqu'elle a été consentie avant la commission de l'acte (important pour l'abaissement du degré de la peine). Ceci exclut l'application des principes réguliers sur le concours idéal ou réel ; lors de la fixation de la peine, il ne faut pas admettre à la fin l'assistance (*Beihilfe*) et l'aide (*Begüngstigung*), mais seulement l'assistance ; en revanche, celle-ci devra être admise ici exceptionnellement (Ier vol., § 51, note 8), même si le consentement est resté sans influence sur la résolution. Si la résolution de commettre l'acte a été provoquée par le consentement, donc si ce dernier contient en soi une instigation (*Anstiftung*), la peine ne sera prononcée qu'en raison de cette instigation (mais non en raison du fait de favoriser) (14). Par suite, dans les deux cas, le fait d'avoir favorisé un vol peut être ultérieurement considéré comme premier délit pour un vol avec récidive. Cette disposition s'applique aussi aux proches (C. P. I., § 257, al. 3). Elle se trouve exclue, lorsque le § 358 C. P. I. est applicable.

IV. — **L'aide aggravée** (*schwere Begünstigung*), que la loi nomme improprement (C. P. I., § 158) recel (*Hehlerei*), en opposant toutefois le recel de personnes (*Personenhehlerei*) au recel de choses (*Sachhehlerei*, *Partiererei*), existe en cas d'aide (personnelle ou réelle) fournie pour en tirer un avantage pour soi-même, mais par rapport à certaines infractions contre la propriété (vol, détournement, vol avec violences, vol assimilé au vol avec violences, extorsion avec violences).

Peine : 1. Si l'individu favorisé a commis un vol simple ou un détournement, l'emprisonnement ; S'il a commis un vol qualifié, un vol avec violence (*Raub*) ou un crime assimilé, la réclusion avec maximum de cinq ans. En cas de cir-

(14) Même sens R. XV, 295, XVI, 374. Cf. NIELAND.

constances atténuantes, l'emprisonnement avec minimum de trois mois.

Le recel est punissable même lorsque le recéleur est un proche de l'individu favorisé. L'intention de l'auteur implique la connaissance de l'existence d'une des infractions contre la propriété, mentionnées plus haut. La tentative n'est punissable que dans le cas mentionné sous 2.

En ce qui concerne le recel profesionnel ou habituel (C. P. I., § 260), ainsi que le recel avec seconde récidive (C. P. I., § 261), il faut appliquer pour le recel de personnes (15) les prescriptions prévues par la loi (plus haut § 147), quant à la déchéance civique et la mise sous la surveillance de la police en cas de recel de choses.

§ 184. — 3. Les autres infractions contre l'administration de la justice.

BIBLIOGRAPHIE. — Pour I : *Hälschner*, II, 932. — Pour II : *V. Liszt*, Pressrecht, § 46, IV ; *Hälschner*, II, 854 ; *Daunne*, Z, XXIII, 423, et Bibl., § 43. — Pour III : *Hälschner*, II, 852. — Pour IV : *Heimberger*, RvD, Bes. T., II, 403. — *Hess*, Die Anzeigepflicht im Strafrecht, 1893. — *Plagge*, Thèse Göttingen, 1896. — *Haunsz*, Thèse Heidelberg, 1907 ; *Bols*, Thèse Heidelberg, 1907.

I. — La **rupture (violation) de serment** (*Eidesbruch*) est toute action contraire à une garantie (*Sicherheit*) constituée par serment (promesse sous serment, *eidliches Angelöbnis*) en justice (Proc. civ., §§ 921, 525, 927), ou à une promesse donnée dans un serment de manifestation (C. P., I. § 162), lorsque ce serment est encore possible d'après la législation d'un Etat, ou bien d'après le droit impérial, en vertu d'une décision judiciaire (Proc. civ., § 883, al. 3, Règl. des faillites, § 72, C. cv., § 261, al. 2). Si le serment de manifes-

(15) Sur l'aide et assistance aux espions, cf. plus haut, § 166, note 7.

tation contient deux parties, l'une ayant caractère d'assertion et l'autre de promesse, la violation de l'une et de l'autre n'est possible que par plusieurs infractions indépendantes. La peine n'intervient qu'en cas de commission intentionnelle. Dans les cas autres que ceux mentionnés au § 162 C. P. I., par exemple la violation de serment d'un fonctionnaire, il n'y a pas de peine indépendante quant à la rupture du serment.

Peine : L'emprisonnement avec maximum de 2 ans.

II. — **La publication, par voie de la presse, de pièces officielles se rapportant à un procès criminel** (acte d'accusation ou autre), avant que ces pièces aient été produites au cours d'une audience publique, ou que la procédure soit close (par une décision sans appel ou recours) (Loi sur la presse, § 17) (1).

Peine : L'amende avec maximum de 1.000 marks, ou la détention simple ou emprisonnement avec maximum de 6 mois (L. sur la presse, § 18, n° 1).

III. — **Violation d'un devoir judiciaire imposé par la loi** (*Verletzung der Dingpflicht*), consistant dans le fait d'alléguer, en tant qu'excuses, des faits inexacts (2) en cas de convocation comme témoin, juré ou échevin, ou lorsqu'il y a obligation légale de comparaître comme expert (C. P. I., § 138).

Peine : l'emprisonnement avec maximum de 2 mois.

Les peines réglementaires prévues en cas de non-comparution ne sont pas exclues par cette disposition (§ 138, al. 3).

(1) Il faut ranger ici également le devoir de réglementation pénale de la police, cf. plus haut, § 166, note 7.

(2) Même si l'allégation est produite après ajournement (*Termin*), pour provoquer la suppression de la condamnation; R, XXIV, 316.

Le refus de témoigner ou de confirmer le témoignage par serment est frappé par des dispositions contenues dans les diverses lois de procédure (Cf. aussi 1er vol., § 58, III, 1).

IV. — **Omission de donner avis, en temps voulu, du projet de certains crimes** (3), soit aux autorités, soit à la personne menacée par le crime (C. P. I., § 139). Les crimes mentionnés par la loi sont : la haute trahison (C. P. I., §§ 80 à 82 ; mais non §§ 83-86), la trahison envers l'Etat (*Landesverrat*), les crimes de fausse monnaie (non les délits), l'assassinat (seulement le § 211), le vol avec violences (seulement les §§ 249 à 251), le rapt (seulement le § 234), les crimes de danger public (non les délits). Il faut y joindre le § 13 de la loi sur les explosifs de 1884 (plus haut § 156, II, 5), ainsi que, d'après le § 9 de la loi sur l'espionnage de 1893, les crimes mentionnés dans les §§ 1 et 3 de de cette loi (plus haut § 167, IV, 2). L'action projetée doit apparaître comme crime tant objectivement que subjectivement ; il n'y a pas d'obligation de dénoncer lorsqu'on est en présence du projet d'un dément. La non-dénonciation n'est d'ailleurs punissable (d'après le § 139 C. P. I.) qu'à deux conditions : *a*) son auteur doit avoir eu une connaissance vraisemblable du projet à un moment où il était encore possible de prévenir le crime ; *b*) il faut qu'il y ait eu commission ou tentative de commission du crime. La seconde condition se présente comme condition de criminalité (1er vol., § 44, III) (4). Le caractère de vraisemblance pour la connaissance ne doit pas être apprécié objectivement, mais subjectivement, c'est-à-

(3) Cette infraction n'était punie, en droit romain, qu'en cas de *parricidium* et de falsification de monnaie (l. 2 D, 48,9 ; l. 9, § 1 D. 48,10) ; d'après les lois impériales du XVIe siècle, qu'en cas de blasphème et de crime de fausse-monnaie ; d'après la doctrine et la législation du droit commun (Bavière, 1751, Autriche, 1768), pour toutes les infractions graves. Cf. C. P. Mil., §§ 60 (non dénonciation assimilée à la coaction), 77, 104.

(4) Même sens HAUNSZ contre BLUME (Bibl., § 44).

dire du point de vue de l'auteur de l'omission (5). L'obligation de dénoncer persiste même lorsque l'exécution du crime a commencé, mais n'est pas encore consommé ; elle disparaît dès qu'il a été paré au danger. Dans les infractions continues (§ 54, IV, 2 *e*), elle ne prend pas fin avec la consommation juridique de l'infraction, mais elle dure aussi longtemps qu'elle. Il en est autrement pour les infractions instantanées (*Zustandverbrechen*). Sont également tenus de dénoncer (malgré le § 257, al. 2. du C. P. I.), les proches de l'auteur, ainsi que les personnes dégagées de l'obligation de témoigner, mais non celles qui participent à l'infraction projetée en qualité de co-auteurs ou de complices. Le motif de cette exception apparente réside dans la subsidiarité de la sanction prévue au § 139 par rapport aux dispositions sur l'action et la complicité. Seule, l'omission intentionnelle est punissable (6).

Peine : L'emprisonnement :

V. Les droits des peuples germaniques (en particulier la loi salique) connaissent un grand nombre d'infractions en matière d'administration de la justice ; la plupart étaient frappées du taux *simple* de la *Busse*. De même, les sources du Moyen Age ultérieur présentent en cette matière une abondance de sanctions pénales tombées depuis en désuétude totale. Dans le droit commun, la rupture du serment de bannissement (*Urfehdebruch*, *urfeda de non ulciscendo*), punie par la Caroline 108 de la peine du parjure, joue un

(5) Même sens l'opinion commune, et surtout Binding, *Lehrb.*, II, 675, Hess, 22. Contrà Frank, § 139, VII, Meyer-Allfeld, 565. L'opinion du texte est confirmée également par la rédaction plus nette de la loi sur les explosifs (« a connaissance de manière vraisemblable... »).

(6) Car il serait contraire à la subsidiarité du § 139 de punir l'action et la complicité seulement en cas de commission intentionnelle, et la non dénonciation même en cas de commission par imprudence. Contrà, il est vrai, l'opinion commune, en particulier Frank, § 139, VII, Haunsz, 28, Meyer-Allfeld, 565. Exact Binding, *Lehrb.*, II, 681, Heimberger, 417.

rôle important. La simple rupture de ban (*einfacher Bannbruch*, rupture de la *urfeda de non redeundo*), fait l'objet d'une peine beaucoup moins grave. La dernière trace en subsiste dans les sanctions prévues au § 361, nos 1 et 2, du C. P. I., qui punit de la détention simple les infractions aux défenses résultant de la surveillance de la police, ainsi que le retour non autorisé des personnes expulsées. L'aide fournie à soi-même reste aujourd'hui impunie comme telle (cf. § 35, II, 1).

IV. — INFRACTIONS CONTRE LES FORCES NATIONALES (ARMÉE ET POPULATION)

§ 185. 1. — Infractions contre la force nationale militaire (*Werhrkraft*).

BIBLIOGRAPHIE. — *Heimberger*, RvD, Bes. T., II, 433. — *Stier*, Fahnenflucht und unerlaubte Entfernung, 1905. — *Rott*, Die Strafvorschriften über die Wehrpflichtverletzungen, 1896. — *Bendix*, Fahnenflucht und Verletzung der Wehrpflicht durch Auswanderung, 1906. — *Lelewer*, Die strafbaren Verletzungen der Wehrpflicht, etc., 1907. — Pour XI : *V. Liszt*, Pressrecht, § 46, II et la Bibl., § 43. — Pour XII : *Seuffert*, Z, XV, 852.

I. — Le **recrutement pour l'étranger** (*Falschwerbung*, C. P. I., § 141), c'est-à-dire l'enrôlement d'un Allemand au service d'une puissance étrangère ou son envoi aux agents de recrutement de cette puissance (1).

Le recrutement pour l'étranger se présente comme un attentat contre la puissance militaire (*Wehrkraft*). Par contre, l'attentat contre la liberté individuelle de l'enrôlé est complètement rejeté à l'arrière-plan ; c'est par là que notre délit se distingue du *plagium militaire* du droit commun (plus haut § 99, I) ainsi que du rapt (§ 234 C. P. I.).

Peine : L'emprisonnement de trois mois à trois ans. Tentative punissable.

II. — **L'incitation intentionnelle à la désertion** d'un sol-

(1) Le « recrutement » (enrôlement) signifie détermination intentionnelle et n'a rien à faire avec l'exercice professionnel. Même sens BINDING, *Lehrb.*, II, 702, FRANK, § 141, I, HEIMBERGER, 442.

dat allemand ou le fait de faciliter cette désertion (C. P. I., § 141) (2).

La désertion est d'après le C. P. I. Mil. 69, le départ non autorisé (*unerlaubte Entfernung*) dans le dessein de se soustraire de façon permanente à l'obligation légale ou acceptée du service militaire. La désertion est donc un cas de violation du devoir militaire ; elle est constituée par l'action de partir et est consommée avec cette action. Au départ avec résidence dans une autre localité est complètement assimilé le fait de se cacher dans la même localité (par exemple chez une maîtresse, dans une carrière, etc.). La désertion n'est pas un délit continu (3). C'est pourquoi le fait de faciliter la désertion (assistance, *Beihilfe*, et non point aide, *Begünstigung*) n'est possible qu'autant que la désertion elle-même n'existe pas comme délit consommé, donc qu'autant que le déserteur n'a pas consommé sa fuite projetée du lieu où il accomplit son service vers un autre lieu, où il se trouvera, au moins provisoirement, en sûreté contre une arrestation. Le fait de faciliter peut consister à fournir avant la désertion les instructions sur les démarches à entreprendre après qu'elle est consommée.

Peine : Comme pour I. Tentative punissable.

III. — Le fait de **se rendre** intentionnellement **impropre au service militaire**, soit que l'individu tenu au service se mutile lui-même ou procède à toute autre manœuvre, soit que ces mutilations ou manœuvres soient commises sur sa demande par un tiers (C. P. I., 142). Dans ce dernier cas, l'homme appelé aussi bien que le tiers apparaissent comme auteurs ; en

(2) Cf. C. P. Mil., §§ 69 et sq., et à ce sujet HECKER, 169, ainsi que plus loin § 205.

(3) Même sens MERKEL, 404, R, VI, 7. Contrà BINDING, *Lehrb.*, II, 700, FRANK, § 141, II, MEYER-ALLFELD, 570, R, XXXVIII, 417. Autre sens C. P. Mil., § 76 (HECKER, 135).

d'autres termes, la loi n'admet pas ici, par exception, l'interruption du rapport causal (Ier vol., § 29, IV), bien que le tiers, qui agit comme cause intermédiaire (*Zwischenursache*) ait conscience de la signification causale de son acte.

Il n'est pas nécessaire que l'inaptitude au service soit absolue ; il suffit qu'il y ait production d'une diminution dans la mesure et la nature de l'aptitude (4).

Le délit est consommé avec l'action (mutilation, etc.). C'est également à ce moment que commence la prescription, qui, par conséquent, peut être écoulée avant qu'ait lieu la revision, et avec elle la constatation de l'inaptitude.

Peine : L'emprisonnement avec minimum d'un an ; accessoirement, suivant appréciation, la déchéance civique (5).

IV. — L'emploi de moyens ayant pour but de provoquer une **erreur** (*Tauschung*) (même s'ils sont impropres à réaliser ce but), dans le dessein de se soustraire complètement ou partiellement (par ex. pour des périodes d'exercices) au service militaire (C. P. I., § 143). Comme moyens de cette nature apparaissent la mise en jeu de faits inexacts, ainsi que la dissimulation ou l'altération de faits exacts (plus haut § 139, II, 2) ; ce ne sera le cas pour les simples mensonges que s'ils peuvent être rangés dans l'un de ces concepts.

Peine : L'emprisonnement ; accroissement, suivant appréciation, la déchéance civique. La même peine frappe le complice (instigateur et auxiliaire). (C. P. I., § 143, al. 2). C'est une exception, à peine justifiée, au principe de la réduction de peine en faveur de l'auxiliaire (Ier vol., § 51, note 10).

(4) Mais non l'inaptitude à un seul exercice de ce service ; R, XXXIII, 280.

(5) Cf. aussi C. P. Mil., § 81, et à ce sujet Hecker, 178, et plus loin le § 205.

V. — **Violation du devoir militaire** (6) **par l'émigration**.

1. Emigration d'un individu tenu au service, contrairement à un ordre spécial donné par l'Empereur pour le temps d'une guerre ou d'un danger de guerre, et porté à la connaissance publique (C. P. I., § 140, n° 3).

Peine : L'emprisonnement jusqu'à 2 ans ; accessoirement, suivant appréciation, l'amende avec maximum de trois mille marks. Tentative punissable.

2. Abandon sans autorisation du territoire de la Confédération par un individu tenu au service dans le dessein (mobile) (7) de se soustraire à l'entrée au service de l'armée ou de la flotte (activité ou réserve) ; ou continuation de résidence à l'étranger, dans le même dessein, après l'accomplissement de l'âge créant l'obligation de servir (C. P. I., § 140, n° 1).

Peine : L'amende de 150 à 3.000 marks, ou l'emprisonnement de 1 mois à 1 an. Tentative punissable.

3. Emigration, sans autorisation, d'un officier ou d'un médecin assimilé, en position de disponibilité (C. P. I., § 149, n° 1 ; disposition reproduite dans la loi militaire d'Empire du 2 mai 1874, § 60, n° 2).

(6) Est tenu au service militaire (*Wehrpflichtig*) tout Allemand : Constitution de l'Empire, art. 57. Cette obligation commence à l'accomplissement de la 17e année et dure jusqu'à l'accomplissement de la 45e (*Wehrordnung* du 28 septembre 1875, I, § 4, et loi portant modifications de l'obligation militaire du 11 janvier 1888). Est tenu au service armé (*Militärpflichtig*), c'est-à-dire susceptible d'être recruté, tout individu tenu au service militaire, à dater du 1er janvier de l'année du calendrier au cours de laquelle il accomplit sa 20e année (loi militaire, § 10 ; *Wehrordnung*, I, § 20).

(7) Même sens R, XI, 380, XXXIII, 399, Frank, § 140, IV, Heimberger, 440 ; contrà Binding, *Lehrb.*, II, 689, Haelschner, II, 991, Meyer-Allfeld, 568.

Peine : L'amende avec maximum de 3.000 marks ou la détention simple ou l'emprisonnement avec maximum de 6 mois. Tentative punissable.

Dans les trois cas, le patrimoine de l'inculpé peut être saisi dans la mesure où, suivant l'appréciation du juge, cette saisie est nécessaire pour couvrir le montant de l'amende la plus élevée qui puisse frapper l'inculpé, ainsi que celui des frais de procédure (C. P. I., § 140, al. 3 ; Proc. crim., §§ 480, 325 et sq.).

Dans les trois cas, du § 140 C. P. I., la consommation intervient avec l'émigration ou l'abandon du territoire fédéral ; dans le second cas du n° 2 (continuation de résidence à l'étranger), avec l'accomplissement de l'âge d'entrée obligatoire au service. S'il est indubitable que ce dernier cas constitue une infraction continue, il faut l'admettre aussi pour les autres, d'ailleurs plus graves, et cela malgré la contradiction qui existe dans le texte. La prescription ne commence donc à courir que lorsque cesse l'obligation de servir, ou lors du retour en Allemagne.

L'auteur doit avoir la nationalité allemande au moment de la commission de l'acte ; sa nationalité au moment des poursuites n'a pas d'importance. Toutefois, une dérogation à cette règle résulte des traités Bancroft, entre les Etats-Unis de l'Amérique du Nord d'une part, et, d'autre part la Confédération Germanique du Nord (22 février 1868), ainsi que la Bavière, le Wurtemberg, les grands duchés de Bade et de Hesse (8). D'après ces traités, l'Allemand naturalisé aux Etats-Unis ne peut être poursuivi à son retour en Allemagne que pour les infractions commises par lui antérieurement à son émigration, mais

(8) Cf. V. Liszt, *Völkerrecht*, § 11. D'après Bendix, le traité avec la Confédération du nord est actuellement valable pour tout l'Empire, et au contraire les traités avec les Etats du Sud n'ont plus de valeur en droit.

non pour celle que constitue l'émigration elle-même (9).

4. *a*) Emigration, sans autorisation, d'un réserviste en congé ou d'un homme appartenant au premier ban de la *Landwehr* ou de la *Seewehr*; *b*) émigration sans préavis à l'autorité militaire d'un homme appartenant au second ban de la *Landwehr* ou de la *Seewehr* (C. P. I., § 360, n° 3 ; cf. Loi militaire du 2 mai 1874, § 69, n° 8, et loi du 11 février 1888, §§ 4, 11, 19).

Peine : L'amende jusqu'à 150 marks ou la détention simple (10).

VI. — Contravention aux dispositions contenues dans le § 27 de la loi du 13 juin 1873 sur les **réquisitions militaires** (*Kriegsleistungen*) quant au recensement et à la revision des chevaux.

Peine : L'amende avec maximum de 150 marks.

VII. — Contravention à la loi du 21 décembre 1871 concernant les servitudes foncières dans la **zone militaire** des forteresses (§ 32).

Peine : L'amende jusqu'à 15 marks ou jusqu'à 150 marks.

VIII. — La loi sur les ports de guerre impériaux du 19 juin 1883 contient également des peines de contravention dans ses §§ 2 et 4.

IX. — Le levé, ou la publication, sans autorisation, de **plans de forteresses** ou d'ouvrages fortifiés (C. P. I., § 360, n° 2). Ne bénéficient de cette protection que

(9) Ou par le séjour à l'étranger après l'âge de l'obligation au service armé ; R, XXIX, 391.

(10) Sur la procédure dans les cas 1 à 4, cf. Proc. crim., §§ 470 à 476. Cf. aussi les contraventions contenues dans la loi militaire de 1874, § 33, et dans les §§ 11 et 26 de la loi d'Empire du 11 février 1888.

les forteresses nationales. Cf. aussi plus haut § 171, note 1.

Peine : L'amende avec maximum de cent cinquante marks ou la détention simple. La confiscation des plans peut être prononcée, sans qu'il y ait lieu de distinguer s'ils appartiennent ou non au condamné.

X. — **Les publications** (faites par la presse) **concernant les mouvements de troupes ou les moyens de défense** lorsqu'il y a danger de guerre ou guerre ouverte, et qu'il existe une interdiction du Chancelier de l'Empire portée à la connaissance du public (Loi sur la presse, § 15). Ici également, il s'agit de la protection du seul Empire allemand.

Peine : (Loi sur la presse, § 18, n° 1) : L'amende avec maximum de mille marks ou la détention simple ou l'emprisonnement avec maximum de six mois.

XI. — Le non accomplissement de **marchés de fournitures** pour l'administration de la Guerre (C. P. I., § 329) a déjà été traité d'autre part (plus haut § 154) à cause de son rapport avec des matières similaires.

XII. D'après le § 4 de la loi du 28 mai 1894 sur **la protection des pigeons voyageurs et leur circulation en temps de guerre**, une ordonnance impériale peut, en cas de guerre, disposer que sans une permission de l'autorité militaire, l'emploi de pigeons pour le transport des nouvelles sera puni de l'emprisonnement avec maximum de trois mois.

XIII. Sur la mise en péril des intérêts du service militaire par des **communications sur les débats à huis clos des tribunaux militaires**, cf. plus haut, § 166, VI.

§ 186. — II. Infractions contre l'intégrité de la force de la population (*Volkskraft*) (1).

BIBLIOGRAPHIE. — *Gerland*, RvD. Bes. T., II, 473.

I. **L'incitation à l'émigration** (*Verleitung zur Auswanderung*) tire sa signification en droit pénal de son rapport historique avec le *plagium militare* (plus haut § 99, I). Il est vrai qu'au XVIIIe siècle, sa criminalité se déduisait déjà de motifs économiques (par exemple dans l'édit de Frédéric-Guillaume Ier de 1721) ; pourtant l'Autriche en 1787 et la Coutume générale de Prusse, 148, l'assimilaient encore au recrutement pour l'étranger (la seconde comme cas de trahison envers l'Etat). Le § 144, C. P. I., basé sur une ordonnance prussienne de 1820, le rattache lui aussi aux infractions contre les obligations militaires.

C'est seulement au XIXe siècle, après la reconnaissance de la liberté d'émigration, que prévalut la conviction qu'il était nécessaire de contrôler au point de vue économique l'acheminement des émigrés, dans leur propre intérêt, et de diriger le courant de l'émigration dans l'intérêt de la mère-patrie. Les dispositions prises par les différents Etats allemands ont été remplacées par une loi impériale unique sur l'émigration, du 9 juin 1897, qui est surtout une loi de police professionnelle, mais qui contient aussi une sanction pénale (que nous ne traitons pas ici) contre la traite des femmes (plus haut, § 108, V). Le § 144 C. P. I., reste d'ailleurs en vigueur.

II. — Le § 144., C. P. I., punit l'**incitation** professionnelle de sujets allemands à l'**émigration** par des moyens calculés de façon à provoquer une erreur (même s'ils ne sont pas propres à réaliser ce but ; en

(1) BINDING, *Lehrb.*, II, 909 : contre le peuple dans son état actuel (*Volksbestand*). Au contraire, GERLAND, 479, MEYER-ALLFELD, 531, rangent le § 144 parmi les délits dirigés contre les intérêts de l'individu.

particulier, en faisant valoir des faits inexacts ou en fournissant sciemment des indications sans fondement motivé). Sur le moment de la consommation, cf. plus haut § 108, V, 1).

Peine : L'emprisonnement d'un mois à deux ans.

III. — **Le recrutement professionnel d'émigrants à destination de pays non allemands** (non pas seulement d'outre-mer) est punissable d'après le § 45, al. 2, de la loi de 1897 ; les moyens destinés à provoquer la tromperie ne sont plus exigés. Le recrutement (*Anwerbung*) signifie, ici également (plus haut, § 185, note 1), la détermination intentionnelle.

Peine : L'emprisonnement avec maximum d'un an et l'amende avec maximum de six cents marks ou l'une de ces peines.

IV. — Puis viennent les dispositions de **police professionnelle** contenues dans la loi de 1897.

1. Exploitation d'une agence d'émigration (par entrepreneurs ou agents) sans l'autorisation nécessaire, et participation professionnelle aux opérations d'une exploitation de cette nature.

Peine : Comme pour III.

2. Contravention par les entrepreneurs aux §§ 8, 22, 23, 25, 32 et 33, al. 1 (2) ou aux dispositions prises par les autorités compétentes et relatives à l'exploitation des agences (§ 43).

Peine : L'amende de 150 à 6.000 marks ou l'emprisonnement avec maximum de six mois. Si les infractions ont été commises par un mandataire (§ 9), c'est ce dernier que

(1) Obligation pour l'entrepreneur de se servir, en dehors du district où il est établi, d'agents autorisés ; interdiction d'acheminer les émigrants sans contrat écrit ou avec contrat illicite ; interdiction de faire émigrer certaines personnes ; traités sur l'émigration à destination d'outre-mer ; garantie à fournir par l'entrepreneur ; équipement du navire.

frappera la peine, mais l'entrepreneur sera lui aussi punissable, si l'infraction a été commise à sa connaissance préalable, ou bien s'il a failli à contrôler lui-même, autant que le permettaient les circonstances, les agissements de son représentant.

La même peine frappe les capitaines qui contreviennent aux obligations que leur imposent les §§ 33, al. 2 et 41, al. 3, ou les dispositions prescrites en vertu du § 36 (3), sans qu'il y ait lieu de distinguer si l'infraction a été commise en Allemagne ou à l'étranger.

3. Contravention aux obligations qui incombent aux agents en vertu des §§ 15, 16, 17, 22, al. 2, 23 et 25 (4) ou aux dispositions prises par les autorités compétentes et relatives à l'exercice de leur industrie (§ 44).

Peine : L'amende de 30 à 3.000 marks ou l'emprisonnement avec maximum de trois mois.

4. Celui qui contrevient à la disposition du § 26 al. 1 (5) est puni de l'amende avec maximum de 150 marks ou de la détention simple (§ 46).

5. Celui qui contrevient aux prescriptions prises en vertu du § 42 (6) est puni de l'amende de 150 à 6.000 marks ou de l'emprisonnement avec maximum de six mois (§ 47).

V. — Sur la traite des femmes, cf. plus haut, § 108, V.

(3) Equipement du navire ; obligation de renseigner les commissaires ; protection sanitaire et morale des émigrés.

(4) Les §§ 15 à 17 règlent l'étendue des opérations des agents ; sur les §§ 22, 23, 25, cf. plus haut note 2.

(5) Est interdite la vente de billets à des émigrants pour continuer le voyage à partir d'une ville d'outre-mer.

(6) Pour régler le transport des émigrants et passagers sur des navires allemands partant de ports non allemands.

V. — Infractions contre le contrôle par l'État de la presse et des associations

§ 187. — I. Infractions contre la police de la presse.

Bibliographie. — Voir 1er vol. § 43. En outre *Kitzinger*, Z, XXVII, 872 et *Oetker*, GS, LXVIII, 321 (tous les deux sur l'obligation de rectification, *Berichtigungszwang*).

Source : Loi sur la presse du 7 mai 1874.

I. — Infraction à l'obligation de **donner**, sur chaque exemplaire imprimé, **les noms et domiciles de l'imprimeur et de l'éditeur** (ou, en cas de vente directe, de l'auteur ou vendeur) ; en outre, sur chaque périodique imprimé, les nom et domicile du **rédacteur responsable** (ayant les qualités prévues par la loi) (1) (§§ 6 à 8) :

1. Soit en fournissant sciemment des indications erronées (§ 18, n° 2), l'éditeur d'un périodique étant alors responsable dès qu'il *laisse* sciemment désigner faussement une personne en qualité de rédacteur (plus haut, § 179, XII).
2. Soit de toute autre manière (§ 19, n° 1).

Peine pour 1 : L'amende jusqu'à 1000 marks ou la détention simple ou l'emprisonnement jusqu'à six mois ; pour 2 : L'amende avec maximum de 150 marks ou la détention simple.

II. — Infraction à l'obligation **de fournir les exem-**

(1) Il ne suffit pas que le nom puisse être reconnu par déduction ; il doit figurer expressément : R, XXVIII, 399.

plaires de dépôt de chaque numéro des périodiques imprimés au commencement de la distribution ou de l'expédition (§ 9).

Peine (§ 19, n° 2) : comme plus haut, I, 2.

III. — Infraction à l'obligation d'**insérer les avis officiels** dans les périodiques imprimés (§ 10).

Peine (§ 19, n° 3) : comme plus haut, I, 2. Poursuite sur plainte. Avec la condamnation, ou avec l'acquittement en cas de refus injustifié d'insertion opposé de bonne foi, il y a lieu d'ordonner l'insertion dans le prochain numéro.

IV. — Infraction à l'obligation, pour le rédacteur responsable d'un périodique, d'insérer sur demande d'un intéressé, sans additions ni retranchements, les **rectifications** sur les faits communiqués (§ 11).

Peine (§ 19, chiffre 3) : comme I, 2. Poursuite sur plainte. L'insertion peut être ordonnée comme pour III.

V. — **Vente et distribution de périodiques étrangers** contrairement à l'interdiction émanée du Chancelier de l'Empire en vertu du § 14 de la loi sur la presse.

Peine (§ 18, chiffre 1) : comme I, 1.

VI. — **Vente et distribution intentionnelles ou reproduction intentionnelle de périodiques saisis** (§ 28).

Peine : Amende avec maximum de 500 marks ou emprisonnement avec maximum de 6 mois.

Le § 22 de la loi sur la presse fixe un délai de prescription spécial pour les infractions contre la police de la presse (1er vol. § 77, 1).

§ 188. — 2. Infractions contre la législation des associations.

Bibliographie : *Kleinfeller*, RvD. II, 271. — *Th. Mommsen*, De collegiis et sodaliciis Romanorum, 1843. — *Kayser*, Abhandlungen aus dem Prozessrecht und Strafrecht, 1873. — *Hälschner*, II, 502.

I. **Historique**. — Dans le dernier état du droit romain, une autorisation des magistrats était nécessaire pour la fondation des associations. La participation à des associations non autorisées était punie comme *crimen extraordinarium* (D. 47, 22). Les sources du M. A. allemand menacent de très bonne heure (Cap. de 779) les ententes interdites (*gildonia*). Les dispositions pénales se multiplient avec la prospérité des villes et avec la force croissante du pouvoir de l'Etat. D'après le droit commun (*Engau* et autres), le *collegium illicitum* est dissous et ses membres sont frappés de peines arbitraires. La Coutume générale de Prusse, 185, menace les associations secrètes. Lorsque, sous l'influence de la Révolution française, la vie politique des gouvernés devint plus active, et qu'en même temps les suites de ce mouvement inquiétèrent les gouvernants, les peines prévues par les législations des Etats contre la participation à des associations non permises devinrent plus nombreuses et plus sévères. C'est ainsi que l'édit prussien du 20 octobre 1798 interdit toute association secrète. La législation de la Confédération Germanique suivit la même voie ; une décision du 20 septembre 1819 défendit toute association d'étudiants ; une décision du 5 juillet 1832 étendit cette défense à toutes les associations politiques. Depuis la reconnaissance formelle et générale du droit d'association par les droits fondamentaux des Allemands de 1848, ce droit fut admis, bien qu'avec certaines restrictions, dans la plupart des Constitutions allemandes, et la décision de la Confédération du 13 juillet 1854, qui tentait encore une fois de le restreindre, ne fut même pas publiée par certains Etats et fut bientôt abolie par certains autres. La Constitution Impériale, dans son art. 4, n° 16, plaça sous le contrôle de l'Empire et de sa législation « les dispositions sur la presse et les associations ». Jusqu'à

présent, sauf par les sanctions prévues par le C. P. I. (1), la législation impériale n'a pas fait usage de ce droit.

II. — Le C. P. I. frappe **la participation aux associations** qui, soit par leur constitution, soit par leur but ou leurs occupations, apparaissent comme dangereuses. Une association (*Verbindung*) est toute union (*Vereinigung*) durable de plusieurs personnes qui, en vertu de son organisation, poursuit un but commun (2). On ne peut ranger ici un « dîner mensuel », pas plus qu'un parti politique, dont les membres ne sont liés ensemble que par la communauté des opinions ou le paiement de quote-parts. La participation signifie l'acceptation de la qualité de membre, qui peut se supposer non seulement en vertu d'une admission formelle (carte de membres, paiement des cotisations, etc.), mais aussi en raison de relations effectives. Seule, la participation est menacée par la loi; donc, les « instigateurs » de l'association ne peuvent être punis, s'ils ne sont pas devenus membres de ladite association (3). La criminalité du but poursuivi n'est pas nécessaire (4). Est punissable :

1. La participation à une association dont l'existence, la constitution ou le but doivent être **tenus**

(1) Mais cf. la loi d'Empire sur les associations, de 1908, en délibération. En outre, le § 149 de la loi sur les syndicats (*Genossensohaften*) de 1899. (Texte du 20 mai 1898), traité plus loin. § 194, II.

(2) De même pour l'essentiel, R, XIII, 273 et (pour le droit prussien) R, XXVIII, 66. — Les associations électorales ne sont pas des associations permanentes, et ne relèvent pas par suite de la loi.

(3) Même sens Frank, § 128, II, Kleinfeller, 280, Meyer-Allfeld, 573 ; contrà Binding, *Lehrb.*, II, 906, R. VI, 215. En faveur du texte le § 17 de la loi sur les socialistes de 1878, qui distinguait expressément l'une de l'autre l'affiliation en qualité de membre et l'activité déployée dans l'intérêt de l'association.

(4) Même sens R, XXXV, 177, 195.

secrets envers le gouvernement, ou dans laquelle l'**obéissance** doit être promise à des **supérieurs inconnus** ou doit être promise **sans condition** à des supérieurs connus (C. P. I, § 128). Il n'est pas nécessaire que le but poursuivi soit politique. L'obligation d'observer le secret n'a pas besoin d'être imposée expressément, pas plus que d'être réalisée effectivement ; il suffit que le dessein en existe. Les loges maçonniques et les ordres ecclésiastiques (jésuites) tomberaient comme toutes les autres associations sous le coup de la loi, si les conditions posées par celle-ci existaient (en particulier l'obéissance absolue).

Peine : Contre les membres l'emprisonnement avec maximum de 6 mois ; contre les fondateurs et dirigeants l'emprisonnement d'un mois à un an. A l'égard des fonctionnaires (même sans les conditions du C. P. I., § 35, al. 1) peut être ordonnée l'incapacité d'occuper des fonctions publiques pour une durée d'un à cinq ans.

2. La participation à une association ayant parmi ses buts ou ses occupations **d'empêcher ou de rendre inefficace**, par des moyens illégaux, **l'exécution de mesures** prises par l'administration ou l'application effective des lois (C. P. I., § 129).

Peine : Contre les membres l'emprisonnement avec maximum d'un an ; contre les fondateurs et dirigeants, l'emprisonnement de 3 mois à 2 ans. Contre les fonctionnaires peut être prononcée la peine accessoire mentionnée sous 1.

VI. — Infractions contre la police de la sécurité et de la moralité publiques

§ 189. — 1. Infractions contre la sécurité de la vie, de la santé, du patrimoine.

Bibliographie. — *Kitzinger*, RvB. Bes. T., IX, 145. — Pour I : Cf. Bibl., § 152. K. et *M. Flech*, HSt, IV, 246. — *Raymund*, Das Reich'simpfgesetz, 1889. *Fränkel*, HSt, IV, 1322. — *Herbst*, GA, XL, 273. — *Seipke*, GA, XLIII, 89. — *Keller*, GA, XLV, 249. — *Honemann*, Z, XXI, 363. — Pour II, *Kohler*, Studien, I, 48, 53, *E. Müller*, Thèse Göttingen, 1896. Sur les remèdes secrets : *Frank*, Z, VIII, 51. Motive zu dem Entwurf eines Reichsgs, 1907-8. — Pour III : Bibl., § 152. — *Esser*, HSt, VII, 483.

I. — Dans le domaine de la **police sanitaire** se classent de nombreuses infractions, qui, en raison de leurs affinités, ont été déjà traitées par ailleurs, tandis que d'autres n'ont pas encore été mentionnées. Citons par exemple les infractions aux dispositions prises pour combattre les épidémies (plus haut, § 152), certains cas de falsification des marchandises (plus haut, § 157), ainsi que les contraventions à la police de la moralité (plus loin, § 190) et à celle du travail (plus loin, § 191). Par contre, les mesures prévues par des ententes internationales dans le but de combattre le choléra et la peste, dépassent les limites du droit pénal allemand (plus haut, § 21, I, 1).

1. Il faut mentionner en première ligne la loi impériale sur la **vaccination** du 8 avril 1874.

Des peines de contravention frappent les infractions à la

loi commises par les parents, parents nourriciers, tuteurs, médecins, directeurs d'écoles, ainsi que par ceux qui vaccinent sans en avoir le droit. Une peine de délit (l'amende avec maximum de 500 marks ou l'emprisonnement avec maximum de 3 mois) frappe (§ 17) celui qui, lors d'une vaccination, agit avec négligence (c'est-à-dire avec imprudence).

2. La loi d'Empire du 30 juin 1900 sur la **lutte contre les maladies contagieuses et épidémiques** (*gemeingefährliche Krankeiten*) est très complète et très nette. D'après le § 1er, elle concerne la lèpre, le choléra asiatique, les fièvres typhiques (*Fleckfieber*, *Flecktyphus*, fièvre pourprée), la fièvre jaune, la peste (peste bubonique orientale), la variole. Mais par décision du Bundesrat, les dispositions de la loi quant à l'obligation de déclaration peuvent être étendues à d'autres maladies contagieuses (§ 5). Suivant leur gravité, les infractions à la loi se répartissent en trois groupes :

a) Le premier groupe est constitué par l'utilisation et la mise en circulation d'objets susceptibles de s'infecter (§ 44). Il faut ranger ici : α) L'emploi ou la mise en circulation d'objets meubles soumis par la police à la désinfection avant que celle-ci ait été effectuée ; β) L'emploi et la mise en circulation, avant désinfection, d'objets meubles ayant servi, au cours de la maladie, à des personnes atteintes d'une maladie contagieuse (épidémique), ou ayant servi à leur donner des soins ; γ) l'usage, avant désinfection, de véhicules ou autres appareils ayant servi à tranporter des malades ou défunts atteints de maladies épidémiques, ainsi que leur remise à d'autres personnes à fin d'usage. L'intention (le fait d'agir en connaissance de cause) est nécessaire dans les trois cas.

Peine : L'emprisonnement avec maximum de trois ans ; en

cas de circonstances atténuantes, l'amende avec maximum de 1.500 marks peut être prononcée.

b) Infraction à l'obligation de déclarer toute maladie et tout décès causés par l'une des affections épidémiques mentionnées (omission de la déclaration ou déclaration retardée de plus de 24 heures; toutefois, la poursuite pénale est exclue lorsque la déclaration a été faite en temps voulu, bien que par des personnes autres que celles qui y sont tenues); refus opposé au médecin délégué, de l'accès près du malade ou du défunt, ou refus de le laisser procéder aux opérations d'enquête nécessaires; refus opposé au médecin délégué et à l'autorité compétente, de fournir des renseignements sur toutes les circonstances importantes pour l'origine et le cours de la maladie, ainsi que le fait de fournir sciemment des indications erronées sur ces circonstances; omission, malgré une disposition légale, de notifier à la police l'arrivée de voyageurs (§ 45).

Peine: L'amende de 10 à 150 marks ou la détention simple avec minimum d'une semaine.

c) Infractions aux dispositions provisoires prises par le médecin délégué ou la municipalité de la localité, ou à la disposition émanant de l'autorité compétente pour rendre obligatoire l'examen officiel de tout cadavre avant les funérailles; infractions à toutes autres dispositions prises dans un but de prévention (§ 46).

Peine : L'amende avec maximum de 150 marks ou la détention simple.

3. Il faut enfin ranger ici la loi du 10 mai 1903 sur les **allumettes et allumeurs au phosphore** (qui a remplacé la loi du 13 mai 1884).

La loi interdit : *a*) l'emploi de phosphore blanc ou jaune pour la fabrication des allumettes ou allumeurs ; *b*) la mise en circulation d'allumettes ou allumeurs préparés au phosphore blanc ou jaune ; *c*) l'importation de ces allumettes ou allumeurs. L'infraction intentionnelle est punie de l'amende avec maximum de 2.000 marks, et l'infraction par imprudence de la même peine avec maximum de 150 marks. La confiscation est obligatoire, même sans se rattacher à une condamnation.

II. — Enfin, il existe dans la dernière section de notre C. P. I. un grand nombre de sanctions concernant des **contraventions** dirigées, les unes contre la sécurité de la personne et de la vie, les autres contre celle de la propriété, les autres enfins contre ces deux intérêts (par analogie avec les délits de danger public, plus haut, §§ 148 et sq.). Se classent ici : les §§ 360, n° 10 ; 361, n°s 4 et 9 ; 366, n°s 2 à 10 ; 366 *a*, 367, n°s 2 à 6, 8 à 15, avec le § 367 n° 5 *a* intercalé par la loi du 13 mai 1891 ; 368, n°s 1 à 9 ; 369, n°s 1 et 3. Nous pouvons faire abstraction dans ce Manuel de ces contraventions qui, relevant purement de la simple police, auraient été réglées au mieux par les législations des Etats (1). Seuls, les cas suivants méritent une mention spéciale :

1. **Le paragraphe dit d'amour** (§ 360, n° 10) est dirigé contre celui qui, en présence d'un accident ou en cas de détresse ou de sinistre publics, refuse de fournir l'aide requise par l'autorité de police ou par ses agents, bien qu'il lui soit possible de donner suite à cette réquisition sans danger notable pour lui-même (cf. 1er vol. § 30, note 2).

Cette disposition empruntée par le Code pénal prussien au Code pénal français nous fait remonter jusqu'à la loi française de 1791 sur la police municipale. — Aux « accidents » qui peuvent être de nature individuelle, s'oppose le danger public (ou détresse). Le danger pour le patrimoine suffit

(1) Cf. à ce sujet les commentaires de *Frank* et *Olshausen*.

(ravages des chenilles). Mais il faut toujours qu'il y ait danger d'extension du dommage, et même danger public au sens technique (1er vol. § 28, II, 3). L'individu requis ne peut invoquer comme excuse que le danger pour sa propre personne ou pour sa vie (non pas le danger pour ses vêtements, pour le véhicule requis). Le danger pour les proches n'est pas une excuse. Le § 360, n° 10, est muet quant aux obligations spéciales de certaines personnes (pompiers, etc.). De même, restent en vigueur les dispositions particulières contenues dans la législation des Etats quant à l'aide à fournir en cas d'incendies forestiers, d'inondations, etc. (par exemple le § 44 de la loi prussienne sur la police rurale de 1880). — La loi sur les postes de 1871, § 21, va notablement plus loin : « Si, en cours de route, un accident survient à la poste ordinaire ou extraordinaire, aux courriers ou estafettes, les personnes habitant à proximité de la route sont tenues de leur fournir d'urgence, contre indemnité pleine et entière, l'aide nécessaire pour poursuivre la route. » Toutefois, les infractions à cette disposition ne sont punissables que lorsqu'existe la situation prévue au § 360, n° 10. Le § 9 de l'ordonnance de 1871 sur les échouements étend aussi l'application du § 360, n° 10, aux refus d'obéissance, aux dispositions prises en cas de sinistre maritime (aide en cas d'échouement, de mise à la côte) par le bailli de la côte (*Strandvogt*).

Peine : L'amende avec maximum de 150 marks ou la détention simple.

2. La **négligence dans la surveillance des enfants** ou autres personnes soumises au pouvoir d'autrui est pénalement réprimée par le C. P. I. lui-même, en deux endroits (§ 361, nos 4 et 9). Il faut y ajouter le § 6 de la loi sur la protection des oiseaux du 22 mars 1888.

Sont mentionnés dans les trois cas les enfants ou autres personnes en la puissance du coupable, soumis à sa surveillance et appartenant à une même communauté domestique.

a) Celui qui omet d'empêcher ces personnes de mendier, sera puni de la détention simple (§ 361, n° 4).

b) Celui qui omet de les empêcher de commettre des vols

ainsi que des infractions aux lois douanières ou fiscales ou aux lois sur la protection des forêts, des récoltes, de la chasse ou de la pêche, est puni de la détention simple ou de l'amende jusqu'à 150 marks (§ 361, n° 9). Les dispositions de ces lois quant à la responsabilité en matière d'amende ou autres dépens incombant à l'auteur ne sont pas touchées par celles du § 361.

c) Celui qui omet d'empêcher ces personnes de contrevenir à la loi sur la protection des oiseaux ou aux dispositions prises par le Bundesrat en exécution de cette loi est puni de l'amende avec maximum de 150 marks ou la détention simple.

3. La législation impériale ne s'est pas occupée jusqu'à présent des **remèdes secrets**, c'est-à-dire des médicaments présumés curatifs, dont la composition et la préparation ne sont ni données par la pharmacopée officielle de l'Etat, ni connues d'elles.

D'après le § 367, n° 3, est puni de l'amende avec maximum de 150 marks ou de la détention simple, celui qui, sans autorisation de la police, prépare, met en vente, vend ou remet autrement à autrui des poisons ou médicaments dont le commerce n'est point libre. Ce texte ne punit ni la vente ni l'annonce des remèdes secrets. Dans le droit particulier des Etats, la vente de ces remèdes ne peut être frappée d'une peine (à cause du Code industriel et de l'ord. du 4 janvier 1875), mais bien leur annonce (premier vol. § 20, I, 2). La réglementation par voie de législation d'Empire est imminente (projet de 1907-1908).

III. — Se rattachent à la protection du patrimoine les dispositions prises contre l'introduction et la propagation des **épizooties** et des **maladies des plantes**, et basées, en droit public, sur l'art. 4, n° 15, de la Constitution de l'Empire.

1. **Infraction**, commise sciemment, **aux mesures d'isolement ou de contrôle ou aux interdictions d'importation**, ordonnées, les unes et les autres, par les autorités compétentes (C. P. I., § 328) : traitée plus haut, § 152.

2. La loi du 21 mai 1878, concernant les infractions aux **interdictions d'importation de bétail** ordonnées pour prévenir la peste bovine, distingue, par ses sanctions aggravées et par l'extension partielle qu'elle donne au fait, un cas spécial, de telle sorte que le § 328 C. P. I. reste complémentairement applicable.

a) L'infraction intentionnelle aux restrictions ou interdictions ordonnées en vertu de la loi du 7 avril 1869 quant à l'importation des ruminants vivants (§ 1). Peine : L'emprisonnement d'un mois à deux ans. Tentative punissable (tandis qu'elle ne l'est pas d'après le § 328). L'action consiste dans l'importation contraire à l'interdiction. Il est nécessaire, pour la culpabilité, qu'il y ait connaissance de l'interdiction. L'achat en vue de l'importation est un acte préparatoire non punissable ;

b) Cas aggravé (§ 2), lorsque l'infraction est commise dans le dessein (ou mobile) de procurer à soi-même ou à autrui un avantage patrimonial (qui n'est pas nécessairement illicite, plus haut § 161, note 819), ou de causer à autrui un dommage (qui n'est pas nécessairement patrimonial). Peine : La réclusion avec maximum de cinq ans ou l'emprisonnement minimum de six mois ;

c) Infraction par imprudence (le C. P. I., § 328, ne punit que la commission en connaissance de cause) aux restrictions et interdictions mentionnées sous *a*). Peine : L'amende avec maximum de 500 marks ou l'emprisonnement jusqu'à trois mois (§ 3). Pour les personnes domiciliées ou résidant habituellement à moins de 15 kilomètres de la frontière, en faisant régulièrement le commerce des bestiaux mentionnés, l'ignorance de l'interdiction doit être imputée à la négligence (imprudence), si ces personnes ne fournissent pas la preuve que des circonstances spéciales les ont empêchées, sans qu'il y ait de leur faute, de prendre connaissance de cette mesure (premier vol., § 36, note 4).

d) Si, par suite de l'infraction, des bestiaux ont été atteints par la contagion, il y a lieu, d'après le § 4, de prononcer : dans le cas *a*), l'emprisonnement avec minimum de trois mois ; dans le cas *b*), la réclusion avec maximum de dix ans ou l'emprisonnement avec minimum d'un an ; dans le cas *c*), l'amende avec maximum de 2.000 marks ou l'emprisonnement avec maximum d'un an.

3. Négligence de l'obligation, incombant aux administrations de chemins de fer, de faire procéder à la **désinfection nécessaire dans les expéditions de bétail par voie ferrée.**

D'après le § 5 de la loi du 25 février 1876, elle entraîne pour les personnes tenues, par leur fonction ou par un ordre reçu, de prescrire, d'exécuter ou de surveiller la désinfection, l'amende avec maximum de 1.000 marks, ou bien, si cette négligence a eu pour résultat d'infecter le bétail, l'amende avec maximum de 3.000 marks ou l'emprisonnement avec maximum d'un an.

4. La loi du 23 juin 1880, modifiée le 1er mai 1894 (et inspirée de la loi prussienne du 25 juin 1875), relative aux mesures de défense contre les **épizooties** (à l'exception de la peste bovine), contient une série de dispositions dont l'inexécution entraîne des peines de contravention, à moins qu'une peine plus élevée ne soit encourue d'après la législation en vigueur. L'importance de cette loi par rapport au § 328 C. P. I. consiste en ce que la connaissance des dispositions prises par l'autorité n'est pas un élément de fait, et que, par suite, l'ignorance due à la négligence (imprudence) est, elle aussi, punissable. La situation spéciale que le législateur s'est plu à donner à la peste bovine a pour conséquence que les infractions aux dispositions prises pour combattre cette dernière et autres que des limitations ou interdictions d'importation ne peuvent être punies que si elles sont commises sciemment.

5. La loi d'Empire du 6 juillet, relative à la **lutte contre le phylloxéra** (remplaçant la loi du 3 juillet 1883, relative à l'exécution de la Convention internationale concernant le phylloxéra du 3 novembre

1881) (2), contient des sanctions pénales de gravité diverse.

1. Propagation intentionnelle du phylloxéra dans une propriété foncière. Peine : L'emprisonnement avec minimum d'un mois et l'amende avec un minimum de 100 marks. Tentative punissable (§ 9).

2. L'expédition, l'importation ou exportation de pieds de vigne ou greffes ; l'infraction aux mesures prescrites contre le phylloxéra ; les déclarations écrites inexactes, ainsi que les renseignements inexacts, donnés les uns et les autres au cours de transactions commerciales concernant des vignes. Peine : L'emprisonnement avec maximum d'un an et l'amende avec maximum de 1.000 marks, ou l'une de ces peines (§ 10).

3. Les autres infractions à la loi sont punies de peines moindres (§ § 11, 12).

Cf. à ce sujet l'Ord. du 24 juillet 1904 (RG Bl. 325).

§ 190. — 2. Infractions contre la police de la moralité publique (1).

Bibliographie : Pour I : Outre les ouvrages mentionnés § 15, note 9 : V. *Hippel*, RvD. B. T., II, 107. — Pour II : Motive zu den Entwürfen eines Reichsgesetzes von 1881 und 1892. — *Baer*, Des Alcoholismus, 1878. — Verhandlungen des 19. und 21 deutschen Juristentages. — Congrès pénitentiaire de Saint-Pétersbourg, 1890, surtout les rapports de *Heinze* et v. *Lilienthal*. — *Löffler*, Z, XXIII, 509 (avec Bibliographie). — *Herzstein*, Schriften des deutschen Vereins für Armenpflege und Wohltätigkeit, Heft 32, 36, 40. — *Eckstein*, Die strafbare Verletzung der Unterhaltspflicht (*Beling*, Heft 45), 1903. — *Seuffert*, Z, XV, 807. — Pour III : *Seuffert*, Z, XV, 815. — Pour IV : *Mittermaier*, Rvd, B. T. IV, 157. — *Schmölder*, Die Bestrafung und polizeiliche Behandlung der gewerbsmässigen Unzucht, 1892.

(2) Cf. V. Liszt, *Völkerrecht*, § 34, II.

(1) Je prends le mot dans son sens le plus large, embrassant aussi « l'ordre économique public ». Binding, *Lehrb.*, II, 912, parle de « délits contre le bien-être populaire. »

Barre, GA, XL, 126. — *Stenglein*, GS, LXII, 161. — Pour V : *V. Hippel*, RvD, B. T., II, 241. — *Mendelssohn-Bartholdy*, GS, LXVI, 428. — Pour VI : *Frank*, GA, XXXIV, 145, XXXVI, 267, XXXVIII, 413. — *V. Bar*, GS, XL, 429. — *Gillischewski*, GA, XXXIX, 129. — *Hacke*, Der grobe Unfug, 1892. — *Kukutsch*, Grober Unfug, 1892. — *Ernst Müller*, Gegen den groben Unfug in der heutigen Rechtsprechung, 1895. — *Krause*, Z, XVI, 657. — *Zimmerle*, GS, LVII, 442, und GA, XLVII, 64. — *Saran*, Thèse Erlangen, 1898. — *Rotering*, GA, XLIX, 23. — Pour VII : *Leuthold*, WV, II, 278. — Pour VIII : *Müller*, WV, II, 467. — *Rotering*, GS, LVIII, 82.

I. — Le **vagabondage** et la **mendicité** sont punis par le § 361, n°s 3 et 4, de la détention simple. A cette peine peut être joint le travail forcé (*Arbeitszwang*, 1er vol. § 62, II, 4) et dans le jugement peut être ordonnée (1er vol. § 65, II) la remise à l'autorité de police de l'Etat confédéré (C. P. I., § 362). L'essence du vagabondage consiste dans le fait d'errer en mendiant de localité en localité. L'individu errant dans les grandes villes n'est donc pas un vagabond, pas plus que le saltimbanque voyageur (2).

Est puni pour mendicité, soit celui qui mendie lui-même, soit celui qui incite à mendier des enfants (les siens ou ceux d'autrui), soit celui qui omet d'empêcher de mendier les personnes placées en sa puissance (plus haut § 189, II, 2). Mendier est le fait de solliciter, en invoquant une misère réelle ou prétendue, la bienfaisance d'autrui en faveur de soi-même ou des proches que l'on doit soutenir ; l'infraction est donc consommée avec cette sollicitation même si elle n'est pas couronnée de succès. Celui qui sollicite des dons offerts dans certaines conditions (soupe à la porte des couvents, etc.), ne mendie pas (3). Est également différent du fait de mendier la *collecte* entreprise en faveur d'autrui ou pour un but public (cons-

(2) D'accord pour l'essentiel V. HIPPEL, 168. BINDING, *Lehrb.*, II, 922, demande (à tort) l'habitude.

(3) Même sens R, XX, 434.

truction d'une église) (4). La mendicité avec récidive, ou avec menaces ou avec armes (5), ne constitue pas une circonstance aggravante, mais bien une condition pour la remise à la police de l'Etat confédéré.

Il n'est pas possible de combattre efficacement ces deux infractions apparentées sans, d'une part, fournir du travail aux individus qui en cherchent (établissements de subsistance par la nature, colonies ouvrières, bureaux de placement gratuits), et sans, d'autre part, instaurer les peines de longue durée pour les vagabonds et mendiants incorrigibles.

II. — La même peine est encourue :

1. Lorsqu'un individu s'adonne au **jeu, à l'ivrognerie ou à l'oisiveté** de telle façon qu'il tombe précisément, par cette conduite, dans un état où il doit être fait appel, par l'intermédiaire de l'autorité, à l'aide d'autrui pour pourvoir à son entretien ou à l'entretien de ceux qu'il est tenu de nourrir (C. P. I., § 361, n° 5).

2. Lorsqu'un individu, qui reçoit un secours sur des fonds publics d'assistance, refuse, par **paresse** (*Arbeitsscheu*, répugnance pour le travail), d'exécuter le travail, conforme à la mesure de ses forces, que lui a assigné l'autorité (C. P. I., § 361, n° 7).

3. Lorsqu'un individu, qui se trouve privé du logement (*Unterkommen*) dont il jouissait jusqu'alors, n'a pu se procurer un autre logis dans le délai à lui assigné par l'autorité compétente, donc se trouve **sans domicile** (*obdachlos*, sans abri) (6), et ne peut prouver

(4) En ce sens l'opinion dominante, avec Binding, *Lehrb.*, II, 915, Frank, § 361, Meyer-Allfeld, 651. Contrà V. Hippel, 170.

(5) Arme (*Waffe*) doit se comprendre au sens technique (plus haut § 93, II, 3). La mendicité avec menaces n'existe pas seulement lorsque la menace a été le moyen employé pour obtenir l'aumône ; R. XXXV, 343. Dans ce cas il y a concours idéal (C. P. I., § 73) possible avec l'extorsion (§ 253). Egalement dans ce sens, R. XXXII, 46.

(6) Même sens Binding, *Lehrb.*, II, 924, Köhne, Z, IX, 296. Par

que cette situation existe malgré tous les efforts qu'il a déployées (C. P. I., § 361, chiffre 8).

4. Lorsqu'un individu, bien qu'en situation de pourvoir à l'entretien de ceux qu'il est tenu de nourrir, se **soustrait au devoir d'entretien** (*Unterhaltungspflicht*), que lui imposent les lois de l'Empire ou de l'Etat confédéré, malgré la mise en demeure de l'autorité compétente, de telle sorte qu'il doit être fait appel, par l'intermédiaire de l'autorité, à l'aide d'autrui (C. P. I., § 361, n° 10, intercalé par l'art. 2 de la loi du 12 mars 1894). Dans ce cas, l'amende avec maximum de 150 marks peut être prononcée à la place de la détention simple.

La législation de l'Empire ne contient pas, jusqu'à présent, de dispositions pénales à l'égard de l'ivresse (7). Les projets de 1881 et de 1892 n'ont pas abouti. Il serait à souhaiter : α) qu'une peine frappe celui qui se met en état d'ivresse et qui, dans cet état, commet une infraction (l'ivresse serait donc un délit indépendant) ; β) que dans la même condition il y ait une sévère aggravation de peine en cas de récidive ; γ) que pour les ivrognes invétérés, il y ait internement dans des asiles spéciaux, et même, si cela était nécessaire, internement à vie après prononcé d'interdiction civile (C. P. I., § 6); δ) qu'il soit défendu de servir à boire aux mineurs ainsi qu'aux individus déjà ivres ou aux ivrognes. Par contre, ce serait aller complètement contre le but que de vouloir changer quelque chose aux principes généraux sur la responsabilité.

III. — Le 16 novembre 1887 fut conclu, entre les Etats intéressés, le traité international pour la sup-

contre, V. HIPPEL, 176, fait rapporter le mot *Unterkommen* à tout ce qui sert à l'entretien de la vie.

(7) Sur C. P. Mil., § 151 : cf. HECKER, 290, et plus loin § 205, XI, 6. Le Règl. sur les Gens de Mer de 1902, § 85, punit l'ivresse en service maritime. Les lois de l'Empire et des Etats, du XVIe au XVIIIe siècle, contenaient de nombreuses dispositions pénales contre l'ivresse et l'ivrognerie.

pression du **commerce de l'eau-de-vie en haute mer parmi les pêcheurs de la Mer du Nord** (8).

1. Sont interdits (art. 2) : *a*) La vente des spiritueux aux personnes se trouvant à bord d'un bateau de pêche ou appartenant à l'équipage d'un de ces bateaux ; *b*) la vente des spiritueux par ces personnes ; *c*) l'échange de ces boissons contre des objets de toute nature et notamment contre les produits de la pêche, les objets d'armement de navire ou les apparaux de pêche.

2. Le droit de vendre à des pêcheurs, abstraction faite des spiritueux, des denrées alimentaires ou autres objets nécessaires à leur usage (cantine de mer), dépend de l'octroi d'une concession de la part de l'Etat auquel appartient le navire (art. 3). Les navires pourvus d'une concession doivent porter un signe particulier.

3. Les puissances contractantes s'engagent à prendre les dispositions nécessaires pour assurer pénalement la sanction des mesures convenues entre elles.

L'Empire allemand a donné suite à cet engagement par la loi du 4 mars 1894, d'après laquelle les infractions aux art. 2 et 3 du traité (voir sous 1 et 2), commises en haute mer (par des personnes se trouvant à bord d'un navire allemand) sont punies de l'amende jusqu'à 600 marks ou de l'emprisonnement avec maximum de 6 mois (§ 1er). Ces peines sont également applicables (§ 2) aux infractions commises dans les eaux territoriales allemandes de la Mer du Nord, sans qu'il y ait lieu, en ce cas, de tenir compte de la nationalité du navire ou bateau.

IV. — Un contrôle sévère de la **prostitution** est d'intérêt urgent, aussi bien au point de vue moral que sanitaire, tant qu'il restera impossible, comme actuellement, d'extirper ce mal. Il faut d'ailleurs tenir un compte important des rapports étroits qui existent entre la débauche professionnelle et la criminalité. Un contrôle rigoureux des prostituées « localisées » et une poursuite acharnée de la prostitution dans la rue et du racolage répondraient au mieux à la situation actuelle et rendraient inutiles les peines spéciales prévues

(8) Cf. V. Liszt, *Völkerrecht*, § 35, II, 3, Höpfner, RvD. B. T., II, 507.

contre les souteneurs. Mais il ne faudrait pas alors punir comme proxénétisme la location de logement à des prostituées professionnelles. La législation impériale (texte de 1876) n'a pris jusqu'à présent que des demi-mesures, malgré des tentatives répétées (1892 et 1899, projets pour la *lex Heinze*) (9).

Le C. P. I. menace dans son § 361, n° 6, la femme qui, étant soumise au contrôle de la police comme se livrant professionnellement à la débauche (plus haut § 108; IV, 1), contrevient aux prescriptions de police prises à cet égard pour la sécurité de la santé, de l'ordre public et des convenances publiques, ou qui, sans être soumise à ce contrôle, se livre professionnellement à la débauche.

Peine : La détention simple, à laquelle peut s'ajouter le travail forcé (1er vol., § 62, II, 4); la remise à l'autorité de police de l'Etat confédéré (1er vol., § 65, II) peut être prononcée. Depuis la promulgation de la loi du 25 juin 1900, cette autorité a la faculté d'ordonner, au lieu du renvoi dans une maison de travail, le placement dans une maison de correction ou d'éducation, ou dans un asile; la maison de travail est exclue, lorsqu'au moment du jugement, la condamnée n'avait pas accompli sa dix-huitième année.

V. — 1. Les **mauvais traitements envers les animaux** (*Tierquälerei*) punis en Angleterre dès le XVIIIe siècle, et en Allemagne, tout d'abord en Saxe en 1838, ne sont pas menacés pénalement par la législation impériale comme lésion du sentiment de moralité de la population, mais, pour des motifs très plausibles, comme atteinte aux droits reconnus des animaux (protection des animaux). Le § 360, n° 13, punit d'une amende de 150 marks au maximum ou de la

(9) Du nom de son promoteur, M. Heinze député au Reichstag. La lex Heinze donna lieu à de vives discussions dans la presse et le public; elle souleva, par certaines de ses dispositions, de grandes protestations dans les milieux artistiques (Note du traducteur).

détention simple celui qui, publiquement ou de manière scandaleuse, torture méchamment ou maltraite brutalement des animaux. Les excès ou abus dans l'expérimentation scientifique (1er vol., § 35, III) ne sont donc punissables que dans les conditions posées par notre paragraphe (10).

2. Les contraventions à la loi du 22 mars 1888 relative à la **protection des oiseaux**, ainsi qu'aux dispositions prises par le Bundesrat en vertu de cette loi, sont punies de l'amende avec maximum de 150 marks ou de la détention simple. Il s'agit notamment : *a*) de l'enlèvement et de la destruction des petits, des nids et des œufs ; *b*) de la capture en masse ; *c*) de l'inobservation du temps prohibé. Est assimilée à la commission l'omission d'empêcher les personnes dont on a la surveillance, de commettre l'infraction (plus haut, § 189, II, 2).

3. La loi du 4 décembre 1876 punit d'une amende avec maximum de 5.000 marks, les Allemands et étrangers appartenant à l'équipage d'un navire allemand, qui contreviennent aux ordonnances édictées par l'Empereur avec consentement du Bundesrat, lesquelles restreignent ou interdisent pendant un temps déterminé de l'année (temps prohibé ; d'après l'ordonnance du 29 mars 1877, du 1er janvier au 3 avril de chaque année), la **prise des phoques** (non pas déjà la chasse) dans les régions situées entre les 67° et 75° lat. nord, le 5° long. est et le 17° long. ouest.

VI. — Le **scandale grossier** (*Der grobe Unfug*). La même peine que sous V, 1, frappe celui qui fait indûment du tapage ou provoque un scandale grossier (C. P. I., § 360, n° 11, inspiré de la Cout. Gen. de Prusse, § 183, et d'une Ord. prussienne du 17 août 1835). Le concept du scandale grossier est vivement controversé. Si l'on ne veut pas faire du § 360, n° 11, une disposition

(10) Cf. V. HIPPEL, 248, KOHLER, GS, XLVII, 53, MEYER-ALLFELD, 650.

auxiliaire de caractère général, il faut recourir à une restriction qui n'existe ni dans le concept du « scandale » (plus haut § 118, III) ni, en soi, dans le qualificatif « grossier ». Etant donné l'assimilation avec le « tapage » (*der ruhestörende Lärm*), cette restriction ne peut se trouver que dans la tendance dirigée contre l'ordre public extérieur (*die äussere öffentliche Ordnung*), contre la paix des sens extérieurs (*die Ruhe der äusseren Sinne*; cf. FRANK). Celle-ci ne doit pas seulement être mise en péril, il faut qu'elle soit effectivement troublée. L'action doit être dirigée contre le public, et non pas seulement contre un cercle fermé de personnes. Il faut aussi qu'elle importune directement (physiquement) le public ; il ne suffit pas qu'elle le blesse dans ses sensations (scandale psychique). Se placeront ici le fait de provoquer un rassemblement sur la voie publique (en publiant par cris ou par affiches des nouvelles propres à créer des troubles, en organisant des exhibitions ou des cortèges, en criant « au feu ! » etc.), ainsi que celui d'importuner grossièrement les sens de la vue ou de l'odorat ; mais non pas le boycottage, les annonces dans la presse, etc., tant que l'ordre extérieur n'est pas troublé (11).

Il va de soi que le tapage aussi bien que le scandale peuvent être également produits par l'emploi

(11) Les interprétations et applications vont, du moins en partie, beaucoup trop loin. D'après R, en dernier lieu, XXVII, 292, le simple trouble psychique suffit (y compris le boycottage). Même sens KRAUSE, Z, XVI, 668, 672, 684, BINDING, *Lehrb.*, I, 190, 191 (Fait d'importuner une personne habitant seule; d'exciter l'indignation morale, le dégoût esthétique). *Zimmerle,* Dans le sens du texte pour l'essentiel, BELING, 103, FRANK (GA), GILLISCHEWSKI, HACKE, MEYER-ALLFELD, 632, MÜLLER, OLSHAUSEN, § 360, 11, mais surtout V. BAR et FRANK (Commentaire). Dans sa jurisprudence récente, et d'accord avec nous, R, XXXI, 185, XXXII, 100, XXXVI, 213, ainsi que R. Mil., GV, 157, demandent une lésion ou mise en péril de l'état extérieur de l'ordre public par un trouble direct du public.

d'instruments vivants (chiens, etc.). L'intention est nécessaire ; elle doit aussi embrasser le trouble de l'ordre public.

VII. — Inobservation de l'**heure de fermeture des cafés** et locaux similaires (« heure de police », *Polizeistunde*). Celui qui reste dans un débit de boissons ou dans un établissement public de plaisir après l'heure de fermeture fixée par la police, et cela malgré l'invitation à partir faite par le propriétaire, son représentant ou un fonctionnaire de la police, est puni de l'amende avec maximum de 15 marks.

Le tenancier qui tolère le séjour de consommateurs chez lui après l'heure de fermeture fixée par la police, est puni de l'amende avec maximum de 60 marks ou de la détention simple avec maximum de 14 jours (C. P. I., § 365).

VIII. — Les contraventions aux dispositions prises par les États relativement au **repos des dimanches et jours de fête**, sont punies de l'amende avec maximum de 60 marks ou de la détention simple avec maximum de 14 jours (C. P. I., § 366, n° 1) (12).

(12) Cf. aussi plus loin § 191, I, 1d.

VII. — Infractions contre la police économique

§ 191. — 1. Infractions aux lois de protection ouvrière.

Bibliographie — Pour I : Les commentaires du Code industriel en particulier de Hoffmann, 5e éd. 1905. — V. *Rohrscheidt*, 1901 (supplément en 1904). — *V. Mareinowski*, 6e éd., 1898, *Landmann*, 4e éd., revue par *Rohmer*, 1903. — V. *Schicker*, 4e éd., 1898 ; *Kayser*, 3e éd. (publiée par *Steiniger*), 1901. — V. *Zanten*, Die Arbeiterschutzgesetzgebung in den europäischen Ländern, 1902. — *G. Meyer*, HSt, IV, 412. — *Seuffert*, StG, I, 45, *Zeller*, GA, XLIV, 352, *Hilse*, GS, LV, 449, GA, XLVI, 19 (sur la loi du 26 juillet 1897). — Pour II : textes publiés par *Spangenberg*, 1903, *Hoffmann*, 1904 ; Exposé systématique de *Findeisen*, 1904. — *Agahd und v. Schulz*, Gesetz betr. die Kinderarbeit in gewerblichen Betrieben, 3e éd., 1905. — *Schmidt-Ernsthausen*, Das Kinderschutzgesetz, 1906.

I. — Les **infractions au Code industriel** (*Gewerbeordnung*). Source : La loi sur l'industrie du 21 juin 1869, rédigée à nouveau par la loi du 30 juin 1900, modifiée par les lois du 1er juin 1891 (loi de protection ouvrière), 6 août 1896, 26 juillet 1897 (Organisation du travail manuel, du *métier*, *Handwerk*), 30 juin 1909 (Extension de la protection assurée aux employés et ouvriers).

1. A côté des prescriptions de simple réglementation qui sont contenues dans le Code industriel et que nous n'avons pas à relever spécialement ici, se mettent nettement en lumière, depuis la loi du 1er juin 1891, les dispositions ayant un but de politique sociale, qui est, en exécution du Message impérial du 4 février 1890, d'**empêcher l'exploitation par les patrons, des ouvriers de l'industrie ou du moins de certaines classes d'ouvriers, d'assurer l'existence, la santé, la**

moralité, l'éducation des ouvriers et de placer sous le contrôle de l'Etat le contrat de travail (réglementation du travail dans les fabriques et magasins de vente). Il faut ranger ici, dans la mesure où un classement est possible, les sanctions pénales prévues contre les actes suivants :

a) Atteinte à la liberté de coalition (plus haut, § 100, V).

b) Infraction à l'obligation pour les patrons (§ 115) de payer les salaires de leurs ouvriers en espèces et monnaie allemande (§ 146, n° 1er : interdiction des pratiques dites *Trucksystem*). D'après le § 115, les employeurs ne doivent pas livrer à leurs ouvriers de marchandises à crédit. Toutefois, il est permis de délivrer aux ouvriers et de leur porter en compte, au moment du paiement du salaire, des vivres à prix coûtant, le montant de la location de logements et terrains sur la base des loyers et baux en usage dans la localité, le chauffage, l'éclairage, les repas pris régulièrement, les remèdes et soins médicaux, ainsi que les outils et matières premières nécessaires pour les travaux à eux confiés, le tout à prix de revient moyen. Les infractions aux prescriptions sur les paiements de salaire et paiements d'acomptes (§ 115 *a* : non pas dans les auberges et débits de boissons, etc.), ainsi que les retenues de salaires (§ 119 *a*) sont punies d'après le § 148, chiffre 13.

c) L'infraction aux mesures prescrites par les §§ 135, 136, 137, ou prises en vertu des §§ 139, 139 *a*, relatives les unes et les autres à l'emploi des enfants (jeunes ouvriers) et des femmes (ouvrières) dans les fabriques ainsi que l'infraction (depuis 1900) à la disposition du § 139 *c* relative au repos ininterrompu de 10 heures au moins qui doit suivre le travail et à la pause pour le repas de midi qui doit le couper, et qui doivent être accordés l'un et l'autre aux aides, employés, apprentis et ouvriers dans les magasins de vente (§ 146, chiffre 2).

d) L'infraction aux dispositions des §§ 41 *a*, 55 *a*, 139 *e*, 139 *f*, al. 4 ou aux dispositions prises en vertu du § 105, al. 2, ou du § 41 *b* ou du § 139 *f*, al. 1er, relatives soit au repos des dimanches et jours fériés, soit à la fermeture des magasins de 9 heures (ou 8 heures) du soir à 5 heures (7 heures) du matin (§ 146 *a*).

e) L'infraction aux mesures prises en vertu des §§ 120 *d* et 139 *g* et ayant un caractère définitif, ainsi qu'aux mesures prescrites en vertu des §§ 120 *e* et 139 *h*, relatives, soit à la protection de l'air et de la santé des employés de commerce et apprentis, soit au maintien des bonnes mœurs et des convenances (§ 147 n° 4).

f) L'exploitation d'une fabrique ou d'un magasin de vente dans lesquels il n'existe pas de réglementation du travail (§§ 134 *a*, 139 *k*), ou l'inexécution d'un ordre de l'autorité (§ 134 *f*) relatif au remplacement ou à la modification de la réglementation du travail (§ 147, chiffre 5) ; l'inexécution de l'obligation (§§ 134 *e* et *g* et 139 *k*) de déposer entre les mains de l'autorité la réglementation du travail (§ 148, n° 12) ; le fait d'infliger des punitions (contrairement au § 134, al. 2) qui ne sont pas prévues dans la réglementation ou qui dépasse le maximum prévu par la loi, ainsi que l'emploi d'amendes ou de salaires impayés (§ 134 n° 5) à des objets non prévus par la réglementation (§ 148, n° 11) ; la non-inscription des amendes (§§ 134 *c* et 139 *k*) dans le registre spécial (§ 150, n° 5).

g) Les infractions aux dispositions sur les livrets d'ouvrier et les certificats, ainsi que sur les livrets de salaire et bulletins de travail introduits par le § 114 *a* ; — § 150, nos 1 à 3) ; en particulier, les mentions dans le livret d'ouvrier (§ 111) destinées à présenter favorablement ou désavantageusement le titulaire du livret, ainsi que le fait de faire figurer sur les certificats des signes secrets (§ 113) ayant pour but de présenter l'ouvrier dans des conditions autres que celles résultant de la teneur même du certificat (§ 146, n° 3).

h) Infractions aux devoirs imposés par la loi aux employeurs à l'égard des apprentis qui leur sont confiés (§ 148, n° 9) ; le fait d'employer, d'instruire ou de faire instruire des apprentis, de la part de personnes auxquelles la capacité nécessaire à cet effet a été retirée (§ 126 *a*) ou qui n'ont pas (§ 126) l'entière jouissance de leurs droits civiques (§ 148, n° 9 *a*) ; l'infraction aux dispositions contenues dans les §§ 128, 129, 130, quant à l'emploi, au traitement, etc., des apprentis (§ 148, n° 9 *b*) ; le fait d'occuper un apprenti dans la même industrie avant que neuf mois se soient écoulés depuis la cessation de l'apprentissage à cause du passage à une autre profession (§ 148, n° 10) ; conclusion d'un contrat d'apprentissage irrégulier (§ 150, n° 4 *a*).

i) L'instruction d'ouvriers de moins de 18 ans par des patrons (§ 106) déchus de leurs droits civiques (§ 150, n° 1er) ; le fait d'empêcher les ouvriers de cette catégorie, ainsi que les employés et apprentis de commerce (§§ 120 et 139 *i*) de suivre les cours des écoles d'études complémentaires ou professionnelles (§ 150, n° 4).

2. Peine :

a) Dans le cas du § 146 : L'amende avec maximum de 2.000 marks et, en cas d'insolvabilité, l'emprisonnement avec maximum de six mois ;

b) Dans celui du § 146 : L'amende avec maximum de 600 marks, ou la détention simple ;

c) Dans le cas du § 147 : L'amende avec maximum de 300 marks, ou la détention simple ;

d) Dans le cas du § 148 : L'amende avec maximum de 150 marks, ou la détention simple avec maximum de 4 semaines ;

e) Dans celui du § 149 : L'amende avec maximum de 30 marks, ou la détention simple avec maximum de 8 jours ;

f) Dans le cas du § 150 : L'amende avec maximum de

20 marks, ou la détention simple avec maximum de 3 jours.

3. En ce qui concerne le délai de la prescription (§ 145), cf. 1er vol. § 77, I, etc. ; sur le concours idéal des infractions au Code industriel et des infractions aux lois fiscales, cf. ce Code, §§ 147, al. 2, et 148, al. 2 ; sur la co-responsabilité du patron jouissant de sa capacité juridique, lorsque son représentant a commis une infraction dont il a préalablement connaissance (§ 151), voir 1er vol. § 58, note 5.

II. Au point de vue de la politique sociale, le Code Industriel a reçu un complément précieux dans la loi du 30 mars 1903 relative au **travail des enfants dans les exploitations industrielles**, et qui a pour but d'empêcher qu'il ne soit abusé des forces des enfants et de protéger ainsi leur santé physique et morale.

L'emploi des enfants, lorsqu'il a lieu en contravention aux dispositions de la loi, est puni, suivant le cas, d'amendes allant de 1.000 à 2.000 marks ; en cas d'infractions habituelles, la détention simple peut être prononcée, et, dans le cas le plus grave, l'emprisonnement avec maximum de six mois (§§ 23 à 27). Le délai de prescription est de trois mois (§ 28). Le § 151 du Code industriel (prem. vol., § 48, note 5) est applicable (§ 29).

§ 192. — 2. Infractions contre les lois d'assurance ouvrière.

BIBLIOGRAPHIE. — *Hilse*, Z. XII, 553. — *Felisch*, Z, XII, 755. — *Zeller*, Z, XIV, 705, XVI, 224, *Frassati*, Z, XV, 409. — *Kulemann*, Z, XVI, 340. — *Lass* (Bibl., § 35).— Le même dans *Kohler's*, Enzyklopädie, II, 763. — *Honigmann*, HSt, I, 618. — Commentaires de *V. Wœdtke-Rosin*, Das Recht der Arbeiterversicherung, I, 1903, II, 1904.

I. — La loi du 15 juin 1833 sur **l'assurance-maladie**, modifiée et rédigée à nouveau le 10 avril 1892, modifiée encore une fois par les lois des 30 juin 1900 et

25 mai 1903, contient, abstraction faite des dispositions contre l'abus de confiance déjà traitées plus haut (§ 136, III) un certain nombre de sanctions pénales.

1. Une amende de 20 marks au maximum est infligée à celui qui ne remplit l'obligation lui incombant de demander son inscription ou sa radiation (comme assuré, § 49 et § 2, al. 2) ou qui omet de faire les déclarations (§ 49 *a*) auxquelles il est tenu (§ 81).

2. Sont passibles de l'amende avec maximum de 300 marks ou de la détention simple les patrons qui prélèvent, lors du paiement des salaires aux personnes employées par eux et soumises à l'assurance-maladie, des retenues sur ces salaires supérieures à celles qu'autorise la loi (§§ 53 et 65), ou qui agissent contrairement à la disposition du § 53, al. 3 (obligation pour les patrons insolvables, de faire aux caisses autorisées à cet effet le versement immédiat des retenues prélevées sur les salaires), ou à l'interdiction du § 80 (qui a pour but d'empêcher ou de restreindre l'application des dispositions de la loi sur l'assurance-maladie comprise de façon à nuire, par des conventions [telles qu'une réglementation générale ou qu'une entente particulière] aux intérêts des assurés) (§ 82).

3. Est passible de peine, en cas d'infraction de la part des personnes chargées de la direction ou du contrôle de l'assurance, et en même temps que ces personnes, le patron qui a eu connaissance de l'infraction projetée, ou qui a manqué à la diligence nécessaire, soit dans le contrôle que lui-même pouvait exercer sur le service, soit dans le choix ou la surveillance des personnes chargées de la direction ou du contrôle des services (§ 82 *a*).

4. Sont punis de l'emprisonnement, et accessoirement de l'amende avec maximum de 3.000 marks, ainsi que de la déchéance civique, les patrons qui, ayant retenu en vertu du § 53 des salaires aux personnes employées par eux, n'opèrent pas le versement des sommes ainsi retenues entre les mains de l'assurance communale contre la maladie ou de la caisse de maladie y ayant droit, soit qu'ils aient le dessein de se procurer ou de procurer à un tiers un avantage patrimonial illicite, soit qu'ils aient celui de causer un dommage

à cette assurance ou caisse. S'il existe des circonstances atténuantes, l'amende seule peut être prononcée (§ 82 *b*) (1).

II. — Au contraire, les **lois sur l'assurance-accidents** du 30 juin 1900 (texte du 5 juillet 1900) laissent en général au pouvoir de réglementation disciplinaire des comités directeurs des associations professionnelles (*Genossenschaften*; ce sont les organismes créés par ces lois pour réaliser le fonctionnement de l'assurance) la sanction des prescriptions qu'elles contiennent. Les peines criminelles proprement dites n'interviennent que pour l'abus de confiance (plus haut, § 136, III) commis par les membres des comités directeurs et par les hommes de confiance (*Vertrauensmänner*; ce sont les délégués locaux de la *Genossenschaft*) ainsi que pour la révélation des secrets industriels (plus haut, § 124, III).

III. — La **loi sur l'assurance-invalidité** du 13 juillet 1899 (texte du 19 juillet 1899, qui a remplacé celle du 22 juin 1889, organise le pouvoir de réglementation disciplinaire des organes administratifs de l'assurance (§§ 175 à 178, 183 et 184 al. 1er), prévoit des peines contre l'abus de confiance (plus haut § 136, III), contre la révélation des secrets industriels (plus haut § 124, III) et contre les faux et altérations en matière de timbres d'assurance (plus haut, § 163, IV), et contient en outre les dispositions pénales suivantes.

§ 179. Contravention à l'obligation de demander son inscription ou sa radiation en qualité d'assuré, ou de ne pas faire inscrire ou rayer des assurés : L'amende avec maximum de 20 marks.

§ 180. Sont passibles de l'amende jusqu'à 300 marks ou de

(1) Ce sont les mêmes sanctions pénales que celles du C. P. I., § 263. Le concours idéal avec l'escroquerie peut cependant devenir important (en ce même sens, R, XXXIII, 342), car le § 82 ne punit pas la tentative. Mais en cas d'admission d'une tentative d'escroquerie, le § 263, al. 4 du C. P. I. est applicable.

la détention simple, lorsqu'une peine plus élevée n'est pas applicable d'après d'autres lois, les patrons ou leurs employés qui ont conclu des conventions ayant pour objet d'exclure, totalement ou partiellement et au préjudice des assurés, l'application de la loi, ou ayant pour objet de restreindre pour ceux-ci l'acceptation ou l'exercice d'une fonction honorifique à eux offerte ou confiée.

§ 181. La même peine (§ 180) frappe :

1. Les patrons qui, lors du paiement des salaires, retiennent sciemment aux assurés travaillant chez eux des cotisations supérieures à celles qu'autorise la loi (§§ 34, al. 4, 142), ou qui omettent d'opérer les retenues prescrites (§ 142, al. 4), ou qui ne donnent pas suite aux obligations résultant de l'application du § 52 *a* de l'assurance-maladie aux cotisations de l'assurance-maladie ;

2. Les employés (représentants des patrons) qui prélèvent des retenues trop élevées dans un dessein illicite ;

3. Les assurés qui, payant eux-mêmes leurs cotisations, réclament ensuite à leurs patrons, dans un dessein illicite, le remboursement de montants supérieurs à ceux que permettent les §§ 34, al. 4, 144 et 145, ou qui, pour une seule et même semaine de cotisation, réclament à plus d'un patron le remboursement du montant total de la cotisation ou qui omettent d'employer au paiement de la cotisation la part contributive qu'ils ont perçue dans ce but ;

4. Les personnes qui refusent illégalement de remettre à un ayant-droit une carte-quittance.

§ 182. Les patrons qui, en vertu du § 142, prélèvent des retenues sur les salaires des personnes travaillant chez eux, mais qui n'emploient pas pour l'assurance les montants ainsi prélevés, sont punis, au cas où une peine plus élevée n'intervient pas d'après d'autres lois, de l'amende avec maximum de 300 marks ou de la détention simple. Si l'emploi régulier des retenues a été omis dans le dessein de se procurer ou de procurer à un tiers un avantage patrimonial illicite, ou de porter préjudice à l'établissement d'assurance ou aux assurés, la peine sera l'emprisonnement ; accessoirement, l'amende avec maximum de 3.000 marks, ainsi que la déchéance civique peuvent être prononcées ; en cas de circonstances atténuantes, l'amende peut être prononcée seule.

Les dispositions pénales des §§ 180, 181, 182 s'appliquent

également (d'après le § 183), aux représentants légaux des patrons incapables, et de même aux membres du conseil d'administration d'une société anonyme, d'une corporation (*Innung*), d'un syndicat enregistré, ainsi qu'aux liquidateurs d'une société commerciale, d'une corporation ou d'un syndicat enregistré.

§ 184, al. 2 et 3. Les inscriptions, mentions ou modifications sur les cartes-quittances, faites dans le dessein de donner à d'autres patrons un signalement spécial du porteur de la carte, sont punies de l'amende avec maximum de 2.000 marks ou de l'emprisonnement avec maximum de 6 mois ; en cas de circonstances atténuantes, l'emprisonnement peut être remplacé par la détention simple.

La poursuite pour faux en écritures (falsification de documents, §§ 267, 268 C. P. I.) n'intervient que si le faux est commis dans le dessein de se procurer ou de procurer à un tiers un avantage patrimonial, ou de porter préjudice à autrui (2).

§ 193. — 3. Infractions dans le domaine de l'institution des Actions.

Bibliographie. — *Katz*, Die strafrechtlichen Bestimmungen des Handelsgesetzbuches, etc., 2e éd., 1902. — *Fuld*, GS, XXXVII, 431. — *Hälschner*, II, 978. — *Frassati*, Z, XV, 409. — *Jordan* (Bibl., § 137). — *Rehm*, Die Bilanzen der Aktiengesellschaften, etc., 1903.

La législation en matière de sociétés en commandite et de sociétés par actions, basée sur la Novelle du 11 juin 1870, se montra pratiquement insuffisante pour lutter contre la multiplication des fondations fictives et autres opérations véreuses qui, malgré la diversité de leurs apparences, peuvent toujours être ramenées aux mêmes formes fondamentales ; devant cette inefficacité, le législateur impérial dut se décider à donner, dans la loi du 18 juillet 1884, une extension notable aux dispositions pénales déjà existantes et à les ag-

(2) Cf. à ce sujet plus haut § 160, note 4.

graver en combinant avec l'emprisonnement des amendes considérables, dépassant de beaucoup le maximum ancien. La nouvelle législation avait en particulier pour but d'accentuer, au civil comme au criminel, la responsabilité des personnes ayant participé directement ou indirectement à la fondation de l'entreprise, exerçant des fonctions de direction ou de contrôle ; mais surtout, il s'agissait d'assurer aux actionnaires et au public une protection plus grande à l'aide des nouvelles dispositions pénales et disciplinaires. Ces dispositions ont été recueillies, avec de minimes changements, dans le nouveau Code de commerce du 10 mai 1897 (plus loin I à VII) (1).

Sont punissables, d'après ce texte :

I. — L'**abus de confiance** des personnes chargées de la direction de la société (§ 312), déjà traité plus haut § 136, V.

II. — Les **fausses déclarations faites sciemment** (2) pour obtenir l'enregistrement de l'acte de société ou d'une augmentation du capital dans le Registre de Commerce (*Handelsregister*) ou pour figurer dans une annonce d'actions (*Ankündigung von Aktien*). L'action est consommée lorsque la fausse déclaration a eu lieu ; il n'est pas nécessaire que se soit produit un préjudice patrimonial, soit pour les membres de la société, soit pour des tiers.

Sont passibles de peine pour fausses déclarations, d'après le § 313 :

1. Les fondateurs ou les membres de la direction (conseil d'administration) ou du comité de surveillance qui, dans le but de faire enregistrer la société dans le Registre du com-

(1) Les §§ 312 à 318 ne concernent que les sociétés par actions (*Aktiengesellschaften*). Mais d'après le § 325, n° 9, les dispositions sur la responsabilité pénale relatives au conseil d'administration de la société anonyme, s'appliquent également aux associés personnellement responsables d'une société en commandite par actions.

(2) Cf. 1er vol., § 39, note 8.

merce, font sciemment des déclarations fausses sur l'état des souscriptions ou le versement du capital constitutif in (*Ansehung der Zeichnung oder Einzahlung des Grundkapitals*) ou relativement aux points dont le § 186 ordonne la fixation (en particulier les avantages accordés aux fondateurs, les apports, les frais et dépenses en vue de la fondation).

2. Ceux qui, relativement aux mêmes faits, font sciemment des déclarations fausses dans une annonce d'actions (*Ankündigung von Aktien*) prévue par le § 203 ;

3. Les membres de la Direction ou du conseil de surveillance qui, pour faire enregistrer dans le Registre du commerce une augmentation du capital, font sciemment des déclarations fausses relativement à l'état du capital versé de provenance antérieure ou à l'état du capital augmenté, soit souscrit, soit versé ou relativement au montant pour lequel les actions sont émises, ou relativement aux points dont le § 279 ordonne la fixation (le § 279 correspond, pour les modifications postérieures à la constitution [*Nachgründungen*], au § 186 mentionné sous 1).

Peine : L'emprisonnement auquel s'ajoute l'amende avec maximum de 20.000 marks. Déchéance civique suivant appréciation. En cas de circonstances atténuantes, l'amende est prononcée seule.

III. — Le § 314 réunit : 1. **La dissimulation de l'état du patrimoine social** ; 2 et 3. **L'émission des actions avant le temps voulu** ; 4 et 5. **L'émission d'actions au-dessous du taux nominal légal** (« petites coupures », *Kleinaktien*).

Les membres de la direction ou du comité de surveillance ou les liquidateurs sont passibles de peine lorsque, sciemment (3) :

1. Ils présentent inexactement ou dissimulent la situation de la société dans leurs exposés, dans leurs relevés du patrimoine social ou dans les rapports lus à l'assemblée générale ;

2. Ils délivrent des actions nominatives sur lesquelles ne figurent pas le montant des versements effectués (§ 179, al. 4), ou des actions au porteur avant qu'elles ne soient libérées pour leur valeur nominale ou bien, au cas où

(3) L'intention est nécessaire dans tous les cas. Cf. note 2.

le prix d'émission est plus élevé, avant que ce montant soit entièrement versé ;

3. Ils émettent des actions ou bons provisoires avant que la société, ou au cas d'une augmentation du capital, avant que l'augmentation effectuée soit enregistrée au Registre du Commerce ;

4. Ils émettent, en dehors du § 180, al. 2 et 3, des actions ou bons provisoires à un taux inférieur à mille marks ;

5. Ils émettent dans les cas du § 180 al. 2 et 3 des actions ou bons provisoires où ne figurent pas les mentions prévues au § 180, al. 4.

Peine : L'emprisonnement avec maximum d'un an ; en même temps, l'amende avec maximum de 20.000 marks. Pour le cas mentionné sous 1, déchéance civique facultative. En cas de circonstances atténuantes, l'amende est prononcée seule.

IV. — Puis viennent dans le § 315 ; 1. L'**omission de procéder à l'élection du comité de surveillance** : 2. L'**omission de déclarer la faillite** (déjà mentionné plus haut, § 137, V). La preuve de l'existence d'une faute (*Nachweis eines Verschuldens*) n'est pas nécessaire.

Sont passibles de peine les membres du comité de direction ou les liquidateurs, ainsi que les membres du comité de surveillance, lorsque la société est restée pendant plus de trois mois sans conseil de surveillance, ou bien lorsque, dans ce dernier, le nombre de membres nécessaire pour prendre une décision a fait défaut.

Peine : L'emprisonnement avec maximum de trois mois ; en même temps, l'amende avec maximum de 15.000 marks. En cas de circonstances atténuantes, l'amende est prononcée seule. La peine n'atteint pas celui pour lequel il est constaté que l'omission de faire élire ou compléter le conseil de surveillance (ou celle de requérir la mise en faillite) s'est produite sans sa faute.

V. — Le § 316 punit **le fait d'établir ou d'utiliser des certificats faux en vue d'un vote.** L'intention est nécessaire.

Est puni de l'emprisonnement avec maximum d'un an et de l'amende avec maximum de 10.000 marks celui qui, sciemment, établit avec inexactitude ou altère (ce qui implique la falsification de documents) des certificats relatifs au dépôt d'actions ou de bons provisoires, et nécessaires pour exercer le droit de vote dans une assemblée générale, ou celui qui fait usage, pour exercer le droit de vote, d'un de ces certificats, sachant qu'il est faux ou altéré (4). Déchéance civique suivant appréciation. En cas de circonstances atténuantes, l'amende est prononcée seule.

VI. — **La vente de votes**, inspirée dans son texte et son contenu pénal du § 243 de la loi sur les faillites (5).

D'après le § 317, est puni de l'amende avec maximum de 3.000 marks ou de l'emprisonnement avec maximum d'un an celui qui (6) se fait concéder ou promettre des avantages spéciaux pour voter (en personne ou par mandataire) dans un certain sens ou pour s'abstenir de voter lors d'une assemblée générale (mais non d'une séance du conseil d'administration). La même peine frappe l'acheteur du vote.

VII. — **Usage non autorisé d'actions appartenant à autrui, en vue d'exercer le droit de vote.**

Celui qui, pour exercer le droit de vote dans une assemblée générale, ou l'un des droits mentionnés §§ 254, 264, 266, 268, 271, 295, 309, fait usage d'actions appartenant à une autre personne qu'il n'est pas autorisé à représenter et dont il n'a pas le consentement, est passible d'une amende de 10 à 30 marks par action, mais avec minimum obligatoire de 1.000 marks. La même peine frappe celui qui emprunte contre un certain prix les actions appartenant à un autre, afin d'exercer l'un des droits mentionnés, ainsi que celui qui

(4) Délit spécial par rapport aux §§ 267 et sq. du C. P. I.

(5) Cf. plus haut § 137, IV, 3. Ce qui y est dit s'applique également ici.

(6) Comme actionnaire, ou comme mandataire d'un actionnaire, par un autre que par son mandant.

participe sciemment à cette manœuvre par le prêt de ses actions (§ 318) (7).

VIII. — A ces délits prévus par la législation antérieure, il faut joindre, comme nouvelles infractions :

1. **La violation des devoirs envers l'apprenti.**

2. **Les irrégularités des courtiers de commerce.**

1. § 82. Celui qui fait infraction aux devoirs que lui imposent les §§ 62, al. 1er, ou 76, al. 2 et 3, à l'égard d'un apprenti, de façon à compromettre la santé, la moralité ou l'instruction de celui-ci, est puni de l'amende jusqu'à 150 marks.

La même peine frappe celui qui, bien que déchu de ses droits civiques, occupe, instruit ou fait instruire des apprentis de commerce.

2. § 103. Les courtiers de commerce qui contreviennent aux prescriptions sur la tenue et la conservation du Livre-journal, sont punis de l'amende avec maximum de 1.000 marks.

§ 194. — 4. Les autres infractions de la police économique.

BIBLIOGRAPHIE. — *Frassati*, Z, XV, 409. — Pour II : *Crüger*, HSt, V, 734. — Pour III : *Rosenthal*, HSt, IV, 216. — Pour IV : *Crüger*, HSt, V, 333.

I. — Les infractions aux dispositions d'intérêt public de la loi du 7 avril 1876 (modifiée par la loi du 1er juin 1884) sur les **Caisses de secours enregistrées** (*Eingeschriebene Hilfskassen*).

Les membres du conseil d'administration, du comité ou d'un bureau local auteurs d'une contravention, sont passibles de l'amende avec maximum de 300 marks (§ 34). L'acte commis intentionnellement au préjudice de la caisse est puni comme l'abus de confiance (plus haut, § 136, III).

II. — La loi du 1er mai 1889 (texte du 20 mai 1898)

(7) L'auxiliaire est donc ici passible de la peine entière prévue pour l'auteur principal.

sur les **Coopératives, syndicats d'achat et d'exploitation** (*Erwerbs-und Wirtschaftsgenossenschaften*) contient des dispositions pénales conçues dans l'esprit de la loi de 1884 sur les sociétés par actions.

1. Le § 146 punit l'abus de confiance : Cf. plus haut, § 136, VI.

2. D'après le § 147, sont passibles de peine les membres de la direction et du comité de surveillance, ainsi que les liquidateurs, lorsqu'ils donnent sciemment des indications fausses dans les déclarations, avis et affirmations qu'ils doivent produire en justice, ou lorsqu'ils font sciemment (1) un exposé infidèle de la situation du syndicat dans leurs mémoires et résumés sur l'état du patrimoine social, le nombre des membres, le capital responsable, ou dans les rapports présentés par eux à l'assemblée générale.

Peine : L'emprisonnement avec maximum d'un an ; en outre, l'amende avec maximum de 3.000 marks. Déchéance civique suivant appréciation. En cas de circonstances atténuantes, l'amende est prononcée seule.

3. Le § 148 frappe les membres des conseils d'administration (Direction) et de surveillance, ainsi que les liquidateurs, lorsque le syndicat reste plus de trois mois sans comité de surveillance, ou lorsque dans ce dernier et pour le même laps le nombre des membres nécessaires pour prendre une décision fait défaut (n° 1). La disposition pénale contenue dans le n° 2 et relative au retard apporté à requérir la déclaration de faillite a été déjà mentionnée plus haut, § 137, V.

Peine : L'amende avec maximum de 600 marks ou l'emprisonnement avec maximum de 3 mois ou les deux peines à la fois. Reste impuni celui qui prouve que l'omission s'est produite sans sa faute.

4. § 149. Sont passibles de l'amende avec maximum de 600 marks les membres de la direction, lorsque leurs actes ont d'autres objets que les opérations économiques mentionnées au § 1er, ou lorsque, dans le cours de l'assemblée générale, ils permettent ou n'empêchent pas de discuter des propositions relatives à des affaires publiques dont la discussion relève des lois sur le droit de réunion et d'association.

(1) Cf. 1er vol., § 39, note 8.

§ 150. Sont passibles de l'amende avec maximum de 600 marks les membres de la direction d'une association de revision (*Revisions verband*), lorsqu'il n'est pas donné avis de l'assemblée conformément au § 59 al. 2. — Reste impuni celui qui prouve que l'omission s'est produite sans sa faute.

§ 151. (Vente de votes). Celui qui se fait concéder ou promettre des avantages particuliers en échange de son vote dans un certain sens lors d'une assemblée générale, est puni de l'amende avec maximum de 3.000 marks ou de l'amende avec maximum d'un an (cf. § 193, VI).

III. — Les dispositions pénales de la loi du 20 avril 1892 (texte du 20 mai 1898) relative aux **sociétés à responsabilité limitée** (*G. m. b. H.*) sont également inspirées en partie de celles de la loi sur les sociétés par actions, mais sont notablement moins sévères. Les §§ 83 et 84 de la loi de 1892 ont été déjà cités plus haut, § 137, II, 4, et § 137, V, dans l'exposé de la banqueroute. Les sanctions pénales relatives à l'abus de confiance et à la vente des votes font défaut. Il n'y a guère à mentionner ici que le § 82.

D'après le § 82, sont passibles de l'emprisonnement avec maximum d'un an et en même temps de l'amende avec maximum de 5.000 marks :

1. Les gérants [*Geschäftsführer*] (et les membres) qui, pour faire enregistrer l'acte de société dans le Registre du Commerce, font sciemment des déclarations fausses à la justice quant aux versements effectués sur les apports de fondation, ainsi que les gérants qui commettent la même infraction dans le but de faire enregistrer dans le même Registre une augmentation du capital social.

2. Les gérants qui, pour obtenir l'enregistrement d'une réduction du capital social, produisent sciemment en justice des affirmations mensongères, relativement aux satisfactions ou garanties fournies aux créanciers.

3. Les gérants et liquidateurs, ainsi que les membres d'un conseil d'administration ou d'un organe similaire qui, dans une communication publique, font sciemment un exposé mensonger de la situation financière de la société ou dissimulent sciemment cette situation.

Déchéance civique suivant appréciation. En cas de circonstances atténuantes, l'amende est prononcée seule.

IV. — Infractions aux dispositions ajoutées à la loi sur les syndicats par la loi du 12 août 1896 (texte du 20 mai 1898) relative à **l'exploitation des sociétés de consommation** (*Konsumanstalten*).

1. Vente de marchandises à des non-sociétaires par les personnes chargées de la vente pour le compte de la société (§ 152).

Les vendeurs sont punis de l'amende avec maximum de 150 marks lorsqu'ils vendent sciemment, contrairement à la prescription du § 8, al. 4, ou à l'ordre donné par la Direction (Conseil d'administration) en vertu du § 31 (et qui est relatif aux preuves (*Legitimation*) de la qualité de sociétaire), des marchandises à d'autres personnes qu'aux sociétaires ou à leurs représentants.

La même peine frappe le sociétaire qui transmet à un tiers, afin que celui-ci l'emploie pour des achats irréguliers, la pièce écrite (*Legitimation*) par laquelle lui-même est autorisé à faire des achats à une société de consommation ou à un commerçant en relation avec la société en qualité de fournisseur régulier.

Sont passibles de la même peine les tiers qui font dans le même but usage d'une pièce de *Legitimation* ou qui entreprennent d'une autre façon de se céder des marchandises sans titre régulier.

2. Revente habituelle ou professionnelle à des non-sociétaires (§ 153).

Est puni de l'amende avec maximum de 150 marks celui qui, habituellement ou professionnellement, revend à des non-sociétaires, moyennant un certain prix, des marchandises qu'il a achetées en qualité de membre à la société de consommation, ou à un commerçant en relation avec celle-ci en qualité de fournisseur.

Cette disposition n'est pas applicable : *a*) lorsqu'un sociétaire fait consommer immédiatement dans son restaurant ou par ses pensionnaires les marchandises achetées par lui ; *b*) lorsqu'une société de consommation, elle-même membre d'une autre société de consommation, cède à ses membres les marchandises ainsi achetées par elle.

3. Les sociétés de consommation et leurs fournisseurs vendant directement aux sociétaires, n'ont pas le droit d'émettre des timbres ou autres mandats non nominatifs ou encore des valeurs (*Wertzeichen*) devant tenir lieu d'argent liquide lors des achats des sociétaires (§ 32). Les infractions sont punies de l'amende avec maximum de 150 marks (§ 154).

V. — Infractions à la loi du 4 décembre 1899 relative aux droits communs des porteurs d'obligations (*Schuldverschreibungen*).

1. Exercice illicite du droit de vote. Celui qui remet à une autre personne des obligations se trouvant en la possession du débiteur, dans le but d'exercer, contrairement au § 10, al. 4, le droit de vote à la place du débiteur (celui-ci n'est pas autorisé à voter pour les obligations se trouvant en sa possession), est puni de l'emprisonnement avec maximum de 5.000 marks. La même peine frappe celui qui fait usage des obligations dans le but indiqué. En cas de circonstances atténuantes, l'amende est prononcée seule (§ 21).

2. Avis ou renseignement sciemment erronés. Est passible de l'emprisonnement avec maximum d'un an ou de l'amende avec maximum de 3.000 marks celui qui fournit sciemment des indications erronées sur des faits dont il doit donner communication (d'après les dispositions citées plus loin), soit dans l'avis publié conformément au § 2 (lorsque le montant total des obligations ou le nombre des obligations en circulation descend au-dessous du minimum légal), soit dans le renseignement qui doit être fourni conformément au § 11 al. 4 à l'assemblée des créanciers (par le débiteur, et relativement au montant des obligations en circulation et donnant droit de vote (§ 22, al. 1er).

3. Omission de publier l'avis prescrit. Celui qui omet de publier l'avis qui lui incombe d'après le § 2 (c'est le débiteur qui y est tenu), est puni de l'amende avec maximum de 3.000 marks (§ 22, al. 2).

4. Vente de votes (cf. plus haut, § 137, IV, 3). Celui qui se fait concéder ou promettre des avantages spéciaux pour voter dans un certain sens ou pour ne pas prendre part au vote lors

d'une assemblée de créanciers, est puni de l'amende avec maximum de 3.000 marks ou de l'emprisonnement avec maximum d'un an.

Est puni de la même peine celui qui accorde ou promet des avantages spéciaux pour que quelqu'un vote dans un certain sens ou ne prenne pas part au vote lors d'une assemblée de créanciers (§ 23).

VI. — Les dispositions pénales de la loi du 12 mai 1901 sur les **entreprises d'assurances privées** se rattachent à celles du Code de commerce.

Sont punissables d'après cette loi :

1. L'abus de confiance des directeurs de l'entreprise (§ 110), déjà traité plus haut § 136, V.

2. Les indications sciemment erronées fournies à l'autorité de contrôle afin d'obtenir l'autorisation de mettre en fonctionnement une entreprise d'assurances, ou la prolongation d'une autorisation, ou la permission de modifier le mode de fonctionnement ou l'état de l'assurance (§ 105).

Peine : L'emprisonnement et en même temps l'amende avec maximum de 20.000 marks ; déchéance civique suivant appréciation ; en cas de circonstances atténuantes, l'amende peut être prononcée seule.

3. Déclarations sciemment fausses de la part d'experts lors de l'examen du calcul de la réserve des primes par les assurances sur la vie, contre les maladies ou les accidents (§ 107).

Peine : Comme pour 2.

4. Une peine moins grave frappe les membres du conseil d'administration, d'un conseil de surveillance ou d'un organe analogue, ainsi que les liquidateurs d'une compagnie anonyme d'assurances ou d'une assurance mutuelle, lorsque, sciemment (§ 106) :

a) Ils proposent ou autorisent une répartition de bénéfices contraire aux prescriptions de la loi relatives à la constitution des statuts, ou des statuts ;

b) Ils agissent contrairement aux prescriptions de la loi relatives au calcul, à la comptabilité, à l'administration et à la conservation de la réserve des primes ;

c) Ils agissent contrairement aux prescriptions statutaires relatives au placement des fonds liquides.

Peine : L'emprisonnement avec maximum de 6 mois et en même temps l'amende avec maximum de 2.000 marks ou l'une de ces peines.

5. Le fonctionnement en Allemagne d'une compagnie d'assurances sans l'autorisation légale, ainsi que la conclusion en Allemagne, en qualité de représentant ou de fondé de pouvoirs, de contrats d'assurances pour le compte d'une compagnie non autorisée, ou encore le courtage pour cette compagnie (§ 108) (2).

Peine : L'amende avec maximum de 1.000 marks ou la détention simple ou l'emprisonnement avec maximum de 3 mois.

6. L'omission de déclarer l'insolvabilité ou un excès de passif (§ 109) a été déjà mentionnée plus haut, § 137, V.

7. Sur l'application des dispositions du Règlement sur les faillites (§ 112), cf. plus haut, § 137, II, 4.

8. L'exposé sciemment inexact ou la dissimulation de la situation de la compagnie par les membres du conseil d'administration, d'un conseil de surveillance ou organe semblable ainsi que par les liquidateurs d'une assurance mutuelle, soit dans leurs comptes-rendus et résumés sur le patrimoine social, soit dans leurs rapports à l'organe le plus élevé (§ 111).

Peine : L'emprisonnement avec maximum d'un an et en même temps l'amende jusqu'à 20.000 marks ; déchéance civique suivant appréciation ; en cas de circonstances atténuantes, l'amende peut être prononcée seule (3).

(2) Le § 360, chiffre 9 du C. P. I., se trouve écarté dans cette limite.

(3) Les dispositions mentionnées sous 1, 4, 6, 7 et 8 s'appliquent aussi aux membres du conseil d'administration, d'un conseil de surveillance ou organe analogue ainsi qu'aux liquidateurs d'une société qui, en vertu du § 101, est considérée comme compagnie d'assurance mutuelle au sens de cette loi (§ 113).

VIII. — Infractions contre les institutions de circulation (*gegen das Verkehrswesen*).

§ 195. — 1. Infractions en matière de circulation monétaire d'opérations de banque et de bourse.

Bibliographie. — Pour I et II, *Hälschner*, II, 976. — *Koch*, Die Reichsgesetzgebung über Münz-und Notenbankwesen, 4e éd., 1900. — *Laband*, Staatsrecht. 4e éd., §§ 74, 76. — Pour IV, *Fuld*, GS, LIV, 186, *Hecht*, HSt, IV, 1250.

I. — D'après l'art. 13 de la **loi monétaire** du 9 juillet 1873, le Bundesrat a la faculté de fixer le chiffre maximum au-dessus duquel les monnaies étrangères d'or et d'argent ne peuvent être offertes ou données en paiement, ainsi que d'interdire absolument la circulation des monnaies étrangères.

Les contraventions habituelles ou professionnelles (1er vol., § 55, III) aux dispositions prises en ce sens par le Bundesrat sont punies de l'amende avec maximum de 150 marks ou de la détention simple avec maximum de 6 semaines.

II. — L'Empire n'a fait usage du droit, qu'il tient de la Constitution, de réglementer les opérations des banques, que relativement à l'émission des billets de banque. Nous citerons les dispositions contenues à ce sujet dans la loi sur la **Reichsbank** (Banque d'Empire) du 14 mars 1875, modifiée par la loi du 7 juin 1899.

1. Il est interdit (§ 55) d'émettre sans autorisation des billets de banque (*Banknoten*) ou autres obligations (*Schuldverschreibungen*) au porteur non productives d'intérêts (ce qui comporte également l'émission de

banknotes d'un montant inférieur à cent marks).

Peine : L'amende qui doit être égale à dix fois la valeur des banknotes émises, mais un minimum obligatoire de 5.000 marks.

2. D'après le § 43, les billets émis par une banque qui possédait le droit d'émission lors de la promulgation de la loi, ne doivent pas être employés pour les paiements hors du territoire de l'Etat qui avait concédé ce droit. L'échange de ces billets contre d'autres banknotes, le papier-monnaie ou les monnaies n'est pas soumis à cette interdiction.

Les contraventions sont, d'après le § 56, punies de l'amende avec maximum de 150 marks.

3. Les billets de banque étrangers ou autres obligations au porteur non productives d'intérêts, émises par des sociétés ou des personnes morales ou privées étrangères, ne doivent pas être employés pour les paiements à l'intérieur de l'Empire allemand, si, d'après leur rédaction, ils représentent exclusivement ou concurremment avec d'autres valeurs, des valeurs monétaires de l'Empire allemand ou d'un Etat de l'Empire allemand (§ 11).

L'infraction à cette disposition est punie (§ 57) de l'amende de 50 à 5.000 marks, et en outre, en cas de commission professionnelle, de l'emprisonnement avec maximum d'un an. Tentative punissable.

4. Il n'est pas permis aux banques d'émission (§ 7) : *a*) d'accepter des traites (*Wechsel*); *b*) d'acheter ou de vendre à terme, pour leur propre compte ou pour le compte d'autrui, des marchandises ou des valeurs ayant cours, ou de se porter caution de l'exécution d'opérations de cette nature.

Les membres de la direction (conseil d'administration) qui font infraction à cette disposition, sont punis de l'amende avec maximum de 5.000 marks (§ 58, al. 2).

5. Les banques qui possédaient le droit d'émission

lors de la promulgation de la loi ne doivent, à l'extérieur de l'Etat qui leur a concédé ce droit, ni se livrer à des affaires de banque par le moyen de succursales ou agences (*Zweiganstalten*), ni faire entreprendre ces affaires pour leur compte par des agents, ni s'intéresser comme associées dans des maisons de banque (§ 42).

L'infraction à cette disposition est punie (§ 58, al. 1er) en la personne des directeurs de succursales, des agents et des associés de la banque, ainsi que des membres du conseil d'administration de la banque, de l'amende avec maximum de 5.000 marks.

Est punissable l'exposé sciemment inexact ou la dissimulation consciente de la situation de la banque dans les publications ordonnées par la loi (§ 8).

Peine (contre les membres du conseil d'administration) : l'emprisonnement avec maximum de 3 mois (§ 59, n° 1er).

7. De même, le fait de dresser inexactement les bordereaux prévus dans le § 10, le total des banknotes en circulation soumises à l'impôt étant ainsi donné à un chiffre trop faible.

Peine (contre les membres du conseil d'administration) : L'amende égale à dix fois le montant de l'impôt fraudé, mais avec minimum de 500 marks (§ 59, n° 2).

8. Une peine analogue (le décuple du montant émis en excédent, mais avec minimum de 5.000 marks) est prévue contre les mêmes personnes lorsque la banque émet plus de billets qu'elle n'est autorisée à le faire, ou lorsqu'une collectivité ayant la personnalité civile (*Korporation*) et qui possède le droit d'émettre des obligations au porteur non productives d'intérêts, émet plus de ces titres qu'elle n'est autorisée à le faire (§ 59, n° 3).

9. Une nouvelle peine a été prévue par l'art. 7, § 3

de la loi sur les banques de 1899, à l'égard des membres du conseil d'administration, directeurs de succursale et autres employés ou agents d'une banque qui, pour le compte de cette banque et contrairement à l'engagement pris avec elle, font l'escompte au-dessous du taux admis par le § 2 (qui se fixe d'après le taux officiel de la Reichsbank).

Peine : L'amende avec maximum de 5.000 marks.

III. — En vertu du § 795 C. C. I., des peines ont été prévues contre l'émission non autorisée de **valeurs au porteur** et intercalées dans le C. P. I. comme § 145 par l'art. 34, IV, de la Loi d'introd. au C. C. I.

Celui qui, sans l'autorisation gouvernementale nécessaire, émet et met en circulation en Allemagne des obligations au porteur dans lesquelles est promis le paiement d'une somme déterminée, est puni d'une amende qui peut être égale au cinquième de la valeur nominale des obligations émises, mais qui ne peut être inférieure à 300 marks.

IV. — Infractions à la **loi sur les banques foncières** (*Hypothekenbank*) du 13 juillet 1899.

1. Sur l'abus de confiance du courtier en hypothèques (*Treuhänder*, § 36) cf. plus haut § 136, IV.

2. Emission d'obligations foncières (*Hypothekenpfandbriefe*) au-dessus du montant autorisé. Est puni de l'emprisonnement avec maximum d'un an et de l'amende avec maximum de 20.000 marks celui qui, sciemment, émet pour le compte d'une banque foncière des obligations foncières pour un montant supérieur à celui qui est couvert conformément à la loi par les hypothèques inscrites au registre hypothécaire ou par des valeurs mobilières également enregistrées ou par l'argent qui se trouve entre les mains du courtier (§ 37, al. 1er). En cas de circonstances atténuantes, l'amende peut être prononcée seule.

3. Emploi illicite d'hypothèques et de valeurs mobilières. Est passible de la même peine que sous 2 celui qui, sciemment, dispose, pour le compte d'une banque foncière, d'une hypo-

thèque ou d'une valeur mobilière enregistrées, soit pour les aliéner, soit pour les grever, bien que les autres hypothèques et valeurs restant inscrites au registre ne suffisent pas pour couvrir, conformément à la loi, le montant des obligations foncières ; de même pour celui qui, lors du remboursement d'une hypothèque et contrairement au § 31, al. 2, phrase 2, omet de remettre en garde entre les mains du courtier l'argent payé (§ 37 al. 2).

4. Emission d'obligations foncières sans la certification prescrite. Est puni de l'amende jusqu'à 1.000 marks ou de l'emprisonnement jusqu'à 3 mois celui qui émet, pour le compte d'une banque foncière, des obligations foncières sans que, conformément au § 30, al. 3, le courtier ait certifié la présence de la couverture légale et l'inscription au registre hypothécaire (§ 38).

5. Interdiction de l'exploitation d'une banque foncière. Il est interdit aux sociétés commerciales déclarées, aux sociétés en commandite, aux sociétés à responsabilité limitée (G. m. b. H.), aux syndicats enregistrés et aux personnes agissant individuellement d'exploiter une entreprise de banque foncière (§ 2). Les infractions sont punies de l'amende avec maximum de 3.000 marks (§ 39).

V. — Les dispositions de la **loi sur les Bourses** du 22 juin 1896 ont été déjà mentionnées pour la plus grande partie par ailleurs : par exemple, les §§ 75 et 76 avec l'escroquerie (plus haut, § 140, VI), le § 78 avec l'usure (plus haut § 143, VI), le § 79 avec l'abus de confiance (plus haut, § 136, VII). Il ne nous reste à mentionner ici que le § 77 de la loi, qui punit la distribution illicite de bulletin de cote (*Kurszettel*).

Celui qui, sciemment et contrairement aux §§ 40, 41, 51 et 52 (1) publie des bulletins de cote ou les répand par procédés de polycopie mécanique, est puni de l'amende avec maximum de 1.000 marks ou de la détention simple ou de l'emprisonnement avec maximum de 6 mois.

(1) Bulletins de cote pour valeurs mobilières avant l'attribution aux souscripteurs ; pour valeurs qui ne sont pas admises en Bourses; pour opérations à terme défendues par la loi.

VI. — Les dispositions pénales contenues dans la **loi sur les dépôts en banque** ont été également déjà traitées. Cf. plus haut sur les §§ 9 et 11, le détournement (§ 131, IV), sur le § 10, la banqueroute (§ 137, VI).

§ 196. — 2. Infractions contre la police des poids et mesures et la garantie du titre des métaux.

(*Mass-und Gewichts-sowie die Legierungspolizei*).

I. — Contraventions au **Règlement des poids et mesures.**

Dans son § 369, n° 2, le C. P. I. menace de l'amende avec maximum de 100 marks ou de la détention avec maximum de 4 semaines les industriels chez lesquels (1) sont trouvés des mesures, poids et balances destinés au service de leur commerce ou industrie et non munis du poinçon légal, ou qui se sont rendus coupables d'une autre infraction à la police des poids et mesures (2). En même temps que la peine doit être prononcée la confiscation des instruments non réglementaires.

II. — Contravention à la loi du 20 juillet 1881 relative à l'obligation d'indiquer **la capacité des récipients destinés à la clientèle des débits de boissons** (ou restaurants, etc.).

D'après le § 5 sont passibles de l'amende avec maximum de 100 marks ou de la détention simple avec maximum de 4 semaines les débitants de boissons ou restaurants qui contreviennent aux prescriptions de ladite loi. En même temps il y a lieu de prononcer la confiscation des récipients délictueux, et leur destruction peut même être ordonnée.

(1) Dans les locaux où la clientèle est reçue et servie.

(2) Règlement sur les poids et mesures du 17 août 1868, modifié par la loi d'Empire du 26 avril 1893 et le règlement sur la vérification [des poids et mesures] du 27 déc. 1884.

III. — Les infractions au **Règlement sur le jaugeage des navires** du 1er mars 1895 ont pour conséquence le paiement du double, ou le cas échéant du décuple des droits de jaugeage (§ 36) (3).

IV. — Infraction à la loi du 16 juillet 1884 relative au **titre des objets d'or et d'argent.**

D'après le § 9, est puni de l'amende avec maximum de 1.000 marks ou de l'emprisonnement avec maximum de 6 mois :

1. Celui qui fait figurer sur des objets d'or et d'argent l'indication du titre, alors qu'il s'agit d'objets qui, d'après la loi, ne doivent porter aucune indication de cette nature ;

2. Celui qui fait figurer, sur des objets d'or ou d'argent pouvant porter légalement une indication de titre, une indication autre que celle qui est admise par la loi ;

3. Celui qui poinçonne des objets imitant l'or ou l'argent avec l'un des poinçons prévus par la loi ou avec un poinçon qui, d'après ladite loi, n'est pas admis comme indication du titre des objets d'or et d'argent.

4. — Celui qui met en vente les objets portant des indications contraires aux dispositions de notre loi.

L'intention est nécessaire. En même temps que la condamnation doit être ordonné l'enlèvement complet de l'indication illicite, ou même, si cet enlèvement n'est pas possible autrement, la destruction des objets (4).

V. — Infractions à la loi du 1er juin 1898 relative aux **unités de mesure électriques.**

Dans la fourniture d'énergie électrique, l'on ne pourra employer, pour mesurer l'énergie livrée et lorsque cette mesure

(3) La sanction dont il s'agit ici n'appartient plus guère aux peines criminelles. L'obligation en droit est contestée notamment par *Laband*.

(4) L'indication du titre (poinçon) est document au sens du § 267, C. P. I. Mais les délits de la loi du 16 juillet 1884 ne sont pas falsification de documents, mais établissement de documents non autorisé ou de contenu inexact, non punissable comme tel.

devra contractuellement servir à déterminer le prix de la quantité consommée, que des instruments dont les indications sont basées sur les unités légales (ohms, ampères, volts). L'emploi d'instruments inexacts est interdit. Le Bundesrat peut prendre les dispositions relativement à la légalisation et au contrôle officiel de ces instruments (§ 6).

Les contraventions sont punies de l'amende avec maximum de 100 marks ou de la détention simple avec maximum de 4 semaines. En même temps que la condamnation peut être ordonnée la confiscation des instruments non réglementaires ou inexacts (§ 12) (5).

VI. — Il faut enfin ranger ici l'infraction à la loi du 19 mai 1891 relative à l'**essai des canons et culasses des fusils et autres armes à feu portatives**, c'est-à-dire pouvant être mues et servies par un seul homme.

D'après le § 9, est puni de l'amende avec maximum de 1.000 marks ou de l'emprisonnement avec maximum de 6 mois celui qui met en vente ou en circulation des armes à feu portatives, dont les canons ou culasses ne sont pas munis de la marque d'essai prescrite ou admise. L'imprudence suffit (6). La confiscation doit être prononcée, même lorsque les armes n'appartiennent pas au condamné ; elle peut l'être lorsque la poursuite ou la condamnation d'une personne déterminée ne peuvent être mises à exécution.

(5) Donc sans tenir compte s'ils appartiennent à l'auteur ou à un complice. La confiscation est exclue en tant que sanction indépendante.

(6) R, xxv, 241, 251.

§ 197. — 3. Infractions en matière d'exploitation des chemins de fer, des postes et des télégraphes.

BIBLIOGRAPHIE. — *Bezold*, Die strafrechtlichen Bestimmungen in dem Gesetz über das Postwesen, dans la *Gesetzgebung* du même, III, 1, p. 355. — *Supper* et *Dambach* (Bibl. § 150). — *Maas*, LA, VII, 479. — *V. Bar*, Das Gesetz über das Telegraphenwesen des deutschen Reichs (1892). — *Schollen*, Thèse Bonn, 1897. — *Lahusen* dans Grünhuts Z, XXIV, 357. — *Fritsch*, HSt, III, 500 ; *Fischer*, HSt, VI, 118, et VII, 61.

Le fonctionnement du service des chemins de fer ainsi que des télégraphes est protégé contre les troubles créant un danger public par une série de dispositions pénales (plus haut § 150) ; les infractions des fonctionnaires des postes et télégraphes quant aux lettres, paquets et dépêches confiés aux bureaux des postes et télégraphes sont punies dans le groupe des infractions commises dans l'exercice des fonctions (plus haut § 179, X) ; la fabrication (illicite) et l'altération des timbres-poste, ainsi que l'usage de timbres-poste faux ou altérés, ont été déjà traitées avec le faux (plus haut § 163, III). Cf. aussi plus loin § 200, I. Il ne nous reste donc plus à traiter ici que les infractions suivantes :

I. — **Infractions** : 1. Aux « Prescriptions pour le public » contenues dans les §§ 77 à 81 de l'**ordonnance (loi) sur la construction et l'exploitation des chemins de fer** du 24 juin 1907 (obligation d'obéir à l'administration des chemins de fer, interdiction de pénétrer sur les voies, d'endommager les constructions et le matériel, de troubler l'exploitation, d'ouvrir les portes sans autorisation, de monter et de descendre en marche) ; 2. A la disposition contenue dans le § 29 de l'**ordonnance sur la circulation** du 26 octobre 1899 (interdiction d'introduire avec soi dans les voitures de voyageurs des substances inflammables). Lorsqu'une peine plus grave n'est pas prévue par ailleurs, ces contraventions sont, d'après le § 82 de la premiere loi citée, punies de l'amende avec maximum de 100 marks (1).

II. — Les atteintes « aux **privilèges spéciaux des postes** » (insaisissabilité, obligation de céder la route, d'ouvrir les portes et barrières, de fournir les moyens de passage) sont passibles, d'après la loi sur la poste du 28 octobre 1871 (§§ 18 19, 23) de l'amende (avec maximum de 60 marks).

III. — D'après l'art. 3 de la loi du 20 décembre 1899 relative à quelques modifications en **matière postale**, il est interdit, depuis le 1er avril 1900, d'exploiter des bureaux (*Anstalten*), c'est-à-dire des services organisés (2), se chargeant de recueillir, d'expédier ou de distribuer des lettres non fermées, cartes, imprimés et échantillons portant l'adresse de destinataires déterminés.

Les infractions sont punies de l'amende avec maximum de 1.500 marks, ou de la détention simple ou de l'emprisonnement avec maximum de 6 mois.

IV. — D'après la loi sur les **télégraphes** de l'Empire allemand du 6 avril 1892, § 9, l'atteinte au droit régalien d'exploitation télégraphique est passible de peine.

Est puni d'une amende avec maximum de 1.500 marks ou de la détention simple ou de l'emprisonnement avec maximum de 6 mois celui qui, intentionnellement et contrairement aux dispositions de la dite loi, installe ou exploite (en plantant par exemple au delà de sa concession) des disposi-

(1) Sur l'obligation en droit public, cf. Arndt, *Preuss. Jahrbücher*, CIV, 323, Binding, *Lehrb.*, II, 47, Gerstner, LA, XI, 161, Harburger, DJZ, VI, 59, Laband, DJZ, V, 509, Lahusen, Schollen, Seuffert, LPC, I, 34, R, XXIV, 163. Le Bundesrat, n'ayant pas de pouvoir législatif propre, et aucune délégation n'ayant été faite par la législation impériale, l'obligation doit être niée. Même sens Binding, Laband, Schollen.

(2) Même sens R, XXXV, 191.

tifs télégraphiques. En outre, d'après le § 10, est passible de l'amende avec maximum de 150 marks celui qui contrevient aux proscriptions de contrôle prévues au § 4 de la loi.

IX

§ 198. — 4. Infractions en matière de navigation.

Bibliographie. — *Knitschky*, Die Seegetzgebung des Deutschen Reichs, 3e éd. (par *Rudorff*), 1902 (Textes). — *Boyens*, Das Deutsche Seerecht, refondu par *Lewis*, I, 1897, II, 1901. — *Meves*, Gesetzgebung des Deutschen Reichs, 3e partie, I (Commentaire), 1876. — *Hälschner*, II, 983, 821. — *Katz* (Bibl., § 193), 52. — *Stoerk*, HV, II, 525. — *Kintschky*, LA, VII, 255. — *L. Perels*, Die Seemannsordnung, 1902. — *Beyer*, Die Delikte der Schiffsleute nach gemeinem deutschen Recht, 1904. — Pour I, *Schaps*, LA, XIV, 549.

Le droit commun avait déjà distingué un certain nombre de *delicta maritima*, tels que le fait de causer une collision en haute mer, celui de donner deux noms à un même navire, etc. Ces infractions ont eu une importance particulière dans l'ancien droit pénal des villes hanséatiques (par exemple Hambourg, 1603). Par contre, le droit allemand moderne les a fort négligées. La législation pénale de l'Empire (compétente d'après la Constitution Impériale, art. 4, nos 7 et 9, et art. 54) repose en partie sur le droit anglais ; elle s'est inspirée notamment du *Merchant shipping act* de 1854 ainsi que du *Commercial code of signal for the use of all nations* de 1857.

I. — Infractions à la loi du 22 juin 1899 (modifiée le 29 mai 1901) relative au droit de pavillon des navires de commerce.

1. Fait d'arborer sans autorisation le pavillon de l'Empire (§ 18) : l'amende avec maximum de 1.500 marks ou l'emprisonnement avec maximum de 6 mois ; la confiscation du navire peut être ordonnée.

2. Fait d'arborer le pavillon de l'Empire avant la remise de l'acte de nationalité ou du certificat de pavillon (§ 19) :

l'amende avec maximum de 300 marks ou la détention simple.

3. Infraction à l'obligation de faire inscrire le navire au Registre des navires (§ 20): même peine que pour 2. Celui qui est condamné pour ce motif et n'a pas satisfait à cette obligation dans le délai de 6 semaines après que le jugement a force de chose jugée, est puni de l'amende avec maximum de 600 marks ou de l'emprisonnement avec maximum de 2 mois. La même peine intervient lorsqu'en cas de nouvelle condamnation, il n'est pas donné suite à ladite obligation dans le délai désigné.

4. Infraction aux obligations : *a*) d'avoir à bord l'acte de nationalité (ou un extrait légalisé de cet acte); *b*) de placer en lettres bien visibles et solidement fixées, le nom du navire de chaque côté de la proue, au couronnement arrière ce même nom avec celui du port d'attache. Peine : l'amende avec maximum de 150 marks ou la détention simple (§ 21) (1).

5. Infraction aux prescriptions émanant de l'Empereur et obligeant les navires de commerce à arborer leur pavillon en passant devant les navires de guerre ou les fortifications côtières, ou en entrant dans un port allemand. Même peine que pour 4 (§ 23).

La faute est présumée dans les 5 cas (§ 23). Les infractions prévues au §§ 18, 19, 21 sont punissables, même lorsqu'elles sont commises à l'étranger ou en haute mer. Cette règle s'applique également aux infractions prévues au § 22, lorsqu'elles se produisent à bord d'un navire de commerce allemand (§ 24).

II. — Infraction à la loi du 25 mars 1880 (et à l'ordonnance du 28 juillet 1880 s'y rapportant) relative à la **déclaration des navires dans les consulats** de l'Empire allemand.

Peine : L'amende avec maximum de 200 marks (§ 4).

III. — Les infractions au **Règlement sur le jaugeage**

(1) Ces dispositions pénales rendent caduques celles de même nature contenues dans la loi du 28 juin 1873, relative à l'inscription et à la dénomination des navires de commerce.

des navires de 1895 ont été déjà traitées plus haut, § 196, III.

IV. — Le C. P. I., § 145, menace d'une peine l'infraction à certaines ordonnances émanant de l'Empereur. Ce sont notamment :

1. L'ordonnance (loi) du 9 mai 1897 relative à la prévention des collisions en mer (réglementation des feux et signaux auditifs, réduction de la vitesse en cas de brume, règles sur la route à tenir en cas de rencontre de navires, etc.), remplacée, en vertu de l'Ord. du 5 février 1906, par la **Loi sur la circulation maritime** (*Seestrassenordnung*, promulguée le 10 février 1906) ;

2. L'ordon. (loi) du 15 août 1876 sur la **conduite à tenir par les capitaines après une collision** en mer (chaque capitaine doit fournir à l'autre l'aide nécessaire pour détourner ou diminuer les conséquences de la collision, dans la mesure où il est en état de le faire sans danger notable pour son propre navire et les personnes se trouvant à son bord ; il devra de même et dans les mêmes conditions donner à l'autre capitaine les renseignements nécessaires sur le nom, le port d'attache ainsi que la route de son propre navire) ;

3. La **Loi sur les signaux de détresse et les signaux de pilotage** du 14 août 1876, §§ 4, 5 (les §§ 1-3 ont été abrogés par l'ord. du 9 mai 1897), remplacée par l'ordonnance du 7 février 1907.

Peine dans les trois cas, d'après le § 145 C. P. I. : L'amende avec maximum de 1.500 marks. Suivant le contenu de l'ordonnance considérée, la peine frappe non seulement l'infraction intentionnelle, mais aussi l'infraction commise par imprudence, jamais toutefois celle commise sans faute.

V. — Infraction à la loi du 2 juin 1902 relative à **l'obligation pour les navires de commerce, de prendre à bord des marins rapatriables.**

Peine : L'amende avec maximum de 150 marks ou la détention simple (§ 8).

VI. — Infractions aux dispositions de la loi du 17 mai 1874, relative aux **échouements** [et aux épaves] (avec novelle du 30 décembre 1901), et qui réalise la mise en vigueur des conceptions juridiques modernes s'opposant à l'absence complète de protection qui, jusqu'à une époque récente, était le lot des navigateurs victimes d'un échouement (ancien « droit de bris ou d'épaves ») (2).

1. Omission de donner avis d'un sinistre maritime (§ 4);
2. Non déclaration du sauvetage des débris d'un navire de sa cargaison, etc. poussés vers le rivage, ou omission de livrer ces objets à qui de droit (§ 13);
3. Non déclaration du sauvetage d'objets rejetés par la mer ou flottant à la côte ou en mer, ou submergés (§§ 20 et 21) (3);
4. Sauvetage ou assistance pratiqués malgré la volonté contraire du capitaine (§§ 7 et 12).

5. A ces premiers cas, deux autres ont été ajoutés par la loi du 30 décembre 1901 modifiant le règlement relatif aux échouements. Ils se réfèrent à la gêne apportée à la navigation par les navires flottant à la dérive, ou échoués, ou submergés, ou aussi par les objets ayant touché le fond (§ 25 du nouveau texte).

a) Les autorités ont la faculté de faire disparaître l'épave. Dès qu'elles interviennent, cette intervention étant publiquement manifestée ou ayant été notifiée aux intéressés, on ne peut plus faire disparaître l'épave sans autorisation des autorités, et dans les mêmes conditions on ne peut plus rien enlever du

(2) Bien qu'il existe déjà au XIIIe siècle des dispositions pénales à ce sujet et que la Caroline ordonne que les coupables soient marqués. — Le Règl. relatif aux échouements a été introduit à Heligoland par Ordonnance impériale du 20 juillet 1895.

(3) L'appropriation de ces objets serait punissable comme détournement.

navire. Les infractions à cette disposition sont punissables.

Peine (d'après le § 43). L'amende avec maximum de 150 marks ou la détention simple (Cf. à ce sujet plus haut § 151) (4).

VII. — La loi d'Empire du 21 novembre 1887 relative à la **protection des câbles sous-marins** a été déjà mentionnée plus haut § 150, IV.

VIII. — Infractions à la **Loi sur des gens de mer** du 2 juin 1902 (ayant remplacé la loi du 27 décembre 1872 (5).

Il y a lieu de mentionner, parmi les actes frappés pénalement :

1. La rupture du contrat d'enrôlement (*Heuervertrag* ; § 93) ; cf. plus haut § 135.

2. L'abandon du service à l'étranger (§ 95) : l'amende avec un maximum égal à un mois de salaire.

3. Manquement grossier d'un matelot aux obligations du service (§ 96) : L'amende avec un maximum égal à un mois de salaire.

4. Refus d'obéissance aux ordres réitérés d'un supérieur (§ 100) : l'emprisonnement avec maximum de 3 mois ou l'amende avec maximum de 300 marks. Aggravation en cas de refus collectif et concerté par deux ou plusieurs personnes de l'équipage (§ 101) : l'emprisonnement avec maximum d'un an, et à l'égard du meneur, avec maximum de 3 ans ; les circonstances sont admissibles.

5. Contrainte envers un supérieur pour l'obliger à accomplir un acte de son service ou pour l'en faire abstenir ; résistance avec violence opposée à un supérieur ou attaque avec voies de fait dirigée contre lui (§§ 103, 104). Peine : l'emprisonnement avec maximum de 2 ans, en cas de circonstances atténuantes, l'amende avec maximum de 600 marks. Tentative

(4) Sur § 9 (Assistance en cas de sinistre, *Strandhilfe*), cf. plus haut § 189, II, 1.

(5) Il s'applique à tous les navires ayant le droit de naviguer sous pavillon allemand.

punissable. Aggravation (contre les meneurs et auteurs de violences, la réclusion avec maximum de 5 ans) lorsque ces infractions sont commises collectivement par plusieurs individus qui se sont concertés (§ 105) ; les circonstances atténuantes sont admissibles. Celui qui refuse d'obéir aux ordres d'un supérieur lui enjoignant d'aider à combattre ou à réprimer lesdites infractions, est puni de l'emprisonnement avec maximum de 6 mois ou de l'amende avec maximum de 300 marks (§ 106).

6. Provocation de 2 ou de plusieurs personnes de l'équipage à commettre l'une des infractions mentionnées sous 4 et 5 (§ 102). Peine : si la provocation a réussi, la peine de l'instigation ; en cas contraire, et pour la provocation aux actes mentionnés sous 4 ; l'amende avec maximum de 300 marks ; pour la provocation aux actes mentionnés sous 5 : l'amende avec maximum de 600 marks ou l'emprisonnement avec maximum d'un an.

7. Action de défigurer, de dissimuler, d'alléguer faussement des faits lors des débats devant un Office des Gens de mer (*Seemannsamt*) ; autres petites infractions (§ 107) : Peine de contravention.

8. Action de produire, devant un Office des gens de mer, sciemment ou à la légère, une plainte basée sur l'assertion fausse qu'un navire n'est pas en état de tenir la mer ou est insuffisamment approvisionné, lorsqu'à la suite de cette plainte une instruction a été ouverte (§ 108). Peine, en cas de commission par imprudence : l'amende avec maximum de 100 marks.

9. Dommage aux choses (§ 109), déjà traité plus haut, § 132, III, 1.

10. Abus du pouvoir disciplinaire de la part des officiers du navire (§ 111) : l'amende avec maximum de 1.000 marks ou l'emprisonnement avec maximum d'un an.

11. Approvisionnement défectueux du navire (§ 112). Peine : *a*) en cas de commission intentionnelle, l'emprisonnement, et accessoirement, suivant appréciation, l'amende avec maximum de 1.500 marks et la déchéance civique ; *b*) en cas de commission par imprudence et s'il en résulte une insuffisance de nourriture pour l'équipage, l'amende jusqu'à 500 marks ou l'emprisonnement jusqu'à un an.

12. Mise à terre d'un matelot à l'étranger sans l'autorisa-

tion de l'office des gens de mer, nourriture défectueuse de l'équipage, nombre d'officiers insuffisant, etc. (§ 113). L'amende avec maximum de 300 marks, la détention simple ou l'emprisonnement avec maximum de 3 mois.

13. Diverses petites infractions de service à la charge du capitaine sont punies de peines de contravention d'après les §§ 114 à 116.

14. Sont nouvelles les peines prévues contre l'armateur: *a*) Pour armement insuffisant du navire, etc. (§ 117); amende avec maximum de 1.000 marks ou emprisonnement avec maximum d'un an; *b*) Pour violation du repos du dimanche (§ 118); amende avec maximum de 300 marks ou détention simple; *c*) pour non-remise du certificat d'enrôlement (*Heuerschein*; § 119), peine de contravention.

Ces dispositions (1 à 14) sont applicables (§ 121) même lorsque les infractions sont commises hors du territoire de l'Empire (cf., 1er vol., § 22, V). La poursuite n'est pas exclue par le fait que l'auteur est étranger (§ 121). Sur le commencement de la prescription, cf. 1er vol., § 77, II.

IX. — Pour améliorer les conditions antérieurement défectueuses de la recherche et l'obtention du travail pour les marins, la loi du 2 juin 1902 a réglé par droit d'Empire le fonctionnement des **bureaux de placement pour marins.**

Les infractions à la loi sont punies, pour le § 8, d'une peine de délit (l'amende avec maximum de 300 marks ou la détention simple), pour le § 9 d'une peine de contravention.

X. — La **navigation côtière (petit cabotage et bornage)** est habituellement réservée par chaque Etat à ses propres nationaux. C'est également la conception de la législation allemande, qui cherche à protéger par des dispositions pénales ce privilège de ses sujets contre les intrusions des marins étrangers. Il faut citer en ce sens :

1. La loi sur le cabotage [commercial] du 22 mai 1881.

Le capitaine ou patron d'un navire étranger qui fait le cabotage commercial (*Küstenfrachtfahrt*) sans autorisation est puni de l'amende avec maximum de 3.000 marks (§ 3). Accessoirement peut être prononcée la confiscation du navire et de la cargaison indûment transportée, sans qu'il y ait lieu de distinguer s'ils appartiennent ou non au condamné. Le § 42, C. P. I., a une application appropriée.

2. Le § 296 *a* du C. P. I. punit les étrangers qui pèchent sans autorisation dans les eaux côtières allemandes (cf. plus haut § 134, II, 3).

XI. — La police de la **pêche de haute mer** dans la mer du Nord a été réglée par le traité de la Haye, conclu le 6 mai 1882 entre l'Allemagne, la Belgique, le Danemark, la France, l'Angleterre et la Hollande (6). La loi allemande du 30 avril 1884 qui en assure l'exécution, rend les dispositions des art. 6 à 23 de cet acte, relatives aux bateaux pour la pêche de haute mer, applicables aux dits bateaux même dans le temps où ils se trouvent dans les eaux côtières allemandes de la mer du Nord.

Les infractions (y compris celles qui vont à l'encontre des Ordonnances d'exécution de l'Empereur) sont punies de l'amende avec maximum de 600 marks ou de l'emprisonnement avec maximum de 6 mois, à moins qu'une peine plus grave ne soit déjà encourue d'après les lois pénales générales. Si des outils ou appareils défendus se trouvent à bord ou y sont employés, il y aura en outre lieu de prononcer leur confiscation, sans distinguer s'ils appartiennent ou non au condamné. Si la poursuite ou la condamnation d'une personne déterminée ne peuvent être mises à exécution, la confiscation peut être ordonnée seule.

XI. — D'après les deux lois du 15 juin 1895 sur la situation en droit civil de **la navigation fluviale et du flottage** (§ 132 de la première loi d'après le texte du 20 mai 1898, § 32 de la seconde loi), est passible de l'amende avec maximum de 300 marks celui qui, contrairement aux dispositions du Bundesrat ou du gouvernement d'un Etat confédéré, exerce le métier de patron, de mécanicien ou de maître de flottage.

(6) Cf. V. Liszt, Völkerrecht, § 34.

X. — Infractions contre les lois fiscales de l'Empire

§ 199. — Généralités.

Bibliographie. — *O. Mayer*, Deutsches Verwaltungsrecht, I, 447. — *Meisel*, Finanzarchiv, V, 1. — *Le même*, Zur Reform des österreichischen Finanzstrafprozesses, 1892. — *Arndt*, Z, V, 277. — *Röhrs*, Strafgesetzgebung und Strafverfahren in Bezug auf die Zuwiderhandlungen gegen die Zoll und Steuergesetz, etc., 2e tirage de la 4e éd., publié par Lehmann, 1903. — *Mangold*, Das deutsche Zoll-und Steuerstrafrecht, 1886. — *V. Mayr*, WV, II, 561, 973. — *Seuffert*, StG, I, 52. — *Hälschner*, II, 1001. — *Havenstein*, Die Zollgesetzgebung des Reichs, 2e éd., 1906. — *Schwaiger*, Thèse Erlangen, 1894 (reproduit dans GS, II., 401). *Trautvetter*, Das Strafrecht der Zoll-und Verbrauchssteuergesetze in der Rechtssprechung, 1894. — *Honemann* et *Kaulla* (Bibl. § 139, note 11). — *Zeller*, Z, XVII, 135, 395. — *Weber*, GS, LVIII, 1. — *Meisel* dans *Schanz*, Finanzarchiv, XIX, II, 491. - *V. Bauer*, Finanzarchiv, XIX, I, 40, XXII, 39. — *Le même*, Amts-und Antragsdelikte in den neueren Personalsteuergesetzen. Juristische Blätter, 1902. — *Le même*, Osterreich. Verwaltungsarchiv, 1905, S, 121. — *Dranke*, Z, XXVI, 632. — *Sickel*, Z, VII, 505, pour le très ancien droit pénal douanier allemand.

1. — Le classement le plus rationnel des infractions dont nous avons à nous occuper ici est celui qui repose sur la diversité des sources de recettes de l'Empire. Dans la mesure où ces sources sont pénalement protégées, nous distinguerons parmi elles : 1° les taxes (*Gebühren*), c'est-à-dire les droits prélevés pour les opérations officielles dont les organes de l'Etat sont chargés dans l'intérêt de l'individu (usage des institutions d'Etat) ; 2° les droits de douane

(*Zollabgaben*) pour l'importation, l'exportation et le transit des objets soumis à la douane ; 3° les impôts de consommation (*Verbrauchsteuern*) sur le sel, le tabac et les cigarettes, le sucre, la bière, l'eau-de-vie et les vins mousseux ; il faut y joindre l'impôt sur les successions ; 4° les droits de timbre (*Stempelsteuern*) frappant les effets de commerce, les cartes à jouer, les valeurs mobilières et les actes authentiques ; il faut y joindre le droit dit de statistique. Ce classement servira de base à l'exposé contenu dans les paragraphes suivants.

II. — Un autre classement se conçoit si nous considérons les caractéristiques spéciales des infractions punies par la législation impériale.

1. A ce point de vue, la **fraude** (*Hinterziehung, Defraudation*) apparaît comme le type primordial de tous les délits fiscaux, et la peine qui la frappe comme la base même de toutes les dispositions pénales relatives aux finances de l'Empire. La fraude consiste dans le non paiement des droits dus et payables d'après la loi. Elle n'est pas punissable *a priori*, car en général les moyens du droit civil suffisent pour contraindre à l'accomplissement de l'obligation. Habituellement, la loi ne fait appel à la peine criminelle que lorsque la collaboration de l'individu est indispensable pour connaître l'existence et l'importance de son obligation, et qu'elle est de contrôle difficile. La peine doit alors intervenir à l'égard de l'altération ou de la dissimulation de faits exacts, ou à l'égard de l'allégation de faits inexacts. La fraude présente habituellement (mais non toujours) (1) à ce moment tous les éléments du concept de l'escroquerie : il est porté préjudice au patrimoine de l'Etat dans un dessein de gain, en provoquant par ruse une

(1) L'induction en erreur peut faire défaut, dans la mesure où l y a ignorance complète de la part des administrations : cf. plus haut, § 139, note 6.

erreur (plus haut § 139, note 14). Cependant la fraude resta de tout temps un délit indépendant, différent de l'escroquerie. Cela tient en partie à la distinction, à la vérité aujourd'hui disparue, qui existait autrefois entre le pouvoir pénal judiciaire et le pouvoir pénal administratif (*polizeiliche Strafgewalt*), donc à l'histoire de l'évolution du droit pénal fiscal, d'après laquelle les délits fiscaux étaient classés parmi les infractions relevant de la police administrative ; mais pour une autre part, cette distinction provient aussi des conceptions juridiques du peuple qui, depuis l'époque des luttes entre la liberté de l'individu et l'Etat dominant par la police, se refuse encore aujourd'hui à placer sur le même pied le tort matériel fait à la collectivité et l'action trompeuse préjudiciable à l'individu (2). Et c'est ainsi qu'encore dans notre droit actuel, la fraude est à l'escroquerie ce que le larcin forestier est au vol. Mais de cette relation résulte la règle, qu'un acte qui présente à la fois les éléments de l'escroquerie et ceux de la fraude ne peut jamais être traité et puni autrement que d'après les dispositions pénales en vigueur pour cette dernière. La loi spéciale prime la loi générale.

2. A côté de la fraude, la **contrebande** (*Schmuggel*) apparaît comme un délit douanier spécial. Elle consiste dans le fait d'importer, d'exporter ou de transiter des objets dont l'importation, l'exportation et le transit sont interdits par la loi.

3. Dans certains cas, comme par exemple dans les lois relatives aux impôts sur le sucre et le tabac, une peine est prévue pour la **revendication indue d'un remboursement d'impôt ou de taxe douanière,** c'est-à-dire faite sans titre ou pour un montant trop élevé.

4. Comme complément à ces dispositions pénales apparaissent un certain nombre de prescriptions

(2) Contre cette conception, *J. Goldschmidt* (1er vol., § 26, note 7), 1902, p. 431, note 90.

frappant de peines légères les infractions commises contre les règlements ayant pour objet le contrôle et la perception des taxes, droits de douane, impôts et autres recettes; il ne s'agit même le plus souvent que d'une peine « réglementaire » (*Ordnungsstrafe*). On pourrait faire de ce groupe d'infractions celui des **infractions au contrôle fiscal** (*Kontrollvergehen*, d'après *Meisel*).

III. — Les lois fiscales de l'Empire présentent, dans leurs dispositions pénales, bien des **particularités** : Prépondérance des intérêts purement fiscaux ; accentuation de l'idée d'intimidation, et pourtant, d'autre part, effort pour établir entre l'infraction et la peine une balance s'exprimant en tant que possible par des chiffres, rattachement desdites dispositions à des modèles législatifs déjà anciens, et par suite tendance à limiter la liberté d'appréciation du juge par des définitions casuistiques. Le concours de toutes ces circonstances fait de ces lois comme une sorte de trésor de curiosités juridico-pénales. Il ne nous est pas possible de les étudier ici avec plus de détails ; cependant nous donnerons un aperçu des plus importantes de ces particularités. Nous prendrons comme type la Loi douanière de la Confédération (*Vereinszollgesetz*).

1. Le fait qui fait admettre l'infraction comme consommée, est le plus souvent décrit jusque dans ses plus petits détails ; cf. par exemple le § 136 de la loi douanière, divisé en 9 n[os], présentant eux-mêmes de nombreuses subdivisions.

2. On se trouve souvent en présence de présomptions de faute (1er vol., § 36, note 4) ; les « faits matériels » doivent suffire pour déterminer la peine, et c'est à l'inculpé de faire la preuve de son innocence pour s'assurer, soit l'impunité, soit la substitution d'une peine « réglementaire » à la peine criminelle.

3. L'amende, qui est régulièrement appliquée en première ligne, est calculée comme multiple ou fraction du droit

fraudé dans l'espèce (1er vol., § 63, III). La transformation en peine privative de liberté, exclue en un cas (loi sur le timbre des effets de commerce), s'opère souvent suivant une autre échelle que celle qui est établie par le C. P. I. (1er vol., § 71, I).

Il est fait un très large usage de la confiscation et son application est réglée par des dispositions très détaillées (par exemple, Loi douanière, §§ 154 à 157 ; cf. 1er vol., § 58, note 4).

De même, la peine accessoire de la privation du droit d'exercer une industrie a, en notre matière, une certaine importance (1er vol., § 59, note 5).

4. Une des mesures les plus intéressantes pour la doctrine et qui se retrouve régulièrement en toute loi fiscale est la responsabilité provisoire des tiers innocents pour l'amende encourue par le coupable (1er vol., § 58, note 5).

5. La récidive est punie avec la plus grande sévérité, qui est exceptionnelle par rapport à l'ensemble du système de la législation impériale : l'amende est transformée en peine privative de liberté, le maximum des peines est quadruplé, etc. (1er vol., § 69).

6. Mais en outre le souci d'aller à l'encontre de la tendance du juge à l'indulgence se manifeste d'autre part par l'application de nombreux motifs d'aggravation. En ce sens également, la loi douanière fournit d'instructifs exemples dans ses §§ 144 à 148.

7. On trouve fréquemment des dispositions spéciales sur la rencontre de plusieurs infractions, qu'il s'agisse de plusieurs délits fiscaux entre eux, ou d'un délit fiscal et d'une infraction d'autre nature.

8. Enfin les délais de prescription sont calculés régulièrement en dérogation au C. P. I. (1er vol., § 77), et il existe même des dispositions spéciales sur le commencement et l'interruption de la prescription.

§ 200. — 1. Infractions relatives au paiement des taxes (*Verletzung der Gebührenpflicht*).

Bibliographie. — (En dehors des ouvrages indiqués au § 199) : *Dambach*, Kommentar zum Postgesetz, 5° éd., 1892. — *Sydow*, WV, II, 291.

I. — Sont passibles de peine comme **fraude postale** (*Post-und Porto defraudation*), d'après la loi du 28 octobre 1871 sur les postes de l'Empire (§§ 27 à 33) :

1. Les infractions au monopole postal commises par le fait d'expédier, de transporter, contre rétribution des lettres (concept plus haut, § 179, note 16) et des journaux politiques d'une localité où il existe un bureau de poste vers une autre localité présentant les mêmes conditions (d'après l'art. 2 de la loi du 20 décembre 1899, cela s'étend également pour les expéditions faites à l'intérieur de la localité).
2. Abus de la franchise postale par l'usage illicite d'une mention dispensant du paiement du port, ou par l'insertion d'un envoi soumis à la taxe dans un envoi circulant en franchise.
3. Emploi de timbres ayant perdu leur valeur pour affranchir un envoi. L'imprudence suffit. En cas de grattage ou lavage de l'oblitération, le § 276 C. P. I. est applicable (plus haut, § 163, III, 2).
4. Remise d'envois à des employés des postes ou à des postillons, pour qu'ils en assurent le transport sans que les taxes régulières soient payées.

La peine consiste dans l'amende du quadruple du port fraudé, mais ne peut être inférieure à 3 marks. Dans les cas 2 et 3, elle est encourue dès que l'envoi est remis à la poste. En cas de première récidive, l'amende est doublée ; pour les récidives suivantes, elle est quadruplée. Prescription de trois ans pour la récidive. — Toutes les amendes sont versées aux caisses d'assistance postales.

5. La même peine (mais sans aggravation pour la récidive) frappe celui qui, sciemment, pour frauder la caisse de la poste, voyage sur les voitures postales sans s'être fait inscrire à cet effet.

II. — Comme aggravation de la **fraude des taxes postales et télégraphiques**, ou comme actes préparatoires à cette fraude apparaissent également, dans un certain sens, les infractions menacées dans les §§ 275 et 276 du C. P. I., et déjà traitées plus haut, § 163, III, avec l'altération de documents.

III. — La peine indiquée sous I frappait également, d'après la loi du 16 mai 1869 relative à la mise en service de timbres d'affranchissement telégraphique, celui qui fait usage, pour affranchir un télégramme, de timbres d'affranchissement télégraphique déjà oblitérés. Mais actuellement ces timbres ne sont plus émis.

IV. — Le § 8 de la loi du 20 juin 1899 relative aux **taxes pour le canal Kaiser-Wilhelm** punit la fraude de ces taxes.

Celui qui entreprend de frauder totalement ou partiellement les taxes dues pour l'usage du canal et de ses annexes, en particulier par le fait :

a) Qu'il produit aux fonctionnaires compétents, pour la fixation des taxes, des papiers inexacts, et notamment des papiers de bord erronés, ou fournit à ces fonctionnaires, pour le même but, des déclarations erronées ; ou

b) Qu'il fait usage du canal Kaiser-Wilhelm ou de ses annexes en évitant les bureaux de perception des taxes, ou sans posséder le « bon de passage » (*Passierschein*) nécessaire dans certains cas,

Est puni d'une amende égale à quatre fois le montant fraudé, mais sans pouvoir être inférieure à 30 marks. Si le montant fraudé ne peut être estimé, il y a lieu de prononcer une amende de 30 à 1000 marks. Les taxes fraudées doivent en outre être acquittées en même temps que l'amende.

§ 201. — 2. Infractions contre les lois douanières (*Zollgesetze*).

Bibliographie. — (En dehors des ouvrages indiqués § 199) : *Löbe*, Das deutsche Zollstrafrecht, 3e éd., 1901. — *Weinheimer*, Die Strafgesetze in Zoll-und Steuersachen, 1881. — *Thuemmel*, Z, XII, 784. — *Behr*, GS, LIV, 220. — Pour V : *Seuffert*, Z, XVI, 548.

I. — Il y a lieu de mentionner tout d'abord les dispositions les plus importantes de la **Loi douanière fédérale** du 1er juillet 1869.

1. *a*) La peine de la contrebande (plus haut, § 199, II, 2) consiste dans le paiement du double de la valeur des objets passés en contrebande, toutefois avec un minimum de 30 marks. Les objets eux-mêmes sont confisqués (§ 134).

b) La peine de la fraude (plus haut, § 199, II, 1) est l'amende égale au quadruple des droits fraudés. Les objets sont confisqués (§ 135).

Les éléments des deux infractions sont exposés cas par cas dans les §§ 136 à 130. La faute de l'inculpé est présumée.

2. La première récidive (contrebande et fraude étant alors mises sur le même pied) a pour conséquence le doublement de l'amende, et chacune des suivantes entraîne, en règle générale, une peine privative de liberté d'un maximum de 2 ans. Prescription de 3 ans pour la récidive (§§ 140 à 143).

3. Parmi les motifs d'aggravation de peine, les suivants sont de grande importance :

a) En cas de contrebande en bande (*Bandenschmuggel*), la peine encourue par le chef est aggravée d'une peine privative de liberté de 3 à 6 mois, et celle encourue par les autres participants, d'une peine identique de 1 à 3 mois. En cas de récidive, ou lorsque l'organisation de la bande doit être durable, la peine privative de liberté est respectivement de 1 à 2 ans (pour le chef) et de 6 mois à 1 an (§ 146).

b) Celui qui pratique la contrebande ou la fraude sous la protection d'une assurance, est passible, en dehors de la peine fixée pour l'infraction elle-même, d'une peine privative de liberté de 2 à 3 mois. L'aggravation est encore plus grande si l'action a été commise par trois ou plusieurs personnes associées dans ce but. Sont également passibles de peines privatives de liberté (avec maximum de 2 ans), l'assureur ou le président, le comptable et les membres de la compagnie d'assurances ; les fonds de la compagnie sont soumis à la confiscation (§ 147).

c) Celui qui, en pratiquant l'infraction, porte des armes pour résister aux agents de la douane, est passible, en dehors de la peine ordinaire, d'une peine privative de liberté de 6 mois à un an (§ 148).

4. Les dispositions pénales de la loi sont complétées par des peines réglementaires. Une disposition spéciale règle la responsabilité provisoire de tierces personnes, et de même l'exécution de la confiscation. S'il y a rencontre de la contrebande ou de la fraude avec d'autres infractions, la peine frappant la première est applicable en même temps que celles prescrites pour les secondes (§ 158). La transformation de l'amende irrecouvrable en une peine privative de liberté se fait pour partie d'après des dispositions autres que celles contenues dans le C. P. I. L'ignorance de la loi [douanière] et des règlements administratifs s'y rattachant ne peut servir d'excuse à personne, pas même aux étrangers (§ 163 ; 1er vol., § 41, note 7). La contrebande et la fraude se prescrivent par 3 ans (§ 164).

II. — Ce sont également, pour l'essentiel, les mêmes dispositions qui se retrouvent dans la loi du 1er juillet 1869 ayant pour objet **d'assurer le respect de la frontière du Zollverein** dans les parties du territoire hambourgeois situées hors des lignes douanières, et dont l'application a été étendue, par la loi du 28 juin 1879, aux parties du territoire brêmois placées dans les mêmes conditions.

III. — La loi du 23 juin 1882 accorde aux propriétaires de **moulins** des facilités pour l'exportation, en leur faisant une remise correspondante du droit d'entrée sur les grains. Mais les grains ainsi admis par la douane et emmagasinés au moulin ne doivent être aliénés dans leur état brut, qu'avec l'autorisation du fisc.

Les infractions sont punies de l'amende avec maximum de 1000 marks.

IV. — La même disposition a été étendue, avec la même sanction, aux propriétaires **d'huileries** par le § 11, n° 4 du tarif douanier du 25 décembre 1902, dont les autres prescriptions ne sont d'ailleurs protégées que par les peines réglementaires prévues dans son § 14, lorsque et dans la mesure où la Loi douanière fédérale n'est pas applicable.

V. — Le traité de commerce conclu le 6 décembre 1891 avec l'Autriche-Hongrie, ou le cartel douanier qui lui est joint comme annexe D, ont créé pour l'Empire allemand l'obligation de prévoir des peines pour les **infractions aux lois douanières austro-hongroises.** L'Empire a mis cette obligation à exécution par la loi du 9 juin 1895.

1. La contrebande est punie de la confiscation et de l'amende d'un montant égal au double de la valeur des objets entrés en contrebande (mais avec minimum de 30 marks ; § 2).

2. La fraude des droits douaniers est punie de la confiscation des objets et d'une amende égale au quadruple du droit fraudé (§ 3).

3. Si la confiscation ne peut être exécutée, il y a lieu de faire verser le montant de la valeur des objets, et si cette valeur ne peut être estimée, le paiement d'une somme de 75 à 3.000 marks sera ordonné (§ 4).

4. D'autres infractions sont punies de peines de contraventions (§ 5).

5. L'amende irrecouvrable est transformée, suivant

l'échelle du C. P. I., en une peine privative de liberté proportionnelle, et qui ne peut dépasser un semestre (§ 6).

§ 202. — 3. Infractions aux lois concernant les impôts.

A ce groupe appartiennent les infractions commises :

I. — Contre la loi sur la perception d'un **droit sur le sel** du 12 octobre 1867 (ne s'applique pas dans les Etats du sud de l'Allemagne).

La fraude entreprise est punie d'une amende égale au quadruple du droit fraudé, mais qui ne peut être inférieure à 30 marks. Le sel donnant lieu à la fraude, ainsi que les appareils pour le recueillir, sont confisqués (§ 11). En cas de première récidive, la peine est doublée, et elle est quadruplée pour chaque récidive suivante (§ 12). Le propriétaire de saline auteur de plusieurs récidives perd la faculté d'administrer lui-même sa saline (§ 14 ; cf. 1er vol., § 59, note 5). Si l'amende ne peut être calculée d'après le poids des objets en litige, il y a lieu d'ordonner le paiement d'une somme de 60 à 6.000 marks (§ 16). Pour le reste, les lois pénales douanières sont applicables suivant les circonstances.

II. — Contre la loi relative à **l'imposition du tabac**, du 16 juillet 1879.

1. La fraude entreprise est punie d'une amende égale au quadruple du droit fraudé (§§ 32 à 35). Si ce montant ne peut être calculé, une amende de 30 à 3.000 marks sera prononcée (§ 36). La première récidive entraine le doublement de la peine, et chaque récidive suivante une peine d'emprisonnement avec maximum de 2 ans (§ 37).

2. L'entreprise d'obtenir une remise ou un remboursement illicites de droits de douane ou d'impôts, est punie de la même façon (§ 38).

3. Prescription de 3 ans pour la récidive (§ 39). Des peines réglementaires complètent les dispositions principales (§§ 40

et 41). La responsabilité des tiers est réglée dans le § 43, et la transformation des amendes irrecouvrables dans le § 44. La prescription est de 3 ans (§ 45).

III. — Contre la loi relative à **l'impôt sur les cigarettes** (annexe 2 à la loi du 3 juin 1906 concernant l'organisation du budget de l'Empire et l'amortissement de la dette de l'Empire).

1. La fraude entreprise (§ 17) est punie d'une amende égale au quadruple de l'impôt fraudé, mais d'un minimum de 50 marks par espèce. Si le montant de l'impôt ne peut être établi, il y a lieu de prononcer une amende de 50 à 100.000 marks. L'aide et l'assistance sont punies de l'amende avec maximum de 150 marks (§ 18).

2. La première récidive entraîne le doublement de la peine ; chaque récidive suivante l'emprisonnement avec maximum de 3 ans, toutefois les peines de détention simple ou d'amende qui peuvent être prononcées ne devront pas être inférieures au double de la peine prévue pour la première récidive. Prescription de 3 ans pour la récidive (§ 19).

3. Des peines réglementaires complètent les dispositions principales (§ 20). Le § 21 règle la responsabilité des tiers, et le § 23 ordonne la confiscation des cigarettes non réglementairement empaquetées ou marquées, etc.

4. Sur la falsification des marques fiscales, cf. plus haut, § 163, VI.

5. La poursuite des fraudes se prescrit par 3 ans, et celle des autres infractions par un an (§ 30).

IV. — Contre la loi du 31 mai 1872 relative à la **perception de l'impôt sur la bière** (*Brausteuer* ; cette loi n'est pas applicable dans les Etats du Sud), modifiée par la loi du 3 juin 1906, texte nouveau du 7 juin 1906.

1. La fraude de l'impôt sur la bière, c'est-à-dire l'entreprise de se soustraire au paiement de cet impôt, ou d'en obtenir la remise ou remboursement (§§ 38-40), a pour conséquence pénale le paiement d'un montant égal à quatre fois l'impôt fraudé, mais qui ne peut être inférieur à 50 marks, et si le montant fraudé ne peut être évalué, la peine consiste en

une amende de 50 à 500 marks (§§ 41, 42). Si l'inculpé prouve son innocence, il n'est puni que d'une peine réglementaire (§ 43).

2. La première récidive est punie du paiement d'un montant égal à huit fois le droit fraudé, mais qui ne peut être inférieur à 100 marks, chaque récidive suivante est passible de l'emprisonnement avec maximum de 2 ans, et, dans les cas les moins graves, de la détention simple ou de l'amende, cette dernière ne pouvant toutefois être inférieure au double de la peine prononcée pour la première récidive (§ 44). La prescription pour la récidive est de 3 ans (§ 45).

3. Les infractions de moindre importance sont punies de peines réglementaires (§§ 46 à 48). Le § 50 règle la responsabilité des tiers pour les amendes encourues, et le § 51 la transformation des amendes irrecouvrables. La poursuite des fraudes se prescrit par 3 ans (§ 52).

V. — Contre la loi du 8 juillet 1868 relative à **l'impôt sur les eaux-de-vie** perçu dans différents Etats et territoires de l'Allemagne du Nord (loi applicable depuis le 1er octobre 1887 dans tout le territoire de la *Branntweinsteuergemeinschaft*, ou « groupement de l'impôt sur les eaux-de-vie »). La loi réglemente l'impôt sur les cuves à moût et les appareils à distiller.

Se rend coupable de fraude celui qui procède à une opération de fabrication dont dépend le paiement de l'impôt, sans mentionner celle-ci dans le plan de fabrication délivré par le bureau de recette de l'impôt, ou en dérogeant à ce plan de telle sorte qu'il en résulte une diminution illicite du droit (§ 50). La peine est du quadruple de l'impôt fraudé ; à la première récidive, elle est égale à huit fois le droit fraudé ; et dans chacune des récidives suivantes à seize fois (§§ 52, 53). D'après le § 40 de la loi du 24 juin 1887, elle ne doit toutefois pas dépasser 10.000 marks. La première récidive entraîne pour deux mois la perte du droit de distiller, et la seconde la perte définitive de ce droit. Toute une série de « dispositions pénales spéciales » (§§ 58 à 65) sont prévues pour diverses autres infractions. Les §§ 66 et 67 règlent avec détails la responsabilité des tiers et le concours de plusieurs infractions à la loi. Pour le reste, sont applicables les dispositions de la loi pénale douanière (§ 68)

D'après la loi du 19 juillet 1879 relative à l'exemption de droits de l'alcool destiné à l'industrie, est passible d'une amende égale au quadruple de la remise sollicitée :

1. Celui qui entreprend d'obtenir une remise [un remboursement] à laquelle il n'a aucun droit, ou à laquelle il a droit pour un montant moindre ;

2. Celui qui emploie à d'autres usages que celui autorisé par la loi, l'alcool pour lequel une remise a été accordée ou admise (§ 2).

VI. — Contre la loi du 24 juin 1887, modifiée les (7 avril 1889, 8 juin 1891) 16 juin 1895 et 17 juillet 1902, relative **au droit de consommation sur les eaux-de-vie.**

1. Les §§ 17 à 20 fixent exactement le concept de la fraude et lui assimilent l'obtention illicite d'une remise ou d'un remboursement du droit.

2. La peine est une amende égale au quadruple du droit fraudé (mais qui ne peut être inférieure à 5 marks) ; si le montant du droit fraudé ne peut être évalué, l'amende est de 5 marks à 10.000 marks (§ 21). « En cas d'infraction (cf. 1er vol., § 51, note 7), l'aide et l'assistance seront punies d'une amende avec maximum de 150 marks » (§ 22). Les §§ 23 et 24 déterminent les aggravations en cas de récidive.

3. Pour le reste sont prévues des peines ou amendes administratives (§§ 26, 27, 31).

4. Indépendamment de la poursuite des auteurs « proprement dits », les propriétaires et directeurs de distilleries sont, d'après les §§ 28 et 29, passibles d'amendes pouvant atteindre 5.000 marks (cf. à ce sujet 1er vol., § 58, note 5). Il peut également, dans certaines circonstances, leur être interdit d'exercer leur industrie (§ 30). En outre, le § 32 réglemente la responsabilité provisoire des industriels et commerçants.

5. La transformation de l'amende irrecouvrable est réglée par les §§ 28 et 29 C. P. I. Toutefois, le maximum de la peine privative de liberté pour la fraude avec récidive répétée, ne peut excéder 2 ans (§ 34).

6. La poursuite pénale de la fraude se prescrit par 3 ans (§ 35).

VII. — Contre la loi du 31 mai 1891, relative à **l'impôt du sucre**, modifiée le 27 mai 1896 (Texte du 28 mai 1896). Cet impôt est perçu comme droit de consommation sur le poids du sucre destiné à la consommation nationale. Les dispositions pénales qui le concernent étant en général les mêmes que celles du texte relatif au droit de consommation sur l'eau-de-vie, il suffira de donner ici un aperçu du contenu de notre loi.

1re Partie, 4e section de la loi. Dispositions pénales. 1. Concept de la fraude (§§ 43 à 46). 2. Peine de la fraude (§ 47). 3. Augmentation de peine en cas de récidive (§§ 48, 49). 4. Augmentation de peine en raison des circonstances aggravantes (§ 50). 5. Peines réglementaires (§§ 51 à 53). 6. Peines encourues par les propriétaires ou directeurs de sucreries (§§ 54 à 56). 7. Voies d'exécution (§ 57). 8. Responsabilité provisoire des tiers (§ 58). 9. Concours d'infractions (§ 59). 10. Transformation des amendes en peines privatives de liberté (§ 60). 11. Prescription pénale (§ 61). 11. Procédure pénale (§§ 62 à 64).

VIII. — Contre **la loi relative au droit sur les vins mousseux** du 9 mai 1902.

1. La fraude proprement dite (§ 16 ; *unternommene Steuerhinterziehung*).

Peine (§ 17) : L'amende égale 4 fois le montant des droits non acquittés, mais avec un minimum de 30 marks pour chaque cas de fraude. Si le montant des droits fraudés ne peut être établi, il est prononcé une amende de 30 à 10.000 marks. Lorsqu'il y a infraction, l'aide et l'assistance (*Beihilfe und Begünstigung*) sont punies de l'amende avec maximum de 150 marks (cf. 1er vol. § 51, note 7, et 2e vol. § 183, III, 1 *a*). En cas de première récidive, la peine est doublée. Toute récidive suivante entraîne l'emprisonnement avec maximum de 3 ans, cependant le juge peut, suivant appréciation, prononcer la détention simple ou l'amende, celle-ci ne pouvant être moindre du double de la peine prévue pour la première récidive. L'aggravation pour la récidive intervient même lorsque la peine antérieure n'a été accomplie qu'en partie, ou a été entièrement ou partiellement remise ; mais cette aggravation est exclue, lorsque 3 ans se sont écoulés depuis l'accomplissement ou la remise de la peine (§ 18).

Des peines réglementaires (§ 19) complètent ces dispositions.

2. Falsification de vignettes (*Die Fälschung von Steuerzeichen*, cf. plus haut § 163, V).

3. Dispositions complémentaires.

a) Les vins mousseux, qui ne sont pas pourvus des vignettes fiscales ou douanières exigées, doivent toujours être confisqués (§ 15). Ceci s'applique également aux vins mousseux en cours de fabrication, ainsi qu'aux ustensiles et au matériel servant à la fabrication, à la mise en cave et au débouchage de ces vins, lorsque ladite fabrication a été commencée avant que les déclarations relatives aux locaux d'exploitation et de magasinage aient été faites.

b) Sur la responsabilité des tiers, cf. le § 20 de la loi. Si le coupable ne peut payer lui-même l'amende à recouvrer, le fisc peut renoncer au recouvrement de ce chef, et exercer sa revendication contre toute personne responsable pour l'amende ; il fait alors subir au coupable la peine privative de liberté remplaçant l'amende (§ 20).

c) La poursuite pénale des actes de fraude se prescrit par trois ans, celle des autres infractions (contraventions) par un an (§ 27).

IX. — Contre la loi sur les droits successoraux [*Erbschaftssteuergesetz*] (Annexe 4 à la loi du 3 juin 1906).

1. L'omission d'avis ou de déclaration est punie de l'amende du double au quadruple du droit dû, ou, lorsque ce dernier ne peut être calculé, de l'amende avec maximum de 20.000 marks. S'il est admissible que l'intention de fraude ait fait défaut, il n'intervient qu'une peine réglementaire (§ 49).

2. La même peine frappe le silence gardé sciemment à l'égard d'objets soumis à l'impôt, ainsi que les indications

fausses données sciemment quant à des faits décisifs. La peine n'intervient pas lorsque le contribuable rectifie à temps et spontanément ses indications (§ 50).

3. La transformation d'une amende irrecouvrable en une peine privative de liberté n'a pas lieu (§ 52).

X. Il faut enfin ranger dans ce groupe l'une des dispositions pénales contenues dans la **loi sur la banque d'Empire** du 14 mars 1875, § 59, n° 2. Elle a été déjà mentionnée plus haut, dans un autre ensemble, § 195, II, 7.

§ 203. — 4. Infractions contre les lois sur le timbre.

Bibliographie. — *Hecht*, Die Strafen der modernen Stempelgesetze, 1885. — Pour IV : *Seuffert*, Z, XV, 846.

I. Le (C. P. I.) a rangé un certain nombre d'infractions relatives au timbre en partie dans la falsification de documents (*Urkundenfälschung*) et en partie parmi les contraventions. Nous pouvons donc renvoyer à ce que nous avons déjà exposé plus haut, § 163.

II. — Infractions à la **loi relative au droit de timbre des effets de commerce** (*Wechselstempelsteuer*) du 10 juin 1869, modifiée le 4 juin 1889.

Le fait de ne pas acquitter le droit de timbre est puni d'une *Busse* égale à 50 fois le montant du droit fraudé. La peine est spécialement et entièrement applicable à celui qui n'a pas en temps voulu satisfait à l'obligation lui incombant d'acquitter le droit de timbre ; il en est de même à l'égard des courtiers et intermédiaires domiciliés en Allemagne (*inländische Makler und Unterhändler*), qui ont sciemment négocié des effets n'ayant pas acquitté le droit de timbre. La transformation de la *Busse* irrecouvrable en une peine privative de liberté ou en saisie immobilière (*Subhastierung eines Grundstückes*) est exclue. Les fraudes se prescrivent par cinq ans. Les autres lois fiscales sont d'ailleurs applicables s'il y a lieu (§§ 15 à 18).

III. — Infractions à la **loi sur le timbre des cartes à jouer** du 3 juillet 1878 (1).

Les jeux de cartes non timbrés sont confisqués, quel qu'en soit le propriétaire, et qu'il y ait ou non des poursuites engagées contre une personne déterminée. Celui qui met en vente, aliène, distribue, achète des jeux de cartes non timbrés, ou s'en sert pour jouer, ou les conserve en garde, est passible pour chaque jeu d'une amende de 30 marks (§ 10). La même peine frappe les hôteliers ou débitants et autres personnes ayant des pensionnaires, lorsque l'on joue dans leurs appartements ou locaux avec des cartes non timbrées et que la preuve n'est pas faite que cela s'est produit à leur insu (§ 10, al. 3) ; elle frappe aussi celui qui introduit ou reçoit des jeux de cartes de l'étranger et omet de les faire timbrer (§ 11). Le minimum de la peine calculée comme nous venons de l'indiquer est de 500 marks au moins lorsque le coupable (qui vend, aliène, garde, introduit ou reçoit les cartes) fait le commerce des cartes à jouer (§ 12). Des dispositions pénales spéciales sont prévues pour un certain nombre d'autres contraventions (§§ 13 à 16). La responsabilité subsidiaire des tiers est réglée par le § 18. La poursuite pénale se prescrit par 3 ans (§ 20). Les lois fiscales sont applicables s'il y a lieu (§ 19).

IV. — Infractions contre la **loi impériale sur le timbre** (*Reichsstempelgesetz*) du 1er juillet 1881, modifiée à diverses reprises, en dernier lieu par la loi du 3 juin 1906 et la loi sur la réglementation du budget de l'Empire et l'amortissement de la dette d'Empire de même date (annexe 3), texte actuel dans la circulaire (*Bekanntmachung*) du 7 juin 1906.

1. Celui qui émet, aliène, donne en gage des actions, parts de mine, rentes ou obligations ou qui fait avec ces titres une autre opération entre vifs ou qui effectue un paiement de leur chef et ne se conforme plus dans tous ces cas aux prescriptions fiscales de la loi, est passible d'une amende égale à

(1) Les falsifications (faux) sont punies par le § 275, C. P. I. (cf. plus haut § 163, III).

25 fois le montant de la taxe fraudée, mais avec un minimum de 20 marks pour chaque valeur. La même peine frappe l'acquéreur de valeurs étrangères (des catégories mentionnées plus haut), lorsqu'il s'agit de titres achetés, grâce à un marché passé à l'étranger, par un contractant habitant l'Allemagne lors de la conclusion du marché et que ces valeurs lui sont envoyées de l'étranger ou que son représentant est allé en prendre livraison à l'étranger, le contractant allemand omettant alors de les déclarer pour la taxation dans un délai de 14 jours après leur entrée en Allemagne. Les peines frappent spécialement et pour leur montant entier tout individu qui, soit comme contractant, soit en une autre qualité, a pris part à l'émission, à l'aliénation, à la mise en gage ou à toute opération assimilée (§ 2). La loi de 1906, ajouta à celles qui existaient déjà, l'obligation du timbre pour les versements effectués sur des actions non émises ; les infractions sont punies de l'amende de 50 à 5.000 marks (§ 8).

Le fait de ne pas présenter une expédition des bordereaux ou des actes contractuels, ou de présenter une expédition sciemment fausse, et celui de ne pas payer les droits dus en ce cas ou de les payer suivant un montant sciemment faux, sont punis d'une amende égale à 50 fois le montant des droits fraudés, mais avec un minimum de 20 marks. Si le montant du droit fraudé ne peut être établi, l'amende est de 20 marks à 5.000 marks. La récidive entraine, outre cette peine, une amende accessoire de 150 à 5.000 marks. Cette augmentation intervient sans qu'il y ait lieu de tenir compte de ce que la condamnation antérieure a été prononcée dans le même Etat ou dans un autre Etat de l'Empire. Elle est encourue même si la peine antérieure n'a été subie qu'en partie ou a fait l'objet d'une remise partielle ou totale. Elle est exclue, lorsque cinq ans se sont écoulés entre l'accomplissement ou la remise de la dernière peine et la commission de la nouvelle infraction (§§ 22, 23). Le § 24 sanctionne de l'amende de 3 à 5.000 marks les infractions de moindre importance.

3. Le non-paiement des droits de timbre pour les billets des loteries allemandes et étrangères et pour les feuilles de renseignements sur les mises, ainsi que pour les feuilles de paris dans les courses de chevaux ouvertes au public et dans les circonstances similaires, est puni d'une amende égale à 5 fois le montant du droit fraudé. Toutefois, à l'égard de l'en-

trepreneur d'une loterie allemande ainsi qu'à l'égard de celui qui se charge du placement de billets de loteries étrangères en Allemagne, cette amende ne peut être inférieure à 25 marks (2). Si le nombre des billets placés ou le montant total des paris ne peut être constaté, l'amende est de 250 à 5.000 marks (§ 30).

4. (Ajouté par une loi de 1900). Le non-paiement des droits de timbre pour les papiers de bord est puni d'une amende égale à 25 fois le montant du droit fraudé, mais avec un minimum de 20 marks. La peine frappe spécialement et pour son montant entier celui qui ne remplit pas à temps l'obligation lui incombant d'acquitter le droit. La même peine frappe celui qui se charge d'expédier ou de livrer des marchandises sans que l'un des documents prescrits ait été établis ou remis à qui de droit. Si le montant du droit fraudé ne peut être constaté, la peine prévue par le premier alinéa est remplacée par l'amende de 20 à 5.000 marks (§ 40).

Celui qui exerce la profession d'expéditeur de marchandises encourt accessoirement à la peine du § 40 la peine de récidive prévue au § 23 (cf. plus haut sous 2), lorsqu'après avoir été condamné en vertu du § 40, il contrevient de nouveau aux dispositions de ce paragraphe (§ 41).

5. (Ajouté par la loi de 1906). Les employés d'une administration de chemins de fer n'appartenant pas à l'Etat, ou d'une entreprise de navigation à vapeur, qui mettent en vente des billets de voyageurs ne portant pas le timbre prescrit, sont punis d'une amende de 100 marks pour chaque cas d'infraction (§ 48). La récidive entraîne, accessoirement à cette peine, l'aggravation prévue au § 23 et mentionnée plus haut sous 2 (§ 49).

6. (Ajouté par la loi de 1906). Le non-paiement du droit prévu pour les permis de circulation des véhicules automobiles est puni d'une amende dont le montant est du quintuple au décuple de celui du droit dû pour un permis annuel. Si ce montant n'a pu être fixé, chaque cas d'infraction est puni d'une amende de 150 à 4.000 marks (§ 61).

(1) Les opérations des bookmakers (plus haut § 144 note 2) motivent le concours idéal avec le C. P. I., § 284. En ce sens R, XXX, 395, XXXI, 114. Contrà J. Goldschmidt, CS, LV, 106 (pour le concours réel).

7. (Ajouté par la loi de 1906). Le non-paiement du droit prévu pour l'ensemble des bonifications (tantièmes) accordées aux membres du conseil d'administration d'une société anonyme, d'une société en commandite par action ou d'une société à responsabilité limitée (G. m. b. H.), est puni, en la personne des membres du comité de direction, des associés personnellement responsables ou des gérants, d'une amende égale à 20 fois le droit de timbre fraudé.

8. Toutes les autres infractions sont punies d'une amende réglementaire avec maximum de 150 marks. La même peine est applicable lorsqu'il résulte des circonstances que la commission d'une fraude n'était pas possible ou n'était pas voulue (§ 71).

9. La transformation d'une amende irrecouvrable en une peine privative de liberté ou en saisie immobilière avec vente judiciaire n'a pas lieu (§ 74).

V. Les infractions à la loi du 7 février 1906 relative à la statistique du commerce extérieur ne font l'objet que d'une peine réglementaire avec maximum de 100 marks.

XI. — Infractions militaires

§ 204. — Généralités

Bibliographie. — *M. E. Mayer*, Deutsches Militärstrafrecht, 1907 (2 volumes de la petite collection Göschen). — *Hecker*, Lehrbuch des deutschen Militärstrafrechts, 1887. — *Delius*, Z, IX, 833. — Commentaire de *Koppmann*, 3e éd., par *Weigel*, 1903. — *Birkmeyer*, Enzyklopädie, 2e éd., 1904, p. 1203. — *Dangelmaier*, Die Militärverbrechen und-Vergehen nach österreichischem Recht, 1884. — *Weisl*, GS, XLIII, 71. — *Le même*, Das Heeresstrafrecht, Partie générale, 1892, Partie spéciale, 1903. — *Herz* et *Ernst*, Strafrecht der Militärpersonen, 1905. — *Schlayer*, Heer und Kriegsflotte, 2e vol., Militärstrafrecht, 1904. — *V. Nostiz Wallwitz*, Thèse Leipzig, 1905.

I. **L'histoire** du droit pénal militaire commence à l'apparition des armées permanentes, pour lesquelles des règles pénales spéciales (*Kriegsartikel Reuterbestallungen*) furent nécessaires. Dans l'Allemagne du Sud, la première base de la législation fut les *Kriegsartikel* de Maximilien Ier de 1508 (rénovés en 1570) ; dans l'Allemagne du Nord, ce fut le droit de guerre (*Kriegsrecht*) de l'Electorat de Brandebourg, promulgué par le Grand Electeur en 1656 (en imitation des *Kriegsartikel* suédois de 1621) et rénové en 1665. Toutefois, ce fut seulement au cours du XIXe siècle que presque tous les Etats allemands durent se décider à codifier leur droit pénal militaire. En vertu de l'art. 61 de la Constitution de la Confédération Germanique du Nord, le droit pénal militaire en vigueur en Prusse, et en particulier le Code pénal militaire prussien du 3 avril 1845, fut introduit, par ordonnance du 29 décembre 1867, dans le territoire de la Confédération, y compris Bade et la Hesse, mais non compris le royaume de Saxe. Lors de la fondation de l'Empire allemand, il existait donc concuremment plusieurs codes pénaux militaires, qui sur certains points différaient profondément entre eux et qui étaient : 1° le Code pénal militaire prussien de 1845 ; 2° le C. P. Mil. saxon du 4 novembre 1867 ; 3° le C. P. Mil. bavarois du 29 avril 1869 ; 4° le C. P. Mil. wurtembergeois du 20 juillet 1818. La nécessité d'une législation homogène, conforme au nouvel ordre de choses, apparut immédiatement, et fut rendue encore plus pressante par l'unité de législation en matière de droit pénal civil. Les efforts en ce sens furent couronnés d'un prompt succès. Le C. P. Mil. pour l'Empire allemand du 20 juin 1872 (introduit en Alsace-Lorraine par la loi du 8 juillet 1872) entra en vigueur le 1er octobre 1872.

II. — Les **crimes ou délits militaires** sont les infractions que le C. P. Mil. rend passibles de peines. Ce sont, soit des infractions purement militaires, lorsqu'elles ne peuvent être commises que par des militaires, soit des infractions qualifiées militaires, c'est-à-dire des délits ordinaires par lesquels le C. P. Mil. prévoit des peines spéciales (*delicta militaria propria et impropria*). Les infractions commises par des militaires, et qui ne sont pas des crimes ou délits militaires, sont jugées d'après les lois pénales générales (§ 3). Les infractions militaires sont (§ 1er), soit des crimes, soit des délits ; ce sont des crimes, lorsqu'elles sont passibles de la peine de mort, de la réclusion, de l'emprisonnement ou de la détention de forteresse de plus de 5 ans ; ce sont des délits, lorsqu'elles sont punies de peines privatives de liberté avec maximum de 5 ans (§ 16). Le droit pénal militaire ignore les contraventions (1er vol. § 27, note 2) ; les atteintes à la discipline que ne sanctionne pas le C. P. Mil. rentrent dans le domaine du droit pénal disciplinaire. Il ne faut pas confondre avec celui-ci la punition par voie disciplinaire d'infractions militaires proprement dites, admise par le § 3 loi d'introd. au C. P. Mil. pour les cas peu graves de certains délits militaires.

III. — **Domaine personnel d'application du droit pénal militaire.** Les dispositions du C. P. Mil. s'appliquent entièrement ou partiellement, sans limitation ou avec limitation, aux groupes de personnes suivants :

1. Aux militaires (*Militärpersonen*), c'est-à-dire (§ 4) aux personnes comptant dans les rangs de l'armée (*Personen des Soldatenstandes*) et aux fonctionnaires militaires (*Militärbeamten*). La répartition de ces personnes en différentes classes résulte du tableau joint au C. P. Mil. Toutefois il faut observer : *a*) que les fonctionnaires militaires (§§ 153, 154) ne tombent sous le coup du C. P. Mil. qu'en campagne et seulement pour les actes énumérés plus loin § 205, I, II, III, VI, VIII ; *b*) que les militaires en congé (ou en disponibilité, *Personen des Beurlaubtenstandes*) ne sont soumis au C. P. Mil., sans limitation (§ 6), que pendant le temps où ils accomplissent du service, et ne le sont en dehors de ce temps que pour des cas spécialement relevés par la loi (§§ 101, 113, 126 ; 42).

2. Aux officiers à la suite n'appartenant pas à l'armée allemande ou à la marine impériale (Loi d'introd., § 2, al. 3), lorsqu'ils sont appelés à accomplir momentanément des actes de service et dans la mesure de ces actes, ainsi que pour les infractions à la subordination militaire qu'ils commettent étant revêtus de l'uniforme militaire.

3. Aux gendarmes ruraux (*Landgendarmen*), dans la mesure où ils avaient, suivant la législation de leur Etat, la qualité de militaires lors de la mise en vigueur du C. P. Mil. (Loi d'introd. § 2, al. 2).

4. Aux gens des convois (*Armeetrosz*), c'est-à-dire à toutes les personnes (charretiers, infirmiers, journalistes,etc.) qui, lors d'une guerre ayant éclaté contre l'Empire allemand, se trouvent à l'armée belligérante dans une situation de service ou résultant d'un contrat, ou séjournent à cette armée ou l'accompagnent dans toute autre condition (§§ 155, 156).

5. Au personnel d'employés d'un vaisseau de guerre ainsi qu'aux autres personnes embarquées pour pourvoir à un service (§ 166). Toutefois, ces dernières

ne sont soumises aux lois de la guerre (§ 9) qu'autant que le navire se trouve en état de guerre (c'est-à-dire navigue seul hors des limites des eaux nationales, § 164).

6. Aux officiers étrangers admis à suivre l'armée belligérante (§ 157), à moins que l'Empereur n'ait pris à leur égard des dispositions spéciales.

7. Aux prisonniers de guerre (§ 158). Ceux-ci sont en outre punis de mort (§ 159) lorsque : *a*) ils s'enfuient en manquant à leur parole d'honneur ; *b*) ils manquent à la promesse donnée, après avoir été libérés sur parole ; *c*) ils agissent, avant la fin de la guerre, contrairement aux conditions sous lesquelles ils ont été libérés de la captivité de guerre.

8. Aux autres personnes, allemands ou étrangers (§ 160), pour certains actes commis sur le théâtre de la guerre (1).

IV. — En ce qui concerne le domaine d'application du C. P. Mil. il faut encore considérer les principes suivants :

1. Les infractions commises à l'étranger par des personnes ayant la qualité de militaires et se trouvant à l'armée ou en service, sont punies de même façon que si elles avaient été commises par ces personnes dans le territoire de l'Empire (§ 7).

2. Un Allemand ou un étranger qui, dans un pays étranger occupé par des troupes allemandes, commet contre les troupes allemandes ou les personnes y appartenant ou contre l'autorité administrative installée par ordre de l'Empereur, une infraction punissable d'après les lois de l'Empire allemand, est passible des mêmes peines que si cette action avait été commise par lui à l'intérieur du territoire fédéral allemand (§ 161).

(1) Trahison envers l'Etat (*Landesverrat*), trahison de guerre, entente en vue d'une trahison, dépouillement de blessés, morts, etc. (C. P. Mil., §§ 57 à 59, 134).

3. Les délits militaires commis contre les militaires d'Etats alliés lors de l'exécution d'un service en commun, sont punis, lorsque la réciprocité est garantie, comme si ces actes avaient été dirigés contre des militaires allemands (§ 8).

4. D'après l'Ordonnance du 26 juillet 1896 concernant l'introduction des lois pénales militaires de l'Empire allemand dans les colonies africaines, ces lois y furent mises en vigueur en même temps que la loi sur les troupes coloniales et sur le service militaire du 7 juillet 1896, et en admettant qu'au sens du C. P. Mil., il faut comprendre également par « armée » les troupes coloniales de l'Empire.

V. — **Système des peines du C. P. Mil.** A. Peines principales (la détention simple, l'amende et la réprimande font défaut) : 1. La peine de mort) 1er vol., § 60, II, III). 2. La réclusion (conforme aux dispositions du droit pénal civil). 3. Les peines privatives de liberté : *a*) l'emprisonnement, *b*) la détention de forteresse, *c*) les arrêts (arrêts à la chambre, arrêts simples, arrêts moyens, arrêts de rigueur ; § 19). La peine privative de liberté peut être perpétuelle ou temporaire (elle est alors d'un jour à 15 ans). Si sa durée est de plus de six semaines, elle prend la forme de l'emprisonnement ou de la détention de forteresse ; en cas contraire, ce sont les arrêts (§ 17). B. Peines accessoires. Ce sont exclusivement des peines frappant l'honneur, qui sont (outre la déchéance civique prononcée conformément aux §§ 32 et sq. du C. P. I.) : 1° à l'égard des militaires proprement dits (*Personen des Soldatenstandes*), *a*) l'exclusion de l'armée ou de la marine ; *b*) le renvoi du service ; *c*) la dégradation ; *d*) le placement dans la seconde classe des soldats (§ 309) ; 2° à l'égard des fonctionnaires militaires, la perte de la fonction (§ 43).

VI. **Pour** le reste, les dispositions générales du C. P. I. s'appliquent également aux infractions militaires (§ 2), toutefois avec les **dérogations** suivantes, déjà traitées dans la Partie Générale de ce manuel :

1. En ce qui concerne les peines frappant l'honneur accessoires à la peine de la tentative (C. P. I., § 45), cf. 1er vol., § 66, II.

2. Le § 47 traite spécialement de l'ordre donné par un supérieur (1er vol., § 35, note 1). Si, par l'exécution d'un ordre donné en service (pour affaires de service, *in Dienstsachen*), il se produit une atteinte à une loi pénale, c'est le supérieur qui a donné l'ordre qui est seul responsable. Toutefois l'inférieur qui a obéi peut être puni comme complice : *a*) S'il a outrepassé l'ordre à lui donné ; *b*) s'il lui était connu que l'ordre concernait un acte ayant pour but un crime ou délit civil ou militaire.

3. Le § 48 déclare expressément que la folie criminelle (*Verbrecherwahn*, 1er vol., § 41, note 3) reste sans influence.

4. D'après le § 49, al. 1er, d'ailleurs mal rédigé, le manquement au service causé par la crainte d'un danger personnel doit être puni comme le manquement au service commis avec intention (1er vol., § 34, III, 3).

5. L'ivresse causée par la propre faute de l'auteur ne constitue pas, d'après le § 49 al. 2, un motif d'atténuation (cf. 1er vol. § 38, note 8).

6. La jeunesse de l'auteur n'a, d'après le § 50, aucune influence sur la peine (cf. 1er vol., § 38, note 3).

7. D'après le § 51, la poursuite des infractions militaires est indépendante de tout dépôt de plainte (cf. 1er vol., § 45, I).

8. En dérogation du C. P. I., le C. P. Mil. a établi dans ses §§ 53 et 55 des motifs généraux d'aggravation de peine (1er vol., § 69), parmi lesquels ne figure pas la récidive.

§ 205. — Les différents crimes et délits militaires.

I. — **Trahison en campagne** (*Kriegsverrat*), c'est-à-dire la trahison envers le pays, commise au cours d'une campagne (§§ 57, 58).

Les peines comportent une très notable aggravation par rapport au droit commun ; la peine de mort est même prévue pour les cas du § 58. Le § 59 punit le complot, tandis que le § 60 frappe de la peine de la complicité l'omission de dénonciation (*unterlassene Anzeige*). D'après le § 61, le remords actif agit comme motif de suppression de peine.

II. — **Mise en péril de la force militaire en campagne** (*Gefährdung der Kriegsmacht im Felde*), c'est-à-dire tout manquement de service ayant pour effet de favoriser les entreprises de l'ennemi, ou de créer un danger ou un désavantage pour les troupes belligérantes allemandes ou alliées (§ 62).

La peine de mort est prévue pour les cas graves du § 63.

III. — **Absence non autorisée et désertion** (*Unerlaubte Entfernung und Fahnenflucht*, §§ 64 à 80). Ces deux infractions se distinguent l'une de l'autre en ce que la désertion suppose, d'après le § 69, le dessein de se soustraire à l'obligation du service, imposée par la loi ou prise par engagement, non pas seulement momentanément, mais définitivement.

La désertion est également, dans certaines circonstances (§§ 71 à 73), passible de la peine de mort. La commission en commun a pour effet d'aggraver la peine (§ 72), et le remords actif de l'atténuer (§ 75). L'omission de dénonciation est punie par le § 77, le fait de pousser à la désertion et de favoriser celle-ci, par le § 78.

Le § 79 concerne l'évasion (*Selbstbefreiung*), et le § 80 la rupture des arrêts à la chambre.

IV. **Mutilation volontaire et simulation d'infirmités** (*Selbstbeschädigung und Vorschützung von Gebrechen*). En relation avec les §§ 142 et 143 du C. P. I., le C. P. Mil. § 81 rend passible de peine celui qui, intentionnellement, se rend impropre ou se fait rendre impropre au service militaire par mutilation volontaire ou de toute autre façon ; le § 82 punit le fait de rendre, sur sa demande, une autre personne impropre au service ; le § 83 celui d'employer des moyens destinés à provoquer une tromperie pour se soustraire complètement ou partiellement au service.

V. **Lâcheté** (*Feigheit* ; §§ 84 à 88).

Les peines sont diversement graduées. D'après le § 84, est passible de la peine de mort celui qui, pendant le combat, prend la fuite par lâcheté et incite, par ses paroles ou par ses gestes, ses camarades à fuir.

VI. — **Infractions contre les devoirs de la subordination militaire** (*Strafbare Handlungen gegen die Pflichten der militarischen Unterordnung*, §§ 80 à 113).

Cette section réunit un certain nombre d'infractions différentes, notamment : 1. Le manquement au respect dû à un supérieur (§ 89) ; 2. Le mensonge envers un supérieur à l'occasion du service (§ 90) ; 3. Insulte envers un supérieur ou un gradé de rang hiérarchique plus élevé (§ 91) ; 4. Désobéissance aux ordres donnés en service ou à l'occasion du service, et refus exprès d'obéissance (§§ 92 à 95), pouvant même entraîner, dans certaines circonstances, la peine de mort ; 5. Résistance (rébellion, *Widersetzung*, § 96), c'est-à-dire l'entreprise d'empêcher, par la violence ou la menace, un supérieur d'exécuter un ordre de service, ou de le contraindre, par les mêmes moyens, à procéder à un acte de service ou à s'en abstenir ; 6. Voies de fait envers un supérieur (§ 97), punies, en campagne, de la peine de mort. — Dans ces six cas, il se produit une atténuation de peine, lorsque le subordonné, excité par le traitement illégal qu'il subit de la part d'un supérieur ou par un abus de pouvoir de la part de ce dernier, se laisse brusquement (sur le champ, *auf der Stelle*) entraîner à commettre l'une de ces actions ; 7. Provocation ou excitation à la désobéissance, à la résistance ou aux voies de fait (§ 99, correspondant au § 112 du C. P. I.) ; 8. Mutinerie (*Aufwiegelung mehrerer*) pour la commission en commun de l'un des actes nommés au § 99 (§ 100) ; 9. Organisation non autorisée de réunions pour la discussion d'affaires militaires ou d'institutions militaires, collecte de signatures pour des remontrances ou réclamations collectives sur les mêmes objets, éveil de mécontentement à l'occasion du service (§§ 101, 102) ; 10. Mutinerie (*Meuterei*), c'est-à-dire l'entente de plusieurs pour la commission en commun de désobéissance, résistance, voies de fait (§§ 103 à 105) ; 11. Sédition militaire (*Militärischer Aufruhr* ; cf. C. P. I., § 115), existant lorsque plusieurs individus s'attroupent et unissent leurs forces pour refuser le service à un supérieur, pour lui résister ou se livrer sur lui à des voies de fait (§§ 106 à 110) ; passible de mort dans certaines circonstances ; 12. Manquement au respect, insulte, désobéissance, résistance, voies de fait envers une garde (militaire, *Wache*, § 111), punis comme si l'acte était commis à l'égard d'un supérieur ; 13. Duel à l'occasion du service (§ 112).

VII. — **Abus d'autorité** (*Missbrauch der Dienstgewalt*, §§ 114 à 126). Cette infraction constitue le pendant de celles qui viennent d'être traitées sous VI.

Il faut ranger sous ce concept : 1. L'abus d'autorité pour des fins n'ayant pas de rapport avec le service, le fait de solliciter ou d'accepter des cadeaux, d'empruter de l'argent, etc. (§ 114) ; 2. Le fait, consommé ou tenté, de déterminer un subordonné à commettre des infractions (§§ 115, 116) ; 3. Le fait de mettre obstacle aux réclamations (§ 117) ; 4. Le dépassement du droit de punition (*Ueberschreitung der Strafbefugnisse*, § 118) ; 5. L'intervention illégale dans l'administration de la justice (§ 119) ; 6. L'usurpation d'un droit de commandement ou de punition (§ 120) ; 7. L'insulte et le traitement contraire aux lois et règlements envers les subordonnés (§ 121) ; 8. Les mauvais traitements et les dommages à la santé à l'égard de subordonnés (§§ 122, 123). — Ici également, comme pour le groupe précédent, les sentinelles et les postes militaires (*Wachen*) sont assimilés aux supérieurs (§ 125).

VIII. — **Infractions commises en campagne contre des personnes ou des propriétés** (*Widerrechtliche Handlungen im Felde gegen Personen oder Eigentum*, §§ 127 à 136). La nécessité de porter plainte disparaît (§ 127), lorsqu'en campagne un vol, un détournement, une infraction suivie de lésion corporelle, une infraction contre les mœurs, ont été commis par une personne appartenant à l'armée (*des Soldatenstandes*).

Il faut citer ici : 1. Le butin (*Beutemachen*) non autorisé (§ 128) ; 2. Le pillage (*Plünderung*, §§ 129 à 133, puni de mort dans certaines circonstances), existant lorsque quelqu'un, profitant, en campagne, de la terreur causée par la guerre ou de sa situation hiérarchique : *a*) enlève aux habitants ou les contraint de lui donner une chose leur appartenant, et cela dans un dessein d'appropriation illicite ; *b*) prélève sans autorisation des contributions de guerre ou ordonne de même des réquisitions, ou encore dépasse la mesure fixée pour les réquisitions auxquelles il doit procéder, s'il le fait pour en tirer un avantage personnel ; est assimilé à ce cas le fait de ravager ou de détruire en campagne, par malignité ou par légèreté (plus haut § 176, IV), la propriété d'autrui (§ 132) ; 3. Le fait de dépouiller les morts, les blessés ou les prisonniers (§ 134) ; 4. Le maraudage, qui existe lorsqu'en campagne, un traînard commet des exactions à l'égard des habitants (§ 135).

IX. — **Autres infractions contre la propriété** (§§ 137, 138).

1. Le fait d'endommager, de détruire ou d'aliéner des objets employés pour le service (§ 139) ; 2. Vol ou détournement commis : *a*) dans l'exécution du service ou avec manquement à une situation créée par le service quant à des choses qui, précisément en raison du service ou de cette situation, sont accessibles à l'auteur ou lui ont été confiées ; *b*) à l'égard d'un supérieur ou d'un camarade, de l'hôte du cantonnement ou d'une personne vivant à son foyer.

X. — **Manquement au service dans l'exécution de fonctions spéciales** (§§ 139 à 145).

1. Communication, faite avec intention, de faux rapports de service (§ 139) ; 2. Corruption passive (§ 140) ; 3. Manquement dans le service de garde (§ 141), puni de mort dans certaines circonstances ; 4. Fait de causer un dommage notable à un navire ou à ses apparaux par négligence dans l'exécution du service (§ 142) ; 5. Fait de laisser commettre des infractions (§ 143) ; 6. Fait de laisser évader un prisonnier, commis intentionnellement ou par impru-

dence ; non exécution d'un ordre d'arrestation (§ 144) ; 7. Manquement au devoir en matière d'administration (§ 145).

XI. — Autres infractions contre l'organisation militaire (§§ 146 à 152).

1. Abandon de poste et éloignement (*Verlassen der Wache- und Austreten*, § 146) ; 2. Négligence coupable dans la surveillance de subordonnés et omission intentionnelle de donner avis d'infractions ou de les poursuivre (§ 147) ; 3. Lésion corporelle par maniement imprudent d'armes ou de munitions (§ 148) ; 3. Emploi illégal d'armes et provocation à cet emploi (§ 149) ; 5. Mariage sans autorisation des supérieurs compétents (§ 150) ; 6. Ivresse (§ 151) punissable lorsqu'un individu, étant de service ou après avoir été commandé pour un service, se rend incapable, en s'enivrant, de remplir les fonctions de son service ; 7. Abus du droit de réclamation (§ 152).

FIN DU TOME SECOND ET DERNIER

TABLE DES ABRÉVIATIONS

—

*Dans la traduction française, l'astérisque * sert dans le second volume à désigner les §§ contenus dans le tome I*

A L R :	Allgemeines preussisches Landrecht (*Coutume générale de Prusse*) ; les nos désignent les paragraphes du titre XX de la 2e partie.
Aschaffenburg :	Monatschrift für Kriminalpsychologie und Strafrechtsreform (*Bull. mens. de psychologie crim. et de réforme pénale*, édité par Aschaffenburg).
V. Bar :	V. Bar, Handbuch des deutschen Strafrechts (*Man. de dr. pén. all.*), tome Ier, 1882.
V. Bar Gesetz :	V. Bar, Gesetz und Schuld in Strafrecht (*La loi et la faute en dr. pén.*), tome Ier, 1906, tome II, 1907.
Baumgarten Versuch :	Baumgarten, Die Lehre vom Versuch des Verbrechens (*Théorie de la tentative*), 1888.
Beling :	Beling, Grundzüge des Strafrechts (*Eléments de droit pén.*), 3e éd, 1905.
Beling Verbrechen :	Beling, Die Lehre vom Verbrechen (*Théorie de l'infraction*), 1906.
Beling Heft I, etc. :	Strafrechtliche Abhandlungen (*Etudes de dr. pén.*), éditées par Bennecke et à partir de la livraison 15 par Beling.

Bennecke-Beling :	Bennecke-Beling, Lehrbuch des Strafprozessrechts (*Man. de Proc. crim.*), 2e éd., 1900.
Bennecke Heft I, etc :	Strafrechtliche Abhanlungen des juristischen Seminars der Universität Breslau (*Travaux de dr. pén. du séminaire juridique de Breslau*), publiés par Bennecke et Beling.
Berliner Iahrbuch :	Iahrbuch der internationalen Vereinigung für verglichende Rechtswissenschaft und Volkswirtschaftslehre (*Annuaire de l'Association internationale de droit comparé et d'économie politique*).
Berliner Seminarabhdlgn :	Abhandlungen des kriminalistischen Seminars an der Universität Berlin (*Trav. du séminaire de dr. crim. de l'univ. de Berlin*), nouvelle série.
Berner :	Berner, Lehrbuch (*Manuel*), 18e éd., 1898.
BGB ou C. C. I :	Bürgerliches Gesetzbuch (*Code civil allemand*).
Binding :	Binding, Handbuch (*Manuel*), t. Ier, 1885.
Binding Normen :	Binding, Die Normen und ihre Übertretung (*Les normes et leur transgression*), tome Ier, 1872 (1890), tome II, 1877.
Binding Grundriss :	Binding, Grundriss (*Principes*), Partie générale, 6e éd. 1902.
Binding Lehrbuch :	Binding, Lehrbuch (*Manuel*), Partie spéciale, tome Ier, 2e éd., 1902, tome II, 1re section, 2e éd., 1904, 2e section 1905.
Birkmeyer :	Birkmeyer, exposé du dr. pén. dans son Enzyklopädie der Rechtswissenschaften (*Encyclopédie juridique*), 2e éd., 1904.
Birkmeyer Teilnahme :	Birkmeyer, Die Lehre von der Teilnahme und die Rechtssprechung des Deutschen Reichsgerichts (*La Théorie de la complicité et la jurisprudence du Trib. d'Empire*), 1890.
Brunner :	Brunner, Deutsche Rechtsgeschichte (*Histoire du dr. all.*), tome Ier, 2e éd., 1906, tome II, 1892.

V. Buri Beiträge :	V. Buri, Beiträge zur Theorie des Strafrechts und zum Strafgesetzbuch (*Etudes sur la théorie du dr. pén. et sur le C. P. I.*), recueil de ces études, 1894.
Cohn Versuch :	Cohn, Zur Lehre vom versuchten und vom unvollendeten Verbrechen (*Sur la tentative et la non-consommation*), tome Ier, 1880.
DJT :	Deutscher Juristentag (*Congrès des juristes allemands*).
DJZ :	Deutsche Juristenzeitung (*Gazette des juristes allemands*).
EG :	Einführungsgesetz zum Reichsstrafgesetzbuch (*Loi d'introd. au C. P. I.*).
Endemann Einführung :	Endemann, Einführung in das Studium des B G B (*Manuel de Dr. civil*), tome Ier, 8e et 9e éd., 1904, tome II, 8e et 9e éd., 1905.
Finger :	Finger, Lehrbuch des Deutschen Strafrechts (*Manuel de dr. pén. all.*), tome Ier, 1904.
Frank :	Frank, Das StGB für das Deutsche Reich nebst dem E G, herausgegeben und erläutert (*Commentaire de C. P. I.*), 5e à 7e éd., 1908.
GA :	(Goltdammer) Archiv. für Strafrecht (*Archives de dr. pén.*).
Geyer :	Geyer, Grundriss (*Eléments*) 1884-1885.
Gierke :	Gierke, Deutsches Privatrecht (*Droit privé all.*), I, 1883, II, 1885.
Glaser Abhandlungen :	Glaser, Abhandlungen aus dem österreichischen Strafrecht (*Etudes sur le dr. pén. autrichien*), I, 1888.
Gross :	Archiv für Kriminalanthropologie und Kriminalistik (*Archives d'antropologie criminelle et de criminologie, publiées par Gross*).
Grünhut :	Zeitschrift für das Privat-und öffentliche Recht der Gegenwart (*Revue de droit privé et public moderne*).
GS :	Gerichtsaal (Journal l'*Audience*).
Günther :	Günther, Die Idee der Wiedervergeltung in der Geschichte und Philo-

Günther sophie des Strafrechts (*L'idée de talion*, etc.), tome Ier, 1889, tome II, 1891, tome III, Ire moitié, 1895.

GVG : Gerichtsverfassungsgesetz (*Loi sur l'organisation judiciaire*).

Hälschner : Hälschner, Das gemeine deutsche Strafrecht (*Le dr. pén. commun de l'Allemagne*), I, 1881, II, 1884 à 1887.

Van Hamel : Van Hamel, Inleiding tot de studie van het nederlandsche Strafrecht (*Introd à l'étude du dr. pén. hollandais*), 1889, 2e éd., 1907.

Hecker : Hecker, Lehrbuch des deutschen Militärstrafrechts (*Manuel de dr. pén. all.*), 1887.

HG : Von Holtzendorff und von Jagemann : Handbuch des Gefängniswesens in Einzelbeiträgen (*Manuel de science pénitentiaire*), I, II, 1888.

HH : Von Holtzendorff, Handbuch des deutschen Strafrechts in Einzelbeiträgen (*Manuel de dr. pén. all.*), I à III, 1871-74, IV, 1877.

HSt : Handwörterbuch der Staatswissenschaften (*Dict. des sciences politiques*), 2e éd., année 1898 et suiv.

HV : Handbuch des Völkerrechts (*Man. de dr. des gens*), publié par V. Holtzendorff, I à IV, 1885-1889.

IKV : Internationale kriminalistische Vereinigung (*Ass. intern. de dr. crim.*).

John : John, Kommentar zur Strafprozessordnung (*Proc. crim. annotée*), année 1884 et suiv.).

Kitzinger : Kitzinger, Die I K V, Betrachtungen über ihr Wesen und ihre bisherige Wirksamkeit (*L'assoc. intern. de dr. crim.*, considérations sur sa nature et son action), 1905.

Klöppel : Klöppel, Das Reichspressrecht (*Le dr. imp. sur la presse*), 1894.

Knapp : Knapp, Das Altnürnberger Kriminalrecht (*L'ancien dr. crim. de Nuremberg*), 1896.

Kohler Studien : Kohler, Studien aus dem Strafrecht (*Etudes sur le dr. pén.*), 1890, tomes I à VI et suiv.

Köstlin Abhandlungen : Köstlin, Abhandlungen aus dem Strafrecht (*Etudes sur le dr. pén.*, publiées par Gessler), 1888.

Von Kries : V. Kries, Lehrbuch des deutschen Strafprossrechts (*Man. de proc. crim. all.*), 1892.

Krohne : Krohne, Lehrbuch der Gefängniskunde (*Man. de science pénit.*), 1889.

KVS : Kritische Vierteljahrschrift (*Revue critique trimestrielle*).

LA : Archiv für öffentliches Recht (*Archives de dr. public*, publiées par Laband, etc.).

Leipmann : Liepmann, Einleitung in das Strafrecht (*Introduction au dr. pén.*), 1900.

V. Lilienthal : V. Lilienthal, Grundriss (*Eléments*), 2e éd., 1900.

V. Liszt Deliktsobligationen : V. Liszt, Die Deliktsobligationen im System des B G B (*Les obligations délictuelles dans le système du C. C. I.*), 1898.

V. Liszt Pressrecht : V. Liszt, Das Reichspressrecht (*Le dr. imp. sur la presse*), 1880.

V. Liszt Völkerrecht : V. Liszt, Das Völkerrecht systematisch dargestellt (*Exposé systématique du dr. publ.*), 4e édit., 1905.

V. Liszt Aufsätze : V. Liszt, Strafrechtliche Aufsätze und Vorträge (*Etudes et leçons sur le dr. pén.*), tomes I et II, 1905.

Löning : Löning, Grundriss (*Eléments*), 1885.

Merkel : Merkel, Lehrbuch des Strafrechts (*Man. de dr. pén.*), 1889).

Meyer-Allfeld : Meyer, Lehrbuch des deutschen Strafrechts (*Man. de dr. pén. all.*), 6e éd., publiée par Allfeld, 1907.

Mil StGB, ou C. P. Mil : Militärstrafgesetzbuch für das Deutsche Reich (*Code pén. mil. de l'Empire allemand*).

Mitteilungen : Mitteilungen der I K V seit 1889 (*Bulletins de l'ass. int. de dr. crim. depuis* 1889).

Mommsen :	Mommsen, Römisches Strafrecht (*Dr. pén. romain*), 1899.
Olshausen :	Olshausen, Kommentar (*Commentaire*), 7e éd., en collaboration avec Zweigert, 1905.
Oppenhoff :	Oppenhoff, Kommentar (*Commentaire*), 14e éd., publiée par Delius.
OT :	Entscheidungen des Berliner Obertribunals (*Décisions du Trib. sup. de Berlin*).
Pernice Labeo :	Pernice, M. Antistius Labeo, t. II 2e éd., 1895.
PGO ou Caroline :	Peinliche Gerichtsordnung Karls V (*Ord. crim. de Charles-Quint*).
R :	Entscheidungen des Reichsgerichts (*Décisions du Trib. d'Empire*, citées par volume et par page de la collection publiée par les membres de cette Cour).
RGBl :	Reichsgesetzblatt (*Bulletin des Lois de l'Empire all.*).
RMilG :	Entscheidungen des Reichsmilitärgerichts (*Décisions du Trib. mil. d'Empire*).
RStGB ou C. P. I. :	Reichsstrafgesetzbuch (*Code pénal impérial allemand*).
RvD :	Vergleichende Darstellnng des deutschen und ausserdeutschen Strafrechts (*Exposé comparé du dr. pén. all. et étranger*), travaux préparatoires à la réforme du dr. pén. all., année 1905 et suiv. (Allg. T. : *Partie générale*, Bes. T. : *Partie spéciale*).
Schsp :	Schwabenspiegel, édition Lassberg.
Schütze :	Schütze, Lehrbuch (*Manuel*), 2e édit. 1874.
Ssp :	Sachsenspiegel, édition Homeyer.
Schweizer Z :	Schweizerische Zeitschrift für Strafrecht (*Gazette suisse de dr. pén*).
StG ou LPC :	Die Strafgesetzgebung der Gegenwart in rechtsvergleichender Darstellung (*Législation pénale comparée*), tome Ier, publié par V. Liszt, 1894 ; tome II, publié par V. Liszt et Crusen, 1898.

StGB ou C. P. I : Strafgesetzbuch (*Code pén. imp.*).

Stooss Grundzüge : Stooss, Die Grundzüge des schweizerischen Strafrechts im Auftrage des Bundesrates vergleichend dargestellt (*Exposé comparé des principes du dr. pén. helvétique, établi sur l'ordre du Conseil fédéral*), I, 1892, II, 1894.

StPo ou Proc. crim. : Strafprozessordnung für das deutsche Reich (*Procédure criminelle pour l'Empire allemand*).

Wach : Wach, Handbuch des Zivilprozesses (*Man. de proc. civ.*), I, 1885.

Wachenfeld : Wachenfeld, Das Reichsstrafrecht (*Droit pén. impérial*, dans l'Encyclopédie de Holtzendorff-Kobler), 1904.

V. Wächter : V. Wächter, Vorlesungen (*Leçons*), 1881.

WV : Wörterbuch des Verwaltungsrechts (*Dict. de dr. admin.*), publié par V. Stengel, 1889-90.

Z : Zeitschrift für die gesamte Strafrechtswissenschaft (*Gazette générale de doctrine pénale*).

Zorn Staatsrecht : (*Droit public de Zorn*), 2e éd., t. Ier, 1895 ; tome II, 1897.

ZPO ou Proc. civ. : Zivilprozessordnung für das Deutsche Reich (*Procédure civile de l'Empire allemand*).

Observation générale : Pour éviter d'une part la répétition des titres assez longs d'ouvrages qui ne figurent pas dans la table ci-dessus, et pour faciliter d'autre part la recherche de ces titres dans leur entier, j'ai ajouté entre parenthèses, au nom de l'auteur, le paragraphe du Manuel où le titre de l'œuvre se trouve complet. « Heimberger » (Bibl. § 49) signifie par conséquent que le titre entier de l'ouvrage cité de Heimberger est donné dans la bibliographie du § 49.

Rectification : La phrase finale de la note 1 du § 42, maintenue par erreur, doit être supprimée.

TABLE DES MATIÈRES

CONTENUES DANS LE SECOND VOLUME

PARTIE SPÉCIALE

Les diverses infractions et leur sanction.

—

III. — *Risques menaçant le corps et la vie.*

SECTION II

Infractions contre les biens moraux (attachés à la personne)

I. — *Infractions contre l'honneur.*

II. — *Infractions contre la liberté personnelle.*

III. — *Infractions contre la morale et la pudeur.*

IV. — *Infractions contre les droits de famille (Etat des personnes et mariage).*

SECTION III

Infractions contre les droits d'auteur et d'inventeur.

SECTION IV

Infractions contre les droits patrimoniaux.

SECTION V

Infractions caractérisées par leur moyen.

I. — *Les infractions créant un danger public dans le Code pénal Impérial.*

IV. — *Infractions en matière monétaire.*

V. — *Infractions en matière documentaire.*

LIVRE II

INFRACTIONS CONTRE LES BIENS DE LA COLLECTIVITÉ

SECTION PREMIÈRE

Infractions contre l'État.

SECTION II

Infractions contre la puissance publique.

SECTION III

Infractions contre l'administration de l'État.

IX

SAINT-AMAND (CHER). — IMPRIMERIE BUSSIÈRE

FSC
www.fsc.org
MIX
Papier | Fördert
gute Waldnutzung
FSC® C083411

Kolibri 360 GmbH
Ferdinand-Jühlke-Straße 7
99095 Erfurt, Deutschland
produktsicherheit@kolibri360.de